Um Outro Mundo: A Infância

Coleção Estudos
Dirigida por J. Guinsburg

Equipe de realização – Tradução: Noemi Moritz Kon, Marise Levy e Belinda Piltcher Haber; Revisão: Mary Amazonas Leite de Barros e Shizuka Kuchiki; Produção: Ricardo W. Neves e Sylvia Chamis.

Reitor: Roberto Leal Lobo e Silva Filho
Vice-reitor: Ruy Laurenti

Obra co-editada com a
EDITORA DA UNIVERSIDADE DE SÃO PAULO

Comissão Editorial:
Presidente: João Alexandre Barbosa. Membros: Celso Lafer, José E. Mindlin, Oswaldo Paulo Forattini e Djalma Mirabelli Redondo.

Marie-José Chombart de Lauwe

UM OUTRO MUNDO: A INFÂNCIA

EDITORA PERSPECTIVA

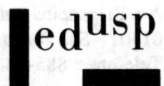

Título do original em francês
Un Monde Autre: L'Enfance

Copyright © Payot, Paris, 1971

Dados Internacionais de Catalogação na Publicação (CIP)
(Câmara Brasileira do Livro, SP, Brasil)

Chombart de Lauwe, Marie-José.
  Um outro mundo : a infância / Marie-José Chombart de Lauwe ; [tradução Noemi Kon]. — São Paulo : Perspectiva : Editora da Universidade de São Paulo, 1991. — (Coleção estudos ; v. 105)

  ISBN 85-273-0044-3.

  1. Crianças – Aspectos sociais 2. Crianças – Desenvolvimento 3. Crianças e adultos 4. Imaginação nas crianças 5. Psicologia infantil I. Título. II. Título: A infância. III. Série.

	CDD-155.4
	-155.413
91-0818	-155.418

Índices para catálogo sistemático:

1. Crianças: Desenvolvimento: Psicologia infantil 155.4
2. Crianças: Interação social: Psicologia infantil 155.418
3. Crianças e adultos: Psicologia infantil 155.418
4. Imaginação nas crianças: Psicologia infantil 155.413
5. Psicologia infantil 155.4

Direitos em língua portuguesa reservados à
EDITORA PERSPECTIVA S.A.
Av. Brigadeiro Luís Antônio, 3025
01401 – São Paulo – SP – Brasil
Telefones: 885-8388/885-6878
1991

Sumário

PREFÁCIO PARA SEGUNDA EDIÇÃO XV
1. DAS REPRESENTAÇÕES À CRIAÇÃO DE UMA LINGUAGEM MÍTICA 1
   Metodologia 15
PRIMEIRA PARTE 25
   A Personagem 27
2. A PERSONAGEM SIMBÓLICA E A IDEALIZAÇÃO DA INFÂNCIA 29
   1. Características da Criança Idealizada 30
      Autêntica. Não-socializada. Corpo simples; Presente; Livre; Verdadeira. Exigente; Capaz de se comunicar diretamente com os seres e as coisas; Secreta. Aparentemente indiferente.
   2. Um Retrato Significativo 39
      O olhar; O sorriso; O sono; A voz; A mão.
   3. Natureza e Papel da Personagem 44
      O homem verdadeiro – A verdadeira vida – A fonte de tudo; O poder da criança; O futuro: Inovação – continuação – prefiguração; Portadora de outros conhecimentos, de outras verdades. Instrumento do destino; Raça misteriosa que vem de um paraíso. Desejo que ela ensine seu saber; Variação dos temas.
3. RETRATOS APARENTEMENTE REALISTAS 57

UM OUTRO MUNDO: A INFÂNCIA

1. Características Positivas Dessas Personagens 58
   A criança frágil; Desejo de poder; A criança séria e grave, orgulhosa e corajosa; A efervescência da vida; As contradições.
2. Características Negativas das Personagens 72
   A criança má por natureza; O prazer de ver ou de fazer sofrer; O prazer pela violência, pela desordem; O egocentrismo; Uma não-socialização negativa: a criança inculta, grosseira; Defeitos reativos; Defeitos diversos.
3. A Criança Autêntica e a Criança Modelada Pela Sociedade 82
   A menininha cheia de riquezas interiores oposta à pequena mundana; A criança autêntica em oposição aos futuros adultos; A criança sonhadora, poeta, incompreendida, oposta à criança bem-sucedida em tudo; Variação dos temas.

4. EVADIDA EM "UM OUTRO MUNDO" 91
   1. A Criança na sua Vida Imaginária 92
      O devaneio passivo; O devaneio provocado; Apenas a criança sabe ver; A imagem de si no mundo sonhado.
   2. Os Temas do Devaneio 102
      O exotismo. A viagem; As personagens inventadas; As fantasias inquietantes. Os pesadelos; Os temas associados por excelência à criança.
   3. A Evasão e suas Condições 114
      Lugares que favorecem a evasão; Os objetos – Os seres; As produções artísticas; O desejo de aventura – Os sinais de seu chamado; Os fracassos; As fugas dolorosas.
   4. Evadida por Essência ou por Reação 121
      Evadida por essência; Evadida por tédio, aversão à vida cotidiana; Evadida para escapar ao sofrimento.

5. AS CRIANÇAS ENTRE SI 129
   1. Os Agrupamentos Espontâneos 130
      O grupo-entidade; O grupo mundo à parte; As atividades; Leis e ritos; A guerra. A crueldade.
   2. Os Agrupamentos Impostos 138
      O colégio e as normas dos escolares; As relações organizadas pela família.
   3. As Relações Mútuas das Crianças 143
      A criança rejeitada; As relações hostis; As relações de prestígio; Outras relações fraternas; A amizade.

SEGUNDA PARTE 157
A Criança e o Adulto 159

6. AS PERSONAGENS DE ADULTOS 161
   1. A Mãe 163

A mãe em simbiose com a criança – seu amor apaixonado por ela; A mãe-mulher; A mãe-criança; A mãe que acredita ou quer conhecer tudo da criança; A mãe indiferente; A mãe hostil, agressiva.

  2. O Pai 174
O pai afetuoso, admirado, amado pela criança; O pai que se interessa pelo sucesso de seu filho, pelo seu futuro; O pai ausente ou indiferente; O pai mole, desempregado, que causa pena; O pai hostil e brutal.

  3. As Outras Personagens 182
Os avós; Outras personagens privilegiadas; As personagens negativas; Os rostos que criam o ambiente.

7. A RELAÇÃO ENTRE A CRIANÇA E O ADULTO. ATITUDES RECÍPROCAS 193

  1. As Modalidades da Relação 193
O aspecto hierárquico da relação; O desejo de comunicação; As relações privilegiadas; Dificuldades e impossibilidade de se comunicar; Relações falseadas por erros de interpretação, a falta de respeito: o outro é um objeto; O conflito explícito; A relação sob a imposição das normas sociais.

  2. A Atitude da Criança em Relação ao Adulto 203
A confiança e o pedido de proteção; Ternura; Admiração; Necessidade de estima e de elogios; Temor do adulto; O consolador dos adultos, o desejo de não lhes causar desgosto; Da piedade à vergonha pelo adulto; Necessidade de autonomia, decepções e perda de confiança; A criança que troça dos adultos e desmonta seus estereótipos; A criança que brinca com o adulto ou o utiliza; Ódio, revolta e vingança.

  3. A Atitude do Adulto em Relação à Criança 221
O respeito em relação à criança, o afeto, a cumplicidade; O adulto intimidado, desorientado pela criança, preocupado com ela; O adulto que suporta o prestígio e a influência da criança; O adulto que monopoliza a criança, a manipula; O adulto que utiliza a criança; A infância não é uma coisa séria; O adulto agressivo e superior.

8. A BUSCA DA INFÂNCIA 235

  1. Necessidade de Ter Vivido uma Infância feliz 236
A linguagem enfática em relação ao estado de infância; A imagem de si; A perda da infância; A infância estragada; A infância-fonte.

  2. Necessidade de Recriar a Infância com a Ajuda das Lembranças 240
Traços indeléveis; Seu modo de reaparição: o ambiente

idêntico; O esforço para fazer reaparecer a lembrança; A dificuldade da evocação. Mutilação. Seleção; As lembranças corrigidas ou inventadas.

   3. Necessidade de uma Criança 246
      A criança remédio para o adulto; A criança que traz a felicidade; Necessidade do afeto da criança; Necessidade de se defender da criança.

   4. A Criança Simbólica, Suporte de Valores 254

TERCEIRA PARTE 263
A Criança, os Meios que a Rodeiam, a Socialização 265

9. O MEIO NATURAL E O SIMBOLISMO DOS ELEMENTOS 267

   1. A Natureza 267
      O jardim e a natureza familiar; A natureza misteriosa e selvagem; O ensinamento e o papel da natureza.

   2. Os Elementos e a Vida Vegetal 275
      A água; A luz, o sol; O fogo; As sombras e a estrela; A vida vegetal.

   3. A Vida Animal 285
      A proximidade entre a criança e o animal. A assimilação de um ao outro; O animal, fonte de descobertas; O animal simbólico.

10. A CRIANÇA E OS QUADROS SOCIAIS 293

   1. Os Quadros Íntimos 294
      O espaço íntimo pessoal; O espaço íntimo partilhado com o adulto; Os brinquedos; As festas; O país da infância.

   2. O Espaço Social – A Cidade 305
      A cidade; Os monumentos; A rua; A aldeia.

   3. As Classes Sociais 311
      Aspectos quantitativos de representação; O meio operário e sua imagem; O meio rural; As classes médias e os meios abastados.

   4. A Família 316
      Composição do casal parental; As representações da família: a família unida; A família farsa, papel; A incompreensão entre a família e a criança; A família que rejeita a criança; As brigas no seio da família; O falecimento, a desagregação; A fratria.

11. IMAGENS DA SOCIALIZAÇÃO 327

   1. A Criança e a Ordem Social 328
   2. A Socialização 333
   3. Imagens do Futuro: Temores e Desejos 338
   4. Uma Instituição Criada para a Criança: a Escola 343
      As imagens positivas da escola; As imagens tristes dos mo-

mentos iniciais na escola; A escola-prisão e a criança vítima; A inadaptação entre a escola e a criança autêntica; O desnível entre a moral apresentada na escola e a sociedade: A crítica aos professores; O trabalho escolar.

    5. A Oposição Criança-Sociedade: Tipologia das Personagens ... 358

QUARTA PARTE 363
A Criança e a Existência 365

12. OS PROCESSOS DE CONHECIMENTO E AS PRIMEIRAS DESCOBERTAS 367

    1. As Primeiras Etapas do Conhecimento 367
O primeiro despertar; Os modos de conhecimento irracional; A experimentação e o questionamento.

    2. As Descobertas da Linguagem: as Palavras, os Livros ... 376
As palavras; Os livros; As artes.

    3. As Descobertas da Sexualidade 387
A sexualidade e a criança pequena; A criança confrontada com a sexualidade nos outros; A sexualidade percebida como um mistério; O interesse pelo corpo; As impressões sexuais na própria criança; As relações entre meninos e meninas; A atração pelo seu próprio sexo.

13. A CRIANÇA E OS GRANDES PROBLEMAS METAFÍSICOS 407

    1. A Angústia da Criança 408
    2. O Sofrimento 412
    3. A Morte e seu Significado 417
    4. As Crenças das Crianças – Magia e Religião 425
    5. O ensino da religião – A evolução das crenças 432

CONCLUSÃO: UM "MITO" MODERNO – SEU SIGNIFICADO 445

ANEXOS:

1. Síntese das Diferentes Técnicas de Análise de Conteúdo Utilizadas na Pesquisa 457
2. Análises Sucintas e Paralelas de Três Obras da Amostra, Notáveis Pela Presença de uma Criança Autêntica Muito Estereotipada 461
3. Obras que Compõem a Amostra 465
4. Romances e Autobiografias Citadas Fora da Amostra 468
5. Filmes Utilizados para a Pesquisa 470
6. Obras Teóricas Citadas ou Utilizadas na Pesquisa 471

Prefácio para a Segunda Edição

As representações da criança poderiam constituir um excelente teste projetivo do sistema de valores e de aspirações de uma sociedade. Elas caracterizam tanto aqueles que as expressam, e sobretudo aqueles que as criam, quanto aqueles que são designados. Esta constatação é válida para a representação de qualquer objeto, mas a da criança tem a vantagem de se referir ao passado de cada um, seu futuro na sua descendência e o futuro de cada grupo humano; ela interessa, portanto, aos indivíduos e às sociedades, sem exceção.

Os resultados da pesquisa expostos nesta obra assumem sua verdadeira dimensão se os situarmos no seio de um conjunto mais vasto de trabalhos relativos às imagens, às representações e aos estatutos da criança na sociedade francesa. Conhecer estas representações, estas imagens, ajudam a melhor compreender a própria criança – sua integração social se opera através de uma série de identificações – e as expectativas dos adultos em relação a ela, que às vezes impõem modelos e situações contraditórias. Os diversos setores da pesquisa têm um ponto comum: partem da personagem da criança, descrita na literatura ou na imagem desenhada, e escolhida como suporte de representações amplamente veiculadas na sociedade.

Deixamos de lado o terreno constituído pelas obras pedagógicas e os manuais escolares[1], com aspectos utilitários ou normativos, para dar preferência a um campo onde o imaginário segue seu livre curso, a lite-

---

1. As representações da sociedade dadas na escola e a imagem do escolar são analisadas por um outro pesquisador do Centre d'Ethnologie Sociale et de Psychosociologie, S. Mollo.

ratura romanesca e, secundariamente, o cinema. *Um primeiro nível* trata da personagem da criança apresentada aos adultos no romance, na autobiografia ou no cinema. Esta obra refere-se apenas a este nível. A infância é um fenômeno psicossociológico vivido e contado. As imagens da criança assumiram um significado coletivo, nós o veremos neste volume que descreve as imagens e evidencia os processos segundo os quais se edificam o sistema de representações e o sistema de valores relativos à criança. *O segundo nível* concerne igualmente à personagem da criança, mas desta vez nos meios de comunicação de massa a ela destinados. São ainda os adultos que os criam, em função de suas representações da criança e de suas necessidades. Idealizadas, essas personagens encarnam as concepções dos adultos, os valores próprios à cultura na qual a criança se inicia. Imaginárias, oferecem às crianças a ocasião de se evadir com elas, de compensar os incômodos devidos à sua própria personalidade, ou ao seu meio. Pertencendo às mesmas categorias de idade que estas, permitem-lhe facilmente comparar-se e mesmo identificar-se a elas. Por estas razões, as diferentes mídias para crianças formam instituições de socialização da jovem geração. Elas são analisadas levando em conta seu lugar na economia francesa e o significado que assumiram no imaginário coletivo. São os suportes de visões do mundo e de modelos, e têm um papel importante na transmissão social e na socialização das crianças.

Enfim, em *um terceiro nível*, observamos como as crianças percebem as pequenas personagens e como as utilizam: comparando-se e situando-se em relação a elas, tentando imitá-las, tomá-las como modelos: modelos de comportamentos lúdicos ou modelos ideais que lhes servem para edificar sua personalidade etc. A psicologia do desenvolvimento da criança insistiu freqüentemente no fato de que a relação do sujeito com a sociedade se estabelece por uma série de identificações. Graças a elas, ela constitui seu eu, aprende seus papéis e integra os sistemas de valores de seu meio. As fases de imitação e de identificação com os pais das crianças pequenas foram objeto de numerosos estudos. Em nossa pesquisa nos interessamos por um período posterior, no curso do qual a criança se confronta com modelos extrafamiliares.

Para entender a dinâmica das representações na sociedade, conduzimos uma pesquisa ao mesmo tempo sincrônica e diacrônica. Podemos assim comparar: as mudanças das representações oferecidas por adultos aos adultos em três períodos diferentes (segunda metade do século XIX, entre as duas guerras e período contemporâneo – as mudanças nas mesmas épocas das representações da criança pelas crianças –, as relações entre as representações destinadas às duas categorias de idade. É interessante também aproximar as percepções e as expectativas das próprias crianças das representações dos adultos. Em que medida a diferença de personalidade e de condições de vida da criança conduz a variações de percepção e de utilização de uma mesma personagem? Em que medida, ao contrário, os mecanismos perceptivos e as expectativas

PREFÁCIO PARA A SEGUNGA EDIÇÃO

das crianças, devido a suas condições psicobiológicas e do seu estatuto social comum, provocam uma uniformização de personagens diferentes? Estes diversos problemas são tratados numa nova obra, que agrupa os resultados das análises da mídia para crianças e sua receptividade e utilização pelo jovem público ao qual se destina: escolares de oito a doze anos[2].

Paralelamente a esta seqüência de pesquisas focalizadas na literatura, no cinema e no conjunto da mídia, outros trabalhos trouxeram um esclarecimento complementar acerca das representações e concepções sobre a criança dos técnicos e responsáveis pela infância na sociedade francesa contemporânea. Estudando a socialização da criança por uma outra via, a de suas práticas associadas às condições que o meio lhe oferece, fomos levados a definir "universos de socialização", conceito que engloba simultaneamente dados geográficos, sócio-econômicos e institucionais relativos à criança e dados relativos às concepções, às representações da criança, às ideologias daqueles que têm o poder sobre suas condições de vida. Urbanistas e arquitetos, animadores, associações de bairro, grupos de pais etc. Aspectos do pensamento mitificador foram, então, encontrados, aparecendo, por vezes, quase idênticos àqueles que são descritos na presente obra, onde o domínio literário permitiu a expressão mais livre de uma formulação próxima do mito. Em outros discursos, surgem outras variantes, traduzindo uma representação mais utilitária da criança, "menos desrealizante", ou até mesmo mais respeitosa em relação à diversidade das crianças, indivíduos sempre diferentes e não mais personagens simbólicas.

O campo psicossociológico aberto é vasto e poderia oferecer numerosas pesquisas. Algumas já foram assumidas por jovens pesquisadores. Assim, nossos estudos sobre a interação da criança com o meio em diversos universos de socialização contrastados só puderam ser levados a bom termo graças à constituição de uma equipe multidisciplinar[3]. Uma nova pesquisa sobre a imagem da criança na publicidade acaba de ser concluída. O pensamento mitificador encontra-se ainda numa utilização da criança "para fazer consumir", mas é completado por uma forma de pensamento utópico, otimista, voltado para o futuro, já que é preciso, através desta via, criar "a nova sociedade"[4].

A análise dos sistemas de representações e de valores referentes à criança e desenvolvidos a partir dela foi a origem de uma série de trabalhos dos quais é possível citar aqui apenas alguns exemplos. A obra *Un monde autre: l'enfance* constitui um ponto de partida não só ao nível

---

2. M.-J. Chombart de Lauwe e C. Bellan, *Enfants de l'image: enfants personnages des médias/enfants réels*, Paris, Payot, 1979.

3. Cf. M.-J. Chombart de Lauwe, *et al.*, os diversos trabalhos sobre a criança e o ambiente citados em bibliografia, pp. 483-485.

4. N. Feuerhahn, *L'enfant, objet publicitaire*, tese de terceiro ciclo, Paris, Université Paris V, 1978. documento ronéotipado.

das pesquisas teóricas, mas também ao nível de uma reflexão que tem incidência na vida cotidiana das crianças, nas instituições criadas para elas e em toda sua inserção social. Refere-se, com prioridade, aos especialistas de ciências humanas, mas mesmo sob seu aspecto fundamental, o problema do significado da imagem da criança para o adulto interessa diretamente a todos aqueles que lidam com a criança no cotidiano, ou que organizam suas condições de vida e seu estatuto na sociedade atual e na sociedade futura. Os *a priori* de certas crenças em relação a ela, de conseqüências tão significativas em muitos casos, explicam-se pelo lugar da infância e da criança na vida do adulto. As expectativas da própria criança podem ser completamente diferentes. Por estas razões tentamos apresentar um livro que pode ser lido em dois níveis.

Para destacar as representações da criança na linguagem escrita, analisamos numerosos textos. Sendo-nos impossível citá-los todos, deixamos os mais típicos falarem por si próprios. Eles dão, de fato, uma imagem da criança na sociedade francesa mais evocadora para os não-especialistas do que a descrição esquemática de processos e sistemas. Os psicólogos e os sociólogos se deterão mais na análise dos processos, enquanto outros irão preferir, sem dúvida, deixar-se conduzir pelo jogo evocador de imagens agrupadas por temas. Estas são tentativas de expressar a infância de uma maneira que toque os adultos. Pedagogos, pais, diversos educadores encontrarão aqui as diversas modalidades que podem assumir suas relações com a criança, assim como os múltiplos rostos sob os quais outros adultos apareceram a outras crianças ao desempenhar os mesmos papéis que eles próprios assumiram. As imagens, as situações, foram deformadas pela lembrança. A literatura as exagerou e até mesmo caricaturizou, mas criou freqüentemente, desta forma, modelos de comportamento utilizáveis e utilizados. A descrição do estatuto da criança que, aliás, se modificou desde o século passado, por exemplo, no que se refere à vida escolar, pode também conduzir a tomadas de consciência úteis.

Este trabalho, efetuado no seio do Centre d'Ethnologie Sociale et de Psychosociologie, apenas com os meios colocados à nossa disposição pelo Centre National de la Recherche Scientifique, beneficiou-se do apoio e da ajuda de várias pessoas às quais desejamos agradecer no momento em que chega a seu termo. O professor D. Lagache, nosso diretor de pesquisa no C.N.R.S., interessou-se por este estudo, encorajando-o desde sua primeira formulação. M.-C. d'Unrug, E. Desbois e C. Bellan, assistentes de pesquisa, participaram alternadamente das diversas fases da análise de conteúdo. F. Tillion, engenheiro de pesquisa no C.N.R.S. e F. Parent, chefe de trabalhos na École Pratique des Hautes Études, trouxeram também sua contribuição, assim como L. Kellermann, engenheiro de pesquisa, documentarista de nosso centro, cuja eficácia atenta foi apreciada por toda nossa equipe.

1. Das Representações à Criação de uma Linguagem Mítica

A maneira de perceber e de pensar a criança influi sobre suas condições de vida, sobre seu estatuto e sobre os comportamentos dos adultos em relação a ela. Em uma dada sociedade, as idéias e as imagens relativas à criança, por mais variadas que sejam, organizam-se em representações coletivas, que formam um sistema em níveis múltiplos. Uma linguagem "sobre" a criança é criada assim como uma linguagem "para" a criança, já que imagens ideais e modelos lhe são propostos.

Ao lado de representações individuais, ligadas à história de cada um e à situação pessoal, as representações coletivas expressas através da linguagem escrita e dos meios de comunicação de massa não verbais circulam em diversas camadas da sociedade. Aquelas que concernem à criança expressam-se particularmente nas personagens que a encarnam, nelas próprias e por todo seu contexto. Os escritores as criam dando-lhes diferentes aspectos da infância. Algumas parecem refletir a banalidade da evidência, do conhecido. De fato, esta banalidade teria parecido estranha em outros lugares ou em outras épocas. Ela só é verdade em um momento da história de uma sociedade. Esta falsa evidência torna-se um estereótipo que cristaliza a infância.

Outros escritores imaginam personagens diretamente simbólicas: o objeto conhecido, figurado: a criança, esvaziada de seu conteúdo, mascara o objeto desconhecido, serve de morada a abstrações, a essências valorizadas.

A criança não é escolhida arbitrariamente para assumir esse papel. Algumas de suas características reais são a causa dessa escolha que acaba por lhe atribuir outras características. A evidenciação da fixação desde o início de traços da infância, específicos porém transitórios, e os mecanismos psicossociais deste processo, são fases essenciais da pesquisa. Permitiram, ao final da análise, compreender como se opera a relação entre o sistema de representações e o sistema de valores, como se passa de uma linguagem sobre a criança (que exprime o sistema de representações) para uma linguagem a partir da criança (de tipo mítica), e como os aspectos individuais e as dimensões coletivas interferem na elaboração dessa linguagem.

Qualquer categoria social é suscetível, assim, de ser congelada em traços que se aplicam a todos os indivíduos que fazem parte dela. O "outro" que pertence a uma categoria exterior à sua: classe social, sexo, raça etc., assume com freqüência a figura do mal, do inimigo, do anti-eu. Ele pode ter também o papel de complementar, que ajuda a definir sua identidade pelo seu inverso, de quem se exige projetar uma imagem de si por um jogo de espelho. Um indivíduo procura o diálogo, até mesmo uma comunicação, com este "outro" inverso quando sua própria identidade não lhe coloca problemas, quando ele não se sente ameaçado. Mas a personagem da criança tem uma situação ambígua em sua alteridade com o adulto. Este encontra nela uma antiga forma do seu eu, da qual freqüentemente se sente saudoso. A criança representa um estado original onde todas as possibilidades estavam abertas. Retornar à sua infância é uma tentativa de escapar ao desenrolar do tempo, ao aprisionamento dos papéis sociais, é sonhar com um re-nascimento. A criança é também o único ser que podemos criar, que gostaríamos de logo modelar para nos prolongar e compensar aquilo que nos faltou. Mas irresistivelmente, ela assume sua autonomia e nos repele em direção a gerações desaparecidas. Apesar deste aspecto da relação temporal entre a criança e o adulto, a personagem da criança recebe uma forte valorização positiva. Sua categorização freqüente em "uma raça à parte" não impede diversos autores de estimar que uma parte do eu do adulto pertence ainda a este outro modo de existir: "Uma infância potencial ainda está em nós", escreve G. Bachelard[1], e muitos romancistas afirmam a mesma idéia diretamente ou sob a forma de imagens[2]. Os homens sempre tenderam a procurar a natureza e o significado dos seres e das coisas em sua primeira forma, a melhor e a mais verdadeira. Na medida em que não podem conhecer o início de um ser ou de uma coisa, criam um mito de origem. Os problemas que o início da vida individual coloca a cada um e a significação misteriosa da existência humana conduziram

---

1. G. Bachelard, *La poétique de la rêverie*, cap. "Les rêveries vers l'enfance", PUF, 1965, 3ª ed.

2. Freud mostra-nos em toda a sua obra a sobrevivência de atitudes, de mecanismos infantis nos adultos, mas no sentido inverso: criam obstáculo ao desenvolvimento do homem no sentido da plena posse de suas capacidades. No entanto, na aproximação entre a criança que brinca, o devaneador e o escritor, a representação da criança tem uma valorização positiva da mesma ordem que a dos romancistas (cf. supra p. 5). C. Baudouin descreve a situação do homem como a de um perpétuo aprendiz em relação a si próprio e ao mundo. *L'oeuvre de Jung et la psychologie complexe*, Paris, Payot, 1963.

amiúde a uma certa mistificação da criança e da infância, cujo significado atual encontramos analisando as personagens da criança.

Falamos da criança e da infância, o primeiro termo evocando um ser humano em devir, o segundo, um período da existência que constitui uma camada da população universal, já que presente em toda sociedade. O estado da infância, transitório para cada ser, acaba, no processo de mistificação, por se tornar um outro modo de existir, em função do qual todo o meio recebe qualificações particulares. A personagem que vive nesse estado não tem mais o significado de um homem em desenvolvimento, mas possui uma natureza específica. Esta maneira de se representar a criança, separando-a e cristalizando-a, não se faz sem risco para a criança real, que parece decepcionante em relação à imagem idealizada. O estudo do estatuto objetivo da criança obriga a constatar o quanto seu lugar é pouco pensado na vida social atual, em particular no urbanismo, na habitação, nos equipamentos socioculturais. Nas discussões ao nível da ação, deparamo-nos com uma atitude freqüente: o tema da criança conduz o interlocutor às suas próprias representações da infância ou a uma generalização da experiência pessoal: a infância é idêntica a ela própria, eterna. Certas representações da criança idealizada provocam expectativas completamente irrealistas em relação à criança real; assim, alguns acreditam que ela pode imaginar as formas da vida futura, as das cidades, por exemplo, e transcrevê-las em seus desenhos. De fato, a representação da cidade assume corpo progressivamente, e está associada à do espaço e das estruturas sociais[3]. Tais atitudes traduzem ainda uma imagem da criança como homem do futuro e como suporte de verdades fundamentais, mais do que como ser em formação.

Na escola, os textos dos manuais de leitura ou certas lições oferecem com mais freqüência as imagens de uma sociedade arcaica. À jovem criança não se associa o mundo moderno no qual ela vive, mas uma imagem da vida de "outrora", rústica, sem máquinas, patriarcal, que encontra por momentos o mito dos tempos passados felizes, da idade de ouro[4]. Ou a criança é pensada implicitamente como ser humano na origem, e lhe é mostrado um universo que lhe é idêntico, que responde a suas necessidades; ou para iniciá-la no mundo presente, ela deve repassar pelas etapas precedentes, o que leva a crer que esse passado é mais acessível para ela do que o universo onde ela evolui e que experimenta a cada momento de seu dia.

A noção de mito, que ressaltamos por diversas vezes e que se sabe ser muito importante no momento em que se coloca o significado e a gênese das representações, deve ser precisada em função do domínio

---

3. M. Lautier prepara uma tese sobre este assunto.
4. S. Mollo tratou deste assunto em uma pesquisa publicada sob o título *L'école dans la société*, Dunod, 1970 (Sciences de l'Éducation).

específico da pesquisa. Esta se limita à sociedade francesa, e sua dimensão histórica cobre um século: de 1850 ao período contemporâneo. O campo de investigação escolhido, o da literatura e do cinema, possui a vantagem de refletir simultaneamente um imaginário e uma realidade mais ou menos simbolizada. Situa-se na junção do individual e do coletivo. A literatura é uma linguagem não provocada pelo pesquisador, ela pode servir de suporte a modelos ou criá-los. Algumas personagens desligam-se de seu autor e adquirem popularidade, por elas mesmas, junto ao público. Consideramos, por estas razões, este terreno como privilegiado para o estudo das representações coletivas[5]. Seria possível encontrar mitos em tal domínio? O mito, no sentido antropológico tradicional, define-se de diferentes modos, cujos pontos comuns são: ser, pelo menos, um relato fabuloso, situado em um tempo passado maravilhoso e ter um caráter sagrado. Salvo em certos textos religiosos, não percebemos à primeira vista mitos vivos deste tipo na sociedade francesa contemporânea, que se considera racional. Existem mitos, sem dúvida, nas sociedades esotéricas, mas só nos ocupamos de um setor aberto ao público, criado para ele.

Em contrapartida, não existiria uma forma de pensamento mitificadora ao nível da criação literária? Os termos "mitificação", "linguagem mítica" ou "mito latente" convêm para expressar alguns processos mais evidentes na pesquisa. Mitificar a personagem consiste em uma simbolização da criança, que é desrealizada*, essencializada e inserida em um sistema de valores do qual ela forma o centro. A partir dela se ordenam as outras personagens, o ambiente, as estruturas sociais, os acontecimentos, que são apreciados positiva ou negativamente em função de sua relação com o valor-infância encarnado na personagem da criança.

Alguns relatos, como poderemos constatar, dão, de maneira relativamente completa e explícita, a descrição de um "outro mundo", imaginário, construído em torno da personagem da criança. Mais freqüentemente, os textos referem-se ao sistema de subconjunto de elementos, parciais e complementares, que se superpõem entre si. Anunciamos a criação de uma linguagem a partir da criança, além da linguagem das representações sobre a criança. Trata-se de uma linguagem mítica, mas o relato aparece apenas por baforadas, permanecendo em parte latente. É preciso reconstituir a trama. O caráter sagrado, intocável, dos mitos antigos não mais existe; mas o sistema de valores possui aspectos racionais, rígidos, que o tornam semelhante ao mito, que revelam todo o investimento afetivo associado a ele. Alguns autores mostram, aliás, co-

---

5. Especificaremos a delimitação do campo literário na parte metodológica, Cf. supra, pp. 15-23.

* Na falta de vocábulo correspondente em vernáculo, aportuguesamos a expressão francesa para significar a ação de desprover de realidade. (N. da T.)

mo esses valores ligados à imagem da criança são ridicularizados pela sociedade, ainda que ao preço de tantas feridas!

Vários pesquisadores falam de mitos contemporâneos em um sentido mais amplo. Y. Pellé-Douel vê o mito bloqueado ao nível da imagem. Ele não remete mais a uma transcendência, não é mais "lido como simbólico". O mito recebe então sua designação pelo modo de vida imaginário que impõe aos homens: "Os mitos, as imagens, tais como são propostas-impostas pela moda, publicidade etc., alienam o homem-sujeito, identificando-o a situações inteiramente imaginárias, que impedem a inserção do mundo real[6].

R. Barthes descreve também mitos deste tipo[7], ele oferece, ainda, um método para analisá-los e destacar seu significado. O mito, para ele, transmite uma mensagem, é uma metalinguagem construída sobre uma linguagem-objeto. Nossa pesquisa constata também este duplo nível da linguagem mítica. Ela se aparenta mais à semiologia do que a uma sociologia da literatura. O domínio literário constitui o terreno da pesquisa, não seu objeto, como já especificamos.

A noção de mito nos remete à psicanálise, onde o sonho, em particular, tem, atrás de uma forma manifesta, um sentido escondido. A análise freudiana não nos interessa apenas por esse aspecto, mas também pelas relações que ela estabelece entre a criação literária, o devaneio e o jogo da criança, assim como pela sua maneira de se representar a infância e pelo modo através do qual ela associa o mito à fantasia. Por exemplo, Freud via a hipótese de uma analogia entre a criança que brinca e transpõe as coisas do mundo segundo sua conveniência em uma nova ordem e o escritor que se entrega a novos prazeres, equivalentes ao jogo (do qual ele se recorda), à fantasia, ao devaneio, ao fantasma. No mais, Freud precisa o lugar da infância do autor na sua criação:

A importância das recordações de infância na vida dos autores decorre, em ultima instância, da hipótese segundo a qual a obra literária, assim como o sonho diurno, seria uma continuação e uma substituição dos jogos infantis de outrora[8].

Deve-se então estimar que Freud afirma a felicidade da criança? Por um lado ele só a descreve aqui a propósito do jogo, que é prazer. Por outro, em diversas passagens de sua obra ele exprime, com a noção de narcisismo primário, um estado onde a criança é ela própria o objeto de seu amor, onde não há separação entre o sujeito e o mundo exterior. Esta noção, que variou no próprio Freud, passou de uma fase de autoerotismo primitivo a um estado anterior à constituição do eu, à imagem de vida intra-uterina. Esta noção, um pouco nebulosa de início, foi con-

---

6. Y. Pellé-Douel, *Être femme*, éd. du Seuil, 1967.

7. R. Barthes, *Mythologies*, éd. du Seuil, 1957 (Pierre Vives).

8. S. Freud, "La création littéraire et le rêve éveillé", in *Essais de psychanalyse appliquée*, N.R.F., 1933 (primeira publicação, 1908).

siderada pelos sucessores de Freud como mítica, mas foi sem dúvida ela que conduziu à crença em uma felicidade intra-uterina atribuída à psicanálise. Esta felicidade parece uma linguagem metafórica que os homens contam a si próprios. Nós encontramos este modo de contar a infância várias vezes, em particular analisando as necessidades da criança expressas pelos autores[9]. Embora não queiramos nos centrar prioritariamente na relação do autor com a personagem infantil, esta aparece de maneira evidente em várias fases da análise.

Freud aborda essa relação falando, em geral, da personagem principal, e não somente da criança, a propósito de temas criados pelos autores. Este "herói sobre o qual se centra o interesse", a simpatia, uma proteção especial, "é Sua Majestade o eu, herói de todos os sonhos diurnos e de todos os romances". Por vezes o único herói é descrito do interior, por vezes existe a personificação em heróis diferentes, "eus parciais", que representam diversas correntes da vida psíquica do autor. Algumas vezes a personagem observa como simples espectadora, seu papel é, para Freud, menos ativo. O sistema explicativo freudiano nos foi muito útil, mas em nossa análise divergimos sobre alguns pontos em detalhes que especificaremos[10]. Assim, o espectador desempenha de fato um papel importante como contestador do mundo adulto.

Romancistas contentam-se em escolher e remanejar temas já existentes, que provêm de "mitos, lendas e contos", afirma Freud, situando a origem desses mitos nos "resquícios de fantasias de desejos de nações inteiras, os sonhos seculares da jovem humanidade"[11]. Freud postula uma fonte comum aos temas e a generalização de todos os fantasmas de desejos individuais a uma sociedade. Desde o início do século, diversos pesquisadores, em particular especialistas em antropologia cultural, esforçaram-se por encontrar a gênese dos mitos. Podemos evocar aqui apenas uma parte desse problema tão vasto, aquela que integra a criação literária, e que se interroga sobre a origem dos temas utilizados pelos autores de romances.

Recentemente, Lévi-Strauss exprimiu o pensamento de que "o passado, a vida, o sonho, carreiam imagens e formas deslocadas que perseguem o escritor quando o acaso, ou qualquer outra necessidade que desmente aquela que outrora as engendrou e as dispôs em uma ordem verdadeira, preservam ou encontram nelas os contornos do mito". Compara estas imagens e estas formas a "corpos flutuantes" entre os quais "o romancista voga à deriva". Ele se serve destes materiais tais quais. O romance "nascido da extenuação do mito" persegue em vão sua estrutura, sem encontrar seu antigo frescor, "salvo talvez em alguns

---

9. Cf. Cap. 8, pp. 235-236.
10. Cf. conclusões gerais e Cap. 8.
11. *Op. cit.*

refúgios onde a criação mítica permanece ainda vigorosa", mas à revelia do romance[12].

Se, em nossa pesquisa sobre a personagem da criança, considerássemos apenas os temas, poderíamos ter esta impressão de resquícios, de formas estilhaçadas ou de estereótipos muito comuns. Temas como a pureza da criança, a comparação entre o nascer do dia e os primeiros anos, criam apenas imagens que parecem evidentes, enquanto outras se assemelham a expressões religiosas atuais, tais como as imagens do Menino Jesus. A mitologia e o folclore nos oferecem numerosas personagens: crianças divinas[13] na antiguidade grego-latina, por exemplo, assim como, nas antigas civilizações orientais, crianças-heróis de mitos e contos. Nesse último tipo, as crianças assumem também outras formas, e pequenas personagens de anões ou seres pequenos e malignos são em parte equivalentes a elas. As personagens simbólicas da literatura francesa que analisamos possuem características que as aproximam das crianças divinas descritas por Kérenyi, e encontramos uma analogia no simbolismo dos elementos que lhes são associados. No entanto, não seria preciso deduzir uma uniformidade e uma continuidade na representação da infância. Com efeito, a representação da infância, tal como a vemos há um século na literatura francesa, é um fato histórico do qual situamos o nascimento.

A infância interessou muito pouco, por ela mesma, à literatura até o final do século XVIII; ela só era encontrada excepcionalmente. Racine fala do amor de Andrômaca por Astianax, mas este não aparece. Boileau começa a descrição das idades da vida na adolescência. La Bruyère descreve as crianças como seres muito penosos; "altivos, desdenhosos, coléricos, invejosos, curiosos, interesseiros, preguiçosos... eles não querem sofrer a dor mas gostam de causá-la (etc.)"[14]. Ele encontra, no entanto, certo encanto em seus jogos. A infância parece afastada da existência humana ou, quando ela é descrita, o é negativamente. Alguns textos excepcionais dão imagens positivas, mas somente como objeto de divertimento, no jogo. Os escritores experimentam então o prazer manifestado pela criança que se diverte.

G. Snyders traça um quadro muito interessante da evolução das concepções e das imagens da criança no Antigo Regime[15]. Graças à sua obra, seguimos a transformação paralela de concepções, imagens e situações feitas para a criança. A influência da Antiguidade sobre esta época o conduz a explorar os escritos de Aristóteles, para o qual a

---

12. C. Lévi-Strauss, *Mythologiques. L'origine des manières de table*. Plon, 1968.

13. Ch. Kérenyi, "L'enfant divin", in C. G. Jung e Ch. Kérenyi, *Introduction à l'essence de la mythologie*, Payot, 1968, 1ª ed. 1941.

14. *Les caractères*, 1687.

15. G. Snyders, *La pédagogie en France aux XVIIe et XVIIIe siècles*, PUF, 1965.

infância é uma desgraça ao longo da existência. Este assimila a porção de vida que é a infância à porção da alma que é o desejo: irracional, inconstante, intempestivo, alimento necessário, no entanto, à razão e matéria a ser regida pela vontade. Esta assimilação recebe uma tonalidade freudiana. No século V, Santo Agostinho criou uma imagem da criança-antiperfeição, ele a cumula com o peso do pecado original no início da vida. Sua influência durará muitos séculos, através dos trabalhos dos filósofos, teólogos, pedagogos. G. Snyders ressalta representações da criança muito negativas. A infância é tenebrosa, "vida de um animal" (Bossuet), "o estado mais vil e mais abjeto da natureza humana após aquele da morte" (Berrule, fundador da Congregação do Oratório). A infância, no entanto, não impede de esperar que o estado que a sucede seja melhor, mas é preciso que o adulto se despoje de seus traços que, infelizmente, subsistem com muita freqüência nele. A infância é erro (Descartes).

O estado da infância representa, no entanto, um modelo no plano espiritual, não sendo suas qualidades a razão deste, mas suas imperfeições. A fraqueza, a falta de recursos da criança, obrigam-na a se deixar conduzir. Tal deve ser a atitude da alma em relação a Cristo.

Ao longo do século XVIII, as concepções se transformam, nos Enciclopedistas e em Rousseau. A criança nasce inocente, ela representa um jogo de energia espontânea mais interessante que uma perfeição inumana. A criança assume então um lugar cada vez mais importante na sociedade, e cinqüenta anos mais tarde torna-se objeto de relatos na literatura romanesca.

Philippe Ariès[16] analisa também as mudanças das representações da criança e de sua situação. A consciência do que separa a criança do adulto não parece ter existido na Idade Média ou, pelo menos, não deixou traços, o que é o sinal de uma falta de interesse. As categorizações das idades teriam aparecido progressivamente. O autor constata modificações do vestuário infantil, que se especifica. Nas representações iconográficas, as formas da criança, copiadas durante muito tempo das do adulto, diferenciam-se pouco a pouco. Nos séculos XVI e XVII, quando a criança se torna objeto de divertimento para alguns (acabamos de notá-lo em Boileau), e sobretudo brinquedo para os adultos, escritores se irritam com isso, pois vêem nesta atitude apenas futilidade e perigos para a criança. Moralistas tentam estabelecer um contrapeso, propondo uma educação rigorosa, fazendo apelo à razão. A criança é percebida como futuro adulto.

Se os fatos trazidos pelos dois autores coincidem, sua interpretação difere no que se refere às conseqüências sobre a criança da mudança ideológica e política no século XVIII. Não nos cabe entrar neste debate. Estes trabalhos permitiram situar o período que escolhemos em re-

---

16. Ph. Ariès, *L'enfant et la famille sous l'Ancien Régime*, Plon, 1960.

lação aos períodos que o precedem. Houve mudança das concepções da infância, acompanhada por modificações da situação da criança na sociedade francesa e por novas imagens.

Por volta de 1850, a personagem da criança entra maciçamente na literatura. Os homens descobrem que não existe apenas uma maneira de ser humano, o adulto perde seu prestígio de modelo único. No mais, assume consciência da variedade das formas de existência humana através das culturas e dos tipos físicos diferentes. A percepção de possibilidades múltiplas, mutantes, coloca sem dúvida problemas à inteligência de numerosos homens, pois é no início do século XIX que nasce a percepção racista que cristaliza as características biológicas em essência; as variedades são aprisionadas em novas categorias fechadas, as "raças"[17]. Da mesma forma, após ter decomposto a existência em classes de idades, e tentado definir cada uma delas, assiste-se cada vez mais a um fechamento da infância em um mundo separado, que acabará por ser percebido como uma "raça à parte". A criança-vida torna-se essência da vida.

Esta nova evolução da representação da criança desemboca, como vimos, na mitificação da personagem, que se aproxima então das crianças descritas nos mitos tradicionais por várias características de sua natureza ou de seu meio. Ambas são, por exemplo, seres à parte, isolados, até mesmo rejeitados: as crianças dos mitos, por causa de um nascimento miraculoso, as crianças dos romances, por causa de sua oposição aos indivíduos que perderam sua autenticidade, sua verdade original. Todas possuem uma natureza diferente da do comum dos mortais. H. Rousseau[18] vê nesta situação das crianças divinas um símbolo geral da criança "essencialmente órfã, mas que, apesar de tudo, não está deslocada, pois se encontra no mundo original e amado dos deuses". Esta interpretação se aplicaria em grande parte às pequenas personagens simbólicas do romance, com exclusão da presença dos deuses – mas a evocação de personagens falecidas, ou de um mundo do além, não constituiria uma espécie de equivalência dele?

Suponha-se que, no nível das fantasias, temas constantes se manifestem em relação à infância, dado seu lugar na vida de qualquer homem. É inútil apelar aos arquétipos para explicar uma tal convergência. As personagens infantis na literatura contemporânea não parecem restos das simbolizações antigas, dos antigos mitos. Se se aparentam por vezes às personagens mitológicas através de certos temas, elas são, por elas próprias, conjuntos de significados novos, são portadoras de mensagens. A personagem da criança serve de ponto de partida para uma

---

17. C. Guillaumin, *Un aspect de l'altérité sociale: le racisme* (tese defendida em Mouton, 1971).

18. H. Rousseau, "La présentation du divin", *Critique*, nº 144, maio 1959.

criação mítica ainda vigorosa, segundo as formas que a linguagem mítica adota no mundo contemporâneo.

A continuação desta criação apóia-se, sem dúvida, na situação privilegiada dada à infância pelo adulto. Mas o que sabemos da relação entre a personagem da criança, simbolizada ou próxima de uma criança real, e a infância do autor? A autobiografia mais ou menos romanceada serve de elo entre a infância real e a ficção? Se nos lembrarmos das explicações dadas por Freud sobre a criação literária e sua relação com a infância do autor, com a criança que brinca e com a personagem[19], a convergência deveria ser grande quando a personagem é também uma criança. Esta hipótese será confirmada.

Diversos romancistas falam de suas lembranças de infância como imagens longínquas de acontecimentos ocorridos num ambiente de sonho[20]. Eles não estão sozinhos, o fenômeno se encontra em vários especialistas. Um filósofo, G. Gusdorf[21], constata também, estudando a memória: "Encontramo-nos frente às nossas primeiras lembranças como frente a sonhos dos quais nunca temos certeza de não tê-los inventado como conseqüência da fabulação". Contar por escrito sua infância ultrapassa a simples pesquisa de um prazer em reencontrar agradáveis sensações antigas, em jogar com sua imaginação. Lendo as "infâncias", minha infância se enriquece. Já o escritor não receberia o benefício de um "devaneio escrito" que ultrapassa, por função, o que o escritor viveu (G. Bachelard)[22]. A infância das autobiografias é, de fato, recriada, e, ademais, o fato de que ela seja submetida aos olhares públicos supõe uma intencionalidade.

Alguns romancistas esforçam-se em reproduzir sua própria personagem de maneira tão fiel quanto eles crêem ser possível. Outros confessam ter embelezado sua história e estimam até mesmo, por vezes, que não somente ela assim seja mais agradável para o público, mas também mais verossimilhante[23]. Eles conhecem implicitamente as imagens esperadas da criança. Entre a autobiografia relativamente fiel e a criação de uma personagem simbólica num romance de ficção científica, existe um contínuo que passa pela autobiografia pouco ou muito romanceada e o romance onde a pequena personagem aparece de modo realista. A separação entre a autobiografia e o romance revelou-se pouco nítida, e superficial o corte entre personagens próximas do real ou do simbólico.

Escrevendo sobre eles próprios, os autores reconstruíram uma imagem de sua infância que desejavam, ou queixaram-se daquilo que

---

19. Cf. pp. 5-6.
20. Cf. Cap. 8, p. 240.
21. G. Gusdorf, *Mémoire et personne*, tomo II, PUF, 1951, p. 375.
22. G. Bachelard, *op. cit.*
23. Cf. Cap. 8.

sua infância não foi ou que ela deveria ter sido, em referência a um modelo ideal implícito ou explícito. Alguns autores percebem até mesmo sua verdadeira infância não na que lhe foi imposta pelo seu meio, dolorosa, obrigatória, mas naquela que eles recriaram, que lhes pertence verdadeiramente[24]. Inventando uma personagem, os romancistas baseiam-se também nas imagens provindas de suas próprias lembranças e nas representações da sociedade que os rodeia. Finalmente, os mecanismos psicológicos, que resultam na criação da personagem da criança ou na re-criação de si criança, não se distinguem o suficiente para conduzir a um corte nítido entre a criança do romance e aquela da autobiografia. Uma classificação em tipos de personagens não pode tomar como ponto de partida uma oposição entre estes dois tipos.

A intenção dos autores, por vezes especificada em um prefácio ou em uma apresentação, permite diferenciar tipos de obras. Alguns escritores parecem querer revelar tudo de si próprios (nas autobiografias), talvez para se explicar aos olhos de seus leitores, ou para se perpetuar. Outros divertem seu público, abrem para ele um mundo poético. Muitos tentam realizar demonstrações: uns orientados para a psicologia, mostram como se desenvolve a criança, como ela encontra e integra as regras sociais, outros seguem uma linha sociológica, descrevendo crianças de diversos meios como crianças rurais, crianças da burguesia etc. Esforçam-se também, por vezes, por suscitar uma reflexão pedagógica. Freqüentemente um objetivo polêmico domina: a visão da criança é utilizada para criticar a sociedade. Enfim, um aspecto metafísico revela-se quando um escritor se interroga sobre o significado do homem no universo e volta-se para a criança na esperança de descobri-lo.

A intenção dos autores permite uma certa ordenação dos textos, mas, por um lado, não implica uma classificação paralela das personagens, que possuem, por exemplo, características e situações idênticas nos relatos onde as intenções afirmadas divergem. Por outro, em muitas obras, não há a intenção formulada diretamente, os aspectos poéticos, polêmicos ou metafísicos superpondo-se com freqüência e podendo encontrar-se também num romance ou numa autobiografia onde a dominante é pedagógica ou sociológica etc. Abandonamos a idéia de ordenar os relatos em função de tais critérios, que correm o risco, além disso, de deixar uma grande parte por conta da subjetividade.

Especialistas da história da literatura reagruparam os tipos de personagens infantis. Seus estudos nos facilitaram muito a fase de amostragem ao longo de nossa pesquisa. J. Calvet[25] faz um balanço, acompanhado de julgamentos sobre a qualidade literária dos romances ou sobre a veracidade da personagem em relação à realidade da infância. Sua

---

24. Por exemplo, em H. Bosco, em sua obra *Hyacinthe*, N.R.F., 1940.
25. J. Calvet, *L'enfant dans la littérature française*, F. Lanore, 1930.

análise parte ora dos autores ora das personagens. Para estas últimas, ele ressalta alguns tipos sem fazê-lo muito sistematicamente:"rebeldes e atormentadas", "a criança avoada", "encantadoras e mal-educadas", "ternas e sorridentes", "aquelas que aprenderam a vida muito cedo", "a criança da rua", "a criança de hoje".

A. Dupuy, que trata do mesmo assunto[26], estabelece uma classificação por grandes temas: "a criança e o meio familiar" etc. Conclui pelo progresso da descrição da criança. Estas duas obras são uma contribuição considerável para o conhecimento do conjunto das personagens infantis na literatura francesa. O julgamento sobre a qualidade literária dos romances ou das autobiografias não concerne ao nosso estudo, e a análise aprofundada da imagem e de seu significado tem origem na preocupação dos dois especialistas.

Brauner (citando R. Finkelstein) constata superficialmente que, antes do século XIX, todas as crianças são ricas, e que, a partir daquele momento, todas as crianças se tornam pobres, pois a literatura entra numa fase de reivindicação social[27]. Ele enuncia, além disso, vários tipos: a criança patriótica dos românticos (a criança grega), a criança genial (Victor Hugo), a criança dramática (R. Boylesve, Ed. Jaloux, A. Lafon), a criança revoltada (Cocteau, Radiguet), a criança secreta (A. Fournier), a criança erótica (atual). Não se trata de uma tipologia elaborada, mas sim de uma reflexão rápida, que mistura criança e adolescente, categoriza muito rapidamente mas tem a vantagem de pressentir as dominantes de certos tipos de certas épocas. É verdade, por exemplo, que a criança erotizada é uma personagem mais bem traçada e mais freqüente atualmente[28]. Este esboço de tipologia repousa numa classificação temática.

Ora, a palavra "tema" recobre realidades diferentes. Classicamente, um tema se define como um assunto, uma matéria que se quer desenvolver, ou, no domínio musical, como o motivo sobre o qual a obra é construída. Motivos e temas são então confundidos. De fato, o tema musical seria uma estrutura mais complexa, engendrada pela justaposição de motivos e pela sua repetição no conjunto da obra. Para o romance, é simultaneamente possível falar do tema geral: a criança vítima, a criança erótica, por exemplo, ou então do tema de unidades de análise. Neste caso, o tema serve para nomear as unidades que, sob aspectos variados, escondem um sentido idêntico. O tipo de uma personagem define-se não por uma temática globalizante, onde a subjetividade assumiria um papel muito importante, mas sim por um conjunto de unidades ca-

---

26. A. Dupuy, *Un personnage nouveau du roman français, l'enfant*, Hachette, 1931.

27. Brauner, *Nos livres d'enfants ont menti: une base de discussion*, Paris, Sabri, 1951.

28. Cf. Cap. 12, p. 387.

racterísticas. Estas unidades de sentido podem ser chamadas provisoriamente de temas. Retornaremos mais adiante sobre o seu lugar em relação à representação.

Como veremos, a maior parte destes temas existe em cada época, mas com mais ou menos intensidade e sob formas mais ou menos variadas[29]. É a análise temática que diferencia melhor as três amostras, e segue, portanto, de mais perto os acontecimentos e a situação política e sócio-econômica. No entanto, este aspecto permanece secundário em nossa pesquisa, orientada antes para a análise de um significado geral da personagem e do sistema de valores, do qual ela constitui a chave mestra.

Em virtude das características da personagem da criança, das suas relações com os adultos, de suas situações, de seus olhares sobre a existência, em virtude das valorizações de todos esses diversos aspectos, estabelecemos uma outra tipologia. Se o conjunto das personagens representa um modo de ser e de viver diferente do dos adultos e contesta bastante sistematicamente a sociedade e suas normas, uma parte das personagens contesta por sua essência, a outra por suas reações. As primeiras oferecem a imagem de uma maneira de existir autêntica, o modelo da vida humana, elas são o símbolo da infância ou de jovens crianças na fase da primeira felicidade, no mundo da infância. As segundas são vítimas da sociedade ou revoltadas. Os tipos intermediários classificam-se entre estes dois pólos[30].

Esta tipologia decorre da relação entre a personagem da criança e todos os elementos que constituem a antiinfância, ou seja, as representações do "mundo normativo dos adultos" que definiremos pouco a pouco. Os mesmos elementos valorizados positiva ou negativamente podem encontrar-se associados a cada tipo. Em contrapartida, uma outra tipologia, a mais simples, a mais evidente, expressa o ponto de partida do sistema de valores: é a que separa de maneira absoluta a personagem da criança autêntica, positiva, da personagem negativa, a criança-norma. A partir delas ordenam-se outras personagens e todos os elementos, quadros de vida, instituições etc.[31] Quando falamos de sistema de valores, encaramos prioritariamente esta valorização positiva e negativa, e não uma ponderação dos elementos entre si. Esta valorização, expressa através dos escritores, pode ser objeto de uma análise objetiva.

Tal pesquisa refere-se simultaneamente a processos psicológicos e culturais. Mais que a separar o que se refere a cada disciplina, psicologia, antropologia, sociologia, semiologia, preferimos nos colocar no campo de uma disciplina que trata de fatos humanos em sua totalidade,

---

29. Cf. abaixo, p. 22, Cap. 2, p. 54 e Cap. 3, p. 88.
30. Cf. Cap. 11, pp. 358-362.
31. Cf. abaixo, p. 121.

a psicossociologia, tal como a encaramos no Centre d'Ethnologie Sociale et de Psychosociologie, que interessa particularmente pela interação do indivíduo com a sociedade. A personagem, a personagem da criança principalmente, situa-se no cerne desta interação, assim como no domínio da criação literária, como já precisamos.

Por várias vezes, passamos do plano teórico para o plano operatório e, descrevendo a problemática da pesquisa, fomos conduzidos a indicar métodos e resultados que permitiam prosseguir o raciocínio mais adiante. Esta necessidade reflete a maneira pela qual se edifica a problemática de uma pesquisa que se desenvolve num campo interdisciplinar novo, a ser explorado. Os problemas teóricos e metodológicos engendram-se dialeticamente. É por isso que definiremos quaisquer novos pontos da terminologia no momento de abordar a metodologia. Por exemplo, os termos "imagem" e "representação" são utilizados de modo muito diverso e designam objetos diferentes. É preciso clarificar de início o sentido que lhes damos e o modo pelo qual essas noções se circunscrevem nos textos.

Na linguagem da psicologia, a imagem é, no seu sentido mais geral, uma reprodução, seja concreta, seja mental, de um objeto. Este objeto, em geral percebido visualmente, ou de forma mais ampla, sensorialmente, pode ser também uma construção do espírito: uma idéia se encarna numa forma. A imagem se separa da representação através de seu caráter afetivo, espontâneo[32]. A representação se define também como um modo de apresentar ao espírito um objeto ausente, irreal ou impossível de ser percebido diretamente, fazendo-se a tomada de consciência de maneira racional. A representação organiza, por vezes, um conjunto de imagens. Aparenta-se à imagem na sua concepção de construção do espírito, pelo fato de evocar um objeto ausente[33].

Do ponto de vista operatório, existe freqüentemente uma dificuldade em precisar se se encontra em presença de uma ou de outra destas formas. A linguagem escrita é, não a imagem ela própria, mas uma tentativa de traduzir uma imagem mental ou uma representação. O estilo literal faz com freqüência apelo à sensibilidade e suscita o imaginário. Provoca a formação de imagens no leitor. O objeto assim criado, partindo de certas descrições, tem a tendência a se visualizar e, até mesmo, assume forma quando uma personagem é figurada no relato por uma ilustração, ou se torna o herói de um filme. Ocorre que a relação entre

---

32. Cf. M.-J. Chombart de Lauwe e P.-H. Huguet, E. M. Perroy e N. Bisseret: *La femme dans la société, son image dans différents milieux sociaux*, ed. do C.N.R.S., 1962, 2ª ed. 1967.

33. Para J. Guillaumin, a imagem "corresponde a uma função que (...) se assemelha à 'representação' husserliana 'tomada da maneira mais ampla possível', ou seja, como uma presentificação do objeto, dada pela consciência para a consciência (...)". *La genèse du souvenir*, PUF, 1968.

uma imagem e uma representação possa ser decomposta. À evocação pela linguagem escrita de uma imagem precisa (retrato, gesto etc.) é associado um conceito, em geral expresso por uma afirmação sobre a personagem e sobre a natureza da criança. O conjunto destes dois elementos pode ser considerado como uma representação significante, uma idéia sobre a criança ou a infância encarnada na pequena personagem. O essencial concerne à maneira pela qual a criança se torna objeto da consciência, sob a forma de imagens, conceitos, representações, e como este objeto, através do veículo da personagem, se torna uma linguagem entendida pelos leitores.

A idealização que sofre, assim, a criança nos conduz também a definir os termos "imagem-guia" e "modelo". A imagem-guia aparenta-se ao modelo de comportamento, e serve para orientar de modo normativo os comportamentos e os papéis dos indivíduos. O termo "modelo" abarca noções diferentes, das quais as mais opostas são, por um lado, a de um tipo ideal perfeito, e por outro, a de padrão, de esquema de constituição. Nestes dois sentidos o modelo ou é espontâneo, próprio a um grupo, ou imposto por um outro grupo, de modo direto ou difuso[34]. Os modelos são ora deduzidos pela análise, ora construídos *a priori*, a fim de comparar um sistema desconhecido a um sistema conhecido. Esses últimos têm diversas finalidades, são explicativos, justificativos ou preditadores. Encontramos sobretudo esta noção, de um lado, analisando as personagens da mídia destinada às crianças e procurando a estrutura de seus diferentes tipos, e, de outro, observando as escolhas das crianças que fazem dessas personagens seus modelos ideais[35].

METODOLOGIA

A metodologia compreende a delimitação do campo de pesquisa no vasto domínio da literatura, os problemas de amostragem de textos, a análise das características da amostragem realizada e, enfim, os problemas relativos à análise de conteúdo dos textos.

Por que não preferir, ao invés do romance e da autobiografia, o vasto meio de comunicação que é a imprensa? Ele atinge, seguramente, o conjunto da população sem exclusão, mas de qualquer forma os diferentes meios não lêem as mesmas publicações. A criança aparece aí apenas excepcionalmente, de modo superficial, e ao mesmo tempo sob ângulos muito diversos: a propósito de um acontecimento, nos textos de tipo pedagógico, ou nas notícias. A relação consigo mesma parece inacessível nos textos de imprensa. Enfim, esse gênero não possuía nem a mesma extensão nem as mesmas características no século XIX. Temos,

---

34. Ler a este respeito: M.-J. Chombart de Lauwe, "La représentation de l'enfant dans la société française contemporaine", *Enfance*, 1962, nº 1.

35. Cf. prefácio.

no entanto, observado, ao longo dos cinco últimos anos, as personagens infantis descritas nos ensaios e notícias de revistas femininas (*Elle, Marie-Claire, Marie-France*), sem fazer disto uma análise sistemática. Elas se parecem com os diferentes tipos de personagens de romance.

O filme, abordado a título complementar, é freqüentemente extraído de um romance, como, por exemplo, *Zazie dans le métro, Jeux interdits, Les amitiés particulières, La guerre des boutons, Poil de Carotte* etc. Neste caso, demos preferência à análise do próprio romance. Nos outros casos, utilizamos os textos correspondentes às montagens definitivas, que comportam roteiros e diálogos. Não possuímos um método de análise da imagem cinematográfica. Assistimos aos filmes em salas públicas, sem a possibilidade de diminuir o ritmo de certas seqüências ou de repassá-las. O estudo sistemático desse aspecto da personagem mereceria uma pesquisa própria, mas implica meios que não possuímos no momento. Em nosso grupo de pesquisa, várias pessoas estudam atualmente o problema da análise de conteúdo em documentos não verbais.

A coleta e a seleção das obras foram guiadas pela necessidade de conhecer a maior variedade de imagens de crianças na literatura. Pesquisamos, portanto, tipos de escritores diferentes, tendo em comum o fato de terem escrito sobre a criança. Pode-se reagrupá-los em três grandes categorias. Inicialmente, os escritores que a literatura francesa classifica como "grandes", em particular em seus manuais. Suas obras são consideradas como acontecimentos. As personagens que eles criam amiúde adquirem celebridade (Gavroche, Petit Chose etc.). O número desses autores é limitado, pudemos recolher a maior parte dos que criaram personagens infantis em suas autobiografias ou nos romances. Um segundo grupo reúne escritores específicos da infância, Lichtenberger ou Frapié são bons exemplos. Enfim, alguns autores tiveram muito êxito em sua época, sendo em seguida um pouco esquecidos. Eles formam a terceira categoria. Assim, *Poum* e *Zette*, de Paul e Victor Margueritte, caracterizam bastante bem este tipo de autores e de obras.

A classificação entre "grandes" autores e autores secundários varia segundo as apreciações dos manuais e das críticas, cujos julgamentos não nos importam. Esta classificação é um pouco arbitrária e oferece apenas interesse prático para a pesquisa. O essencial consistia em descobrir o máximo de obras que falam da infância. Fomos beneficiados com a bibliografia de cento e vinte e quatro títulos estabelecidos desde 1928 por A. Dupuy. Uma lista muito parecida foi tirada do livro de Jean Calvet[36]. Consultamos também, de forma muito eficaz, os dicionários de autores.

Para o período contemporâneo, utilizamos como fonte de informações os manuais de literatura contemporânea, as obras sobre o novo romance, a obra especializada sobre a infância de Max Primault, *Terres*

---

36. *Op. cit.*

de l'enfance[37], os catálogos e boletins diversos dos editores que anunciam suas novas obras.

Entre o corpo das obras reunidas desta forma, foi preciso escolher e classificar, a fim de obter uma amostragem dos textos. Eliminamos as obras que falavam sobre a adolescência, que haviam freqüentemente sido indicadas como obras sobre a criança. A classificação é estabelecida segundo a data da primeira publicação. As obras anteriores a 1850 não foram incluídas; no entanto, alguns livros foram inicialmente publicados parcialmente, em revistas, e só conheceram uma difusão importante posteriormente. É o caso de *La vie d'Henri Brulard*, de Stendhal. O significado de uma obra não pode ser explicado pela data de seu aparecimento. *La vie d'Henri Brulard*, assim como *Le lys dans la vallée* e *L'enfant maudit*, de Balzac, foram analisadas mas não computadas na amostra, a fim de observar maior rigor. Elas não são incluídas nas provas de quantificação. Conservamos também fora da amostra passagens particularmente interessantes de livros que não se referiam em si mesmos à infância. Enfim, alguns romances de ficção científica publicados nas coleções francesas contemporâneas foram objeto de análise sem entrar na amostra, pois os autores eram anglo-saxões. Traziam uma visão excepcionalmente pura da imagem mitificada da criança.

Os últimos livros analisados apareceram em 1968, data em que concluímos a amostra. No entanto, continuamos a nos informar sobre obras que apareceram em livrarias desde então. A importância da personagem da criança só fez crescer, já que no outono de 1969 uma quinzena de autores a tomaram como tema central.

Quando os escritores criaram numerosas obras sobre a criança ou a infância, retivemos não mais que duas, ou excepcionalmente três, dando prioridade à personagem mais conhecida, que teve a vida mais longa, e àquela que mais diferia desta. Enfim, tivemos que renunciar a várias obras, pois era praticamente impossível encontrá-las, a não ser na Biblioteca Nacional. Sua importância mínima não justificava a perda de tempo a que teria conduzido seu exame no local.

Após a consulta, perto de cem obras foram conservadas; em seguida, a necessidade de constituir subamostras conduziu a uma limitação de setenta e cinco romances ou autobiografias, vinte e cinco editados antes da Guerra de 1914, vinte e cinco entre as duas guerras, vinte e cinco depois. Uma tentativa de classificação em fatias mais finas de dez ou vinte anos mostrou-se sem interesse, dada a vida de uma obra, e inoperante. Adotamos, então, simplesmente estes três períodos separados pelas reviravoltas das duas guerras mundiais[38]. Esta repartição tem a vantagem

---

37. M. Primault *et al.*, *Terres de l'enfance. Le mythe de l'enfance dans la littérature contemporaine*, PUF, 1961.

38. A lista das obras que constituem a amostra e a lista das obras citadas a título complementar são citadas às pp. 465-467.

também de corresponder à que foi escolhida pela mídia destinada às crianças, que se impôs de maneira indubitável.

A amostragem a ser constituída possui as seguintes características: as autobiografias representam aproximadamente um terço das obras de cada época, mas a fronteira entre o romance e a autobiografia não se delimita de maneira nítida. Certas autobiografias são francamente romanceadas, por vezes até mesmo na opinião de seu autor, enquanto que certos romances encerram episódios autobiográficos. Um critério gramatical como a pessoa utilizada no relato para designar a criança não permite uma delimitação. Se os autores de autobiografias bem definidas servem-se da primeira pessoa do singular, vários romances a utilizam também (por exemplo, em *Jacquou le croquant, Les petits enfants du siècle* etc.). A relação do "eu" (ou excepcionalmente do "nós") com o "ele" é da ordem de 10 a 15, sem variação importante segundo as épocas. O "eu" do romance possui geralmente um nome próprio, assim como o "ele". Em contrapartida, nos dois casos em que o "nós" é empregado, não é acompanhado de nenhum nome próprio. Em V. Larbaud, na novela *Devoirs de vacances*, trata-se de um plural do autor, e o texto parece o mais autobiográfico da série de novelas reunidas em *Enfantines*. O "nós" da obra *Le meilleur de la vie* designa um grupo de garotos que forma uma entidade jamais dividida.

A maioria das obras refere-se inteiramente à infância: 41 sobre 75. A infância é seguida ao longo de sua existência, seja porque a narrativa compreende outras personagens tão importantes quanto ela, seja porque episódios continuam a se desenrolar após o seu desaparecimento. As narrativas dedicadas inteiramente à infância aumentam: 11, 14, 16, enquanto as outras diminuem: 14, 11, 9, partindo do período mais antigo. Noventa e um por cento dos autores são do sexo masculino. No entanto, a proporção de romancistas mulheres aumenta muito na última leva de romances publicados. Trata-se provavelmente do simples reflexo do aumento do número de mulheres que escrevem.

Entre as personagens criadas por autores masculinos, 82 por cento são meninos, e inversamente entre as personagens criadas por autoras, 78 por cento são meninas. A relação de seu próprio sexo e a da personagem parece evidente, e, no que concerne à criação literária, os autores são menos tentados a representar o outro sexo. A baixa proporção das romancistas ligadas a essa expressão preferencial de seu próprio sexo resulta na fraca proporção das personagens de meninas, quatro vezes menos numerosas que as personagens de meninos.

A lista das obras, dentre as quais a amostra foi escolhida (165 títulos), oferece as mesmas características. Portanto, esta amostra reflete provavelmente bastante bem o conjunto do romance sobre a infância e da autobiografia, pelo menos no que se refere a aspectos importantes. Pode-se dizer que ela possui as características de representatividade no sentido estatístico do termo? Sim, se considerarmos os autores que escreveram sobre a infância, e não se nos voltarmos para a massa de informação que alcança o público. Para conhecer esta massa, seria preciso especificar o número de tiragens de cada obra de cada época, efetuar uma escolha ponderada segundo a quantidade. A vida prolongada de certos livros teria imposto que eles fossem retomados nas fatias recentes da amostragem. Este trabalho teria encontrado sua justificativa em uma outra problemática, voltada para a informação. Nossa problemática é de uma outra ordem. Quantificamos não como o estatístico, mas como o antropólogo que coleta os mitos para analisar as variações, as diversas modalidades, mais do que para saber o número de suas repetições idênticas. Procuramos as representações para compreender a natureza e o significado delas. Aliás, mesmo se nos preocupássemos com a maior influência sobre o leitor, nada nos garante que ela é exercida pelo efeito de massa. O leitor pode sentir de forma mais viva a impressão produzida por uma personagem única, com a qual ele entra em ressonância, do que a suscitada por várias personagens do mesmo tipo, mas menos próximas a ele.

O conjunto de obras em que nos detivemos nos parece cobrir as diferentes vias e os diferentes aspectos sob os quais a criança e a infância puderam ser apresentadas a cada época. Por ora, não procuramos diretamente a relação entre a personagem e o autor que a criou, pelo menos o autor enquanto indivíduo, situado em sua história pessoal, marcado por tal ou qual acontecimento. Freqüentemente, em contrapartida, os desejos, as necessidades que um autor tem da criança, da infância, ou de sua própria infância expressar-se-ão diretamente. Ou, ainda, a relação entre a personagem e si mesma se revelará por fatos como os que acabamos de assinalar a propósito da tendência a criar uma criança de seu próprio sexo.

A análise de conteúdo do corpo dos textos reunidos foi ajustada para responder à problemática desta pesquisa. Não se trata nem do estudo do contexto das obras, nem daquele de sua veracidade, nem de uma análise de tipo documentário, que se interessa pelo conjunto dos documentos a fim de uma melhor classificação. A análise de conteúdo interroga os relatos sobre um objeto preciso, a criança e, por extensão, a infância. Ela é simultaneamente localizada e exploratória, já que ignorávamos no início os termos, os conceitos e as imagens utilizadas para contar este objeto.

Uma primeira etapa consistiu em resumir dez obras, capítulo por capítulo[39], e, ao mesmo tempo, revelar as seqüências (frases ou grupos de frases) que falavam da criança em si, ou das personagens com as quais ela se encontrava em relação, ou do meio em que ela estava situada.

39. Giraudoux, *Les aventures de Jérôme Bardini*; Duhamel, *Les plaisirs et les jeux*; Lichtenberger, *Biche, L'enfant aux yeux de chat*; Loti, *Le roman d'un enfant*; Larbaud, *Enfantines*; Queneau, *Zazie*; Rochefort (Christiane), *Les petits enfants du siècle*; Sartre, *L'enfance d'un chef*; Saint-Exupéry, *Le petit Prince*.

O primeiro conjunto de textos, explorado de um ponto de vista temático, foi completado através de narrativas aparentemente muito diferentes, se considerarmos a situação e algumas características da personagem: romances que colocam em cena uma criancinha "enternecedora", ou uma criança vítima[40]. Este processo tinha por si só o objetivo de não nos deixar conduzir por uma impressão de coerência entre os textos no momento do estabelecimento do código da análise.

Especialistas da análise funcionalista da narrativa, como Propp, ou estruturalistas como Greimas, Brémond e Todorov[41], esforçaram-se por situar a personagem como relação ou como "atuante", e de evitar situá-la como um objeto em si. Levamos em conta em nossa pesquisa os dois aspectos, dados sua focalização sobre a personagem e nosso interesse pelos processos de categorização e de simbolização.

Uma parte das frases ou grupos de frases recolhidas concernem à própria personagem. A linguagem conta a personagem de modo direto ou indireto. No primeiro caso, a via mais curta utiliza o verbo de estado, a afirmação: a criança "é o tempero do mundo". Em outros casos, a definição passa pelo desvio da analogia, como, por exemplo, quando a personagem é comparada a um animal selvagem que recebe uma qualificação. A comparação pode não ser explícita, mas se manifesta por assimilações em situações idênticas, nas associações aos mesmos elementos. A narrativa assume também formas menos explicativas, os autores não formulam mais definições, mas traçam um retrato da personagem, desenhando imagens. Traços físicos traduzem as características idênticas àquelas que estão expressas através de afirmações[42]. De modo indireto, as personagens revelam também sua natureza através de comportamentos, atitudes, tal como o Kid, criança autêntica por excelência, que "não tem nenhum gesto de fachada", e que "não se encanta jamais". Nos casos em que a personagem pode ser considerada como uma essência da infância, o ato é uma expressão de sua natureza, ao mesmo tempo que um desencadeante de acontecimentos necessários ao prosseguimento da narração.

Alguns textos ultrapassam o nível da representação, revelam a mitificação da personagem. Por exemplo, no início de sua autobiografia, Pagnol [65] se representa como criança contemplando um matadouro:

Eu subia numa cadeira, diante da janela da sala de jantar, e olhava o assassinato dos bois e dos porcos com o mais vivo interesse. Creio que o homem é naturalmente cruel: as crianças e os selvagens provam isso a cada dia.

---

40. Por exemplo: T. Derème, *Patachou*; P. e V. Margueritte, *Poum, Zette*, ou J. Vallès, *L'enfant*; J. Renard, *Poil de Carotte* etc.

41. Ver a este respeito: R. Barthes, "Introduction à l'analyse structurale des récits", *Communications*, nº 8, éd. du Seuil.

42. Cf. Cap. 2, pp. 38-44.

Desenvolve em seguida os seus sentimentos: admiração pela força dos açougueiros, divertimento e risos diante dos gritos dos porcos que são arrastados pelas orelhas etc. O autor parte da descrição da criança que contempla o espetáculo cruel com interesse, divertimento. Estas imagens são significantes expressivos da crueldade da criança. O conceito de crueldade, o significado implícito na primeira frase é explícito na segunda, mas referente ao homem. A representação da crueldade da criança, significado global da primeira frase, e reforçada por uma série de frases descritivas do comportamento que se seguem à explicação central, torna-se o significado da segunda frase. O autor faz mais do que representar a crueldade da criança, faz dela o sinal de uma característica da espécie humana, fundada na natureza, já que fundamental em razão de sua presença cotidiana na criança. A natureza do homem se compreende olhando a criança, ser humano na origem, portanto autêntico. Esta primordialidade é reforçada pela associação da criança ao primitivo, associação que se encontra em diversos autores.

Idéias como crueldade ou autenticidade da criança, mostradas através de comportamentos, de retratos, formam representações de um conjunto coordenado que se constitui em um sistema de representação. O segundo nível utiliza estas representações para dar uma explicação da natureza humana, de sua origem, exprime um processo mitificante – alguns diriam um mito moderno –, é, pelo menos, um fragmento de um mito.

A criança e a infância são também delimitadas pelos códigos que concernem às relações da pequena personagem com outrem: seus parceiros crianças ou adultos, e seu ambiente. A comunicação supõe dois pólos e relações mais ou menos hierarquizados e valorizados. Vimos que o sistema de valores se revela a propósito de relações oposicionais entre a **criança autêntica** e a **criança-modelo**. Esta última classifica-se como a imagem de adulto que encarna as normas sociais, juntas elas significam uma oposição à autenticidade, à vida. Os elementos situacionais ordenam-se em função de sua relação com a criança autêntica. A valorização positiva se deduz de uma homologia a tal personagem, ou de uma adequação entre esta e aquela. Os elementos negativos conduzem à infelicidade da criança autêntica, ou são associados à criança-modelo ou a um adulto-norma. Por várias vezes pode-se constatar a transposição do que é percebido como idêntico à criança ao que é julgado bom para a criança. O sistema da lógica mítica é acompanhado por um sistema de valor, os pares de oposições são quase sempre qualificados como um elemento mau. As narrativas não se desenvolvem, no entanto, em um tom simplista, pois o sistema destacado mostra-se raramente de forma clara, é implícito ou parcialmente explícito.

Pode-se perguntar se é legítimo construir um tal sistema aproximando narrativas que se sobrepõem apenas parcialmente. De fato, o núcleo de características que serve de base à mitificação da personagem permanece muito fundamental. As personagens das crianças idealizadas o possuem por inteiro; a criança de aparência mais realista o possui ao menos em parte; as outras características sofrem atenuações numa mesma direção[43]. A relação com os diversos tipos de adultos e com as crianças-modelo permanece a mesma. As relações com o mundo circundante formam constelações que se complementam cada vez mais, cada texto trazendo simultaneamente elementos já situados e elementos novos. A totalização dos elementos dispersos pertencentes a narrativas diferentes não teria podido se justificar. Se fosse essencial destacar uma lógica na maneira de se representar a criança e utilizá-la em função desta representação, seria preciso também verificar que esta lógica teria um caráter de generalidade e não seria reservada a apenas alguns autores. Senão, correríamos o risco de delimitar uma figura excepcional, uma obra original segundo este ponto de vista, e não um sistema de representações, uma linguagem largamente utilizada. Esta lógica comum não nega em nada o valor da criação personalizada introduzida por cada romancista, em função de seu gênio próprio e de sua personalidade. Mas nosso estudo não se interessou pelo aspecto estético da obra.

Constatar repetições entre os diferentes textos ao nível das representações ou da utilização das personagens da criança não é uma operação de quantificação sistemática. Em contrapartida, contagens de temas foram efetuadas a fim de analisar as variações segundo as épocas. Notamos a presença de alguns temas em cada escritor, levando em conta as diferentes formas sob as quais aparecem, mas não as repetições sob as mesmas formas. Esta experiência permitiu assinalar as presenças e as ausências, assim como a maior ou a menor riqueza dos temas que se referiam à criança. Trata-se simplesmente de um complemento da pesquisa, e não de seu interesse principal. Os diferentes códigos, subcódigos e seus cortes internos coincidem cada vez mais com o índice da obra. Dois anexos metodológicos facilitam a compreensão da análise de conteúdo, uma delas por uma representação sintética das operações, a outra resumindo de maneira sucinta a decodificação paralela de três obras da amostra, notáveis pela presença de uma "criança autêntica", mitificada, muito padronizada[44].

As narrativas sobre a infância deixam transparecer a presença de um mundo imaginário desejado, oposto à sociedade real e ao modo de existir dos adultos. Não deixam em absoluto a esperança de uma redução do conflito pela transformação da sociedade. Quando se manifesta a presença do autor, este se aproxima da personagem da criança, procura encontrá-la. O diálogo entre a sociedade real e o mundo imaginário estabelece-se ora no seio da pequena personagem, no momento

---

43. Cf. Cap. 3, pp. 86-89.
44. Cf. Anexo 1, p. 459 e Anexo 2, p. 461.

em que ela deve se integrar à sociedade, adotando suas normas, ora por ocasião de exigências de adultos, ou de situações criadas para a criança que se opõem à sua "natureza". O autor, quando se dá o papel do "bom adulto", próximo da criança (como o piloto em *O Pequeno Príncipe*, ou Jérôme Bardini no *Kid*[45]), coloca-se duplamente no centro do conflito, pois ele mesmo é dividido entre seu gosto pela infância e seu estado de adulto e sustenta freqüentemente a pequena personagem contra um outro adulto, defensor da sociedade.

O mito surge diante de um obstáculo percebido como insuperável, diante de um fato que a inteligência não pode entender, diante de uma **situação irremediável**. O **pensamento mitificante contemporâneo** que se revela a propósito da personagem da criança parece seguir a mesma lei. Através desta mitificação, não existiria uma reivindicação fundamental de si, uma escapatória ao tempo e aos papéis impostos pela sociedade, assim como uma recusa do mundo tal como o adulto o vive, em função de estruturas sociais, de instituições, de normas sem nenhum ponto em comum com o mundo desejado, projetado na infância?

---

45. Cf. Cap. 6, p. 189 e Cap. 7, p. 231.

Primeira Parte

A Personagem

A primeira parte do estudo é dedicada a seu objeto central, a personagem, observada em si mesma. O que se deve entender pelo termo "personagem"? Por um lado, a personagem é uma pessoa, representada numa narrativa, que desempenha o papel atribuído a uma categoria correspondente na sociedade real, ou num mundo imaginário. As diversas personagens da criança apresentam diversas modalidades dos papéis esperados dessa categoria de idade, tidos por ela ou ainda imaginados para ela. Por outro lado, a personagem toma às vezes o sentido de símbolo, de figura alegórica, encarnando a infância como uma abstração, personificando uma essência.

A análise da personagem em si mesma não permite destacar todo o sistema de representações da criança, mas tem a facilidade do estabelecimento de um primeiro dicionário indispensável à delimitação desse sistema e à compreensão de sua gênese. A linguagem sobre a criança, que a mostra e a comenta, compreende, de um lado, imagens de suas características, de outro, afirmações sobre sua natureza, conceitos expressos, com freqüência, diretamente, por vezes, implícitos, decorrendo então da imagem. Uma primeira significação da personagem aparece já nessa fase da pesquisa, resulta da relação entre essas imagens e esses conceitos. A representação se organiza em sistema, por trás do qual se delineia um sistema de valores, expresso da maneira mais clara pela oposição de pares de personagens positivas e negativas, assim como pela forma que tomam os reagrupamentos de crianças entre elas. A passagem de uma linguagem "sobre" a criança a uma linguagem "pela" criança se deixa perceber.

Se a personagem foi tomada como suporte de valores particulares, o fato de ela ser uma criança não é arbitrário. A idealização da infância parte de características parcialmente reais dos primeiros anos. Desejáveis para o adulto, foram congeladas numa infância eterna, e fundadas na natureza.

2. A Personagem Simbólica e a Idealização da Infância

Dentre as múltiplas personagens infantis criadas na literatura, algumas parecem próximas da criança com a qual nos deparamos na vida cotidiana ou com a que fomos, enquanto outras se distanciam dela, até assumir formas tais como as do Pequeno Príncipe, que expressam uma simbolização da infância mais do que uma imagem de criança. Nas autobiografias, as pequenas personagens não são ficções, tiveram uma existência verdadeira, de que se lembram os autores. Para facilitar a análise, distinguimos dois pólos opostos: de um lado, as personagens das autobiografias e aquelas que se aparentam a elas, já que seus comportamentos e suas condições de vida situam-se no universo do possível para a sua idade e sua época; de outro lado, as personagens de contos fantásticos, de romances de ficção científica, assim como todas as que são dotadas de poderes misteriosos e vivem em condições excepcionais.

Esta oposição, fundamentada em critérios aparentes, ajudou a agrupar as personagens simbólicas, porém existe ainda um *continuum* entre os casos extremos, e características idênticas encontram-se em personagens que havíamos suposto diferentes. A mitificação da personagem simbólica em um relato e o mito pessoal que o autor edifica mais ou menos inconscientemente, evocando uma imagem deformada de um antigo eu, não deixam de estar relacionados, como precisaremos pouco a pouco. O duplo mecanismo obriga a pressupor a referência de uma imagem ideal da criança, que iremos enfocar partindo das personagens classificadas *a priori* como simbólicas, completadas por personagens que se aproximam delas por várias características.

Mas o que se poderia entender por personagem simbólica? O símbolo reúne, por definição, duas partes: uma concreta, o significante, outra abstrata, difícil de ser representada diretamente, porém portadora do sentido verdadeiro, o significado. No caso da personagem, a parte significante é a forma particular, a individualidade que o autor lhe emprestou. Ela se traduz em significantes múltiplos, que são as imagens das diversas características dos comportamentos, das atitudes etc. O significado aparece, por vezes, claramente, quando o próprio autor explica o sentido de uma imagem, ou define a natureza da personagem. É também múltipla, já que a afirmação sobre a criança ou sua correspondência deduzida a partir de imagens (quando o sentido não é dado) são numerosas. O conjunto destes significados parciais unifica-se para constituir um ideal abstrato da criança. Os diversos significantes compõem um conjunto de sinais que alertam o leitor, indicam a presença mais ou menos completa, mais ou menos consciente, da criança idealizada.

A personagem simbólica possui características mais destacadas, extremas e evidentes do que a personagem de aparência mais real. (Mas toda personagem não assumiria, de um certo modo, um papel de símbolo? A análise da personagem mais próxima da criança real permitirá responder a esta questão.) As qualidades, os dons da personagem classificada como simbólica, parecem antes representar uma natureza específica da infância do que expressar traços individuais. É a morada de uma essência da infância. É por esta razão que a definição da imagem da criança idealizada se apoiará, inicialmente, nessas personagens.

1. CARACTERÍSTICAS DA CRIANÇA IDEALIZADA

A criança idealizada apresenta características psicológicas que denotam, antes de mais nada, uma autenticidade e uma verdade totais. Livre, pura e inocente, sem laços nem limites, está totalmente presente no tempo, na natureza. Ela se comunica diretamente com os seres e as coisas, compreendendo-os a partir do seu interior. Sincera, exigente e absoluta em relação à verdade ou a seus próprios comportamentos e aos de outrem, tem uma lógica implacável. Diferente do adulto, permanece secreta e não se liberta, seja porque não quer ou porque não pode. Por vezes se mostra ausente, indiferente ou afastada da realidade, por vezes é receptiva e sensível, estes dois traços coexistindo em algumas personagens.

Este retrato é pintado quase na sua totalidade por alguns autores, sendo que outros fornecem apenas traços parciais.

Autêntica. Não-socializada. Corpo Simples

Uma das imagens mais típicas neste sentido é o *Kid*, de Giraudoux [40], que nunca se encanta, que nunca é "surpreendido pelas criações dos homens", é o santo ignorado "antes de sua santidade", não é o pintor ou o poeta, mas "a pintura e a própria poesia". Esta autenticidade está associada à ausência de consciência de si, implicando inocência. É encontrada também em Cocteau, onde suas *Enfants terribles* [29] "nunca (...) tomavam consciência do espetáculo que ofereciam; aliás, nem o ofereciam (...)" Gavroche (Hugo [10]) possui os mesmos traços:

este pequeno ser é feliz. Não come todos os dias e vai ao espetáculo, se lhe apraz, todas as noites (...) fala gíria, canta canções obscenas e não tem maldade no coração. É que ele tem na alma uma pérola, a inocência, e as pérolas não se dissolvem na lama.

A esta inocência absoluta corresponde, em alguns, uma bondade natural, como, por exemplo, em o Pequeno Príncipe (Saint-Exupéry [71]) que não crê na maldade ou, pelo menos, um estado ainda "inofensivo", como nos filhos de Duhamel. Outros têm uma crueldade indiferente de animal selvagem, tal como o estranho pequeno Babou, que olha com interesse a degola dos frangos (Lichtenberger [42]), Patricia (Kessel [61]), que admira seu leão quando ele caça. Este traço de caráter marca simplesmente o lado primitivo e não-socializado da criança.

Autêntico, imediato, não-socializado são também o Pequeno Príncipe (Saint-Exupéry [71]), que quer imediatamente o desenho de um carneiro, só leva em conta aquilo que sente e não compreende os juízos de valor do adulto, Trott [14], Biche [41] ou Babou, a criança dos olhos de gato (Lichtenberger [42]) ou os filhos de Duhamel [35], e aparentemente não-simbólicas. A criança Sartre [73] não pode mais escrever pois não é mais ele próprio, à medida que lhe impuseram sua vocação de escritor. "Tinha perdido a inocência (...) minha pena, socializada, me caiu da mão e fiquei vários meses sem escrever." Trata-se, de fato, de um estado e não de uma aquisição. A formação dada pela sociedade aparece como uma perturbação, uma destruição deste estado de inocência, de imediatez, de autenticidade,

como se o hábito, a obscuridade invasora, os muros que levantamos entre nós, o mistério essencial e a complexidade de viver pudessem ser suprimidos se reencontrássemos simplesmente a pureza da infância ou qualquer outra chave (...) perdida. O que perdemos então? Binky o sabia (Otis Kidwell Burger [148]).

A criança surge de fato como um corpo simples e sem mistura, "Nadia é água pura" (C. Chonez [58]). "Uma criança não tem do que se arrepender. É sempre pura" (M. Bataille [51]). Sua inocência é pureza que transparece através de sinais. Elsie (V. Larbaud [50]) "veste uma roupa de marinheiro ampla, de linho branco quase tão puro quanto ela própria", "creio ver sua alma nas palavras, é como quando nos inclinamos sobre uma água límpida". Se Elisabeth e seu irmão podem parecer complicados, isto se dá apenas à imagem dos mistérios da natureza: "Complicados eles o eram, sem dúvida, como a rosa e (seus) juízes como a complicação". São também "puros e selvagens", sendo que um educador (Cesbron [57]) nota "o perfil selvagem e puro" de um pequeno fujão. Uma qualidade de presença absoluta acompanha estes traços.

Presente

O Kid é uma criança "sem passado, sem futuro", escapa ao tempo. Babou (Lichtenberger [42]) que, inconscientemente, espera a hora de vingar sua mãe, morta por um criado mestiço, desenvolve sua existência no presente, num espaço sem perspectiva. Cuib sedento é inteiramente sua sede: "a prospectiva é uma convenção de honra nas civilizações refinadas. O homenzinho vive num espaço que tem apenas duas dimensões".

Fora do tempo, constitui também parte integrante da natureza, não a contempla, não é seu complemento. O Kid não utiliza "conservas culturais" da "trama humana" para admirar esplendores do Niágara, ao lado do qual caminha. O Pequeno Príncipe não sabe o que significa admirar: não admira, está com. Pascalet (H. Bosco [56]), em seu rio, está repleto "de uma alegria vivaz, de uma verdadeira alegria (...) descia até a alma", porém não sabia "o que é a alma. Nesta idade se é ignorante". Babou e Patricia vivem na natureza como se houvesse um pacto implícito entre ela e eles. A música de Patricia torna-se "a voz de seu acordo com o mundo. Um mundo que não conhece barreiras". Sua voz é "como um eco natural do mato". O prazer de se encontrar na natureza e o amor por ela decorrem freqüentemente, sobretudo nas personagens de aparência mais real, seja porque existe uma espécie de identidade entre a criança e ela, seja porque, graças a ela, a criança se afasta da imposição do adulto, de seus parâmetros, de sua sociedade, sendo que amiúde as duas razões conduzem uma à outra (M. Pagnol criança, a criança e o rio, Biche). São mais conseqüências do que uma essência, mas pode-se seguir freqüentemente a passagem de uma homologia de natureza (por exemplo, a criança e a natureza significam ambas a autenticidade, a verdade) a uma associação feliz (a criança que se expande no campo ou no mato).

"O amor pela natureza é um sentimento do adulto urbano, profundamente acostumado às patifarias da vida civilizada e fatigado delas." "A criança não tem ainda uma tal nostalgia do natural" (Leiris [62]). Ela é a natureza, assim como o animal selvagem ao qual é freqüentemente comparada. Não é ainda alienada, limitada, é um ser livre. "Apenas a espontaneidade e a inocência que eles [os animais selvagens] tinham para acolher Patricia podiam se equiparar à inocência e à espontaneidade que Patricia mostrava para se igualar a eles", e ela circula livremente na selva, "menininha (...) no meio da mata e dos animais como uma ondina no fundo das águas ou como um elfo nas

A PERSONAGEM SIMBÓLICA E A IDEALIZAÇÃO DA INFÂNCIA   33

matas (...). A menininha da aurora e dos animais selvagens". Esta aproximação da criança ao animal selvagem ou primitivo explicava também sua crueldade, como já vimos em vários autores.

Livre

O Kid, "criança que, se não tem nome, ao menos não tem coleira, e que não se deveria deixar vagabundear nos gramados públicos", não sofre por seu abandono, apesar de sua miséria, já que sua fuga o tornou livre. Ele podia então "experimentar um descanso sem imposições e sem limites" e posssuir "uma alma tão desligada dos laços que o prendiam desde o seu nascimento, que a palavra liberdade reassumia, a seus olhos, um sentido".

Estas palavras opostas, liberdade e coleira, evocam os delinqüentes de Cesbron, que temem pelos *Chiens perdus sans colliers* [57], aos quais se identificam. A sociedade malfeita e suas leis alienaram-nos duplamente: eles perderam uma parte, mas somente uma parte de sua inocência primeira e estão em busca do afeto que pode ser ainda sua salvação. O Kid encontrou uma verdade total na sua situação de foragido, nenhum laço o detém, não atribui nenhum valor sentimental às coisas e tem "intacta nas faces a explosão inumana que os beijos das mães são incumbidos de atenuar na maioria das crianças mortais".

Esta imagem da liberdade enquanto estado inicial da infância expressa-se raramente e de maneira direta como em Kid ou Patricia. O Pequeno Príncipe, no meio do deserto, representa também uma imagem de liberdade, mas conserva a necessidade de laços afetivos com a rosa e procura criá-los novamente com o piloto e com a raposa. Seu sentido espontâneo da liberdade lhe torna estranha a idéia de prender o carneiro. Gavroche vive também de uma outra maneira em liberdade: "Tem por vezes uma casa da qual gosta, pois ali encontra sua mãe; porém, prefere a rua, porque ali encontra a liberdade". Boris Vian oferece-nos a ficção de crianças (*L'arrache-coeur* [75]) voando como pássaros para escapar do amor sufocante de sua mãe.

Sem estar num estado real de liberdade, muitas personagens têm o senso e o prazer da liberdade e, sobretudo, criam para si um estado de liberdade soberano graças ao qual se afastam das imposições da sociedade; nós o reencontraremos no capítulo dedicado ao devaneio[1].

Verdadeira. Exigente

Totalmente verdadeira e livre, mostra-se naturalmente sincera e exigente: quer a verdade e não suporta nem a mentira nem a hipocrisia das convenções sociais. Este traço existe em várias personagens, quer

1. Cf. Cap. 4.

tenha o autor criado crianças estranhas e simbólicas, como o Pequeno Príncipe, o Kid, Babou ou Patricia, quer crianças com aspectos mais realistas como Trott, Biche, o pequeno Bob (Gyp [128]) e algumas crianças de V. Larbaud. É encontrado até mesmo nas autobiografias de Marie-Claire (M. Audox [1]), por exemplo, ou ainda em Line, ou seja, Séverine criança. Esta seriedade, esta lógica implacável, amiúde colocam os adultos em confusão: sem maldade no caso do Pequeno Príncipe; com gravidade quando Biche diz a seu pai que gostaria de compreender o porquê de ser punida; com ingenuidade em Trott, que é muito jovem, ou com um espírito cínico em Zazie. Inúmeros episódios ressaltam este traço da criança por ocasião de comportamentos e reflexões diversos. Confirma o caráter absoluto, mas limitado e autêntico das personagens.

Capaz de se comunicar diretamente com os seres e as coisas

Estas diversas características acrescentadas à sua pureza dão à criança uma certa aptidão, a de se comunicar diretamente com os seres e as coisas, de apreendê-los com uma compreensão total. "Existe entre Patricia e os animais alguma coisa... alguma coisa que não se pode... a qual não se pode tocar." "Ela os ouve e é ouvida por eles." No mais, ela "conhece as palavras certas" de diferentes línguas africanas para lhes falar. Sua voz "não servia mais ao comércio estreito e fútil dos homens. Ela tinha a faculdade de estabelecer um contato, um intercâmbio entre sua miséria, sua prisão interna, e este reino de verdade, de liberdade, de inocência, que se espalhava na manhã da África".

Pascalet e seu amigo Gatzo, o jovem boêmio, vivem no rio e comunicam-se totalmente com este: "Tínhamos dedicado nossa vida à vida das águas dormentes. Regulávamos todos os nossos movimentos pelo sol e pelo vento, por nossa fome e nosso repouso[2]. E nos vinha ao coração uma maravilhosa plenitude".

A comunicação com a natureza e sua compreensão direta são imagens correntes. Estende-se freqüentemente aos objetos, perde-se com a idade; Gérard (Berge [27]) lembra-se de sua infância: "Naquele tempo, uma mesa era uma mesa, uma bofetada era uma bofetada... enquanto que agora, ainda que visse tudo se desvanecer ao meu redor, pouco me surpreendia"; e a Bel-Gazou, de Colette, próxima de seus nove anos, "não mais proclamará, inspirada, estas verdades que confundem seus educadores. Cada dia a distancia mais de sua primeira vida, plena, sagaz (...) que despreza, do alto, a experiência, as boas opiniões, a prudência rotineira" [30].

A criança pode também se comunicar com os seres, pelo menos com certos seres privilegiados. Babou não precisa de palavras para

---

2. Cf. Cap. 9, p. 276.

saber que sua avó sofre. O Pequeno Príncipe compreende imediatamente aquilo que é importante, e comunica-se, em silêncio, com o piloto. Entre Jérôme Bardini e o Kid se estabelece uma "compreensão sem limite" que não é reservada exclusivamente à amizade, já que também o Kid "olhava frontal e longamente as mulheres grávidas, com uma espécie de olhar de adoração que dava a estas mulheres a impressão de que esta criança desconhecida não as conhecia, mas conhecia a criança desconhecida que traziam dentro delas". Binky adota imediatamente a língua e até mesmo a entonação dos outros. "Era muito espontâneo para ser uma imitação comum. Poder-se-ia dizer que era a forma de ser que ele apreendia e retransmitia simplesmente na linguagem apropriada." Ele é "onisciente". Personagens como Patricia e Nadia adivinham o que os adultos vão fazer, ou são capazes de encontrá-los sem explicações no lugar onde se acham.

Quando descrevermos os tipos de conhecimento da criança e de seu aprendizado do mundo, encontraremos, de vez em quando, estas aptidões particulares. Mas os autores nos mostrarão mais freqüentemente uma criança desconcertada diante de suas descobertas, misturando sonho e realidade, interpretando, amiúde de maneira falsa, o que percebe, enquanto as características que acabamos de descrever provêm antes de uma intuição genial, de um poder de intercâmbio associado à nitidez absoluta, à ausência de obstáculo, de limite pessoal. A criança permanece leal a si mesma, não utiliza então nenhuma artimanha, nenhuma convenção social para dialogar com o adulto: é ainda uma das expressões do estado de infância idealizado. Numa mesma direção, conduzida a seu limite, veremos ser atribuída à infância um dom misterioso para conhecer realidades escondidas; é o caso, por exemplo, de Liesle (Z. Henderson [129]), que pressente uma vida animal nas colinas, que são, para ela, oito animais, e no rochedo, que se abre e se fecha. Ajuda o menor animal-colina a entrar sob a terra quando chega o frio. É uma criança de contos fantásticos. Estes mesmos traços são atribuídos às crianças idealizadas porém menos extraordinárias.

A intuição da criança é com freqüência associada a uma grande receptividade, a uma sensibilidade muito intensa. Assim, o Petit Chose tem a intuição da infelicidade, adivinha o conteúdo do telegrama que anuncia o falecimento de seu pai; Biche sofre com o sofrimento de um sapo machucado e, apesar da repulsa e emoção, pega-o em sua mão.

Várias personagens possuem esta qualidade: Fan (M. Genevoix [37]), Babou, Trott, Line, L'enfant maudit e a do Lys dans la vallée (Balzac [104]), a do La nébuleuse (Berge [27]), o Pequeno Príncipe. Em Le Kid, trata-se mais de um tipo de permeabilidade. Apresenta um aspecto indiferente, só que rejeita qualquer manifestação sentimental ou afetiva, e simboliza uma recusa das relações convencionais e das criações humanas: é ser e não-ato. "Dos humanos, aliás, parecia apenas receber aquilo que viesse, através deles, da bondade, da verdade ou do amor." Por outro lado, Babou parecia indiferente às carícias, à separação dos seus, à tempestade, aos perigos. De fato, não reage contra o que lhe parece inevitável, despreza um pouco a exteriorização dos sentidos e de seu aspecto formal. Biche, hipersensível, parece, aos olhos de sua mãe, uma criança ingrata e indiferente, pelas mesmas razões.

Secreta. Aparentemente indiferente

O caráter secreto oculta a posse de conhecimentos esotéricos pela personagem simbólica; a indiferença, uma sabedoria, uma outra visão do mundo. Nas outras personagens, estes dois traços evocam a incomunicabilidade da criança, a presença de um outro mundo a ser salvaguardado, uma necessidade de liberdade.

Algumas personagens experimentam uma real indiferença em relação aos adultos: o porcalhão (Mauriac [63]), porque "não experimentava pelos outros nem ódio nem amor" (em relação à sua família, que se desentende); Trique (Machard [43]), porque despreza seus pais que brigam e reencontrará a paz quando um deles deixar o lar; Jo (Christiane Rochefort [70]) e Lucien (Sartre [49]), porque ficam frios, indiferentes frente aos elogios e reprimendas do adulto a respeito de seus trabalhos escolares e de seus comportamentos.

Esta atitude corresponde também ao realismo de uma criança pequena: "nem sempre se ama", responde Marthe, cinco anos, quando lhe perguntam se ama seu pai (Bordeaux [3]). Muito jovem, o Petit Chose não tem consciência da ruína de seus pais, só pensa em brincar; Duhamel [35] queixa-se da "culpável indiferença às carícias do pobre papai". A verdade, a imediatez, a oposição à sociedade, são características subjacentes às atitudes tão freqüentes nas personagens de todos os tipos. A criança não parece ser percebida como indiferente por natureza, pois que é autêntica, por essência.

Sua indiferença, no mais, tem um papel de proteção; ajuda a suportar uma vida muito penosa para sua frágil nudez: "indiferença, incompreensão, ingratidão, puerilidade? Não, misericórdia da providência que poupa os carneiros muito frágeis do vento frio" (Lichtenberger [42]). "Para onde vão mais tarde esta vontade enorme de ignorar, esta força tranqüila empregada para banir e afastar?" (aquilo que não agrada) (Colette [30]). Enquanto isso, alguns têm o "espírito da ausência", como José (Mauriac [45]) ou como Serge (Montherlant [64]): "Comigo não sois uma presença, sois uma ausência", queixa-se o abade de Pradts, que observou o seu outro rosto, "vivo, feliz", quando se encontra com seus colegas. É uma defesa, um tipo de adaptação da criança. Em contrapartida, é, por vezes, considerado como fujão, como veremos a respeito de seu dom de devaneio.

Com seu caráter secreto, abordamos simultaneamente sua natureza específica e uma atitude de defesa. A infância tem um aspecto incomunicável. As crianças não têm dela uma consciência clara, esquecem-na em seguida (Duhamel [35]). Existem nelas "instintos animais, vegetais, os quais são dificilmente surpreendidos em atividade, pois a memória não os conserva mais do que a lembrança de certas dores, e as crianças se calam com a aproximação dos adultos" (Cocteau [29]). Gostam de reservar um domínio escondido e dissimulam toda uma vida interior. Yves (Mauriac [45]) está "completamente entregue a um sonho de magnificência ao qual ninguém tem acesso"; Patricia "sob a capa da indiferença (...) refletia intensamente"; Bernard (Berge [27]) "cala-se para não chamar a atenção sobre o esconderijo onde se dissimula, em sua memória, tudo aquilo que se desejaria dela arrancar. A criança está rodeada de silêncio". *L'enfant à la balustrade* é surpreendida sonhando. "Mas! você está se aborrecendo, minha criança! Precisa brincar! Fui, mais uma vez, tomada de uma grande vergonha: teria preferido ser surpreendida comendo geléia diretamente do pote, na copa, a ser surpreendida sozinha diante de um relógio de sol, sem fazer nada." Começou a bancar a boba e a dar pinotes.

A criança assume uma atitude de ensimesmamento para esconder sua vida secreta. O adulto sente seu mistério e se interroga: "Quem me dirá quem é minha filha aos seus próprios olhos?" (Colette [30]). "Em que você está pensando, Bel-Gazou?" "Em nada, mamãe." "É uma boa resposta. (...) Todo templo é sagrado (...) Minha pergunta cai como um pedregulho e racha o espelho mágico que reflete, rodeado de seus fantasmas favoritos, uma imagem de criança que eu jamais conhecerei" (Colette [30]). A avó de Babou se inquieta também com sua natureza secreta. "As crianças nunca revelam o segredo, confundindo-se a si mesmas com suas divagações (...)", comentam P. e V. Margueritte [18], observando Zette. O educador que escolta o pequeno delinqüente silencioso e estranho sente-se intimidado (G. Cesbron [57]).

Outras personagens são julgadas como dissimuladas, secretas, tais como Rose Lourdin (V. Larbaud [50]) por sua professora, ou Biche por sua mãe. Em geral, a criança não revela o que se passa em seu íntimo. É este o sentido dos silêncios do Pequeno Príncipe.

As *enfants terribles* não podem e não querem comunicar seu saber atual. Biche nunca fala da avó morta, mas não a tendo esquecido, vive constantemente ao seu lado. Às vezes, a vida secreta se expressa num diário, em escritos, que não devem ser descobertos, sob o risco de trair todo o segredo desta vida profunda. Henri Brulard (Stendhal [160]), com a idade de dez anos, "escreveu secretamente uma comédia em prosa (...) o trabalho era um grande segredo, minhas composições me inspiraram sempre o mesmo pudor que meus amores". Loti escreve seu diário, mas não encontra nada para dizer em seus relatos, pelo medo de que seus pensamentos fossem lidos. O pré-adolescente de Valéry Larbaud recusa-se a "falar de poesia, isto, nunca" diante dos adultos.

Para outros, é uma brincadeira, uma aventura, que é preciso disfarçar, só que esta simboliza todo um mundo da infância: o mundo secreto da rainha das ilhas, para as crianças de *Fruits du Congo*, aquele dos bandos em guerra na *La guerre des boutons*, aquele das brincadeiras por vezes perigosas descritas por Colette [30]: "Nosso único pecado, nossa única malvadeza era o silêncio e uma espécie de desvanecimento milagroso..." Para todos, o segredo preserva o mundo da infância e a recusa de permitir aos adultos aceder a ele.

2. UM RETRATO SIGNIFICATIVO

Quando os autores recriam a criança que foram, ou inventam uma personagem, imaginam-na, em geral, de maneira bastante precisa e concreta a fim de lhes dar uma forma física expressiva. As representações da criança são figurativas, os romances pouco abstratos. Não nos é possível enumerar todos estes numerosos retratos. Algumas características físicas retornam com tal freqüência que aparecem como símbolos da infância, enquanto outras parecem mais a expressão de valores que se quer encarnados nela: são estas as características que mais nos interessam aqui.

As cabeleiras louras, cachos de seda clara, reflexos de ouro etc. são verdadeiramente o privilégio da infância, já que 56 por cento das personagens as possuem; os cabelos negros, lisos ou cacheados, existem em apenas um quarto dos casos, e os ruivos em 19 por cento. Nem todos os autores especificam sempre este detalhe mas, no entanto, ele é descrito o suficiente para que seja assinalado como uma das características dominantes da imagem. As faces arredondadas, frescas, freqüentemente rosadas, algumas vezes morenas ou pálidas, são também bastante típicas. Estas duas características encontram-se tanto nas crianças de tipo aparentemente realista quanto nas diretamente simbólicas. São símbolos da infância. O simbolismo do olhar, do sorriso, da mão ou do sono revelam-se bem mais complexos.

O olhar

O olhar das crianças de Duhamel [35] "não tem idade, tem total profundidade, total experiência, total sabedoria. Reflete, sem o saber, tudo o que pensamos de forma obscura e que as palavras nos impedem de expressar". Através dele, "se vê o outro mundo". A criança nos traz, portanto, simultaneamente, um "outro mundo" e toda uma "sabedoria" desconhecida.

(...) existe, por vezes, entre as crianças, uma outra faculdade de visão, uma visão que ultrapassa amplamente a possibilidade dos olhos do adulto, que parece até mesmo, por vezes, mergulhar em outras dimensões. Aqueles que podem ver desta

A PERSONAGEM SIMBÓLICA E A IDEALIZAÇÃO DA INFÂNCIA 39

maneira têm olhos estranhos (...), olhos misteriosos, olhos de visionários. A pequena tinha olhos de visionária (Liesle, descrita por uma avó, Zenna Henderson [129]).

Olhos que penetram como os de Kid, traem seu dom de adivinhar, de comunicar diretamente. Os do Pequeno Príncipe sabem "ver carneiros através das caixas". Os de Hélène têm uma "transparência feroz, uma grande pureza que era como uma luz faiscante" cujo significado é dado explicitamente pelo próprio autor na conclusão da obra:

Gaspard entende, portanto, o brilho estranho dos olhos de Hélène, já que ele mesmo, como lhe diz ela, teve também esse brilho em seu olhar. É, sem dúvida, o final da espantosa e cruel nostalgia que faz desejar, para cada um, uma vida maior do que as riquezas, maior do que as infelicidades e do que a própria vida... (A. Dhotel [59]).

A criança simboliza a aspiração a este "outro mundo", a valores diferentes dos que sonha o adulto, um mundo além de seu universo cotidiano. "O que é importante não se vê", diria o Pequeno Príncipe que antes de morrer consola o piloto dando-lhe uma nova visão: a das estrelas que saberão rir seu próprio riso.

Babou tem também olhos que "penetram com a agudeza de uma lâmina de aço". Mas o significado difere. Não se trata mais da esperança ou da comunicação com um mundo misterioso e mais belo. Seu olhar azul lança por um momento "um raio faiscante por sob as pálpebras", as quais mantém geralmente entreabertas. Seus olhos trazem, por detrás delas, uma imagem, a de sua mãe assassinada por Sao, o mestiço. Eles conservam esta imagem. Quando suas pálpebras se abrem, são os olhos da mãe que se descobrem. Sao não pode sustentar-lhe o brilho, quanto o olhar de Babou pousa em sua nuca: "Com um ricto (...) sem se voltar para trás, (ele) passa de vez em quando, com um gesto maquinal, a mão sobre o pescoço". Muito jovem, frágil, essa criança possui um extraordinário e misterioso poder. "Sobre o mestiço dardejam duas pupilas implacáveis. Elas o medem, penetram com a agudeza de uma lâmina de aço. Sob o olhar que nele mergulha, o miserável se sente vacilar. Seu cérebro se desnorteia." Sao vai se suicidar.

Encontramos o mesmo tema num romance de ficção científica (Wyndham [167]), onde as crianças provêm de uma semente vinda de um outro mundo, possuem estranhos olhos dourados que podem obrigar uma pessoa, seu inimigo, a se matar. "O ouro de seus olhos era duro e brilhante (na cólera)." "A sensação causada por este olhar é intraduzível, mas muito apavorante enquanto durou... uma estranha sensação de fraqueza, de... liqüefação, de causar calafrios na espinha." O olhar da criança torna-se instrumento de vingança e revela seu poder.

Mas os olhos expressam, com freqüência, simplesmente a inocência, a pureza, o frescor da criança, intimidam o adulto por sua exigência, sua verdade, sua simplicidade. São os olhos "límpidos" da doce Biche, o "esplendor surpreso dos grandes olhos de luz negra" de Zette (P. e V. Margueritte [18]) que descobre o mundo; "os olhos negros e novinhos" do garotinho "que não pestanejava jamais" e que intimidavam o observador (Cesbron [57]).

Patricia (J. Kessel [61]) também possui este olhar direto, levemente imóvel, que não é protegido, detido, pelo movimento dos cílios. "Grandes olhos castanhos que não pareciam me ver estavam fixos sem pestanejar sobre os animais."

"Por sua causa eu experimentava o sentimento muito incômodo de me ver surpreendido por uma criança sentindo-me ainda mais criança que ela." Aqui aparece o duplo aspecto da infância: além das criancices esperadas, o adulto descobre uma personalidade séria, verdadeira, vivendo em outro mundo que não o seu, mundo em que, por sua vez, o adulto se acha em inferioridade ou de que é saudoso como de seu paraíso perdido.

Existem, na verdade, apenas algumas coisas que eu invejo nos jovens... uma coisa que eu verdadeiramente desejaria ter de novo: olhos de criança. Olhos que vêem tudo novo, tudo fresco, tudo magnífico, antes que o hábito faça que perca interesse ou que a vida o destrua. Talvez seja assim o paraíso: olhos novos para sempre (Zenna Henderson [129]).

Existia muita amizade em seu olhar (de Patricia). Mas era uma amizade de uma natureza especial. Desinteressada, grave, cheia de melancolia, apiedada, impotente para socorrer. Eu já havia visto esta estranha expressão. Onde? Lembro-me do macaquinho e da gazela minúscula que vieram me visitar na choupana. Encontrei em Patricia, no fundo dos grandes olhos escuros, a misteriosa tristeza do olhar animal.

A criança é aqui ainda símbolo da natureza e portadora de verdades primevas: "Eu nada podia contra esta certeza, já que... ela tinha olhos tão doces como os da pequena gazela e tão sábios como os do macaquinho". (Ela lhe disse: "Você vem de muito longe e é muito tarde" para viver com os animais.) Esta gravidade, esta serenidade, são características que encontraremos em todas as crianças. São conseqüências da autenticidade que se expressam freqüentemente através do olhar.

O sorriso

O sorriso tem um significado bastante ambíguo; raramente traduz alegria; por vezes, uma felicidade misteriosa e, mais freqüentemente uma atitude de liberdade, de autodomínio ou de espanto ou incompreensão diante do sofrimento. É "uma espécie de sorriso", um "pobre sorriso", um "sorriso melancólico". O Kid tem um "semblante triste" de onde "surge apenas um tipo de sorriso. Este, aliás, deve sido o primeiro sorriso do homem, dele arrancado pela explosão e pelo barulho do mundo, pelo primeiro sofrimento do olhar e da audição". O Pequeno Príncipe sorri com melancolia enquanto prepara sua própria morte. Deixar seu amigo o entristece mas, de seu temor, "ri docemente: eu terei muito mais medo esta noite..." Justine (Larbaud [50]), a pequena pastora ferida e muito infeliz, "procura esconder sua miséria sob um sorriso tênue e doce", "Biche tem um sorriso, oh! um pobre sorriso oblíquo" quando traz um sapo ferido a seu padrinho. O sorriso de Louisette, garotinha maltratada, "assemelhava-se a uma careta" quando da aproximação de sua morte. O de Babou esconde também, por educação, suas angústias e a espera de sua vingança, que é um mistério para ele mesmo. O sorriso de Nadia esconde um segredo, um silêncio, talvez um conhecimento particular. "Ela parece sempre saber algo que não está aparente, algo a mais. Algumas vezes, quando alguém se dirige a ela, não responde, sorri e não se sabe o que este sorriso quer dizer" (C. Chonez [58]). Mais raramente, o sorriso é comunicação, como o de Kid com relação à mulher adúltera: "sorriso de criança, todo conhecimento e todo perdão".

Mas "um sorriso unicamente destinado a ela mesma, semelhante àqueles que se percebem nos queridos rostinhos adormecidos, sorriso fechado, apenas esboçado, (...) alimentado de felicidade misteriosa, iluminava [o] rosto" de Patricia. Ele recorda, sob uma nova forma, a felicidade inefável da pequena infância, imagem tão cara ao adulto.

Esta espécie de sorriso lembra o sono em Patricia, ou o que se produz durante o sono da criança. Quando o piloto traz o Pequeno Príncipe em seus braços, "tesouro frágil", diz a si mesmo: "O que vejo ali é apenas uma casca. O mais importante é invisível..." Como os seus lábios entreabertos esboçavam um meio sorriso eu me disse, ainda: "O que me emociona tão intensamente ao ver este pequeno príncipe adormecido é sua fidelidade a uma flor, é a imagem de uma rosa que ele irradia como a chama de um lampião, mesmo quando dorme..." "E eu o suspeitava ainda mais frágil. É preciso proteger os lampiões: um golpe de vento pode apagá-los..." Este sorriso fugidio como a vida da rosa reforça a impressão de fragilidade da criança, que simboliza valores que podem desaparecer. Todo um mundo invisível, precioso, se revela e corre o risco de escapar.

O sono

O sono acentua a vulnerabilidade da criança, prefigura a morte. Elisabeth observa por um momento seu irmão Paul que dorme, escuta o tumulto de sua vida que bate e, em seguida, temendo que ele morra, o acorda (Cocteau [29]). Uma criança adormecida ou que desmaia na neve, doente, tendo fugido da incompreensão dos homens ou perseguido, em vão, uma aventura maravilhosa, é a imagem da desesperança. Um dos mais jovens delinqüentes descritos por Cesbron [57] fugiu, deste modo, após uma sessão de cinema. Um outro, Alain, é também encontrado adormecido e delira. O Kid foge para escapar à ameaça do orfanato:

estava acabrunhado; tinha encontrado nessa atitude a maneira de cair dos alpinistas vencidos; flocos de neve acumulavam-se na boca entreaberta e o forçavam a experimentar desta neve sob a qual seu corpo sucumbia. De olhos fechados, tinha o rosto daqueles que têm os olhos vazados. O frio também o havia atingido como que por flechas, por lanças: tudo nele era ferida...

Inversamente, o sono da criança expressa, por vezes, uma vida mais intensa, que se mostra nua, em seu paroxismo. O pequeno boêmio, amigo do *L'enfant à la rivière* (H. Bosco [56]), dorme da seguinte maneira: "O sono imobilizava seu rosto (...). Os lábios pareciam cerrar o sono com furor e duas grandes pálpebras negras cobriam pesadamente seus olhos fechados. Assim, a máscara do sono moldava exatamente esta pequena alma selvagem. Entre ela e a carne do rosto não existia nada. Mas a vida mostrava-se aí com violência". Algumas crianças dormem "com paixão, com raiva", nota Duhamel no mesmo sentido. O *Enfant malade* de Colette [31] encontra seu rosto de criança apenas quando finge dormir: "Ele havia fechado os olhos e a aparência do sono lhe devolvia seu rosto de criança de dez anos". Ele brinca, assim, de tomar o aspecto de uma verdadeira criança.

O Kid fazia do sono "uma redução pura e perfeita da vida: seu mutismo tinha a mesma natureza de sua voz, sua rigidez de seus gestos, suas pálpebras de seus olhares". O sono faz dele uma "criança sem voz e sem olhar", que "mergulha em sua imobilidade e silêncio... parecia apenas impelido a vida a uma espécie de gênio que o poupava de seus deveres e de suas vergonhas". Esta imagem de vida e de autenticidade dada graças ao sono da criança não surpreende, já que a verdade e a autenticidade da criança surgem como conseqüências de um estado de inconsciência que atinge aqui seu paroxismo.

Em Duhamel [35], este estado evoca a felicidade da infância, assim como o fazia o sorriso de Patricia:

o sono dos homenzinhos me causa inveja. Como é rico! Como deve ser saboroso! Todos os que viveram perto de crianças não podem pensar, sem saudades, no repouso do berço (...) tão pacífico, por assim dizer aéreo, alado.

A nostalgia torna-se, por vezes, inveja, ciúme, que transparece e se explicita nas necessidades do adulto em relação à criança, em suas relações recíprocas e na evocação das lembranças da infância. O caráter absoluto e sem limite da criança encontra nessas imagens do sono uma de suas expressões mais extremas. Os termos que o descrevem testemunham este fato: "violência" da vida, vida impelida a "uma espécie de gênio", criança que dorme "com paixão", abandono total: Cosette "dormia este sono de absoluta confiança próprio de sua idade" nos braços de sua mãe. A criança que dorme está num estado de infância privilegiado, mas incomunicável ao adulto.

A voz

Em contrapartida, a voz e a mão permitem certos intercâmbios. O primeiro sinal pelo qual o Pequeno Príncipe ou Patricia se fazem conhecer é uma palavra. Duhamel [35], com ciúmes de seu sono, encontra seu consolo na voz de seu filho:

> Eu nem olho para seus maravilhosos lábios, feitos de uma substância que se poderia dizer imaterial. Escuto apenas a voz infantil, aquela única palavra pronunciada de uma maneira tão delicada, tão pura, que apaga, em minha lembrança, o barulho do vento nas folhagens, os suspiros dos violinos e até mesmo a idéia das flautas celestiais.

O visitante da reserva se comunica com Patricia, no mundo dos animais, adotando o mesmo tom de voz:

> a garotinha usava sua voz como pessoas que não têm o direito de serem ouvidas quando conversam entre si: os prisioneiros, os vigilantes, os caçadores. Voz sem vibração, ressonância, nem timbre, voz neutra, clandestina e de certo modo silenciosa. Senti que, sem o saber, havia imitado Patricia nesta economia de tom.

A voz é também, como vimos, "como um eco natural do mato". A voz da criança está associada aos barulhos da natureza.

> Sua voz me ri no ouvido. É o marulhar da água contra os pedregulhos que separam a areia da espuma. É o barulho da brisa nos pinheiros. Ora muito agudo, quando gesticula de alegria; ora gravemente, quando murmurado. Colombe, minha filhinha (C. Chonez [58]).

Binky adota imediatamente a língua e o tom de seu interlocutor, seja quem for; é "a própria maneira de ser que ele apreendia".

A mão

Através da mão estabelece-se também um diálogo completo: pequena mão que consola: "Havia nos pequenos dedos de pele áspera e rachada (de Patricia) que me pegaram pelo pulso a vontade de proteger, de consolar". Mão do pequeno delinqüente, "criança cuja mão sabia falar", que consola tacitamente o educador. – Mão que dá força, alegria: "No entanto, se, no côncavo da minha, há uma pequena mão morna, eu sou invencível. Nada tem poder contra esse calor que me faz rei" (C. Chonez [58]). Mãozinha, ao contrário, que pede proteção (a de Babou, na mão de sua avó – a de seu filho caçula, na de Duhamel [35]). É, por vezes, uma "mãozinha" enternecedora a de Louisette (Vallès [24]), menininha que morrerá em virtude de maus-tratos – uma pequenina mão vermelha e ferida (a de Justine, a pequena pastora) (V. Larbaud [50]). Mas ela pode se transformar em armadilha, tornar-se perigosa e cativante: "Semelhante a uma flor carnívora, a mão se abre ágil. De repente, não é mais uma flor, é uma garra que se lança e agarra fortemente. É assim que o homenzinho se apodera" (Duhamel [35]). Esta comunicação cativante é sentida com repugnância por um pai descrito por Nathalie Sarraute [72]:

> Ele sentia, enquanto o arrastava para mais longe, apertando fortemente a pequena mão entre seus dedos, arrancando dele, esmagando os doces tentáculos moles que se agarravam a ele timidamente, uma espécie de prazer doloroso, uma estranha satisfação de gosto acre e ligeiramente enjoativo.

A criança não é mais o animal selvagem e admirado, mas sim uma espécie de polvo repugnante. O bebê é visto como uma "planta carnívora", dotada de "pequenas ventosas delicadas". Este caso, no entanto, permanece excepcional.

Este conjunto de características encontram-se sistematicamente nas personagens mais simbólicas, porém não exclusivamente. Expressas claramente por imagens de comportamento, de atitudes, de descrições físicas, acompanhadas de comentários e explicações, através de definições sem imagem ou deduzidas apenas destas, estas características podem nos ajudar a destacar uma espécie de imagem genérica comum às personagens simbólicas. A infância é evocada mostrando uma personagem de olhar límpido com um sorriso doloroso, com uma atitude indiferente diante de uma paisagem, o que significa que ele é puro, totalmente presente etc. Mas esta linguagem pode ser mais bem compreendida quando o autor nos apresenta a própria natureza de sua personagem e seu significado.

3. NATUREZA E PAPEL DA PERSONAGEM

A criança é o homem autêntico, a humanidade em sua origem é percebida como mais bela e mais verdadeira do que a sociedade atual, tal como é vista pelos adultos. "E a criança é um microcosmo, uma maquete do mundo. Tudo se encontra nela. Olhem-na viver e verão o universo e os deuses" (M. Bataille [51]). É a própria vida em sua fonte, em toda sua intensidade, "aquela que é" a fonte de tudo, o "tempero do mundo". Seu papel é o de ser o mestre e guia do homem, possui realeza e poder. Nadia é rainha, tudo aquilo que a tocava, natureza etc., torna-va-se um reino, ela possuía "todas as chaves [58]. Futuro ao mesmo tempo que origem, é Messias, o futuro e o devir do homem, para o qual traz uma nova visão do mundo. Elo entre um mundo desaparecido do qual provém, com o qual guarda misteriosas ligações, e o mundo do futuro, ela é o destino. As crianças formam entre si uma verdadeira raça à parte, que tem poderes secretos, e um estado julgado muito desejável pelo adulto.

A PERSONAGEM SIMBÓLICA E A IDEALIZAÇÃO DA INFÂNCIA

O homem verdadeiro – a verdadeira vida – a fonte de tudo

O Kid é "o tempero do mundo, uma criança talentosa", possui "um instinto de vida tão puro (...) que a palavra liberdade reassumia seu sentido em sua presença". O que faz Duhamel [35] se sentir tão atraído pela criança não é um "jogo de Narciso. É outra coisa que eu procuro (...)", diz ele. E mais adiante: "Estou há muito tempo à procura do homem". Retorna à criança, decepcionado pela sabedoria ajuizada e sem poesia de Barnabé. "Nós o olhamos olhar. Nesta idade, todas são talentosas"; e descobre na criança a fonte de tudo. "Ela transformava em brincadeira os tropeços de sua língua e seus erros de vocabulário. Aí está, creio, a origem do trocadilho na humanidade (...)." O mesmo acontece em relação à arte primitiva:

> Quando está completamente só, completamente puro, abandonado a seu instinto animal (...) canta sem cessar uma canção ondulante, leve, semelhante àquela que deve cantarolar lá longe a criança selvagem, na estepe ou na hinterlândia.

Próxima à origem do homem, ele é também o primitivo ou, próxima ao primitivo, como os animais selvagens, nós a vimos mostrando sua presença à natureza. Algumas crianças, como em *Les enfants terribles*, são "incultas, sem nenhuma consciência, incapazes de distinguir entre o bem e o mal" (Cocteau [29]). "Creio que o homem é naturalmente cruel, as crianças e os selvagens testemunham este fato a cada dia" (Pagnol [65]). Para contar a história de Babou, o médico deve utilizar a linguagem de Una, a primitiva (ama-de-leite polinésia) e sua visão mágica do mundo. Patricia conhece as línguas das tribos negras, é próxima dos primitivos. A criança possui uma "ingenuidade arcaica" (Sartre, a respeito da obra de Merleau-Ponty [157]). Por estas razões ela se coloca, "em toda parte, enfim, onde os homens deixaram um pouco de vazio primitivo" (Giraudoux [40]).

Outros autores, além dos romancistas, expressam-se em uma linguagem idêntica. Mgr Dupanloup:

> Esta criança é, sob seus olhos (dos homens) (...) como um reflexo desta imortal juventude que foi o apanágio primitivo de nossa natureza – existe nessa primeira idade alguma coisa que vem mais recentemente do céu (...) a criança mais agitada, mais turbulenta, tem, em meio a todos estes defeitos, alguma coisa de verdadeiro, de ingênuo, de natural (...).

E Calvet[3], falando do "mundo da infância" observa: "Fomos conduzidos e guiados pelo caminho que a ela conduz pelo nosso gosto e nosso hábito da intuição, nosso sentido do mistério, nossa aptidão para

---

3. *Op. cit.*

sair de nós mesmos, para 'procurar outra coisa', nossa curiosidade pela poesia pura. Em suma, é uma espécie de misticismo que nos conduziu à criança, e fomos até ela como se vai a Deus".

Esta criança que possui um "instinto de vida" tão intenso e verdadeiro é a própria vida:

> Era, portanto, a vida, apesar das paredes cinzentas, dos aventais xadrezes, das escadas com os degraus desgastados! A vida, apesar dos dossiês e dos monumentos aos mortos, apesar da solidão e do abandono, era a Vida que triunfava!
> (Existem *graffiti* de crianças no monumento aos mortos) (Cesbron [57]), uma vida muito maltratada pela sociedade.

O poder da criança

A criança simboliza a vida, a humanidade em sua fonte, sendo, desta forma, dotada de uma natureza e papéis específicos. Detém, entre outros, um poder misterioso. É por ser criança que Babou pôde receber o poder primitivo, participar dos mistérios do Oriente e de um mundo totalmente mágico. Seus "lábios rosados hauriram no seio moreno" uma vida nova: sem dúvida, uma outra vida. O leite da polinésia serviu de mediador. O próprio Babou forma o elo entre o Oriente estranho e o Ocidente tranqüilizador.

> Em Babou já afloram todos os instintos, todos os poderes da raça dominadora, que tem por vocação escravizar a natureza, lutar vitoriosamente contra todos os demônios (...). Na semana anterior foi encontrado mexendo com a ponta do dedo numa dúzia de escorpiões grandes e particularmente venenosos (Lichtenberger [42]).

Da mesma forma, Patricia é o ponto de encontro das influências mágicas do meio da reserva, de toda uma hereditariedade vinda de seu pai e das lições deste. Seu domínio sobre os animais lhe dá um grande poder, os negros a consideram mágica, os brancos tremem diante dos riscos que ela corre. Ela tem o privilégio de ser criança ("a própria idade da menininha (...) que era seu poder essencial..."), de viver nessa reserva, imagem da natureza em sua origem e do contato com os primitivos que lhe ensinaram as "palavras-chave". Nas mesmas condições, com o mesmo amor pelos animais, seu pai não possui o "dom". Pascal domesticou os lobos. A loba, por vezes, "pega a mão da criança entre as mandíbulas, demonstrando-lhe sua camaradagem e fraternidade".

O poder do Kid não é oculto, porém, mais diretamente, a expressão de sua perfeita infância. Foragido, suas únicas armas são "não a dureza e o dinheiro, mas sim a fraqueza, a pureza e a privação". A fraqueza do Pequeno Príncipe o protege do mesmo modo: "Aquele em que toco, devolvo-o à terra de onde saiu", diz a serpente. "Mas você é puro e vem de uma estrela (...). Você me causa pena, pois é tão frágil (...)." Na *Nouvelle croisade des enfants* (H. Bordeaux [3]), a fazendeira que não queria dar leite às crianças sente-se obrigada a deixá-las beber: "E nos olhos de Philibert vê uma chama brilhar que bem poderia ser, de fato, uma chama divina (...)". As crianças encontram em seguida um velho padre e obtêm sua bênção; este fica surpreso e se pergunta se não teria encontrado "mensageiros" de Deus, anjos, e pensa que, no mínimo, "os mais humildes da terra podem se assemelhar aos anjos". A inocência de algumas crianças é sua única força. Trott consegue reconciliar seus pais através de uma reza muito simples, onde transparece sua tristeza. Marie, menininha de um meio miserável, descrito por Machard [16] em *Cent gosses*, recupera-se de uma grave doença: "A morte teve medo, provavelmente, já que não veio". É um perigo para os poderes do mal atacar uma criança.

As crianças dos relatos de contos fantásticos e de ficção científica levam ao extremo os dons já encontrados nas personagens de romances. Podem comunicar-se diretamente entre si através da telepatia e adivinhar os pensamentos (*Les coucous de Midwich – Les transformés – La meilleure des vies – L'enfant de l'amour*). Esta comunicação, esta compreensão, encontram-se freqüentemente, ainda que menos acentuadas, em outras personagens infantis. O poder da criança pode também dominar o adulto e, nos casos extremos, obrigá-lo a se matar[4] como no caso de Babou, por exemplo. Não existe corte radical entre os diversos tipos de escritos.

O futuro: inovação – continuação – prefiguração

A maior parte das personagens de ficção científica representam o futuro. Uma nova espécie nasce, com características que traem nossos temores e nossas aspirações, no plano individual ou coletivo. Os dons de comunicação atribuídos à infância, freqüentemente esotéricos, excepcionais, tornam-se uma realidade orgânica, uma mutação. Permitem às crianças "transformadas" (Wyndham [168]) captar a presença de um novo mundo melhor. Desta vez, é um paraíso avançado. Freqüentemente manifesta-se um temor em relação a estes novos seres que podem se mostrar perigosos. No filme de Losey, *Les damnés*, as crianças que sofreram radiações são transportadas para uma fortaleza ao abrigo dos homens, pois o contato traz uma ameaça de morte através da doença atômica. Mas sábios esperam uma "catástrofe final iminente" e somente estas crianças sobreviverão às terríveis radiações. Representam a única esperança de sobrevivência para a espécie humana.

A criança mutante realiza, enfim, esta comunicação total com o outro, do qual tantos romances e filmes atuais mostram uma procura ansiosa e provam sua impossibilidade. A criança traz também uma solução mais tranqüilizante para o destino da humanidade após sua

---

4. Como vimos a propósito do olhar.

destruição. Os velhos mitos primitivos do aniquilamento do mundo, seguido de uma nova criação melhor, encontram aqui uma expressão moderna.

Sobre a criança repousa a esperança de um progresso da Humanidade: "Este pequeno ser nada sabe; se for abordado, revelará as mais notáveis reflexões. A claridade de seu rosto é feita de miríades de expressões, como a superfície da água é feita de miríades de moléculas, e esta transparência infantil, semelhante à do mar, do céu, é plena de todos os reflexos criados desde a origem do mundo e perdida por nós (gente grande): aquele que nasce sendo superior, no passado e no futuro, em relação àquele que já viveu..." (Frapié [9]), "(...) dentre estes pequenos seres, existe talvez alguém ainda melhor" (que os "gênios que já deram seus frutos"), talvez o Messias, talvez um homem divino (Duhamel [35]). O pai de Pascal tinha por esperança que a criança pudesse, mais tarde, "ser grande, sem deixar de ser feliz, o que seria um milagre" (Bataille [51]). Desta forma simples raciocina a humanidade que é apenas espera, esperança e fervor cego no futuro. É por isso que, como assinala Duhamel [35], as crianças são salvas em primeiro lugar por ocasião de uma catástrofe. No mais, acrescenta, "talvez o homem se torne bom. Mais vale a esperança de um vôo do que o eterno arrependimento de uma queda".

No plano individual, a criança também é uma continuação do homem, dá a ele um futuro: "Enquanto a casa se cala, enquanto o pêndulo se acelera e nos conduz em direção àqueles que partiram, esse pequeno suspiro (do seu filho que dorme) me diz: o que te preocupa? Eu venho, serei você após sua morte" (Barrès [105]). "Minha raça está diante de mim" (Duhamel [35]). "Se és fiel, nada morre daquele cujo sangue corre em tuas veias" (Lichtenberger [42]). A criança-sobrevivência para a espécie e para o adulto corresponde a uma criança-herdeira para a família[5]. Cada uma é "a semente do futuro" (P. e V. Margueritte [18]).

Por vezes, inversamente, a criança prefigura o que será o adulto. O Petit Chose "não desconfiava que durante toda sua vida estava condenado a arrastar assim tão ridiculamente aquela gaiola pintada de azul, cor da ilusão, e aquele papagaio verde, cor da esperança" (Daudet [6]).

> O que foi inscrito em nossa infância nos marcará para sempre (...) são estes primeiros anos que irão perfumar toda a nossa futura existência. Nosso céu secreto está sempre cheio de estrelas que brilharam sobre nossa infância (...) (T. Derème [33]).

Loti, descobrindo o mar, sente uma angústia que um dia, quando foi realmente marinheiro, viverá; tem uma espécie de pressentimento

---

5. Cf. Cap. 8.

daquilo que ele será. Na infância está a fonte de tudo. Ademais, concede-se à criança o dom da divindade. "Não é suficiente que a minha natureza seja boa; é preciso que seja profética: a verdade sai da boca das crianças. Bem próximas ainda da natureza..." (Sartre [73]).

Portadora de outros conhecimentos, de outras verdades. Instrumento do destino.

A criança não é apenas sábia enquanto fonte primordial, mas também porque é portadora das verdades do mundo misterioso de onde vem: "A alma da criança lembra-se daquilo que viu em sua prévida" (Montherlant [145]). O berço tem um ontem, da mesma maneira que a tumba tem um amanhã (V. Hugo [132]). "Existem dois seres nela (criança): a luz do interior e a sombra do exterior..." (Romain Rolland [47]) mas, crescendo, a criança perde esta clarividência mágica.

A maior parte dos pequeninos que nascem parecem ser "recém-nascidos", isto é, nascidos mais uma vez. Compostas de tantos atavismos, de tantas células combinadas infinitamente e de átomos reunidos ao acaso dos encontros seculares, através dos corpos e almas, como são idosas as criancinhas! Como viveram já parcial ou totalmente em épocas, em regiões sobre as quais seu papai e sua mamãe não conhecem absolutamente nada!... É por isso que você, criança, que não é "bem novinha" na sua frágil novidade que encanta toda a sua dupla família, traz também a certeza do recomeço... você é o duplo milagre do que foi e do que será... (G. d'Houville [131]).

Em Loti, A. Hermant, F. Jammes, Wyndham, encontramos também o tema do "relembrar", misteriosamente transmitido. Trata-se seja de reminiscência platônica, seja de uma espécie de herança dos conhecimentos ancestrais. "A infância redescobre por si mesma os grandes símbolos mágicos" (M. Bataille [51]). Pascal pintou novamente uma estátua de Osiris, datada de três mil anos, e, sem o saber, reencontrou as cores rituais. Enraizado num mundo desaparecido com o qual mantém ligações, ou que recriou, projetado num futuro que já é, que será ou que adivinha, a personagem encarna o destino ou, pelo menos, é seu instrumento. Sua chegada acarreta uma aventura ou um drama; torna-se, por vezes, vingador. Alguns têm consciência mais ou menos fluida do papel que devem assumir; em geral, não o conhecem. Patricia (Kessel [61]) provoca a morte do leão e a do guerreiro massai, que luta por ela, sem se dar conta do drama que ela vai provocar e do qual ela própria será vítima. "Ela não tinha consciência de a ter desejado (esta saída), de a ter provocado, chamado, preparado por um instinto teimoso e sutil." Gaspard (Dhotel [59]) sente-se sempre obrigado a agir. Sua curiosidade o arrasta, e ele ignora que "a curiosidade e a fatalidade caminham sempre juntas". Uma única palavra ouvida, o mar, lhe é suficiente "para ser impulsionado, à sua revelia, em direção ao mar". Instrumento do destino, desde sua primeira infância, "Gaspard parecia ter-se feito cúmplice" da "fatalidade" e causa freqüentemente acidentes. O Petit Chose também causa desgraça: "Fui a má estrela de meus pais. A partir de meu nascimento, foram assaltados, por todos os lados, por incríveis desgraças".

Babou, pequena personagem ambígua, espera sua hora com seu "sorriso de ídolo", Babou é forte, "um dia, se verá... silêncio!", diz ele, falando de sua mãe morta. Mas, em geral, brinca como uma criança normal ou, ainda mais, tem medo, sentindo o desconhecido ao seu redor, em seu interior. Está rodeado de poderes misteriosos, de magia, é habitado por sua mãe. É ele, o pequeno, simultaneamente fraco e poderoso, que será o instrumento da vingança. Em seu caso, a criança se faz defensora de sua descendência.

Outras, pelo contrário, lutam contra seu meio e seus valores. É preciso também desconfiar de Gavroche, "testemunha pensativa" da sociedade humana. "Ele olha, pronto a rir, pronto a fazer outra coisa também. Quem quer que você seja, como quer que você se nomeie: Preconceito, Abuso, Ignomínia, Opressão, Iniqüidade, Despotismo, Injustiça, Fanatismo, Tirania, tome cuidado com o garoto beato. Este pequeno crescerá." Ele também olha com lucidez e espera a sua hora. A criança que avança, a *Vipère au poing* (H. Bazin [52]) é também um símbolo de vingança. A víbora estrangulada é a imagem de Folcoche e, ao mesmo tempo, da hipocrisia dos preconceitos. Revoltada, a criança, ao crescer, vingar-se-á de tudo o que sofreu; neste sentido, lutará contra toda hipocrisia. Em toda a sua vida rachará ao meio a falsidade das convenções, permanecendo fiel à sua imagem simbólica primordial.

Por causa de seu simultâneo enraizamento no passado, de sua presença total que a situa "fora do tempo" e de sua aptidão para se comunicar com um mundo invisível, a personagem da criança encontra-se em intimidade com os mortos ou os faz reviver. Biche olha o álbum das fotos da família: "É preciso que eu saiba seus nomes. Pois, sem isto, se papai e mamãe partissem, não haveria mais ninguém que os conhecesse (...) enquanto ela existir, seus velhos pais, cuja memória se apaga, se desvanece, não estarão completamente mortos sobre a vasta e esquecida terra". Ela prolonga suas vidas e ao mesmo tempo, sem dúvida, "rodeada de tantos fantasmas, sente-se menos isolada sobre a vasta terra". Sua avó, principalmente, vive ao seu lado reconfortando-a, e Biche pode fazê-la vir: "Basta que ela a chame; e eis que as grandes trevas se entreabrem, e, com os braços estendidos e o rosto iluminado, sua avó a ela se dirige. Lado a lado percorrem juntas as alamedas sombrias do jardim (...)". Em compensação, junto ao túmulo aonde sua mãe a conduz, Biche [41] não sente nada. Lichtenberger expressa as mesmas idéias e as mesmas imagens a respeito das duas personagens, "Biche e Babou": "E ao chamado de seu pequeno, cativo em algum abismo de horror, como seria possível que Michèle não saltasse e acorresse!" [42]. Num mesmo sentido, A. Bonnard [109] escreve: "Por vezes as crianças são, aos nossos olhos, como o refúgio dos mortos, e suas almas, por mais claras que sejam, nos fazem pensar num quarto cheio de fantasmas". É, em parte, por esta razão, que a criança é esperança para o indivíduo[6].

A criança possui, como "por natureza", o conhecimento do que está oculto. Vimos, simultaneamente, seu conhecimento do mundo desaparecido, o do mundo futuro e o de um mundo presente porém inacessível aos nossos sentidos, existindo paralelamente ao nosso mundo visível. Estes três mundos adquirem, através da criança, uma presença simultânea fora do tempo. Comunica-se também diretamente com os seres e as coisas que qualificamos de reais, vendo-as, porém, pelo seu interior e conhecendo-as de outro modo que o adulto.

Raça misteriosa que vem de um paraíso. Desejo de que ela ensine seu saber

Este conjunto de características lembra e especifica a natureza da personagem: imagem do homem na origem ou no futuro, sinal de seu destino, chamado a "outros" valores. A infância se torna então "uma raça" (Giraudoux [40]) com um mistério dificilmente decifrável, já que as crianças esquecem este estado ao crescer e não querem ou não podem explicitar sua vida, seu saber. O termo "mistério" encontra-se a propósito da infância no escrito de vários autores: A. Fournier [8]: "Meu credo na arte: chegar a expressar a infância (...) com sua profundeza que toca o mistério". Cocteau [29]: "Esta realidade da infância grave, heróica, misteriosa..." Lichtenberger [42]: "A criança é querida pelo mistério que existe nela". Apenas uma criança percebe o que outra criança viu: "E as crianças que virão depois de nós (...) descobrirão por sua vez" (a figura nos veios do mármore) (V. Larbaud [50]). O Pequeno Príncipe entende o desenho feito pelo piloto quando este tinha seis anos de idade: um elefante dentro de uma jibóia. Encontraremos este aspecto nos capítulos dedicados às crianças entre si e ao devaneio[7].

A personagem simbólica, dotada de uma natureza tão rica e com tantos dons, aberta a esses mundos misteriosos e admiráveis, evoca constantemente sob nossos olhos um paraíso anterior. Para alguns, existe uma felicidade extrema ao nível do início da vida. Esse mundo inconsciente é chamado, por vezes, de abismo: "Experimenta nesse momento uma felicidade sem mistura e da qual, no entanto, não guardará lembrança". "Você, homenzinho, não terá jamais, talvez, a preocupação com esse paraíso anterior onde sua alma conheceu o êxtase". "(...) Existe ali um mundo sepultado, um abismo" (Duhamel [35]).

---

6. Ver este tema já desenvolvido acima.
7. Cf. Caps. 4 e 5.

"Tenho uma espécie de hesitação religiosa de sondar esse abismo" (do início de sua própria infância, Loti [15]). "Não é suficiente dizer que minha infância me aparece como um mundo perdido mas, sim, quase como uma vida anterior" (A. Bonnard, *L'enfance* [109]).

A criança goza de uma grande felicidade durante esses primeiros anos paradisíacos. "É preciso crer que a vida seja uma coisa boa em si mesma, já que os inícios são tão doces e a infância uma idade tão feliz. Não existe entre nós ninguém que não se lembre dessa idade de ouro como um sonho desvanecido ao qual nada que se seguisse pudesse ser comparado" (G. Sand [155]). Léon brinca com seus animais de chumbo, "tão feliz quanto Adão no meio do Éden, antes que sua desobediência o fizesse entrar em guerra com o criador" (Ed. Jaloux [11]). A comparação da criança com Adão encontra-se nas lembranças de Leiris: "O primeiro livro que tentei ler foi uma pequena estória santa (...) que abordava a Gênese (...) a descoberta do universo que eu fazia naquele instante (...) como se o relato da criação do mundo que eu lia não tivesse sido desenvolvido num outro plano que não aquele do relato daquilo que em mim se iniciava (...). Expulso desde já do Paraíso terrestre da mais antiga infância – lugar feliz no qual vivia num plano de quase igualdade com as partes ainda não diferenciadas do mundo ambiente, tal como nossos primeiros ancestrais com os seres e as plantas (...)" (Leiris [62]). As crianças Frontenac cresceram, encontram-se "dispersas, fora do ninho natal, expulsas do paraíso da infância (...)" (Mauriac [45]).

O paraíso perdido está situado, na maior parte do tempo, durante os primeiros anos da infância, e mais raramente num mundo anterior e misterioso. Não aparece jamais explicitamente na existência intra-uterina. Por vezes o estado da infância, feito de liberdade e despreocupação, prolonga esta felicidade posteriormente; é o caso de Gavroche, o "moleque": "Ele ia, vinha, cantava, resvalava nos riachos, voava um pouco, mas como os pássaros, alegremente, ria quando o chamavam de garotinho atrevido e se zangava quando o chamavam de vadio. Não tinha abrigo, nem pão, nem fogo, nem amor; mas era alegre porque era livre". A personagem inspira admiração e ciúme; seus dons, sua natureza, sua alegria, causam inveja; gostar-se-ia que ele ensinasse aos homens seu saber. O pai de Pascal gostaria de se beneficiar de uma parte de sua infância: "Tornar-me-ia não igual a ele – a hipótese é inverossímil e, mesmo que não o fosse, eu não admitiria uma tal eventualidade, ela me pareceria profanadora –, mas um membro de sua equipe, algum fidalgo sem relevo, vestido de negro, num canto do quadro, atrás de uma personagem de sangue real" [51]. Nele se reconhece uma realeza sobre a natureza ("rei do jardim", Lichtenberger [42]), sobre as personagens, as coisas, os poderes ocultos ("Os espíritos do mal afastam-se impotentes do pequeno soberano", Lichtenberger [42]). Transformam-no em um "Pequeno Príncipe", um "príncipe e mágico no domínio do sonho" (Loti [15]); é escolhido como símbolo da natureza, do espírito, da cidade, do povo (V. Hugo [10], Michelet [141]). Aparece como o guia, o mestre do homem, um messias – Jérôme Bardini "sentia-se, ao seu lado (o Kid), uma alma não de irmão mais velho, mas de discípulo", pois o admira (Giraudoux [40]): "Tal é a estória de Bardini, salvo por um messias criança". "Dentre estes pequenos seres, existe talvez (...) o Messias, talvez um homem divino." "Ensinam-me, a cada dia, mil coisas novas. Ensinam-me, freqüentemente, aquilo que eu acreditava saber" (Duhamel [35]). "De nós dois, escreve a avó, existem momentos em que sinto que é ele quem tem mais experiência. Ele me intimida" (Lichtenberger [42]). Pascal, após sua morte, adquire seu rosto definitivo, o de um deus: "Não é mais meu filho. Ele é um deus entre os deuses. Olha-me com uma calma austera, uma soberana dignidade. Alguém, um dia, olhou-me assim. Ah, sim! Era o padre. Contudo, devo fechar estes olhos ao espetáculo do mundo. *Ele não deve mais me ver*. Cerro suas pálpebras com meus polegares. Como ele tem frio! Mas não é mais o frio do ser vivo que tem frio. É o frio do mármore dos deuses!" (M. Bataille [51]).

Se tentássemos reunir estes elementos esparsos, arrancados de uma trama latente, que surge por baforadas, poderíamos reconstituir um mito de origem relativo ao próprio homem. Na origem, escreveríamos nós, existiu uma primeira vida humana: um ser puro, simples, verdadeiro, ainda não deformado pela sociedade, inculto e selvagem, inocente porque sem consciência do bem, do mal, ignorando preconceitos e leis, dotado "de outros" dons, aberto a um "outro mundo". É um Adão antes do pecado. A criança permanece o único ser próximo desta imagem original, pois ela própria acaba de ser criada, com o primitivo, que permaneceu também próximo da fonte primeira.

Por esta razão, sem dúvida, a verdadeira criança não pode crescer. Alguns autores criarão crianças eternas (o Pequeno Príncipe), outros as farão morrer (Biche ou os amigos do autor mencionados com ternura nas autobiografias[8]), ou ainda lhe imporão uma verdadeira mutação dolorosa para sair da infância (Fan, Patricia, Poum, Babou)[9].

Esta maneira de se representar a criança e de contá-la foi utilizada não apenas por romancistas que procuravam conscientemente sua poesia e seu simbolismo, mas também por alguns especialistas que, em alguma época, comparavam as crianças aos primitivos e por escritores que acreditavam expressar uma evidência projetando, na realidade,

---

8. Cf. Cap. 3, pp. 60-61.
9. Cf. Cap. 4, pp. 121-127.

seu próprio universo imaginário e suas necessidades profundas em relação à criança.

Citamos as frases mais típicas para ilustrar as diversas aproximações que permitiram delimitar essa personagem. Os diversos temas completam-se e esclarecem uns aos outros. Suas repetições nos diferentes tipos, em épocas diversas, constituem a personagem mítica e aperfeiçoam sua imagem[10].

Na linguagem do mito a primeira forma de uma coisa é, em geral, a mais significativa e explica sua natureza[11]. A personagem da criança dá a esperança de recuperar, de recriar origens. Portadora de poder, como toda personagem mítica, e de valores que, outrora, fizeram a felicidade da humanidade primeira, ou, antigamente, a de cada homem, faz-se dela um guia, uma via, a fim de tentar recuperar tais valores.

Este relato mítico permanece uma hipótese; admiti-la de imediato postularia a existência *a priori* de um inconsciente coletivo. Em contrapartida, destacamos um conjunto de imagens e de representações da criança, comum a numerosos autores, assim como um processo de simbolização da personagem utilizado para expressar os mesmos valores fixados sobre a criança idealizando-a. Alguns autores contam uma parte desse relato mítico, mas para todos os que assim descrevem a personagem não é a mesma passagem que é evocada. Por prudência, já que não sabemos ainda como a criança está inserida em cada texto e nem de que elementos relacionais e situacionais ela é sistematicamente aproximada, conservamos este relato mítico reconstituído a título de hipótese sugestiva, propondo-nos circunscrever progressivamente esta mitificação da personagem através da maneira pela qual é localizada e utilizada nos relatos.

Variação dos temas

A análise da variação dos temas leva em conta a presença de cada tema em cada uma das obras das três amostras. Ela não efetuou uma totalização dos temas que se repetem sob uma forma idêntica num mesmo relato.

A definição da criança se efetua de uma maneira mais diretamente simbólica no período atual. O número de escritores que falaram da criança-rei, mestre do homem, messias, caminho, futuro do homem, sal do mundo, símbolo da vida etc., é de 10 antes de 1914 e entre as duas guerras e de 22 na amostra contemporânea. A variedade dos temas também cresce: 39, 41 e 51. O crescimento concerne a maior parte dos temas tomados separadamente: a criança-rei, o mestre

---

10. Cf., para as variações quantitativas, abaixo ("Variação dos temas").
11. Ver em particular M. Eliade, *Aspects du mythe*, Paris, Gallimard, 1963.

A PERSONAGEM SIMBÓLICA E A IDEALIZAÇÃO DA INFÂNCIA 55

do homem, o caminho do homem, o símbolo da vida verdadeira, assim como os temas da infância eterna e de raça à parte (que passa de 1 a 5). A expressão mais freqüente é a da criança autêntica, pura, enquanto forma primordial do homem (mencionada 22 vezes, 4 vezes na amostra mais antiga, 7 vezes entre as duas guerras, 11 vezes atualmente). Dois temas não variam: o da criança-destino, mensageira do destino, ou vingança, e o da criança, imagem do paraíso anterior. Este último tema, associado aqui ao simbolismo da personagem, foi encontrado, por diversas vezes, sob outras formas. Revelou-se muito fundamental, muito constante.

Se considerarmos as características emprestadas à personagem que acompanham freqüentemente as definições de sua natureza, mas não sistematicamente, constataremos uma evolução que vai no mesmo sentido, mas que é um pouco menos acentuada. A presença total na natureza, no instante, a não-socialização, a ausência de ligações, de limites, a comunicação direta com os seres e as coisas etc., são descritas em 14 obras da primeira amostra, 15 da segunda, 18 na terceira. Os temas aumentam igualmente: 24, 40, 44. Dois temas, desta vez, têm seu máximo de freqüência entre as duas guerras: o da criança como evadida do mundo dos adultos e aquele da criança secreta. Uma parte das características refere-se também à personagem que não é diretamente simbólica. Teremos ocasião de encontrá-lo ulteriormente.

Totalizando as obras que apresentaram a personagem da maneira mais simbólica, seja por afirmações concernentes à sua natureza e ao seu papel, seja por imagens de suas características, a evolução se confirma (16, 19, 23): a linguagem escrita apresenta cada vez mais a tendência de dotar a criança de poderes misteriosos e de transformá-la em mensageira portadora de valores essenciais para a sociedade.

3. Retratos Aparentemente Realistas

Em oposição às personagens simbólicas, bastante uniformes ainda que sob uma diversidade aparente, vários tipos de personagens parecem representar a criança real sob diversos aspectos. Toda uma série agrupa os mais jovens: frágeis, ingênuos e cândidos formam um conjunto que pode definir as características "infantis" dessa idade. Esta tautologia significa: aquilo que é dado como mais banal, evidente e o mais específico destes primeiros anos. Os escritores, oferecendo-nos a imagem dos "filhotes" da espécie humana, fazem mais do que criar personagens ternas ou divertidas: utilizam o olhar da criança para reconsiderar o mundo dos adultos fora de qualquer convenção, qualquer hábito, julgando-o. Desse modo, as pequenas personagens incluem as personagens simbólicas. A ingenuidade encontra a autenticidade, estas e aquelas não são, ou ainda não são, socializadas segundo as normas dos adultos.

Alguns autores descrevem outras personagens como crianças orgulhosas, graves, corajosas, cuja imagem poderia ser de um adulto completo; mas justamente os adultos, nos mesmos relatos, estão longe de possuir estas qualidades. O mais completo dos dois é a criança, e não o adulto. Um tipo de personagem infantil diferente caracteriza-se principalmente por sua impulsividade efervescente, seu ardor de vida nos jogos, nas aventuras. Situadas na vida cotidiana, estas manifestações evocam igualmente a imagem de uma fonte, de uma vida em sua origem, de um estado inicial invejável. Revelam-se semelhanças entre a personagem aparentemente próxima do real e a personagem simbólica, e é possível observar o deslizar de um tipo para o outro, através de transformações mínimas ou atenuações características. Um mesmo sistemas de valores subjacentes transparece através do sistema de representações que se torna pouco a pouco preciso.

Sem dúvida, para desmistificar a imagem da criança gentil e feliz, alguns escritores inventaram personagens cruéis, sádicas, ao menos durante uma parte dos relatos. De fato, quando este estado provém somente da primitividade, não é verdadeiramente desvalorizado. Em compensação, descobrimos uma personagem nitidamente negativa: a da criança modelada pela sociedade, o futuro adulto. A oposição entre a personagem simbólica e a personagem de aparência real revela-se finalmente superficial e, em contrapartida, uma outra oposição se impõe entre uma personagem que qualificaremos como autêntica e uma personagem infantil modeladas pelos adultos. Existe freqüentemente, mesmo nos relatos, este par frente a frente, do qual um encarna os valores positivos e o outro, os negativos.

1. AS CARACTERÍSTICAS POSITIVAS DESSAS PERSONAGENS

A pequena personagem, ao longo dos primeiros anos, é, sobretudo, ingênua e cândida. O adulto que discorre a seu respeito, ou por vezes o próprio autor diretamente, a chama de "deliciosa" e "adorável". Trott (Lichtenberger [14]) não é apenas cândido, mas espontaneamente bom. Assim, por exemplo, amigas de sua mãe conversam no salão; uma de suas antigas companheiras, arruinada, deve dar aulas para sobreviver. Elas pensem não mais poder recebê-la, pois: "Fazer caridade, sim, certamente, mas não receber 'pessoas sem classe', nada de promiscuidade..." Trott compreende que, com suas pobres vestes molhadas (foi vista correndo sob a chuva, apressada pela hora), não poderia se sentar no salão, e aprova as "senhoras" que lhe pedem sua opinião. Mas ele mesmo se propõe a beijar a pobre senhora. Trott procura sem cessar adaptar seu comportamento aos princípios morais que lhe são inculcados. Não compreende o ilogismo e a hipocrisia das convenções mundanas.

O pequeno Bob (Gyp [128]) nota também que os adultos mentem incessantemente, embora lhe peçam sempre que diga a verdade. Line (Séverine [159]) está ainda mais chocada e revoltada. Todas esta crianças manifestam simultaneamente, pelo menos no início de sua existência, uma grande ingenuidade, uma sinceridade e uma lógica absolutas. São autênticas e verdadeiras como as personagens simbólicas. Além disso, confiam na palavra do adulto, daí decorrendo seu desespero ou cólera quando descobrem que estão sendo enganadas. Assim, um adulto interroga Bernard Bardeau (Berge [27]) sobre seu apego aos membros de sua família. Ele gosta muito de seu tio René, mais do que de seu próprio pai, ainda que este tio esteja em oposição à sua família. Ele gostaria de saber se é ele ou seus pais que têm razão. A verdade impera e pode reverter os afetos. Ele prefere sua mãe a qualquer pessoa.

Oh! Sim... eu amo muito mamãe... Mas, se ela mentisse... Aí, então... Eu a amaria muito, muito menos! Mas você não poderia amar uma pessoa que mentisse, mesmo que fosse para torná-lo mais feliz? Oh! Não... Eu gostaria de bater nela, rezaria para que ela morresse.

Bernard não é mais uma criança tão pequena. Esta necessidade de verdade permanece comum a todas as idades das personagens positivas.

Nas mais jovens, a confiança ingênua é freqüentemente chamada de credulidade. Por exemplo, Patachou (T. Derème [33]) teme que, se não comer sua costeleta, vão lhe crescer cornos como os dos herbívoros, como lhe dissera o tio para incitá-lo a comer. Pede uma estrela, acreditando que ela esteja fechada na caixinha que seu tio lhe confia com muita precaução. Inúmeros episódios repetem a mesma atitude. Derème faz mais do que contar a estória de Patachou. Tira dela um refrão poético aonde retornam a estrela, ao animais, as bolhas de sabão que estouram como nossos belos sonhos.

Se a autenticidade e a exigência da verdade revelam-se como características da infância idealizada, encarnadas tanto pela personagem simbólica como pelas personagens mais próximas da criança real (nós o veremos em outros tipos destas últimas personagens), o acesso a um outro mundo revela-se também um traço bastante genérico. Para as personagens "mais realistas", este mundo é menos estranho, trata-se daquele do imaginário, que não implica a realidade de um mundo "além".

A personagem muito jovem possui características próprias. Diversos autores servem-se do estereótipo do "pequeno anjo", do pequeno ser "comovente", "delicioso" e "muito ajuizado". Mas, ao mesmo tempo, muitos mostram um outro aspecto da criança ao lado ou atrás desta imagem ou, ainda, explicam como ela aliena a criança. Personagens más se servirão dela para enganar o adulto[1]. "Seu menininho é um 'doce'. Fica adorável na sua roupinha de anjo", nota uma amiga da mãe de Lucien (Sartre [19]). A criança concorda e se apossa dessa imagem: "Sou adorável na minha roupinha de anjo". Sartre desmistifica esta imagem e, em *As Palavras* mostra-nos incessantemente como a criança é aprisionada por ela. Os outros autores que a utilizam apresentam-na como uma característica real da criança. Babou, pequena personagem ambígua, é, em certos momentos, tipicamente uma criança de sua idade. Tem então "expressões impagáveis", "gestos adoráveis", "expressões cômicas", é "ajuizado", "bonzinho", "polido", "delicioso", joga, corre, como "um verdadeiro diabo" e faz "molecagens cômicas e turbulentas". Após liberar-se de sua missão, ele ri e retoma todo o comportamento esperado: "As maçãs do rosto rosadas, os olhos faiscantes de malícia, a criança entra como um furacão no cômodo e pergunta, gritando: 'Papai, posso ir... comprar balinhas?' "

---

1. Cap. 7, pp. 216-219.

O "bom diabinho" é um dos clichês que agrada o adulto e o reassegura. Por um lado, as brincadeiras e os jogos da criança o divertem e, por outro, provam-lhe que ela é saudável (ora, existe sempre o temor de perdê-la); enfim, são a expressão de sua alegria, e temos necessidade de saber que nessa idade se é feliz. O bom diabinho é tanto Babou, quando assume este papel ou é realmente uma criança normal – como Cuib e Tioup, que brincam na cama de seus pais (Duhamel [35]) – Patachou, que joga flechas numa lebre ou que arrasta a poltrona do seu tio até um riacho para brincar de castor (T. Derème [38]) – Janie, que utiliza seu poder sobrenatural para fazer os macacões de duas crianças gêmeas, "lançando um olhar 'deliciosamente inquieto' em direção à janela onde se encontra seu pai" (S.F. Sturgeon [162]). Embora Janie seja uma personagem de ficção científica, divertindo-se assim adota o comportamento esperado de uma criança real. Da mesma forma, quando o Kid se sente sob o olhar de um policial, põe-se a brincar: "Ele se envolvia com essa atividade e se vestia daquela alegria ordenada às crianças por todas as civilizações". A alegria, a despreocupação, o prazer pelo jogo e pela brincadeira aparecem, em geral, como características da criança normal. Assim como para a criança-anjo, alguns autores sentiram o aspecto convencional desta imagem e mostraram sua utilização por uma criança autêntica.

A criança frágil

Os termos "deliciosa", "comovente", "adorável", apelam para a emoção daquele que olha. A fragilidade, a vulnerabilidade da criança tocam também, freqüentemente, a sensibilidade do adulto, pelo menos desde o período em que, no início do século XIX, a morte da criança se tornou relativamente rara na França[2]. Esta fragilidade era, na criança simbólica, motivo para receber proteções especiais, ou mascarava um poder singular, ou ainda figurava valores fáceis de perder. Numerosos autores apresentam personagens infantis frágeis, doentes, e até mesmo fadadas à morte: Biche (Lichtenberger [41]), delicada e frágil, não morre ao fim de sua infância, mas morre moça sem jamais ter podido se adaptar a seu meio mundano. Louisette (Vallès [24]), "esse pingo de gente; com este sorriso, estas mãozinhas", debilita-se devido aos maus-tratos e morre aos onze anos. Dolly (V. Larbaud [50]) "era tão doente que a vida e a morte pareciam se mesclar nela". *L'enfant malade* de Colette é uma bela criança loira "prometida à morte"; graças à sua fraqueza e a seu delírio, tem acesso ao mundo imaginário com uma intensidade excepcional. Curando-se, perderá simultaneamente sua fragilidade e esta faculdade excepcional. Etienne, *L'enfant maudit* (Balzac [103]), nascido prematuramente, permanece toda sua vida muito frágil e morre pou-

---

2. Ver a este respeito Cap. 1, Ph. Arriès, *op. cit.*, e G. Snyders, *op. cit.*

co após seus vinte anos. Bernard Bardeau (Berge [27]) é uma criança frágil, imaginativa e nervosa. Os conflitos familiares desencadeiam nela uma doença nervosa.

Tais imagens impressionam mais do que outras, sem dúvida, já que são freqüentemente lembradas nas autobiografias. Gide nos fala de um menino que se torna cego: "Uma criança da minha idade, doce, delicada, tranqüila, cujo rosto pálido era meio escondido por grandes óculos". Retira seus óculos, "seu pobre olhar pestanejante, incerto, me penetrou dolorosamente no coração". Ele se liga igualmente a outro colega.

> Tinha saúde delicada, extraordinariamente pálido; tinha cabelos muito louros, bastante longos, e olhos muito azuis; sua voz era musical (...). Uma espécie de poesia emanava de todo o seu ser, que provinha, creio, do fato de se sentir frágil e procurar ser amado.

Um dia ele desaparece, e Gide não ousa pedir notícias dele. "Eu guardava secretamente uma das primeiras e mais vivas tristezas da minha vida." *L'enfant maudit* tinha também uma voz maravilhosa, olhos azul-claros muito doces e "sua brancura era como a da porcelana". Clément Sibille, amigo do pequeno Pierre (A. France [36]), frágil e sempre pronto a alçar vôo, tinha "olhos límpidos, uma tez de brancura ofuscante", cabelos loiros cacheados. Muito bom e doce, está sempre doente e morre pouco depois. Sartre também se lembra de Bercot, uma criança "bela, frágil e doce" que, como ele, sonha escrever, o que os aproxima. Ele também morre aos dezoito anos. Um de seus colegas, "doce, afável e sensível", morre ao fim do ano escolar, por volta dos onze ou doze anos.

Existiria na própria criança uma tal atração pela criança doce, sensível e frágil, para que sua imagem seja tão fortemente plantada na memória, ou seria o adulto a procurar preferencialmente estas lembranças que reforçam uma de suas representações? A criança na vida cotidiana parece, antes, pouco à vontade diante da doença e repelida por ela. A descrição das relações das crianças entre si fornecem vários exemplos disto[3], mas expressa também o medo da fraqueza no amigo, medo de perdê-lo, como no adulto diante de uma criança delicada, ou ainda medo de sentir sua fraqueza moral[4]. Podemos, de qualquer maneira, constatar a freqüência das personagens que correspondem a esta imagem, tanto na autobiografia como no romance. A bela criança frágil, loira (freqüentemente), destinada à morte: o Pequeno Príncipe constitui um exemplo perfeito.

A transcrição da imagem de uma tal criança amiga, chamada à memória com o seu contexto afetivo, e a descrição de personagens imaginárias, próximas da realidade percebida ou francamente

---

3. Cf. Cap. 5, Dolly, V. Larbaud, ou Machard.
4. Cf. Cap. 5.

simbólicas, resultam em expressões bastante semelhantes, em uma linguagem idêntica. Este tipo de personagem se opõe à criança-diabinho, é a anticriança-maçãs-rosadas, alegre, sem preocupações, que foi desmistificada por vários autores.

Desejo de poder

A criança real tem, ela própria, consciência de sua fraqueza. Segundo a pesquisa[5] sobre a atitude da criança diante dos modelos que lhe são oferecidos, as crianças admiram particularmente a força e a coragem dos jovens heróis; confessam muito freqüentemente que desejam estas qualidades que não possuem, quer abertamente quer de modo indireto, através de certas reflexões. Esta necessidade é descrita em várias personagens de romance, de maneiras diferentes. "Babou quer ser muito forte", diz ele de si próprio; presa de seu medo, sob seu aspecto de criança verdadeira, espera se tornar um dia também tão forte que "todo mundo terá medo dele" (Lichtenberger [42]). Patachou (T. Derème [33]) hesita, em relação a seu futuro, entre ser polícia ou ladrão. Finalmente, o ladrão que desafia as leis lhe parece mais poderoso e ele o escolhe; "eu tenho apenas um dever: ser forte", decide "o primeiro da classe" (B. Crémieux [32]) que, muito ambicioso, tem necessidade de poder para dominar.

Sempre para compensar seu estado de inferioridade, algumas personagens procuram provocar admiração. Poum (P. e V. Margueritte [17]) balança-se cada vez mais forte num trapézio; no fundo tem medo, mas sua mãe o olha. Não pode mais parar, tem vertigem, cai e fere o queixo. Sobre os cavalos de madeira "Bernard é menos puro: ele lança um olhar a nossa procura e se pergunta se o admiramos como merece" (Duhamel [35]). Gide também se lembra de seu orgulho diante da admiração expressa por sua avó: "Oh! Vejam que garoto...", depois que ele conserta um relógio. Desde os cinco anos o pequeno Pierre é "devorado pelo amor à glória" e quando pensa em seu futuro imagina as profissões onde se tornaria o centro de atenção da sociedade. Trique e Pépé, dois dos *Cent gosses* de Machard [43], fugiram. Fala-se deles nos jornais. "Quando Trique toma conhecimento de que desta forma tornava-se quase célebre, mostra-se muito orgulhoso (...)." Mas quando Nénesse é morto com uma bala na cabeça no decorrer de um motim, tendo esplêndidos funerais, Trique fica terrivelmente enciumado. É também a admiração coletiva que procuram Gascar criança e seus colegas:

---

5. Nossa pesquisa, ver prefácio acima ou "L'image de l'enfant, sa signification personnelle et collective", in *Bulletin de Psychologie*, 284, XXII, 1969-1970, e *Enfants de l'image, op. cit.*

Não podíamos, no entanto, ser completamente felizes enquanto o resto da cidade continuasse a ignorar nossas descobertas, nossas aquisições (sobre palavras e associações de palavras que lhes ensina o seleiro) e a admiração geral não as valorizasse.

Nos pré-adolescentes de V. Larbaud, esta atitude ainda existe, apesar da oposição ao adulto: "Algumas vezes, quando percebíamos que nossos comportamentos não nos traziam reconhecimento, tentávamos nos fazer valorizar um pouco". No *Le premier de la classe* (Crémieux [32]) a procura da admiração é útil para o sucesso: "Eu me aplico, diante dos adultos, dos meus mestres, para revelar um espírito positivo e científico". A criança conhece então a imagem ideal de si própria que o adulto lhe sugere, e a utiliza. Veremos freqüentemente esta defasagem entre um modelo proposto por uma personagem adulta e a imagem idealizada pelo autor. Duhamel diria: a criança se torna "menos pura" tomando consciência de si própria, socializando-se. Numa visão negativa da criança, estas características assumirão o aspecto de uma verdadeira cabotinagem, ou de um jogo hipócrita que caracterizará repetidamente a criança modelada pela sociedade.

A criança séria e grave, orgulhosa e corajosa

As crianças aparecem, freqüentemente, como orgulhosas e corajosas. Algumas não possuem a característica tão comum da fragilidade, mas na maior parte ela existe, ao mesmo tempo que é compensada por uma força de caráter. Às vezes os dois traços se sucedem. Bernard "mescla a todas as coisas sutis considerações de amor-próprio. Se nos ocorre seguir um novo caminho para ir à casa de tia Laure e se Bernard tropeça e cai nos pedregulhos, ele diz, com um ar interessado que mascara seu despeito: Veja, pode-se cair aqui" (Duhamel [35]). A atitude de Rose Lourdin (V. Larbaud [60]) diante das reprimendas de uma professora não difere em absoluto da do pequeno Bernard: "Eu estava orgulhosa e pensava atenuar o mal-estar que a reprimenda me causava fingindo tomá-la por uma brincadeira". O mesmo termo, associado à situação da criança que recebe uma punição (desta vez corporal), é encontrada em H. Bazin: "Mas eu não chorava (...) sentia-me, ainda, muito mais orgulhoso". Aqui, o orgulho é antes a conseqüência de um comportamento corajoso, enquanto que em Bernard ou Rose era a motivação da conduta. Jacques Vingtras (Vallès [24]) também decidiu suas reações sob agressões corporais: "Tinha decidido me endurecer contra o suplício e, como eu devorava minhas lágrimas e escondia minhas dores, meu pai espumava de fúria". Poil de Carotte toma a resolução de não mais beber à mesa, surpreende sua família e "reconhece que, com uma insistência regular, se faz o que se quer". É o "amor-próprio" que incita Landry, um dos gêmeos, a partir, apesar de sua tristeza em se tornar uma "metade de homem" (G. Sand [156]). O orgulho de Trott, que quer ele mesmo pagar seu bolo, recusando a oferta do sr. Aron, significa que ele não quer se comprometer com um adulto que lhe havia mentido. Ademais, desaprova um gesto de prestígio que não corresponda a nenhuma realidade. O sr. Aron tinha fingido dar toda sua carteira a um pobre, mas em seguida tirou um porta-moedas bem cheio. Cesbron [57] descreve Marc, que é duro e tem "um tal sentido de honra"... Fala dos valores vividos nos bandos: "o sentido da honra, da palavra empenhada". Lebrac, chefe do bando da *La guerre des boutons* (Pergaud [19]), não confessa a atividade dos seus, mesmo sob as pauladas de seu pai. Orgulho, amor-próprio, senso de honra, são as palavras utilizadas para expressar traços de caráter, atitudes, condutas das personagens. Por vezes estas palavras não são escritas, mas a descrição da criança na sua própria existência ou seus atos são equivalentes. A coragem está associada a estas manifestações e, em particular, no domínio de si mesmo sob agressões físicas. Já citamos vários casos, como o do pequeno cigano de *L'enfant et la rivière*: robusto "sob o chicote, apertava os lábios e seus olhos se fechavam de dor, mas ele não gemia". Hervé Bazin, Vallès, eram também crianças "fortes" e robustas, assim como Dargelos, que admira Paul (*Les enfants terribles*). Este tipo é mostrado em vários casos[6] como dotado de prestígio aos olhos das outras crianças.

Mas nas crianças jovens e frágeis a coragem também é encontrada: Biche é capaz de suportar a dor sem fraquejar (ela se queimou gravemente) ou de dominar seu nojo e sua timidez (ela comprou com suas economias um sapo torturado por alguns garotos, transportando-o em suas mãos). Babou deixa lancetar uma panarício sem se queixar e tem até mesmo um certo prazer pelo perigo: "Pela emoção modela-se o prazer pela bravata. Que volúpia existe em certos batimentos do coração!" (Teme o mundo além do jardim, o que não o impede de aproximar-se dele.) Gravoche leva a coragem até o heroísmo:

> Brinca no riacho e se levanta por causa do motim; seu atrevimento persiste diante da metralha; era um garoto, agora é um herói... em um minuto passa de um pirralho a um gigante.

L'héroïque enfant sai da barricada, recolhe os cartuchos dos patriotas mortos para realimentar os fuzis dos revoltosos, faz brincadeiras sob as balas e se deixa morrer. A personagem de Gravoche é um conjunto de símbolos, simultaneamente aquele do povo de Paris (como em Michelet [141][7]) e de Gavroche morto, é bem mais do que o sinal da morte de um inocente, o do sacrifício a uma causa justa: a da revolta

---

6. Cf. Cap. 5.
7. "A criança é a intérprete do povo, que coisa digo? Ela é o próprio povo em sua verdade nativa, antes que seja deformado, o povo sem vulgaridade, sem inveja (...). Não somente o interpreta, mas o justifica e o inocenta em muitas coisas (...)" *Le peuple*, 1846.

contra "Preconceitos, Abusos, Ignomínia, Opressão, Iniqüidade, Despotismo, Injustiça, Fanatismo, Tirania" que ele ameaçava, perante os quais ele estava em perigo. Criança simbólica, evocamo-la aqui, pois leva ao extremo características freqüentemente descritas nas personagens de aparência real.

Estas crianças mostram um rosto grave e sério, pois vivem com convicção cada instante de sua existência, não sendo levianas, nem superficiais. As características de presença e de verdade encontram aqui uma nova expressão. Babou caminha saltitante "com o rosto dourado e sério", Biche leva a sério tudo o que lhe foi dito, quer saber por que foi punida, por que existe, mostra-se severa em relação a si mesma: "Tinha esquecido de estudar gramática, não fui consciensiosa" e recusa-se a sair com seu padrinho. Estas duas crianças são personagens ambíguas, ora excepcionais, crianças simbólicas, ora crianças do tipo realista. Personagens que se preparam muito cedo para a vida de trabalho do adulto, ou até mesmo participam dela. Marie-Claire (M. Audoux [1]) trabalha como pastorinha, *La petite fille comme ça* é a "criança da bola", "que nunca brincou, apenas fingiu brincar" (L. Delarue-Mardrus [118]), *L'apprentie* (O. Geffroy [127]) tem "um ar recolhido" na escola, já que pode sair dali "capaz de compreender os negócios, exercer funções de caixa, ser comercialmente...", sua atitude de reflexão corresponde a uma situação de adulto. Outras manifestam sua gravidade ou sua seriedade nos acontecimentos específicos de sua infância: "O homenzinho nos fala do Natal com uma seriedade trêmula..." (Duhamel [35]). Pied-Volage, que veio buscar Fred de barco para conduzi-lo à rainha das ilhas, recusa-se a responder a qualquer pergunta. Fred fica surpreso com seu ar sério: "Ele tinha aquele ar penetrante que conferem as missões solenes". Fred propõe pegar as armas.

> O pequeno voltou-se para ele e tirou uma faca do bolso. Parecia tão sério, com o canivete na mão, que Freud desatou a rir. A criança lhe lançou um olhar irado, guardando sua faca meio desconcertado. Você não tem o direito, diz ela, menos agressiva (...). Em seguida, pôs-se a remar, com um grave furor (...) (Vialatte [74]).

A seriedade e a gravidade de Patricia revelam-se dúbias. Por um lado, oferece a imagem de uma menininha educada que prepara um chá (imagem socializada):

> O rosto de Patricia era uniforme, calmo, doce e muito infantil (...). As sobrancelhas unidas, a língua um pouco para fora, (ela) arrumou, misturou todos os alimentos, regou-os com mostarda e especiarias e os distribuiu sobre a mesa da varanda. Tinha um rosto sério, feliz.

Por outro lado, expressa a atenção da criança na sua selva primordial (imagem autêntica):

> A expressão de Patricia mudou apenas em uma nuança. Esta é suficiente, no entanto, para dar um significado completamente diferente ao pequeno rosto more-

no. Os traços permaneciam graves, sem dúvida, mas sua gravidade não era mais a de uma menininha que decorou bem sua lição. Era a gravidade atenta, sutil, sensível, da criança que me havia surpreendido perto do bebedouro (...).

Ela havia tido esta mesma atitude no início do relato, quando afirmava o narrador: "É muito tarde" para ir viver com os animais.

Existia muita amizade em seu olhar, mas era uma amizade compassiva, especial. Desinteressada, grave, cheia de melancolia, impotente para socorrer (...). A misteriosa tristeza do olhar animal, eu a reencontrava em Patricia (...).

Giraudoux [40] opunha também a alegria imposta, necessária para ter o ar de criança, à gravidade do Kid e até mesmo sua "espécie de sorriso" num rosto triste, semelhante àquele do primeiro homem[8]. A tristeza aparece como associada à origem nessas personagens. O Pequeno Príncipe, outra criança simbólica, é também grave, triste: "Eu estava tão triste" (diante de um pôr-do-sol).

Na criança simbólica, a tristeza é existencial, associada ao conhecimento implícito da natureza e do sentido das coisas e da vida. Outros tipos de personagens manifestam uma tristeza reativa às condições que lhe são impostas pela sociedade ou à descoberta dos grandes problemas: o sofrimento, a doença, a morte[9]. Alguns, como Proust ou Loti crianças, parecem hiperemotivos, de temperamento ansioso e triste. A gravidade e a seriedade são comuns a crianças de diferentes tipos. Elas não fazem o papel de sua própria existência, vivem-na totalmente.

A seriedade e a exigência conduzem freqüentemente à tenacidade, que será qualificada, por vezes, até mesmo como teimosia, pelo menos nos mais jovens: "Como ele traz em qualquer atitude esta forma de perseverança que, nas crianças de sua idade, se chama de teimosia, estas suas facetas preferidas acabam entediando (Duhamel [35])". Zazie jamais renuncia a uma pergunta que propõe, como, por exemplo, sobre a "homossexualidade" etc. Da mesma forma, quando tem vontade de tomar uma "coca-cola", e se não tem no bar onde seu tio escolheu entrar, obriga-o a procurar outro. O Pequeno Príncipe insiste com seu interlocutor até que tenha obtido uma resposta, enquanto que ele mesmo segue sua própria idéia e freqüentemente não responde a perguntas que lhe são feitas. Algumas destas atitudes comportam uma parte de egocentrismo, enquanto que outras são mais propriamente uma tenacidade na ação quando a criança investe numa tarefa, tal como vimos para as personagens mais diretamente simbólicas. É também o caso de Hélène, tal como a descreve seu amigo Gaspard (toma-a ainda por menino). "Ele revia a criança, tal como a havia encontrado em Lominval, selvagem e puro na sua vontade tenaz de unir sua família e seu país" (Dhotel [59]).

8. Cf. Cap. 2, p. 41.
9. Cf. Cap. 13.

A efervescência da vida

Ao lado de toda esta gama de características que se estende da ingenuidade comovente à seriedade e gravidade, passando pelo aspecto bom diabinho, àquela da bela-criança-frágil, da personagem orgulhosa e corajosa, é preciso reservar um lugar importante a uma série que concerne à efervescência da vida, próxima de sua fonte. A criança é impulsiva, ardente, apressada, curiosa a respeito de tudo, freqüentemente entusiasta. Ela quer tudo, imediatamente, e quer muito. "Suas paixões, ódios, amizades, são bruscos, fugazes; suas dores são imensas mas logo cessam; seus pavores são desmesurados" (Duhamel [35]).

> Sua suscetibilidade era sem limites; e o docinho recusado (...) lhe parecia raro e valioso, como um tesouro perdido (...). Sua mamãe, seu papai, Pauline, Firmin, tantos inimigos pessoais, fingidos, malfeitores, cruéis, carrascos voluntários de uma pequena criança inocente: condenou-os à execração. Sonhou que os pulverizava, aniquilava a todos. Mas as maldições de Poum parariam imediatamente (...) um sonho divino (...) esta noite, grande banquete (...) tinham-lhe prometido, teria sorvete de frutas! (P. e V. Margueritte [17]).

> Aos dez anos (...) não parava de mudar de vida (...) experimentava, a cada passo, o deslumbrante desaparecimento das vitrinas, o movimento de minha vida, sua lei e o belo mandato de ser infiel a tudo (Sartre [73]).

Estamos longe da criança tenaz que persegue uma missão, mas perto de certas personagens imediatas, vivendo num presente absoluto, fora do tempo. Algumas se confrontam, antes, com o tempo que se desenrola muito lentamente, a seu gosto: as crianças da *La guerre des boutons* (Pergaud [19]), que decidiram construir uma cabana, "adormeceram muito tarde (...), suas imaginações vagabundeavam, suas cabeças zumbiam (...). O que fazia com que demorassem a começar a grande obra".

A efervescência da criança a conduz a esbarrar na vida canalizada, ajuizada.

> Que superabundância de força, de alegria, de orgulho, nesse pequeno ser (Jean-Christophe)! Como é cheio de energia (...). Como uma pequena salamandra, dança, dia e noite, na chama. Um entusiasmo que nunca se cansa e que tudo alimenta. Um sonho delirante, uma espécie de jorro, um tesouro inesgotável de esperança, um risco, um canto, uma bebedeira perpétua. A vida não o detém ainda; a todo instante ele escapa dela: ele nada no infinito. Como é feliz! Não há nada nele que não creia na felicidade, que não se dirija a ela com todas suas pequenas forças apaixonadas!... A vida se encarregara de conduzi-lo à razão (R. Rolland [23]).

> Com a falta de jeito da criança que aprecia o barulho já que não se pode fazê-lo, ela sempre derrubava alguma coisa, bagunçava a mesa (...) nos movimentos ociosos e inconscientes que estas pequenas existências exuberantes lançam ao seu redor a todo instante (Daudet [7]).

A efervescência de Gaspard o impede de ler o sentido de alguns sinais, e algum ancião tenta lhe explicar. Mas Gaspard não podia seguir "os conselhos de Niklaas" (...). "Ele era muito impaciente e estava à espera de novas peripécias" [59]. À raposa que lhe pede que a domestique, o Pequeno Príncipe responde inicialmente: "Eu gostaria... mas não tenho muito tempo. Tenho amigos a descobrir e muitas coisas a conhecer". Neste sentido, é uma criança muito apressada. O mesmo ocorre em relação a certas crianças da ficção científica. Assim, os *Coucous de Midwich* (Wyndham [164]) faziam tudo com exagero, sem saber medir seu poder. Neste caso, provocam o irreparável. *Les transformés* têm comportamentos idênticos, a pequena Petra possui um dom (a transmissão de pensamento), mas deve aprender a dominá-lo. Estas crianças extraordinárias têm, em certos momentos, características de crianças reais e, entre as personagens reais, existem aquelas que se aproximam das personagens simbólicas. O exagero e seus inconvenientes são também descritos nas autobiografias: Simone de Beauvoir lembra-se de suas cóleras ineficazes:

> Envergonhada por um excesso cuja justificativa não encontrava em mim (uma vez mais calma), experimentava apenas remorsos; dissipavam-se rapidamente, já que não hesitava em obter meu perdão.

O mesmo ardor impulsiona a criança a conhecer tudo com uma curiosidade insaciável. "Derrama sobre o mundo uma curiosidade corrosiva que se insinua por toda parte", assinala Duhamel, que antes tinha comparado esta atitude ao pecado original, associando o primordial ao futuro através desta nova característica: "Contamos com esta curiosidade que resgatará um dia, talvez, o mundo que ela perdeu". Dhotel também via na curiosidade um instrumento do destino: as crianças "não sabem que a curiosidade e a fatalidade caminham sempre juntas". Na maior parte das outras crianças, até mesmo numa outra personagem simbólica como o Pequeno Príncipe, a curiosidade e a sede de conhecer não têm este papel. É, simplesmente, uma atitude típica da infância. Julien (Sartre [49]) quebra seus brinquedos para ver como são feitos por dentro. Aqui, ainda, a criança é refreada por seu meio.

> É verdade [diz a pequena Fadette] que o bom Deus me fez curiosa, se isto é desejar conhecer as coisas escondidas. Mas se tivessem sido bons e humanos comigo, não teria pensado em satisfazer a minha curiosidade às custas do outro (...). As flores, a grama, as pedras, as moscas, todos os segredos da natureza, existiria o suficiente para me divertir, eu que gosto tanto de vagar e bisbilhotar tudo.

Cada descoberta pode se tornar uma paixão. Sartre [73] aborda a leitura: "Fui então zeloso como um catequizador, chegando até a me dar aulas particulares". "Faz um assalto" ao conhecimento, através dos livros da biblioteca de seu avô, que acreditava reservada aos adultos. A criança descobre com sede, com ardor, que tem necessidade de se entusiasmar, de admirar. Gide, aos dez anos, vai ao concerto com sua mãe:

> Eu trazia desses concertos impressões profundas, e que não tinha ainda a idade de compreender (...). Admirava tudo, quase que indiferentemente, como é próprio desta idade, quase sem nenhuma escolha e por uma urgente necessidade de admirar (...).

Aos treze anos, se entusiasma com seu professor pela poesia lírica.

> Estes versos, cujo ritmo me é hoje intolerável, aos treze anos me pareciam os mais belos do mundo. Como se ousava escrever estas coisas, e ainda em versos! Eis o que me enchia de estupor lírico. Já que o que eu admirava, sobretudo, nestes versos, era certamente sua ousadia.

Henri Brulard (Stendhal [160]) tem também uma paixão: as medalhas moldadas em gesso fabricadas por ele mesmo. Em outro momento, é a caça: "A paixão pela caça, apoiada nos devaneios de volúpia, alimentados pelas paisagens de M. le Roy [seu professor de desenho] e pelas imagens vivas que minha imaginação fabricou lendo Ariosto tornou-se um furor, me fez adorar 'a casa rústica', Buffon me fez escrever sobre os animais mas, enfim, pereceu apenas pela saciedade". Esta necessidade de se apaixonar por um objeto particular opõe-se à maneira de proceder na escola: numerosas personagens se queixarão dela[10], como o faz um colegial descrito por V. Larbaud. Ele tentou estudar por si mesmo, ir além das partes escolhidas, "cada assunto seria tratado a fundo", mas deparou com obras que tinha escolhido, muito difíceis para sua idade: "Ficamos tomados por um grande desânimo. Era verdade, portanto, ser necessário 'passar pelas séries' uma a uma (...) e que, apesar da maior vontade do mundo, era necessário permanecer na fila".

Antes de ser ferida pelas imposições sociais dos adultos ou pelos dramas da existência, a efervescência da vida é acompanhada de alegria. Eis aqui uma nova expressão de um tema familiar: a alegria da primeira infância:

> Que superabundância de força de alegria (...), como era feliz! Como é feito para ser feliz! Não há nada nele que não acredite na felicidade (...) (R. Roland [23]).

> Ele todo é alegria (...). Esgota mais rapidamente do que nós a quantidade de alegria que cada objeto encerra, e se desloca rapidamente de lugar a lugar (...) (Duhamel [35]).

Zette experimenta "a alegria de se sentir um lindo ser vivo neste belo dia" (P. e V. Margueritte [18]). Em certas autobiografias, os au-

---

10. Cf. Cap. 11, pp. 354-358.

tores contam como se sentiam felizes e contentes com seu destino, já que viviam num mundo protegido. Sartre: "Na falta de me deparar com seus obstáculos, conheci, inicialmente, a realidade apenas em sua risível inconsistência". Representa seu papel de criança ajuizada e se ilude: "Todo mundo é bom, já que todo mundo é contente". "Era o Paraíso. Eu acordava num estupor de alegria (...). Os descontentes me escandalizavam". Simone de Beauvoir: "Protegida, mimada, divertida pela incessante novidade das coisas, eu era uma menininha muito alegre". A criança era completamente feliz com seu destino antes de conhecer as realidades da vida.

Como à criança deliciosa e adorável correspondia o bom diabinho, à criança efervescente de vida e de ardor correspondem a turbulência e êxtase. É, ao recordar sua "vida entusiasta e brutal de vigorosos pequenos seres selvagens", que Pergaud escreveu *La guerre des boutons* [19], emprestando a suas pequenas personagens uma linguagem muito vigorosa. Gide lembra-se de um jovem americano; tinha "uma espécie de turbulência interior que o fazia inventar incessantemente alguma excentricidade cheia de riscos". A fantasia da criança brota espontaneamente: "Ela organiza mistificações que duram muito tempo, prova de que a fantasia é seu elemento natural, não exigindo dela nenhuma contenção espiritual anormal" (Duhamel [35]). O Pequeno Príncipe, no momento de desaparecer, toma um tom de humor para consolar o piloto; este rirá ao olhar as estrelas, que lhe lembrarão o riso do Pequeno Príncipe, e o tomarão por um louco: "Eu teria 'te aprontado' alguma..." Mas a personagem cheia de fantasia, de humor e de êxtase por excelência, é Gavroche.

> Este ser que grita, que debocha, que briga (...) extrai a alegria da imundície, preenche com sua verve as esquinas, ri sarcasticamente e morde, assobia e canta, aclama e bronqueia (...). O moleque de Paris é Rabelais pequeno. Existia um pouco desta criança em Poquelin, filho dos Halles; existia também em Beaumarchais. A molecagem é uma nuança do espírito gaulês [10].

As contradições

Estas múltiplas imagens da criança desenham figuras contraditórias. Existem oposições entre as representações dos diversos autores e até mesmo entre os tipos de personagens criados por cada um deles. Freqüentemente também os escritores tendem a criar personagens ambíguas, cheias de contrastes. Tentaram desmistificar algumas simplificações excessivas e mostrar os múltiplos aspectos da infância; quiseram fazer sentir seu mistério. Para descrever Babou, encontramos as palavras pirralho e soberano, delicioso e terrível, bebê e ancião, gato e tigre: "É um tigrezinho que tenho ao meu lado. Ele captura uma presa", observa a avó, e pouco depois mostra "expressões cômicas. Ele balbucia" (Lichtenberger [42]). Biche "parece procurar um buraco para se esconder. O que não o impede de ter, improvisadamente, audácias, até mesmo condutas que sufocam". Duhamel admira o olhar do pequenino, símbolo do espírito, quando se zanga e se transforma num "jovem animal irritado. O olhar divino desaparece, se desvanece na profundeza". P. Margueritte [17] recorda-se:

> Percebo-me no espelho do passado, um homenzinho pensativo, pendurado durante horas numa árvore, como Robinson, sem fazer nada a não ser admirar o jardim verde e o mar; e depois, ao invés do grave e nostálgico garoto, aparece-me um moleque, incansável, bêbado de gritos e cambalhotas...

Loti considera-se "cheio de contradições; passava de brincadeiras a sombrios devaneios apocalípticos, misturando-se nele uma precocidade intelectual e um lado muito infantil. Cocteau vê nas crianças grandes atores espontâneos, ora "eriçados como um animal, ora doces como uma planta". É freqüentemente o olhar do adulto ou suas normas que conduzem às modificações de certos comportamentos da criança. Muitas personagens de V. Larbaud são cheias de contradições por esta razão: Rose Lourdin, que gosta de Roschen, mas que, por pudor, liga-se a uma moça feia e desagradável; Dolly, má e boa, que fere e consola; meninos que misturam orgulho e "mania de rebaixamento" diante de seus pais etc. Mimi, "garota" da periferia (Machard [16]), se faz bela e faceira em seu vestido de comunhão e em seguida desce escorregando pela rampa com o vestido branco, que lhe sobe até o pescoço.

A socialização conduz a modificações do caráter na criança; os exemplos, neste sentido, são múltiplos, mas assinalamos aqui antes as contradições espontâneas do caráter ou do comportamento das personagens. O abade de Pradts e Sevrais, amigo do pequeno Souplier, discutem a seu respeito:

> (...) Sim, ele tem delicadezas morais inesperadas. Mesmo por ocasião da generosidade (...) ele chora facilmente (...). Em seguida, volta a ser grosseiro, questionador, brutal com seus colegas. Fica enraivecido, podendo até matá-los. Esta violência, aliás, não é para me desagradar. Ele que sempre foi tão doce comigo Montherlant [64]).

Inúmeras personagens têm, assim, alternâncias que são às vezes o final de uma impulsividade de uma efervescência da vida e, por vezes, a expressão de um duplo caráter, como certas crianças estranhas ou completamente simbólicas; Babou, o Pequeno Príncipe, Patricia, são em certos momentos "infantis", em outros, completamente diferentes. O Kid apresenta unidade, e as contradições muito acentuadas de Garoche, que "tem trapos como um bandido e andrajos como um filósofo", que é "respeitoso, irônico, insolente", são aspectos de sua índole. No mais, Victor Hugo dá, ele mesmo, explicitamente o sentido de sua personagem, "esta criança da lama é também a criança do ideal", que "o espírito de Paris" modelou como um deus na argila.

2. AS CARACTERÍSTICAS NEGATIVAS DAS PERSONAGENS

As características da criança simbólica apareceram quase sempre como positivas; a indiferença e mesmo uma certa crueldade estavam associadas a seu caráter primitivo, estimado. A criança comum nos é descrita, de diversas maneiras, com um tom enternecido, sonhador ou admirativo. Algumas vezes, no entanto, lhe é atribuída uma verdadeira maldade; é cruel, sádica, mentirosa etc. Na maior parte do tempo, estes traços equilibram uma imagem valorizada, e raramente aparece uma criança completamente má.

A criança má por natureza

Vimos[11] o quanto a imagem da criança pôde ser negativa na linguagem escrita até o fim do século XVIII. Durante o período que nos interessa, não se tem mais um tom tão moralizante, nem julgamentos tão duros. Mas se por um lado se fala menos em termos de falta, descrevem-se agora os lados maus da criança. Muitos dos autores estão longe de uma atitude rousseauniana.

> Zette é toda instinto. Sua alma imortal tem a grosseria de uma malvada pequena alma novinha. Como é urgente que a religião e os hábitos venham purificar, polir, amenizar tudo isto! De onde, de que noite tenebrosa sai esta menininha, semelhante a todas as outras, com seus apetites e desejos violentos, seu senso ingênuo da maldade, sua profunda vaidade feminina? (P. e V. Margueritte [18]).

Aqui, a origem não é mais completamente pura e a sociedade, causa de degradação. A consciência do mal é espontânea:

> Contemos com esta sutil e pungente intuição do mal que já sonha no fundo do berço. Jean-Jacques não contaria (Duhamel [35]). Nesta idade inocente, onde se quer que toda alma seja apenas transparência, ternura e pureza, vejo em mim apenas sombra, feiúra, dissimulação (Gide [38]).

Esta transparência aparente esconde, aliás, muitas feiúras: "Ah!.. As beldades de transparência e as vozes de serafins! Quanto mais cantam de maneira tumultuosa, mais seu espírito é corrompido e sua vida privada impossível", nota o abade de Pradts (Montherlant [64]). Sua inocência é uma armadilha:

> Inocentes apenas em aparência, sem dúvida. Já que não são nunca totalmente inocentes, isto acima de qualquer suspeita: alguma coisa de inacessível neles, um fino fio tênue, pegajoso como pequenas ventosas delicadas, como aquelas que se apresentam, trêmulas, na ponta dos pêlos que recobrem algumas plantas carnívoras, ou então um sumo pegajoso como a seda que a lagarta secreta: alguma coisa de indefinível, de misterioso, que agarra no rosto do outro (...) ou que se estende como um reboco viscoso sob o qual se petrifica (Nathalie Sarraute [72]).

---

11. Cf. Cap. 1, pp. 7-8.

A imagem desta vida vegetal ou animal elementar pode ser aproximada da comparação de Cocteau: planta, animal, em seguida primitivo, estes diferentes estágios são percebidos e expressos com diversas nuanças de temor e uma impressão de mistério.

Ora, a planta carnívora ou o animal matam suas presas; o "selvagem" é objeto de relatos apavorantes. "Creio que o homem é naturalmente cruel: as crianças e os selvagens testemunham este fato", comenta Pagnol, lembrando-se de como, quando criança, olhava, no matadouro, "o assassinato de bois e porcos com o mais vivo interesse". Descobre-se a natureza do homem observando-se a criança e o primitivo. Encontramos ainda esta observação, desta vez não mais falando da autenticidade mas, sim, da crueldade. A criança é vista até mesmo como uma força desta natureza cruel: "Entre as mãos de ferro de Dargelos, uma bola de neve poderia se tornar um bloco mais criminoso do que seu canivete de nove lâminas" (Cocteau [29]).

O prazer de ver ou de fazer sofrer

O prazer em olhar e matar os animais é freqüentemente descrito. Babou gosta do sangue e observa, gravemente, a degola dos frangos. Zette "saboreia antecipadamente um prazer cruel" ao pensar que os ratos vão ser mortos por seus malefícios. "Uma alegria singular, aguda, como uma gavinha, a penetra, uma alegria que ela degusta como um pecado: sim, lhe dá prazer que este pequeno rato (...) coma assim o veneno (...).'' O que não a impede de se debulhar em lágrimas quando descobre os cadáveres no dia seguinte. A criança procura emoção diante do sofrimento ou o mistério do sangue; é intrigada pela passagem da vida para a morte, tanto que, diante da imobilidade do cadáver, sente-se desnorteada, decepcionada ou assume uma atitude lógica, "simples", ou um pouco indiferente[12].

> Patochou! Deixe Rameline (a cozinheira) sossegada. Ela coloca o frango no espeto. Oh! cruel Patochou, que prazer você tem em ver o martírio deste pobre frango, a quem ainda ontem você dava milho? Mas já que ele está morto... (T. Derème [33]).

A criança nem sempre se contenta em desempenhar o papel de espectadora, gosta de participar da tortura, ou ela mesma torturar. "Deixam-me modelar bolinhas de farelo molhado com as quais são recheados (os perus) e eles sufocam. Minha grande alegria é vê-los sufocar, tornarem-se azuis" (Vallès [24]). Lucien acha divertido arrancar as patas de um gafanhoto, porque ele vibrava entre seus dedos como um pião e, quando lhe pressionava o ventre, saía um creme amarelo. Mas, no entanto, os gafanhotos não gritavam. Lucien gostaria de ter feito sofrer

---

12. Ver Cap. 13, a criança diante da morte.

um desses animais que gritam quando têm dor, uma galinha, por exemplo, mas não ousava aproximar-se deles (Sartre [49]).

Os escolares que atormentavam o Kid param quando passa um animal, aproveitando a oportunidade de "torturar uma vida sem defesa" (Giraudoux [40]). Poil de Carotte

> encontra uma toupeira em seu caminho, negra como carvão. Quando já havia brincado bastante com ela, decide matá-la. Lança-a ao ar por várias vezes, de tal forma que caia sobre uma pedra. No início, tudo corre perfeitamente. A toupeira já quebrou as patas, rachou a cabeça, quebrou as costas e parece estar à beira da morte. Em seguida, estupefato, Poil de Carotte percebe que ela pára de morrer (...) de fato, sobre a pedra manchada de sangue, ela incha; seu ventre cheio de gordura treme como uma geléia e, através deste tremor, dá a ilusão de vida (...). E quanto mais Poil de Carotte, enraivecido, bate, menos a toupeira parece morrer (J. Renard [22]).

Os "garotos" da periferia (Machard [16]) tomam gosto pelo jogo do afogamento após ter tido que matar gatinhos. Ficaram fascinados pela força vital destes pequenos animais. Acabam por afogar primeiro um canário, em seguida um cãozinho e mais tarde um boné. São impulsionados tanto por uma imensa curiosidade como por uma real crueldade. Em contrapartida, em Pagnol, o prazer real de matar é acompanhado de remorso:

> Minha principal ocupação era lançar migalhas de pão aos patos. (...) Quando minha tia não estava olhando, eu continuava proferindo com uma voz suave palavras de ternura, enquanto lhes lançava pedras com a firme intenção de matar um deles. Esta esperança, sempre em vão, dava encanto a esses passeios, e (...) eu tremia de impaciência.

Em alguns romances, a personagem principal torna-se a defensora dos animais que outras crianças maltratam. São exemplos disto a pequena Fadette (G. Sand [156]), Biche (Lichtenberger [41]) e Josiane (Ch. Rochefort [70]).

A tortura de um animal nem sempre é suficiente para satisfazer o sadismo das crianças. O número daquelas que martirizam as crianças mais ou menos conscientemente[13] é também significativo. Julia propõe a Milou, para diverti-la: "E se brincássemos de lhe tornar a vida ainda mais infeliz? Sim, isso mesmo. Vamos tornar sua vida intolerável", responde Milou. Ele, "que tem prazer em enraivecer os cãezinhos de sua avó, está todo feliz com a idéia de ter como vítima uma menina". Era uma pobre pastorinha que acumulou em sua vida todas as desgraças possíveis (V. Larbaud [50]). As crianças de La guerre des boutons torturam seus prisioneiros, chicoteiam-nos até que sangrem (Pergaud [19]).

---

13. Cf. Cap. 5, pp. 146-147.

Num impulso que comoveu as duas mães, a jovem Alphonsine me pegou do chão, me apertou contra o seu coração e me cobriu de beijos, elogiando minha gentileza. E, ao mesmo tempo, me espetava os calcanhares com um alfinete.

Alphonsine, sete anos mais velha que o pequeno Pierre, tem com ele uma atitude que lembra a de Pagnol em relação aos patos. Gide, no jardim de Luxembourg, não brinca com as outras crianças, mas as observa carrancudo e pisa em suas construções de areia quando estão de costas. Algumas preferem torturar moralmente:

> Tudo o que pode machucar, magoar o terno coração de Poum é encontrado por Zette, instintivamente: suas ingenuidades (...), seus abandonos (...), tudo o que existe nele de cândido e delicioso ela espezinha; ela o imita em suas manias, faz a mímica de seus tiques; poderia se dizer que é como se ela abrisse a barriga de uma de suas bonecas com uma tesoura e deixasse escoar-lhes o recheio. O recheio? Não! É o sangue de Poum que jorra de uma fenda invisível (P. e V. Margueritte [17]).

Na saída da escola, um menino grande tortura um pequeno:

> O prisioneiro era seguro por quatro alunos, seu peito apoiado contra o muro. Um dos grandes, agachado entre suas pernas, lhe puxava as orelhas e o obrigava a olhar para caretas atrozes. O silêncio desse rosto monstruoso, que mudava de forma, aterrorizava a vítima. Ela chorava e procurava fechar os olhos, baixar a cabeça. A cada tentativa, o que fazia caretas pegava um punhado de neve cinza e lhe esfregava nas orelhas (Cocteau [29]).

A crueldade dos escolares entre si causa o verdadeiro martírio de alguns, especialmente daqueles que sofrem ou de um defeito em si mesmo, como Champi-Tortu, porque é corcunda, ou, então em sua família, como o aluno Gilles, porque seu pai é um doente mental[14]. Estes "rapazinhos malvados (estão) dispostos a fazer sofrer o filho do professor pelo ódio que têm naturalmente em relação a seu pai" (Vallès [24]). Felizmente, as surras públicas que este dá em seu filho (Jacques Vingtras) melhoram as relações das crianças entre si. "Teriam antes, se queixado por mim, se as crianças soubessem reclamar"; as crianças são, freqüentemente, inconscientes em sua crueldade, como os animais selvagens. Estas características de inconsciência em relação a si próprios já é a fonte da verdade das crianças.

Zazie vinga-se de outra forma de sua professora: ela quer assustar os garotos, tornando-se, por sua vez, professora. Ela se imagina, nesse papel, compensa sua situação de escolar e libera seu sadismo. O estatuto da criança, a superioridade do adulto, conduzem a tais atitudes de vingança[15].

A crueldade fria e inconsciente das crianças aparece também, muito nitidamente, em certas personagens de ficção científica. Os *Coucous*

---

14. Cf. Cap. 5, pp. 146-147, e Cap. 13, pp. 412-417.
15. Cf. Cap. 7, "A relação entre a criança e o adulto".

de Midwich exercem sua produção mútua e sua vingança até o crime, sem pensar em nada além do objetivo que perseguem. Uma das imagens mais duras, neste sentido, é dada pelo filme *Sa Majesté des mouches*. Um bando de colegiais, isolado numa ilha deserta depois de um acidente de avião que matou todos os adultos, retorna a um estado primitivo matando dois deles, um porque não lhes agrada e o outro porque todos se encontram num verdadeiro transe durante uma celebração na qual são tomados de medo. Algumas personagens são cruéis apenas em imaginação. Sartre nos conta a respeito: "Meus primeiros desejos foram cruéis: o defensor de tantas princesas não hesitava em dar palmadas, em espírito, na sua pequena vizinha de andar". E, "escrevendo", tortura seus heróis, mas sua alegria perversa transforma-se imediatamente em pânico, culpabiliza-se, risca o que escreveu. "Eu ficava seriamente preocupado." Nesta idade, e neste sentido, era muito consciente. É em três obras praticamente autobiográficas (Pagnol, A. France, Sartre), que aparece a presença de uma censura moral que obriga a mascarar ou a se inquietar com desejos sádicos.

O prazer pela violência, pela desordem

Ao prazer de matar associa-se, em várias personagens, o da violência, da transgressão da ordem. Leon lê os fatos mais sangrentos no jornal ilustrado que seu pai lhe compra (Ed. Jaloux [11]).

Eu gostava dos jogos abominados pelas mães e que os inspetores impedem, cedo ou tarde, pela desordem que a eles sobrevêm, os jogos sem regra nem freio, os jogos violentos, apaixonados, cheios de horror (A. France [36]).

Elas acabam de partir, as companheiras de jogo da Petite (...) pularam a grade do jardim, lançaram (...) seus últimos gritos possessos, suas pragas infantis proferidas a plenos pulmões, com gestos grosseiros de ombros, as pernas afastadas, caretas de sapos... A Petite, enquanto fugiam, lançou-lhes o que lhe restava de pesadas risadas e deboches, de palavras de dialeto. Tinham a voz rouca, as maçãs do rosto e os olhos de menininhas que foram embebedadas (Colette [30]).

Esta violência nem sempre se libera do mundo do jogo. Gavroche vive seriamente a revolução. "Um certo estado violento lhe agrada."

Assistir às execuções constitui um dever. Ao ver a guilhotina, ele ri. Chamam-na de todos os nomes (...). Vaia-se o prisioneiro para encorajá-lo. No momento da insurreição, ele parte para a guerra, uma flor na mão e uma pistola. A agitação de uma pistola sem gatilho que se empunha é tal que Gavroche sentia crescer sua verve a cada passo.

Outras personagens manifestam a mesma excitação por ocasião da guerra. Peau de Pêche:

Para mim e para aqueles de minha idade, a guerra era uma coisa terrível e feliz (...). A cada passo, aconteciam coisas novas. A febre nos invadia. Vivia-se. (...)

Uma pequena alma mortífera crescia em nós. Brincávamos de guerra na rua, em casa. (...) Jogos de imaginação e de imitação. Respirava-se febrilmente a atmosfera guerreira dos adultos, repetiam-se as palavras heróicas inventadas pelos jornalistas emboscados... (G. Maurière [44]).

As crianças de *La guerre des mômes* (Machard [43]) têm os mesmos jogos, a mesma febre. As agitações da vida cotidiana, os soldados estrangeiros, as descidas aos subterrâneos, fazem-nas dizer: "Meu Deus, desde que estamos em guerra nunca se riu tanto!" Por um lado as crianças se apoderam de novas imagens para satisfazer um prazer pela violência que se expressava em jogos como o de polícia e ladrão. Por outro lado, a guerra criou desordem, agitou a monotonia da vida cotidiana. "Eu estava sempre contente quando alguma coisa acontecia", lembra-se Simone de Beauvoir. Ela não teme os bombardeios. "Agradava-me esta desordem, com o silêncio da cidade por detrás das janelas vedadas e seu brusco despertar quando soava a sirene." Algumas personagens satisfazem nesta ocasião sua paixão pelo heroísmo: "Vêem apenas o movimento, o desdobramento da força, o heroísmo visto pelo exterior... brincam de soldados, vangloriam-se das façanhas dos homens de sua família (...)" (J. Galzy [126]). Estas crianças percebiam as imagens da guerra sem abordar o lado doloroso e os múltiplos sofrimentos que ela traz. É preciso também notar que todos estes textos correspondem à Guerra de 1914, esperada e preparada num espírito de vingança e de exaltação patriótica.

O egocentrismo

A indiferença tinha, em certos autores, um papel bem útil, o de preservar a criança, proteger sua fraqueza em situações traumatizantes. Freqüentemente ela era, aliás, apenas aparente[16]. Em seu aspecto negativo, expressa a incapacidade da criança em perceber uma realidade que não lhe concerne pessoalmente. Poder-se-ia denominar egocentrismo a essa característica, ou de egoísmo, dando-lhe uma nuança moral. Bernard, durante um passeio, recusa-se a tomar conhecimento de qualquer outra coisa que não seja sua sede, e não quer ver o contexto: não existe nada para beber neste lugar (Duhamel [35]). Quando Zazie descobre que o metrô está fechado por causa da greve, toma este fato como uma afronta pessoal: "Fazer isto a mim!", com total ausência de objetividade. É também a imediatez, a vida no presente, que impedem a criança de se fixar no drama. Após um minuto de emoção em relação ao pai que luta, o mestre que foi morto, os escolares de Jeanne Galzy retornam a seus jogos. As *enfants terribles* agridem um pouco sua mãe porque a supõe imortal. Após sua morte, não a choram por muito tempo:

---

16. Cf. Cap. 2, pp. 36-38.

Nestes seres tão puros, tão selvagens, uma ausência pranteada devido ao hábito de sua presença corre o risco de rapidamente perder seu lugar. Ignoram as conveniências. O instinto animal os impulsiona, sendo neles constatado o cinismo filial dos animais.

A natureza animal da criança, o instinto, explicam, ainda desta vez, estes comportamentos.

Uma não-socialização negativa: a criança inculta, grosseira

A criança simbólica aparecia como fora das normas do adulto, não-socializada, livre e aberta a outros valores, outras visões do mundo. Estas características muito gerais pareciam muito desejáveis e admiradas. A mesma dimensão oferece uma vertente negativa mais rara: a não-socialização se traduz por um estado inculto; a ausência do código torna-se grosseria e até mesmo cinismo. Zette era "grosseira como uma feia pequena alma novinha". Zazie segue apenas sua lei pessoal, ela se deita não quando lhe pedem, mas sim quando tem sono e, neste sentido, segue simplesmente sua necessidade; mas, no mais, ela é "voraz", sem acanhamentos na mesa, assim como em qualquer outro lugar, questionadora, colocando perguntas deslocadas e inconvenientes. Está a par de muitas realidades da vida, não sendo, portanto, completamente não-socializada; porém não se curva aos usos e costumes de seu meio, utilizando-os e julgando-os livremente.

Esta atitude, que parece cinismo provocante, está longe de sempre conduzir a críticas. Josiane, "criança do século", descrita como um tipo banal, possui também esta mistura de ingenuidade e realismo ácido. Barnett, pequeno americano, companheiro de classe de Gide, inventa "incessantemente qualquer excentricidade cheia de risco, o que o fazia envolver-se numa auréola de prestígio aos meus olhos (...). Enxugava sempre a pena em seus cabelos desarrumados. No primeiro dia (...) instalou-se no meio [do jardim] (...) e, na frente de todos nós, arrogantemente, fez xixi. Estávamos consternados por seu cinismo". Da mesma forma, Nizan criança põe Sartre e seus colegas pouco à vontade. É sósia de Bénard, aluno modelo que morreu mas, aos seus olhos, parece "seu similar satânico" (...). Na verdade, o pseudo-Bénard não era exatamente maldoso (...). "Não era a verdade que saía de sua boca, mas uma espécie de objetividade cínica e leve (...)." Os adultos gostam e admiram freqüentemente o aspecto não-convencional e truculento da infância. Pergaud explica através deste prazer a criação da *Guerre des boutons*: "Gostaria de ter feito um livro que fosse simultaneamente gaulês, épico e rabelaisiano..." Ele empresta às crianças uma linguagem crua e vulgar que alguns criticaram.

Os autores que criaram personagens como Zazie, Josiane, as da *Guerre des boutons*, não as apresentaram como verdadeiramente más. Gostam deste aspecto não-convencional que lhes parece realista ou simplesmente vivo e divertido. Tentaram desmitificar as imagens da concepção angélica da infância ou, ainda, quiseram atacar um mundo conformista. As características das personagens reúnem, então, a verdade, a lógica da criança e sua exigência, impulsionando-as a um limite extremo, mais ou menos tolerado pelo público e pelos críticos. Em outros momentos, estas mesmas características tornam-se verdadeiramente penosas. Eis aqui dois exemplos:

> Ai de mim! Enquanto escapavam de minha memória os tesouros mais preciosos, escuto esses miseráveis lugares-comuns tão nitidamente quanto no primeiro dia (...) não é na canção que penso, mas sim no divertimento; é aí que vejo o despertar de um prazer vergonhoso pela indecência, pela besteira e pela pior vulgaridade (Gide [38]).

Os colegas da "Petite" partem arrasados, como se tivessem sido aviltados por uma tarde inteira de jogos. Nem a ociosidade, nem o aborrecimento enobreceram este longo e degradante prazer, com o qual a pequena permanece enojada e enfeada (...) durante aproximadamente cinco horas, estas crianças gozaram das liberdades das quintas-feiras (...) horrorosas fofocas de velhacarias e de amores torpes torceram muitos lábios (...). Tudo o que vaga pelas ruas de uma cidade, elas gritaram e arremedaram com paixão... (Colette [30]). As crianças desses relatos escolhem o que há de mais vulgar e feio dentre tudo o que se oferece a elas. Alguns vão ainda mais longe, têm sistematicamente vontade de fazer o que é proibido e até mesmo o que lhes parece muito repugnante. A cabana construída pelo bando de Lebrac é o lugar onde "poderiam fazer tranqüilamente tudo o que lhes proibiam na igreja, na sala de aula e na família, portar-se mal, ficar descalço, em mangas de camisa, ou nus, acender o fogo, (...), fumar viburno (...)" (Pergaud [19]). Pierre Loti criança manda fazer uma omelete de moscas e a come com seus coleguinhas. Não é porque tem vontade de fazer ou faz aquilo que é proibido que a criança é criticada, mas, antes, pelos prazeres que revela nessa ocasião: sadismo (em Alphonsine e em Pagnol criança, ver acima), amor pelas coisas sujas, ou pela intenção que coloca nisso: afligir um adulto[17].

Defeitos reativos

Estas diversas características negativas das personagens são freqüentes e, em geral, apresentadas como inerentes à criança real. As crianças são também acusadas de outros múltiplos defeitos, sejam idênticos aos do adulto e menos específicos, sejam conseqüência da situação criada para a criança pela sociedade. Algumas personagens são julgadas "duras", como Jacques Vingtras, mas ele não pode, sem esta caracterís-

---

17. Cf. Cap. 7, "A relação entre a criança e o adulto".

tica, suportar as surras de seu pai. O mesmo ocorre em relação à imagem de Rose Lourdin e suas colegas de pensão:

> Com nossos cabelos achatados sobre a cabeça por um longo pente arredondado e nossas tranças dobradas e envolvidas numa redezinha negra, não podem imaginar como nossos rostos pareciam duros. E como éramos de fato duras, umas com as outras, e infelizes.

Elas são bem condicionadas por todo esse ambiente do pensionato. A mística do "Caid", o prestígio dos golpes sujos faz de Marc, o delinqüente de catorze anos, um "duro" (Cesbron [57]). Ele segue assim um modelo em voga em seu meio.

A cabotinagem, a bazófia, um jogo hipócrita, correspondem aos aplausos dos adultos e à necessidade de brilhar, de ser bem-sucedido, custe o que custar, na sociedade. Ao longo de *As Palavras*, Sartre se lembra como desempenhava "uma ampla comédia, com cem *sketches* diferentes", com seu avô. Admirado, adulado por sua família, uma foto de sua primeira infância, mostra sua "boca" inchada por uma hipócrita arrogância: "Eu sei meu valor". Um pouco mais tarde, "meu público se tornava cada vez mais difícil: era preciso me desgastar; enfatizava meus efeitos e acabava por parecer falso". A comédia esperada pelo adulto não deve ultrapassar certos limites. O jovem Milou, "herdeiro que herdará", pavoneia-se, ultrapassando um pouco os limites no dia de seu aniversário (V. Larbaud [50]), mas é incentivado pelos que o cercam. No curso de desenho, Henri Brulard não tem o sucesso que esperava:

> O que me chocou muito, mas teve a grande vantagem de ser uma lição de modéstia. Eu tinha muita necessidade disso, já que, falando honestamente, meus pais, de quem eu era obra, congratulavam-se com meus talentos, e eu me acreditava o rapazinho mais distinto de toda Grenoble (Stendhal [160]).

A própria modéstia está longe de ser a qualidade oposta: "Eu era bastante cabotino: defeito do qual me corrigi, para acrescentar, sem dúvida, à lista de minhas virtudes, uma evidente modéstia" (Pagnol [67]). Colette [30] assinala: "A confissão inclina a criança a um fluxo de palavras, a um desvelamento da intimidade, onde se oculta mais um prazer pela vaidade do que a humildade..."

Rigaud, *le premier de la classe*, não pode suportar tirar uma nota baixa. Excepcionalmente, não se preparou para sua prova de matemática, pois perdeu muito tempo ao lado de uma mulher que ama (ele tem treze anos). Finge sentir-se mal na sala de aula e é levado para casa (Crémieux [32]). Julia, filha de arrendatários que trabalham para um grande proprietário rural, brinca com Milou, o filho de seus "patrões". Sugere-lhe pular sobre o sofá, e quando chega a avó do garotinho, começa a representar contando-lhe que tentou impedi-lo e pede que ele não seja duramente punido. Em outro momento, fixa sobre ele seus longos olhos ternos e dissimulados (V. Larbaud [50]). Já vimos várias **outras personagens infantis hipersocializadas, que escondem assim sua** maldade com muita hipocrisia. Em contrapartida, a mentira-brincadeira nem sempre é cruel. Clémentine, nas próprias brincadeiras, "roubava sem pudor e sempre recusava admitir que tinha perdido". É a mentira para ter sucesso nos divertimentos assim como em outras ocasiões. Mas ela também mente por prazer e para sonhar:

> Mentia incessantemente, gratuitamente, por prazer. Inventava uma série de estórias romanescas: um senegalês e, em seguida, um príncipe americano querem desposá-la; ou aterrorizantes: um homem barbudo a perseguiu na rua (...) (M. Pagnol [67]).

O devaneio tornou-se palavra e afirmação, sendo chamado de mentira. Mas a criança vive no imaginário e, neste sentido, é mais objeto de inveja do que de crítica.

Vários autores mostram acusações injustificadas feitas às crianças: porque é silenciosa e infeliz ou sonhadora, os adultos dizem que ela é "falsa", "hipócrita" ou "dissimulada". É o que ocorre com Jacques Vingtras, Rose Lourdin e Biche. Reencontraremos estas atitudes do adulto que nada compreende no capítulo consagrado às suas relações com a criança[18].

Defeitos diversos

Existe ainda uma série de características precisas, julgadas em geral como defeitos mais ou menos feios. Preguiça, gulodice, suscetibilidade, indelicadeza, sujeira, aparecem numa ou outra personagem, ao longo de um episódio particular. Não são generalizadas, mas ilustram imagens particulares. Aparecem por vezes como sinal da fraqueza da criança, não mais como uma fragilidade tocante, atraente, mas sim como uma inconsistência desencorajadora. É o caso de Souplier, o menor dos dois garotos de *La ville donte le prince est un enfant* (Montherlant [64]). O abade aconselha Sevrais, o maior dos dois amigos: "Não se deve mais encontrar Souplier até que ele seja um homem, alguma coisa constituída, e não esta coisinha vaga e mole que resiste sem resistir!" O adolescente, por seu lado, tentava levar seu amigo a corrigir-se:

> Gostaria tanto (...) que você lutasse contra tudo o que existe dentro de você que tende para a leviandade, a grosseria, a facilidade, a fraqueza... Que você seja um pouco menos preguiçoso.

Num outro momento, o abade generaliza:

> Suas promessas! (...) sempre as mesmas palavras, sempre os mesmos gestos, sempre as mesmas lágrimas de geração a geração (...). Durante dois dias você faz um pequeno esforço (...). E em seguida tudo se afrouxa, você recomeça a ser insolente, bagunceiro, mentiroso (...).

---

18. Cf. Cap. 7, p. 199.

Fracos, alguns não resistem à atração do dinheiro. R. Fortunato, o neto de Matéo Folcone, foi abordado por um "bandido ferido" que lhe pede para escondê-lo. "O que você me dá para escondê-lo?", pergunta-lhe Fortunato. O homem lhe dá uma moeda de cinco francos e o menino o esconde no feno. Mas o entregará pelo relógio do policial que o atrai irresistivelmente (Mérimée [140]). Pied-Volage é também venal, ainda que a situação seja menos grave. Ele não quis dizer a Fred quem mandara buscá-lo. " 'Eis [diz Fred] aqui vinte centavos, mas quem o mandou?' A criança pegou a moeda de ouro, levantou os remos e mordeu os lábios (...). 'É a senhorita de M. Vingtrinier', falou, enfim, bruscamente, como ao final de um conflito de consciência" (Vialatte [74]).

Outras personagens gostam de poupar não por avareza, mas porque as moedas assumem para a criança o significado de medalhas a serem colecionadas.

> Frente a todas essas moedas, minha atitude era não a de um avarento apaixonado por seu ouro, mas sim a de um numismata que vê numa moeda não um instrumento de permuta, mas sim uma medalha que tem um valor por si própria. Neste sentido, assemelhava-me às outras crianças para quem uma moeda é a tal ponto um objeto que um de seus jogos mais comuns consiste em reproduzir sua efígie numa folha de papel (...) (Leiris [62]).

Outras juntam bombons, como Lanturlu, o amigo de Patachou; "Lanturlu não passa de um pequeno avarento". Mas Tristan Derème [33] lembra-se de que ele próprio, quando criança, enterrava um pedregulho: "Eu era uma espécie de falso avarento... é um diamante, dizia comigo mesmo, tenho um diamante!" Ele sabia, no entanto, que era um pedregulho: "Ora eu me dizia, meu diamante é um pedregulho, ora dizia meu pedregulho é um diamante. É um pouco, creio eu, aquilo que se chama sonhar"[19].

A criança, acusada de venalidade e avareza por alguns, é reabilitada por aqueles que, neste caso específico, dão a seus comportamentos um significado também específico da infância. A função imaginária mudou o sentido da poupança assim como o da mentira. Não abordamos outros defeitos: sensualidade, ciúme, que encontraremos ao abordar a sexualidade[20].

3. A CRIANÇA AUTÊNTICA E A CRIANÇA MODELADA PELA SOCIEDADE

Boas ou más, distantes ou próximas da criança do cotidiano, as personagens não se opõem sistematicamente segundo estes critérios.

---

19. Cf. Cap. 4, p. 100.
20. Cf. Cap. 12.

Por um lado, crianças privilegiadas pelos autores, atraentes, mas um pouco "singulares", estranhas, representam a infância autêntica. Por outro lado, personagens dão a imagem da criança esperada pela sociedade e pela maioria das personagens de adultos da maior parte dos relatos. As primeiras são "personalidades" definidas, no sentido mais comum do termo. No entanto, além de sua individualidade, de sua originalidade, têm em comum os traços da infância autêntica, que aproxima as personagens simbólicas daquelas que parecem expressar a criança do cotidiano. As segundas, personagens menos marcantes, de aspecto mais banal, menos interessante, são freqüentemente situadas em segundo plano, ou compõem um par com a criança autêntica, da qual constituem o negativo. Em certos relatos, uma mesma personagem encarna, alternadamente, as duas imagens. Ou, então, um dos aspectos pode permanecer subentendido ou expresso por uma referência às "outras" crianças. Eis os pares de opostos mais típicos, que permitem destacar o sistema de valores positivo e negativo subjacente.

A menininha cheia de riqueza interior oposta à pequena mundana

Biche, menininha tímida, sonhadora, generosa, cheia de sensibilidade e delicadeza, é julgada "singular", "desconcertante", "quase que inquietante". Sua irmãzinha Lotte, de oito anos, é uma criança que agrada.

Faceira, esperta, petulante, com lindos cachos castanhos, olhos vivos, tom de pele brilhante, Lotte já é um mulherzinha. Ela tem a graça e a malícia de seu sexo. Ao encontrar a sra. Hémard [sua mãe] diz bom-dia de modo correto, permanece sentada sem amarrotar o vestido e oferece os biscoitinhos com um vivo prazer (...). É preciso ouvi-la instruindo as empregadas e reprovando o menino açougueiro.

Seu irmão "é um belo menino barulhento, espalhafatoso, egoísta, desajeitado: em resumo, uma boa alma". Por mais ponderada que seja, a sra. Hémard não deixa de se orgulhar dele. E o sr. Hémard, com os polegares nos bolsinhos do colete, confessa com um sorriso (...) "É um latagão". Apenas seu padrinho médico, que faz o papel de homem ajuizado em relação a todo esse meio convencional, aprecia verdadeiramente Biche. Esta lhe pergunta: "Você acredita que eu chegarei a ser parecida com as outras?" Ele a observa e diz: "Não, Biche, não creio". Ela balança a cabeça: "Enfim, eu me aplicarei". O doutor resmunga: "Não muito, Biche, não muito". Babou, assim como Biche, não gosta das outras crianças.

Por vezes lhe ocorre acompanhar sua avó numa visita. Na casa da sra. Carnay (...) ela tentou persuadir Babou a brincar com as outras crianças. Isso, evidentemente, foi para ele um grande constrangimento.

A criança autêntica em oposição aos futuros adultos

O Kid, criança totalmente autêntica, confronta-se de modo mais cruel com as crianças modeladas pela sociedade. Não apenas elas o maltratam, mas o obrigam

> a se entregar a todos os exercícios de preparação para a guerra e para a carnificina universal que são as brincadeiras da infância, a acender pequenos fogos que serão mais tarde os incêndios das cidades, ou os incêndios voluntários dos carros com seguro integral, a amontoar três paralelepípedos que serão mais tarde as barricadas ou as paredes-meias, a fazer caretas que serão mais tarde as promessas, as declarações, que serão o choro e o amor. Elas o mantinham num abraço opressor que era seu maior suplício, pois exalava-se deles um odor, que seria, mais tarde, aquele do álcool ou da miséria (...).

Jérôme Bardini, no início do romance, deixa seu próprio bebê – ainda que com um certo remorso, pois é ainda muito novinho – já que é um bebê de linhagem, da família, que se assemelha muito à sua mulher e a ele próprio. Somente o Kid lhe agrada, pois encarna totalmente a criança livre, natural, por seu comportamento evasivo e despojado.

Fan (Genevoix [37]), uma criança imaginativa, inventa estórias poéticas para interpretar o mundo. Opõe-se a Buteau, aluno tão brilhante quanto ele, que tem um contato mais fácil com os adultos, mas que é menos empreendedor e mais realista. Buteau ataca Fan:

> Todas as suas estórias, suas idiotices, como eram divertidas! Se você duvidava disso, eis a prova: desde que eu venho com você, você nem mesmo ousa contá-las. O barba-branca, a fada vermelha [são personagens da redondeza, assim denominadas por Fan], as corujas das torres e a cidade dos pombos, pois sim!...

Não, ele não quis contar estórias como contos de fadas nem enganar ninguém. "Mas realmente existia um mundo, maravilhosamente rico e denso, cheio de presenças vivas, cada uma com seu calor, seu brilho amistoso ou selvagem". Fan explica mais tarde a seu único amigo:

> O Buteau, vou te dizer o *Emburrado*, pensa primeiramente no que é possível. Se ele parece andar na frente, é somente porque ele faz, um pouco antes, o que os outros farão amanhã (...). Principalmente, não pense que eu falo mal do Buteau, porque não gosto dele: tenho certeza de que ele não é corajoso; sua maneira de parecer adiantado é o contrário de ser corajoso. Todas as vezes que ele se antecipa, peço que você repare, vai ao encontro de uma permissão. Então, o que ele estaria arriscando?

Fan é aquele que salta por sobre o muro para buscar uma bola que caiu no vizinho, enquanto Buteau ali vai, como lhe diz Fan: "Com a boina na mão, sim. Pronto para mentir, para contar uma de *suas* estórias para explicar o pequeno incidente, não é?" Fan não hesita em se jogar pela trapeira do celeiro para provar sua inocência aos olhos de seus colegas[21].

A criança sonhadora, poeta, incompreendida, oposta à criança bem-sucedida em tudo

Philippe de Vandenesse é, como Biche, uma criança frágil, sensível, um pouco poeta, por quem seus pais se desinteressam.

> Eu era tão pouco importante que freqüentemente a governanta esquecia de me pôr na cama. Um dia, tranqüilamente agachado sob uma figueira, eu olhava uma estrela com essa paixão curiosa que domina as crianças e à qual minha precoce melancolia acrescentava uma espécie de indigência sentimental.

Para se justificar, a governanta conta que ele detesta a casa e que, se ela não o tivesse vigiado, ele teria fugido. A mãe lhe pergunta o que ele fazia, mas não crê no que ele diz, pois ele não conhece astronomia. A governanta descobre que a torneira do jardim está aberta e ele é punido. Na realidade, foram suas irmãs que não a fecharam. Seu irmão, em contrapartida, é a criança sonhada pelos pais:

> Cinco anos mais velho do que eu, Charles foi uma criança tão bela quanto o é como homem. Era o protegido de meu pai, o amor de minha mãe, a esperança da família. Bem-feito e robusto, tinha um preceptor; eu, débil e franzino, com cinco anos, fui enviado como externo a uma pensão da cidade (...) (Balzac [104]).

Jean, criança imobilizada pela doença (Colette [31]), que também vive através do sonho, da imaginação, recebe a visita do primo, seu oposto: o menino "*boy-scout*" com os "joelhos esfolados" (Jean tem as pernas paralisadas), com um "vocabulário adornado de (...) 'pense' e de 'eu entendo', como se pensamento e penetração pudessem não fugir apavorados, com todas as suas patas delicadas de grilos sapientíssimos, daquele menino calçado com muletas e lama seca".

Nas autobiografias os autores se percebem também como diferentes das outras crianças. Gide criança tem dois colegas francos e impertinentes. "Não sei o que de positivo, de vivo em sua atitude, me fazia deparar com a minha timidez". Ele se torna triste e aborrecido em relação a estas duas crianças barulhentas e belicosas que falam apenas de canhões e pólvora. Gide só gosta de brincar com os soldados para fundi-los. Num outro momento, evocando suas lágrimas sem razão, acrescenta: "Não sou igual aos outros". O primo de Jean, o irmão de Biche, esses meninos e muitos outros, assemelham-se por sua robustez rude e pesada, enquanto que a personagem principal possui as características opostas: fragilidade, sensibilidade por vezes excessiva, aptidão para a vi-

---

21. Cf. Cap. 5, p. 147.

da imaginária. Lotte era uma criança do mesmo tipo. Anatole France [36] escreve inicialmente:

> Eu era (...) um garotinho muito comum, cuja única originalidade (...) era uma disposição de não acreditar em tudo o que lhe diziam; e esta maneira de ser, que anunciava um espírito investigador, levava-o a julgamentos errôneos.

O senso crítico não é apreciado numa criança pequenina. Sendo diferente, um pouco mais tarde, utiliza sua inteligência de um modo diverso de seus colegas.

> Sua inteligência lhes servia nas circunstâncias comuns da vida. A minha vinha em minha ajuda apenas nos encontros mais raros e mais inesperados.

Ele possui uma imaginação viva, que o faz tomar *Esther et Athalie* por duas mulheres e não por uma peça de teatro. Acrescenta mais adiante: "Eu era um ser singular".

No romance e na autobiografia, numerosos autores criam personagens "singulares", eles próprios na sua tenra idade, ou crianças que valorizam e que preferem em relação a outras personagens, opondo-as àquelas menos individualizadas que encarnam estereótipos da criança, portanto "coletivos", "gerais", por assim dizer. Escrevendo sobre a criança, experimentaram, talvez, novamente, a impressão da primeira tomada de consciência de si próprios, enquanto "eu", enquanto ser pessoal diferenciado. Encontraremos várias vezes relações entre a personagem de romance, a personagem das autobiografias e os autores[22]. Os traços distintivos da personagem da criança, que fazem dela um ser à parte, não teriam o papel de acentuar sua vocação de mensageira, que transmite uma outra visão do mundo e revela uma outra natureza humana? Muitos heróis de romance dividem com ela a característica do excepcional. Não é este papel nem é esta característica que especificam o significado da criança enquanto personagem da literatura, mas sim o conteúdo daquilo que a torna diferente, a representação da infância que ela ilustra e o sistema de valores subjacentes a essas representações.

A criança verdadeira, preciosa por sua raridade, tem, como traço comum nos diferentes autores, sua autenticidade, sua vida no imediato, no presente, sua ausência de consciência de si, sua intuição dos seres e das coisas. As mais simbolizadas vivem num mundo à parte (retornaremos a isto na medida em que forem feitas as análises) e seu estado faz pensar em aspectos do narcisismo primário evocado pela psicanálise. Todas as outras confrontam-se com um meio que não as compreende pois estão ainda mal socializadas, não integraram ainda as normas dos adultos. Por exemplo, a mãe de Patricia queixa-se assim, falando de sua

---

22. Cf. Caps. 8, 11 e 13.

filha: "Ela não tem o hábito da sociedade (...) se continuar a viver aqui (ela) vai se tornar selvagem, impossível. É preciso fazer alguma coisa". As personagens que representam a criança autêntica têm também em comum, na maior parte dos casos, uma vida imaginária excepcionalmente rica, que lhes permite evadir-se do realismo estreito da vida cotidiana, que limita a visão das coisas para aceder a uma visão do mundo mais bela e mais completa, que engloba todo um universo escondido. Este aspecto da personagem revelou-se tão importante nos textos que tivemos que lhe dedicar um capítulo à parte.

Se a personagem simbólica e a personagem aparentemente real aproximam-se até se fundirem numa personagem de criança autêntica, possuem, no entanto, algumas diferenças. A primeira é mais freqüentemente definida, explicada, por uma natureza específica. Vimos no capítulo precedente todas as afirmações a ela relativas e que fundamentam sua diferença da criança "ao natural": é homem verdadeiro, o tempero do mundo, um messias... "uma raça à parte". A personagem simbólica é também bastante descrita através de analogias: a arte, a santidade, a pérola, o primitivo, Adão, a ondina, a aurora, o animal selvagem etc. A personagem real nos é contada numa linguagem menos figurada e menos afirmativa. Não se fala mais de um ser extraordinário, difícil de ser expresso, que apenas uma linguagem poética, evocativa, comparações e imagens são capazes de nos fazer atingir. No entanto, esta personagem é também um ser "singular". Mas não há necessidade de vir de uma estrela, ou de se comunicar com os mortos, para se diferençar da massa, "como todo mundo", das crianças.

Esta massa é ilustrada pelas crianças modeladas. As personagens deste tipo diversificam-se segundo dois aspectos: ou a personagem oferece uma imagem tal que se pode nela discernir o futuro adulto, como, por exemplo, as pequenas mundanas, como Lotte, a irmãzinha de Biche, que imita sua mãe passando um sermão nos empregados, ou Zette, que gosta de "discursar", "fazer-se de senhora". Os pequenos Thénardier atormentam Cosette e imitam também sua mãe. As crianças que maltratam o Kid têm em si o germe de todos os males da sociedade, assim como nas crianças de *La maternelle* [9]:

As crianças brincam de guerra, de cavalo, de ladrão; reproduzem em seus jogos seu destino de obedecerem, de serem exploradas e maltratadas; e a concepção do melhor, a necessidade de arte, só pode conduzir cada um ao sonho de se tornar, por sua vez, aquele que comanda, aquele que explora ou bate: o oficial, o cocheiro, o policial.

Estas personagens dão os piores reflexos dos adultos, e algumas correspondem, no entanto, a suas expectativas (como Lotte e outras); ou então a personagem conhece e utiliza em seu benefício os comportamentos que os adultos esperam das crianças. Atrás desta fachada pode perder sua unidade, sua presença absoluta. Julia, a menininha que "tem bons modos", que parece muito bem-educada e "razoável" aos adultos, é um perfeito modelo de hipocrisia e maldade. Algumas personagens de criança autêntica escondem-se, assim, atrás de uma máscara para preservar sua vida secreta. Uma camada de bons costumes permite, assim, a Loti, ao se acercar da adolescência e de várias personagens, "manter-se aproximadamente em bons termos com todos". Mas a realidade profunda da personagem não deixa de subsistir. Ele não pode mais, no entanto, testemunhar a verdade da infância. A sociedade se empobrece colocando as crianças num molde. A expectativa das personagens de adultos assume em vários relatos o aspecto de uma caricatura estereotipada da infância. O autor se separa desses adultos-norma e tenta aproximar-se da criança autêntica, porque sabe vê-la e contá-la diferentemente ou, por vezes, porque ele próprio se introduz no relato ou diretamente, como no caso de Saint-Exupéry ou de Duhamel, ou indiretamente, criando um adulto próximo da criança, como Kessel ou Giraudoux.

A personagem da criança, sob este duplo aspecto da criança autêntica e da criança modelada, encarna um sistema de valores positivos e negativos de maneira preferencial, mas não única. Todos os elementos associados às personagens tornam-se também significantes idênticos a imagens da criança nesses relatos. É a partir de seu conjunto estrutural que o sistema pouco a pouco vai se revelando. Mas, anteriormente, diversas representações complementares da criança devem ser definidas: tudo o que concerne à própria criança constitui o código de análise referencial.

Variação dos temas

Indicamos no capítulo precedente que uma parte das características associadas à personagem simbólica referia-se também à personagem realista. Verificou-se que o corte entre os dois tipos de personagens não era, profundo; uma parte das características da *criança autêntica*, nova definição que engloba as personagens positivas, simbolizadas ou não, deveria ser retomada no capítulo precedente. Indicamos aqui somente as variações das características que não foram ainda mencionadas, as que parecem mais banais, menos ligadas a uma natureza estranha.

Uma vez excluídas as características que, como veremos, são o sinal de uma mitificação da personagem, as descrições das crianças variam pouco. O número de autores a cada época que abordam uma ou outra permanece aproximadamente o mesmo: 18, 19, 18. A criança frágil, delicada, a criança orgulhosa, corajosa, ambiciosa, ou a criança séria, grave, triste, encontram-se a cada época, com predominância entre as duas guerras: 23, 43, 38. Falou-se da criança de uma maneira mais rica nesta época do que no período que precedeu a Guerra de 1914. Recentemente, os aspectos mais banais, mais cotidianos da criança, interessam um pouco menos, procura-se sua superação, um significado mais profundo da criança em sua mitificação. A efervescência da vida que se manifesta na criança reúne facilmente as características da criança-fonte, origem e, sem dúvida, por esta razão é cada vez mais descrita: 13, 15, 22.

As características negativas da personagem estão também um pouco mais presentes entre as duas guerras. A variação ocorre um pouco ao nível dos autores: 9, 16, 14, mas sobretudo ao nível dos temas: 16, 36, 28. A crueldade e o sadismo aparecem em primeiro lugar por ordem de freqüência: 16, em seguida a violência e o prazer pela desordem, o cinismo e a grosseria, a criança má por natureza (9 casos para cada uma destas características).

Os temas da criança modelada, condicionada pelos adultos, são evocados por aproximadamente o mesmo número de autores: 22, 19, 20, com ainda uma maior variedade de descrições entre as duas guerras: 25, 35, 27. A criança herdeira é um tema característico do segundo período, enquanto que as imagens de crianças impressionadas pelas representações dos adultos predominam no período atual. Aproximadamente vinte autores opuseram sistematicamente a criança autêntica à criança modelada. Esta oposição existe em cada época, manifesta-se de uma maneira muito variada e não apenas através da presença de um par de personagens, uma positiva e outra negativa.

4. Evadida em "Um Outro Mundo"

Descrita como pertencendo a "uma raça à parte" e, neste sentido, como bastante misteriosa, ou simplesmente como um pequeno ser mais verdadeiro do que o adulto, a criança é aquela que tem acesso a um "outro mundo". Pelo menos percebe o mundo de um outro modo que o adulto graças a sua capacidade de viver no imaginário. Numerosos autores procuraram expressar visões da criança no devaneio, universo que ela reconstrói à sua maneira, e também sua aptidão para evadir-se do cotidiano. Partem freqüentemente de mecanismos psicológicos conhecidos, tais como a confusão entre o sonho e a realidade na criança pequena. Mas, de um estado transitório ao longo do desenvolvimento da criança, fazem freqüentemente uma natureza específica: a criança torna-se então o ser evadido por essência.

Em outros momentos, a evasão corresponde à impossibilidade, para a personagem, de viver na sociedade. Em ambos os casos, o mundo real, cotidiano, organizado pelos homens, não convém à criança e parece inferior ao universo imaginário.

A dificuldade que a criança experimenta em separar o real de sua vida imaginária parece não um obstáculo para a apreensão do mundo mas, antes, uma facilidade invejável, uma percepção mais rica[1]. Falando do imaginário da criança numa linguagem mais ou menos poética, os autores liberam, sem dúvida com certa facilidade, suas próprias fanta-

---

1. As dificuldades que resultam desta incapacidade são descritas por J. Piaget, a propósito do egocentrismo em *Le développement de la notion de temps chez l'enfant*, Paris, PUF, 1946.

sias: esta criança, que lhes serve de pretexto, reflete ou reativa um antigo eu muito amado. Estas novas imagens da personagem, provindas de lembranças da infância, com todos os desvios que a vida afetiva e a memória lhes fizeram sofrer, decorrem também do papel da criança, como encarnação de valores nos relatos.

1. A CRIANÇA NA SUA VIDA IMAGINÁRIA

Os textos sobre a vida imaginária da criança referem-se a aspectos diferentes e numerosos. As formas podem ser o devaneio, o sonho noturno e o pesadelo ou o delírio, assim como o jogo, devaneio em ação e a aventura. Os comportamentos, as atitudes, as características da personagem compõem uma outra dimensão da análise. As circunstâncias, causas e modalidades da evasão, segundo uma ou outra via, são uma terceira dimensão importante.

As diversas imagens da própria personagem expressam ora um estado, ora um modo de proceder, que freqüentemente se superpõem e que não separaremos nesta parte para manter toda a vida das imagens[2]. A personagem é ativa ou passiva, atriz ou espectadora liberada ou aprisionada por suas criações. Se a criança se dá um papel em seu mundo imaginário, isto se faz, talvez, sob uma forma mais próxima daquela que

---

2. Os temas relativos à vida imaginária na criança, a seu estado de devaneador, de ser evadido do mundo real, por diversos meios, são freqüentes e constantes já que praticamente o mesmo número de autores os evocam em cada uma das três amostras: 18, 19, 17. Se este interesse se verifica como permanente, variações de expressões podem ser assinaladas. A imagem da criança que se entrega ao devaneio e as descrições dos procedimentos que então utiliza aparecem, bem mais freqüentemente, entre as duas guerras (27 menções, sempre sem contar as repetições sob um mesmo aspecto em um mesmo autor, contra 14 antes da Guerra de 1914, e 15 entre os nossos contemporâneos). A indiferenciação entre o sonho e a realidade tende a diminuir, mas os textos que concernem a personagens muito jovens, ou à primeira parte da vida de personagens cuja evolução é acompanhada, são menos numerosos: dos 14 textos que mostram uma criancinha do século XIX, 10 mencionam esta particularidade, entre as duas guerras, 8 das 13 personagens, e, a partir de 1939, apenas uma dentre as 7 cuja idade poderia incitar a apresentar esta característica que, como vimos, é atribuída a crianças de uma idade em que esta não se manifesta mais.

As afirmações sobre a superioridade do sonho ou a atribuição à criança de um dom para o devaneio, e as assimilações de uma personagem à poesia ou ao poeta estão igualmente presentes em cada época. A criança como ser que se evade, as descrições de fuga, a expectativa da aventura compõem um conjunto de temas que aumenta (8, 15, 18). O período contemporâneo dá menos importância à imagem poética da criança que sonha, mas prefere seja a personagem mitificada da criança evadida em um outro mundo, seja o próprio ato da evasão. As evasões do período antigo correspondiam sobretudo a uma fuga de um mundo muito doloroso, assumindo também, desde então, aspectos mais positivos de buscas, de aventuras. Os outros temas evocados não têm importância quantitativa suficiente e são muito díspares para que suas variações sejam dignas de serem assinaladas.

tem no restante do relato ou, ao contrário, sob uma forma idealizada de si própria, atual ou projetada no futuro enquanto adulta. Em alguns casos, torna-se uma outra personagem na qual seu eu permanece presente. As imagens não parecem mudar conforme o autor descreve a criança de fora, na terceira pessoa, ou se integra a ela e emprega o eu do sujeito, que parece expressar-se diretamente.

O devaneio passivo

Toda uma série de personagens oferece o exemplo de um estado de devaneio passivo. Deixam-se levar por uma espécie de semi-sono, em direção a um estado de torpor. Hipnotizam-se, escapam do tempo olhando, através da janela, as nuvens, a noite, os movimentos da rua, ou fixando o olhar nas chamas do fogo. Assim, o Petit Chose sonha "pensando em coisas tristes e olhando vagamente a noite" (Daudet [6]). Loti [15] sonha horas inteiras, também diante de sua janela, enquanto deveria estar fazendo seus deveres. Biche é esquecida no quarto de sua mãe que deveria vir buscá-la ali. Não ouviu os chamados daqueles que se preocupavam com ela. "Passou uma deliciosa tarde olhando as nuvens correrem." E foi encontrada "ao lado da janela, numa sombra que se evidenciava, uma pequena forma (...) agachada" (Lichtenberger [41]). Pascalet, bem instalado em seu barco, experimenta o prazer de se calar,

este prazer não exclui alguns pensamentos; no entanto, são pensamentos ociosos que vagueiam, erram, vagabundeiam, ou então entram neste semi-sono tão favorável aos sonhadores. Não faço, então, reflexões, mas persigo displicentemente o reflexo das figuras vagas que me povoam, e se mantenho o silêncio, é porque este facilita a essas sombras fugitivas o acesso a uma alma encantada através de suas aparições (Bosco [56]).

Lucien (Sartre [49]) cochila todo o tempo e adormece olhando o fogo. Michelet criança gosta da solidão, fecha-se num gabinete recuado e escuro e ali sonha, numa espécie de torpor. Sente um desejo vago de aniquilamento, de morte (Michelet [42]).

Algumas vezes a criança experimenta e procura nesses estados uma forma de volúpia. Titine (*Les cent gosses*, Machard [16]) se balança. Sua cabeleira desgrenhada pelo movimento puxa-lhe um pouco o couro cabeludo, causando-lhe uma sensação voluptuosa imprecisa. Então ela cerra os olhos para se fechar num sonho. Um calor perturbador cinge-lhe a testa. Suas têmporas latejam, latejam rápido, como se dois coraçõezinhos palpitantes tivessem ali se aninhado. Mas o mais estranho são as belas cores que nascem em seus olhos (...). Então Titine canta. Não as valsas da moda ou romanças populares ouvidas nas esquinas e nas encruzilhadas, mas longos cantos repetitivos e misteriosos que ela improvisa[3].

---

3. Duhamel mostra a criança "bem sozinha, bem pura", cantando "uma

Destas duas imagens dois fatos se destacam. Por um lado em várias personagens, o estado de devaneio nebuloso acompanha-se de contemplação de movimentos: chama de algum fogo, passagem de uma nuvem, indivíduos na rua, ou o ninar da própria personagem. Encontraremos, observando os temas dos sonhos diurnos ou noturnos, a nuvem, a viagem sobre a água, o vôo, tão caros a Bachelard e a diversos autores que estudaram o conteúdo do imaginário e seu simbolismo[4]. A movimentação do imaginário é conduzida, nessas personagens, por situações simultaneamente hipnotizantes e sugestivas de imagens em movimento. Por outro lado, diversas expressões tais como prazer, deliciosa tarde, sensação voluptuosa, lembram o encanto do devaneio. Freud aproximava a criação do romancista ao jogo na criança, assimilando-os ao prazer que o devaneador se dá[5]. Aqui, estas imagens de devaneios evocam um duplo prazer, já que não são apenas agradáveis, mas também são sentidas pela criança, mais apta para a vida imaginária e para a felicidade esperada nesta idade, ao menos na concepção mítica da infância. Esta felicidade, no entanto, é obscurecida por seu caráter de evasão temporária de uma situação de infelicidade.

O devaneio provocado

Outras personagens não se contentam em deixar-se levar passivamente por esse estado nebuloso, elas o provocam e o mantêm. Marc "prolongava à sua maneira as estórias nebulosas que o sono depositava em sua praia" (Cesbron [57]). Paul

aprendeu a dormir acordado um sono que o coloca fora do alcance e dá aos objetos seu verdadeiro sentido. As drogas da Índia teriam agido menos sobre estas crianças nervosas do que uma borracha ou uma caneta mastigada escondida atrás de uma carteira (Cocteau [29]).

As *enfants terribles* sabem, de fato, jogar o "jogo".
Jogo é um termo muito inexato, mas é assim que Paul designava a semiconsciência em que as crianças mergulhavam; passara a ser mestre nisso. Dominava o espaço e o tempo, induzia os sonhos, combinava-os com a realidade, sabia viver "entre cão e lobo" (...).
A utilização do termo "jogo", no sentido de devaneio, e a crítica imediata que dele faz Cocteau ilustram a ausência de fronteiras entre os dois termos. Freud aproxima a atividade poética do jogo:

canção ondulante" semelhante àquela da criança selvagem. As duas imagens não deixam de se assemelhar: as duas crianças encontram, assim, uma expressão livre.

4. G. Bachelard, "L'air et les songes". *Essai sur l'imagination du mouvement*. José Corti, 1943.
5. S. Freud, *La création littéraire et le rêve éveillé*, op. cit.

Toda criança que joga se comporta como poeta enquanto cria um mundo para si própria ou, mais exatamente, transpõe as coisas do mundo em que vive para uma nova ordem segundo sua conveniência[6].

Estabelece em seguida uma única diferença entre o jogo e o devaneio: a criança "procura enfaticamente um ponto de apoio nos objetos e situações que ela imagina nas coisas palpáveis e visíveis do mundo real". Nada além deste apoio diferencia o jogo da criança do "devaneio". Mas aqui o "devaneio" corresponde a uma criação literária do adulto. O "jogo" das *enfants terribles* mistura sonho e realidade; no entanto, as crianças parecem viver mais num estado de devaneio, e a palavra "droga" evoca quase que o delírio. É preciso notar que Paul não é mais uma criancinha que faz suas primeiras descobertas do mundo, em quem realidade e imaginário se confundem. Isto é verdadeiro também para muitos outros casos citados: freqüentemente a personagem não tem uma idade precisa, é "a criança" que, mesmo aos dez ou doze anos, conserva os traços da primeira infância.

O jogo, tal como é descrito nestes textos literários, separa-se do devaneio apenas pelo movimento corporal: "Ele sonha com seu corpo", diz Duhamel. E, ainda, como classificar a atividade da criança que joga em sonho com personagens desaparecidas, ou aquela que consiste em se distrair contando a si mesma estórias[7]? Por isso, não as separaremos em duas categorias distintas.

A realidade serve de alimento ao sonho assim como ao jogo, tornando-se trampolim para o imaginário. Milou (V. Larbaud [50]) utiliza desta forma as personagens reais. Sua avó

não pertence a seu mundo imaginário (...): são dois universos completamente separados (...). No entanto, ele extrai da sra. Saurin prazeres que pertencem a seu próprio mundo. Por exemplo, ele a faz cantar canções cuja letra não escuta, mas cuja melodia acompanha as visões de seu mundo escondido.

Ele tem companheiros imaginários, entre os quais uma menininha que quebrou o braço, mas quando chega a pastorinha "imediatamente, antes mesmo que ela diga uma única palavra, Justine penetra no mundo imaginário de Milou (...). Não teria ela sofrido como a pequena Rose? (e para ela, pelo menos, isto ocorreu)". Biche (Lichtenberger [41]) brinca, em imaginação, no jardim, com todas as personagens que ela conhece, reais, extraídas da história da França ou de contos; passeia em companhia de sua avó morta. Babou, da mesma forma, entrega-se a um jogo de esconde-esconde. "Sozinho? Sozinho? Oh! Não, vovó, existia

---

6. *Op. cit.*
7. Para J. Chateau, "A estória infantil é (...) a transposição, no domínio mental, do comportamento motor do jogo", in *Le réel et l'imaginaire dans le jeu de l'enfant*, P. Vrin, 1967 (4ª ed.).

Taïping [seu gato] e mais todo o resto. Tudo o que existe entre o céu e o inferno..."

Os objetos são açambarcados como as personagens. Quando o Petit Chose era Robinson Crusoé e seu companheiro, Sexta-Feira, "Tudo o que me rodeava [diz ele] eu incluía em minha estória". Para Jean-Christophe o colchão era um barco e o ladrilho, o rio. Anatole France, em *Le livre de mon ami* [123], mostra também uma cena em que a criança se utiliza de seu quadro modificando-o:

> Eu tinha recebido de presente o aparato completo de postilhão: boné, chicote, rédeas e guizos. Havia muitos guizos; era eu que os atrelava a mim mesmo, já que era ao mesmo tempo o postilhão, os cavalos e o carro. Meu percurso se estendia da cozinha até a sala de jantar, pelo corredor. A sala de jantar representava para mim a praça de um vilarejo. O *buffet* de acaju, onde eu fazia a troca de cavalos, parecia-me, sem nenhuma objeção, o albergue do Cavalo Branco. O corredor era uma grande estrada com perspectivas mutáveis e suas encruzilhadas imprevistas. Confinado em um espaço sombrio, eu gozava de um vasto horizonte e experimentava, entre paredes conhecidas, essas surpresas que fazem o encanto das viagens. É que eu era, então, um grande mágico. Eu evocava, para meu divertimento, seres amáveis, e dispunha a meu bel-prazer da natureza.

Não somente a criança utiliza os objetos e as personagens de seu meio em seu mundo imaginário, mas os transforma em seu benefício, recriando o mundo atual e o desenrolar da estória. As crianças de *La grande époque* (V. Larbaud [50]) criam toda uma rede ferroviária no jardim, os arbustos se tornam uma região florestal, uma poça d'água um grande lago; dirigem-se "ao grande centro industrial, no outro lado do mundo; encontram-se ali todas as coisas familiares da civilização, porém maiores e mais imponentes sob esse novo céu". Inventam em seguida uma ilha deserta, e por ocasião de combates fazem intervir diversas personagens da história. Os relatos que a criança conta são também modificados segundo as suas necessidades e seu humor: "Em geral, ela retoma a mesma (estória), ora no ponto em que deixou a antiga, ora desde o início, com variações".

> Ele era também mágico (...) ordenava às nuvens: "Quero que você vá para a direita", mas elas iam para a esquerda. Então ele as injuriava e reiterava a ordem.

Aqui Jean-Christophe (R. Rolland [23]) não tem apenas o poder de ter acesso a uma outra visão do mundo, mas também procura agir diretamente sobre ele adotando um pensamento mágico.

O comportamento e a atitude dessas personagens não contradizem as observações dos especialistas na infância. Mas, por vezes, os escritores se expressam em termos de saber, de conhecimentos particulares da criança, que nos aproximam da visão simbólica da infância mais do que da observação objetiva.

Apenas a criança sabe ver

Diversas nuanças da linguagem são evocadoras desta visão. Loti se diz "Príncipe e mágico no domínio do sonho", e vários autores mostram a criança que descobre o que os adultos não sabem ver.

> Mas a criança é a única a saber. Ela é a única que viu a Figura nos veios do mármore da lareira: uma longa Figura séria e jovem (...). A boquinha negra está entreaberta. Mais do que na última visita, parece. E se a Figura falasse? (...) Não, ela se cala... Figura, nós a compreendemos sem palavras. Guardei seu segredo, príncipe encantado, não disse a ninguém que existia uma Figura nos veios da lareira; impedi as pessoas de olhar em sua direção. (Mas os adultos não sabem ver nada, felizmente.)

E a criança parte com ela para um passeio imaginário (V. Larbaud [50]). O pequeno Jean (Giono [39]) percebe também uma figura numa mancha de mofo do sótão aonde ele vai sonhar:

> Era preciso, inicialmente, deixar os olhos se habituarem. Eu sentia meu olhar, que entrava cada vez mais profundamente na sombra. Era como se houvesse camadas e camadas de céu para atravessar antes de atingir o país. Pouco a pouco eu chegava a um lugar onde a sombra se clareava, uma espécie de aurora subia ao longo da parede e eu via "A senhora" (...). Ela me impunha todos os meus sonhos e me olhava direto nos olhos. Certamente, a partir de mim, a emoção de seu olhar desaparecia através de minha cabeça, em faíscas que apenas eu comandava (...), mas era ela quem me olhando atirava a pedra naquela poça de água calma que era eu.

Deram a Proust [20] uma lanterna mágica. Ele vê "impalpáveis irisações, sobrenaturais aparições multicolores onde as lendas estavam pintadas como num vitral vacilante e momentâneo". Onde o adulto percebia apenas sombra, a criança descobre a presença de personagens. É Golo que caminha em direção ao castelo de Geneviève de Brabant:

> Golo parava por um instante para escutar com tristeza a arenga lida em voz alta por minha tia-avó, que ele parecia compreender perfeitamente, de acordo com sua atitude (...) às indicações do texto (...).

O mundo das lendas é reanimado pela criança, ainda que sua forma seja criada por adultos e ensinada por eles. Pascal acredita que vá encontrar o "Santo-Graal nos porões abobadados, de um momento para o outro, e, que, naquela noite, o rei Artur vai se apresentar à porta para pedir hospitalidade" (M. Bataille [51]).

A criança recria o mundo imaginário a partir do real. Ela transforma também os contos a partir de sua idéia. "Minhas primeiras estórias nada mais foram do que a repetição de Pássaro Azul, do Gato de Botas (...). Mais tarde, eu ousava retocá-las, atribuindo-me um papel" (Sartre [73]).

A lenda prossegue, a história é corrigida. O romance se acomoda. Paul de Rostang casa-se com a Cinderela (...). Perseu, vingador da

Górgona, chega a tempo para libertar Joana d'Arc da fogueira (...) e Biche refaz da melhor forma possível as narrativas (Lichtenberger [41]). Ela vive tanto nesse mundo recriado, mais próxima de sua avó morta e de diversos amigos imaginários, do que em seu quadro familiar mundano onde é incompreendida. Os dois mundos são para ela igualmente reais. Biche tem onze anos, mas é uma criança um pouco excepcional[8]. No dia em que sua mãe lhe mostra que não deve rezar por sua boneca, "que não passa de um conjunto de massa de papel, trapos e porcelana", ela não pode mais dedicar-lhe sua ternura e, considerando-a como morta, a enterra. Léon (Ed. Jaloux [12]) brinca com seus soldados, ou com "o palácio de um residente da Batávia", uma casa sobre um papel verde, que seria a grama, "com toda a gravidade de uma criança que não separa sua imaginação da realidade". Em muitas crianças existe, por muito tempo, a indiferenciação da realidade e do mundo imaginário inventado por ela própria, ou proposto nos relatos, nos jogos.

Em *Poum* (P. e V. Margueritte [17]), a causa desta indiferenciação é a sua natureza sensível:

Poum estava destinado ao sonho, com um quê de aéreo. Não entendia bem as relações que unem os seres e as coisas entre si, e não procurava aprofundar o infinito. Mas sentia de maneira intensa, e o mundo visível e invisível deformava-se nele, como uma força extraordinária de lembrança e evocação.

Muitas vezes ausente, "no mundo da lua", ele "saboreava ver e ouvir".

Poum tinha o hábito de fazer caretas, e acabava por ter uma espécie de tique quando balançava a cabeça. Para impedir esta mania e para puni-lo, seu pai lhe põe, um dia, no pescoço, a coleira do cão. Poum fica de início muito humilhado, pois pensa que o gato o tomará por um cão e terá medo dele. Ele se põe a latir, anda de quatro, se apega à casinha do cachorro e entra completamente em seu papel. Seus pais o surpreendem nesta atitude, ficam consternados e lhe tiram a coleira. "Surpreendido em pleno devaneio, (ele) não sabe se deve permanecer como cão ou tornar-se novamente um menino."

A aventura de Pascalet (H. Bosco [56]) no rio lhe dá uma impressão de irrealidade: "Em certos momentos, eu pensava que estava tendo um sonho delicioso e terrificante". "Como tudo o que eu fiz naquela noite, tudo o que vi, tudo o que acreditei ouvir, poderia ter ocorrido tão facilmente se não o tivesse encontrado num sonho?" Ele chega a um vilarejo:

Tudo ali parecia improvável, irreal e, muitas vezes, ao longo desta noite estranha, acreditei, em minha cabeça ingênua, que ali era um lugar de magias ino-

---

8. Cf. Cap. 3, p. 83.

centes criado para o prazer das crianças sonhadoras e fantasiosas, exatamente nos confins do paraíso...

Aqui, a realidade descoberta é tão bela, revelando-se uma tal fonte de prazer, que a criança a retransforma em um mundo imaginário. Na aventura, os fenômenos são inversos. "O outro mundo" procurado e encontrado é um real idealizado.

Para Babou, o fato de perceber as realidades de sua vida cotidiana como imagens incertas que podem desaparecer a cada instante o faz mergulhar na angústia:

> Em tudo isto, com que se pode contar? Onde está o real, onde está o sonho? O pesadelo? Ou, então, o real e o sonho seriam a mesma coisa? Flutua-se nos limbos... O que se sabe?

Babou, muito jovem, deixou a Polinésia após a morte de sua mãe. Esta dupla perda de raízes cria uma dor que impregna sua descoberta do mundo. Pascalet, ao contrário, vive o desenraizamento voluntário de sua existência diária num deslumbramento. Jean (Colette [31]) não é infeliz apesar de sua doença. O cabeleireiro lhe propõe: "Quando você estiver curado (...) eu o levarei comigo à beira do rio". Ele pensa: "Que necessidade todos têm de me curar? Eu estou na beira do rio". Para estas crianças e para muitas outras personagens, sonho e realidade se confundem: esta particularidade é comum ainda que difiram as circunstâncias, a idade das crianças e seus sentimentos.

Alguns não estão completamente enganados, mas querem acreditar em seu mundo imaginário e em suas próprias criações. Bernard Bardeau "criava um mundo no qual ele era o mestre absoluto, mas pelo qual não estava completamente iludido" (Berge [27]). *L'enfant malade* (Colette [31]) "desse [dos seus sonhos] de madrugada completamente encolhido de frio, pálido em sua cama, fraco e malicioso (...). Lá embaixo, Jean cumprimenta-se por sempre voltar a tempo". Ele voou, elevou-se nos ares. Em certo momento, fere-se caindo na cama e quando sua mãe nota lágrimas em seus olhos e lhe pergunta se chorou, ele responde: "No sonho, senhora mamãe, no sonho..." Está, portanto, consciente de sonhar. No entanto, todas as noites seu universo feérico acorre a seu chamado e ele acredita nele. Em *La maison*, Colette [31] nos mostra as crianças assustadas por suas próprias invenções:

> As crianças têm, esta manhã, uma estranha expressão. Eu já as vi com esta mesma expressão no momento em que organizavam, no sótão, uma representação (...) de seu drama, *Le revenant de la commanderie*; elucubração que devem a uma semana de febre, pavores noturnos, a língua seca, de tal forma estavam intoxicadas por seus próprios fantasmas.

Da mesma forma, Poum (P. e V. Margueritte [17]) vai à caça com seu primo mais velho, que lhe provoca medo:

Poum olha seu carrasco com olhos enternecedores, pois ele gosta de seu suplício, seus pavores, e teria gostado, ainda que tivesse que morrer, de ver de frente a besta do Apocalipse, sabendo perfeitamente que ela não existe.

Quando Daniel brinca de Robinson, acredita em seu jogo, mas sabe que a realidade é outra, enquanto que seu colega Rouget não percebe a diferença (Daudet [6]). Zazie (Queneau [69]) conta, para si mesma, estórias intercalando nelas passagens de atores célebres. Em certo momento ela se corrige: "São realmente estúpidos os contos de fadas". T. Derème [33] recorda-se de um episódio equivalente de sua infância: enterrava um grande pedregulho e se dizia:

É um diamante, (...) tenho um diamante! (...) Eu nunca ia verificar se ele continuava em seu lugar. Eu sabia muito bem que eu iria encontrar meu velho pedregulho. (...) Ora eu me dizia: meu diamante é um pedregulho, e ora: meu pedregulho é um diamante. É um pouco, creio eu, aquilo que se chama sonhar.

A imagem de si no mundo sonhado

As próprias personagens entram neste jogo; elas se idealizam, se atribuem papéis, comportamentos admiráveis, colocam-se em situações enternecedoras, trágicas, ou ainda procuram ser completamente diferentes daquilo que são. Simone de Beauvoir imagina-se "culpada de uma falta misteriosa",

estremecia de arrependimento aos pés de um homem belo, puro e terrível. Vencida por meus remorsos, minha abjeção, meu amor, o justiceiro pousava sua mão sobre minha cabeça inclinada, e eu me sentia desfalecer (...). Mas quando me abandonava a essas deliciosas submissões, nunca me esquecia de que se tratava de um jogo. Na verdade, nunca me submetia a ninguém: eu era e permanecia sempre meu próprio mestre.

Em diversos textos, o prazer assume uma forma masoquista. Lucien (Sartre [49]) brinca de órfão: "Eu seria um órfão, me chamaria Louis. Estaria sem comer há seis dias". Depois de algum tempo, ele se pergunta do que é que está brincando: "De ser o órfão? ou de ser Lucien?", pois Lucien descobriu que todo mundo brincava de ser aquilo que parece e ele próprio brincava de ser o menininho barulhento que seus pais esperavam que fosse.

Mais tarde, Lucien declara-se sonâmbulo para conseguir prestígio aos olhos de seu primo. Desta vez, acaba por acreditar nisso e lamenta seu destino. O próprio Sartre, em *As Palavras*, insiste constantemente na falsidade do papel que, quando criança, era incessantemente levado a assumir:

Eu levava duas vidas, ambas mentirosas (...). Não tinha nenhuma dificuldade de passar de um a outro papel (...). Qualquer que fosse a profundidade de meu sonho, nunca corria o risco de nele me perder. No entanto, estava ameaçado, minha verdade corria o grande risco de permanecer, até o final, a alternativa de minhas mentiras.

Em seguida, ele "faz cinema", escreve romances.

> Quando eu "fazia cinema" assumia meu próprio papel, me entregava de corpo e alma ao imaginário e, mais de uma vez, pensei em me absorver inteiramente nele. Autor, o herói ainda era eu (...). No entanto, éramos dois: ele não trazia meu nome (...). Este "distanciamento" repentino poderia ter-me assustado: ele me encantou; eu me regozijava de ser *ele* sem que ele fosse completamente eu. Era um boneco em muitas mãos, eu o submetia aos meus caprichos (...).

Biche (Lichtenberger [61]), criança infeliz, incompreendida e frágil, mas que sonha com heroísmo e é corajosa, salva todas as personagens com quem vive em seus devaneios. Ela própria intervém e suas ações modificam os relatos, que terminam bem graças a ela. Zette (P. e V. Margueritte [18]) sonha em seu jardim, escuta o canto dos pássaros que dizem que ela é uma princesa. Tem "mania de grandeza". Ela descobre provações: o comportamento de seus pais que a mimam e a perseguem com sua solicitude; a camareira que, quando ela está bem vestida, lhe diz que parece uma princesinha. Ela se acredita, portanto, uma criança roubada. Quando era pequena "um gosto de aventura, uma estranha nostalgia por uma terra distante (seu reino evidentemente), compeliam-na à grade do grande jardim". Estes tipos de papéis imaginários são compensações bastante evidentes do estatuto da criança. Todos expressam sua excepcional aptidão em projetar-se em seu mundo imaginário.

Com *Le petit Pierre* (A. France [36]) encontramos ao mesmo tempo o aspecto efervescente da criança, que tem pressa de viver tudo:

> Eu gostaria, sucessivamente, de me tornar policial conforme Berquin, órfão conforme Bouilly, de transformar-me em diversas personagens, viver várias vidas. Eu cedia a um desejo ardente de sair de mim mesmo, de ser um outro, vários outros, todos os outros e, se fosse possível, toda a humanidade e toda a natureza.

O pequeno Pierre deseja ser outras personagens diferentes dele mesmo, enquanto que, nos casos precedentes, as personagens se viam elas próprias idealizadas. Marc, preso por ter roubado uma cesta de maçãs, convence-se de estar desempenhando um papel num filme: é a sua situação real que é vivida como sonho, outra forma de compensação (Cesbron [57]).

Outras crianças tornam-se prisioneiras de sua personagem. "Ao longo da ação, a criança é literalmente enfeitiçada por seu mito", escreve Dupuy[9], comentando estes casos. Em *Le lacet*, a falsa criança

---

9. Dupuy, *op. cit.*

mártir não sabe como se livrar de sua mentira, não ousa confessar e se suicida (Albert Thierry [163]). A invenção do filho do zelador, que fugiu de casa e se faz passar por um refugiado do norte e até mesmo por um pequeno espião, poderia quase ser qualificada de mitomania (P. Bourget [112]). Ele quer se convencer da realidade de sua personagem, enquanto que as crianças dos outros relatos guardam escondida sua segunda vida, compartilhando-a apenas com amigos, com colegas privilegiados, ou expressando-a apenas em situações excepcionais.

A maior parte destes relatos mostram o mundo imaginário da criança fora do tempo. Biche, por exemplo, mistura personagens de épocas muito diversas num mesmo episódio. Alguns constroem seu futuro em sonho. Assim, Simone de Beauvoir imagina ser a heroína de um livro:

> Ela mal saía da infância; mas íamos crescer; mais bonitas, mais graciosas, mais doces do que eu, minha irmã e minhas primas agradariam mais, decidi; elas encontrariam maridos: eu não. Eu não teria amarguras; seria justo que elas fossem preferidas: mas algo aconteceria, que me exaltaria acima de qualquer preferência; eu ignorava sob que forma e por quem, mas eu seria reconhecida. Imaginava que um olhar já envolvia o campo de croqué e as quatro menininhas de aventalbege; ele se deteria em mim e uma voz murmuraria: "Esta não é semelhante às outras". Era bastante derrisório comparar-me com tanta pompa a uma irmã e a primas desprovidas de qualquer pretensão. Mas eu vislumbrava através delas todas as minhas semelhantes. Eu afirmava que seria, que era, fora de série[10].

Milou (V. Larbaud [50]) inventou uma personagem, "Dembat" – "é o próprio Milou, porém invisível e já homem feito, liberto da realidade e projetado no futuro". Ele é "um homem de ação" e explora o mundo.

Muitas personagens têm devaneios e criações imaginárias que não estão, de modo algum, situadas no tempo. Analisando não mais a criança levada por sua imaginação mas sim os temas desses devaneios, tais como os autores procuram expressá-los, encontraremos outros exemplos.

2. OS TEMAS DO DEVANEIO

Alguns devaneios não distanciam muito as personagens de seu universo cotidiano. Fazem o que Bachelard chama de uma "viagem ao país do real"[11]. Leiris [62] recorda-se:

> Um dos mais insistentes entre os sonhos de minha infância (...) tinha por base este tema muito simples: a procura de um objeto conhecido, extraviado por

---

10. Cf. "Imagens do Futuro", Cap. 11.
11. G. Bachelard, *La poétique de la rêverie, op. cit.*

um tempo e que eu desejava encontrar ardentemente. Sonho de puro desejo, que ainda me ocorre algumas vezes.

Vimos já a criança que melhora ou recria o mundo, como, por exemplo, em Cocteau, onde Paul imaginava "um mundo onde Dargelos o admirava e obedecia a suas ordens", ao inverso da realidade, ou em Larbaud (*La grande époque*) e em A. France. Nestes casos, o mundo é simplesmente mais adaptado do que a vida cotidiana aos desejos da criança, mas mantém um aspecto banal. Loti passa suas quintas-feiras trepado em um muro "observando o campo de pastoreio e, tranqüilo, sonhando, ao som dos gafanhotos, com paisagens ainda ensolaradas de países distantes".

O exotismo. A viagem

Em outro momento, a paisagem com a qual Loti sonha assume a forma de uma imagem das "colônias":

Oh! como era perturbador e mágico, em minha infância, esta simples palavra "as colônias", que, naquela época, designava para mim o conjunto dos distantes países quentes, com suas palmeiras, suas grandes flores, seus animais, suas aventuras.

Quando, mais tarde, ele descobrir realmente estes países, notará que sua imaginação não o havia totalmente enganado. Ele é um daqueles que acredita no poder da criança de pressentir o futuro. O exotismo é um tema de fuga onde a estranheza, a impressão de um outro mundo, é dado diretamente; é inútil recorrer às criações do imaginário e se deixar invadir por estranhas fantasias. Ainda que essas imagens dos países tropicais sejam idealizadas por seu prestígio e pelo desejo do jovem sonhador. O cartaz representando uma bela mulher negra carregando frutas é tão evocador para os adolescentes de *Fruits du Congo* (Vialatte [74]) quanto a palavra "as colônias" para Loti criança. Trique (Machard [43]) sonha com países exóticos inspirado pela etiqueta de uma garrafa de rum. Convence Pépé a partir com ele para a América, dirigem-se para o mar, uma sirene de fábrica lhes parece ser "o adeus de um grande navio carregado de sonho".

Alguns devaneios tomam como ponto de partida a imagem de uma paisagem na qual a criança sai a passeio. Isso é ilustrado com a criança vestida de postilhão (A. France [36]) ou em *La grande époque* (V. Larbaud [50]). A personagem de *L'heure avec la figure* (V. Larbaud [50]) voga assim com "a figura" descoberta nos veios do mármore num bote pelos bosques. Um mundo imaginário se desenvolve, decola do real. "A gente chega; pergunta pela entrada do porto de folhagem: afasta os primeiros galhos; mergulha na verde escuridão. Encontra um raio que está sozinho. Segue o atalho dos mil segredos."

A viagem conduz a diversas regiões do bosque, um pouco misteriosas; é o domínio do segredo, da obscuridade, do "atalho que ninguém jamais ousou seguir até o fim". Encontra-se ali "um riacho quase que esquecido e sem nome", "um grande pássaro triste", "uma armadilha para lobos", "um gato cinza de olhos azuis como os de uma criança". Na orla do bosque as personagens vão fazer "uma outra viagem pelos continentes do pôr-do-sol: o céu acima do jardim é como o mapa, azul e dourado, de um outro mundo..." V. Larbaud mostra sua personagem hesitante, como Pascalet, entre a reflexão e o fluxo das imagens que finalmente o leva:

> Como é curioso este poder de imaginar os bosques como se se estivesse nele, enquanto se está aqui na poltrona. Seria preciso estar atento a isso, seguir esta idéia. Mas os atalhos do bosque são mais divertidos de seguir.

O próprio autor sonha sobre a criança e cria uma imagem sobre a rejeição do pensamento reflexivo:

> Assim, um pequeno pensamento vem como uma abelha zumbir à porta da colmeia; encontra a porta fechada; e voa em direção às flores. Uma pequena nave, feita de pensamento, parte para o país que se chama bosque, trazendo num precioso cofre de pensamento a nobre figura coroada.

O tema do navio e da viagem volta freqüentemente tanto nas crianças muito pequenas, como Jean-Christophe pequenino quando "acaba de decidir que o colchão era um navio, o ladrilho um rio", como nas crianças mais velhas, quando sonham com a partida em direção a países exóticos.

Os devaneios da criança a levam não apenas a imaginar um mundo melhorado, ou um mundo exótico, estranho, mas também a procurar um país desconhecido.

> Eu ignorava tudo a respeito desta bela região [diz o pequeno Pierre] e estava certo de que a reconheceria no momento em que a visse. Não a imaginava nem mais bela, nem mais agradável do que aquela que eu conhecia; muito pelo contrário, completamente diferente, e aspirava ardentemente descobri-la. Esta região, este mundo que sentia inacessível e próximo não era o mundo divino que minha mãe me ensinava. Para mim, aquele, o mundo espiritual, confundia-se com o mundo sensível (...). Não! O mundo que me inspirava uma curiosidade louca, o mundo de meus sonhos, era um mundo desconhecido, sombrio, mudo, cuja simples idéia me fazia experimentar as delícias do medo (...) esperava penetrar um dia nessas regiões que meu desejo e pavor procuravam. Em certos momentos, em certas regiões, imaginava que alguns passos adiante me conduziriam a elas (...). Certamente, não traçava em meu espírito o mapa do Desconhecido, não conhecia sua geografia, mas acreditava reconhecer alguns pontos onde esse mundo tocava o nosso. E esses confins supostos não eram todos muito distantes dos lugares por mim habitados.

Gaspard (Dhotel [59]) "imaginava que acontecimentos poderiam provir de não sei que regiões extraordinárias, que eram mantidas em segredo, e das quais ninguém teria podido, realmente, dizer alguma coisa".

O outro mundo pode chegar até a se constituir como um país imaginário específico. A pequena Françoise (André Maurois [46]) cria Méïpé.

> Méïpé é um nome de uma cidade, de um país, de um universo que talvez tenha sido inventado por ela. É ali que ela se refugia, agora, quando o mundo externo se lhe torna hostil. Sairemos esta noite, Françoise[12].
> Quero ir com vocês. É impossível. Ah! Então, paciência, vou jantar em Méïpé. Em Méïpé, nunca chove (...). As crianças, ali, escolhem seus pais nas lojas. Às oito horas, os adultos são levados para a cama e os menininhos levam as menininhas ao teatro. Nos dias em que Françoise era privada da sobremesa, os doceiros de Méïpé, de pé na soleira de suas lojas, distribuem doces aos passantes. (...) Mas onde é Méïpé, Françoise, na França? Oh! Não! Então, é muito longe daqui? Méïpé? Não fica nem a um metro daqui. Méïpé está em nosso jardim mas, ao mesmo tempo, não está; parece que a casa está situada no ponto de interseção entre Méïpé e a terra.

Phili, "o estranho garotinho" (G. d'Houville [131]), tenta ir para o reino do papão, que se tornou um amigo das crianças (sem este fato, pelo tanto que os pais o chamam, ele já teria vindo há muito tempo). Phili pensa que ele deve morar no areal e abrir seu palácio à noite. Como o garotinho é um daqueles que acreditam na realidade de seu mundo imaginário, parte à noite e é encontrado adormecido na grama. Ele conta a seguinte estória:

> O cachorro bonzinho me transportou nas costas, conduzindo-me até o Papão (...). A casa do Papão é toda de prata, ele está vestido de noite estrelada. No seu muro de prata, uma série de pequenos baldes estão suspensos. O que tem aí dentro? diga, Papão, crianças más? Não, Phili!, responde ele; meus baldinhos estão cheios de coisas não verdadeiras, de coisas inventadas, que divertem, que fazem viver onde se tem vontade, partir, ir, vir, mudar, viajar, rápido, rápido, rápido, rápido. Pegue aquele que você quiser. Com isto, não são necessários automóveis, nem nada, nem ninguém. Você sonha, Phili; imagina; conta. Ah! como você se diverte! Você canta, dança, chora, ri. Usam-me para assustar as crianças, porque, se todos gostassem de mim, tudo o que os adultos quisessem que fosse feito nunca o seria (...). Mas, aqui e acolá, um pequeno gosta de mim, procura-me, chega a me ver. Quando quiser, Phili, pode retornar...

O mundo imaginário destes dois relatos é uma oposição direta ao mundo dos adultos. Françoise coloca em seu benefício as regras da sociedade. Phili inverte o significado da personagem de Papão, habitualmente utilizada contra as crianças. Os dois constroem "seu outro mundo", onde se refugiam, no imaginário.

---

12. Nós nos permitiremos encadear as passagens à linha dos textos citados para não romper a continuidade da exposição da pesquisa.

As personagens inventadas

A criança, em seu devaneio, freqüentemente inventa personagens. Bernard Bardeau (Berge [27]), filho único, criou para si irmãos e irmãs "que, dotados da onipotência dos adultos, eram também confidentes muito íntimos, todos submetidos às suas ordens". Milou [50] inventou Dembat e a pequena Rose.

> Não é suficiente dizer que Dembat é amigo íntimo de Milou, mas invisível e já homem feito. A pequena Rose é aquela criança (quase da mesma idade de Milou) que um árabe tinha, por vingança, raptado de seus pais. Ela fugiu da tenda, mas chegando perto do campo francês, a sentinela atirou e a menininha caiu desmaiada, com o braço quebrado. Ela é muito loira e muito doce (...). Milou e Dembat a recolhem e protegem (...).

Vê-se, por diversas vezes, Dembat subir o curso do Níger. "E, perdida na reverberação do sol sobre a água, a pequena embarcação (...) avança em direção a solidões desconhecidas." Encontramos simultaneamente os temas do exotismo, do navio e da criança frágil. No mais, Dembat é invisível e, naturalmente, livre e sem imposições.

Quando o pequeno Pierre [36] permanece na cama sem dormir, é "observado por uma figura cinza e sombria, por um rosto vasto e sem forma, por um fantasma enfim mais temível do que a dor ou o medo, o Tédio". Esta figura parece mais nebulosa do que as figuras descritas por Giono ou V. Larbaud. Corresponderia antes a uma impressão difusa da criança do que à percepção e à interpretação de uma forma definida. Para tentar "conjurar a visita do espectro", Pierre recorre a um imaginário que ele próprio comanda. "Preferia imaginar uma viagem ao redor do mundo e aventuras extraordinárias. Eu naufragava e aportava, a nado, em uma praia povoada de tigres e leões." Encontramos ainda os temas da viagem, do exotismo. Mais tarde, dramatiza, utilizando como personagens os cinco dedos de sua mão direita, cada um com um caráter bem definido. Seus temas preferidos são as estórias de "princesas cativas, libertadas por valentes cavaleiros" e as de "crianças raptadas e devolvidas às suas mães". Trata também de assuntos militares e da epopéia napoleônica. Jean-Christophe também "passa horas e horas a olhar suas unhas, rindo às gargalhadas. Todas têm fisionomias diferentes, parecem-se com pessoas que ele conhece. Ele as faz conversar entre si, dançar ou brigar".

A criança de *Jean le Bleu* (Giono [35]) e sua amiga Anne brincam "de barco perdido". Pegam um pedaço de madeira e o lançam no riacho: "Era preciso piscar várias vezes para ver, no lugar de um riachinho, um grande rio além dos mares". São cinco no barco:

> Um grande com barba é o chefe. Um pequeno com botas é aquele que tem o revólver. Um magro que leva um violão a tiracolo, o fiel Mastalou [um negro], e a prisioneira [uma menininha].

As duas crianças olham o barco que vai seguindo seu destino, não têm o direito de intervir mesmo que este entre numa correnteza, ou que encalhe. São sempre os mesmos quadros e as mesmas aventuras, mas aqui as crianças são apenas espectadoras de uma estória que desencadearam. Mais freqüentemente, a criança desempenha um papel ativo. Sartre criança inventa um universo cheio de perigos em que é herói.

Eu oferecia em sacrifício uma corja de bandidos a cada noite. Nunca fiz guerra preventiva nem expedição punitiva; matava sem prazer nem cólera para arrancar da morte as mocinhas. Estas frágeis criaturas me eram indispensáveis (...). Quando os janízaros brandiam suas cimitarras, um tremor percorria o deserto, e os rochedos diziam à areia: "Falta alguém aqui: é Sartre" [73].
No mesmo instante eu afastava o pára-vento e "fazia voar as cabeças a golpes da sabre" [73].

As imagens das meninas, positivamente, são sempre as de vítimas.

Se os devaneios das crianças assumem freqüentemente a forma de ações violentas, e se os próprios meninos se atribuem papéis de justiceiros, as meninas, no meio de relatos do mesmo tipo, dão, antes, provas de devoção ou de espírito de sacrifício. É o caso de Biche:

E, para quem pensam vocês que, ao morrer, o pobre pequeno Duque de Reichstadt estende as frágeis mãos? Você adivinhou, para a mesma que já consolou o velho Priam, salvou do carrasco as crianças de Edouard, obteve a graça de Maria Antonieta e do imperador Guillaume, que, com sua vida, devolveu a Alsácia e a Lorena à França: para Biche, menininha de olhos cinzentos e pernas magras, ela parece uma irmã de luz e de glória, como a borboleta flamejante à humilde crisálida e como os sol triunfante à aurora que se oferece...

Simone de Beauvoir imaginava-se não mais no papel daquela que se sacrifica mas, mais diretamente masoquista, naquele da vítima inocente ou até mesmo da culpada que se faz perdoar. Biche, sacrificando-se, dá um sentido à sua existência, o que ela procura ao longo de todo o relato sem nunca encontrar. Simone de Beauvoir encontrava uma volúpia na relação com um "homem belo, puro e terrível" que ela amava, e em outro momento saboreava "as delícias da desgraça". Os garotos também procuram a impressão da desgraça: no caso de Lucien (Sartre [94]), é a seus próprios olhos que ele se faz órfão, enquanto que a criança do *Lacet* [163] brinca de mártir diante de seu mestre e dos colegas.

Em geral, as pesonagens imaginam, antes, que são poderosas, gloriosas. Jean-Christophe, após ter sido humilhado por uma menininha, sonha, antes de adormecer, que se tornou "muito poderoso e glorioso". A menina apaixonou-se por ele, sendo desprezada. Como ela adoece de tristeza, ele, magnânimo, consente que ela o ame. Neste momento, satisfeito, ele adormece. Milou é rei em seu país imaginário, para onde leva. Justine, a pastorinha: "Você sofre e ninguém a ama e sempre se dirigem a você de forma rude. É por isso que irei à sua frente, pegarei sua mão e a conduzirei ao melhor lugar, próximo de meu trono, no país onde sou rei". Da mesma forma Trique (Machard [43]) promete a Pépé que será sua rainha quando ele for rei do país da América para onde irão partir. Zette imagina-se uma princesa raptada, mas não pode suportar que seu colega Poum tenha a mesma impressão e se zanga com ele. Quando Éliane (V. Larbaud [50]) era criança, ela própria era uma fada, e em seguida seus devaneios deslizam pouco a pouco em direção ao erotismo com a aproximação da adolescência. Jean-Christophe (R. Rolland [23]) se faz mágico em seus jogos.

Rei, mágico, poderoso, estes termos utilizados para mostrar os papéis que a criança atribui a si mesma em imaginação são também aqueles utilizados por alguns autores para designar seus poderes misteriosos. Alguns sonham diretamente com a criança, outros criam imagens secundárias, descrevendo a vida imaginária de suas personagens. Falando da natureza da criança e dos poderes que dela decorrem, formaram imagens de uma personagem simbólica. Por vezes os mesmos escritores, por vezes outros, projetam este poder ou seu desejo no mundo imaginário aonde justamente este tem o privilégio de ter acesso direto e fácil. Loti faz esta ligação chamando a si próprio "príncipe e mágico no domínio do sonho". Sabemos, aliás, que os devaneios de poder existem no adulto, permanecendo tão inconfessáveis quanto agradáveis[13].

As fantasias inquietantes. Os pesadelos

Com a aproximação do sono, ou já adormecida, a criança é assolada por fantasias freqüentemente angustiantes, enquanto que, em quase todos os casos citados até o momento, referentes ao sonho diurno, o mundo imaginário da criança era mostrado como mais atraente e agradável do que sua existência real. Quando o pequeno Pierre acabava de deitar-se,

passavam com uma atitude grotesca e selvagem, porém não sem ritmo nem medida, pequenas personagens disformes, corcundas, tortas, vestidas segundo uma moda muito antiga, tais como as encontrei, mais tarde, nas gravuras de Callot. Certamente eu não as reinventei. A vizinhança da sra. Letort, vendedora de gravuras, (...) explica este encontro. No entanto, minha imaginação contribuía, armava meus perseguidores noturnos com espetos, seringas, com pequenas vassouras e outros diversos utensílios domésticos. Desfilavam com a mesma seriedade, o nariz repleto de verrugas, utilizando óculos redondos e, de resto, muito apressados, sem parecer que me viam.

Em *Le livre de mon ami* Anatole France já falava de uma cena muito semelhante, na qual a única diferença era o aspecto menos humano das personagens:

---

13. S. Freud, *La création littéraire et le rêve éveillé, op. cit.*

Tinham o nariz em forma de bico de cegonha, bigodes eriçados, ventres pontudos e pernas como patas de galo. Mostravam-se de perfil com um olho redondo no meio da bochecha, e desfilavam carregando vassouras etc.

Ed. Rocher [154] também assinala sonhos-pesadelos infantis. Os Tells e os Brans aterrorizam a criança deitada até o momento em que o verdadeiro sono, "mais forte que o terror, venha aniquilá-lo". O psiquiatra Ch. Baudouin [26] recorda, em sua autobriografia, uma lembrança de pesadelo, o dos "rolos a vapor".

O que eu assim denominava eram mulheres grandes, impetuosas, belas, que deslizavam uma a uma em direção à minha cama; elas chegavam de mansinho, no entanto, eu as ouvia antes de vê-las pois elas sussurravam: "Tchu, tchu, tchu", como rolos a vapor que espalham pedregulhos nas ruas novas.

Cair no sono era assustador para ele. "É horroroso cair neste buraco negro (...). Durante um ou mais períodos que mal situo em minha infância, vivi e revivi a cada noite os terrores da morte (...)."[14]

As personagens fantasmagóricas aterrorizam a criança doente que delira. Loti é visitado, durante uma escarlatina,

no crepúsculo, no meu meio topor de febre, por personagens diferentes que me causaram um extremo terror (...). De início, uma velha senhora, corcunda e muito feia, de uma feiúra melíflua, que se aproximou de mim sem fazer ruído, sem que eu tivesse ouvido a porta se abrir (...). Ela se afastou, antes mesmo de me ter dirigido a palavra; mas ao voltar as costas mostrou a corcunda; era furada na ponta, da qual saía a figura verde de um periquito que a senhora tinha dentro do corpo e que me dizia: Cu-cu! numa vozinha distante de marionete e que voltava para dentro das velhas costas horrendas... Oh! Quando ouvi aquele "cu-cu" um suor frio me molhou a fronte (...). No dia seguinte, apareceu um senhor, alto e magro, numa túnica preta, como um padre. Ele não se aproximou de mim; mas pôs-se a rodar em torno de meu quarto, roçando as paredes, muito rápido e sem barulho, com o corpo completamente inclinado para a frente; suas pernas feias, como paus, faziam enrijecer sua batina em sua corrida. E – cúmulo do terror – ele tinha no lugar da cabeça um crânio branco de pássaro de bico longo.

Esta imagem o perseguirá em seguida durante as noites de inverno. Biche (Lichtenberger [41]), delirando, mergulha nos abismos ou se eleva para o céu. Ela vê monstros, "pássaros com boca de crocodilo (...), gafanhotos com cabeça de cegonha, serpentes, cabeças com pernas, mãos cortadas, flores-polvos com tentáculos dissimulados". Imagina-se atacada por um dragão etc. Enquanto que em outros casos essas visões precedem o sono ou se produzem num estado nebuloso e mal definido, Biche delira totalmente. Suas fantasias são agressivas contra ela própria, enquanto que as outras crianças ficam apavoradas pela simples presença das personagens.

---

14. Encontramos outras angústias da infância na quarta parte: das primeiras descobertas aos problemas metafísicos.

Em *Jean le Bleu* [39], o filho do sapateiro, doente, via corredores se abrirem na parede do quarto. "Eles iam até o fim do mundo. Neste exato momento, todos lá atrás teriam sido avisados, e logo chegariam." Um deles tocava música, não se ouvia nada, mas "a canção saía e sacudia sua penas (...) e, viva, saía voando". "Vinha também um animal cheio de mamilos", cujo leite vazava por toda parte. "Este animal gostava do tapetinho ao lado da cama (...)." Comia seus pêlos e "tossia, abrindo o grande focinho vermelho e torcendo a língua". Havia, enfim, "sombras anunciadoras". Ele não as conhecia ainda, procurava falar-lhes gentilmente. "Mas eles me olhavam sem piscar, com olhos redondos e frios e, em seguida, batiam em seus sinos com o osso de seu punho", parecendo dizer: "Não é possível, ele não compreende (...)".

As angústias da vida cotidiana aparecem quase que a nu em alguns pesadelos, depois as imagens se deformam e figuras fantasmáticas as substituem. Léon [11] fica desesperado com a partida de sua mãe, que fugiu. Ele adormece e sonha que a segue pela rua. Pessoas que estão ao redor deles cochicham e falam mal dela. Léon quer protestar, mas nenhum som sai de sua boca; percebe então que não anda mais ao lado dela mas, sim, ao lado de um funcionário de seu pai, do qual tem medo. Ele foge. Está perdido nas ruas do bairro que lhe causa medo durante o dia. A rua está vazia. Ele corre, uma sombra precipita-se sobre ele: é sua tia Irma, que diz que sua mãe não pode sofrer. Ele acorda, pergunta se sua mãe ainda não chegou. Adormece novamente, depois que seu pai lhe afirma: "Ela vai voltar..." Agora ele está na borda de uma escarpa. "O leito do mar está quase vazio. Percebem-se, inclinando-se sobre o parapeito, as incomensuráveis profundezas, raras poças de algas que se ressecam. E, a intervalos, alguma formidável carcaça de monstro marinho, um cadáver de baleia encalhada em decomposição sobre as pedras. Tenho a impressão de que é o fim do mundo (...)." Em seguida, ele está "num parque sombreado por grandes árvores, no qual se encontra uma multidão confusa" que parece falar de um acontecimento que os escandaliza. Vê seu tio, que tem "uma cabeça de pássaro, sim, um crânio nu e branco de garça com um longo bico" (a mesma imagem de Loti).

Em *Chiens perdus sans colliers* [57], o menino que fugiu revê em sonho sua epopéia. A primeira noite delirou sobre o drama: "O corpo frio, a água que se infiltra nos sapatos, os pés congelados e, em seguida, insensíveis (...). O terror dos lobos, dos abutres, dos bandidos. A queda próxima ao charco (..)". (Foi encontrado muito mal, na neve.) Em seguida seu delírio transforma este calvário em "aventura maravilhosa"... "A floresta familiar, os animais acolhedores... Era a Ilíada e a Odisséia."

Em Jean, *l'enfant malade* (Colette [31]), e no *Petit Trott* [14] o delírio torna-se uma grande viagem aérea: Jean cavalga "numa nuvem de perfume" e, numa crise mais grave, sente-se raptado por desconhecidos, sons com formas:

Os desconhecidos, os fabulosos estrangeiros já começavam o seu rapto. Surgindo de todas as partes, despejaram sobre ele a queimadura e o gelo, o suplício melodioso, a cor como um curativo, a palpitação como um balanço e, já voltado para fugir, imóvel, em direção à sua mãe, optou de repente e se jogou, entregue a seu vôo, através dos meteoros, das brumas e dos raios, que, macios, acolheram, e prosseguiu numa corrida desnorteante.

em certos momentos gelado e em prantos. Trott passa também da impressão de cama escaldante à de chuva glacial. Ele viu nuvens de onde sai esta chuva e, em seguida, balões vermelhos. Ele pega o maior, sob o qual se instala, em uma barquinha. Passa acima do mar, desce a abismos e sobe como uma flecha em cima de uma pequena nuvem, em direção às estrelas. Ouve uma "música cor-de-rosa", vê anjos que o conduzem para o paraíso e, em seguida, cai novamente sobre sua cama. Nestes dois casos, os sentidos parecem misturar sons, odores, cores e formas.

Biche também foi pega em turbilhões vertiginosos e, sacudida, subiu até as estrelas, ouviu os apelos dos anjos e mergulhou em abismos. Lichtenberger apresenta o mesmo aspecto do imaginário no delírio em suas duas personagens, ainda que Trott não seja atacado por dragões. A estória de Biche, aliás, sempre mais trágica, é a de uma pequena vítima agredida por seu meio, na sua existência cotidiana, assim como por dragões em sua doença. É uma criança fadada à morte. Trott, angelical, é atraído pelo paraíso, e não será capturado pelas forças maléficas. Jean, *l'enfant malade* [31], vive como situação poética a doença e a aproximação da morte:

> Percebeu que uma leve rachadura triste, cristalina, separava-o de uma felicidade da qual tinha ainda que aprender o belo nome côncavo e dourado: a morte. Uma pequena rachadura triste e leve, vinda talvez de um planeta para sempre abandonado[15].

Les sombres annonciateurs, de Jean Giono, batendo seus sinos, parecem também símbolos do tempo irremediável e da morte, mas a criança inocente não compreende sua mensagem e se cura.

Os temas associados por excelência à criança

Os escritores que estudaram a vida imaginária e os símbolos, especialistas em literatura ou filósofos, descreveram, muitas vezes, os temas mais freqüentemente evocados nos relatos[16]. A viagem foi freqüentemente assinalada aqui: encontramo-la nas diferentes formas de deva-

---

15. Cf. Cap. 8, p. 235.

16. Quantitativamente, o fenômeno indicado por várias vezes acentua-se aqui, pois os autores que escreveram entre as duas guerras mencionaram, mais freqüentemente que os outros, os temas dos sonhos ou devaneios, e de modo mais variado encontramos 25 nesta época (sempre sem cortar a repetição de um mesmo tema em um mesmo autor), apenas 8 e 9 antes da Guerra de 1914 e desde 1939.

neios: puramente poéticos ou compensatórios da situação da criança. Ela se encontra também no jogo, no sonho noturno e mesmo no delírio ou pesadelo. No mundo imaginário existe, freqüentemente, confusão entre o agente e o paciente: ou a criança é testemunha de uma viagem, de um deslocamento de personagem ou, então, na maioria das vezes, ela própria viaja. Ela toma emprestado um barco, um bote, cavalga uma nuvem. Os autores gostam de associar a criança que sonha ao esquife, símbolo de proteção, de berço[17] que embala, assim como à água, um símbolo materno freqüente. Esta é associada[18] "à fluidez do desejo e se opõe ao mundo de matéria sólida cujos objetos podem ser construídos em máquinas; é um mundo semelhante à nossa infância, onde não reinam, em absoluto, as impositivas leis da razão".

Várias viagens são também vôos, movimentos de subida para o céu. O vôo é para os psicanalistas símbolo de volúpia; a ascensão representa para Bachelard "a viagem imaginária mais real de todas", que conduz a uma elevação do espírito[19]. Ao longo dos delírios, existem também quedas e descidas em abismos, mas as seqüências são mais curtas do que as que descrevem as subidas. Estando o sentimento de elevação e o da felicidade associados[20], os autores os privilegiaram, mostrando assim uma vez mais que sua representação da criança em seu devaneio é a de uma felicidade dupla: a de ser criança e a de se refugiar no imaginário. Ao lado do vôo da própria criança, a mesma impressão é desenvolvida indiretamente pela presença de pássaros, de asas de anjos, de nuvens.

Toda uma outra série de devaneios e de jogos está centrada na exaltação, no poder do eu da criança, que se projeta em papéis e ações freqüentemente emprestados do romance e do conto. A criança utiliza o imaginário proposto pela sociedade, transforma-o em seu benefício, liberando por vezes sua agressividade, dando um sentido à sua existência, compensando suas dificuldades. O autor expressa, por vezes, mais as necessidades da criança do que sua vida imaginária poética, mas oferece uma imagem das aspirações da personagem, pronta a se sacrificar e a fazer grandes coisas, que se opõe à sua situação de inferioridade frente aos adultos no resto da narrativa, como no caso de Biche. Por vezes, este contraste entre a personagem descrita e aquela em que ela se torna nos jogos é assinalado com um certo humor. Por diferentes vias, o escritor tenta mostrar o valor real da criança ou a incompreensão da sociedade em relação a ela.

---

17. Cf. G. Bachelard, *L'eau et les rêves*, p. 178, *op. cit.*; Barthes, *Mythologies*, p. 92, *op. cit.*; G. Durand, *Les structures anthropologiques de l'imaginaire*, PUF, pp. 267-268.

18. F. Alquié, *Philosophie du surréalisme*, Flammarion, 1955, p. 105.

19. G. Bachelard, *L'air et les songes*, p. 19, *op. cit.*

20. *Idem*, capítulo sobre R. Desoille, p. 137.

As fantasias angustiantes são personagens ou monstros. As personagens aparecem em geral como feias, disformes, vestidas de negro, o que é bastante banal. Mais curiosa é a repetição da personagem masculina com crânio de pássaro. Freud descreve um sonho que teve na idade de sete anos[21]:

> Ele (...) me mostrava minha mãe querida com uma expressão no rosto particularmente tranqüila e adormecida, levada a seu quarto e colocada na cama por duas (ou três) personagens com bico de pássaro.

Interpreta este sonho como uma angústia associada ao recalque de um desejo sexual que uma palavra de um colega havia suscitado. É esta angústia que teria contribuído para a elaboração da imagem de sua mãe morta. Deve-se ver, também, nas imagens idênticas apresentadas pelos romancistas, o efeito de uma angústia sexual ou da morte (sua cabeça é um crânio)? É difícil dizê-lo, dada, por um lado, a falta de precisão do texto e do contexto do sonho e, por outro, o fato de que estas fantasias puderam realmente aparecer nos autores e ser pouco ou muito modificadas, ou então totalmente imaginadas por um adulto. No primeiro caso, são apenas devaneios sobre lembranças e, no último, traduzem diretamente o imaginário simbólico do autor[22]. Por estas razões, não nos cabe aqui explicar esses devaneios ou sonhos infantis mas, antes, mostrar a imagem do imaginário da criança e seu significado para os autores.

Os sombrios anunciadores de Giono e a velha senhora de Loti que tem um pássaro no corpo dirigem sinais à criança. Seriam eles também símbolos do tempo que passa e da morte? Pouco antes, na mesma seqüência, a criança de *Jean le Bleu* diz que "no decorrer do dia o sino (real) falava a sua hora". Os sombrios anunciadores são uma transposição simbólica do mesmo tema. A imagem da carcaça da baleia apodrecendo (Ed. Jaloux [11]) está associada à impressão do fim do mundo, é o desabamento de todo o universo da criança com a partida de sua mãe.

O bestiário é, finalmente, bastante pobre. Dever-se-ia aproximar o animal com mamilo, que espirra leite, de uma vaca que Jean (*L'enfant malade* [31]) encontra ao longo de suas viagens? O leite, tema materno, pode ser associado à criança no imaginário de alguns autores. Os outros animais são pássaros, nos sonhos de vôo, ou monstros, no delírio. São partes de animais estranhamente combinadas, goelas devoradoras ou, ainda, mãos cortadas e formas bizarras. Enfim, em *L'enfant malade*, confusões sensoriais levam a atribuir à música uma cor ou uma forma

---

21. S. Freud, *La science des rêves*, p. 317, Club Français du Livre, 1963.

22. *Idem*, p. 54: "A maior parte dos sonhos artificiais criados pelos poetas são destinados a ser assim interpretados simbolicamente: expressam o pensamento do autor sob um disfarce onde nossa experiência descobre as características de nossos próprios sonhos".

de pássaro que levanta vôo, a um som, um efeito de corte e a uma cor, um efeito curativo. A subida de Trott para o céu, no momento em que ela se torna rosa, em seguida branca, cheia de música e asas de anjo, assemelha-se singularmente às descrições feitas por Desoille de certos sonhos de ascensão ao longo de devaneios.

A presença de pais, de animais domésticos ou selvagens, os temas associados à vida cotidiana, freqüentemente mencionados por aqueles que se interessam pelos sonhos das crianças, estão quase ausentes. Pareceram, sem dúvida, muito banais. Para expressar a angústia, os escritores teriam podido também contar temores ou sonhos com ladrões, tão freqüentes em certas idades. Preferiram, por um lado, expressões poéticas e, por outro, os que traduzem mais diretamente a oposição da criança ao adulto e à sociedade. Este duplo movimento é significativo e o encontraremos freqüentemente.

3. A EVASÃO E SUAS CONDIÇÕES

A criança evade-se de diferentes maneiras em direção a um "além" que é freqüentemente o mundo imaginário e, ademais, para alguns, a criança é evadida por natureza, por sua própria essência. O Kid de Giraudoux [49] é o caso mais típico: "Era o exemplo absoluto e imaculado desta tentativa heróica de fugir de todos os elos, encontrar uma existência livre (...), da qual Jérôme, com seus hábitos de homem egoísta e déspota, havia dado apenas uma caricatura". O Kid representa "o Judeu Errante criança". Loti, "príncipe e mágico do domínio do sonho", as criança de V. Larbaud (Milou, Éliane, *L'enfant avec la figure*, aquelas de *La grande époque*), *Les enfants terribles* de Cocteau, Biche e Babou, Gaspard de Dhotel, Pascalet, *Le Petit Chose*, Poum, Fan etc., vivem mais em um mundo imaginário do que no real; basta um ambiente favorável, um sinal, para que partam.

Lugares que favorecem a evasão

Mostramos diversas imagens de crianças em sua vida imaginária e descrevemos por várias vezes, simultaneamente, como elas sonham e brincam: a importância do movimento, o modo de incorporar personagens, objetos, de modificar o mundo ou a si mesmas. Os autores especificam ainda as condições desta evasão ou seu ponto de partida. A solidão, a maior parte do tempo em um espaço restrito: cama, quarto, pequeno cômodo, é um dos quadros mais freqüentes do devaneio. Isolados e protegidos, muitas contemplam um espetáculo exterior, o movimento das nuvens ou da rua: também encontramos, sonhadores, junto a uma janela do quarto ou do sótão, Loti, o Petit Chose, Biche, Jean (de *Jean le Bleu*). A criança "com a figura", só em sua poltrona, e Jean em seu sótão, têm como única companhia uma figura inventada a partir de formas vagas.

> Eu partia [diz este último] pela nossa grande escada, subindo ao encontro do sol. Acima do ateliê de meu pai havia um vasto sótão sonoro como um porão de navio. Uma ampla janela (...) permitia ver (...) lá longe o brilho do rio (...) e as nuvens que nadavam como peixes (...) (Giono [39]).

O sótão é freqüentemente um dos quadros privilegiados da infância[23]; ademais encontramos aqui a subida real (a escada) e em devaneio (em direção ao sol), as nuvens, o barco. Marie-Claire (M. Audoux [1]) também trepa num armário para contar a si mesma estórias agradáveis. O pequeno Pierre, Babou e muito outros deixam, particularmente, divagar sua imaginação em sua cama. A solidão é para alguns aquela do jardim ou da natureza, outros quadros associados à infância (Félix de Vandenesse, Gaspard, Loti, Biche, Babou...).

Existem solidões a dois. Michel Leiris [62] e seu irmão contam um ao outro diversas espécies de estórias inventadas em segredo, e Simone de Beauvoir escreve:

> Outros roteiros, aqueles que preferíamos, reclamavam a clandestinidade. Aparentemente eram de uma total inocência mas, sublimando a aventura de nossa infância, ou antecipando o futuro, flutuavam em alguma coisa íntima e secreta. Na hora em que o silêncio, a sombra, os tédios dos prédios burgueses invadiam o vestíbulo, eu soltava minhas fantasias; nós as materializávamos, com o reforço de gestos e palavras e, por vezes, nos enfeitiçando uma a outra, conseguíamos decolar daquele mundo (...).

O mundo das crianças entre si[24] mantém este ambiente de segredos escondidos, fechado para os adultos. A solidão de outras crianças é o sinal de sua rejeição dolorosa por seus colegas nas escolas hostis[25] ou por seu meio familiar[26].

Os objetos – os seres

É talvez um objeto que desencadeia o devaneio ou o jogo: brinquedos (soldadinhos, um equipamento de postilhão) são o ponto de partida de uma viagem, de uma estória inventada; um pedaço de madeira torna-se um barco, um móvel, um palácio, um pequeno bosque, uma ilha, como vimos, para Jean-Christophe, Pierre Nozière (*Le livre de mon ami*), nas crianças de *Jean le Bleu*, naquelas de *La grande époque*, para Léon etc. "Para partir, podíamos utilizar (...) estes rostos estranhos que

---

23. Cf. "Os Quadros Íntimos", Cap. 10, pp. 294-297.
24. Cf. Cap. 5, pp. 134-136.
25. Ver também a criança e a escola, Cap. 11.
26. Ver a descoberta do sofrimento, Cap. 13.

a umidade desenhava nas paredes" (Giono [39]), ou os veios do mármore, ou da sugestão de um cartaz (Vialatte [74]), de um rótulo (Machard [16]). Uma palavra pode ter o mesmo pode evocador que o objeto ou a imagem: a palavra "o mar" joga efetivamente Gaspard (Dhotel [59]) no mar.

A presença de objetos antigos, ou a simples evocação do passado, dá também a oportunidade para evasões: para Rigaud, *Le premier de la classe* (Crémieux [32]), é a presença de velhos papéis, de cartas ou de lembranças na casa semifechada de uma velha solteirona, da qual se diz que é uma "relíquia". Para Loti, é um velho castelo, para o grupo de crianças reunidas ao redor de Dora (Vialatte [74]) são lembranças de infância da adolescente. Para muitas outras, os relatos da história da França, da história antiga, ou de contos, evocam o mundo maravilhoso de "outrora" idealizado e mitificado como as lembranças da infância. São o ponto de partida de devaneios ou jogos, e o outro mundo imaginário é projetado no passado.

A presença de uma outra criança dotada para a evasão é suficiente, por vezes, para transformar o real. É o caso de Paul para Gérard, que o acompanha de carro, após este ter se machucado: "Sem Paul, este carro teria sido um carro, esta neve, neve, estas lanternas, lanternas". Enquanto que "todo este sonho o elevava para uma zona de êxtase. O silêncio do carro, as reverberações, sua missão, compunham um encantamento" [29]. E Gérard tem o hábito de ver Paul "jogar o jogo" da evasão. A vinda do *Grand Meaulnes* [8] perturba todo o ambiente tranqüilo da vida de François e seus colegas. Este o compara freqüentemente, em pensamento, a Robinson Crusoé: é a aventura.

As produções artísticas

As produções artísticas e literárias dos adultos, não somente os contos e relatos poéticos, mas também os clássicos da literatura, os livros de história, os textos latinos, são suscetíveis de desencadear devaneios. As personagens históricas são monopolizadas pelos jogos. A leitura ou o espetáculo podem ser, em si mesmos, o domínio da evasão da criança, ou então a criança os utiliza como fonte de inspiração ou, ainda, imitando o adulto, procura criar uma obra. Brulard escreve, com a idade de dez anos, uma comédia, mas a esconde, enquanto Sartre desempenha ainda um papel, aos olhos dos adultos, de criança-escritor: ele mais se aprisiona do que se evade.

Os livros trazem conhecimentos, novas visões, são apelos para o desconhecido, a estranheza, a aventura. Robinson Crusoé alimenta o jogo de Daniel (*Le Petit Chose* [6]), permite a Jacques Vingtras (Vallès [24]) evadir-se de realidades penosas, dá à criança de *La mère et l'enfant* vontade de partir, de viver uma outra vida (Ch. L. Philippe [152]). Marguerite Aldoux sonha com Telêmaco e encontra o livro que escondeu no sótão como um amigo. O pequeno Pierre (A. France [36]) vive num sonho com seus livros; Proust [20] fala da leitura

> mágica como um sono profundo, graças à qual as tardes de Combray são, diz ele, cuidadosamente esvaziadas por mim dos incidentes medíocres de minha existência pessoal, que eu havia substituído por uma vida de aventura e aspirações estranhas, no seio de um país regado por águas vivas (...). Em seguida vinham as emoções que me proporcionava a ação da qual eu tomava parte, pois aquelas tardes eram mais cheias de acontecimentos dramáticos do que temos freqüentemente durante toda uma vida.

As paisagens onde se desenvolve a ação o influenciam mais do que aquela que tem sob seus olhos. Para Sartre, a vida em seus livros torna-se sua alegria, sua descoberta do mundo, a libertação do papel que o fazem desempenhar.

> (...) isso era ler? Não, mas, sim, morrer de êxtase (...). Era era visao (...). Libertada de si mesma, enfim, a pequena maravilha se deixava transformar em puro encantamento. A cinqüenta centímetros do assoalho, nascia uma felicidade sem dono nem coleira, perfeita. Meus livros foram meus pássaros e meus ninhos, meus animais domésticos e meu campo; a biblioteca era um mundo refletido num espelho; tinha a espessura infinita deste, a variedade, a imprevisibilidade.

Ele se lança a "incríveis aventuras", tem "encontros horríveis" e faz "áridas viagens" no mundo imaginário dos livros.

O teatro ou o cinema são também ocasiões para penetrar num outro mundo que não aquele do cotidiano. Para Proust, cada peça é uma oportunidade de sonhar. Os sonhos são "simultaneamente condicionados pelas imagens inseparáveis das palavras que compunham o título e também pela cor dos cartazes". Simone de Beauvoir admira a cena, mas as aventuras que nela se desenvolvem a interessam apenas "de forma medíocre". Os atores eram muito reais, mas não o suficiente. Os mais suntuosos adornos "brilhavam menos do que as granadas dos contos". Sartre é apaixonado pelo cinema mudo:

> Eu me encantava ao ver o invisível. Acima de tudo, eu gostava do incurável mutismo de meus heróis (...). Comunicávamo-nos pela música, ruído de sua vida interior.

Ele sente e participa, mais do que compreende. "Estava comprometido (...). Estava realizado, havia encontrado o mundo onde queria viver, tocava o absoluto." E quando as luzes se reacendem: "Era a de sintoxicação brusca (...). Onde estava eu?"

Uma menininha que encontra Pascalet (Bosco [56]) no teatro tem "um ar de contentamento e terror, nenhuma criança tinha sido tomada como ela pelo desempenho da cena na qual tinha colocado toda sua alma". Poum (P. e V. Margueritte [17]) fica também encantado pelo teatro, pelo teatro de marionetes ou pelo circo.

Mundo maravilhoso o do teatro! Mistério da grande cortina vermelha que se eleva sobre os encantamentos da vida, as paisagens de ouro e de luz! (...) Paraíso da infância! (...) Poum está embriagado. Gostaria de ser ator, cantor, pajem, a dama de branco, figurante, fantoche. Com a mão sobre o coração, urrar que adora Elvire! Brandindo o punhal, rugir com uma voz cavernosa: "E agora, Matéo, que o remorso seja seu, e minha a vingança! (...) Tudo isto, sim, tudo isto (...) está agora em poder de Poum;

de fato, ele recebe um teatro em miniatura e torna-se um dramaturgo. A tia de Fan (Genevoix [37]) lhe oferece também um teatro. "A alegria chegou repentinamente, de forma tão veemente que seus olhos se encheram de lágrimas." As personagens de seu teatro reproduziam sua visão de seu meio: assim, uma vizinha desagradável, uma ruiva é a fada vermelha. Um dia, um colega zomba de suas "estórias"[27], em seguida, ele vê alguns adolescentes montarem uma peça cômica sobre uma velha canção linda, inocente e triste. "As palhaçadas dos atores e os risos do auditório lhe eram igualmente odiosos. Via nisso como uma ultrajante indecência." Então, ele próprio destruiu sua marionetes numa cena cruel.

Sou o último (...) um feroz criminoso. Ah, ah! Acabou o riso, caros senhores, existem sangue e lágrimas. Seria preciso um, não é? para matar os outros (...). Doravante, vocês irão querer permanecer em suas casas: não teremos mais mensagens para dar-lhes. Aliás, aprendam-no: eram estórias e piadas (...) fiz uma grande carnificina (...). Podem contar os cadáveres, amanhã eles terão desaparecido (...). Os pássaros voam mais rápido do que eu; não fosse isso, eu os mataria também. Mas por todos estes velhos espíritos, era necessário, deveria acontecer, era minha última missão: purguei o bairro, parabéns!, de todas estas estórias ridículas,

e Fan joga suas marionetes no rio. Por várias vezes vemo-lo chocar-se contra o mundo lógico e duro dos adultos.

Leiris nos mostra a criança tomada pelo mundo maravilhoso do circo.

Ela adere totalmente no temor, (...) ou na admiração (...) a tudo aquilo que o circo a faz ver. Sucessão ininterrupta de coisas insólitas e dignas de admiração, o espetáculo do circo propriamente dito é um prodígio; inversamente, no entanto, no que se refere ao conto de fadas, prodigioso também, mas do qual não se ignora a falsidade radical – é ali dada à criança uma garantia da veracidade do que se passa diante dela. Por isso, no círculo de areia à beira do qual a criança pode se sentar, tudo o que se produz lhe parecerá, simultaneamente, verdadeiramente milagroso e milagrosamente verdadeiro [62].

O desejo de aventura – os sinais de seu chamado

As crianças não se evadem apenas num outro mundo através do devaneio ou de certos jogos. Elas buscam o chamado da aventura para

---

27. Cf. também Cap. 3, p. 84.

partir para a descoberta, ou fogem porque não podem mais suportar a vida cotidiana. Trique (Machard [43]) descobre um terreno vazio, é "uma terra ignorada, alguma coisa como Américas para garotos em busca de aventuras". Mas não é suficiente. Um rótulo de uma garrafa de rum o faz sonhar com exotismo, como vimos acima. Ele parte com Pépé para o mar que imaginam além dos telhados da cidade. Pépé acredita já sentir o vento do mar aberto sobre seu rosto. Mas eles se perdem no bosque de Vincennes, são pegos por uma tempestade e voltam no dia seguinte para suas casas.

A criança tem a intuição de esperar alguma coisa, mas são sabe o quê: Gaspard [59]

tinha a idéia de que existiam pessoas e até mesmo povos que não tinham nada em comum com a humanidade tal como ele a conhecia, segundo os habitantes de Lominval (...) persuadia-se pouco a pouco de que, um belo dia, durante um passeio qualquer, ele surpreenderia a palavra que lhe faria descobrir tudo o que ignorava e até mesmo as coisas em que ninguém pensou.

Um dia encontra um cavalo malhado num bosque, monta-o e é conduzido para longe. É a aventura que começa, simbolizada pelo cavalo. Hélène, a outra personagem do relato, é uma criança evadida da casa de seu tutor para reencontrar seu país. Neste rcmance, como em *L'enfant et la rivière* [56], a evasão da criança, as suas viagens, seus encontros, são descritos em um tom poético. Os temas são os mesmos que os do devaneio atribuído à criança: a água, a viagem, o barco, os ciganos, os forasteiros, a criança raptada. Gaspard e Pascalet sentem simultaneamente o terror e a alegria na aventura e são a ela conduzidos pela curiosidade. Têm "vergonha" de terem fugido, mas encontram justificativas e não podem agir de outra maneira. *Le grand Meaulnes* [8] expressa um mesmo clima de espera e de aventura.

Os fracassos

Algumas aventuras acabam em fracasso em virtude da fraqueza e do irrealismo da criança. Marcel Pagnol [66] criança foge de sua casa em companhia de um pequeno camponês, na véspera da volta às aulas, para se tornar eremita nas montanhas. Os dois garotos têm medo, mas não querem confessá-lo. Superam alternadamente o temor de um fantasma, em seguida o de um pássaro noturno, que terão de desalojar para ocupar a gruta prevista. Finalmente, Marcel encontra um pretexto para abandonar a aventura: o fornecimento insuficiente de água; sendo da cidade, ele deve se lavar todos os dias para expulsar seus "micróbios", "se eu não me lavo todos os dias, eles irão me roer pouco a pouco, e um dia destes você me encontra morto (...)". A honra está salva e Marcel volta para casa, muito envergonhado interiormente.

Os relatos de aventuras concluem-se freqüentemente de forma mais dolorosa. Trique e Pépé estão perdidos, encharcados pela tempestade, e Pépé morre. Rigaud, *Le premier de la classe* [32], decide sair à noite, à meia-noite, "para me instruir sobre a vida noturna". Consegue evitar seus pais: "Eu sou livre, livre, livre..." Ele encontra namorados, uma prostituta que é sua antiga empregada, todo um mundo misterioso. Chega à casa de forasteiros, machuca a cabeça caindo e desmaia. Um ancião lhe faz um discurso, é sonho ou realidade? Não se sabe.

> Criança, diz-lhe ele, quer compreender intensamente o incompreensível: seu ardor a lançou na noite (...).

Encontramos como no exemplo anterior a criança atraída pelo desconhecido. A repetição da palavra "ardor" remete a todo um aspecto da criança "efervescente de vida"[28]. Rigaud tem vontade de partir para longe, com as pessoas do circo.

> Nesta cavalariça do circo, entre todos estes animais adormecidos, não pareço Noé, fugindo sozinho do dilúvio, e também Jesus em sua manjedoura, pronto a caminhar para a conquista dos homens?

A voz lhe ensinou que tudo está nele mesmo, a casa onde ele nasceu é capaz de conter seus sonhos; volte para casa e para sua infância: "Eu entro nos meus treze anos". Mas no dia seguinte ele fica doente, teme-se uma febre cerebral.

Dora (Vialatte [74]) e suas colegas decidem explorar o subterrâneo de sua pensão. Elas organizam uma expedição. Mas as companheiras ficam com medo, restando apenas o "estado-maior" que é pego no subterrâneo completando as provisões para a viagem. Elas são tratadas como ladras. Fan, ao final de sua aventura, descobre também a incompreensão dos adultos, a estreiteza de seus pontos de vista e do mundo que construíram. Ele partiu com um colega durante um magnífico dia de maio, atraído pela primavera. Ultrapassa o limite permitido, penetra num velho moinho fechado, bebe numa fonte gelada, faz tudo o que é proibido; rasga um avental vermelho, posto para secar, para apanhar rãs, pesca quando a pesca é proibida.

> Nada mais existia no mundo além de seu ardor e alegria presentes, uma liberdade esplêndida e triunfal, onde seus instintos e desejos brotavam em impulsos exuberantes, cresciam e floresciam como as plantas dos campos e dos bosques [37].

Fan penetra na cabana de Pène-Cotton, espécie de mendigo de quem têm medo, por bravata e para se dominar; deixa aí, por piedade, algumas moedas de presente e esquece o produto de sua pesca com os quais Pène poderá se deliciar. Infelizmente, serão feitas sete queixas contra os garotos. Fan é acolhido pelos policiais e por seu pai, que o acusam não apenas de roubo, pilhagem e vandalismo, mas também de

---

28. Cf. Cap. 3, pp. 67-80.

covardia e falsidade, pois os presentes dados ao velho Pène são considerados como uma maneira de desviar as suspeitas de si. Fan está desesperado pelo estrago que fez e revoltado pela interpretação dada pelo pai e pelos policiais.

As fugas dolorosas

Enfim, existem fugas dolorosas em si, as de crianças feridas pela vida[29]: a do aluno Gilles [136], que foge da crueldade de seus colegas de classe, corre desesperadamente pelo campo e chega à casa de sua tia, onde permanece com febre durante três dias. Na sinistra pensão Moronval (A. Daudet [7]) um pequeno daomeano é muito infeliz, foge ao acaso, é trazido novamente para a pensão trêmulo de febre e morre. Seguindo seu enterro, Jack parte por sua vez a pé, pela barreira de Bercy, para encontrar sua mãe. Tem medo e frio. À noite

qualquer sombra estava repleta, para ele, destas larvas assustadoras. Elas rastejavam no fundo das fossas e impediam-lhe a passagem; se ele apenas estendesse a mão à esquerda ou à direita, teria a impressão de ter tocado alguém (...). Tomado por um novo terror, o pobre menino começa a correr, para chegar em pleno campo onde, pelo menos, o medo tomava aspectos de sonho. Este silêncio deslizando no espaço, esta morte de qualquer movimento, dá à criança a ilusão de um imenso sono disperso e teme ouvir ao seu lado o ronco que ele ouviu tão forte, assustado, ali no monte de pedras.

Uma fuga freqüentemente conduz a outras, nas coletividades de crianças infelizes onde ela é o sinal de partida. Encontramos uma série delas em *Chiens perdus sans colliers* [57], a primeira das quais resulta também na imagem de um pequeno caído na neve, delirando, idêntica àquela expressa por Giraudoux, que descreve o Kid caído na neve após ter escapado, por medo, do orfanato.

Várias crianças vão mais longe, não lhes bastando deixar um meio aborrecido ou penoso por uma situação melhor, a própria vida se lhes tornou intolerável e elas se suicidam[30]. É a evasão total de um mundo que não foi feito para elas.

4. EVADIDA POR ESSÊNCIA OU POR REAÇÃO

Nestes relatos, a evasão na criança parece, portanto, corresponder a uma natureza e a uma situação. Ela se evade porque possui uma outra visão do mundo, porque pertence a um universo que perdemos, no qual se desenvolve uma parte de sua existência. Ela se evade porque aspira a outras realidades que não as que lhe são apresentadas pelos adultos. Vive próximo das origens, está fervilhante de vida e deseja descobrir tu-

---

29. Cf. Cap. 13, pp. 414-415.
30. Cf. Cap. 13, pp. 416-417.

do. Mas se afasta também porque a sociedade é malfeita, cristalizada, e a fere constantemente.

Evadida por essência

Para numerosas personagens, de fato, evadir-se no imaginário é um prazer e uma necessidade que correspondem à sua natureza. Isso ocorre talvez simplesmente porque são crianças. É o caso de personagens muito jovens: Jean-Christophe, o pequeno Pierre, Léon [11] antes do drama, assim como crianças de *La grande époque* e de Daniel (*Le Petit Chose* [6]) em seus jogos; no devaneio, a criança "com a figura", Fan, Poum, *les enfants terribles*, são exemplos típicos e, na aventura, Trique, Gaspard, Pascalet e Dora.

Seria preciso acrescentar a essas personagens outras que têm características particulares. Loti e o pequeno Pierre têm uma intensa vida imaginária, mas já são dotados de um senso poético, o que explica suas futuras carreiras de romancistas. Proust descreve Loti e sua extrema sensibilidade, mas apresenta isto como uma doença. Biche, Babou, Fan e, de maneira menos incisiva, Poum, são crianças em oposição a seu meio, também em oposição às crianças que as rodeiam, que têm boas relações com os adultos e que se tornarão, sem dificuldades, homens e mulheres. É com desespero e choques que Fan rejeita seu mundo imaginário e sai pouco a pouco da infância; é no meio de lágrimas que Poum se prepara para entrar no ginásio e enfrentar "uma carreira" ("Sua infância acabou", diz-lhe sua mãe). Biche conserva, toda sua vida, seu universo secreto e seus sonhos, mas nunca pôde se adaptar ao mundo dos adultos e morre pelos sofrimentos que este lhe inflige. As *enfants terribles* permanecem durante toda sua vida crianças "prolongadas". Babou, após ter terminado sua missão, torna-se novamente uma criança banal; é sua primeira imagem ambígua que revela o aspecto misterioso e poderoso da infância; foi esta que agradou a Lichtenberger desenvolver ao longo da obra. O Kid, o próprio evadido, a criança talentosa, deve recuperar sua memória e tornar-se uma criança como as outras para entrar em sua família. Neste momento não interessa mais a Giraudoux. No momento em que a doença abandona Jean (*L'enfant malade* [31]), seu mundo imaginário desaparece. Ao deitar-se como de costume,

convocou seus comensais em horas cruéis e privilegiadas, os sons visíveis, as tangíveis imagens, os mares respiráveis, o ar alimentador navegável, as asas que desafiam os pés, os astros sorridentes... Convocou principalmente pequenos meninos fogosos que explodem de alegria ao deixar a terra (...). Ninguém veio esta noite, nem nas seguintes, ninguém, nunca mais.

Através desses personagens um pouco particulares, parece que os autores quiseram dar representações da verdadeira infância, da qual é doloroso sair, a qual não se pode deixar sem perder ao mesmo tempo a vida imaginária excepcional que é sua principal riqueza. Compreende-se melhor, neste sentido, o simbolismo dessas personagens: mais do que imagens de crianças, elas simbolizam a infância numa linguagem mítica[31].

Evadida por tédio, aversão à vida cotidiana

Várias crianças evadem-se ao mesmo tempo porque são dotadas para o devaneio e para a vida imaginária, mas também porque se aborrecem e porque estão em uma situação de constrangimento. Assim Milou [50], para quem Dembat e a pequena Rose, personagens imaginárias, são

bem mais dignos de interesse do que (...) todos os amigos de papai. Para Éliane, felizmente, a porta dos sonhos está aberta noite e dia... É preciso encontrar um refúgio contra as coisas de fora. *Jean le Bleu* [39]: Só se podia viver na parte de baixo de nossa casa sonhando. Existia muita mancha de terra nas paredes (...), muitos ruídos nas espessuras das paredes.

Biche, porque é incompreendida, Françoise (*Mëipé* [46]), quando se confronta com as proibições, Jean [31], porque é paralítico, libertam-se para outra vida em um mundo imaginário. A invenção do reino do Bicho-Papão é uma dupla oposição aos adultos: por um lado o tema do como é inventado em benefício da criança, como já assinalamos[32], por outro lado, ela não tem mais "necessidade de carros, nem de nada, nem de ninguém" para se divertir, ou seja, ela está ali liberta dos adultos e de suas criações, liberta dos constrangimentos do espaço e de sua própria forma ("partir, mudar ..."). Françoise tinha também invertido as regras sociais que regem o lugar recíproco das crianças e dos adultos.

É ao mesmo tempo a efervescência da vida na criança, sua curiosidade, sua sede de descobrir, que a impulsionam a realmente partir para a aventura ou para o devaneio. Sua família, seu meio, lhe parecem restritos, sufocantes. Os romances de cavalaria ajudam Jean-Jacques de Nantes [48] a se evadir do tédio da mercearia de seus pais. Pierre Loti é atraído pela "aventura", "a vida rude e simples", "a alegria de viver", que representa para ele a visão de marinheiros que passam cantando, mas fica dividido entre seu desejo de "viagem e de aventura" e sua ternura por seu lar e seu país. Não pode, no entanto, suportar a idéia de viver como as pessoas que o rodeiam, "utilmente, tranqüilamente, num dado lugar, numa atmosfera determinada e, em seguida, envelhecer e nada mais". Mauriac [137] lembra-se de que ele também desejava partir:

Sempre que se escreve a respeito de uma cidade de interior tal como Bordeaux, chega-se a esta idéia de evasão (...); nada resta a não ser fugir (...).

31. Cf. Cap. 2.
32. Ver acima, pp. 105-106.

Marcel Pagnol [66], tentando tornar-se eremita nas montanhas, foge à volta à escola; a tentação de Rigaud (B. Crémieux [32]) de seguir o circo é devido à atração da palavra "alhures", que lhe parece a mais bela, preferível, em todo caso (como para Jean-Jacques de Nantes) no ambiente de seus pais, pequenos comerciantes. Simone de Beauvoir sente este apelo do alhures, ainda que ela se sinta privilegiada. "Ocorria-me desejar transgredir o círculo onde estava confinada." Se os seres desconhecidos que a atraem. Tem vontade de seguir um passante. "Meu pai, minha mãe, minha irmã: aqueles que amava eram meus. Pressentia pela primeira vez que se pode ter o próprio coração atingido por um raio vindo do alhures." (São estes dois autores que colocaram, eles próprios, a palavra "alhures" em relevo – em itálico.)

Nem todas essas crianças são apresentadas como infelizes, mas também não são ainda limitadas como os adultos, e não podem suportar os mesmos enquadramentos. Várias crianças se evadem para escapar ao papel que se dá à criança, a seu estatuto, à sua fraqueza. Milou, enquanto seus pais falam a seu respeito com amigos, sem que ele possa intervir, transforma-se em Dembat, personagem que é uma espécie dele mesmo idealizado e transformado em adulto. Em seu reino de Méïpé, Françoise fazia com que as crianças se beneficiassem de todas as vantagens dos adultos. A fuga de Rigaud o fez sair de sua infância, que se conclui por estas frases: "Vou voltar a meus treze anos, de onde me evadi" e "gostaria de me estender na borda da calçada, com a fronte contra a pedra, e acordar apenas no meu vigésimo aniversário". Freqüentemente, nos devaneios e nos jogos, a criança compensa sua fraqueza, suas dificuldades pessoais, sua situação dependente, imaginando-se poderosa, brilhante. Vimos diversos exemplos disso, os de Sartre, de Simone de Beauvoir, de Biche, de Jean-Christophe, que foi humilhado por uma menininha.

Evadida para escapar ao sofrimento

Para diversas personagens, a evasão permanece a única solução para escapar ao sofrimento. Os conflitos entre a mãe e a avó de George Sand [155] projetam-na em um mundo imaginário. Ela utiliza elementos de suas leituras e continua a aventura de seus heróis, o que é muito clássico, mas inventa até mesmo uma nova religião[33]. Marie-Claire (M. Audoux [1]), órfã, encontra em sonho a irmã Marie-Amélie, a quem era muito apegada, e cuja perda lhe causa sofrimento:

> Eu sentia falta dos carinhos da irmã Marie-Amélie. Tinha uma tal vontade de vê-la que me ocorria fechar os olhos imaginando que ela vinha pelo atalho; eu realmente ouvia seus passos, o roçar de seu vestido na relva (...).

---

33. Cf. Cap. 13.

A mãe de Léon deixou o lar. A criança quer acreditar "que tudo aquilo não passava de um pesadelo". Permanece devaneando em sua cama até o momento em que sua empregada vem chamá-lo para que se levante, e assim o mergulha novamente "nesta carga de dor a ser retomada" [11].

O Kid fugiu da feiúra, necessitava da perfeição:

> Para que Jack (o Kid) não fuja mais, precisa, simplesmente, de pais belos e felizes, uma casa confortável e cheia de alegria, estações todas iguais em alegria e frutas; nenhuma menininha feia ao seu redor e, aliás, no mundo inteiro, nem um colega estrábico (...) [40].

A explicação é estendida a todas as crianças fujonas pelo diretor do orfanato. A evasão final do Kid corresponde ao medo do orfanato, da perda da liberdade. A fuga dos pequenos delinqüentes de Cesbron é uma busca desesperada de um mundo mais belo e de pais idealizados. Félix de Vandenesse [104], criança mal acolhida por sua família, mais ou menos rejeitada por seus pais e ainda mais infeliz pela hostilidade de seus irmãos e irmãs, refugia-se na contemplação de sua estrela. O Sagouim, que não é querido pelos seus, pois é fraco e feio, é criticado e desprezado pelos adultos de sua família, que brigam por sua causa. Tem como consolo a evasão, pensando "em suas estórias que ele próprio se contava, que só ele conhecia". Abandonado pelo professor ao qual começava a se apegar, parte em direção ao rio e se afoga em companhia de seu pai, tão desfavorecido quanto ele. A fuga de Jack (A. Daudet [7]), a do aluno Gilles [135], são gestos de desespero[34]. Estas personagens estão acuadas, não podem mais suportar as aflições das quais são objeto em sua vida cotidiana. Encarnam a criança ferida pelo mundo dos adultos e por diversas circunstâncias. Suas evasões são "evitamentos", fugas "contra", ainda que esperem, por vezes, encontrar um pouco de afeto na enseada que procuram atingir. Possuem em comum a mesma desesperança diante de uma descoberta precoce do mal, da maldade, dos preconceitos.

A capacidade de evasão da criança é, portanto, mostrada como uma superioridade; o mundo imaginado é mais belo que o mundo real. No entanto, alguns autores mostram a criança decepcionada diante do mundo por tê-lo visto muito belo em seus sonhos. Quando Jacques Vingtras (Vallès [24]) descobre o mar e os marinheiros, acha-os menos interessantes do que em sua imaginação. As colinas não interessam mais tanto a Marcel Pagnol desde que sabe que elas não abrigam nem ursos, nem lobos. Ouvindo falar de Esther e Athalie, A. France tinha imagina-

---

34. Cf. Cap. 13, pp. 414-415.

do que se tratavam de duas encantadoras jovens senhoras "graciosas, vestidas como se fossem imagens", que passeiam e se dizem coisas "tocantes e belas". A cadeira, o professor, desapareciam, tudo se tornava imagens floridas, "seus nomes soavam em meus ouvidos". Mas ele aprende que se trata de uma peça de teatro. "Como a realidade era triste e aborrecida comparada a meu sonho! Eu fechava o livro e prometia jamais reabri-lo." Para Alain Robert [57], a oposição é ainda mais dolorosa. Ele imaginou seus pais chegando em um carro americano. Quando vê dois camponeses desajeitados, diz-lhes que partam, pois os detesta. Sartre, após ter "tocado o absoluto" e vivido com personagens de cinema, "na rua", sentia-se "supranumerário".

Mas estas decepções são devidas à feiúra, à mediocridade do mundo ou à situação da criança. Em geral, sua vida imaginária infantil é felicidade:

> Os objetos que ela imagina, os brinquedos que deseja, imagina-os no espaço, com um dedo sonhador, com um dedo todo-poderoso. Ela vê, degusta, sente, toca todas as coisas em que pensa. É uma virtude que os homens perdem ao envelhecer. Os poetas não a perdem em absoluto. A ilusão, nela, é tão robusta que resiste ao teste de uma realidade medíocre (...). Ela ainda não confronta com desespero a imagem e o modelo (Duhamel [22]).

É o que fará crescendo e perdendo sua infância. Com a aproximação da adolescência, Yves (Mauriac [45]) escreve poemas.

> Aos olhos de Yves, os poemas que inventava participavam dos mistérios das estórias infantis. Bem longe de se acreditar "adiantado para sua idade", perseguia em sua obra o devaneio de sua infância. Era preciso ser criança, acreditava ele, para entrar neste jogo incompreensível.

Dora (Vialatte [74]), adolescente, faz também sua felicidade num ambiente infantil e poético:

> Seria normal que uma moça não tivesse outras ocupações neste vale de miséria a não ser coletar pontas de cigarro e fazer com que cantem músicas de vanguarda todos os vagabundos das Petites-Ames, das Roulottes e das Tanneries. Nós nem mesmo o perguntamos. Ela lia no futuro coisas melancólicas e cantava os espírito do rio, e não era vôo, era poesia. Era até mesmo música. Não era mesmo apenas música... era felicidade.

Jo (C. Rochefort [70]), encantado com uma primeira descoberta amorosa, narra-a sob forma de conto para seu irmãozinho. A realidade do fato e das palavras comuns banalizariam sua felicidade, transmissível somente a uma criança.

A infância é poesia para o adulto, faz da criança um poeta e do poeta uma criança. A associação das duas personagens é um tema habitual, e Sartre, desmistificador, põe na boca de seu avô o estereótipo: "Todas as crianças são inspiradas, nada podem invejar aos poetas que são também crianças". A assimilação ao primitivo, já mencionada[35], é igualmente freqüente. Estas personagens têm em comum, nestas representações, uma autenticidade, uma forma de pensamento outra que não a lógica estreita e restritiva dos adultos e de nossa sociedade.

A poesia deveria ser então o alimento da infância.

> Felizes são as crianças que em seus primeiros passos na instrução foram deslumbradas pelo sorriso de Vênus e de Helena! A vida terá para elas mais charme do que para os outros homens. A mitologia e os contos de fadas são mais necessários às jovens inteligências do que a ortografia e a aritmética (E. Jaloux [11]).

E Paul (Cocteau [29]) "aprendeu a dormir acordado um sono que o coloca fora de alcance", mais do que estudar aritmética ou gramática.

Evadida por essência, feita para a poesia, aspirando ao belo porque ela própria é pura, e verdadeira, a personagem se confronta com o mundo dos adultos como aquilo que lhe é mais oposto. Ferida, utiliza sua capacidade de evasão para encontrar o mundo mais belo, os seres amados de quem se separou, o mundo da existência e não dos papéis fictícios e dos preconceitos, que corresponde às suas necessidades, às suas expectativas. Os devaneios sobre a infância que representam uma parte importante dos romances do tipo simbólico, poético, ou com aspectos mais realistas, são buscas de "um outro mundo", o da infância perdida, ou o de uma outra sociedade a ser inventada, onde os valores encarnados por esta personagem possam encontrar seu lugar.

---

35. Cf. Cap. 2, p. 45.

5. As Crianças Entre Si

A pequena personagem não se define apenas por suas características individuais. A oposição entre a criança autêntica e a criança modelada permitiu começar a destacar o sistema de representações no qual se situa a personagem, assim como o sistema de valores subjacentes. O tipo de grupo que as crianças formam, quando estão reunidas, completa simultaneamente as características da personagem e a imagem de "outro mundo" que é suscetível de criar quando vive livremente com seus semelhantes, antes de ser marcada pelos adultos. Inversamente, os reagrupamentos impostos às crianças pelos adultos, segundo suas regras e suas normas, são a ocasião de uma contestação da sociedade, já que a criança é a vítima, ou evidencia o absurdo e a crueldade das regras sociais desmistificando as boas intenções aparentes com sua lucidez, com sua verdade absoluta.

Analisaremos, por um lado, a estrutura dos grupos e, por outro, as relações das personagens entre si, assuntos vastos que poderiam, por si mesmos, constituir o objeto de uma pesquisa. Existem diversos trabalhos sobre os grupos reais de crianças[1]. Aqui nos interessamos pelas representações destes grupos, que são variadas no que se refere à sua forma. Alguns autores mostram a vida de uma comunidade, ou de uma classe de um colégio, ou de um pequeno grupo de amigos, ou o encontro ocasional, espontâneo, de crianças num parque etc. Para analisar sistematicamente todos os agrupamentos seria preciso levar em conta numerosas dimensões: obrigações ou espontaneidade do

---

1. Faur, *Les groupes d'enfants et d'adolescents*, PUF, 1952.

agrupamento – enquadramento, circunstâncias, duração, organização, hierarquia –, número, idade, sexo das crianças – atividades, relação com os adultos etc.

A relação interna pode ser a de uma personagem com uma coletividade, a de várias personagens entre si, compondo todo o grupo ou uma parte de uma coletividade, a de dois grupos rivais, ou ainda a amizade de duas crianças etc. Cada autor aborda freqüentemente vários aspectos numa mesma obra[2].

Procuramos menos classificar e reconstituir estes grupos e estas relações de maneira formal, do que analisar tudo o que era dito sobre estes pontos no decorrer dos relatos. Conseqüentemente, privilegiamos a dimensão da espontaneidade ou da obrigação no que se refere ao agrupamento, o que se mostrou interessante, pois de um lado se encontravam as imagens da vida das crianças entre si, e do outro as imagens da socialização segundo as normas da sociedade. Os dois termos desta oposição pertencem às duas coordenadas sobre as quais podemos também situar a criança autêntica e a criança-modelo, e que iremos especificar pouco a pouco.

1. OS AGRUPAMENTOS ESPONTÂNEOS

Chamamos agrupamentos espontâneos simultaneamente a aproximação de colegas, de amigos que se reúnem em função de afinidades, e o bando muito organizado pelas próprias crianças. Tanto um como o outro formam-se sem imposição exterior aparente. As crianças são reunidas pelo enquadramento, circunstâncias, tanto no seio de uma família como de uma classe, de um jardim, ou de um lugarejo. Mas elas se escolhem livremente segundo atrações, interesses e objetivos comuns.

O grupo-entidade

O grupo é mais do que o conjunto dos indivíduos que o compõem. Quando Gascar [69] põe em cena um determinado grupo, não nomeia ninguém e emprega o "nós". "Este ser coletivo, esta companhia de garotos cheios de vivacidade, curiosidade, imaginação, possui um domínio de recursos infinitos: um cantão do sul da França..." A imagem mais típica é freqüentemente provinda da ficção científica, que não hesita em dar, simultaneamente, formas aos conceitos e às

---

2. Encontramos 27 grupos completamente espontâneos, 21 relações na fratria, 21 na classe ou conjunto do colégio. Estas últimas são quase todas produtos de uma criança incompreendida por seus colegas e, até mesmo, freqüentemente, por seus professores.

criações do imaginário, personificando-os. *Les plus qu'humains* (Th. Sturgeon [162]) são seres marginais, rejeitados pela sociedade. Têm o dom da transmissão do pensamento, vivem em simbiose, e cada um possui qualidades que não servem de nada isoladamente mas que, em conjunto, lhes dão um poder excepcional. Formam o *homo gestalt*, primeiro indivíduo de uma raça nova. O corpo deste é Janie, menininha que adivinha os pensamentos e faz os objetos se deslocarem; os membros, duas pequenas gêmeas negras; o cérebro, um bebê mongolóide que jamais aprenderá a falar, mas que é um gênio prodigioso. Ele se comunica através de Janie. O papel do chefe é sustentado inicialmente por um adulto simples de espírito, como "um animal". Assim, o único adulto do grupo é um inocente, próximo da natureza animal, o único que tem a possibilidade de se comunicar com crianças: a aproximação é clássica. O ser coletivo descobre "a antigravitação", e o simples de espírito procura construir uma máquina. Como não pode explorá-la, educa um órfão para assumir seu papel e morre. Quando este quiser utilizar em seu benefício a descoberta, será substituído por um outro menino.

Em *Les coucous de Midwich* (J. Wyndham [167]) é suficiente ensinar um novo conhecimento a uma das meninas ou a um dos meninos para que todos, por sua vez, o adquiram. Os psicossociólogos que os estudam se perguntam se, atrás das vinte e oito entidades femininas e trinta entidades masculinas, não existiriam apenas duas personalidades.

O grupo – mundo à parte

Sem chegar ao ponto de constituir um ser coletivo, o grupo é freqüentemente mostrado como um lugar de comunhão entre as crianças, comunhão numa mesma visão do mundo, comunhão pela ajuda mútua, comunhão pelos objetivos almejados. A construção da cabana pelo bando de Lebrac materializa e cimenta sua união:

Eles realizariam sua vontade: sua personalidade nascia do ato feito por eles e para eles. Teriam uma casa, um palácio, uma fortaleza, um templo, um panteão onde estariam em casa (Pergaud [11]).

Gaby (L. Delarue-Mardrus [119]) é freqüentemente maltratada por seus irmãos mais velhos e, no entanto, isolada em virtude de uma doença contagiosa, lamenta a falta do grupo: "Apesar das brigas, batalhas e injustiças (...) podia conceber a vida apenas em seis..." O mundo secreto da infância, mesmo cruel, é preferido pela criança à companhia de adultos afetuosos. Pierre Nozière (A. France [124]) "feliz, muito feliz" no seio de sua família, de "gigantes muito doces", encontra, apesar da proibição de seus pais, Alphonse, criança vagabunda, com ares de criminoso. Os adultos não percebem o que uma outra criança pode descobrir, apenas o irmãozinho de Josiane pode sentir um acontecimento na vida de sua irmã e adivinhar sua alegria nas transcrições que ela faz destes[3].

A criança é contínua no tempo, de geração a geração: a *Enfant avec la figure* [50] sabe que provavelmente um dia outras crianças descobrirão esta forma nos veios do mármore. Loti pensa que mais tarde seus filhos ou netos encontrarão as bonecas que ele vestiu com Jeanne. A criança é a mesma, apesar dos obstáculos de classe, de nacionalidade. A simplicidade primitiva de pequenos camponeses e a extrema infantilidade de Loti facilitam seus jogos em comum. Os "jogos do início da vida", assinala Chateaubriand [115], são "semelhantes em qualquer lugar. O pequeno inglês, o pequeno alemão, o pequeno italiano, o pequeno espanhol, o pequeno iroquês, o pequeno beduíno, rolam o aro e jogam bola".

A infância constitui um mundo à parte, secreto; uma das imagens mais típicas deste fato é um agrupamento de crianças na Rue d'Amsterdam (J. Cocteau [29]).

> É sua praça comunitária. Uma espécie de lugar da Idade Média, de corte do amor, de jogos, milagres, bolsa de selos, bolinhas de gude, um covil de lobos, onde o tribunal julga os culpados e os executa, onde se fazem, de longa data, complôs, os trotes que terminam na sala de aula e cujos preparativos espantam os professores.

Peyrefitte [68] reproduz igualmente o ambiente de segredo e de comunhão de grupos de crianças reunidas na rua após a aula.

> As crianças nunca levantavam os olhos para ninguém a não ser (...) para outras crianças. Por vezes murmuravam alguma coisa ao ouvido umas das outras. Faziam longas paradas diante das feiras, discutindo a propósito de todos os objetos (...). Em um quiosque, várias delas compravam livros com ilustrações. A febre de ler logo os tomou. Um deles parou entre dois colegas que se apoiavam nele (...), os três leitores riam juntos da estória. Um quarto tirara de sua mala escolar um volume da biblioteca, rosa, e, ao chegar diante da porta, terminava, antes de abrir, a leitura de uma página que o fazia rir igualmente. Todos estes meninos, rindo ao mesmo tempo de coisas diferentes, pareciam, aos olhos de Gérard, todos iguais após lhe terem parecido todos diferentes.

O mesmo mistério existe nos pequenos grupos restritos, entre amigos, irmãos e irmãs. Simone de Beauvoir e sua irmã têm "roteiros (...) que reclamavam a clandestinidade", o que elas preferem; "possuíamos nosso jardim secreto". Peau de Pêche imita a vestimenta de *La ficelle*: uma correia de couro trançada em forma de cinto: "Sozinhos, cinco ou seis dentre nós tinham direito a ela, sendo esta a insígnia de uma espécie de pequena sociedade secreta" [44].

---

3. Trata-se de uma família, portanto, de um agrupamento de fato, mas nós o mencionamos aqui, visto que o grupo tem uma vida clandestina, espontânea, independente do adulto.

No grupo a criança recebe uma nova visão de sua existência. "Eu era indispensável: *The right man in the right place* (...). Como me pareciam insossos e fúnebres meus sonhos de glória ao lado das intuições fulgurantes que descobriam minha necessidade" (Sartre [73]). Capta nelas valores fundamentais: "o bando, o germe do bem, mesmo quando se faz o mal: solidariedade, justiça, fidelidade, sentido da honra, da palavra dada..." (Cesbron [57]). O bando substitui, por vezes, a família:

> Quanto a Balmigère, se ele pudesse algum dia se separar de nós, seria perfeitamente feliz. Não se sente em sua casa (...). Nunca ri e escreve versos escondido. Ele me disse, uma vez, que o bando era sua verdadeira família (B. Crémieux [32]).

No bando de Longueverne, a autoridade do chefe se sobrepõe à dos pais (Pergaud [19]).

As atividades

O grupo espontâneo se estrutura com mais freqüência ao redor do jogo, sob diversos aspectos, ou de atividades específicas da infância mais ou menos ligadas a este: pequenas guerras, aventuras, descobertas do mundo, ritos e cerimônias. Mais raramente, são as dificuldades da existência que obrigam as crianças a se aproximarem; as descrições referem-se, então, antes às relações interpessoais ou, então, trata-se de grupos familiares não-espontâneos.

Alguns jogos partem da imitação direta dos adultos: Bout e Miette, crianças de *L'épopée des faubourgs* (Machard [43]), brincam de casinha, ele é "o pequeno marido". As crianças de *Maternelle* [9] têm o mesmo hábito. "Louise, você quer brincar de papai e mamãe?" Louise, séria, angélica, não está animada para tal: "Ah! Bem, não, não me atrai". Popaul e Marie, cognominada Virginie (Machard [42]), brincam de núpcias, conduzidos por todo o bando, e chegam até a procurar o ajudante do prefeito que, emocionado, entra no jogo e lhes diz que estão casados, o que levam muito a sério. A mais jovem das seis menininhas (L. Delarue-Mardrus [119]) é casada pelos outros com o cão Tom. Em *La maison de Claudine* [30], as meninas imitam as pessoas do lugarejo: "a costureira diarista", "a esposa do farmacêutico", "a senhorita do correio". Elas brincam do jogo de "o que vamos ser quando crescer?" "Hábeis em imitar, falta-lhes imaginação. Uma espécie de juízo resignado, um terror provinciano pela aventura e pelo estranho retêm a pequena relojoeira, a filha do dono da mercearia, do açougueiro e da passadeira, cativas da loja materna." As crianças e os autores que as fazem falar permitem-se, assim, desmistificar a autoridade dos adultos através das imagens "ingênuas", "inocentes", que percebem em seus comportamentos e papéis sociais.

A greve ou a Guerra de 1914 são também temas de jogos para as crianças do meio popular, encenados por Machard [43] em *La guerre des mômes* ou por G. Maurière [44]: "Mendigavávamos roupas usadas militares, pedia-se para uma irmã mais velha que costurasse um quepe (...). Brincava-se de guerra na calçada, na casa (...) jogos de imaginação e de imitação!" Os mesmos temas são mencionados por Simone de Beauvoir [54] em seus jogos com a irmã:

um grande número de anedotas e situações que encenávamos eram de uma banalidade da qual tínhamos consciência: a presença dos adultos não nos incomodava para vender chapéus ou para desafiar as balas alemãs.

A Guerra de 1939-1945 não parece ter suscitado tais jogos, ou pelo menos não há referências a eles. A derrota, seguida da ocupação, retiraram do público e aos meios de difusão o entusiasmo oficial. Alguns filmes, desde então, mostraram crianças durante a guerra. Em *Jeux interdits* a menininha brinca de cemitério com seu colega, após ter visto seus pais e seu cão mortos num bombardeio. Outros dão imagens de crianças vivendo em bandos porque estão abandonadas e se reúnem para sobreviver (*Quelque part en Europe*). No romance ou no cinema, a guerra não mais aparece como tema de jogo de imitação. As batalhas entre crianças são, geralmente, a expressão de conflitos reais.

Em sua maioria, os autores preferiram descrever os jogos de imaginação. O corte entre estes dois tipos de jogos é, aliás, freqüentemente, artificial. Existem muitas inovações na paródia dos adultos; muitas das imitações de personagens ou de situações descritas em jornais ou romances servem de ponto de partida para uma aventura coletiva ou para os diferentes jogos de imaginação. No capítulo sobre o imaginário da criança, já apresentamos vários exemplos de jogos coletivos, nos quais a imaginação criava os mesmos temas dos jogos e devaneios individuais. Daniel (A. Daudet [6]) e um amigo tornavam-se Robinson Crusoé; Simone de Beauvoir e sua irmã ajudavam-se a libertar seus fantasmas em jogos secretos; Leiris e seu irmão inventavam conjuntamente aventuras. Da mesma forma, o grupo de crianças de *La grande époque* [50] inventam todo um universo em seus jogos; os colegas de Dora (A. Vialatte [74]) ou Trique e Pépé (Machard [43]) tentam a saída na aventura; Gide [38] e um de seus colegas tornam-se, na natureza, os "caçadores de Arcansas". A presença de várias crianças permite a esse mundo imaginário assumir forma nos jogos e transformar-se em atividade real, passagem que a pequena criança realiza por si própria, espontaneamente. Marcel Pagnol e as crianças de sua família brincam de índios ou de exploradores:

As explorações, a faca na mão, e os ouvidos alertas, terminavam freqüentemente em uma fuga desvairada em direção à casa por causa do encontro imprevisto de uma jibóia, de um leão ou de um urso das cavernas [67].

As crianças, misturando sonho e realidade, fazem medo a si próprias.

Quando, gravemente, estendido de bruços, Popaul escuta os barulhos das profundezas, eis que um som, quase que imperceptível de início e em seguida mais distinto, o imobiliza e o aterroriza: pronto... eis os selvagens! e Virginie, muito pálida, põe a mão sobre o coração (Machard [43]).

Poum [17] treme ao escutar seu primo evocar a aproximação de um monstro, ele gosta de seu terror. Todas essas personagens se proporcionam, assim, sensações fortes, impressões de vida intensa que as retiram da banalidade e das dificuldades cotidianas.

Leis e ritos

O grupo de crianças vai freqüentemente mais longe, edificando suas próprias leis. As *six petites filles* (L. Delarue-Mardrus [119]) "têm até mesmo uma completa organização secreta, palavras de ordem, sinais, uma linguagem convencional. Elas têm lugares de conselho (...). Nos grandes dias de guerra, nenhuma deserção (...)". Quando o bando de Lebrac (Pergaud [19]) cobriu-se de glória derrotando o inimigo e recolhendo um grande butim, os meninos decidem fazer uma festa. O chefe recolhe um imposto, as crianças compram chocolates e sardinhas, roubam um garrafão de "pinga", batatas, e fabricam cigarros. A festa tem um caráter religioso, solene e misterioso. Sentados ao redor da mesa, os meninos comem lentamente, em seguida Camus canta. Contam-se estórias dos "tempos heróicos", bebe-se, fuma-se. Várias crianças vomitam, mas estão todas de acordo em dizer que nunca esquecerão este dia. É realmente uma comunhão. A construção de sua cabana foi efetuada no mesmo ambiente, ela era para eles mais do que um posto secreto: era uma fortaleza, um templo.

A cerimônia organizada pela adolescente Dora e pelas crianças que a rodeiam assume ainda mais o aspecto de um ritual clandestino. 'Esse candeeiro esfumaçado em pleno dia, esses tapetes, esse divã, essa lata, esse tesouro (...) pareciam preparativos de uma festa oriental para a ralé do bairro de Tanneries." Dora chega, as crianças ajoelham-se diante dela: "Você é Dora, a rainha das ilhas, do labirinto e do moinho de vento. Ninguém deve saber seu nome ou seu endereço" [74]. Trazem-lhe tabaco e em troca ela distribui bolinhas de gude. As crianças cantam, ela toca violão. Ajoelham-se novamente. "Era uma espécie de dança, com um ar estranho e encantador, que ela acompanhava ao violão." Em seguida, presta-se o juramento.

Cocteau [29] fala dos

ritos obscuros de sua religião. Mal sabemos que ela exige astúcias, vítimas, julgamentos sumários, pavores, suplícios, sacrifícios humanos. Os detalhes permanecem na sombra e os fiéis possuem seu idioma, o que impediria compreendê-los se porventura fossem ouvidos.

Os ritos, as cerimônias, existem também nas relações amigáveis entre duas crianças. As duas crianças de *Amitiés particulières* (Peyrefitte [68]) fazem um corte no braço e bebem o sangue um do outro. A amizade de Lili, um pequeno camponês, conduz Marcel Pagnol [66] a uma descoberta de toda a região, uma espécie de iniciação.

> Com a amizade de Lili, uma nova vida começou para mim. Lili sabia todo o tempo que faria, uma fonte escondida (...). Apresentou-me a velha jujuba de Padrane, a sorveira do forno de Ronbaud, as quatro figueiras de Précatory (...) Em troca de tantos segredos eu lhe falava da cidade.

Em seguida brinca com Isa de cavaleiro e de rainha, ele a "admira", a "adora", a "respeita". Guarda relíquias dela: uma fita, um caroço que ela chupou.

Mas chega um momento em que as crianças abandonam os seus ritos, riem de seus jogos antigos, de sua maneira de interpretar o mundo. Tornam-se seres racionais e rejeitam aqueles que, mantendo ainda o olhar de infância, conservam sua primeira visão poética. Fan vê assim seu bando se transformar e afastá-lo. Pela primeira vez, em um dia de primavera, os pequenos colegas de Fan não respeitam o rito que exige que as fossas de irrigação entre os jardins constituam um rio difícil de atravessar para penetrar na ilha.

> Fan ficou todo vermelho, quase saltou atrás deles para reconduzi-los à força até a barreira para obrigá-los a observar os ritos. Mas seu ímpeto se estilhaça por si mesmo, e ele se sente de repente muito desanimado (...). Será mesmo um rio? (...) Sim! É mesmo um rio, um verdadeiro rio, com sua alta vegetação à margem, seu fundo mutante, multicolorido (...). Fan sente-se cada vez mais triste.

Somente Boudard ainda o compreenderá.

Rigaud (B. Crémieux [32]) divide apenas com Marcel Vié aquilo que chama de "suas infantilidades".

> A vida que levamos juntos é uma vida bem nossa, heróica e movimentada, longe da Rue des Marchands, no país de Júlio Verne, de Livingstone e de Savognan de Braza, ou então em Paris, nos grandes boulevares e nos cabarés de Montmartre (...). É somente com Marcel Vié que me permito ainda tais infantilidades. Nenhum outro de meus colegas, nem mesmo Fernand Blum, compreenderia que Marcel e eu compreendemos, quando nos lançamos ao país dos livros.

Durante a vida do bando, aquele que trai é severamente punido. Existem por vezes querelas internas. No bando de Lebrac (L. Pergaud [19]), Bacaillé fez xixi de forma traiçoeira sobre Camus. Este se vinga indicando ao bando inimigo o local da cabana. Lebrac e os outros perguntam como puni-lo. Sangrá-lo? Enforcá-lo? Castrá-lo? Finalmente decidem arrancar-lhe todos os botões. Ele volta para casa berrando.

A guerra. A crueldade

Entre os dois bandos, a guerra começou por um insulto a ser vingado. Ocorrem escaramuças, as crianças se lançam pedregulhos e muitas injúrias. Quando um inimigo é capturado, todos os seus botões são arrancados, e quando volta para casa à noite, a mãe se encarrega de concluir o castigo, pois fica exasperada de ter que recosturá-los. Lebrac, tratado desta forma, mostra seu traseiro ao bando de Velrans, para insultá-lo no momento em que é solto. Nas mesmas condições, o chefe do outro bando faz o mesmo e perde suas calças. Essas guerras entre bandos, segundo as leis das crianças, são descritas como sinal da vitalidade destas, com verve, humor, mesmo em meio a brutalidades.

Machard [16] conta uma guerra de bandos entre as crianças da escola comunitária e as da Saint-Panphile que as denunciaram no momento em que o bando de Trique fugia em um carro sem que o motorista tivesse percebido. Trique e seus colegas vingam-se matando o cão de um dos meninos de Saint-Panphile. Na coleira notam que o nome é "nobre". Escrevem um bilhete à família assinando "exército da revolução". Mais tarde, Trique incita seus soldados:

> Companheiros, a guerra está declarada! Eu disse aos Saint-Panphile que eles são uns dedos-duros sujos, uns patos, uns espantalhos, uns burgueses sujos. Alcagüetaram ao padre que matamos o cão de Kerhardy...

Gide também descreve uma guerra de bando que é ao mesmo tempo uma guerra de classe. É atacado no Luxembourg por alunos da escola comunitária que não gostam dos "aristocratas" da escola alsaciana. Gide é insultado por um "maldito ruivo de testa estreita". Joga-se sobre ele arrastando-o pelos cabelos. Sai vitorioso e, assim, consegue a consideração de todos e a paz.

Estas lutas testemunham simultaneamente a efervescência da vida da criança e seu senso de honra. Os conflitos são também a expressão de oposições latentes ou abertas entre grupos sociais: lugarejos ou classes, às quais as crianças pertencem. Apressaram-se em explicitá-las em lutas verdadeiras e freqüentemente cruéis. Encontramos aqui as características das crianças já assinaladas e também seu lado simples, primitivo, mas neste caso, sem mistério.

Em outros momentos a crueldade se afirma por si própria e não é suscitada pela exaltação de um combate.

> Lentamente... com uma pose teatral, Nénesse, que se esforça em ser terrível, mergulha o gato em um balde cheio de água (...). Mimi, Thérèsou, Torchon, atentas, com suas faces tensas, (...) sentem percorrer sua espinha o arrepio do medo (...). Nénesse hesita, e então Trique lhe toma o gatinho e o joga na água com todas as suas forças; faz o mesmo em relação às outras meninas. As menininhas choram e suplicam que salvem seus gatos (Machard [16]).

Num outro momento, as mesmas crianças brincam de índio. Procuram algum para escalpelar. Seus inimigos, os Saint-Panphile, têm os cabelos "escovinha" e se lançam sobre as meninas. Esperam-nas nas esquinas, nas portas. O terror reina, as meninas choram e não ousam mais sair. Marcel Pagnol e seu irmão lançam gafanhotos nas teias de aranha e se divertem em vê-las devorando-os; em seguida, sob o pretexto de observações científicas, queimam um formigueiro e fazem um louva-a-deus lutar contra uma formiga. Essas crueldades coletivas são, simultaneamente, experimentos e maneiras de explorar sentimentos extremos. No filme inglês *Sa Majesté des mouches*, crianças abandonadas retornam ao estado selvagem. Matam, inicialmente, para sobreviver. Em seguida constituem um clã, exaltam-se nas festas onde, drogadas pela excitação e pelo medo, massacram um dos seus. Então começam a perseguir e a matar aqueles que não lhes agradam ou se opõem ao grupo dos chefes, até o momento em que os adultos, desembarcando na ilha deserta, quebram este ambiente primitivo onde se organizou uma sociedade selvagem de crianças. Uma imagem tão extrema de crueldade num grupo espontâneo é excepcional.

Alguns grupos tomam como objeto de tortura uma criança. Os mais velhos se juntam contra um pequeno, como, por exemplo, a mais jovem das seis irmãs em *Le roman de six petites filles* (L. Delarue-Mardrus [119]); a mais jovem dos Pagnol é provocada e em seguida a brincadeira se transforma em perseguição. Três irmãs russas fazem de Poum o seu brinquedo, divertem-se em lhe causar medo, querem lhe fazer uma lavagem.

As cenas mais cruéis descritas pelos diferentes autores não se situam nos grupos espontâneos ou, até mesmo, de fato, acontecem com mais freqüência no meio escolar, onde uma classe, em sua totalidade ou em parte, martiriza uma criança que não se comporta segundo suas normas.

2. OS AGRUPAMENTOS IMPOSTOS

Os agrupamentos impostos são principalmente aqueles provocados pelas estruturas estabelecidas pela sociedade para a criança. Nos romances e nas autobiografias trata-se essencialmente dos agrupamentos operados pela escola. As crianças são reunidas segundo uma organização que é a dos adultos, vivem nos sistemas de valores que são freqüentemente a expressão de preconceitos, de sistemas de castas e, por não serem ainda lapidados, transformam rapidamente as discriminações em perseguições.

A fratria, no agrupamento de fato que é a família, assume os aspectos mais diversos. Relações muito afetuosas se desenvolvem, são bastante semelhantes a simples relações amistosas, espontâneas. As *six petites filles* ou Simone de Beauvoir e sua irmã formam grupos de tipo secreto, onde o adulto não intervém. Pode ocorrer também a rejeição de um dos irmãos ou irmãs. Assim, Félix de Vandenesse recebe apenas hostilidade da parte de seu irmão e de suas irmãs. É até mesmo freqüentemente punido no lugar destes. A fratria só faz adotar em relação a ele a atitude de seus pais que não o amam (Balzac [104]). São também considerados como agrupamento imposto algumas pequenas reuniões de crianças organizadas pelos pais ou que se desenvolvem sob seu controle. Não encontramos, nas obras analisadas, descrições de movimentos de jovens.

O agrupamento de crianças na classe aparece para vários autores como um conjunto brutal e vulgar. Brigas, jogos guerreiros, grosserias, tais são as imagens que nos oferecem Gide, Stendhal, Paul Adam. Paul Adam [102]: "filhos de camponeses rudes, afeitos antes de mais nada à preocupação de satisfazer sua animalidade". Stendhal [160]: "Não encontrava aqueles companheiros tão alegres, tão amáveis, tão nobres, que eu imaginei, porém, em seu lugar, encontrava malandros muito egoístas". Gide é perseguido porque declama "com a entonação". A imaginação poética de Loti o faz julgar mal.

Na escola primária a reunião de crianças assume raras vezes o aspecto de um bloco cruel, hostil. Peau de Pêche [44] é, contudo, ridicularizado porque suas roupas são um pouco ridículas e porque, como parisiense, é diferente das crianças do vilarejo. Seus colegas não gostam dele.

Eu me fazia de independente, de desligado. Eu assobiava, com as mãos no bolso, enquanto os outros brincavam, sem me convidar. Eu parecia me divertir prodigiosamente sozinho (...) e, durante esse tempo, tempestades de cólera, de ódio, de dor, assolavam minha alma.

O gelo se rompe no dia em ele quase se afoga e três de seus colegas o salvam.

O colégio e as normas dos escolares

Os verdadeiros dramas ocorrem nos colégios. No século XIX e até mesmo entre as duas guerras, a imagem do colégio é a de uma prisão[4]. Submetidas a duras condições, as próprias crianças se endurecem: "Éramos de fato duras umas com as outras e infelizes", diz Rose Lourdin (V. Larbaud [50]). O grupo escolar mostra-se implacável: qualquer objeto, qualquer característica que foge à regra comum pode se tornar um pretexto para rejeitar: o avental do Petit Chose, um longo cachecol vermelho para Drieu La Rochelle [34], um uniforme cuja túnica é confeccionada por um alfaiate de fantasias, para Pierre Nozière: "Enquanto usava essa funesta túnica, (...) fui vexado de todas as ma-

---

4. Ver no Cap. 11, "Uma Instituição Criada para a Criança, a Escola".

neiras e vivia perpetuamente com areia no pescoço". Uma mochila ao invés de uma maleta escolar (A. France [123]).

No próprio interior do colégio existem castas; primeiramente, as dos externos e as dos internos.

> Havia os internos, os semi-internos e os externos, que constituíam verdadeiramente uma espécie muito diferente da nossa (...) os externos eram bonitos demais (...) tinham muito dinheiro nos bolsos, chupavam caramelos moles (...) (Pagnol [67]).

Sartre faz a mesma observação situando-se do lado dos privilegiados:

> Desprezávamos apenas os semi-internos e os internos: deveriam ter sido bastante culpados para que suas famílias os tivessem abandonado, talvez tivessem maus pais, mas isto não mudava nada: as crianças têm os pais que merecem.

Os escolares se agrupam também segundo o meio sócio-econômico dos pais. O bolsista fica no degrau mais baixo da escala (A. Daudet [6]), e Sébastien Roch (Octave Mirbeau [144]) descobre o bloco dos "nobres" e daqueles que não o são, mas que têm vantagens mundanas e dinheiro. Jean de Kerral, caridoso, torna-se seu amigo, mas seu grupo o intima a não se dar com Sébastien, que não suporta ser "tolerado como um pobre e não aceito como um par". Para Vallès, [24], o colégio é um "meio de garotos malandros dispostos a submeter o filho do professor ao ódio que tinham naturalmente pelo pai".

Enfim, alguns autores nos mostram uma classe inteira perseguindo uma criança: no caso do *L'élève Gilles* (Lafon [136]) é a doença mental do pai; naquele de Champi-Tortu a própria doença da criança, corcunda, que serve de pretexto para a hostilidade de todos. Para este último, o verdadeiro "cabeça" desta hostilidade é um vigilante que implicou com ele desde o primeiro dia. No momento de sua chegada à sala de aula do ginásio, ele o nota imediatamente: "Ora!", grunhe raivosamente Pablo... "fique ereto!" O aluno Chevalier faz um movimento e em seguida um outro e, enfim, armando-se de coragem, pressentindo que deveria, a qualquer preço, sair de seu mutismo, confessou docemente: "Senhor, sou corcunda". Toda a classe explodiu em risos... (Gaston Chérau [46]). Os escolares apelidam-no de Torto.

Entre as brutalidades escolares, nasce, algumas vezes, numa criança que tenha ela própria sofrido, um gesto de piedade em relação a um colega que apanha injustamente: Pierre Nozière em relação ao pequeno Mouron, ou o aluno Gilles em relação a Charlot, colocado em quarentena.

É no século XIX que os autores mais descreveram estas classes ferozes (7 exemplos em nossa amostra). Encontramos ainda alguns casos entre as duas guerras (3). Recentemente, trata-se mais de dificuldades pessoais de adaptação. É somente entrando na escola que Sartre, sendo rejeitado das brincadeiras dos garotinhos vigorosos no Luxembourg, encontra-se num meio infantil que o aceita.

As relações organizadas pela família

Os agrupamentos de fato na família ou sob os olhos dos pais são pouco descritos em si próprios. A intervenção dos adultos vem freqüentemente romper uma amizade. Assim, após ter brincado em igualdade todo o verão com os filhos do administrador de seu pai, Marcel é chamado de "Senhor Marcel" por um dos dois, a conselho do pai. Sente-se rejeitado, mas compreende que nunca houve realmente igualdade entre eles (V. Larbaud [50]). Julia, filha de arrendatário, é muito estimada pela família de Milou, cujos pais são grandes proprietários de terra. É encarregada de distrair o menino, dois anos mais novo que ela. Ela o manobra, em certos momentos, a fim de que ele se sinta pouco à vontade, referindo-se a sua situação social inferior, que ele tinha deixado de lado, e se diz "a criada de seu pequeno mestre". Por um lado, ambos são separados pela sua situação social; por outro lado, Julia já é a criança dos adultos, que Milou não quer fazer entrar em sua vida imaginária.

A presença de seus pais e a pertinência às suas famílias burguesas, "coletividades estreitas, poderosas e primitivas, que forjavam mitos fascinantes, nutriam-se de erros e impunham seu arbítrio", impediam Sartre e seus colegas de estruturar realmente seu grupo. Ao invés de experimentar "sua necessidade" ou de mergulhar numa "pequena multidão unânime", Sartre sentia-se de volta "à solidão comum às colônias animais".

Os agrupamentos impostos pelos adultos são malsucedidos. Várias personagens preferem permanecer sozinhas a partilhar de jogos infantis que não escolheram. "Eu experimentava esse mal-estar... quando era preciso brincar com crianças que eu mal conhecia", lembra-se Ch. Baudouin [26], "sobretudo quando mamãe nos deixava sozinhos juntos". A avó de Babou (Lichtenberger [42]) levou-o a ir brincar com outras crianças. "Foi para ele, visivelmente, uma grande imposição." E para Bernard Bardeau (Berge [27]):

> Por vezes, a propósito de seu aniversário ou de algumas festas, outras crianças irromperam em sua vida; forçavam-no a brincar com elas, chamavam-nos de "seus amiguinhos" e isso era o suficiente para fazê-lo detestá-los.

François Mauriac fica sufocado em seu colégio de meninos e em casa.

> Ter um quarto onde eu ficasse sozinho: foi o desejo frenético e nunca satisfeito de minha infância e minha juventude: quatro paredes entre as quais teria sido um indivíduo, teria me encontrado enfim. Era também esse o desejo de meus irmãos, com quem eu dividia meu quarto e que, sem dúvida, sofriam tanto

quanto eu, pois nos tornamos quase invisíveis uns aos outros, de tal modo soubemos delimitar nossos domínios [137].

Ele divide sua existência entre dois agrupamentos impostos.

No entanto, algumas crianças gostam dessas reuniões. Zette, modelo da futura pequena mundana, aprecia os "lanches". "Ela gosta do dia todo: seu prazer de pouco antes, seu orgulho em discursar, em se fazer de senhora, engolindo petiscos." Mas a maior parte das personagens sofre com isto. Biche, por exemplo, nas reuniões infantis, fica pouco à vontade. É comparada à sua irmãzinha, criança socializada segundo o gosto dos adultos. Ela sente que está em desvantagem e que é rejeitada.

Nas autobiografias, os autores dos meios abastados queixam-se de terem sido isolados em um mundo fictício, no seio das relações limitadas a um meio social escolhido pelos pais. Loti foi acostumada a brincar, durante muito tempo, apenas com crianças educadas por um preceptor. A cortesia reina entre elas: quem cederá nos jogos? "O contato com elas não podia, em absoluto, me preparar para as frustrações do futuro" [15]. Ele não sabe dar cambalhotas, escorregar, acha tudo isso inconveniente. Na escola, não será popular.

A própria amizade não pode se desenvolver como a criança o deseja quando se vê em meio a convenções mundanas. Simone de Beauvoir [54] descreve sua admiração e afeto por Zaza. Seus pais e professores aprovam sua amizade, pois exercem, uma em relação a outra, uma certa competição em classe, e são do mesmo meio. Elas continuam a se tratar com cerimônia, nunca falam de si próprias e não trocam confidências. No entanto, Simone de Beauvoir desejava muito revelar seus sentimentos e saber dos dela. Por seu lado, Zaza, nas Tulherias, "brincava com qualquer um, tinha modos muito livres, e até mesmo um pouco descarados". Tratava-se então de relações espontâneas.

A criança, sob os olhos do adulto, entra por vezes em competição com as outras crianças para agradar-lhe. Sartre atua numa peça de teatro. Chamam-no de "gracinha". Enfatiza tanto os efeitos que acabam por preferir um menino mais natural, de quem tem ciúmes.

Nesses agrupamentos impostos fora da classe, os autores mostraram mais as relações mútuas das crianças do que o comportamento e a estrutura do conjunto. Este é regido pelas normas do meio e não pode se formar segundo as características próprias dos bandos espontâneos de crianças. Quando os adultos aproximam crianças de classes sociais diferentes, provocam lutas mais ou menos dissimuladas diante deles. Vimos este fato através de Julia e Milou, e o mesmo ocorre com Dolly e Elsie, outro relato de V. Larbaud [50], onde um professor procura reunir uma menina doente do meio abastado e uma bela menininha do meio operário. A primeira compensa sua miséria física humilhando a outra, oprimindo-a com sua riqueza, e a segunda permanece indiferente ao drama da criança de sua idade que vai morrer.

3. AS RELAÇÕES MÚTUAS DAS CRIANÇAS

A relação mais freqüente é a de uma criança, em geral a personagem principal, com um grupo ao qual pertence ou com o qual se confronta (38 vezes)[5]. A relação entre duas crianças vem em seguida (18 vezes), a relação entre grupos é mais rara: vemos os exemplos mais típicos em Machard e Pergaud. Podem existir vários tipos de relações em uma mesma obra.

A criança rejeitada

A criança é freqüentemente apresentada como rejeitada por outras crianças ou, pelo menos, incapaz de se comunicar com elas. Algumas vezes é o comportamento do grupo que é relatado: vimos alguns exemplos disso, mas, na maioria das vezes, a análise refere-se ao comportamento e sentimentos do excluído.

Sartre [73] descobre no Luxembourg que é "um homenzinho frágil que não interessa a ninguém", ao ver as crianças "fortes e rápidas" brincarem. A personagem inventada desmorona: "Tinha encontrado meus verdadeiros juízes, meus contemporâneos, meus pares, e sua indiferença me condenava". Ele se recusa a lhes perguntar se pode brincar com elas, não quer solicitar nada, pois se sente feio e pequeno ao lado delas. A imagem encorajadora que lhe é dada por uma família afetuosa é rompida pelo grupo de crianças. Michelet [142] sente-se "como uma coruja em pleno dia, toda assustada" quando chega ao colégio.

> Alimentado por aqueles que me rodeavam, pela opinião de que eu tinha alguma capacidade (...) via-me de repente objeto de troças e de desprezo. Eu mal abria a boca e todos explodiam em risos (...). Tenho neste momento sob os olhos a lista de meus colegas e não existe nenhum de quem não tenha queixa.

Drieu La Rochelle [34] mostra, ao contrário, uma criança que não recebeu uma imagem positiva de si própria:

> Comparavam-me freqüentemente com outras crianças desconhecidas de tal forma que me imaginava mais baixo do que todas e esperava um desprezo universal. O temor da minha primeira infância retornava.

Como Sartre, Gide, Baudouin, Loti e muitos outros, sofre por se sentir diferente de todos. Baudouin [26] foi educado sozinho.

> Eu via outras crianças brincarem na rua (...) "pequenos malandros", e nunca me ocorreu a idéia de me misturar a seu bando. Eram dessas crianças que eu classificava como pertencentes a uma raça diferente da minha. Eram bárbaros...

---

5. No conjunto da amostra. Não há variação no tempo.

Na escola, terá a impressão de não ser "iniciado" e de falar uma outra língua. Jean Hermelin (Lacretelle [135]) tem o mesmo sentimento após algumas semanas de colégio: "Lançado em meio a uma raça diferente, com os quais jamais poderia me entender; sentimentos, costumes, tudo nos separava". Paul Adam [102] fala também de "suplício de camaradagem" que lhe foi ocasionado, na pensão, pelo meio muito frustrante de seus colegas: "Misturado aos filhos de pessoas rudes, apegados, antes de mais nada, à preocupação de satisfazer sua animalidade. Eu lhes disse isso, e eles me agrediram..." Loti descreve incompatibilidades do mesmo tipo. Menos despachado que seus camaradas mais velhos e mais "vivos" para as coisas práticas, despreza-os e eles manifestam hostilidade. São incapazes de segui-lo em "certos vôos" de sua imaginação. Acham-no bizarro e afetado. Stendhal [160] não se encontra mais adaptado a seu grupo de colegas:

> Eu não tinha nenhum sucesso com meus colegas. Vejo hoje que tinha, então, uma mistura muito ridícula de altivez e de necessidade de me divertir. Eu respondia a seu egoísmo mais ávido com minhas idéias da nobreza espanhola. Ficava magoado quando me deixavam de lado em seus jogos e, para o cúmulo da desgraça, não sabia nada a respeito destes, trazia uma nobreza de alma, uma delicadeza, que deviam lhes parecer uma loucura absoluta.

Ademais, muito sensível às reprimendas do professor, fica facilmente com lágrimas nos olhos, o que passa por covardia aos olhos dos outros.

Uma diferença de cultura, uma educação um pouco solitária ou muito refinada tornaram essas crianças difíceis de se adaptarem em uma comunidade de sua idade. Quase toda as obras que mencionam relações deste tipo são autobiográficas. Os autores se lembram de si mesmos como pequenos seres sensíveis e finos, diferentes dos outros por natureza e por educação. A personagem de Jack (A. Daudet [7]) sofre de uma mesma rejeição, pelas mesmas características, mas desta vez no meio profissional: é aprendiz em uma forja de Indret. Seus colegas desprezam sua fraqueza física, pouco compensada por cultura intelectual, superior à deles e pouco apreciada. Da mesma forma, o sucesso de Gide, que declama "com entonação", desencadeia a hilaridade geral. "Fui objeto de troças, atormentado, acossado..." Oposições do mesmo tipo são descritas entre as ramificações de uma mesma família: o pequeno Léon (Ed. Jaloux [11]) considera seus primos como "malandros sujos, barulhentos e grosseiros, sempre embevecidos de uma alegria canibalesca". Ele sempre espera "receber algum golpe sujo da parte deles".

Contrariamente à imagem da infância "raça à parte", cujos membros se comunicam entre si de maneira secreta e privilegiada, encontramo-nos aqui diante da imagem de crianças isoladas de outras crianças por razões diversas. Do lado da personagem, já assinalamos seu caráter estranho, diferente da massa das crianças[6]. A causa disto pode ser uma natureza sensível, artística, onde se pressente talvez o futuro escritor; pode ser uma educação mais refinada ou ainda defeitos da educação que a supervalorizam ou a aprisionam em normas convencionais. Do lado do grupo, talvez seja uma educação muito precária, uma instrução rígida rotineira, a integração de todos os estereótipos da sociedade. Mas o grupo pode ser, ao contrário, mais saudável, mais verdadeiro e direto, menos deformado do que a personagem, muito socializada.

As crianças são também, algumas vezes, apresentadas como individualidades que não se comunicam mais facilmente entre si do que os adultos. Loti, que sonha com países exóticos, encontra uma menininha que nasceu nas "colônias", mas que não parece nem encantada, nem particularmente interessada. Ele a inveja e não a entende. Josiane (Ch. Rochefort [70] não pode "papear" com todas as crianças, mas com alguns privilegiados como Fatima ou Nicolas, seu irmãozinho. As escolhas são, no entanto, significativas de uma certa visão da infância, além da procura da individualidade da criança. Em *Les petits enfants du siècle*, é uma criança muito jovem que conhece melhor sua irmã, realizando a reunião da criança autêntica e do pequeno ser próximo às origens. Simone de Beauvoir lembra sua irritação diante dos adultos que generalizam a infância, emprestando-lhe sentimentos comuns a cada criança:

> A condescendência dos adultos transforma a infância em uma espécie na qual todos os indivíduos se equivalem: nada me irrita mais do que isto (...) eu não era "uma criança": eu era eu.

As fontes dos conflitos mais dolorosos permanecem em geral devidas ao fato de não serem de acordo com as normas do grupo. Vimos relações impedidas por diferenças de cultura, de meio social, de *handicaps* físicos ou familiares (Champi-Tortu, o aluno Gilles)[7]. A pobreza é um motivo freqüente de discriminação, o Petit Chose, Michelet criança, Sébastien Roch, foram vítimas desta. Félix de Vandenesse (Balzac [104]) não tem dinheiro porque sua família não se interessa por ele. Ele recebe apenas três francos por mês, o que lhe é apenas suficiente para as provisões, e não pode se permitir a compra de brinquedos: perna de pau, cordas etc.

> Eu era banido dos jogos; para ser admitido, deveria bajular os ricos, ou adular os fortes de minha divisão. A menor dessas covardias (...) me acelerava o coração.

Na escola, os meninos têm todos, como almoço, torresmo de Tours, é uma moda. Ele tem vontade, os outros notam e debocham dele:

---

6. Cf. Cap. 3, "A Criança Autêntica e a Criança Modelada pela Sociedade".
7. Cf. acima, p. 140.

"Você não tem dinheiro?" Fingem que vão lhe oferecer e, quando ele estende a mão, o outro retira o alimento. As crianças riem. "Para evitar perseguições, eu lutava. A coragem do desespero me tornava temível, mas fui um objeto de ódio e fiquei sem recursos contra as perfídias." Ele aprende a medir seu abandono e a diferença entre seu irmão e ele. "Este contraste entre meu abandono e a felicidade dos outros maculou as rosas de minha infância e murchou a minha verdejante juventude." Ele coloca seu eu em questão:

> Entrava em uma horrível desconfiança de mim mesmo encontrando ali (na escola) as repulsas que eu inspirava em família. Ali, como em casa, eu me ensimesmava. Uma segunda nevada retardou o florescimento dos germes semeados em minha alma.

As relações hostis

Outras relações se estabelecem de um modo cruel, sem que haja, no entanto, rejeição.

> Tudo o que pode machucar, partir o terno coração de Poum, Zette o encontra instintivamente: suas ingenuidades... seus abandonos... tudo o que nele há de cândido e delicioso, ela pisa; imita-lhe as manias e os tiques; poder-se-ia dizer que ela abre o ventre de uma de suas bonecas com uma tesoura para fazer correr o recheio. O recheio? Não! É o próprio sangue de Poum que escapa em golfadas de um ferimento invisível. Por que ela o humilha tanto?

Para P. e V. Margueritte estes ataques são os prelúdios de uma eterna guerra dos sexos, e Poum e Zette possuem de forma inata as características ditas femininas ou masculinas de sua época. Gide [38], rabugento, recusa-se a brincar com as outras crianças do Luxembourg e pisoteia suas construções de areia, Julia, a hipócrita, diverte-se em instigar Milou a fazer besteiras (pular no sofá) e em seguida intercede para que ele não seja punido. Ela quer também induzi-lo a perseguir Justine. Ela conhece as expectativas dos adultos e as utiliza em seu benefício.

Em *Jardin dans l'île* (Genevoix [37]), Fan e Buteau se opõem. Buteau afasta o bando de Fan, saqueia seu universo poético, conspurca tudo aquilo de que ele gosta[8]. Induz Isabelle Vallier a contar à mãe que Fan lhe diz coisas sujas. A senhora Vallier vai à casa da avó de Fan e humilha aquele de quem suspeita

> desde o dia em que com uma complacência inqualificável (ele) fez Isabelle ver a pontinha que os besouros têm no traseiro (...) e, da mesma forma, outros fatos não menos vergonhosos (...).

Fan nunca pensou que suas descobertas pudessem ser sujas. Boudard, o fiel, depois que Fan foge, tenta encontrá-lo para lhe dar confor-

---

8. Cf. Cap. 3, p. 84 e Cap. 4, p. 122.

to, mas este permanece escondido. Ele revela então a verdade a seu amigo invisível, gritando:

> Eles vão me bater, mas não me importa. Eu contarei à sra. Monserrat... porque mentiram, você sabe, eu os ouvi, aquela noite quando você lhes disse umas verdades. Foi Buteau que tramou o golpe, que disse a Isabelle que fosse a primeira a falar com sua mãe; e ele lhe fazia perguntas, e repetia: Não tenha receio de dizer isso também. Quanto mais você colocá-la contra ele, mais você ficará tranqüila e nós também. (...) Nunca a abandonarei.

E acrescenta à tia Marta: "A senhora sabe, ele sofre muito. Ele não mereceu, senhora (...)". Mais tarde, o bando retorna ao jardim sem a pequena Vallier, mas cada um brinca um pouco sozinho. Boudard contou tudo a Ludovic, o jardineiro manco de um vizinho do qual Buteau troçava. O jardineiro fecha Buteau em um barril até que este lhe peça desculpas, assim como a Fan. Mas o bando acusa Fan: "Você 'meteu' um adulto no meio, você é um traidor. Na volta da escola contaremos a todos, você será posto de quarentena". Fan pede então "um Tribunal". As crianças se reúnem no sótão, ele abre a lucarna; desvairado pela fúria e pela revolta, a metade do corpo no vazio, diz com uma voz rápida, embargada: "Juro por Deus. Eu nada disse a Ludovic". Buteau responde: "Que mentira! Não acredito em você". Então Fan se joga no vazio. Buteau é uma criança que já adotou as normas dos adultos. É razoável e hábil.

Já vimos, numa mesma perspectiva, o Kid, criança autêntica, maltratada por um grupo de crianças futuros adultos[9], Biche ou Babou pouco à vontade nas reuniões mundanas de crianças.

Personagens como Kid ou Fan são também objeto de admiração de algumas crianças – Boudard segue Fan como sua sombra. Por vezes

> uma menininha, salva da aula por um resfriado ou pela obrigação de lavar a roupa para sua mãe, ficava muito tempo a contemplá-lo (o Kid), seduzida pelo que havia de mais antigo do que a própria velhice naquele lindo corpo, naquele lindo rosto, saboreando seu ar triste, admirando sua solidão.

As relações de prestígio

A criança, na maior parte das vezes mostrada como valorizada aos olhos de outras crianças, é cheia de ousadia e vitalidade. Para Rose Lourdin e várias de suas colegas de pensionato é Röschen a que tem o maior prestígio: "Ela era divertida e tinha um certo modo ousado de levantar a cabeça e partir correndo". "Eu admirava sua impudência e sua calma" (V. Larbaud [60]).

> Marguerite Charmaison era educada de forma liberal, ou seja, não lhe era imposta nenhuma moral, nenhuma religião, nenhum estudo. Ela se auto-educava,

---

9. Ver Cap. 3, pp. 83-84.

por assim dizer, e à sua moda. Era uma garota, dizia-se, que ainda vai se dar mal. Já dois anos antes, não queria ela começar a fazer teatro porque havia visto atuar Mounet-Sully? Ela recitava na casa dos Plancoulaine passagens de Corneille e de M. de Bornier. Trazia em uma caderneta uma fotografia carcomida do célebre ator de Édipo, com os olhos perfurados, ensangüentados, horrível. Assim, confessava ela, mostrando a terrível imagem, não se poderá dizer que é o ator e não a arte que me agrada.

Ela tinha apenas catorze anos! Minha admiração por ela atingia o delírio (Boylesve [4]). Na classe de Gide existe um pequeno americano.

> Seu rosto era fino, mas extraordinariamente aberto e risonho; todo seu ser explodia de alegria, de saúde e de uma espécie de turbulência interior que o fazia inventar sem cessar qualquer excentricidade cheia de risco, o que lhe dava uma auréola de prestígio a meus olhos, e positivamente me entusiasmava,

ele enxuga sua pena nos cabelos, faz xixi ao ar livre etc. "Ficávamos consternados com seu cinismo." Sartre, criança delicada, olha com inveja os jogos das crianças do Luxembourg: "Como eram fortes e rápidas! Como eram belas!" A reação de Simone de Beauvoir diante da beleza e do desembaraço das crianças de seu curso de dança é bem semelhante à de Sartre. Em sua amiga Zaza, ela admira a espontaneidade, a desenvoltura, a vivacidade. Esta trata os adultos em pé de igualdade, os imita. "Tudo o que ela dizia era interessante e engraçado." Seu primo Jacques tem, a seus olhos, um prestígio de independência, de autoridade, além do da beleza, do encanto.

A criança procura a admiração de seus pares, sabendo freqüentemente como encontrá-la. Marc, pequeno delinqüente, brinca de ser "durão" diante dos outros, e em seguida conta seu furto, floreando-o. Marcel Pagnol [67] fica vexado por não se destacar em nada em particular, enquanto que todos os seus colegas têm uma característica: fofoqueiro, sovina, primeiro lugar, poeta. Ele decide brigar para vingar um interno insultado por um externo rico, um "bruto" mais forte do que ele. Sai vitorioso e seus colegas o rodeiam. Sua reputação de lutador corajoso, terrível, justiceiro, é estabelecida. Fan tem a chance de se sentir superior a Buteau, que não ousa dar a salva de tiros ao final de uma festa. É ele que acende o pavio:

> Permaneceu bem próximo enquanto a pólvora queimava, o peito um pouco apertado de pavor e no entanto tomado por uma ávida alegria de permanecer perto do brulote, (...) olhando Buteau nos olhos (...) e sorria com uma expressão secreta, um pouco distante, com contentamento e desdém.

Buteau ganha crédito aos olhos do bando, desmistificando as estórias poéticas de Fan e, com isso, situa-se como mais adulto do que este, como egresso da infância, fazendo os outros zombarem de Fan. Entre o *premier de la classe* (Crémieux [32]) e Marcel Vié reina uma competição amistosa no plano do saber, mas este "não faz parte do bando". É um "companheiro de jogos nobres", "o rival no saber". No colégio, Rigaud, *Le premier de la classe*, é o chefe. Fernand Blum, seu mais fiel seguidor, está sob sua dependência:

> Fernand Blum é quem mais gosta de mim (...). Fernand nunca recusou nada que eu lhe tivesse pedido. Todos os seus brinquedos, ele me oferecia antes mesmo que eu expressasse o desejo. Seu maior prazer é o de estar comigo, me seguir, me obedecer (...) se eu gosto dele? Não imagino minha vida sem sua presença. Ele me é indispensável. Procurarei chamá-lo para perto de mim mais tarde. Sua fidelidade me agrada. Uma vez, bati tão forte nele que sangrou pelo nariz. Não me denunciou. Eu o estimo.

Esta relação superioridade-inferioridade estabelece-se aqui entre crianças da mesma idade.

Portanto, as características que dão prestígio à criança são, sobretudo, a coragem ou uma ousadia em desafiar as regras estabelecidas pelos adultos e, até mesmo, por vezes, por crianças. É também a ambição, a inteligência, o saber. Simone de Beauvoir fica "deslumbrada pelas brilhantes redações de Jacques, por seu saber, por sua segurança". Isabelle "esmaga" Marcel Pagnol porque é a primeira em latim, sabe tocar piano e seu pai é poeta. Além disso, ela é muito bonita. Ela o subjuga completamente. Mas, por seu lado, ele se beneficiava da ignorância do pequeno camponês Lili para ostentar seu saber. No entanto, quando este lhe escreve uma carta muito delicada e com erros de ortografia, rasga sua resposta corrigida por seu pai, enviando também uma carta cheia de erros: ele teve vergonha de sua falsa superioridade.

Daniel (A. Daudet [6]), frágil e inteligente, cheio de imaginação, se faz servir por um amigo, um menino gordo e ruivo, bobo, forte e devotado como um cão, que se torna Sexta-Feira na brincadeira de Robinson. A pequena Fadette (G. Sand [156]), temida por sua malícia, recebe uma certa estima dos outros pequenos habitantes do vilarejo, porque ela "inventava toda espécie de contos e lhes ensinava sempre novos jogos que ela mesma criava". A adolescente Dora organiza ela própria seu culto, mas introduz assim as crianças num mundo de sonho secreto.

"As oferendas engordavam os bolsos dos chefes e dos semideuses" da classe da sexta série (Cocteau [29]). Dargelos é um deles. "Ele gosta da guerra. Aprovava aqueles que o desafiavam ou o seguiam." Tem "cabelos desarrumados, joelhos machucados", "bolsos intrigantes", pernas robustas. É belo, forte. Paul não gosta de briga, mas quer provar a Dargelos "que é capaz" e quer defendê-lo, gosta dele. Em contrapartida, "o prestígio de Paul aos olhos de Gérard era sua fraqueza", sua aptidão para "jogar o jogo". "Parecia que a fraqueza de seu amigo se petrificou, assumiu uma grandeza definitiva e que sua própria força encontrou enfim um papel digno dela" (quando Paul se machuca com uma bola de neve de Dargelos). "Paul o dominava, e sua influência acabou por transfigurar tudo." Sua fraqueza e sua imobilidade de semi-inconsciência evocam a morte. Gérard se sente no papel de protetor de Paul, quer impedi-lo de se queimar no "fogo de um Dargelos".

Em numerosos relatos, a criança se faz protetora da própria criança, mas de maneira menos complexa do que nas relações das *enfants terribles*. Louvard, o inimigo de Peau de Pêche [44], e seus colegas salvaram-no do afogamento:

> Entendi que é preciso fazer o bem às pessoas para amá-las; eu era seu menino, seu protegido, sua criança salva das águas. Doravante *la ficelle*, que é grande e forte, também protege Peau de Pêche, cuja integração na classe é finalmente realizada. Gavroche protege dois pequenos (seus irmãos, ele ignora) que fugiram. Eles o chamam "Senhor" e ele lhes fala com uma "superioridade debochada, um tom de autoridade enternecida e de doce proteção".

Encontrando uma pequena mendiga semidespida, dá-lhe seu cachecol e parte. Ele alimenta e abriga os pequenos. Esta atitude de filho mais velho é descrita principalmente quando este deve substituir os pais e ganhar a vida da família, ou cuidar dos mais jovens: portanto, em meio economicamente desfavorecido, Jean-Christophe (R. Rolland [23]) tem a guarda dos irmãos mais novos e assegura sua subsistência quando sua mãe morre. Ainda que Souris tenha apenas cinco anos, mostra-se muito maternal para com seu irmão caçula de três anos (Frapié [9]). A pequena Fadette renuncia a ganhar sua vida trabalhando em uma fazenda para cuidar de seu irmão. São crianças do tipo "corajosas", que assumem, melhor do que muitos adultos, responsabilidades que lhes são atribuídas. A situação assume um tom dramático em *La lettre au commissaire* (E. Mazaud [139]): esmagado pela carga muito pesada de uma família cujo pai bebe, o mais velho confia os pequenos a uma amiga de doze anos e se suicida.

Entre Simone de Beauvoir e sua irmã reina autenticidade nas condutas. Sua irmã leva a sério. Simone faz dela sua aluna.

> Entre mim e minha irmã as coisas acontecem de verdade. Ela poderia ter embirrado comigo; paradoxalmente, ela só encontrava prazer ao meu lado. Confortavelmente instalada em meu papel de irmã mais velha, não me vangloriava de nenhuma outra superioridade a não ser a de minha idade; julgava Poupette muito esperta para sua idade e a tomava por aquilo que ela era: uma semelhante um pouco mais jovem do que eu; ela sabia o quanto a estimava e correspondia com uma absoluta devoção. Ela era meu vassalo, meu segundo, meu duplo: não podíamos viver uma sem a outra.

Outras relações fraternas

Entre irmão e irmã as relações estabelecem-se por vezes em um tom passional. É o caso de Elisabeth, que tem uma verdadeira adoração por Paul, que por sua vez a trata com ternura e brusquidão. Um elo estranho une Sacha, que está morto, a sua jovem irmã (*Princesse Bibesco* [108]).

> Ele comandou minha vida... ele foi sem ser; agia sem ter peso, medida, contornos e movimentos; foi para mim este herói clássico que, sem aparecer por um único instante na cena, dá seu nome à tragédia clássica que trata apenas dele.

Estas afinidades excepcionais encontram-se também em "os gêmeos" (G. Sand [155]).

As relações fraternas são por vezes perturbadas pelo ciúme, pela incompreensão. As trocas afetuosas tornam-se ácidas. Marcel Pagnol [65] olha seu irmão Paul montado em uma mula.

> Paul (...) triunfal, balançava-se graciosamente para a frente e para trás, no ritmo dos passos da mula, e eu continha com dificuldade uma imensa vontade de pular na garupa atrás dele.

Sente como uma "violação do seu direito de irmão mais velho". Fan, que tem quase dez anos, procura iniciar seu irmãozinho Patou nos segredos do "jardim na ilha": as pessoas não são aquilo que parecem ser, algumas delas são os servidores dos "senhores", aqueles que decidem o que acontece no mundo. São gênios mais ou menos poderosos.

> Patou continuava a escutar com a mesma atenção gentil. Mas Fan não sentia nele aquela espécie de submissão ardente, simultaneamente ávida e obstinada, que esperava despertar.

A partir do momento em que Simone de Beauvoir conhece Zaza, entende-se um pouco menos com sua irmã. Poupette "começava a reagir contra sua condição de caçula e, como eu a abandonava, ela me englobava em sua revolta". Procura as falhas de sua irmã mais velha.

> Irritava-me com o fato de ela pretender, ainda que timidamente, rivalizar comigo, me criticar, me escapar (...) nossas querelas tornaram-se mais sérias: introduzíamos nelas o amor-próprio.

Stendhal [160] nos mostra seu ciúme e, ao mesmo tempo, a atitude de uma criança que compactua com os pais:

> Detestava minha irmã caçula Zénaïde (...) porque ela era querida por meu pai que, toda noite, a fazia adormecer sobre seus joelhos, e também porque era muito protegida pela srta. Séraphine. Eu cobria as paredes da casa (...) com caricaturas contra Zénaïde delatora. Minha irmã Pauline (e eu) acusávamos Zénaïde de brincar ao nosso lado no papel de espiã, e acredito que o era de fato.

A criança que corresponde às expectativas dos pais, como já vimos de forma mais genérica em relação à criança dos adultos, pode se tornar seu zeloso auxiliar e atormentar outra criança menos amada. O irmão mais velho de Poil de Carotte, "grand Félix" e a "irmã Ernestine" são cúmplices da mãe para reservar a Poil de Carotte todos os trabalhos cansativos, todas as humilhações. Félix de Vandenesse (Balzac [104]) interroga-se sobre os motivos que levam suas irmãs e seu irmão a fazê-lo sofrer:

> a bajulação, em germe nas crianças, aconselhava-as a contribuir para as perseguições que me afligiam, e para obter as boas graças de uma mãe igualmente temida por eles? Seria um efeito de sua tendência à imitação? Seria uma necessidade de

testar suas forças ou falta de piedade? Talvez todas estas causas reunidas me privaram das doçuras da fraternidade.

As relações entre Rigaud, *Le premier de la classe* (Crémieux [32]), e seu irmão e irmã são vistas do alto. Rigaud as engloba em seu desprezo por toda uma família medíocre. "Quanto a meu irmão e a minha irmã, eu os detesto. Em qualquer eventualidade, eles não aproveitarão de minha fortuna (que ele pretende fazer). Meu irmão é um poltrão e um tolo que se deixava maltratar, sem se defender, pelos alunos de sua classe, e é tão inteligente que foi retirado do colégio (...) para trabalhar junto a um negociante de vinho como aprendiz de contador. Minha irmã, que tem dezoito anos, é afetada, mas parece pobre mesmo quando coloca suas melhores roupas."

A *amizade*

Ao lado destes diversos tipos de relações, é preciso dar um lugar à parte para a vida íntima e afetiva da amizade. Esta apresenta um caráter de pureza, de autenticidade e de absoluto na criança. Em *Les amitiés particulières* [68] Alexandre se suicida quando crê que seu amigo, o adolescente Georges, o traiu, enviando suas cartas ao padre que quer separá-los para o bem de ambos. "Mas a criança, por seu ato, lhes deixava uma prova, a um, de que desprezava as leis em nome das quais tinha sido perseguido, e ao outro, a prova de que vivia apenas para ele: segundo suas próprias palavras, ele o amara mais do que à sua própria vida." O colegial de *Devoirs de vacances* (V. Larbaud [50]) associa a amizade ao estudo.

Ó paixão secreta, tão pura, tão fiel, tão terna e tão furiosa! Os adultos não a conhecerão jamais; nenhuma palavra lhes poderia fazer entender estas coisas, pois não é uma amizade como a deles.

O sentimentalismo mantém um papel importante nessas amizades. Elas são freqüentemente próximas de relações amorosas, qualquer que seja o sexo dos dois amigos. Rose Lourdin lembra-se durante toda a sua vida de sua paixão por Röschen, um pequeno interno da classe superior à sua. Ela finge se ligar a uma outra menininha de quem não gosta para mascarar esse precioso sentimento (V. Larbaud [50]). Uma criança e um menino um pouco mais velho experimentam uma paixão um pelo outro em *Les amitiés particulières* e em *La ville dont le prince est un enfant* [64]. Entre menina e menino tais relações são percebidas como um primeiro despertar do amor. Loti e uma menininha se afeiçoam dessa maneira um ao outro. Sua separação traz tamanha dor e drama como se se tratasse de adultos. Milou fica também enternecido pela pastorinha que é tão infeliz, e a quem ele gostaria de fazer rainha em seu país imaginário[10].

A amizade salva nas dificuldades e na dor. Justine, interrogada pelos adultos, adivinha o que deve responder olhando Milou. Babou e Arielle passam longos momentos em silêncio, felizes. Um deles ficou transtornado pela morte de sua mãe e o outro sabe que a sua também irá morrer. Eles se compreendem. Gide se apega a um menininho que se torna cego. Eles passeiam de mãos dadas, sem nada a dizer, sem brincar. Quando o cão perdido vai ser capturado, um outro cão o encontra e o ajuda a fugir. Esta imagem é dada como um paralelo à de Marc, o pequeno delinqüente, que vai logo encontrar Alain Robert, uma outra criança perdida (Cesbron [57]).

As crianças dividem na amizade sua outra visão do mundo. Fan fala a Boudard.

> Ele lhe disse que, entre todos os companheiros da ilha, sempre gostara mais dele; que iria lhe dar uma grande prova desta amizade, desta confiança; uma prova que ele não daria a mais ninguém. Mas era um segredo de vida e morte, era preciso uma palavra de honra. Boudard jurou, fez sua cruz. Então Fan o pegou pela mão e o conduziu sobre os telhados

onde lhe revelou toda sua interpretação féerica do país. O carro no qual Gérard leva Paul machucado para sua casa assume um aspecto do sonho, assim como todo o cenário, a neve, os lampiões etc. "Sem Paul, este carro teria sido apenas um carro (...)" (Cocteau [29])[11]. Os amigos revelam um ao outro seus segredos, os compartilham, a amizade se torna pacto de aliança selado por vezes através de um juramento. Nas relações amorosas o pacto se realiza pelo rito da troca de sangue. O amor já impele a procurar a fusão corporal (Peyrefitte, Montherlant). Rose Lourdin veste as roupas de Röschen. A criança quer se identificar com seu amigo; Milou machuca a mão com uma lâmina para parecer com Justine que acidentalmente teve o mesmo ferimento.

De forma mais simples, pequenas personagens desempenham juntas uma estória imaginária, como Daniel (A. Daudet [6]) e Rouget, que são Robinson e Sexta-Feira. Lili, o pequeno camponês, e Marcel (Pagnol [66]) passam férias maravilhosas, mergulhados na vida da natureza selvagem que o primeiro revela ao segundo: esta aventura lhes é suficiente. Simone de Beauvoir, numa volta à escola, não sente "a febril alegria" habitual. O céu está apagado, o outono não tinha mais cheiro nem cor, seus dias "não tinham mais gosto", "poder-se-ia dizer que o mundo tinha morrido sem me avisar". Em seguida, Zaza retorna. "Pusemo-nos a conversar, a contar, a comentar: as palavras se precipitavam em meus lábios, e em meu peito rodavam mil sóis; numa explosão de alegria, eu me disse: 'Era ela que me faltava'."

---

10. Cf. também Cap. 12, pp. 398-403.
11. Cf. Cap. 4, p. 116.

Algumas amizades conheciam as angústias da paixão. As pequenas personagens de V. Larbaud, Rose Lourdin e o colegial de *Devoirs de vacances* tremem pelo ser amado, do qual pressentem a fragilidade escondida: "Existia muita doçura nela, era como uma bela flor que qualquer coisa poderia magoar". "Bela fruta secretamente estragada." Gérard, no carro, e também Elisabeth olhando dormir seu irmão, pensam na morte de Paul e têm medo. Outros sofrem de ciúme: Alexandre não suporta que Georges tenha um outro amigo. Simone de Beauvoir é "arrasada" pelos sorrisos maliciosos de Zaza e procura sinais de mínimo elogio de sua parte. Durante anos sua amizade é perturbada pelo medo de desagradar. O amigo, tão inconstante, da personagem do colegial (V. Larbaud [50]) o ameaça de não mais lhe dirigir a palavra, o que torna este último tão covarde que ele fecha os olhos para as traições de seu amigo. Sylvain, o "gêmeo" (G. Sand [56]), "não podia compreender em absoluto que seu irmão pudesse ter, longe dele, um momento de paz e tranqüilidade", e se mostra ciumento.

A amizade, e mais amplamente, as relações das crianças, sofrem imposições pela presença e intervenção dos adultos. Simone (de Beauvoir [54]) não pode manifestar a Zaza sua grande afeição. As duas menininhas se tratam com cerimônia, enquanto Zaza tuteia as crianças com quem brinca nas Tulherias, sem conhecê-las. As regras da boa conduta obrigam-nas a conservar uma certa distância. Por ocasião da festa de Zaza, Simone lhe oferece uma bolsa de tecido que ela própria costurou. A mãe procura fazer entrar o incidente na ordem dizendo à sua filha para agradecer à Senhora de Beauvoir. A correspondência entre as duas crianças permanece muito convencional: as mães lêem as suas cartas.

A pertinência a classes sociais diferentes impede as crianças, freqüentemente, de brincarem juntas. Jacques Vingtras [24], por exemplo, não pode se divertir com os filhos do sapateiro, apesar de sua inveja, pois sua mãe o proíbe. Marcel [50] é afastado de suas amizades de infância quando vai para o colégio. Seus amigos o tratam por "vós" bruscamente e também de "sr. Marcel", a pedido de seu pai. Muitas personagens são arrancadas simultaneamente de sua infância e de suas amizades quando os adultos querem modelá-las segundo as normas de sua classe, de seu meio. O mundo das crianças entre si se situa além destas categorizações.

As imagens dos agrupamentos de crianças e das relações interpessoais entre as personagens estão longe de esgotar todas as estruturas e todas as modalidades possíveis. No entanto, a vida das crianças entre si é expressa na literatura sob formas tão diversas que um único código não seria suficiente para efetuar a análise desta, sendo preciso utilizar códigos em vários níveis. Mas significados comuns podem ser obtidos por códigos diferentes. Assim, por um lado, a ruptura dolorosa de uma amizade pela intervenção de um adulto que quer modelar a criança aprisionando-a em uma classe social e, por outro, todos os dramas dos quais algumas personagens são vítimas no colégio pela falta de uma estrutura conforme as mesmas classes e pela falta de normas que refletem a dos adultos, são imagens que criticam a sociedade com a ajuda da personagem da criança e que, no entanto, expressam o mesmo sistema de valores. Encontraremos este sistema de contestação ao longo das análises e sob aspectos, à primeira vista, bastante distanciados da vida das crianças entre si.

Aqui, notamos sobretudo a oposição entre as relações espontâneas e as que são impostas pelos adultos, diretamente ou através de instituições. As crianças entre si constroem uma sociedade à parte, em seu nível e que, quando é livremente edificada, lhes permite uma vida mais autêntica. A relação se estabelece entre semelhantes, entre "pares". Olhando uma criança, a pequena personagem observa fenômenos em seu nível, que lhe concernem e que ao mesmo tempo lhe ensinam a estranheza do "outro". Sartre descobre sua verdade entre seus pares, na escola, enquanto que em sua casa, mimado, sentia-se desnecessário, a mais. Bernard Bardeau (Berge [27]) "aprende a brincar com outras crianças e também a brigar, pois com os adultos se é 'ajuizado' ou 'mau', mas só se briga entre iguais". Ao mesmo tempo, "tinha medo de seus companheiros de jogos, que lhe pareciam fronteiras de países desconhecidos". Esta impressão diante do universo do outro, esta contemplação de Paul machucado, por Gérard, ou adormecido, por Elisabeth, abre as portas às interrogações sobre o sentido da existência, que encontraremos ulteriormente[12], e que dá uma nova dimensão à personagem da criança, em particular esclarecendo a relação entre o autor e a personagem.

Por vezes as crianças entre si quase que criam este "outro mundo" ao qual muitos autores aspiram. Em geral esta vida separada dura pouco. Ela se desenvolve durante períodos privilegiados: primeiros anos, férias, situações excepcionais. Os valores da sociedade adulta e suas práticas são aí rejeitados ou plagiados, ou interpretados sem constrangimentos. Algumas vezes, no entanto, eles perturbam as relações. Este mundo está fadado à destruição direta pelos adultos, ou indireta, pela idade que transforma as crianças ou, ainda, pelas necessidades da integração à vida social.

Em contrapartida, os agrupamentos impostos pelos adultos mostram-se, freqüentemente, catastróficos para a criança. Sendo obrigada a nele se inserir a criança sofre ou se deforma. Os agrupamentos impostos se estruturam segundo o conjunto de regras da sociedade como um todo e as pequenas personagens, ainda absolutas e pouco policiadas, tornam mais flagrantes as injustiças e as discriminações, exagerando-as.

---

12. Cf. Cap. 13, pp. 441-443.

As crianças em grupo assumem ora as características da infância multiplicadas e reforçadas pela presença de indivíduos pertencentes a uma mesma raça, ora confrontos entre dois tipos de crianças, a criança autêntica e a criança dos adultos, modelada, futuro adulto. A criança de prestígio aos olhos de seus colegas não se assemelha a uma criança ajuizada e bem-educada submetida aos adultos. Pelo contrário, destaca-se por sua originalidade, por sua ousadia e por sua atitude crítica em relação aos adultos. Esta imagem admirada é freqüentemente descrita nas autobiografias, e veremos que ela também tem prestígio para alguns adultos[13]. A atitude convergente das personagens infantis ou adultas, e a escolha dos autores que selecionaram, em suas lembranças, a imagem de tais crianças reais, traem a mesma fonte de inspiração.

Destas constatações e dos três capítulos anteriores, destacam-se dois fatos dominantes. Por um lado, a infância verdadeira é percebida não como "boa", à maneira de Rousseau, mas como uma humanidade autêntica, como um universo interessante, rico mas misterioso e, por vezes, cruel, fora das leis. Por outro lado, uma agressividade transparece, mais ou menos abertamente, contra o mundo dos adultos, que arranca à infância sua felicidade, sua verdade, e congela todas as novas possibilidades prestes a nascer.

Existem imagens de relações felizes entre a criança autêntica e o adulto, mas este possui então características especiais. A socialização imposta à pequena personagem aparece finalmente mais como uma fonte de sofrimento do que de enriquecimento. Encontraremos outras imagens do mundo da infância analisando os quadros e os meios favoráveis ou nefastos à criança, assim como a crítica das instituições criadas para ela. Com a ajuda de outros códigos, resultados trazidos pela análise dos agrupamentos de crianças se confirmam e recebem elucidações complementares.

---

13. Cf. Cap. 7, pp. 225-226.

Segunda Parte

A Criança e o Adulto

Nos autores dos séculos XIX e XX a personagem da criança é definida freqüentemente por uma oposição ao adulto. Se alguns chegam a lhe emprestar uma natureza específica ou a fazer dela uma "raça à parte", é comum atribuir-lhe, ao menos, uma visão do mundo e uma maneira de se comportar diferentes das dos adultos. A criança autêntica se torna o pólo positivo de um sistema de valores cujo pólo negativo é uma imagem do adulto, pois a personagem negativa da criança modelada, que já ressaltamos, prefigura simplesmente esse adulto. A análise das personagens de adultos que acompanham ou ladeiam as personagens de crianças se impõe, portanto, antes de poder explicitar melhor o sistema de valores edificado a partir das personagens infantis. Um segundo sentido do código permite delimitar esta nova personagem. Sua natureza própria aparece menos freqüentemente definida em si mesma do que no caso da personagem infantil, e mais por seu ato e sua relação com a criança.

Através de um jogo recíproco, a imagem da criança recebe uma nova elucidação pela imagem do adulto situado à sua frente. Por vezes, um adulto é capaz de perceber e refletir uma imagem de criança autêntica; ele atinge a realidade profunda da pequena personagem porque compartilha o mesmo universo. O caso é raro, e a maioria das personagens de adultos não compreendem realmente a criança ou se opõem a ela. Os autores se servem delas como espelhos deformantes, e a falsidade de suas interpretações os julga: sua linguagem não é mais aquela da vida, mas sim a das normas, dos papéis encarnados.

Sem mesmo chegar ao significado das personagens e ao sistema de valores subjacentes, a descrição do conjunto dos adultos escolhidos para figurar ao lado da criança e as formas que suas relações assumem junto a ela oferecem já em si mesmas um primeiro interesse: traçar um quadro da sociedade francesa desde o século passado. Este quadro é apenas uma transcrição literária da realidade e não sua cópia. Seu interesse reside no fato de que os autores selecionaram o que lhes pareceu mais significativo, mais expressivo, daquilo que chamam de infância em relação à idade adulta: um estatuto, uma parte de si próprios. Os autores denunciam, assim, sem dúvida, o que os machucou em sua tenra idade, o que os humilhou observando a vida de seus contemporâneos, e aquilo que ainda os constrange em sua vida cotidiana. Veremos, aliás, o quanto tudo isto se entrelaça. Da necessidade de sua própria infância e, em seguida, da de uma criança, passam à necessidade de uma personagem simbólica em quem se resume um conjunto de valores positivos, capitais para eles. Mas é, inversamente, este modelo latente que conduz a modificar a imagem de si mesma criança e a julgar a criança cotidiana.

6. As Personagens de Adultos

Se a personagem do adulto em si mesma não é o foco dos interesses de nossa pesquisa, a partir do momento em que a criança idealizada revelou-se uma encarnação preferencial de um sistema de valores do qual constitui o pólo positivo, tivemos que atribuir um papel mais importante às personagens escolhidas, como suportes de valores negativos, a antiinfância.

Mas, na literatura, um sistema dessa natureza só aparece claramente nos relatos em que as personagens assumem de forma mais direta o aspecto simbólico. Vimos como, através de mínimas transformações, a criança de aparência real e a criança simbólica participam do mesmo modelo de criança autêntica. Sob formas variadas, essa personagem, considerada como um ser à parte, é portadora de mensagem; seu significado parece relativamente unívoco. A criança má, mais raramente colocada em cena, representa a traição da infância verdadeira. Do lado do adulto, encontramos personagens mais numerosas. Freqüentemente, várias dentre elas, boas ou más, de diversos tipos, rodeiam uma única personagem de criança. Desempenham o papel de acompanhante, protetor, guia, amigo da criança, ou então se opõem a ela, ou ainda a exaltam, falam dela e a valorizam. A crítica à personagem adulta refere-se a diferentes planos: ora ele desempenha mal seu papel junto à criança e trai o modelo esperado, ora revela sua maldade ou se torna ridículo por si próprio, sem que a relação com a criança intervenha, ora é o papel que se torna o objeto da contestação. Existiriam dimensões comuns por trás destas diversas formas dadas às personagens do adulto? Neste caso, elas devem ser encontradas através das diversas modalidades da representação.

As personagens do adulto correspondem mais freqüentemente a papéis familiares: pais e mães, avós e colaterais. São imagens deformadas de categorias de indivíduos reais da população francesa, cujas condições de vida e práticas associadas aos papéis se modificaram no último século. As transformações quantitativas e qualitativas das imagens não traduzem fielmente estas modificações, mas têm um significado. Por exemplo, como interpretar a menor importância da mãe na época atual em relação ao período antigo, e, inversamente, o crescimento do número de personagens pais[1]? Qualitativamente, as características positivas ou negativas da mãe não variam: a personagem assume figuras idênticas mas, como tal, interessa menos. Isto pode ocorrer justamente porque ela não evolui mais. O pai, em contrapartida, encontrou uma expressão menos rígida e menos severa, e é graças às personagens deste tipo, próximas à criança, que a proporção das personagens de pais aumentou. Sem dúvida, as variações do papel permitiram o novo interesse pela personagem.

A personagem da mãe se atenua e desaparece também na literatura destinada às crianças[2] e, como constatamos num estudo efetuado paralelamente neste setor[3], o fato tem uma característica geral. Existem na sociedade novas imagens da mulher[4], mas estas se referem pouco ao papel maternal, vivido freqüentemente de maneira difícil na sociedade atual, e percebido como uma alienação[5], em particular pelas próprias mulheres. Por esta razão, o crescimento do número de mulheres escritoras não tende a aumentar a proporção de personagens de mães.

Outras personagens de adultos são introduzidas nos relatos, seja porque sua presença é quase que obrigatória na vida cotidiana da criança, os educadores, por exemplo (nós os analisaremos no capítulo que se refere à escola), seja porque as características que lhe são atribuídas

1. Se o número de pais e de mães é aproximadamente o mesmo (37 e 41) no conjunto dos textos, o das mães diminui da primeira à terceira amostra. Em nossa amostra anterior à Guerra de 1914, para 74 personagens adultas bastante presentes e importantes para serem estudadas, existem 26 mães (35%), na segunda amostra, existem 23 mães para 79 personagens (29%), enquanto que no período recente não existem mais do que 12 para 51 personagens (19,6%). Em contrapartida, os pais, um pouco menos numerosos do que as mães nas duas primeiras amostras (25,6% e 20,2%), são mais freqüentemente representados do que as mães (31,8%) na terceira amostra.

2. Ver a este respeito M.-J. Chombart de Lauwe. "Convergence et divergence des modèles d'enfants dans les manuels scolaires et dans la littérature enfantine", *Psychologie Française*, tomo X, 3, 1965.

3. Cf. prefácio.

4. M.-J. Chombart de Lauwe, M. P. H. Huguet, E. Perroy e N. Bisseret, *La femme dans la société, son image dans différents milieux sociaux, op. cit.*

5. M.-J. Chombart de Lauwe, "Rapports réciproques des images et des status de la femme et de l'enfant", *Bulletin Officiel de la Société de Psyco-Prophylaxie Obstétricale*, nº 31, 3º trimestre, 1967.

criam um parentesco entre elas e a criança. Em geral muito estereotipados, participando da infância ou em oposição a ela, estes adultos confirmam o sistema de valores dicotômico que separa dois mundos, dois modos de existir.

1. A MÃE

Da mãe, o ser único em simbiose com a criança, insubstituível, à mãe má, hostil e agressiva, os textos nos oferecem uma gama de imagens de papéis que seriam um campo de reflexão muito rico para os psicanalistas ou para os pedagogos que trabalham com famílias.

A mãe em simbiose com a criança – seu amor apaixonado por ela[6]

A imagem da mãe nos aparece freqüentemente através do olhar da criança: seu amor faz dela um ser excepcional. Em várias autobiografias os autores mostram sua mãe como propriedade deles e eles mesmos como ligados a ela. "Assim vivíamos nós, ela e eu, numa espécie de simbiose", escreve Simone de Beauvoir [54], ou, ainda: "Eu tinha a impressão de que ela me pertencia de maneira privilegiada". A de Loti é "uma figura totalmente única que ele não sonharia comparar com nenhuma outra". "A alegria, a segurança, a ternura de onde emanava tudo o que era bom", o único amor "estável" de sua vida. Mãe e criança estão ligadas para sempre: "Minha mãe é a única pessoa no mundo em relação a quem não sinto que a morte me separará para sempre" [15]. Proust nunca encontrará ao lado de uma amante a paz que sentia ao lado de sua mãe, de quem ele nunca duvidava.

Muitos descrevem a mãe pela impressão sensorial que ela deixa na criança. A criança se acaricia nela, banha-se em seu odor:

Permaneço no escuro [diz Minet-Chéri] apoiada nos joelhos de mamãe. Fecho, sem dormir, meus olhos inúteis. O vestido de algodão que aperto contra o rosto cheira a sabão grosseiro, a cera com a qual se lustram os metais, e a violeta (Colette [30]).

O caçula, Yves, a quem ninguém daria seus dez anos, não lia, mas, sentado em uma banqueta, apertado contra sua mãe, esfregava o rosto nos joelhos de Blanche, agarrava-se a ela como se um instinto o impulsionasse a entrar no corpo de onde tinha saído (Mauriac [45]).

A mãe deixa a imagem de um perfume, do contato de seu corpo, por vezes também de uma música. Para Léon, sua voz dá aos contos um

---

6. Este grupo de características é o mais freqüente: 46,6% das mães apresentam uma destas características, pelo menos em um dado momento, e elas formam 35% do conjunto das características.

sabor inesquecível: "Eu escutava mamãe ler ou narrar para mim contos de fada. Foram eles que me deram minha primeira visão do universo. Ela era cheia de encantamentos (...)" (Ed. Jaloux [11]). Através dela se esboça a primeira representação do mundo da criança, e ela a matiza de múltiplas impressões afetivas e sensoriais.

O órfão, que nunca conheceu sua mãe, se esforça por reconstituir sua imagem e, em particular, seus pensamentos em relação ao filho quando sente a morte se aproximar. Ele a vê evocar sua vida confundida e seus remorsos de deixá-lo:

> Meu menininho, eu o teria levado ao catecismo, teria chorado docemente na missa de sua primeira comunhão, você teria voltado para casa à noite, com a capa pesada de chuva (...). Eu teria misturado minha vida a toda sua vida (...). Levo-o para a eternidade, meu menininho, meu filho que eu não conhecerei (...) (F. Mauriac [38]).

Outros escritores apresentam diretamente a mãe no seio desta simbiose. Annette (Romain Rolland [47]) decide criar sozinha seu filho. Ela o espera com impaciência e entusiasmo. Faz dele o centro de sua vida.

> E agora, ela é desdobrada. Não mais dois em um como antes. Mas um fragmento de si, destacado no espaço como um pequeno satélite (...). É estranho que, nesse novo par formado pela segmentação de um ser, o grande se apóia no pequeno mais do que o pequeno no grande. Esse vagido era, por sua fraqueza, uma força para Annette. Que riqueza nos dá um ser amado que não pode passar sem nós.

Ela o ama com paixão, o beija, o acaricia excessivamente.

> Annette voltava de noite. Estava faminta. Havia caminhado o dia todo com os olhos voltados para a fonte que reencontraria de noite (...) e quando chegava, enfim, sorrindo ávida de amor, por mais extenuada que estivesse, subia as escadas correndo. A porta se abria, ela irrompia e se "derretia" sobre o pequeno; pegava-o nos braços, apertava-o e beijava, furiosamente...

Madeleine Bardeau também só vive para o filho; ela "apegava-se a ele com furor. Era um pedaço de sua própria carne ao qual podia se dedicar (...)" (Berge [27]).

Várias dessas personagens, mães ou crianças, amam a si mesmas no outro parceiro. A criança imagina o amor da mãe em relação a ela, como o órfão citado acima, e a mãe se prolonga em sua criação. Algumas mulheres sentem a maternidade como uma necessidade. Num conto de ficção científica (W. H. Miller [143]), apenas as mulheres de uma categoria superior são autorizadas a reproduzir. Oferecem-se às outras, em compensação, pequenos seres inferiores, metade macaco, metade humano, que são considerados como animais. Mas se alguns manifestam, ao crescer, comportamentos humanos, devem ser destruídos. As mães, que se apegam a eles e os consideram como filhos, vivem um verdadeiro drama. Elas recusam deixar que sejam massacrados.

A maternidade capta todas as forças, todos os sentimentos de várias personagens por um período mais ou menos longo de suas vidas. A mãe assegura a proteção da criança, que a percebe como um refúgio. "Parece que no início ela foi para mim apenas o refúgio natural, o asilo contra todos os temores pelo desconhecido, contra todas as tristezas negras que não tinham causa definida" (Loti [15]). "Nenhuma força maligna podia ultrapassar o círculo mágico traçado por seu olhar" (A. Lafon [136]). "Você era minha cidadela" (Ch. L. Philippe [152]).

> Ela era o tecido macio, cômodo, acariciante, que me envolvia. Mamãe ausente, era como se o teto da casa fosse levantado, deixando-nos expostos ao vento, à chuva, às tempestades, a todos os cataclismos do exterior. Quem me protegeria agora, me defenderia contra a doença, contra o medo, contra meus primos Trémelat – contra a vida enfim. (Ed. Jaloux [11]).

Gide [38] também se sente "todo envolvido" pelo amor de sua mãe quando esta o consola após a morte do pai.

Mas essa proteção, sentida pela criança como agradável, doce e vital, provoca ansiedade em quem a produz. A mãe pode se alienar deste papel açambarcador e ansiógeno; a criança, por seu lado, suporta mal, por vezes, as limitações impostas pelas exigências inquietas da mãe que não lhe deixa mais nenhuma autonomia. Assim, Madeleine Bardeau tremia pelo seu filho Bernard, uma criança frágil. Ela "sofria com seus espirros, soluços, gritos. Imaginava sempre cataclismos (...). Não tinha confiança em ninguém para cuidar dele, e se preocupava com tudo desmesuradamente" [27]. Afligia-se em vê-lo crescer. A mãe de Anatole France comportava-se do mesmo modo:

> Tudo o que me dava um pouco de independência e de liberdade lhe causava receio. Imaginava com terror os perigos que eu corria sem ela e eu nunca voltava de um passeio um pouco mais prolongado que não a encontrasse ardendo em febre e com o olhar perdido (A. France [36]).

Annette (R. Rolland [47]) "escutava o sono da criança e a mínima mudança em sua respiração, um suspiro um pouco mais vivo, uma queixa ou o silêncio paravam os batimentos de seu coração. E desde que a inquietude chega, ela se instala (...). Doravante, cada momento mantém desconfiada a alma em guarda. Em meio à maior segurança se dissimula um tremor..." Um dia Marc cai gravemente doente. Annette não pode evitar um pensamento mágico. "A tensão de uma provação, sobretudo de uma doença que assola o ser amado, provoca freqüentemente um estado de espírito supersticioso, onde se tem necessidade de se auto-acusar pelo sofrimento do inocente." Ela "voltava contra si suas forças desesperadas. Voltava-o também contra o Grande Inimigo: contra o Deus desconhecido (...). E a pele arrepiada, como um animal na entrada de seu território, ela grunhia, farejava a aproximação dos grandes deuses assassinos: ela se preparava para disputar com eles seu menino (...)". "Se ele morre, eu me mato." "Parecia-lhe que para que seu filho ficasse curado seria necessário que ela fosse apanhada em algum outro ponto. Crença obscura e poderosa, de dura compensação, que remonta aos tempos longínquos da espécie (...)." Ela dizia: "Tire-me tudo, mas que ele viva!" Logo, ela pensava: "Que besteira! Ninguém me ouve..."

Sylvie, a irmã de Annette, após a morte de sua filha, tenta reatar o elo rompido com a pequena morta, comunicando-se com ela ao longo de sessões espíritas. Colette [30] imagina a situação inversa, sua mãe morta vigiando ainda seus filhos vivos com angústia: "Se existe um lugar onde nos esperam após a vida, aquela que nos espera treme ainda por causa de dois seres vivos. Em relação ao mais velho de nós todos, ela pensaria, ao vê-lo através do vidro negro da noite: 'Ah! Sinto que esta criança não é feliz... Ah! Sinto que ela sofre...' Quanto ao mais velho dos meninos, ela não escuta mais, com o coração palpitante, o ruído do cabriolé do médico rolando na neve, na noite... Mas eu sei que para os dois que permanecem ela vaga e busca ainda, invisível, atormentada por não cuidar deles suficientemente: onde estão, onde estão as crianças?..." Esta frase havia ritmado toda a sua existência de mãe[7].

Boris Vian [75] mostra um caso extremo de alienação recíproca de uma mãe e seus filhos nesta relação. Após ter sido torturada e deformada pelo nascimento de trigêmeos, ela se humilha sistematicamente em sua dedicação a seus filhos, a ponto de limpar com a língua o resto de suas fezes, como uma fêmea de animal. Finalmente ela os fecha em pequenas gaiolas para melhor protegê-los e envolvê-los.

A maternidade alienante para a mãe é uma imagem recente. Mas a mãe sufocante existe em diversas épocas. Nós a encontraremos entre os tipos de mães que querem saber tudo sobre o filho e dirigir-lhe a vida, mesmo que ele tenha crescido e reclame sua independência. A imagem da mãe "maternal", protetora, é na maior parte do tempo valorizada positivamente, a ponto de aparecer como a própria impressão sensorial da felicidade da primeira infância.

A mãe-mulher[8]

A imagem que vem em segundo lugar por ordem de freqüência é a da mãe-mulher. Pode-se tratar de uma bela mulher cuja criança está meio apaixonada, que a admira, ou de uma mulher apaixonada cujo filho sente a vida afetiva e sexual que lhe escapa e da qual tem ciúmes.

Loti, Proust, Henri Brulard gostam da mulher em sua mãe, admiram-na, querem acariciá-la. Teremos a oportunidade de mostrar as imagens deste sentimento edipiano da criança em relação à sua mãe em muitos autores que nem sempre conheceram Freud. Adultos, os escrito-

---

7. Cf. Cap. 7, p. 224.
8. Corresponde a 18,3% das características; 24,5% das mães a manifestam em um dado momento.

res relembrarão seu amor, ou pelo menos nos apresentarão sua mãe como uma bela e encantadora mulher. Este sentimento não é exclusivo dos meninos, já que Simone de Beauvoir lembra-se de tê-lo experimentado[9].

A mãe graciosa, mundana, dá à criança a impressão de que a negligencia. Suas saídas à noite eram "um nó frívolo de um drama cruel em minha cabecinha", diz Drieu La Rochelle através da criança de *État civil* [34]. Quando ela percebe o ciúme e o sofrimento que inflige inadvertidamente à criança, fica ao seu lado. Em *Une page d'amour* (Zola [25]) uma jovem e bela viúva se apaixona por um médico. Depois de momentos de muitos escrúpulos, torna-se sua amante. A filha, uma criança frágil e nervosa, sente sua transformação. Torna-se loucamente ciumenta, cai doente e se deixa morrer. Champi-Tortu (G. Chérau [116]), um garotinho disforme e infeliz, só tem um refúgio, uma paixão, sua mãe. Ele gostaria que ela fosse "feia, triste, vestida com uma roupa que a deformasse". As crianças maiores da escola lhe diziam "sua mãe é bonita", e ele não suporta isto. Ela tem uma ligação com o mestre-escola. Quando Champi-Tortu toma conhecimento deste fato, sua vida se torna um calvário, e ele não a perdoa. Ele se deixa morrer.

O coquetismo da mãe nem sempre tem conseqüências tão dramáticas, mas, ainda assim, provoca sofrimentos. A mãe de Trott é vaidosa, fútil, ela se faz cortejar enquanto seu marido, oficial da marinha, navega. Sua leviandade conduz a uma desavença entre o casal quando o pai retorna, o que causa muito sofrimento ao garotinho. A mãe de Léon (Ed. Jaloux [11]) é do mesmo tipo. A criança se dá conta de que ela tem uma vida escondida da qual seu pai e ela estão excluídos. Ela sai sozinha e volta preocupada, alheia. Um dia, ele quer beijá-la quando ela chega mas é repelido. Percebendo que o magoou, pede-lhe perdão e diz que o ama muito. Mas ela foge e Léon fica desesperado.

Annette [47] é cortejada por Julien. Corajosa, independente dos preconceitos, forte e cheia de vida, não agrada ao filho Marc, delicado e ensimesmado. Ele adivinhou sua atração por Julien e percebe com satisfação o término deste amor: "E um ciúme, do qual não tinha consciência, regozijava-se do final fracassado, como um pequeno canibal em torno do banquete. Sua mãe era só dele".

Outras mães são mulheres "pouco sérias". Marc, um pequeno delinqüente (Cesbròn [57]), ergueu a mão para sua mãe, que "se comportava mal". A mãe de Jack (A. Daudet [7]) é uma semimundana, e ele se revolta quando um colega o chama de "filho de galinha": descobriu que sua mãe pode ser indigna de sua veneração. A mãe de Loulou (Frapié [9]) entra de tempos em tempos em uma "crise amorosa". Vai "perder Loulou, como se perde um cão que não se quer mais (...). Ao mesmo tempo que o estado bestial se produzia, ela experimentava uma necessi-

---

9. Cf. Cap. 7, p. 205.

dade irresistível de não ser mais mãe (...)". Loulou voltava sozinho. Um dia intui a vergonha de sua mãe e parte, "para se perder sozinho".

Quando a mãe de Zazie "tem um homem", "a família não importa mais para ela. Ela está caidinha", comenta Zazie, confiada durante este tempo a seu tio (Queneau [69]). A mãe de Léautaud [12]), em *Le petit ami*, é uma comediante. Ele vive com o pai e visita aquela mãe que mal conhece.

> Eu a encontrava ainda deitada (...). Ela me pedia para que me aproximasse dela para que me beijasse, e eu me aproximava de sua cama feliz e sem jeito. Ela me pegava a cabeça entre as mãos, colocando-a junto ao peito e durante um instante me beijava como a uma criança. Eu sentia contra o rosto a doçura de seus seios que tremiam na medida em que eu a beijava. A roupa de baixo, muito elegante e rendada, com a qual eu me maravilhava sem nada dizer, estava jogada negligentemente nas poltronas, e dela emanava um perfume que me atordoava pouco a pouco como quando estava perto de minhas grandes amigas

(um grupo de mulheres levianas, amantes de seu pai ou prostitutas). Ele fica muito mais perturbado e seduzido por aquele ambiente ao qual está habituado, do que chocado como as crianças ciumentas e indignadas com a sexualidade de sua mãe. Manterá desse ambiente uma lembrança que se refletirá em seu gosto pelas belas mulheres e em sua ternura por suas numerosas futuras amigas, mais ou menos prostituídas.

> Marcavam-se encontros na casa de uma delas e eu... podia me abandonar sem reservas à ternura que elas me inspiravam. Como me diverti, então! (...) Eu lhes falava então com detalhes daquela criatura deliciosa em que elas me faziam pensar incessantemente e que me faziam lembrar por tantas características. Minha querida mamãe! Não era por ela que eu as amava da forma que as amava? A tal ponto que sempre me parecia reencontrá-la um pouco em cada uma delas! Elas me ouviam ao mesmo tempo excitadas e enternecidas (...).

A transposição dos sentimentos amorosos é raramente expressa de forma tão direta e simples. Ou a mãe é idealizada e a relação amorosa é descrita durante a infância, e até mesmo apenas durante os anos da juventude, ou ainda a relação amorosa tem lugar entre a mãe e um adulto sob o olhar da criança atormentada pelo ciúme. Neste caso, a mãe assume uma figura de mãe malvada, culpada por abandonar a criança, seja unicamente uma visão atribuída à criança, seja até mesmo no tom geral da obra que a acusa.

A mãe-criança[10]

Várias personagens de mãe oferecem imagens de mulheres-crianças. Esta pode ser a característica essencial da personagem ou um dos seus aspectos, associado sobretudo à característica amorosa. A mãe de Léon

---

10. 11% das mães. Corresponde a 8,3% das características.

(Ed. Jaloux [11]) brinca com seu filho e tem uma aventura amorosa: bela, encantadora aos olhos de seu filho, ela parece pouco "maternal":

> Durante muito tempo fui apenas um brinquedo a mais para minha mãe (...) eu nos revejo freqüentemente correndo atrás de uma bola ou alinhando soldados de chumbo, os dois de quatro sobre o tapete. (...) Era uma irmã mais velha que eu tinha ali, uma irmã mais velha e elegante e que cheirava bem, sempre pronta a compartilhar meus caprichos.

A mãe de Jack [7] mostra-se incapaz de cuidar do filho. Ela o abandona em uma escola miserável onde ele se sente muito infeliz e, mais tarde, seguindo os conselhos do amante, sugere a Jack empregar-se como forjador, quando sua constituição frágil e seu dom pelos estudos deveriam tê-la feito orientá-lo para uma escola. O argumento justificativo desta decisão é que assim ele não dependerá de ninguém, e até em caso de necessidade, se tornará o sustento de sua mãe. Submetida a seu amante, ela dá a imagem bastante completa da inconsciência, da leviandade, da dependência, de uma certa pretensão que a faz mais infantil que seu pequeno filho. Vaidade e futilidade também definem a mãe de Trott [14]. Como a de Léon, ela tem com freqüência o comportamento de uma adolescente que deseja se divertir e que a presença de uma criança incomoda no momento em que deseja se fazer cortejar. Em outros momentos estas mães têm gestos de ternura impulsivos. Por vezes também rejuvenescem mais ainda e se tornam menininhas.

Sartre [73] não tem as mesmas dificuldades com sua mãe, mas a considera como uma irmã mais velha, como uma adolescente. Ele deseja desposá-la, protegê-la. Não lhe obedece, mas cede quando ela implora. "Eu a amo: mas como poderia respeitá-la se ninguém a respeita? (...) As 'crianças' somos nós: semelhantemente menores e semelhantemente dependentes." A mãe de Pagnol [65] fica completamente desorientada na ocasião de sua primeira gravidez: "Ela tinha apenas dezenove anos – e os teve durante toda sua vida". Ela soluça e diz "que não sabia o que fazer". Quando o bebê começa a se mexer, "teve acessos de risos intensos, entre duas crises de choro. Assustado com este comportamento irracional, meu pai pediu socorro à sua irmã mais velha". Num outro momento, corre usando chinelos e seu filho nota como ela parece jovem: "Como era pequena, agora! Ela parecia ter quinze anos (...)".

A mãe que acredita ou que quer conhecer tudo da criança[11]

Analisando os comportamentos e atitudes dos adultos em relação à criança, agrupamos um certo número de personagens que intervêm abusivamente na vida da criança e querem saber tudo sobre ela[12]. Den-

---

11. 11% das mães apresentam esta atitude. Corresponde a 8,3% das características.
12. Cf. Cap. 7, pp. 198-199 e 226-227.

tre elas encontram-se várias mães: as de Léon ou de Biche, que interrogam de modo indiscreto seus filhos sobre seus pensamentos íntimos, seus sentimentos e querem incessantemente saber tudo sobre eles. Após ter vivido em simbiose com seus filhinhos, ou ter tido conhecimento e desejo desta simbiose, algumas mães se interrogam, inquietas, sobre seus elos com eles: "Você é o que eu fui. Eu sou o que você será. O que será você? Quem sou eu?" [47].

Outras embalam-se na ilusão de tudo saber a respeito de seus filhos: "Como todas as mães [a minha] acalentava a ilusão de conhecer seu filho" (C. Baudouin [26]). A tomada de consciência daquilo que separa estas mães dos filhos é dolorosa. A mãe de Bernard Bardeau (Berge [27]) consola seu filho apertando-o nos braços:

> Abandonava-se a si própria, era apenas uma carícia sem pensamento. E de repente se lembrava de que havia outras pessoas ao redor deles, que seriam novamente separados, e que ela seria incapaz de traçar sozinha um caminho para os dois; e como para eles dois? Seu filho e ela não eram uma mesma pessoa; a criança possuía uma vontade que ela nem sempre conseguia reduzir: adivinhava nele um elemento estranho (...). Cada uma das reações inesperadas de seu pequeno a tornava infeliz como uma traição. Ela sentia que ele sempre lhe escapava (...).

Annette [47] sofre dos mesmos tormentos: "Pois quanto mais se procurava saber o que ele pensava, mais ele utilizava de malícia e não o deixava saber". "Não, ela não o tinha em absoluto! Ela começava a senti-lo: esse liliputiano pretendia pertencer unicamente a si próprio." Quando atinge sete anos de idade,

> ela vê agora nele uma personalidade. Mas está persuadida de que a chave dessa personalidade, que possui, sabe melhor que ele suas leis e sua alegria: quer esculpi-la à imagem de seu Deus escondido. Como a maior parte das mães, julgando-se incapaz de criar por si própria o que quer, sonha criá-lo através daquele que fez com seu sangue (...) mas para moldá-lo seria preciso compreendê-lo. Não deixá-lo escapar! (...) Ela faz tudo para envolvê-lo. Demais. A cada dia ele escapa mais.

A dificuldade em aceitar a autonomia da criança provém de causas diferentes em diferentes meios. Madeleine Bardeau e Annette sofrem de um isolamento afetivo, vivem por seus filhos e desejariam que eles lhes correspondessem. A mãe de Léon deseja se assegurar de sua cumplicidade na sua oposição ao marido, ela gostaria de receber sinais de preferência e adulações. A resposta imprevista de Léon a vexa. A sra. Hémar [47] acredita em seu dever de dirigir e modelar Biche até em seus sentimentos íntimos. Uma criança deve ser educada, ou seja, adaptada às normas de seu meio. Ela não poderia ter outros pontos de vista que não os de sua mãe.

Esta tendência chega ao ponto de impor autoritariamente gostos à criança: a mãe de Poil de Carotte (J. Renard [22]) afirma imperativamente que ele tem os mesmos gostos que ela.

Não tem mais melão para você, diz a sra. Lepic: aliás, você é como eu, você não gosta de melão. Está bem, diz Poil de Carotte. Em princípio, ele deve gostar apenas do que sua mãe gosta. Quando chega o queijo: Tenho certeza, diz a sra. Lepic, que Poil de Carotte não comerá. E Poil de Carotte pensa: Já que ela tem tanta certeza não vale a pena experimentar. Além disso, ele sabe que seria perigoso.

Acreditando tudo conhecer, julgando-o um dever, algumas destas mães interpretam constantemente os comportamentos dos filhos, e lhes negam qualquer personalidade. Estas atitudes vão da hiperafetividade captativa até a autoridade esmagadora, passando pelo moralismo estreito e convencional.

A mãe indiferente[13]

A indiferença de outras mães está por vezes em oposição a estas atitudes. Mas algumas podem ser muito intervencionistas numa fase da vida das crianças e indiferentes em outra. A mãe de Éliane (V. Larbaud [50] é

uma mulher prática cujo pensamento é ocupado somente com refeições, consertos, limpeza, economias. Acredita conhecer a filha, que domina materialmente com toda sua autoridade de mãe de família; mas, em realidade, é, como muitos pais, totalmente indiferente à vida interior de sua filha e até mesmo, talvez, nem suspeite que se possa ter uma vida interior.

A indiferença da mãe é descrita, sobretudo, através dos sentimentos da criança, muito mais do que por atos e fatos precisos. "Minha mãe não fez o suficiente para que eu gostasse dela" (Drieu La Rochelle [34]). Aqui temos ao mesmo tempo mãe que fez pouco para seu filho e um filho que justifica desta maneira o fato de não amá-la. Lucien (Sartre [49]) sabe que "se deve gostar da mãe durante toda a vida". Quando descobre que não gosta dela, sente-se culpada e redobra o zelo em relação a ela. Por esta razão, sem dúvida, encontramos mais relações indiferentes entre mãe e filho do que imagens de mães verdadeiramente indiferentes. A mãe de Jack [7] que praticamente abandona seu filho parece sobretudo inconsciente e infantil.

Algumas mães são incapazes de se comunicar com seu filho, não por falta de afeto, mas porque elas diferem totalmente dele. Na maioria dos casos trata-se de crianças delicadas, sonhadoras, sensíveis, e de mães enérgicas, organizadas, tendo mais apurado o sentido das atividades materiais do que intelectuais, e, ainda menos, artísticas, ou de espírito tacanho e moralismo estreito. É o caso da mãe de Gide, que, menos fina e cultivada que o pai, choca constantemente o filho, ou de Annette, cuja vitalidade saudável choca Marc.

---

13. Mesmas freqüências que para o tipo precedente.

Mas encontramos mães incompreensíveis dentre os tipos mais diversos, tanto nas hiperprotetoras ou nas intervencionistas quanto nas mães hostis e agressivas.

A *mãe hostil, agressiva*[14]

A mãe malvada mantém um lugar importante dentre o conjunto dos textos (o terceiro lugar por ordem de freqüência). Algumas aparecem como verdadeiras perseguidoras da criança. Uma das mais cruéis, a mãe de Brasse-Bouillon (Hervé Bazin [52]), transforma a vida de seus três filhos em um inferno a partir do momento em que surge. As crianças eram educadas até então por sua avó.

> Minha mãe surgiu. E este relato tornou-se um drama. Mamãe, ainda que esta palavra tenha sido, para alguns de nossos conhecidos, coroada de reticências, mamãe, porque nossos priminhos o diziam como se sugassem um caramelo, mamãe, porque o tabelião e a tia Thérèse pronunciavam-no quase que da mesma maneira falando da avó, mamãe, apesar do "senhora sua mãe" terrivelmente pesado da srta. Ernestine, mamãe, imagine! Nossas orelhas ardiam (...): uma vizinha que tinha seis filhos e que não conhecia nada da situação, nos fazia soltar a imaginação: "Uma mamãe é bem melhor que uma avó!" Penso muito! Eu ia imediatamente avaliar isso.

Sua mãe começa por surrá-los quando os filhos se precipitam em sua direção. Aprendem com ela o ódio e a batizam de "Folcoche", o que equivale a *La folle* (a louca) – *La cochonne* (a porca). Quando Brasse-Bouillon, ainda pequeno, mata uma cobra, contempla seu olhar. Mas só compreenderá seu significado mais tarde nos olhos de sua mãe.

> Ela tinha belos olhos (...), faiscantes de uma luz que eu mais tarde reconheceria como ódio e que reencontraria nas pupilas de Folcoche, quero dizer, de minha mãe, sem a mesma vontade de brincar (restrição, mesmo assim, não muito segura!). Dura, voluntariosa, ela submete os três meninos a uma disciplina férrea: eram acordados às cinco horas, vestidos de forma miserável, os cabelos tosados, não tendo o direito de ultrapassar um espaço restrito no parque e entregues a preceptores que deveriam seguir à risca as instruções da mãe, ou seriam despedidos. No mais, sofrem privações e castigos variados, chegando até mesmo ao chicote.

A mãe de Poil de Carotte o humilha sem cessar. Sendo este enurético, ela coloca urina em sua sopa. Trata-o como empregado, e lhe faz realizar as tarefas de que ele menos gosta: sacrificar os animais machucados na caça e trancar as galinhas após o jantar, quando ele tem medo do escuro etc.

A sra. Vingtras (Vallès [24]) contraria seu filho por princípio e o surra. As crianças, pensa ela, não devem ter vontade própria, os pais que as mimam são culpados. Mas ela faz mais do que adotar uma linha

---

14. 20% da mães – 15% das características.

educativa rígida. Culpa o pequeno Jacques quando o pai se machuca ao lhe talhar um carrinho; ela o convence de que é responsável pelo acidente[15].

Félix de Vandenesse queixa-se da dureza da mãe: "Que poeta nos falará das dores da criança cujos lábios sugam um seio amargo e cujos sorrisos são reprimidos pelo fogo devorador de um olhar severo?" A ternura e a admiração de sua mãe pertencem apenas às irmãs e ao irmão. Quando lhe ocorre alguma desgraça, não somente ela não o consola, mas o acusa e queixa-se das preocupações que ele lhe dá. Assim, voltando para casa uma noite, recebe nas costas uma pancada com um lenço cheio de pedregulhos lançado por um menino do colégio, onde sofre perseguições. O criado que o acompanha o defende e o vinga, e em seguida conta a aventura à mãe. Esta exclama apenas: "Esta maldita criança nos trará apenas tristezas!"

A mãe hostil só vê no filho os seus defeitos, só aquilo que lhe desagrada.

O que Paule (a mãe de Sagouin [63]) via, quando pensava em seu filho, eram os joelhos tortos, as coxas magras, as meias caídas sobre os sapatos. Deste pequeno ser saído dela, a mãe não levava em conta os grandes olhos cor de amora, mas em contrapartida odiava a boca sempre aberta de criança que respira mal, o lábio inferior um pouco pendente [que lhe lembrava o de seu marido]. Ela não mais lutava contra essa aversão (...). O que fazer de uma criança acanhada, sonsa, que se sente sustentada por sua avó e sua velha Fräulein?

Pai e filho se suicidarão afogando-se no rio, "reino onde a mãe ou a esposa não os atormentará mais. Vão ser salvos da Górgona, vão dormir" (F. Mauriac [63]).

Le voleur (Darien [5]) guarda apenas três lembranças de sua mãe. Ela o segura sobre os joelhos; alguém vem lhe dizer que uma conta não foi paga, ela o coloca no chão de forma tão rude que ele torce o punho. Uma vez ela o recompensa porque diz a um mendigo: "Vá trabalhar, vagabundo". Uma outra vez o pune por ele sempre perguntar aonde conduzem os caminhos. "– É ridículo, já que eles conduzem sempre a algum lugar".

A brutalidade da Thénardier (V. Hugo [10]) é exercida às custas de Cosette, preservando suas próprias filhas.

Esta mulher, como muitas mulheres desse tipo, tinha uma quantidade de carícias e de golpes e injúrias a ser despendida a cada dia. Se não tivesse tido Cosette, certamente suas filhas, por mais idolatradas que fossem, teriam recebido tudo; mas a estranha lhe faz o favor de desviar os golpes sobre si. Suas filhas recebiam apenas carinho. Cosette não fazia um movimento que não provocasse sobre ela uma enxurrada de castigos violentos e injustos.

A mãe de Titine (Machard [16]) não a brutaliza, mas a utiliza para assegurar o futuro de ambas. No momento em que se torna púbere,

---

15. Cf. Cap. 7, p. 231 e Cap. 13, pp. 411-412.

a mãe a vende a um velho homem que protegia mãe e filha há alguns anos esperando que a criança estivesse suficientemente crescida para que pudesse fazer dela sua amante. Os dois organizam uma festinha, o homem oferece a Titine uma boneca, e em seguida a mãe sai pela escada, insensível aos apelos desesperados da filha que o velho violenta. Para a mãe, tratava-se de um acontecimento inevitável, a assinatura de um contrato satisfatório para os três.

De uma maneira bastante clássica, a mãe é amiúde julgada em função de suas capacidades de amor e de sua compreensão. A boa mãe faz parte do mundo feliz da infância. Do pai, espera-se que dê à criança uma impressão de prestígio e de autoridade, aos quais se acrescentam, cada vez mais, o afeto, a compreensão. Algumas personagens de pais e de mães possuem características idênticas: a indiferença à criança, a dureza, a fraqueza, ou a superficialidade mundana, assim como o erro de intervir abusivamente na vida da criança.

2. O PAI

O pai afetuoso, admirado, amado pela criança[16]

Paralelamente à imagem da boa mãe, protetora de sua criança que ela ama apaixonadamente, que é ligada a ela, o pai assume duas figuras: a de uma personagem de prestígio, admirada, e a de uma personagem afetuosa e atenta à sua criança.

O "bom pai" possui freqüentemente estas duas características ao mesmo tempo. Gide [38] gosta de sair com seu pai, a quem chama de "seu amiguinho", principalmente porque esses passeios são raros. "O pouco que fazia com ele mantinha um aspecto insólito, grave e um pouco misterioso que me encantava (...). Naquelas noites eu adormecia tonto de sombra, de sono e de estranheza." Seu pai lhe mostra gravuras. Ele se dizia: "Isso irá divertir meu filho". E isto o divertia muito também em função do divertimento que o próprio pai parecia ter. "Eu sentia por meu pai uma veneração um pouco tímida que agravava a solenidade daquele lugar (seu escritório). Eu entrava ali como se entrasse num templo."

O pai se beneficia de uma presença menos constante que a da mãe e de um papel social mais importante:

Passando o dia inteiro em seu escritório e voltando apenas na hora do jantar (...) meu pai, eclipsado o resto do tempo pela figura de minha mãe, retomava toda sua importância a partir do momento em que estava ali. Era suficiente que voltasse de um dia de trabalho, pendurasse sua "cartola" no cabideiro e tirasse de seu bolso

---

16. Este tipo aumenta enquanto que os maus pais diminuem: 5, 9, 10 contra 13, 9, 6.

Le Temps (...) era suficiente que calçasse seus chinelos e colocasse sua roupa de casa (...) para que todas as coisas em casa ficassem em seus lugares. Ainda que fosse o homem menos autoritário do mundo, uma vez chegado em casa, a autoridade estava presente, encarnada num simples gesto, tal como aquele de mexer na concha de sopa (Leiris [62]).

Gérard Ducellier "admirava [seu pai] por suas viagens, sofria com sua autoridade rude, mas acreditava amá-lo porque tinha confiança em sua força" (Berge [27]). Este pai era um antigo oficial do exército colonial. "Eu via raramente meu pai, temia-o com covardes ternuras de escravo que gosta secretamente de seu senhor..." (Drieu La Rochelle [34]). O pai de Poum é também um militar de prestígio.

> Uma figura terrível, de voz grossa, com bigodes brancos eriçados, alguém de quem Poum tem um medo terrível, é seu pai. O prestígio o rodeia; diante dele os respeitos se curvam (...). Poum não está bem certo se seu pai não comanda, além de seu regimento, o vento, a chuva, os habitantes da cidade e da França (...). Que este pai seja o melhor e o mais doce dos homens, nada se opõe a este fato. Mas como Poum poderia sabê-lo?

Neste último caso o prestígio sufoca o afeto.

Marcel Pagnol [65] quer tornar seu pai admirável. Este matou na caça duas perdizes de um só tiro. "Eu gritava com todas as minhas forças: 'Ele as matou! As duas! Ele as matou!' E de meus pequenos punhos ensangüentados de onde pendiam quatro asas douradas eu erguia em direção ao céu a glória de meu pai, frente ao pôr-do-sol." Os caçadores, por sua vez, são fotografados na volta. Quando o pai de Marcel recebe as provas de sua "apoteose", decide mandá-las ao avô sob o pretexto de fazê-lo ver "como Marcel cresceu" e de mostrá-lo a toda sua escola (ele é professor). "Surpreendi meu caro super-homem em flagrante delito de humanidade: senti então que o amava ainda mais." Este é de fato um pai muito próximo de seus filhos.

Bullit, o pai de Patricia, é também "o gigante, o mestre do parque real", "impregnado de adoração" por parte de sua filha. Esta o trata como seu leão, de quem ele tem a cor e a realeza: "Ela estendeu seu braço num movimento impulsivo, apaixonado, mergulhou os dedos no velocino vermelho de seu pai (não pude evitar o pensamento de que ela se agarrava da mesma maneira à crina de King) (...). A mesma intensidade de alegria aparecia nos dois rostos" (Kessel [61]). Ela parece dizer: "Ele pertence apenas a mim. Faço dele o que quero". A relação entre pai e filha é de paixão, e a pequena também brinca de possuir este poder.

As relações filhas-pais são raras nos conjuntos dos textos[17]. O pai de Simone de Beauvoir assume também a seus olhos um aspecto de prestígio e cumplicidade, mas a relação é menos apaixonada do que no

---

17. Apenas 6, mas as personagens de filhas formam apenas um quinto da amostra. Cf. Cap. 1, p. 18.

caso anterior. Ele fala de literatura, "de uma série de assuntos importantes", e a transporta "bem longe do cinza da vida cotidiana"[18]. Ela não imagina que alguém possa ser mais inteligente do que ele.

O pai introduz a criança na poesia. O de Dora (Vialatte [74]) é "grandioso e poético (...). Ele comprou para as suas mulheres [sua esposa e sua filha] um verdadeiro castelo com torres e um balcão, um terraço juncado de rosas, um precipício azul e um horizonte louco (...). Ele as mantinha no balcão e fazia gestos em silêncio. Em seguida citava Schiller (...). A menininha voltava radiante, em transe, exaltada".

Ele a leva também para ver óperas, convivem com atores e boêmios.

Giono [39], através da descrição de seu amor por seu pai, desenha um rosto de homem muito delicado, um iniciador que desperta a sensibilidade do filho:

> Se tenho tanto amor pela memória de meu pai, se não posso me separar de sua imagem, se o tempo não pode decidir, é porque, nas experiências de cada dia, compreendo tudo o que ele fez por mim (...). Ele não era obrigado a saber tudo o que a sensualidade tem de puro (...). Ele não quebrou nada, não rasgou nada em mim, não sufocou nada, não apagou nada com seu dedo molhado de saliva. Com o cuidado de um inseto ele deu os remédios à larva que eu era (...), me cobriu de plantas, de árvores, de terra, de homem, de colinas (...). Ele deu o bom curativo prevenindo o que poderia ser uma ferida, para aquilo que, graças a ele, se tornou dentro de mim um imenso sol.

Inversamente, alguns autores exaltam a própria paternidade, dão-lhe um modo lírico: Victor Hugo, Francis Jammes [134], Jacques Péricard [149]. Duhamel, em *Les plaisirs et les jeux* [35], mostra seus filhos através de um olhar enternecido, de admiração. Traça, assim, a imagem de um pai afetuoso, atento e enriquecido pelas descobertas de seus filhos. O pai de Bruno (Hervé Bazin [53]) vive, pelo contrário, uma paternidade difícil. Ele se esforça também por se tornar um pai próximo de seu filho, endossa alguns de seus aspectos desajeitados (quebrar vidraças) e acaba por encontrar, após muitos esforços, uma relação fraterna com ele. O pai de Pascal, garoto que vai morrer, é um pai dilacerado pela dor: "Vou para meu esconderijo, com o meu mal, mais incurável do que o seu, pois é também o de um outro: é meu filho que ele atinge". Pascal é para ele "aquele que importa entre nós" – "aquele que deveria viver por mais tempo, percorrer uma seqüência quase sem fim de dias felizes" (M. Bataille [51]).

O pai que se interessa pelo sucesso de seu filho, pelo seu futuro

Vários pais se preocupam com o futuro do filho. Vimos o papel iniciador de alguns. Outros, ou os mesmos, tornam-se guias de maneira mais sistemática.

---

18. Cf. Cap. 7, p. 206.

O pai de Giono, acabamos de assinalar, soube preparar "o bom curativo" para sua sensualidade. Tais delicadezas são raras. Alguns homens velam mais simplesmente pelo progresso de seu filho, regozijam-se com seus sucessos, tornam-se mais próximos dele quando este inicia sua vida intelectual. "Desde que eu ia à escola, meu pai se interessava pelo meu sucesso, pelos meus progressos e pesava muito em minha vida" (S. de Beauvoir [54]).

Outras personagens desejam, antes de mais nada, preparar seus filhos para a melhor carreira possível. O pai de Leiris [62] é comparado em brincadeira ao pelicano alimentador dos seus:

> De fato, ele iria ao extremo de nos dar de comer suas entranhas se não tivesse tido outros meios de sustentar meus irmãos e a mim (...). O dinheiro que podia ganhar valia, principalmente, a seus olhos, para nosso "futuro", sendo seu sonho o de fazer de nós jovens prontos a se orientar para a carreira de nossa escolha e de ornar nosso espírito melhor do que ele próprio teve a possibilidade de fazer.

Não apenas esses pais querem dar aos filhos o máximo de oportunidades, mas lhes oferecer o que lhes faltou quando eram crianças. Alguns não podem perceber que a criança tenha gostos diferentes dos seus e a criança lhes serve para compensar antigas frustrações. Tal é a atitude do pai em *Jean-Jacques de Nantes* quando presenteia seu filho com um barco, após tê-lo desejado, para si próprio, durante muito tempo.

Os pais procuram se perpetuar em seus filhos de diferentes maneiras, seja neste papel de compensação, seja para se prolongar pessoalmente:

> Meu pai gostava de agradar, queria me agradar e, para melhor fazê-lo, ficava muito atento a mim. Esforçava-se por viver minha vida de criança (...), por conseguir me conduzir melhor. Queria entrar em mim a fim de me marcar mais fortemente com sua influência, a fim de ver a si próprio no espelho de seu filho, a fim de provar a si mesmo que me agradara até despertar em mim o desejo de me assemelhar a ele (Gilbert de Voisins [166]).

Toda uma categoria de pais vê na criança a ocasião de realizar uma promoção social para si próprios e sua família, ou ainda o meio de se manter e proteger o patrimônio. O pai de Sébastien Roch, que quer fazer de seu filho um homem culto, para deslumbrar seu vilarejo, é um exemplo típico do primeiro caso (O. Mirbeau [144]). O pai de Milou (V. Larbaud [50]) ou o de Bernard Bardeau (Berge [27]), que vêem em seus filhos "o herdeiro" e falam deles nestes termos, representam bastante bem esta segunda categoria de atitudes paternas.

O interesse dos pais pelo sucesso e pelo futuro de seus filhos é desmistificado na maioria das personagens; os autores mostram que o pai, em última instância, utiliza a criança em seu proveito, sob suas atitudes aparentemente desinteressadas.

O pai ausente ou indiferente

Alguns dos pais, atentos ao futuro sucesso de seus filhos, situam estes mais em seu papel que em sua individualidade e, por esta razão, são indiferentes a toda uma parte de sua vida. Assim, por exemplo, o pai de Milou não entende as ambigüidades das relações deste com Julia. Ele está "fora da jogada" e não se dá conta. Outros pais caracterizam-se por sua ausência da vida da criança: ausência imposta por suas condições de vida, pelos papéis que lhes fizeram desempenhar, por sua indiferença real ou sentida por seu filho.

Em *La maison* (H. Bordeaux [2]), apenas o avô se comunica com a criança, o pai não tem tempo de fazê-lo. "Ele dispunha apenas de um dia todo ocupado, de algumas horas fugidias (...). Pensava recuperar seu filho perdido de uma só vez." Tenta, no entanto, restabelecer o contato, enquanto outros não têm tal preocupação:

> Ele se ocupava tão pouco de mim que, freqüentemente, passava um dia inteiro sem me dizer nada, e nunca conversei com ele, um quarto de hora que fosse, sobre um único assunto sério referente a meu futuro ou à minha juventude (A. Thierry [163]).

A ausência de papel bem definido na família, ou o aspecto secundário, até mesmo insignificante deste papel mantido pelo pai, acaba por fazer com que o filho o julgue uma personagem um pouco indiferente. Em *L'arrache-coeur* (Vian [75]), o papel essencial e afetivo é desempenhado pela mãe. S. de Beauvoir explica este sentimento: "Quanto a meu pai, via-o pouco (...). Ele me divertia, e eu ficava contente quando cuidava de mim; mas ele não tinha um papel bem definido em minha vida". Tratava-se de sua primeira infância. Mais tarde, o distanciamento das pequenas preocupações da vida cotidiana, associado a algum talento, acrescenta prestígio ao pai. Aqui o pai é percebido como um pouco distante, mais do que realmente indiferente; simplesmente ele não tem verdadeiramente um papel na vida de uma criança pequena.

O pai de Sagouin não só pode ser incluído neste caso, mas é também julgado inofensivo e assimilado a um animal doméstico.

> O pequeno estava muito distante de julgar seu pai, não imaginava que ele pudesse ser diferente. Papai pertencia a uma espécie de adultos absolutamente inofensivos. (...) Papai não fazia barulho, não interrompia a estória que contava a si próprio, se incorporava a ela, não a perturbava mais do que o boi ou o cachorro (Mauriac [63]).

Este pai, um "retardado", sofre o desprezo de sua família.

A doença do pai de Borel [55] é também causa de distanciamento.

> Tento imaginar um pouco, como costumo fazer freqüentemente, este ser invisível que foi meu pai. Suas cóleras sem dúvida me assustariam; teria alguém a temer ou a odiar, a admirar talvez; mas ele caiu doente no mesmo instante e eu teria, então, que inventar outros deuses.

Que meu pai tenha me faltado após sua morte, não creio, enquanto criança, jamais ter tido consciência disto (...).

É só mais tarde, já no ginásio, que ele toma consciência "de uma singularidade", e inventa um pai "na marinha". Pode-se lembrar[19] o órfão de mãe que colocava todos os seus esforços em lhe dar novamente um rosto e em recriar os sentimentos que ela deveria ter em relação a ele. A tentativa de reconstrução da imagem do pai é aqui muito menos afetiva.

Darien [5] descrevia seus pais da mesma maneira: dois seres duros e indiferentes. Revê o pai dando, sob seu olhar, pão-de-mel a um cachorro. Em outra ocasião, em uma reunião ele o chama de tolo porque não soube reconhecer Gambetta.

Desejando antes de mais nada "não se complicar", o sr. Lepic (J. Renard [22]) deixa Poil de Carotte ser maltratado pela mãe. Sua fraqueza lhe faz tomar uma atitude indiferente. O pai de Biche desempenha, aparentemente, apenas o papel autoritário que sua mulher lhe pede manter. É obrigado a punir sua filha sem saber muito bem por quê, e não pede explicações a sua mulher. O pai, mais obrigado a desempenhar seu papel, é aquele descrito por Nathalie Sarraute em *Portrait d'un inconnu* [72]: ele sente apenas aversão e obrigações sociais nas relações com a filha, nos gestos que seu meio lhe força a ter em relação a ela[20].

O pai mole, desempregado, que causa pena

Incapaz de defender Poil de Carotte, o sr. Lepic de fato não ousa se opor a sua mulher até o dia em que seu filho se revolta. O pai de Brasse-Bouillon, cuja mulher é igualmente tirânica e atormentadora para os filhos, encontra-se bloqueado pela mesma apatia. Ele também só começará a assumir seus filhos quando sente aumentar a violenta oposição de Brasse-Bouillon e o considera como uma força a temer.

Vaidoso, leviano, superficial, cheio de veleidades, mais apto a bancar o presunçoso e a cortejar do que a assumir a educação de seus filhos, assim nos é descrito o pai de Biche (Lichtenberger [41]). O de Léon (Ed. Jaloux [11]) tenta pelo menos enganá-lo. "Meu pai era grande e pesado (...) era indolente e fraco, gritava freqüentemente para esconder sua falta de vontade. Mas o que se pode esconder a uma mulher e a uma criança?"

Com freqüência a criança sente piedade destes seres fracos[21], ao mesmo tempo que os despreza, já que não é ingênua. Jean-Christophe leva muito tempo para desprezar seu pai, bêbado, já que o admira mesmo assim pela sua interpretação ao violino:

---

19. Cf. acima, p. 163.
20. Cf. Cap. 7, 202.
21. Cf. Cap. 7, pp. 212-214.

[A admiração] é uma necessidade tão grande na criança! É sem dúvida uma das formas do eterno amor por si; quando o homem se reconhece muito fraco para realizar seus desejos e satisfazer seu orgulho, ele os transfere, enquanto criança, aos pais; uma vez homem, vencido pela vida, transfere-os aos filhos... (R. Rolland [23]).

Muitos pais inspiram desprezo à criança ou devem inspirar este sentimento pelo menos no leitor: são descritos como anormais, ou "anti-sociais". Thénardier é ao mesmo tempo ladrão e alcoólatra, praticamente expulsou o filho Gavroche e induz as filhas a mendigar. O pai de Trique (Machard [16]) faz seu filho beber e lhe ensina a troçar de sua mãe. Doente mental, o pai do *L'élève Gilles* [36] lhe inferniza a vida por sua simples presença. Quando ele não se senta à mesa, Jean Gilles ousa ficar contente, "pois sua presença me constrangia". "Eu brincava sem fazer nenhum barulho e temia como a um raio o mínimo esbarrão em qualquer objeto", com medo de provocar seu nervosismo e sua cólera. O pai de Champi-Tortu [116] quer impor uma criança à mãe quando sabe que vai morrer. Champi-Tortu encontrou uma carta ignóbil do pai a sua mãe, que ele adora. Ele o odeia.

A imagem de pais lastimáveis, anormais ou simplesmente fracos e moles, é dada como uma das causas da infelicidade da criança. São os "maus pais" por excelência.

O pai hostil e brutal

Outros tipos de pais em parte opostos a estes últimos e igualmente "maus pais" abusam de sua autoridade e se mostram hostis e brutais em relação aos filhos. Rigaud, *Le premier de la classe* (B. Crémieux [32]), muito brilhante e um pouco pretensioso, suscita uma hostilidade enciumada e desconfiada em seu pai.

O pai não aceita que seu filho o decepcione. Procura corrigi-lo, acredita ser seu dever fazê-lo severamente para modelá-lo. O sr. Vingtras [24] espanca até espumar de cólera. O pai de Lebrac "aplica em seu filho, que se rolava, se torcia, espumava e berrava (...), uma destas surras que marcam a vida de um pimpolho" (Pergaud [19]). O pai de Paul Adam [102], alto funcionário rígido, não aceitava nenhuma falha no código de trato social. O menino se revoltava. Eram feitas cenas à mesa:

Se eu bebesse conforme minha sede, era gulodice. Meu pai mandava que tirassem meu copo (...). Eu não ousava mais me alimentar. Recusava os pratos apesar da fome. Então ele se exasperava: e a louça se despedaçava com a força de seu punho (...). Minha mãe, então, saía para não presenciar tal cena (...) e meu pai me surrava. O sangue escorria-me do nariz, dos dentes.

Ele também se encarrega de fazê-lo estudar. "A cada solecismo descoberto, o tinteiro ou o dicionário voavam em direção a meu rosto." Um dia derrubou seu filho no chão e o pisoteou com todas as suas forças (...). Quando os empregados vieram me socorrer (...) sua mão se crispou sobre seu coração: "Este ser ainda irá me matar!" murmurou ele, e até sua morte não me perdoou de ter duas costelas quebradas por ele em homenagem a Platão. Ele tinha decidido educar seu filho "segundo o modelo de rigidez evangélica!"

Fortunato Folcone (P. Mérimée [140]), um pequeno corso, denunciou um fugitivo que se escondia em sua casa. Um oficial o subornara com um relógio e ele cedeu. Matéo, seu pai, sabendo o que fizera o filho, blasfema baixinho. O fugitivo, com um estranho sorriso, cospe na soleira da porta, dizendo: "Casa de traidor!" A criança quer se jogar aos pés de seu pai, mas este grita: "para trás". Quando Matéo descobre o relógio, pergunta se a criança é mesmo sua: "Esta criança é a primeira de sua raça que comete uma traição". Berra para a criança, para que esta o siga para o matagal. A mãe suplica: "É seu filho!", e ele responde: "Eu sou seu pai, ou seja, tenho direito sobre ele e ele desonrou sua linhagem". Matéo faz seu filho se ajoelhar e lhe diz para rezar e, sem ouvir suas súplicas, o executa.

Tais comportamentos hostis e violentos são descritos sobretudo na amostra mais antiga, diminuem na segunda e não surgem mais no período contemporâneo. Em contrapartida, a personagem do pai mole e desempregado encontra-se em todos os períodos. Não é mais tão freqüente na amostra atual, ainda que a demissão paterna seja amiúde evocada nos diversos escritos destes últimos anos como uma das novas fontes da inadaptação da criança, e como uma das conseqüências da emancipação da mulher. A necessidade desta autoridade paterna é enunciada sob diferentes formas, em cada época. Por ocasião da ausência dos pais durante a Guerra de 1914, A. Maurois [46], por exemplo, escreve em *Méïpé* [46]:

Nascida na véspera da guerra, ela vê em seu pai, soldado, apenas um conquistador brutal, que passa. Ela gosta de sua mãe mais do que tudo no mundo. Mas a mãe, então, ansiosa e cansada, nem sempre pode cuidar dela. E, no mais, o amor sem disciplina não funda a ordem no coração. Este pequeno animal que começava a respeitar as leis estreitas e justas torna-se o animal predador.

Sartre [73] queixa-se de não possuir superego, já que não teve que se haver com um pai que representa valores e leis sociais. "Se meu pai tivesse vivido teria se estendido sobre mim com todo seu peso, e teria me esmagado". "Passo de uma margem à outra sozinho e detestando os genitores invisíveis a cavalo sobre os filhos durante toda a vida", e de quem só é possível se livrar, opondo-se diretamente a eles.

Dupuy[22], comentando uma série de romancistas da infância e apontando no mesmo sentido, acrescenta:

---

22. *Op. cit.*, Cap. 1.

Na família, a função do pai é de caráter essencialmente magistral; queremos com isto dizer que, à autoridade imediata que tem enquanto pai, acrescenta-se aquela que a sociedade lhe dá enquanto mestre (...). Se o pai falta no lar o resultado é uma criança privada de um ensinamento absolutamente incomparável, pois nem a mãe nem os avós poderão como uma autoridade semelhante substituir este educador por excelência dos "jovens" da casa.

As insuficiências de uns, os excessos de outros, ou sua falta de prazer em desempenhar este papel, não impedem que este seja bem definido e não questionado. Os "bons" pais, afetuosos, compreensivos, e que a criança pode admirar, são, aliás, como já assinalamos, mais freqüentes, enquanto que os "maus" pais diminuem. A imagem, tornada mais bondosa, valoriza-se.

3. AS OUTRAS PERSONAGENS

Uma constelação de outras personagens rodeia a criança. Mantivemos aqui apenas as que apareciam em várias obras e não deviam ser consideradas como casos particulares, mas pareciam associadas à infância. Os avós ocupam um lugar privilegiado nesta lista, assim como as personagens de mais idade.

Os avós

Muito próxima da criança, a avó assume por vezes a figura de uma substituta da "boa mãe", quando falta a mãe ou quando esta não corresponde totalmente às expectativas da criança. "Convivi muito com minha avó (escreve Drieu La Rochelle [34]), é o ser no mundo que eu mais amei (...). É para ela que me voltei para questionar meus companheiros humanos no mundo (...)". Séverine dedica seu *Line* à "única pessoa que a compreendeu", sua avó.

A avó de Babou (Lichtenberger [42]) substitui a mãe morta, envolve-o com sua ternura, protege-o. Ele a percebe como "uma boa fada", "como uma maga com encantos mais eficazes do que as conjurações mais sábias de Una" (Una é a ama-de-leite polinésia de Babou, que se entrega à magia). Apenas a avó de Brasse-Bouillon tem a coragem de lhe fazer largar a serpente que ele segura nas mãos: "A avó, mais valente, porque foi a avó que se aproximou e, com um gesto brusco, com seu lornhão, me fez largar a serpente" (H. Bazin [52]). Biche, incompreendida, refugia-se no jardim, em companhia de sua avó; no entanto, esta está morta, mas sua separação é apenas aparente (Lichtenberger [41]).

Outras características fazem da avó a personagem preferida da criança. Porque ela é doce, bela, senil, "durante a infância [ela] não lhe causa medo, é próxima dela" (Loti [15]). Milou, ao contrário, gosta dela por todo seu temperamento: "A criança vai instintivamente em direção a um espírito cheio de certeza, a um caráter que nada abalou", a quem a vida conservou sua integridade primeira (V. Larbaud [50]). Estes dois tratamentos são próximos das origens, seja por conservação ou por retorno.

Freqüentemente também ela transcende as categorias razoáveis dos outros adultos. Fan "sabe que a Avó é muito boa. Papai e Mamãe dizem que ela é 'fraca', mas este é um pensamento dos adultos: servir à mesa coisas de que a gente gosta (...) parece que é ser muito fraco. Acolher os companheiros da Ilha, deixar para eles o jardim, e deixá-los 'uns com os outros' parece que é ser fraco" (M. Genevoix [27]).

Outros gostam de sua avó porque a imagem de pessoas idosas os enternecem: "Bonne-Maman tinha as faces rosadas, os cabelos brancos, brincos de diamante (...). Eu gostava muito dela porque ela era velha" [54]. A criança capta bem a ternura da avó, mesmo quando ela não é do tipo que a mima:

> Vovó!... Ah! Certamente ela não tinha o perfil característico de uma avó, o beijo fácil e balinhas na mão. Mas eu nunca ouvi soar um pigarro mais sincero do que quando sua emoção coçava a garganta, para não fraquejar diante de nossas manifestações efusivas. Jamais revi aquele porte inflexível, mas logo quebrado pelo anúncio de uma febre de trinta e sete graus e meio (H. Bazin [52]).

Algumas avós atraem um pouco menos a criança, já que fazem parte do clã dos adultos que impõem suas normas. A avó de Poum possui o dom da adivinhação, mas utiliza-o para desmascarar as travessuras do garotinho: "Vovó tem um dedinho que sabe tudo. É um oráculo". Ela descobre todos os defeitos escondidos de Poum: mentira, gulodice etc. Seus princípios: "Fique reto", "Você sabe sua lição?" A saúde, manifesta sob a forma de robustez, preocupa antes de mais nada a avó de Gide! "Para ela, qualquer criança que não explodisse, morreria. Quando lhe perguntavam, mais tarde, o que achou de seus netos (...) ela respondia invariavelmente (...) – Bem magros!" Ele acha as refeições na casa da avó muito longas e se aborrece. Mais raramente, a avó vê em seu neto um herdeiro e valoriza mais os interesses de seu patrimônio do que a vida pessoal deste.

> Bernard sabe que na casa da avó não se pode fazer barulho. Ela gosta muito dele, mas lamenta que ele não seja uma menina. Em desespero de causa, o abandona à sua sorte. Ele pode brincar em qualquer lugar, contanto que não passe da grade do portão de entrada. Nunca ralha com ele; parece freqüentemente não o ver, nem ouvir. Que conversa poderia manter com um garotinho de seis anos e meio? A única coisa que pode fazer é presenteá-lo, e nunca falha numa ocasião conveniente. Cuida escrupulosamente de sua propriedade, pensando, sem tristeza, que esta, mais tarde, pertencerá ao garotinho. Ela confia a propriedade ao neto, lhe fala de sua morte. Ele a escuta, petrificado de horror e de curiosidade. Mas para ela "o patrimônio" é mais importante do que sua própria existência, do que a existência de seu filho, de seu neto e de seus descendentes.

À parte algumas personagens um pouco convencionais em meio abastado, a avó é uma personagem amada e próxima da criança. Não existe a avó hostil e agressiva com a criança.

O avô se encontra, amiúde, numa situação idêntica à da avó: é mais próximo da criança do que os pais. Henri Brulard [160] tinha "uma amizade muito reduzida por seu pai", mas em contrapartida escreve: "Meu avô materno era meu amigo sério e respeitável. (...) Este excelente homem me adorava e não gostava em absoluto de seu filho". Em *La maison*, H. Bordeaux [2] cria uma personagem de avô rousseauniano, anticonformista, que comunica ao neto seus valores próprios em oposição aos de seu filho. Faz longos passeios na natureza selvagem em companhia do garotinho: "Esta água, estes bosques, estes prados, continuava ele, tudo isto me pertence; nunca me preocupo com isto mas, de toda forma, me pertence. E para me empossar coroando-me a cabeça [diz a criança] com suas mãos, concluía: Isto é meu: entrego-o a você". Durante este tempo, o pai esgota suas forças para fazer frutificar seu domínio e não tem tempo de cuidar de seu filho.

Ao que parece, o passeio da criança com um adulto é um momento privilegiado. Gide gostava de passear com o pai, Duhamel com os filhos. É um momento de troca livre que aparece freqüentemente nos relatos e que muitas vezes é atribuído ao avô, mais disponível que o pai:

Vovô [J.-Christophe] levava-o freqüentemente em seus passeios noturnos (...). Vovô pigarreava. Christophe sabia bem o que isto queria dizer. O velho morria de vontade de contar uma estória, mas queria que a criança lhe pedisse. Christophe nunca deixava de fazê-lo. Eles se entendiam bem (R. Rolland [23]).

Como para a avó, encontramos também a imagem de avós fracos e avós crianças. O de Marcel Pagnol foi muito severo com seus filhos: "Sua autoridade sobre seus filhos tinha sido temida, suas decisões eram irrevogáveis. Mas seus netos trançavam sua barba e lhe enfiavam feijões nas orelhas". Poum (P. e V. Margueritte [17]) cuida do avô, o faz sair, o faz atravessar a rua. Leva-o ao Guignol*. Pede-lhe dinheiro para comprar um doce. O avô lhe pede um pedaço. No teatro ele se mostra inicialmente carrancudo, quer ir embora, mais tarde acaba por rir mais do que as crianças quando "o velho" dá um tabefe no estilo *guignol*.

Poum tem também um avô que representa o extremo do convencional: "Inspira o decoro que exige, parece o próprio sr. Decoro, ou seja, alguma coisa um pouco ereta, estática, muito grave. Tudo isto se explica: o avô sabe de muitos segredos: ele não os diz. Isto o torna sério como uma carpa". Simone de Beauvoir teme um pouco seu avô, que é, no entanto, mais familiar: "Vermelho, com a careca brilhante, o queixo sujo com uma espuma cinzenta, vovô me fazia conscientemente

---

* Personagem do teatro de marionete.

pular sobre a ponta de seu pé, mas sua voz era tão áspera que nunca se sabia se ele brincava ou ralhava". O temor de Bernard Bardeau parece mais motivado:

> Ele não era mau, mas tinha acessos de raiva e desesperos terríveis. Seu avô não deixava de prescrever castigos corporais. Ele vinha por vezes ver a criança, inquietava-se com sua educação e a acariciava com mãos tão brutais que até a machucavam (...); Bernard retinha suas lágrimas por terror: ficava como que fascinado por este homem que lhe parecia um velho malfeitor (Berge [27]).

Essas personagens aterrorizam a criança porque representam uma quintessência do adulto: aspecto físico impressionante, saber, rigidez, autoridade. Sem amenidade, a velhice se torna terrível.

No entanto, os avós permanecem, no conjunto, as personagens próximas da criança. Seu maior erro é, por vezes, a pertinência a um meio burguês tradicional do qual encarnam as normas. Mas avós que agridem a criança e a maltratam, como alguns pais, praticamente não existem na literatura francesa estudada. Em certas sociedades primitivas, a criança reencarna seu avô ou um de seus ancestrais[23]. Em nossa cultura, algumas imagens lembram um pouco esta crença. Marc, por exemplo, parece com o pai de Annette (R. Rolland [47]) sem que esta tenha consciência disto, pois guardou outra imagem dele.

> Mas se o velho Rivière pudesse ter retornado para inspecionar, como bem sabia fazer, o pequeno bastardo, teria tido: "Eu recomeço". Mas ele não recomeçava. Nada recomeça nunca. Ele voltaria, pormenorizadamente (...) Malicioso jogo do sangue! Acima da cabeça de Annette, os dois compadres davam-se as mãos.

A afinidade entre os avós e, mais amplamente, das personagens idosas com as crianças resulta mais da sabedoria e do desprendimento dos primeiros, que lhes dão o sabor da autenticidade dos segundos. Outras personagens beneficiam-se desta mesma aptidão para se comunicar com as crianças: os sábios, os simples, os primitivos, ou seja, as personagens que têm outras maneiras de apreender o mundo do que a maior parte dos adultos.

Outras personagens privilegiadas[24]

Os médicos desempenham um papel especial ao lado das crianças. Eles as sentem e as adivinham. O avô de Cécile, amiga de Jack, interessa-se por ele. Leva consigo as crianças para as compras, e faz Jack descobrir o campo. O velho médico "divertia-se como uma criança com

---

23. A. Zempleni e J. Rabain, "L'enfant nit ku bon", *Psychopatologie Africaine*, 1965, vol. I, nº 3, pp. 329-441.

24. Indicamos aqui somente as personagens que se encontram em vários exemplos nos relatos.

estas crianças". Descobre que Jack tem "uma inteligência muito aberta, um espírito concentrado, mas profundo. Ele o faz estudar durante a hora que dedicaria à sua sesta, pois quer compensar o abandono no qual seus pais o deixam. O jovem garoto então progride muito rapidamente, muito mais rapidamente do que no período em que o amante de sua mãe cuidava rigidamente dele (A. Daudet [7]).

Um outro médico, o padrinho de Biche, é "um gigante do verbo truculento (...) sabe tudo e compreende tudo. É um mágico, ou melhor, uma espécie de ogre que poderia ser uma fada". Ele próprio prefere Biche, que é um pouco diferente das outras, e é somente a ele que ela ousa perguntar a respeito do que lhe parece essencial: "Gostaria de saber para que estou viva". Popaul, criança do lugar, educada, na casa de uma pessoa de meio abastado, perdeu sua alegria de viver. O médico que o examina o compreende; lê uma de suas cartas à amiguinha Virginie e marca no receituário: "Entregar Paul a Virginie ou Virginie a Paul". Doravante, Virginie irá partilhar de sua vida (Machard [43])[25].

No fim do romance *L'enfant aux yeux de chat* [42], quando Babou se incumbe da missão que trazia mais ou menos conscientemente (vingar sua mãe) levando o mestiço Sao a se matar, é um médico que viveu dez anos na Polinésia que dá uma interpretação à sua estranha estória. Ele conhece os mistérios da natureza, pressente tudo o que ignoramos, e até mesmo a existência das forças da magia.

Ao lado dos médicos, outras personagens, que têm por denominador comum o fato de serem idosas e muito sensíveis, acompanham também a criança. É uma velha senhora cega, que se irrita com a superficialidade da mãe de Trott e se inquieta com seu prazer em se fazer cortejar, mas que sabe se comunicar com Trott. Ela o leva para passear e goza da beleza da paisagem através dele. É também um artista, um músico, um velho homem sábio próximo dos seres e das coisas, que tenta ensinar sua linguagem a Gaspard. Para ajudá-lo a encontrar o país que procura sua amiga Hélène: "É preciso aprender a escutar (...), até mesmo as coisas inúteis. É preciso também aprender a ver (...) você deve tentar ler os sinais que existem nas coisas (...)". "A terra é imensa, mas existem elos entre as coisas" (Dhotel [59]). Pode ser também um velho homem simples como aquele que acolherá o pequeno delinqüente que tomba esgotado na neve após uma fuga. É o único que escutou a aventura do garotinho que sonhava com Tarzan, ele que desconhece esta personagem (Cesbron [57]).

O padrinho de Poil de Carotte, um velho homem ríspido e solitário, que passa sua vida a pescar ou na vinha, gosta de seu afilhado. Os dois se entendem, e as implicâncias do velho homem não têm nada de cruel. Poil de Carotte sabe que se trata de um jogo afetuoso (J. Renard [22]). A amizade de um velho homem primitivo, rude ou solitário, freqüente-

---

25. Cf. Cap. 5, p. 133.

mente marginal em relação à sociedade, é um tema muito constante. Esta personagem traz, por vezes, o título de padrinho ou de tio, o que demarca mais, talvez, seu papel de substituto paterno. Jacques Vingtras vive de maneira tranqüila e feliz na casa do tio, que é simultaneamente o pároco do vilarejo e um pouco camponês:

> Meu tio não era bonito (...) mas era bom. Eu sabia que ele sentia que eu era infeliz na nossa casa e que, deixando-o, eu perderia a liberdade e a alegria. Ele ficava tão triste quanto eu (Vallès [24]).

Jean Valjean desempenha o papel de pai e avô para Cosette, a quem salva e protege. Ele é o protótipo destas personagens solitárias, rudes e sensíveis, à margem de uma sociedade que a condena, mas superior a ela. Pascal encontra um velho esfarrapado que o cumprimenta:

> O velho se levanta e coloca a mão sobre a cabeça da criança. Pascal detesta que alguém encoste nele e, em geral, se afasta. Mas desta vez não se move e, em seguida, com um movimento imperceptível do pescoço, aproxima-se do velho. Eu gosto de você, pequeno. Eu também.

Em outra parte, o pai de Pascal nota a maturação de seu filho e a este respeito explica o que pode aproximar criança, velho e artista, aproximações freqüentes nos romances:

> Vê-se, por vezes, essa expressão na máscara dos velhos artistas, dotados de grande maestria, que sofreram tanto, que não têm mais idade, são mais velhos do que os mundos, enquanto trabalharam tanto, tanto, tanto, revelaram ao público obras de uma juventude eterna, que esta juventude recaiu sobre eles e que, sendo os mais adultos dos homens, dotados da mais digna autoconfiança, são simultaneamente crianças e velhos (M. Bataille [51]).

No filme *Le vieil homme et l'enfant* (Claude Berri), a personagem não é um marginal, mas um aposentado um pouco ríspido, cheio de preconceitos pequeno-burgueses. A presença de uma criança e a amizade que nasce entre os dois o fazem sair de si mesmo. A criança desmistifica um certo número destes estereótipos.

Gottfried, tio de Jean-Christophe (R. Rolland [23]), é um mercador ambulante que todos desprezam, tanto a criança como também os outros. Mas é apenas ele quem critica as músicas compostas por Jean-Christophe por seu vazio, por seu lado artificial. Ele o ensina a escutar:

> As rãs conversavam, e ouvia-se no prado a flauta melodiosa dos sapos. O trêmulo agudo dos grilos parecia responder ao tremor das estrelas. O vento resvalava docemente nos galhos dos amieiros. Das colinas acima do rio descia o canto frágil do rouxinol.
>
> Por que você precisa cantar? suspirava Gottfried, após um longo silêncio (não se sabia se ele falava a si mesmo ou a Christophe ...). Será que eles não cantam melhor do que qualquer coisa que você possa fazer?

Christophe tinha ouvido muitas vezes esses ruídos durante a noite. Mas nunca os ouvira assim. Doravante ele passa a gostar de seu tio e aceita suas críticas. Sente muito prazer em vagabundear com ele e partilhar seu prazer pela independência:

> Ele entendia tão bem, agora, o prazer que Gottfried encontrava em correr pelos caminhos sem estar ligado a parte alguma. Constantemente saíam juntos, à noite, no campo, sem objetivo, seguindo adiante; e como Gottfried sempre esquecia da hora, voltavam muito tarde e eram repreendidos.

Saem no meio da noite, vão de barco pelo rio com um amigo pescador. A família fica escandalizada e acha que Christophe não tem dignidade. Também ligado à natureza, a personagem do guarda se torna naturalmente o "Grande amigo" de Jack, assim como a floresta é a sua "Grande amiga" (A. Daudet [7]).

Em *Les fruits du Congo* (Vialatte [74]) uma outra personagem acumula as características do homem idoso, médico e tio. "Este homem bruto acreditava em Deus, e tufos de pêlos lhe saíam pelas orelhas; em suma: era uma pessoa terna." Ele não tem o costume de lidar com crianças, coloca no sobrinho um chapéu-coco e o despoja "dos cintos, dos suspensórios e de outras ligas que prejudicam a circulação do sangue". A personagem contribui também a seu modo para criar um ambiente muito específico, de sonho, a um meio de crianças e de adolescentes entre si[26].

As personagens de tias são mais raras. Trata-se, então, seja de personagens substitutas maternas, como no caso de Pascalet (H. Bosco [56]), que esconde sua ternura sob a rudeza, seja jovens tias da criança, por sua idade ou por sua situação. A tia de Simone de Beauvoir "vivia na casa de seus pais como uma criança e [lhe] parecia muito mais próxima do que os outros adultos". A tia de Fan era bonita, e seu abraço, "morno e macio; seu pescoço e seus cabelos e até mesmo seu vestido tinham um perfume de jasmim". Ela o chamava "meu querido, meu pequenino..." para consolá-lo nos dias em que ele sofria uma grande injustiça. Ela se transformava naquela que consola a criança incompreendida (Genevoix [37]).

Muito freqüentemente, essas personagens privilegiadas substituem os pais, que não são capazes de compreender a criança e de se comunicar com ela. Elas a ouvem, participam de seu mundo, facilitam suas descobertas através de sua orientação pessoal, iniciam-na e corrigem, não segundo as normas sociais, mas segundo uma verdade mais fundamental, e a consolam. A maior parte dentre elas são seres "particulares", um pouco originais, por diversas razões separadas da massa dos adultos. O piloto que dialoga com o Pequeno Príncipe, ou o visitante da reserva onde vive Patricia, fornecem outros exemplos deste tipo de

---

26. Cf. Cap. 5, p. 135.

personagem. Este fato confirma uma vez mais a representação de uma infância que não pode encontrar sua verdade e sua alegria, que não pode ser compreendida na sociedade dos adultos. A relação entre essas personagens diferentes das outras e a criança é uma escolha livre, em função das afinidades e não das obrigações.

As personagens negativas

Ao lado dessas personagens privilegiadas, próximas da criança por seus gostos, seus comportamentos, suas concepções, os autores colocaram homens e mulheres que se opõem a ela.

Pai e mãe ruins não compreendem a criança, fazem-na sofrer, e até mesmo a maltratam, já que vivem com outro sistema de valores ou são verdadeiramente maldosos. Outras personagens têm um papel ainda mais diretamente de oposição. São criadas para expressar através de sua existência e de seus discursos os valores antitéticos à infância idealizada, tais como as personagens de Barnabé e de um diretor de orfanato. O primeiro, adulto racional e calculista, sente as crianças como um aborrecimento e recebe mal o entusiasmo de Duhamel em relação a elas. É "adulto de algum modo pouco querido" – "modelo dos adultos" – "racionalista intransigente", diz Duhamel, ele "deplora aquilo que chama de minha complacência pelos mitos perigosos e fora de moda". O diretor do orfanato [40] tenta convencer Bardini (e de assegurar a si próprio) do poder do adulto que realiza uma obra enquanto que a criança é existência transitória. Ele coloca, neste sentido, a rivalidade entre o ser e o fazer.

O sistema de valores se especifica, assim, através de uma dialética. Em *O Pequeno Príncipe* (Saint-Exupéry [71]), as imagens de uma série de personagens ridículas são caricaturas da situação dos adultos e de sua psicologia. O Pequeno Príncipe que os visita espanta-se com seu comportamento e sua lógica, e, nessa oportunidade, expressa suas reações pessoais. Sobre o primeiro asteróide reina um rei sem súditos. Ele só ordena sobre aquilo que deve ocorrer inevitavelmente (um pôr-do-sol às sete horas e quarenta minutos, por exemplo). Em outra parte, um vaidoso pede ao Pequeno Príncipe que o admire, que lhe diga que ele é o homem "mais belo, mais bem vestido, mais rico e mais inteligente do planeta". Ora, ele vive sozinho em seu asteróide. Um beberrão bebe para esquecer que tem vergonha de beber. Um homem de negócios passa seu tempo a contar as estrelas e acredita possuí-las para ser rico e comprar outras, "se alguém encontrar alguma". Ao Pequeno Príncipe, que o interroga sobre o uso que faz delas, responde: "Eu as administro. Eu as conto e reconto (...). É difícil, mas sou um homem sério!" Ele pode também "colocá-las em um banco", escreve seu número num papel, que tranca em uma gaveta. A quinta personagem, um acendedor de candeeiros, leva uma vida cansativa, porque o movimento do asteróide se acelerou e ele deve acender e apagar a cada minuto para observar que a ordem não mudou. O último, enfim, um geógrafo, nunca deixou seu escritório. "O geógrafo é importante demais para vadiar." Ele anota as informações dos exploradores e manda fazer pesquisas a respeito de sua moralidade para saber se não são mentirosos. Todas essas personagens se encontram em uma situação absurda, que justificam, ao invés de refletir, contestá-la ou questionar a si próprios. Estão alienados por um papel imposto ou pelas conseqüências de seus defeitos. Existem muitos outros exemplos[27]. Mencionamos aqui os mais típicos, os de personagens confrontadas com a própria criança ou com o adulto que a defende e a admira. Suas características encontram-se de maneira mais discreta e menos caricatural em muitos pais maus e em outras personagens dos relatos que não estão em relação direta com a criança. É o caso de Javert, por exemplo, a própria encarnação de normas rígidas, cego por elas, que se opõe a Jean Valjean, protetor de Cosette, mas que não tem nenhum contato com ela.

Os rostos que criam o ambiente

Outros rostos contribuem para criar o ambiente estranho do mundo da infância. Citamos algumas personagens privilegiadas que eram também personagens simples e próximas da natureza. Várias delas levam estas características ao extremo, são primitivos que têm acesso a um mundo misterioso. Una, a ama-de-leite polinésia de Babou, lhe transmite através de seu leite um certo conhecimento do "Oriente misterioso" e o envolve com práticas mágicas. Zette tem também uma empregada negra: "Dorothée era transmissora do medo, a evocadora do mistério. Poder-se-ia dizer que ela via coisas invisíveis e quando declarava a Zette que ela ouvia crescer as plantas, Zette acreditava". Estas crianças utilizam, elas mesmas, o pensamento mágico, mas essas personagens têm freqüentemente o papel de expressar as raízes primitivas da humanidade que a criança traz nela mesma. Patricia, que vive com seu leão na reserva, está rodeada de primitivos. Essas personagens, os animais, o meio à parte dessa reserva, formam a imagem de um paraíso inicial em que a criança se encontra em seu lugar.

Menos estranha, mais banal, a presença de "pessoas em viagem", boêmios ou forasteiros, traz também um toque de mistério, de evasão, menos freqüente do que nos romances infantis. Nós o encontramos, no entanto, em *L'enfant et la rivière*, onde Pascalet consegue lhes tomar o menininho que eles mantêm prisioneiro. Gaspard é filho de forasteiros, assim como sua amiga Hélène (Dhotel [59]). Os dois acabam por encontrar o "país de sua infância", o mundo dos forasteiros. "Os sonhos

---

27. Podem ser encontrados no Cap. 7, nas relações hostis, ou quando a criança é considerada como um objeto, ou ainda em certas atitudes do adulto que utiliza a criança ou a maltrata.

da infância encontraram a realidade e venceram os preconceitos de um mundo que não era o seu." Esta frase, que conclui o resumo da obra na contracapa, ilustra a oposição entre um mundo adulto esterilizado por preconceitos, que não pode responder às necessidades da criança, e certos grupos, certos meios com os quais ela se sente em harmonia[28].

Loti [15] recebe o chamado da fuga, da partida, pela visão de marinheiros que passam cantando. Um barbeiro previne Gaspard de que o destino pesa sobre ele e que ele não voltará tão cedo para a casa de sua tia; ele faz o papel de oráculo.

Algumas personagens, menos marcantes, são percebidas pela criança como boas ou más "fisionomias", evocadoras de alegria, reasseguradoras ou, ao contrário, inquietantes. Biche (Lichtenberger [41]) tem, assim, medo da vendedora do armarinho: "Uma mulher de negro, magra, desdentada, peluda como uma aranha secreta e venenosa (...) uma força mágica quando ela passa na frente do armarinho, atrai as suas pupilas". Para Babou o açougueiro é um ogre assassino. Marcel (V. Larbaud [50]), quando vai para a escola, fica triste. "Mas por que deveria, afinal, deixar as boas figuras que se conhece e de quem se gosta?" (O filho do jardineiro, o cocheiro, a filha do trabalhador mais antigo.)

Um retrato, uma foto, também podem ter uma presença tão pregnante quanto uma personagem real. Podem lembrar uma pessoa amada; para Babou, por exemplo, sua mãe morta. Ele beija a foto com um certo mal-estar, já que o retrato é para ele uma espécie de duplo da mãe morta. Milou, ao contrário, detesta o retrato de seu avô, considerado na família como um grande homem. Sua mãe o fez ajoelhar-se diante dele, um dia, para pedir perdão. (Prova de que os adultos também crêem em uma realidade da presença na imagem.) Borel [55] sentia-se também bem próximo dos mortos da família graças a presença de seus retratos:

> A sala, o quarto de minha avó, eram forrados de retratos de ancestrais, ou de parentes que eu nunca conheci e que, no entanto, nunca me pareceram extraordinários, que me pareciam somente pertencer ao passado e com os quais me sinto sempre à vontade, de tanto conviver durante meus primeiros anos em uma espécie de familiaridade, quase que carnal, com estes nomes, com estas imagens (...) estes antepassados mortos participavam, de fato, de minha vida.

Várias constatações podem ser feitas observando esta constelação de personagens. Por um lado, as personagens que não pertencem à família, que os autores introduziram gratuitamente nos relatos, reforçam as imagens da criança autêntica, de bom senso, evadida do cotidiano e das normas categorizantes, dando uma nova imagem destas características positivas, encarnadas por um adulto associado à criança, ou uma imagem negativa, antinômica. Por outro lado, as personagens da

---

28. Cf. também, "O país da infância", Cap. 10, pp. 302-305.

família representam imagens menos livres, uma vivência feliz ou não, expectativas, contestações de pessoas ou de papéis. Este aspecto oferece um interesse pedagógico. Os leitores encontrarão ali os múltiplos rostos sob os quais os adultos apareceram às crianças em papéis parentais e foram cristalizados de maneira caricatural pela lembrança. Exageradas, porque "saturadas de ser"[29], estas imagens revelam modelos de comportamentos esquemáticos subjacentes, ou ainda propõem modelos para interpretar relações existentes. São, neste caso, moldes prontos a serem utilizados. Os adultos correm o risco de ser classificados, apesar deles mesmos, segundo estes modelos. A antropologia cultural e a psicologia social evidenciam imagens, representações pessoais e coletivas, modelos que intervêm nas relações entre a criança e o adulto. A pedagogia não pode se desinteressar disto.

Uma terceira constatação se impõe. Sob múltiplos rostos, a personagem da criança expressa uma unidade da infância na sua maneira de existir e olhar o mundo, quer ela seja ingênua, irônica ou sofrida. Nada disto ocorre à personagem do adulto. Este, que sofreu as limitações do tempo e o aprisionamento nos papéis, se dispersa em uma multiplicidade de formas que não apresentam como resultado a efervescência da vida mas, sim, um enclausuramento e isolamento. Modelo negativo do adulto-norma, tem uma definição bastante precisa por si própria, mas o modelo positivo não possui uma verdadeira unidade, se tivermos por referência a criança autêntica. As relações entre as personagens de criança e as personagens adultas vão permitir situar melhor umas e outras. Os peões estão colocados, é necessário saber qual é a regra do jogo, como foi instaurada, de que forma os aliados serão aproximados e os adversários separados. O tabuleiro corresponde aos contextos e aos meios nos quais se desenrolam os relatos que fazem da infância seu tema principal e que, conseqüentemente, sofrem uma valorização particular, como poderemos constatar ulteriormente.

---

29. Cf. Cap. 8, pp. 247-248.

7. A Relação Entre a Criança e o Adulto. Atitudes Recíprocas.

A relação entre a criança e o adulto pode ser estudada nos relatos em diferentes níveis. O termo "relação", muito genérico, significa simplesmente a relação que há entre dois objetos, aqui entre duas personagens. Esta relação consiste em situações recíprocas, em maneiras de perceber o outro, em atitudes ou comportamento em relação a este. A comunicação é uma forma de relação na qual se estabelece uma troca. Ela implica dois parceiros, uma forma de transmissão, um objeto transmitido. Comunicar, no caso de pessoas, assume também a nuança de se compreender, ou seja, de fazer o outro entender, com a ajuda de uma linguagem (sinais, mímicas, palavras) que lhe é acessível, sentimentos e idéias. Se se estabelece uma união em uma mesma crença, em um mesmo sentimento, em um mesmo estado de espírito, a comunicação se torna comunhão.

A análise se refere inicialmente às diversas modalidades da relação em si mesma, é também aos pontos de vista e aos comportamentos de cada uma das personagens, uma em relação à outra. Estes dois aspectos se entrecruzam necessariamente e recobrem também em parte a definição das personagens. Os relatos, decompostos segundo vários códigos, fornecem-nos múltiplas informações, mas que redundam freqüentemente, no nível do significado, em representações que traem o mesmo sistema de valores.

1. AS MODALIDADES DA RELAÇÃO

Os estatutos das personagens e a natureza que lhes é atribuída condicionam a forma da relação, mas amiúde também o estatuto e a natureza são elucidados pelo tipo de relação entre as personagens. O sistema hierárquico descrito, que é uma das dimensões da relação, parece menos ligado à possibilidade de comunicação do que à natureza das personagens.

O aspecto hierárquico da relação

A relação se estabelece ora de modo hierarquizado, ora igualitário. No primeiro caso, o superior pode ser o adulto ou a criança, e a relação pode se inverter, em um mesmo relato, segundo os episódios e as características em questão. O adulto, em posição superior, faz o papel de protetor afetuoso tanto quanto de chefe autoritário e duro.

A proteção se exerce de várias maneiras. Pode aparecer pela ternura e como resposta à demanda da criança. Encontramos também as personagens positivas de mães como as de Loti, do *L'élève Gilles*, de avós como, por exemplo, a de Babou, de médicos, tal como o padrinho de Biche, ou de pais (o próprio Duhamel), de bons adultos marginalizados, como Jean Valjean em relação a Cosette. Os adultos, nestes casos, assumem o aspecto de "bons espíritos protetores".

Superprotegida, em contrapartida, a criança se sente sufocada. Vimos as imagens de mães abusivas, de pais que interferem constantemente na vida de seu filho, que decidem sobre seu futuro (a mãe de *L'arrache-coeur*, a de Biche, entre outras; citaremos também posteriormente alguns educadores). Da superproteção, que não leva em conta os verdadeiros desejos da criança, desliza-se facilmente para a manipulação desta, que se torna um objeto, e para as diversas imposições[1].

Alguns adultos superiores exercem uma autoridade indiscutível, que por vezes só se mantém às custas de tratamentos cruéis. Fornecemos uma série de imagens típicas nesse sentido, como a do sr. Vingtras, em particular, ou Folcoche[2].

Na relação inversa, a superioridade da criança decorre de sua natureza. O adulto faz da criança simbólica o seu guia (o Kid, o Pequeno Príncipe, Patricia, por exemplo). Ele admira a exuberância de vida, de aparência real na criança. Diversas personagens infantis intimidam os adultos, que sentem seu mistério e as imitam. Em certas circunstâncias, o adulto se torna protetor de uma criança que lhe é superior no plano psicológico ou moral. Pascal, que vai morrer, adquire uma força de caráter que impressiona seu pai.

No fundo das coisas, este lhe diz, no fundo de mim, sei que ele me ultrapassou de muito. Ele se distanciou de mim totalmente, talvez porque seja uma criança, talvez porque vai morrer, ou por milhares de outras razões que desconheço e que lhe formam um misterioso cortejo. Ele é meu filho, mas também meu senhor. Senhor,

---

1. Cf. Cap. 6, p. 171.
2. Cf. Cap. 6, pp. 171, 173, 180.

senhor, não me abandone! Não me deixe sozinho na noite enquanto caminha para o seio da luz! [51].

A fragilidade física da criança em nada impede seu poder, é até por vezes uma força diante do adulto[3]. Tais inversões ocorrem quando uma personagem simbólica acha-se apresentada através de um estatuto infantil ou, pelo contrário, quando uma personagem colocada em uma situação que poderia ser a de uma verdadeira criança revela uma natureza de criança autêntica.

Em um mesmo relato, uma criança pode ter relações diferentes do ponto de vista hierárquico com vários adultos. A igualdade em si própria tem diferentes sentidos, que se referem a características opostas das personagens. Ou a criança é considerada por seu interlocutor como um adulto, como Simone de Beauvoir com seu pai, por exemplo, e muitos outros[4]. Ou, então, pelo contrário, o adulto permaneceu uma criança, como a mãe de Jack [7], assim como a de Sartre [73]: "(...) a idade de catorze anos foi das mais felizes de minha infância. Minha mãe e eu tínhamos a mesma idade (...)". Pode ocorrer também que as afinidades apaguem as diferenças:

> Eu senti (...) que havíamos chegado a um grau de entendimento em que a diferença de idade não contava mais [diz o visitante da reserva falando de Patricia.] A intensidade e a franqueza de um interesse, de uma necessidade comum, tinham estabelecido, por intermédio de animais selvagens, a cumplicidade e a igualdade entre uma criança e um homem que há muito cessou de sê-lo.

Criança e adulto sentem-se, por vezes, cúmplices, pois partilham um segredo, têm uma linguagem comum, diferente da das outras personagens do meio. O tio Jules manifesta seu reconhecimento ao jovem Marcel (Pagnol [65]), que não revelou um segredo que lhe pertence. Sartre e seu avô se comunicam através de versos. Avô e neto partilham uma vida diferente da do resto da família em *La maison* (H. Bordeaux [2]).

O desejo de comunicação

Qualquer que seja a forma hierárquica dada à relação, uma verdadeira comunicação parece ser uma aspiração comum a muitas personagens de crianças ou de adultos. Em *O Pequeno Príncipe* o piloto se recorda de seus esforços em relação aos adultos, quando era criança: "Eu me colocava ao seu alcance. Conversava sobre bridge, golfe, política e gravatas". O adulto ficava contente em achá-lo "tão ajuizado", mas a criança se sentia sozinha pois, nesta troca, ele compunha como uma personagem que podia penetrar nos interesses do interlo-

---

3. Cf. Cap. 2, p. 46.
4. Cf. abaixo, "A Atitude do Adulto em Relação à Criança", pp. 239-240.

cutor, mas ele não se entregava. Conclui então: "Desta forma, vivi sozinho, sem ninguém com quem falar verdadeiramente, até uma pane do motor de meu avião no deserto do Saara (...)" onde, adulto, por sua vez, fará um esforço para se tornar amigo do Pequeno Príncipe.

A criança deseja e teme a comunicação. Éliane (V. Larbaud [50]) teme olhar as pessoas de frente, porque poderiam ler seu pensamento; no entanto, deseja isto. Poil de Carotte não pode manifestar seu afeto por seus pais como o deseja: "Se não vejo meus pais por três meses, tenho uma vontade enorme de vê-los. Eu me prometo saltar no pescoço deles como um cachorrinho. Nós nos devoraremos em carícias. Mas ei-los aqui, e eles me gelam".

Simone de Beauvoir sente-se em rivalidade com sua mãe e sonha ter com seu pai "relações pessoais"; mas mesmo quando estão sozinhos a imagem da mãe se interpõe entre eles. Ela busca, no entanto, a cumplicidade deste. Um dia, se convence "de que uma aliança silenciosa existia entre ele e ela [própria]". Mas perde suas ilusões no dia em que seu pai declara: "Uma criança que ousa julgar sua mãe é uma imbecil". "Meu pai me deu um golpe duplo afirmando a solidariedade entre ele e minha mãe e me tratando, indiretamente, de imbecil."

Adultos como o piloto (Saint-Exupéry [71]), a avó de Babou (*L'enfant aux yeux de chat* [42]), o pai de Bruno (H. Bazin [53]), falam "em cativar" uma criança, ganhar sua confiança e tentam estabelecer relações afetuosas e livres com ela.

Por seu lado, as pequenas personagens gostariam de descobrir seus pais quando estes tinham sua idade. Por exemplo, Babou na casa da avó encontra por toda parte traços da infância de seu pai. Deseja poder se situar no mesmo plano que o pai para se sentir, assim, mais próximo deste. Outras sonham também com a infância de seus pais, mas não conseguem representá-la para si mesmos: Lucien (Sartre [49]), Josiane (C. Rochefort [70]), Loti [15].

A comunicação, por vezes desejada de ambos os lados, não é fácil de ser realizada. Laços obrigatórios regulamentam as relações. Um e outro permanecem cristalizados em seus papéis. A impossibilidade de se comunicar revela, além disso, em muitos casos, as diferentes naturezas das personagens.

As relações privilegiadas[5]

Conseguir se comunicar com uma criança e, principalmente, com a criança autêntica caracteriza o bom adulto. Trata-se freqüentemente de personagens excepcionais. O piloto, após muitas incompreensões com o Pequeno Príncipe, chega à comunhão na água simbólica

---

5. As relações positivas assumem a primeira posição, mas recobrem nuanças diversas.

de um poço. Jérôme Bardini ou o visitante da reserva seguem a mesma evolução. Estas personagens são perturbadas por um *handicap*: uma parte de si próprias pertence ao estado adulto, mas superam este obstáculo já que conservaram o desejo de se libertar dele, enquanto uma parte de sua verdade primeira ainda vive neles. O pai de Pascal (M. Bataille [51]) tem uma profunda admiração por seu filho. Faz um recuo em relação a seu papel de adulto: "Eu, o homem feito que desempenha seu papel no rude pôquer financeiro da civilização moderna com um desprezo profundo (...)". Babou tem estranhos elos com Una, polinésia primitiva. A "comunicação secreta" que une Marie-Claire e o irmão do fazendeiro na casa do qual ela vive não tem nada de misteriosa: "Quando ele debochava de alguém, seu olhar sutil procurava o meu e, se fosse uma situação embaraçosa, virava em minha direção como se esperasse de mim uma aprovação" (M. Audoux [1]).

Uma comunicação se estabelece de forma feliz com categorias de personagens privilegiadas, tais como as pessoas idosas ("na luta entre as gerações, as crianças e os velhos constituem, freqüentemente, uma causa comum" (Sartre [73]), médicos etc.[6]

A relação pedagógica pode ser também uma comunicação afetuosa e solicitada. Gide [38] tem uma amizade por seu primo Albert, vinte anos mais velho do que ele, que é tão mais intensa quanto menos ele se sente à sua altura. Ele se esforça em ser um pouco menos indigno dela. "A simpatia pode fazer eclodir qualidades adormecidas." Albert critica seu egoísmo, mas por simpatia, sem hostilidade; ele não é indulgente, e Gide, sem o saber, procura armas contra si próprio.

Na escola *Sainte-Colline* [28],

o incrível frescor de alma do padre Bricole lhe conservava, apesar da idade, a rara capacidade de sempre estar no mesmo plano das crianças. Era o único adulto do colégio que podia realmente compreendê-las, levar a sério o que é sério, suas misérias. (...) Seu frescor alimentava uma fonte de ternura onde vinham beber (...) alguns pequenos infelizes que, então, partiam menos tristes.

As relações afetuosas deslizam também para nuanças amorosas[7]. Rigaud [32], *Le premier de la classe*, está apaixonado pela sra. Caraguel, e esta está também perturbada e emocionada pelos sentimentos do garotinho. Um dia ele lhe diz que quer se tornar seu pequeno marido para nunca mais deixá-la; ela morde os lábios, em seguida aperta-o contra si e beija-o. Josiane (Christiane Rochefort [70]) tem também uma experiência amorosa e sexual aos onze anos com um operário italiano. Diversos autores atribuem a uma relação afetuosa entre um adulto e uma criança nuanças de sentimentos amorosos em um ou ou-

---

6. Cf. Cap. 6, pp. 185-189.
7. Esta relação assume a sétima posição.

tro parceiro apenas: a criança (principalmente o garotinho) em relação a um dos pais (a mãe), uma professora (Léautaud [12], A. France [36]). O adulto: um professor, um religioso de uma escola, em relação a um belo pequeno aluno (Peyrefitte [68], Montherlant [64], Jules Renard [22], menos diretamente).

A relação permanece tácita em alguns casos. Pascalet (H. Bosco [56]) admira um caçador de quem também tem medo. Este lhe traz toda a natureza selvagem atraente do rio. Ele esconde sua amizade no fundo do coração. O caçador "percebeu o interesse que eu tinha por sua pessoa [diz ele], mas fingia não ter conhecimento deste, tomando ares de indiferença, o que me machucava".

Aqui há um jogo silencioso, mas na maior parte dos casos a comunicação desejada depara-se com obstáculos, não podendo se estabelecer. O pequeno Bernard, diante da hostilidade dos adultos, refugia-se "junto ao velho jardineiro Patrice, que cuidava dele com toda boa vontade (...). Era um homem bom, de pouca conversa, ao lado de quem a criança experimentava, principalmente, os prazeres silenciosos da atividade física. A cada tentativa de Bernard de estabelecer uma conversa, chocava-se com o preconceito de uma barreira social que seus olhos eram muito jovens para poder discernir" [27].

Dificuldades e impossibilidade de se comunicar[8]

A impossibilidade total de se comunicar, quase sempre decorrente da incompreensão do adulto, cria relações decepcionantes, falsas, por vezes cruéis, entre a criança e ele. T. Derème [33] queixa-se um pouco da criança que não sabe ver os lados infantis do adulto:

As crianças, que parecem pensar apenas em seus jogos, não pensam, no entanto, em geral, que os adultos possam também brincar. Não acreditam que sejamos, por vezes, tão crianças quanto elas próprias; e nossos discursos, quaisquer que sejam, lhes parecem o mais sério do mundo.

Vários autores mostram a simples dificuldade de comunicação entre os seres. Sartre [72], voltando para a casa de sua mãe após o período de amamentação pela ama-de-leite: "(...) éramos vítimas de um mal-entendido: ela reencontrava com amor um filho que nunca deixara verdadeiramente; eu voltava à consciência no colo de uma estranha". Jules Renard [22]:

Levantado na ponta dos pés, ele [Poil de Carotte] esforça-se por beijar seu pai. Pela primeira vez, toca de leve sua barba com os lábios. Mas o sr. Lepic, com um movimento maquinal, levanta a cabeça como que se esquivando. Em seguida se inclina e novamente recua, e Poil de Carotte, que procurava sua face, não a encontra (...).

---

8. É uma das relações mais freqüentes (a segunda). É constante nas três amostras.

Acredita que seu pai esteja fugindo, não gosta mais dele. "Com estes pensamentos tristes, Poil de Carotte responde mal às perguntas do sr. Lepic."

A falta de jeito ou a indiferença do adulto conduz ao despeito ou ao ensimesmamento da criança. O Pequeno Príncipe chora quando o piloto, preocupado com o conserto de seu avião, não acha suas perguntas "sérias", essenciais para ele: "Os espinhos servem às flores para se protegerem, já que são frágeis, ou são sinal de maldade?"

Lucien (Sartre [49]) fez uma descoberta sensacional para ele, ou seja, de que as árvores são feitas de madeira. Sua mãe, de mau humor, lhe responde: "Não se faça de imbecil". Mesmo adotando uma aparência que agrada ao adulto, a criança não pode lhe transmitir seus sentimentos se este está descontente por uma razão pessoal. O Sagouin leu na casa do professor *A ilha misteriosa* e teve uma viva impressão, mas não sabe explicá-la à sua família que, aliás, mal o ouve: "Paciência! melhor assim! Ele guardaria seu segredo". – Por que se foge dos pais e não se permite lhes contar histórias de escola; porque eles esqueceram sua infância, explicam os meninos de *Devoirs de vacances* (V. Larbaud [50]). Eles não têm em comum qualquer experiência e, no mínimo, não viveram os mesmos acontecimentos da mesma forma.

Bernard (Berge [27]) não repele os adultos mas volta-se, cada vez mais, para si mesmo, pois sente ser praticamente impossível a comunicação com eles. Os adultos cuidam dele por interesse, por dever, e querem lhe impor suas idéias, freqüentemente contraditórias. Fica dividido entre os pontos de vista opostos dos membros de sua família. Quanto a seus gostos pessoais, ninguém se preocupa realmente. Quando podem se expressar, os gostos das crianças diferem freqüentemente dos dos adultos, outra fonte de incompreensão. Por exemplo, a preferência do jovem Proust [20] por obras de arte *naïves* e incompletas surpreende suas tias, que não o compreendem.

Relações falseadas por erros de interpretação, a falta de respeito: o outro é um objeto[9]

Mais graves são as conseqüências das interpretações que os adultos dão da criança quando tentam explicar seus sentimentos ou seus atos. Os textos que os descrevem são muito numerosos. Assim, por exemplo, um amigo da família de Brasse-Bouillon (Hervé Bazin [52]) faz um sermão sobre o pecado da gula, que ele não cometeu: "Uma aula, em benefício da criança mimada, onde aparecia incessantemente a palavra feio. Esta repriménda açucarada me enojava". Ainda mais que o garoto, por um lado, não é mais um menininho (ele tem

---

9. Esta relação alcança o terceiro lugar por ordem de freqüência.

doze anos) e, por outro, foi educado de forma muito rígida. Crianças tristes, sonhadoras ou silenciosas são julgadas "sonsas", "tontas" (Vallès [24], V. Larbaud [50], Lichtenberger [41]). A mãe de Biche a proíbe de rezar por suas bonecas. A garotinha, não podendo mais considerá-las como seres vivos, prefere enterrá-las. A sra. Hémar lhe mostra seu egoísmo: ela deveria tê-las dado se estas não a interessavam mais. Ela não entendeu nada das reações de sua filha, sensível, imaginativa e um pouco ensimesmada. As convidadas da sra. Hémar tentam dar uma explicação física do caráter de Biche: "Com as garotinhas se têm tantas surpresas! Existem influências de crescimento e de saúde. Por vezes uma simples mudança de regime... ela vai regularmente lá? (...)". Um médico em *L'enfance d'un chef* [49] propõe medicamentos para Lucien que, simplesmente, tem dificuldades em crescer psicologicamente. O irmão de Daniel (Daudet [6]) foi orientado para o comércio, os adultos não souberam perceber seu amor pela poesia. As meninas que preparam uma aventura são tratadas como ladras pelas donas da pensão de Dora (Vialatte [74]) que as viram pegar mantimentos. Encontraremos outros adultos fechados para a psicologia das crianças, descrevendo diretamente sua atitude em relação a ela.

A relação entre os adultos e as crianças é também perturbada por outras formas de "falta de jeito" dos primeiros: eles intervêm abusivamente na vida das crianças, não as respeitam e as tratam com presunção ou com um afeto sufocante. Uns falam da criança, diante dela, como se esta não os pudesse ouvir; como as pessoas que vêem Dolly (V. Larbaud [50]) passar, a pequena doente que designam pela palavra "tísica", ou as amigas da sra. Hémar, que lhe dão conselhos e fazem reflexões sobre a saúde de Biche e sobre seu comportamento em sua presença, ou ainda a família de Bernard (Berge [27]): "Tratavam-no como um objeto, mas este objeto era todo ouvidos". Os outros interrogam a criança sobre seus sentimentos íntimos: a mãe do pequeno Léon lhe pergunta se prefere ao pai ou a ela mesma. Léon acha esta pergunta indecente, principalmente em público (ela está acompanhada de seu amigo) na sua idade. Ele se vinga respondendo: "Papai, é claro..." [11]. Marcel é muito perturbado por seus pais que, ao longo de toda uma viagem, perguntam se ele está dormindo. "Sim, eu estou dormindo, grita Marcel... Será que seus pais continuarão assim, intrometendo-se naquilo que lhes diz respeito ou não, por toda sua vida?" (V. Larbaud [50]). "Eles contam a pessoas estranhas acontecimentos de nossa primeira infância nos quais não encontramos nada daquilo que nossa lembrança guardou. Isto nos envergonha." Mas o menino de *Devoirs de vacances* (V. Larbaud [50]), mais velho que Marcel, não ousa intervir e se cala por covardia.

Este tipo de relação amiúde transtorna a vida da criança, principalmente quando o adulto intervém no desenrolar de sua existência. Querendo saber tudo o que pensa Biche, a sra. Hémar a impede de sonhar; como se não bastasse, ao lhe explicar que uma boneca é feita de retalhos, ela lhe causa repugnância e encerra toda uma parte de sua infância. Marcel é afastado da companhia de seus colegas de jogo por seu pai, indiretamente, pois ele quer fazer dele um "senhor", e de forma mais direta pelo pai de seus amigos, que faz questão de marcar a diferença de classe. Milou não pode se relacionar com Justine, a pastorinha, sendo filho do proprietário, o "Herdeiro". O pai de Poum arranca-o de sua infância, enviando-o ao colégio, fazendo com que este escolha uma profissão. Poum não se revolta, mas sente um grande desespero. O adulto, neste caso, representa o destino infeliz da criança.

A pequena personagem tem, por vezes, mais defesas. Quando o guarda-florestal se intromete na "guerra dos botões", as crianças criam armadilhas para fazê-lo cair e para que ele tenha um aspecto mais embriagado do que o de costume. Para evitar que o comboieiro de Alain Robert (Cesbron [57]) faça perguntas, a criança o interroga: "Quando os adultos falam, as crianças ficam em paz". E a reflexão do Petit-Chose: "Eu era muito feliz. Não se preocupavam comigo", expressa ainda mais categoricamente a necessidade de liberdade na relação adulto-criança, e de independência desta última.

A criança, por seu lado, também utiliza o adulto. Zazie sabe muito bem atrair o interesse do adulto e obter o que deseja (Queneau [69]). Buteau (M. Genevoix [37]) encontra a maneira de ser e de falar que agrada e dá uma boa impressão de si mesmo. Julie bajula e utiliza os pais de Marcel, seus mestres (V. Larbaud [50]). Mas estes casos são menos numerosos do que os casos inversos. Adaptando-se às imagens esperadas pelos adultos, as crianças correm o risco de acabar se alienando, enquanto que o adulto possui a criança e tem sobre ela uma autoridade de direito.

Na relação entre duas pessoas, os erros de interpretação, julgamentos tão duros da parte daquela que detém a autoridade ou suas intervenções abusivas conduzem também à cólera ou à revolta da outra. Um muro se edifica ou a luta aberta se inicia. Vimos[10] a dúvida, o questionamento de si, por exemplo, em Félix Vandenesse, punido tantas vezes de maneira injusta. Outros, como Gide, explicam:

> Eu me dava conta (...) que seria sempre impossível esclarecer para ela os modelos secretos de minha conduta (...). Em suma, esta impotência em me justificar levou a uma resignação desdenhosa que me permitiu agüentar, sem enrubescer, o sermão da sra. Bertrand.

O sermão falava sobre a desonestidade. Deram a Gide duas rolinhas, mas como ele cuidava muito delas, seu professor trancou o viveiro à chave. Vexado por terem empregado com ele "procedimentos tão elementares", comprou uma cópia da chave e entrou no viveiro.

---

10. Cf. Cap. 5, p. 146.

O conflito explícito[11]

Em alguns autores, as oposições assumem formas de lutas brutais. O pai de Jean-Christophe (R. Rolland [23]) vendeu o piano de seu filho:

> Christophe perdeu a consciência de seus atos. Jogou-se como um louco sobre o pai. Melchior não teve tempo de se esquivar. A criança agarrou-lhe o pescoço e gritou: "Ladrão!" Mas não passou de um raio. Melchior moveu-se e fez Christophe, que se agarrava a ele furiosamente, rolar no ladrilho. A cabeça da criança bateu contra o cão da lareira. Christophe ajoelhou-se, com a fronte aberta. Continuava a repetir com uma voz sufocada: "Ladrão... ladrão que rouba a mamãe e a mim..." Melchior, em pé, levantou o punho sobre a cabeça de Christophe. A criança o enfrentava com olhos de ódio e tremia de raiva. Melchior pôs-se a tremer também. Sentou-se e escondeu o rosto entre as mãos...

A criança de *Images sentimentales* (P. Adam [102]) e seu pai chegam às vias de fato.

Uma tal violência é rara, mas os conflitos não são menos graves. "Desde que me conheço por gente [diz René, tio do pequeno Bernard (Berge [27])] já estava em luta com todo mundo (...). Não deixavam passar a mínima besteira de criança, e eu tampouco não lhes deixava passar nada, garanto..." A tensão se torna também muito intensa entre Rigaud, *Le premier de la classe*, que despreza seu pai, e este, que não ousa atacá-lo frontalmente. Entre Brasse-Bouillon (H. Bazin [52]) e sua mãe, a hostilidade é constante, assim como entre Poil de Carotte e sua mãe, ou Henri Brulard e sua tia Séraphine, que ele detesta. Este também não gosta do pai, que sem dúvida ama esta tia. "Eu os execrava e isso deveria transparecer, já que ainda hoje, quando não simpatizo com alguém, as pessoas o percebem imediatamente" [160].

A relação sob a imposição das normas sociais[12]

A relação entre algumas personagens é mais falseada pelas imposições das normas da sociedade do que por falhas pessoais. Os papéis esperados aprisionam a criança e o adulto. Sartre, ao longo de *As palavras* apresenta sua relação com seu avô como uma farsa, como um espetáculo público. O avô "mostrava as culpáveis fraquezas registradas por Victor Hugo", mas Sartre não se deixava enganar: "Se eu tivesse podido crer na farsa familiar (...) ela me atingia apenas superficialmente, o fundo permaneceria frio (...)".

A relação entre o pai e o filho em *Au nom du fils* (H. Bazin [53]) é inicialmente ditada pelo temor da opinião pública. O pai toma consciência disto e monologa:

---

11. Em quarto lugar.
12. Em quinto lugar.

O que você faz por seu filho, você sente como um esforço. Um esforço consciencioso como o resto (...). Você faz seu dever, mecanicamente (...). Você tem um medo terrível de ser mal interpretado. Você está pronto a fazer mais do que o necessário, ou seja, demais, ser um pouco menos firme, isto é, um pouco menos justo, para enganar.

A relação tinha sido inicialmente estabelecida sob um modelo autoritário. O pai, professor, tinha, por exemplo, na ocasião de uma fuga na escola, necessidade "de obter a submissão do aluno a qual, às custas de sua impotência definitiva, a prática da autoridade nos obriga a obter imediatamente", mas o menino parecia acossado, apavorado e um dia repreende seu pai por "amá-lo pouco". As relações entre eles mudam e se tornam mais confiantes, afetuosas e verdadeiras; eles se comunicam realmente.

Em contrapartida, o pai de *Portrait d'un inconnu* (Nathalie Sarraute [72]) assume "uma máscara" artificial, congelada, diante de sua filha adulta, a mesma máscara que ele possuía

na ocasião do primeiro contato entre eles, quando ela era ainda uma criança de berço, sem dúvida no momento em que ele ouviu pela primeira vez seu grito persistente, estridente. Quando ela era ainda uma criança, domingo à tarde, sob a imposição muda mas inexorável das fadas, ele a levava para passear. Todo o bairro, aliás, parecia exercer sobre ele a mesma imposição pesada e muda para forçá-lo a perambular com ela lentamente, segurando-a pela mão.

A relação é a de um parasita e do parasitado. A criança possui "doces tentáculos moles que se agarravam a ele".

Este tipo de relação revela-se excepcional, enquanto que a intervenção abusiva do adulto na vida da criança, que chega a aliená-la, é freqüentemente encontrada. A personagem que atrai a simpatia e o interesse, aquela que é a vítima no caso de conflito, é quase sempre a criança[13].

2. A ATITUDE DA CRIANÇA EM RELAÇÃO AO ADULTO

Alguns autores adotam o olhar da criança para observar o adulto. Procuram encontrar um estado da infância para criticar este último e descrevem os sentimentos e as atitudes da criança diante do adulto ou no intercâmbio com ele. Outros mostram simplesmente uma criança numa atitude de confiança ou de hostilidade.

---

13. As relações positivas entre a criança e o adulto são quase tão freqüentes quanto as relações francamente más, salvo na terceira amostra (desde a última guerra), onde as relações felizes cresceram em aproximadamente um terço. Este fato decorre, principalmente, do aumento das relações nas quais a criança é igual ou superior ao adulto (5 na primeira amostra, 6 na segunda, 20 na terceira).

A confiança e o pedido de proteção

Uma criança que dorme nos braços de um adulto dá uma imagem de confiança absoluta e de abandono total. Vimos Cosette levada por Fantine, o Pequeno Príncipe nos braços do piloto no meio do deserto. O pedido de proteção se expressa também pelo gesto de uma pequena mão que vem se colocar na do adulto: a de Cuib ou de Tioup, na mão de seu pai, a mão de Babou na de sua avó.

Também é confiança que Elsie, a menininha toda clara, lança através de seu olhar, a seu professor amado (V. Larbaud [50]). Com Cosette penetramos nos sentimentos da criança. Uma grande mão, que lhe pareceu enorme, pegou seu balde; uma grande forma negra anda ao seu lado. "Existem instintos para todos os encontros da vida. A criança não teve medo." Jean Valjean a interroga, "ela levantava os olhos para aquele homem com uma espécie de tranqüilidade e de abandono inexprimível". No dia seguinte ela parte com ele. Ela "olhava o homem. Sentia algo como se estivesse perto do bom Deus".

O adulto, principalmente a mãe, é também percebido pela criança como o refúgio contra os medos, os perigos.

Já descrevemos numerosas imagens de mães protetoras[14]. Assim, Gide sente-se como se "estivesse todo envolvido por este amor que doravante se fechava sobre ele" (após a morte do pai, sua mãe o consolou colocando-o sobre seus joelhos). A palavra "envolvido" ou o tema equivalente freqüentemente retornam. A avó de Babou desempenha o mesmo papel para ele: "Em algumas ocasiões pode-se refugiar sob sua asa". Algumas vezes uma criada envolve também um pequeno. "É a Louise que devo minha segurança cotidiana", escreve Simone de Beauvoir.

> Jovem, sem beleza, sem mistério, já que ela existia – pelo menos era assim que eu pensava – apenas para cuidar de mim, nunca elevava sua voz, nunca ralhava comigo sem razão. Seu olhar tranqüilo me protegia enquanto eu brincava na areia no Luxembourg (...). Sua presença me era tão necessária e me parecia tão natural quanto a do chão sob meus pés.

Mais tarde, Simone de Beauvoir expressa novamente sua imagem dos adultos como assegurando sua proteção espiritual e cultural: "Eles me garantiam o mundo e apenas raramente eu tentava penetrá-lo sem a ajuda deles. Preferia segui-los nos universos imaginários que criaram para mim". Desta vez, tratava-se de livros e de algumas inquietações metafísicas. Henri Brulard tem uma atitude bastante semelhante: "Minha confiança literária em meu avô era extrema". Biche interroga seu padrinho sobre o significado de sua existência, confia-lhe o mais íntimo de seu ser, o que não faz com seus pais.

---

14. Cf. Cap. 6, pp. 163-166. "A Mãe em Simbiose com a Criança".

Ternura

Esta confiança é geralmente acompanhada de uma grande ternura, de uma afeição particular. A atitude da criança é, por vezes, quase amorosa, sem que haja sempre esta mesma impressão de segurança. É o caso de Simone de Beauvoir: "Minha mãe, mais distante e mais caprichosa, me inspirava sentimentos amorosos; eu me instalava sobre seus joelhos, na doçura perfumada de seus braços, eu cobria de beijos sua pele de moça". Henri Brulard (Stendhal [160]), como vários outros[15], enamorado de sua mãe, mas de forma mais apaixonada e quase sensual:

> Minha mãe, Henriette Gagnon, era uma mulher encantadora, eu estava apaixonado por ela. Eu me apresso em dizer que a perdi quando tinha seis anos. Gostaria de cobrir minha mãe de beijos, que não existissem vestimentas entre nós. Ela me amava apaixonadamente e me beijava muito, eu lhe devolvia beijos com tal fogo que ela era freqüentemente obrigada a se esquivar. Eu abominava meu pai quando ele vinha interromper nossos beijos. Queria sempre dá-los em seu pescoço.

O pequeno Pierre (A. France [36]) está apaixonado por sua professora:

> Sim, eu gostava da srta. Mérelle (...) por vezes, com a cândida audácia de minha idade, eu queria beijá-la; passava a mão sobre seu vestido castanho-dourado e brilhante como uma plumagem (...) ela me afastava como se afasta um cachorrinho, sem se dignar a me dirigir uma repreensão ou proibição (...).
> Quase todo o tempo que eu passava ao seu lado era como que um idiota, ficava mergulhado em um "embrutecimento" delicioso. Sentia, na idade de oito anos, que o bem-aventurado é aquele que, deixando de pensar e de compreender, mergulha na contemplação da beleza; e me foi revelado que o desejo infinito, sem esperança, e que se ignora, traz à alma e aos sentidos uma alegria perfeita, pois ele é por si mesmo seu inteiro contentamento e sua plena satisfação.

E Poum (P. e V. Margueritte [17]) fica também em estado de admiração diante de uma de suas primas: "(...) Era o ser de luz e de ternura, a fada, a Eva loira daquele Éden (...)".

Em *Jean le Bleu* (Giono [39]), a atitude do garotinho em relação a uma empregada de sua mãe, Louisa, é mais ambígua. Ela é "lisa, doce e branca". Correndo, ela o aperta tão forte que sua cabeça encosta em sua coxa:

> Eu me surpreendia todas as vezes ao sentir sob suas saias aquela coisa grande, móvel e quente (...). Uma nuvem que certamente habitava suas saias e não aquele animal quente que eu nunca vi e que gostaria tanto de ter visto – ter amado, ainda com um grande medo assim, – e que rosnava surdamente sob Louisa inocente.

---

15. Cf. Cap. 6, pp. 166-168.

Irmã Clémentine (uma religiosa de sua escola) e Louisa são, para toda a eternidade, retas e brancas como lírios (...). Jamais experimentei alegria mais pura, mais musical, mais inteira, mais certamente filha do equilíbrio, do que a alegria de ver a irmã Clémentine andar.

Paul, um de seus colegas de escola, provoca sangramentos no nariz para ser cuidado por ela.

O Petit ami (Léautaud [12]) gosta de ser acariciado pelas amigas de seu pai:

Eu passava o tempo a me fazer beijar por elas, sentado em seus joelhos e o rosto enfiado o mais possível em seus seios. Eu ficaria bastante embaraçado ao dizer, agora, o prazer que experimentava, mas, na verdade, eu me preparava para minhas amigas de hoje quando me deixava mimar por aquelas senhoritas.

A que ele ainda prefere é Loulou, uma prostituta.

O sentimento de Rigaud (B. Crémieux [32]) em relação à sra. Caraguel já é um amor de pré-adolescente, e Josiane com o operário italiano Guido (C. Rochefort [70]) vive de fato uma aventura erótica maravilhosa[16]. Estes casos são raros, enquanto que os ímpetos de uma jovem criança (principalmente de um garoto) em relação a uma mulher são freqüentemente descritos.

Admiração

Os autores mostram crianças transbordando de ternura em relação a pessoas idosas ou depositando sua confiança em adultos privilegiados, como, por exemplo, a jovens mulheres. Mas a personagem admirada, aquela que serve de modelo, é, antes, um homem. Jean-Christophe quer se tornar músico: "Hassler foi o modelo vivo no qual Jean-Christophe fixava o olhar". O pai torna-se freqüentemente o objeto da admiração e veneração da criança[17]. Aos olhos de Poum, o pai aparece como cheio de prestígio e lhe causa um pouco de medo. Ele representa para Babou a forma que ele quer atingir mais tarde. Nizan "em seus primeiros anos o admirou, invejou esta força estéril mais visível, estes silêncios, estas mãos que tinham trabalhado. O sr. Nizan falava de seus antigos colegas: fascinado por estes homens que conheciam a verdade da vida e eram tidos como amantes da verdade, o garotinho via em seu pai um operário e desejava a ele se assemelhar totalmente: teria sua paciência terrestre, não seria necessário nada menos que a obscura densidade interna das coisas, da matéria, para salvar o futuro monge de sua mãe, do senhor padre, de suas próprias tagarelices (...)" (Sartre [158]). Da mesma forma, quando o pai de Simone de Beauvoir falava "dos escritores de que ele gostava, do

---

16. Cf. p. 197.
17. Cf. Cap. 6, pp. 174-176.

teatro, de grandes acontecimentos passados, de uma série de assuntos importantes", ela era "transportada para bem longe do cinzento da vida cotidiana". "Eu não imaginava [diz ela] que existisse um homem tão inteligente quanto ele. Em todas as discussões às quais eu assistia ele tinha a última palavra (...)." O tio de Henri Brulard (Stendhal [160]) é amável e o levou ao teatro. Isto o fez crer que "todos os momentos da vida cotidiana de meu tio são tão deliciosos quanto aqueles cujo prazer partilho no teatro. A mais bela coisa no mundo é, portanto, ser um homem amável como meu tio". Pagnol fica encantado com os pais de Isa, principalmente com o pai, que se diz poeta. "Como eu tinha onze anos, gostava de Isabelle, e admirava seus pais, entrei totalmente no mundo irreal em que eles próprios viviam, reino de palavras misteriosas, de música vagas e de sonhos patéticos que eu reencontrava em meus sonhos"[67].

Força, autoridade, conhecimento da vida, cultura, inteligência, tais são as qualidades que a criança admira principalmente no homem. É também uma evasão do cotidiano banal, mais freqüentemente assumido pela mãe. A mãe de Simone de Beauvoir é

tão ciente de suas responsabilidades, que papai se desvencilhou delas; entregou-se de corpo e alma à sua tarefa de educadora (...). A todo instante, até no fundo de meu coração, ela era minha testemunha (...). Não a considerava uma santa, porque ela me era muito familiar e porque se irritava facilmente; seu exemplo me parecia convincente: eu podia, portanto, devia me igualar a ela em piedade e em virtude.

Enfim, o tipo de "adulto admirado" é também aquele que todo mundo leva a sério. É por esta razão que Bernard Bardeau admira seu tio Maurice. Ser levado a sério é de fato uma das ambições das crianças.

Necessidade de estima e de elogios

Várias personagens expressam o temor da criança de perder a estima do adulto e sua necessidade de ser aprovada por este. Sartre, Simone de Beauvoir, que contestam com maior vigor os mitos e o estatuto da infância, mostram como esta atitude da criança em relação ao adulto pode aliená-la: páginas inteiras de *As Palavras* ilustram este fato. Eis algumas frases típicas: "Estranho às necessidades, às esperanças, aos prazeres da espécie, eu me dilapidava friamente para seduzi-la; ela era meu público. Uma rampa de fogo me separava dela..." "Como desempenhar uma farsa sem saber que a estamos desempenhando? Elas denunciavam por si próprias as claras aparências ensolaradas que compunham minha personagem: por uma falta de ser que eu não podia nem compreender totalmente, nem deixar de sentir. Eu me voltava para os adultos e lhes pedia que garantissem meus méritos. Era como se mergulhasse na impostura." Sartre estava bastante alienado pelo desejo de agradar. E Simone de Beauvoir: "Toda reprimenda de minha mãe, o mínimo franzir de testa, colocava em jogo minha segurança; privada de sua aprovação, eu não me sentia mais no direito de existir". Em uma outra vez, à beira do mar, na casa de amigos, Simone se pôs a chorar: "Ninguém me repreendeu, todo mundo era gentil. Minha verdade é que, separada de minha família, privada dos afetos que me asseguravam de meus méritos, senhas e referenciais que definiam meu lugar no mundo, não sabia mais como me situar, nem o que tinha vindo fazer na terra". Gide sente muito prazer em ser recebido por sua antiga governanta, ele gosta da "atenção incansável de Anna por minhas mais simplórias tagarelices, minha importância ao seu lado, e me sentir esperado, considerado, mimado".

Da necessidade de ser estimado à de receber elogios e procurá-los ativamente, o passo é rápido. Simone de Beauvoir: "Eu me agradava e procurava agradar. Os amigos de meus pais encorajavam minha vaidade: eles me bajulavam polidamente, me mimavam. Eu me acarinhava nas peles, nos corpetes acetinados das mulheres, respeitava mais os homens (...). Empenhava-me em agradar-lhes. Eu falava bobagens, me agitava, buscava a palavra que me arrancaria de meus limbos e me faria existir no mundo deles (...)". Quando o adulto não se interessa mais pela criança, esta fica desolada. Sartre fica feio quando lhe cortam os cabelos, é obrigado a reforçar suas artimanhas para agradar: "Conheci as angústias de uma atriz que está envelhecendo, aprendi que outros podem agradar". Léon (Ed. Jaloux [11]) passeia com sua mãe e encontra um senhor que ela conhece. Este não lhe agrada.

Minha graça de criança mimada, meus grandes olhos azuis em meu rosto moreno, meu ar meigo, meus belos cabelos negros, atraíam comumente mil elogios. Quando aparecia, todos os rostos se iluminavam e tomavam um ar de benevolência, e eu estava acostumado a essa bondade geral à qual eu pensava ter direito. Mas aquele rosto permanecia sombrio e fechado (...). Fiquei extremamente ofuscado, tendo uma impressão inabitual que feria de forma dolorosa meu suscetível amor-próprio.

O pequeno Pierre (A. France [36]) sente-se mimado pela mesma razão, em companhia de uma nova empregada: "Eu a achava um pouco simplória (...). Por isso, meu amor-próprio encontrava em sua companhia intensas satisfações (...) eu me esforçava por brilhar diante dela (...)", e ele fica muito decepcionado quando descobre que ela não o admira em absoluto. Outras crianças têm a mesma atitude em relação a seus professores.

A necessidade de elogios conduz a criança a se deixar alienar pelos desejos e gostos do adulto. Ela corre o risco de se tornar seu brinquedo, um objeto que se adula. "O encadeamento parece claro: feminilizado pela ternura materna, privado de interesse pela ausência do rude Moïse que me engendrou (seu pai morto), envaidecido pela admiração de meu avô, eu era puro objeto, fadado por excelência ao masoquismo" (Sartre [73]). "Fui para minha mãe, durante muito tempo, apenas um brinquedo a mais" (Ed. Jaloux [11]).

Não apenas os adultos quebrantavam minha vontade, mas me sentia presa de suas consciências. Estas desempenhavam, por vezes, o papel de um amável espelho; elas tinham também o poder de me transformar em animal, em coisa. "Que belas panturrilhas tem esta menina!" diz uma senhora que se inclinou para me apalpar. Se eu pudesse dizer a mim mesma: "Como é tola esta mulher! ela me confunde com um cachorrinho", eu teria sido salva. Mas, aos três anos, não tinha recurso contra aquela voz bajuladora (...), aquele sorriso guloso, a não ser me atirar esganiçando na calçada. Mais tarde, aprendi algumas cenas; mas eu aumentava minhas exigências: para me magoar bastava que me tratassem como bebê; limitada em meus conhecimentos e possibilidades, nem por isso me achava uma pessoa menos verdadeira (...); prometi a mim mesma que, quando crescesse, não esqueceria que a gente é, aos cinco anos, um indivíduo completo (S. de Beauvoir [54]).

A criança percebe-se a si mesma através dos olhos dos adultos. Lucien endossa a imagem que lhe é assim dada: "Fico adorável vestido de anjo, uma belezinha". Ele quer beijar-se a si mesmo (Sartre [49]). "Minha verdade, meu caráter, meu nome, estavam nas mãos dos adultos; aprendi a me ver através de seus olhos" (Sartre [73]). Jacques Borel [55], quando criança, tem nariz grande e sua mãe sente-se desolada com este fato.

A beleza era, aparentemente, em sua opinião, o mais precioso dos dons, pois a ouvi durante toda minha infância, e ainda mais tarde, lamentar-se de que eu tivesse um nariz tão pouco gracioso e de não saber por que maldição eu ainda aumentava esse defeito natural por uma mania repugnante (a de enfiar o dedo no nariz). Cheguei cedo à conclusão de que era muito feio; que fosse qual fossse o afeto que minha mãe manifestasse em relação a mim ela não deixava de ter por mim uma certa repugnância e, um pouco maior, o tamanho de meu nariz era um defeito inalterável que impediria que qualquer mulher pudesse me amar. A timidez, a falta de jeito que, enquanto criança, me paralisaram por muito tempo e que, adolescente, tive tanta dificuldade em superar, foram, sem dúvida, se não forjadas, pelo menos redobradas pelas constantes críticas de minha mãe referindo-se a meu infeliz nariz e pela certeza de minha feiúra física que estas críticas arraigaram em mim.

Biche (Lichtenberger [41]) julga-se, culpabiliza-se, escutando as reflexões que sua mãe lhe faz, pois ela adota totalmente seu ponto de vista sobre ela mesma. Jacques, o irmão do Petit Chose, propõe ir buscar uma moringa de água para prestar um favor. Seu pai prevê que ele irá certamente quebrá-la. Ele quer, no entanto, mostrar que pode fazê-lo, mas, impressionado pelo julgamento de seu pai, ele efetivamente a quebra.

Temor do adulto

Jacques tem medo do pai, assim como muitas crianças têm medo de "gente grande", de quem dependem ou a quem atribuem um poder mágico. Bernard (Berge [27]) "espera sempre surpreender algum de seus segredos, já que fantasiou a respeito dos adultos uma teoria: Ele crê – mas não tem certeza – que eles têm o poder de ler no espírito dos garotinhos". O Sagouin tem muito medo do professor. Sua mãe o leva à casa dele: "Aquela luz, era ali... Ele se lembra da voz grossa de Mamie quando contava a estória do Pequeno Polegar: 'É a casa do ogre'. Enquanto sua mãe se preocupava em entregá-lo ao professor vermelho [seu pai o designa assim, pois ele é de 'esquerda'], a pequena lebre, distante de sua toca, perdia a esperança de ali se esconder; ele piscava os olhos frente à luz ofuscante dos adultos" [63].

O consolador dos adultos, o desejo de não lhes causar desgosto

Todas estas atitudes são as de uma personagem que espera receber proteção, modelos para admirar, conselhos, uma imagem reasseguradora de si. Outras atitudes referem-se a uma criança mais livre, mais próxima do adulto, já que ela adivinha seus sentimentos. Mesmo em uma relação hierarquizada, onde o adulto possui a superioridade, pode haver a atitude intuitiva da criança que adivinha o sofrimento no outro e tenta partilhá-lo deste e consolar. Daniel (A. Daudet [6]) e seu pai calam-se e uma compreensão muda os aproxima no sofrimento quando tomam conhecimento da morte do mais velho da família. A *Enfant à la balustrade* acompanha seu pai, que está desesperado: "Um instinto me impelia a não deixá-lo e eu o acompanhava quando ele se impunha uma longa caminhada, girando no pequeno pátio. Subia com ele a seu escritório. Ali ele andava ainda, de lado a lado, porque estava nervoso, porque tinha pouco trabalho, os negócios não andavam e ainda porque, como fazia frio, a mãe Fouillette poupava a madeira na lareira por economia. Em seguida, sentava-se e me colocava sobre um de seus joelhos, que agitava imitando o trote de um cavalo, como quando eu era pequenino. Ele sorria. Eu permanecia sério e não dizia nada, porque sentia que ele se forçava a sorrir para mim sem ter vontade de fazê-lo. Então, de repente, largava-me, deixava-me por vezes cair no chão, tão brusco era seu movimento, e escondia a cabeça entre as mãos, os dois cotovelos sobre sua escrivaninha. Chorava. Eu partia sem fazer barulho" (R. Boylesve [4]).

O pai de Pascal descobriu que seu filho sabe que vai morrer.

Eu não quero mostrar que o observo, nesta cruel manhã, a primeira em que nos mentimos um ao outro por misericórdia, onde a verdade cruel nos é a ambos descoberta: a ele, que sei que vai morrer, e a mim, que o sabia desde o início. Comemos em silêncio e, de repente, no momento em que levo a xícara de leite até os lábios, Pascal me encara e sorri francamente. "Ora, não tenha medo" (M. Bataille [51]).

Em *Chiens perdus sans colliers* [57], Alain Robert sentiu o sofrimento do comboieiro diante da ingratidão das crianças. Ele o adivinhou através de uma alusão que este fazia a respeito dos cães; um dentre eles recusou a ajuda de Alain Robert, que queria salvá-lo. O garotinho queixou-se desta injustiça. "Sim, muito injusto, repetiu o homem, com uma voz estranha, largando a mão do garoto. Dedicamo-nos a eles, queremos salvá-los, damos a vida por eles e eles nos tememem, troçam de nós! Sim, é injusto." Para consolá-lo, Alain coloca a mão dele na sua e lhe pergunta sobre os monumentos, ainda que estes não lhe interessem tanto (Cesbron [57]). O sr. Vingtras machucou a mão fazendo um brinquedo para seu filho Jacques. Este quer sofrer com seu pai: "Eu me arranho as mãos para também sentir dor" (Vallès [24]). Trott (Lichtenberger [14]) deixa o baile à fantasia para ir até o túmulo da pequena Suzanne que, no ano anterior, estava com ele no baile. Na véspera, tinha visto a mãe da menininha e sentiu sua tristeza. Ele se recriminou por ter deixado transparecer sua felicidade diante dela. A mãe de Suzanne o encontra junto ao túmulo. Trott chora em seus braços. A *Enfant malade* (Colette [31]) não conta seu sonho de fuga à sua mãe, pois não quer entristecê-la, já que é "conhecedor das artimanhas, e basta que ouça as palavras 'tenho fome' para que a senhora Mamãe enrubesça de alegria!" Quanto tem febre, "Jean queimava de febre com mil precauções". "No segredo de seu vocabulário, Jean chamava (uma certa) poção 'a cova dos cadáveres'. Mas nada teria podido arrancar dele, jogar aos pés da senhora Mamãe, palavras tão horrendas."

Algumas crianças ficam desnorteadas com as tristezas dos adultos. Loti fica desamparado pelas lágrimas de sua mãe quando seu irmão mais velho parte. A mãe dos três meninos descritos por Boris Vian em *L'arrache-coeur* [75] chora quando seus filhos são maus. Isto os deixa pouco à vontade, mas os enternece. A mãe de Léon fugiu de casa. Seu pai e ele esperam acordados por sua volta. "Se meus pensamentos são carregados de angústia, diz a criança, como devem ser os do homem sentado à minha frente e que mistura a seu desespero uma aspereza, uma tortura, que eu desconheço e que só compreendi muito tempo depois?" "Compreendo perfeitamente que temos o mesmo desejo de nos jogar um nos braços do outro. Mas não o fazemos: existem tantas coisas entre nós, que nos separam, tantas coisas que não diremos, tantas coisas que não saberemos jamais" (Ed. Jaloux [11]).

Sensível ao sofrimento de outrem e, por isso, vulnerável, a criança obedece para não causar dor, submete-se por afeição. Patachou diz a seu tio, pelas palavras deste último: "Você sabe muito bem que eu sempre acabo por obedecer, porque quando vejo seus olhos inchados ou quando vejo que você sofre..." (T. Derème [33]). Marc, um jovem delinquente, não foi ainda cativado e recusa-se a se deitar. Mas a educadora também não irá se deitar: "Cubra-se, tenho frio", diz ela. Ele cede, chorando: "A senhora ganhou" [57]. Simone de Beauvoir explica este sentimento:

Certamente, a primeira razão de minha timidez era a preocupação de evitar seu desprezo [de sua mãe]. Mas também, (...) creio que temia, tanto quanto a minha própria desgraça, os redemoinhos de seu coração (...) sentia que as palavras insólitas, os projetos imprevistos perturbavam sua serenidade. Minha responsabilidade redobrava minha dependência.

Henri Brulard quis se juntar a um batalhão de crianças e assinou no lugar de seu avô.

Eu me propusera a responder como romano, ou seja, que eu desejava servir à pátria, que era meu dever tanto quanto meu prazer etc., etc. Mas a consciência de minha falta em relação a meu excelente avô (...), que eu via pálido pelo temor que o bilhete assinado Gardon lhe tinha causado, me enterneceu, e creio então que fui compassivo. Sempre tive o defeito de me deixar enternecer como um simplório pela mínima palavra de submissão das pessoas contra as quais eu estava mais encolerizado. (...) Perdi, infelizmente, por uma fraqueza do coração (não de caráter) minha posição magnânima. Tinha a intenção de ameaçar, de ir, eu mesmo, declarar ao abade Gardon minha resolução de servir à pátria. Fiz esta declaração, mas com uma voz fraca e tímida. Minha idéia causou medo e viu-se que me faltava energia. Meu próprio avô me fez ser condenado e a sentença foi de que, durante três dias, eu não jantaria à mesa. Mal fui condenado, minha ternura se dissipou e me tornei novamente um herói. "Prefiro, disse a ele, jantar sozinho a jantar com estes tiranos que me repreendem incessantemente" (Stendhal [160]).

A criança que cede por afeição, para não causar sofrimento, não deixa de prosseguir, de fato, em sua vida pessoal. Biche, Babou, Loti têm um aspecto submisso e socializado que esconde naturezas originais e até mesmo um pouco estranhas. Patricia, a amiga do leão e dos animais selvagens da reserva, se transforma em uma pequena mundana para o chá, a fim de satisfazer sua mãe.

Ela usava um vestido de tecido azul-marinho (...) enfeitado com uma gargantilha e punhos brancos (...). Com esta roupa se harmonizava a postura de Patricia, modesta e reservada. Ela me fez uma ligeira reverência (...). Apenas reconheci nela as mãos (...) bronzeadas, cobertas de arranhões (...). Suas maneiras eram perfeitas, mas ela mantinha, obstinadamente, os olhos baixos. A voz clara, agradável, não lembrava em nada sua maneira clandestina de falar (...). Percebia-se aí a resolução teimosa de não fazer parte da conversa (Kessel [61]).

Da piedade à vergonha pelo adulto

Atrás destas atitudes afetuosas e compreensíveis esconde-se, por vezes, a piedade. Ao fim da batalha entre Jean-Christophe e seu pai, este lhe pede: "Não me despreze", e a criança se joga em seu pescoço. Brasse-Bouillon (H. Bazin [52]) foi violentamente espancado por Folcoche, sua mãe.

Na hora do jantar, papai não pôde deixar de notar as marcas do combate. Ele franziu as sobrancelhas, enrubesceu, mas sua covardia levou a melhor. Já que a criança não se queixava, por que reacender a guerra? Encontrou somente a coragem para me sorrir. Os dentes cerrados, os olhos duros, fixei-o longamente.

A RELAÇÃO ENTRE A CRIANÇA E O ADULTO... 213

Foi ele quem abaixou as pálpebras. Mas, quando as levantou, devolvi a ele seu sorriso, e seus bigodes começaram a tremer.

A fraqueza do adulto surpreende a criança. O pequeno Léon (Ed. Jaloux [11]) anuncia a seu pai a partida de sua mãe.

(...) Senti, repentinamente, uma grande pena daquele homem (...). Percebi bem, por sua atitude, que ele nunca teria imaginado sua casa vazia. Captei, em um piscar de olhos, sua confusão, sua incerteza, sua angústia. Esse pai que comandava e que era autoritário e freqüentemente duro, esse mestre, ei-lo, portanto, agora, impotente, esmagado, sem resistência, mais frágil, na verdade, do que eu mesmo.

Proust, muito nervoso, tem uma verdadeira crise para que sua mãe venha para perto dele. Ela se instala em seu quarto, mas ele fica triste com esta abdicação diante do ideal que ela concebera para ele: "Parecia-me que eu, com uma mão impiedosa e secreta, acabava de traçar em sua alma uma primeira ruga".

Outros têm vergonha de seus pais, não aceitam sua fraqueza. O pai de Marcel e seu tio vão à caça. Este último sabe muito mais que seu cunhado e faz questão de mostrar isto. Marcel fica "envergonhado e humilhado" pelo pai. Fala a respeito disto com sua mãe: "Vejo que ele está rudemente contente por ser mais forte que papai. E isto não me agrada em absoluto" (M. Pagnol [65]). Rigaud (B. Crémieux [32]) tem vergonha de seus pais, simples pequenos comerciantes.

Muitas vezes chorei de raiva porque meu pai era pobre e minha mãe não era bonita. De que serve ser o primeiro de minha classe se, por causa deles, me sinto sempre humilhado, rebaixado, a partir do momento em que ponho o pé fora da escola? Como gostaria de ter pais que me honrassem! Tenho vergonha pelos meus pais, de ter de usar velhas calças e livros de meu irmão mais velho e de nunca ter dez centavos no bolso.

Mais grave é o caso daqueles que são obrigados a justificar seus pais. A pequena Fadette [156] defende sua mãe contra aqueles que a criticam porque ela abandonou os filhos para ser vivandeira. "Minha mãe (é) sempre minha mãe e seja ela o que quiser, sempre a amarei." Jean-Christophe (R. Rolland [23]) percebe que seu pai bebe. É sobretudo diante de pessoas de fora da família que ele tem vergonha e que o ampara. O filho hesita em lhe propor gerir o orçamento familiar, pois o pai gasta tudo para se embebedar. Mas o filho tem vergonha pelo pai. Jacques Vingtras viu seus pais brigarem. "Eu tinha medo que eles tivessem vergonha diante de mim" (J. Vallès [24]). Quando os alunos troçam de seu pai, "escuto, sem parecer tê-las ouvido, as troças que atingem meu pai. Isto é duro para uma criança de nove anos". E quando este pai, medíocre e brutal, bate nele selvagemente, "não queria mal a meu pai (...) pensava, sentia, que minha pele era útil para seu comércio, para seu tipo de trabalho, para sua situação". Os golpes de sua mãe são explicados, justificados, da mesma maneira: "Quanto mais ela me arranca os cabelos, mais ela me dá cascudos, mais me convenço de que ela é uma boa mãe e que sou uma criança ingrata. Sim, ingrata! Pois já me aconteceu (...) de não lhe pedir a bênção". A criança abandonada desculpa, de forma semelhante, seus pais: por que seus pais a abandonaram? "Não são eles que são culpados! (...) Sou eu que não soube me fazer amar" (Cesbron [57]).

Jack (Daudet [7]) mente para esconder a leviandade e o abandono de sua mãe. A sra. Rivals, a avó de sua amiguinha Cécile, espanta-se com o fato de ele não ir à escola. Ela compreende seu abandono, vê a ausência de botões em suas vestimentas, nota que ele vagueia o dia todo. Mas ele, frente à pergunta da velha senhora, acrescenta, já que existem, freqüentemente, tesouros de delicadezas no coração das crianças: "É mamãe que me orienta!"

Necessidade de autonomia, decepções e perda de confiança

Nem todas as personagens têm sempre esta atenção em relação ao adulto. Elas têm também a necessidade de se afirmar, de se libertar do peso de suas exigências. Têm necessidade de se sentir livres e, em um dado momento, se opõem ou, pelo menos, não mais acreditam no adulto. O pequeno Pascalet (H. Bosco [56]), no decorrer de sua fuga, não sente remorsos ao pensar em sua tia, que deve estar preocupada. Ele gosta muito dela, mas está muito feliz por viver em liberdade. Quando os meninos do bando de Lebrac se preparam para construir uma cabana para colocar seu tesouro de guerra:

Eles realizariam sua vontade: sua personalidade nascia desse ato feito por eles e para eles. Eles teriam uma casa, um palácio, uma fortaleza, um templo, um panteão onde estariam em sua própria casa, onde os pais, o mestre-escola e o padre, grandes opositores aos projetos, não se intrometeriam, onde poderiam fazer com toda a tranqüilidade o que lhes era proibido fazer na igreja, na classe e na família [19].

Henri Brulard (Stendhal [160]) vai tomar aulas de desenho. Ele tem o direito de ir sozinho à aula e se aproveita disso para passear no jardim da cidade. É repreendido, mas continua a fazê-lo de tempos em tempos. "Seduzido por um pouco de liberdade, me tornei feroz (...). Pensei ter me dado conta de que, em sua ausência [a de seu pai], eu começava a causar medo em Séraphine [sua tia]".

Simone de Beauvoir cresce:

A autoridade de meus pais não se abrandara e como meu espírito crítico estava despertando, eu a suportava cada vez mais impacientemente. (...) Se ela [sua mãe] me tivesse freqüentemente contrariado, creio que ela teria me levado à revolta (...). O conflito que me opunha à minha mãe não explodiu; mas eu tinha uma consciência surda deste (...). Ela adivinhava em mim reticências que a irritavam, e ela me repreendia freqüentemente. Ressentia-me com ela por me manter na dependência e afirmar seus direitos sobre mim.

As intervenções abusivas dos adultos, que descrevemos acima, reforçam estas atitudes em Marcel, Léon etc. Alguns, mesmo muito jovens, recusam as explicações dos adultos. Patachou (T. Derème [33]) raciocina: seu tio lhe diz que o melro se chama melro, mas Patachou sustenta que este não é seu verdadeiro nome. Somente o melro conhece seu próprio nome e já que ele não fala, ninguém pode saber seu nome. Zazie (Queneau [59]) não acredita no que lhe conta seu tio Gabriel: "O metrô!... O metrô é subterrâneo, o metrô. Sem dúvida! – Aquele ali, diz Gabriel, é aéreo. – Então não é o metrô. Lorotas".

A desconfiança em relação aos adultos é freqüente. Ela impulsiona o Kid (Giraudoux [40]) a evitar os representantes da sociedade (policiais, diretores do orfanato) e os jovens delinqüentes a se mostrarem ingratos em relação, até mesmo, àqueles que tentam salvá-los (Cesbron [57]). "É preciso desconfiar", é o *leitmotiv* de Zazie, "só se deve falar frente a seu advogado" etc. Hélène (Dhotel [59]) é "feroz" e se esconde dos adultos que brecam sem cessar sua ação. "Bruno irá desconfiar por muito tempo" de seu pai (H. Bazin [53]). Ele fecha seu caderno quando o pai passa etc. "Bernard possui a arte de não se fazer notar quando é necessário. Ele espia seus pais" (Berge [27]).

A criança que descobre as fraquezas do adulto se dá conta de que ele não é infalível. Fica decepcionada e perde ao mesmo tempo uma parte de sua confiança nele. Borel [55] lê as cartas de seu pai, onde este se acusa de ter ameaçado seus próprios pais. É para ele

uma primeira fissura na imagem do pai. Quando, novamente, um acesso de cólera me assolava, eu me sentia, se não justificado, pelo menos desculpado por sair de mim, desta forma (...). Eu pensava então que era ele que, tanto quanto eu, gritava essas palavras ou fazia esses gestos, reprovados em mim e pelos quais eu era tratado como monstro.

Marcel Pagnol fica muito decepcionado quando sabe que seu tio não é o proprietário do parque onde passeava. Fica consternado por ter admirado durante tanto tempo um impostor; além disso, descobre que os adultos sabem mentir exatamente como ele. Ele não se sente mais em segurança entre eles, mas ao mesmo tempo obtém o benefício de poder mentir com menos escrúpulos. Simone de Beauvoir [54] percebe segredos nos adultos.

Sobre a natureza de seus segredos, no entanto, eu tinha perdido minhas ilusões: eles não tinham acesso às esferas ocultas onde a luz devia ser mais deslumbrante, o horizonte mais deslumbrante, o horizonte mais vasto do que no meu próprio mundo. Minha decepção reduzia o universo e os homens à sua cotidiana trivialidade. Eu não me dei conta imediatamente, mas o prestígio dos adultos se achava consideravelmente diminuído. Eu não conferia mais a meu pai uma infalibilidade absoluta. No entanto, meus pais conservaram o poder de fazer de mim uma culpada; eu aceitava seus veredictos ao mesmo tempo que me vi com olhos diferentes que os seus.

Ela aprende então a não mais confessar tudo a respeito dela própria, e também a "ousar atos inconfessáveis". Ela descobre "a clandestinidade. Jean (Giono [29]) vê irmã Marie-Aimée perseguir com raiva um gato ladrão. "Uma espécie de desconsideração me vinha em relação à irmã Marie-Aimée, em quem nunca via defeitos." Ele admirava até então sua calma serena e sua coragem.

A criança que troça dos adultos e desmonta seus estereótipos

Uma vez que o adulto se desmoraliza, a criança não mais hesita em "troçar" dele em dois sentidos, ou seja, suas desgraças ou ameaças a deixam completamente indiferente ou despertam sua ironia. O Pequeno Príncipe não se interessa pelas queixas das diferentes personagens que encontra. Tem outra coisa mais importante a fazer. Zazie despreza o sentimentalismo da viúva Monaque. *La crique* (Queneau [69]), após ter escutado e observado os adultos, conclui: "E dizer que, quando crescermos, seremos talvez tão bobos quanto eles!" Jacques Vingtras comenta sua própria evolução: "Eu ria muito das bobagens e mentiras que os adultos diziam". Ele amadureceu assim tristemente. Uns padres se escondem na casa de Henri Brulard:

> A gulodice de um dos primeiros que chegaram, um homem grande com olhos fora das órbitas quando comia ensopado de porco, me causou nojo (...). Comia-se em casa com uma rara limpeza e cuidados rebuscados.

Gide acha que os cantos de seu professor de música são imbecis e o despreza ainda mais quando este lhe responde que é muito jovem para compreender e que se trata de uma melodia muito em moda. Um outro professor conduz sua classe ao museu e faz, a cada vez, a mesma piada (sobre os dentes da tartaruga). Os alunos entram na brincadeira para troçar dele.

Algumas personagens desmontam os estereótipos dos adultos. A criança, diz Duhamel, "derrama sobre o mundo uma curiosidade corrosiva que se insinua por toda parte, ataca tudo, descolore e evidencia o miserável saber dos homens". Vimos que a inocência e a ingenuidade de algumas pequenas personagens levavam a este resultado. Já maiores, denunciam os bons sentimentos com que os adultos se cobrem para mascarar ações mais interessantes. Zazie não quer ser professora por devoção, mas sim pela aposentadoria. Henri Brulard sente-se aprisionado pelas boas palavras de sua família. "Meus tiranos me falavam sempre com as doces palavras da solicitude, e sua mais firme aliada era a religião. Eu tinha que suportar as homílias contínuas sobre o amor paterno e os deveres das crianças. Um dia, entediado com a grandiloqüência de meu pai, eu lhe disse: 'Se você gosta tanto de mim, dê-me cinco tostões por dia e deixe-me viver como quiser (...)'." Ele também não gosta do abade que o faz estudar.

Eu acolhia seus louvores como os pobres poloneses de hoje devem acolher os louvores da bonomia russa em seus jornais corruptos (...). Eu provava a meu companheiro de cativeiro, o tímido Reytiers, que todas as coisas que nos ensinavam eram histórias [160].

A criança que brinca com o adulto ou o utiliza

Se algumas levam uma vida clandestina aos olhos do adulto, se outras troçam deles e se divertem em lhes mostrar que não são enganadas por suas afirmações, por sua boa consciência, existem ainda outros que, mais diplomatas, utilizam os adultos em seu benefício e se divertem com eles. É o caso de Zazie em relação ao homem que quer consolá-la: "Então, minha criança, estamos muito tristes? Diante da estúpida hipocrisia da pergunta, Zazie dobra o volume de suas lágrimas". Ela sabe muito bem fazer chantagem, acusando os homens de gostar das menininhas. Ela vê por todo lado "canalhas", julga-os, mas se utiliza deles. Jacques Vingtras sabe também como obter a permissão desejada: "Você gosta de ir a casa do sr. Soubeyron? pergunta minha mãe. Sim, mamãe. Mas um 'sim' lento, um 'sim' acompanhado de um 'não'. Ora! Se eu dissesse que gosto, ela seria capaz de me impedir de ir" (Vallès [24]).

Pagnol inventa um sistema de ruídos para que a mãe acredite que ele está fazendo sua higiene. Borel opõe sua mãe e sua avó. "Eu zombei delas com meu amor; freqüentemente, utilizei uma para ferir a outra em seu amor, em seu orgulho ou na sede de posse que ambas, talvez, alimentassem." O Sagouin, à sua maneira, utiliza o mesmo sistema em relação à sua mãe, que o castigou: "A senhora me machucou! (ele marcava um ponto, ganhava vantagem). Vou contar a Mamie (sua avó)".

A pequena Julia (V. Larbaud [50]) aproveita-se da estima dos adultos, apresentando-se a eles sob um aspecto que os seduz e que não corresponde em nada a sua verdadeira personalidade. Buteau age da mesma forma. Ele tem

a fisionomia respeitosa e sorridente. Quando assumia esta fisionomia, não havia um só adulto que não se sentisse lisonjeado e que não lhe fosse grato: "Como este garoto parece franco e gentil! Que deferência em relação a mim em seus olhos inteligentes!" Buteau sabia também encontrar as palavras certas, necessárias para dar aos seus irmãos mais velhos boa opinião deles e de si mesmo. A maneira pela qual ele os ouvia, confiando cegamente em sua sabedoria e experiência, lhe assegurava fáceis conquistas (Genevoix [37]).

A atitude de Buteau é mais sincera que a de Julia que está muito consciente do jogo que conduz. Ela também adula os adultos[18].

"A comédia da espontaneidade é das mais familiares às crianças", explica por sua vez o abade de Pradts, falando a Servais de seu amigo,

---

18. Cf. Cap. 3, p. 81.

o pequeno Souplier (Montherlant [64]). "Se, depois, ela sente vergonha, uma menina de catorze anos não tem dificuldade em enganar os pais, de coração puro", escreve, por seu lado, Colette [30], lembrando-se de suas leituras clandestinas. Algumas crianças sabem perfeitamente se defender aprisionando os adultos em seus próprios princípios. Adolescentes do colégio Sainte-Colline obtiveram fotos de mulheres nuas. Os pais os descobrem. Luberlut, o primeiro a ser interrogado, simula um drama familiar. Esta foto era a de uma amante de seu pai, antiga doméstica da família, que por sua vez o perseguia. Ele teria guardado a foto para suscitar nele o horror pelas mulheres de má vida. "Sua pequena estória parecia ter 'colado' muito bem. Afinal, o superior não iria interrogar seu pai." De fato, este, consternado, renuncia a prosseguir a investigação.

A criança utiliza também o adulto em uma relação em que a primeira aparece como parasita do segundo.

(...) talvez ele sentisse [sua filha] quando a fazia sentar junto dele, morna e mole e já ávida – um animalzinho insaciável e obstinado –, que ela parecia uma sanguessuga agarrada nele para esvaziá-lo e enfraquecê-lo.
Ela nunca tinha consentido em abandonar o lugar onde as fadas protetoras a haviam colocado, encolhida contra seu quadril, engordando de sua substância, bebendo seu sangue (N. Sarraute [72]).

Quando a criança, em conseqüência de seus conhecimentos particulares, é situada como superior ao adulto, ela lhe faz sermões ou o olha com condescendência. O Pequeno Príncipe repreende o piloto: "Impiedoso, ele acrescentou: Você confunde tudo... você mistura tudo". Ele lhe reprova seu sistema de valores que é, em parte, aquele do adulto, em particular sua concepção do que é sério. Zazie dá conselhos, olha os adultos do alto, mostra-se por vezes "indulgente". Patricia, em relação ao visitante da reserva, toma "um tom um pouco superior, que ela adotava para esclarecer (sua) ignorância".

Ódio, revolta e vingança

Um sentimento freqüentemente demonstrado é o ódio por um adulto. A criança, crescendo, chega à revolta e até mesmo à vingança.

Sua oposição se manifesta já através de várias das últimas atitudes mencionadas acima. Freqüentemente ela se faz mais violenta. A criança manifesta sua hostilidade. "Éliane pensa ainda em sua mãe, não com cólera, mas com desespero: suporta-a como se suportaria uma prisão ou uma longa doença" (V. Larbaud [50]). Outras personagens do mesmo autor, também na "idade ingrata", expressam mais sua aversão pelos adultos: "Nós os desprezamos, nós os detestamos, nós os invejamos. É fácil compreender que não lhes somos simpáticos". "Os olhos de boi, dizem os camponeses, lhe mostram o homem dez vezes maior do que ele é; sem o que o boi não lhe obedeceria em absoluto", assinala *Le voleur* de Darien [5]. "Pois bem! A criança que sofre tem estes olhos. Olhos que aumentam as pessoas que detesta; que, ampliando o que ela conhece de execrável neles, lhe fazem perceber de forma confusa, mas segura, as ignomínias que ela ignora neles. Olhos que não distinguem os detalhes, sem dúvida, mas que lhes representam o ser odiado em toda a truculência de sua infância, e a amplitude de sua maldade que o tornam fisicamente repulsivo. As primeiras aversões das crianças seriam menos fortes sem isto, as aversões dolorosas que fazem correr pelo ser impulsos bárbaros..."

Em resposta aos maus-tratos que lhe fez sofrer sua mãe Folcoche, Brasse-Bouillon quer lhe mostrar seu ódio (H. Bazin [52]). "Você sempre diz: eu não gosto dos olhares falsos. Olhe-me nos olhos, diz ele à mãe. Eu saberei o que você pensa." Ela a fixa, então, carregando seu olhar com todo seu ódio. Ele é terrivelmente correto e ela não pode lhe reprovar nada. É ela quem desvia os olhos, pouco à vontade, sob um pretexto qualquer. Rigaud (B. Crémieux [32]) intimida também seu pai com um procedimento idêntico.

Eu o fixo direto em seus olhos até que ele desvie o olhar. Eu lhe disse que sabia o que tinha de fazer. Nunca saio sem terminar meu trabalho e sou sempre o primeiro. Ele não tem nada a me dizer, nem a me ordenar. No dia em que lhe declarei estas coisas ele ficou muito bravo. Mas permaneci tão calmo que, repentinamente, ele cessou de gritar e, desde então, evita dirigir a mim a mínima censura.

Ele se tornará quase que o chefe da família. Sua revolta fria ganhou. Brasse-Bouillon conduzirá uma luta mais longa e dura contra uma mãe cuja personalidade é muito mais forte do que a dos pais de Rigaud. Ele sempre se rebelou contra seus golpes, mas pagava caro. "Estava coberto de hematomas, quando voltava ao meu quarto, mas não chorava, um imenso orgulho me compensava imensamente." Poil de Carotte também irá ousar, um dia, se rebelar. Pela primeira vez ele diz não à sua mãe. Seu pai, chamado a arbitrar, ergue os ombros. À noite, ele diz que não gosta de sua mãe, que nunca a amou e que vai partir.

As crianças se revoltam por inúmeras razões. Jacques Vingtras (Vallès [24]) aceita apanhar porque é forte, mas não pode tolerar os sofrimentos de uma garotinha "gentil, rosada, toda alegre", que fica completamente branca e, "com a idade de dez anos, morre de tristeza". Ele a viu "inocente, frágil, caindo de joelhos diante do pai que a surrava". Alain (Cesbron [57]) fugiu do centro para encontrar seus pais. Raptou um cachorro, salvando-o de um laboratório onde servia de cobaia. Ele não suporta a crueldade dos homens. Hélène (Dhotel [59]) se opõe a seu tio, que quer realizar nela seus sonhos de infância. Simone de Beauvoir não aceita as proibições trazidas pelas palavras.

Jamais me enfureci contra um objeto, mas me recusava a ceder a esta força impalpável: as palavras; o que me revoltava é que uma frase pronunciada negligentemente "É preciso... não é preciso" arruinava em um instante meus empreendimentos e minhas alegrias. O arbítrio das proibições com as quais eu esbarrava denunciava a inconsistência destas (...). Eu encontrava por toda parte as imposições e em lugar nenhum a necessidade.

Hostis, sofredoras, revoltadas, algumas procuram se vingar. Milou sabe atingir seu pai em seu orgulho de classe. Ele lhe declara que "comerá" seus bens ou que será um criado enquanto que sua família o tratava como um futuro herdeiro (V. Larbaud [50]). Brasse-Bouillon espera sua hora: "Eu me lembro, eu me lembrarei por toda minha vida, de Folcoche... Os plátanos, por que trariam eles estas curiosas inscrições, estes V. F., quase rituais, que se podem encontrar em todas as árvores do parque?" Este sinal é a Vingança a Folcoche e não Verbos Franceses, como acredita sua mãe. Quando esta cai gravemente doente o menino e seus dois irmãos se regozijam: "Folcoche vai morrer". Mas ela se cura e eles decidem, antes de sua volta, formar um *front* comum para enfrentá-la. O pai começa a temer Brasse-Bouillon e se sente obrigado a defendê-lo. "É verdade que eu estava diante dele vermelho e contraído, e que ele começa a me temer: que escândalo este pequeno líder poderia desencadear? Não, Folcoche, é preciso abandonar certas pequenas perseguições que não têm tanta importância." Léon, interrogado por sua mãe em público sobre suas preferências em relação a seus pais, algo que ele acha indecente, após ter sido enviado para brincar sozinho mais longe, ele se vinga respondendo: "Papai, é claro..." Ocorreu-lhe "um desejo maldoso de tirar logo (sua) revanche" (Ed. Jaloux [11]). O bando de Lebrac castiga o guarda-florestal que se intromete na guerra que não lhe dizia respeito[19] (Pergaud [19]). Henri Brulard suspeita que o pai tenha matado um tordo domesticado de quem gostava muito. O pai fica penalizado com esta idéia e fala a respeito com seu filho, mas este se regozija em ter feito sofrer seu pai. "Durante mais de um mês fiquei orgulhoso desta vingança."

Como já dissemos[20], a relação se torna, por vezes, uma batalha. Jean-Christophe, revoltado, bate em seu pai. Em *Images sentimentales* (P. Adam [101]), o filho briga com o pai e o vence. "A miséria e a escravidão de minha infância me subiam como um vômito." Ele tem catorze anos e foi educado por um pai que queria, sistematicamente, quebrantar-lhe a vontade. Frente à ameaça do pai, o menino

pegou sobre a mesa uma faca pontuda. A avó me tirou a faca (...). Ele me pegou pelos ombros; eu o peguei pela cintura. Rolamos juntos (...). A luta se acirrou brutalmente na sombra (...). Levantei-me com o rosto sangrando; mas ele, estendido no chão por uma mão robusta, estava vencido.

19. Cf. acima, p. 200.
20. Cf. p. 202.

Como vários outros, ele sente remorso e lamenta "ter perdido uma proteção".

A perda da confiança em relação ao adulto, mais as diversas atitudes da criança que dela decorrem são, simultaneamente, o processo de tomada de autonomia normal e o sinal de que sua personalidade foi atingida pela incompreensão deste adulto, por seus erros e defeitos pessoais, e também pelas concepções errôneas das necessidades da criança[21].

3. A ATITUDE DO ADULTO EM RELAÇÃO À CRIANÇA

Dada a diferença de estatuto entre as duas personagens em jogo, dadas as valorizações atribuídas uma à outra, as atitudes recíprocas não são absolutamente simétricas. Assim, a admiração da criança pelo adulto refere-se a qualidades de força, inteligência, saber. Trata-se, em geral, da atitude de uma criança de aparência real para um dos pais, ou uma personagem célebre. O adulto admira a criança porque vê nela uma humanidade primordial, um outro modo de viver misterioso, encarnado numa personagem mais ou menos simbólica.

O respeito em relação à criança, o afeto, a cumplicidade

Algumas personagens de adultos consideram a criança como "uma pessoa", ou até mesmo como um adulto, como vimos a respeito da relação igualitária, mas por vezes, também, nas relações hierarquizadas. Tal é o caso do pai de Simone de Beauvoir: "Eu não era para ele nem um corpo, nem uma alma, mas um espírito. Nossas relações situavam-se em uma esfera límpida onde não se podia produzir nenhuma rusga. Ele não se inclinava para mim, mas me erguia até ele". Guido, que ama Josiane, trata-a como a um adulto e lhe conta sua vida (Ch. Rochefort [70]). Fédor Balanovitch impressiona Zazie (Queneau [69]) falando-lhe no mesmo tom que ela emprega. A mãe de Léon (Ed. Jaloux [11]) lhe fala, vendo nele o futuro adulto que ele será. Ela

---

21. A atitude da criança em relação ao adulto é um pouco mais freqüentemente crítica, desconfiada, ou até mesmo hostil, do que confiante, afetuosa, ou de admiração. Esta tendência cresceu nitidamente: as atitudes positivas diminuíram ligeiramente ao se passar da primeira para a terceira amostra (28, 24, 20), enquanto que as atitudes francamente negativas aumentaram nitidamente (33, 39, 48). As segundas atitudes eram apenas um pouco mais numerosas do que as primeiras da amostra de antes da Guerra de 1914; desde a última guerra elas são duas vezes mais numerosas. A criança tem menos piedade do adulto, compartilha menos seu sofrimento (15, 13, 8). Mas ela desconfia mais dele e não hesita mais em zombar deste (6, 12, 17) e até mesmo em utilizá-lo e enganá-lo (1, 6, 11).

Em contrapartida, as grandes revoltas da criança são um pouco menos descritas (12, 5, 6). Ela tem, sem dúvida, menos necessidade disto, já que a personagem que está à sua frente perdeu seu prestígio, sendo a ironia suficiente.

lhe diz que nunca se deve fazer às mulheres promessas que não se pode cumprir. "Ela falava de forma sonhadora como se se dirigisse a outro que não eu; – Sem dúvida ela se dirigia ao Léon que, rapaz, partiria um dia (...), cofiando o bigode (...)".

Adultos como Guido estão, no entanto, em oposição à sociedade dos adultos. Guido detesta as mulheres, que são "falsas", e procura, por esta razão, o amor de uma menina. No filme *Les Dimanches de Ville d'Avray* o homem se passa por um doente mental. O romance de Claudine Chonez [58], *Ils furent roi tout un matin*, é também a estória de um velho marinheiro e de um escolar que fugiu do colégio e que sentem uma imensa ternura um pelo outro, em meio à natureza, em oposição a um mundo de incompreensão e tédio. Neste filme e neste romance os dois homens são seres vagabundos, não conformistas, apaixonados pela liberdade.

Em outros momentos, os adultos são crianças. A mãe de Léon (Ed. Jaloux) [11] permanece, de certa forma, muito infantil. Ela considera o filho um amigo.

> Ela se dirigia a mim, então, como a um amigo de sua idade, pedindo-me conselhos a todo momento, e eu não entendia bem o que ela me dizia, mas o que eu percebia nitidamente é que ela era apenas um pouco menos jovem que eu (...). E, no fundo, nada nos agradava mais do que estarmos juntos, quando meu pai não nos fazia companhia. Zombávamos de tia Irma e de meu tio Trémelat (...).

– A mãe de Jack (A. Daudet) [7] e a de Sartre têm atitudes do mesmo tipo. Eles são amigos e cúmplices. Nadia e seu amigo criam entre si uma linguagem comum: "Eu te 'abolixo' ", expressa, por exemplo, o descontentamento de um em relação ao outro etc. (C. Chonez [58]).

O avô de *La maison* [2] torna-se aliado e cúmplice de seu neto. O pai de Bruno esforça-se por se tornar "o camarada" de seu filho. Ele assume, por esta razão, os erros do filho, como por exemplo quando este derrubou uma vidraça no jardim. "Eu aproveitei a ocasião. A ocasião de que? – De provar a Bruno que eu sou seu amigo? De lhe evitar uma cena ao evitar uma a mim mesmo? Os dois fatos sem dúvida (...)" (H. Bazin [53]). A relação, inicialmente de tipo hierarquizado e bastante autoritária, transformou-se pouco a pouco. Antes de chegar a tal resultado, o pai fez esforços consideráveis para ganhar a confiança do filho, que ele aterrorizava sem querer. Em geral, o adulto que quer assim cativar a criança, se acha, pelo menos de início, em uma situação ambígua. Por um lado possui autoridade e por outro está frente a um tesouro a ser conquistado. É o caso da avó de Babou (Lichtenberger [42]), que sente seu mistério, seu saber, e ao mesmo tempo o protege[22]. O piloto

---

22. Cf. também, acima, "O Aspecto Hierárquico da Relação".

tem a mesma atitude em relação ao Pequeno Príncipe: ele deseja o verdadeiro amigo que pode ser uma criança.

Outros sentem sua influência sobre a criança, pequeno ser vulnerável. O monitor do colégio Sainte-Colline reza assim: "Concedei-me a graça de ser clarividente, quando eu tiver de ser rigoroso, pois o Senhor disse: 'Infeliz daquele que ofende uma criança'. A injustiça causa uma grande ofensa às jovens almas, que qualquer coisa pode machucar, e é por esta razão que não existe pequena injustiça quando eu me dirijo a jovens seres". (G. Chevalier [28]).

Alguns são afetuosos e indulgentes, tal como Duhamel, que fala de sua "indulgência culpável". Por seu lado, Simone de Beauvoir escreve: "Minha mãe me assegurava, através de sua ternura, uma total desculpa", e explica sua indulgência, que responde à sua própria necessidade de ser aceita "com as deficiências próprias de (sua) idade". A tia de Pascalet o desculpa quando este volta de sua fuga pelo rio: "Afinal de contas, no seu tempo, teu pai fez das suas também". Em geral, ela ralha com ele sem cessar. "Adorando-me secretamente, ela acreditava esconder este sentimento de adoração que jorrava de todo o seu ser" [56]. Ela o esperou com confiança. Um professor como o padre Bricole, de Sainte-Colline, mostra-se também cheio de indulgência. "Poder-se-ia sustentar, fiando-se apenas nas aparências, que as crianças turbulentas e debochadas, por serem vivas e espontâneas, são más?" (...) O padre Bricole sorri. Ele murmura: "Com suas carinhas de gatos? Com o riso bom e franco que elas têm? Ora, vamos!" A irmã Marie-Aimée estraga a pequena Marie-Claire, lhe dá guloseimas, um jogo de letras, e instala a mesinha da pequena no vão de seu escritório, onde a criança se sente feliz e protegida (M. Audoux [1]. "(...) Deus criou homens com uma espécie de amor que é mais do que o amor dos pais, o amor por crianças que não são as suas, e que são mal amadas", diz Montherlant [64] pela boca do abade de Pradts. Estas atitudes afetuosas, compreensivas, são também de pais, avós de diversas personagens que já citamos.

O adulto intimidado, desorientado pela criança, preocupado com ela

Frente à criança, certos adultos sentem-se incomodados. Vimos a dificuldade de comunicação entre as duas personagens, e aqui encontramos os sentimentos de alguns adultos conscientes de que a criança lhes permanece estranha. O comboieiro que leva um pequeno delinqüente (Cesbron [57]) é um exemplo deste caso: "O garotinho que não pestanejava, que, no trem, com as mãos nos bolsos, a gola levantada, não dormiu um instante sequer, não fez sequer uma pergunta, aquele pequeno estranho o intimidava". A comunicação no plano verbal revela-se quase que impossível. Por exemplo, Colette [30], que não soube responder à sua filha: "Eu não insisto. Sinto-me pobre, embaraçada, descontente comigo mesma. Seria possível responder de outra forma? Não encontrei nenhuma". O pai de Sagouin sabe que o garotinho tem medo de vacas. "Seu pai lhe apertava a mão e não pronunciava nenhuma palavra (...). Guillaume não sabia que o pobre homem estava desesperado com esse silêncio, que tentava em vão fixar uma idéia; mas não há nada a dizer a um garotinho" (F. Mauriac [63]).

Freqüentemente, atrás destas reações encontra-se o medo de um sofrimento. O adulto sente-se desarmado diante de um machucado da criança, como esta diante da dor do adulto. São as reações de seres que se crêem muito diferentes para se compreenderem. O delinqüente que o educador percebe como um pequeno estranho tem "os lábios entreabertos como se fosse falar – não!: como se acabasse de chorar". Quando o Pequeno Príncipe chora, o piloto esquece todo o resto, fica muito desamparado: "É tão misterioso o país das lágrimas". Yves (Mauriac [45]) tem medo do escuro. Em lágrimas, ele chora no regaço de sua mãe. "Ela gostaria de ralhar com ele, mas ouvia bater-lhe o coração descompassado (...). Nestes momentos, ela experimentava o terror diante desta possibilidade infinita de sofrimento." A mãe de *L'enfant malade* (Colette [31]) sabe dar um sentido ao sorriso muito sereno da criança doente, que sofre. Ambas representam uma farsa que não as engana. Pascal e seu pai são mais francos, eles se confessaram a verdade dramática: Pascal vai morrer (M. Bataille [51]). Alguns sentem uma enorme pena pela criança machucada, frágil, próxima da morte. Tal é a imagem de Jérôme Bardini debruçado sobre o Kid caído na neve, a do piloto trazendo nos braços o Pequeno Príncipe que está prestes a morrer, a do pai de Pascal durante a doença do garotinho.

Não somente o adulto tem pena, pressente e adivinha o sofrimento na criança, mas este sofrimento desperta nele antigas expectativas. "A idéia da humilhação, nas crianças, me é intolerável. Meu coração, cicatrizado, volta a sangrar ao mínimo golpe que as atinge" (Duhamel [35]). "Se existe um lugar em que somos esperados após a vida, a que nos espera ainda treme, por causa dos seres vivos." A mãe de Colette suspirou durante toda a vida, temendo por suas crianças (Colette [30]). – "Parecia a Gérard que o medo daquela criança era o seu próprio medo, que ele reconhecia fora dele; era ele que havia, sem dúvida, se instilado naquele jovem corpo" (Berge [27]).

A contemplação da criança, o temor diante de sua fraqueza, conduz alguns à meditação sobre o significado da existência. É o caso do abade Biboux, em *Sainte-Colline* (G. Chevalier [28]).

> Era sempre com uma profunda apreensão que o monitor dos pequenos retomava a cada ano o seu lugar no dormitório. O mistério daqueles destinos em seus primórdios, daqueles instintos ainda não definidos e tão ameaçados pelo acaso (...) tudo isto lhe perturbava o espírito. Esse homem, que permanecia velando uma parcela da humanidade ainda tão pouco responsável pela soma do bem e do mal que governa o mundo, esse homem tomado pela inquietação, se per-

guntava o porquê de tantas aventuras terrestres apenas começadas, o porquê de tantas aventuras que começavam pelo frescor, a fraqueza, a travessura, a esperança e que terminavam todas pelo aviltamento dos declínios, após uma parte de sofrimentos e de pavor, que não faltariam a nenhuma delas (...). Por que, sobre estes claros rostos espontâneos, resplandecentes de confiança e de doce amizade, dever-se-ia colocar uma máscara de tristeza, de constrangimento, de hipocrisia? Que impotências inexplicáveis justificavam esses castigos cujo peso e cujos pavores são carregados e sofridos pela inocência? Diante daquela juventude adormecida, que ele adorava como pai, o abade Biboux pensava na morte. (...) Pedia para sofrer mais, para que outros – e principalmente aqueles pequenos – sofressem menos (...).

O adulto que suporta o prestígio e a influência da criança

A timidez é, por vezes, a conseqüência do prestígio da criança aos olhos do adulto[23]. Este a vê como um ser cheio de saber, ou com outros dons e outros conhecimentos que não os seus. "Entre nós dois, escreve a avó [de Babou], existem momentos em que sinto que é ele quem tem mais experiência. Ele me intimida." E Duhamel acredita achar-se diante de uma testemunha, um censor de seus atos. "Pois existem certas coisas que são impossíveis de realizar, alguns pensamentos que não se podem pensar, sob este olhar sem memória que não conhece o que vê." Jérôme Bardini (Giraudoux [40]) considera o Kid como o modelo dos comportamentos que ele procurava. O visitante da reserva admira Patricia e gostaria que ela o introduzisse em seu universo. A fazendeira e o velho padre que encontram Philibert e seus colegas que partiram em uma cruzada, impressionados por eles, cedem ao seu pedido (H. Bordeaux [3]). Todas essas personagens que fazem da criança o guia ou o mestre do homem a admiram, a imitam, e por vezes são obrigadas a lhe obedecer. Algumas, confrontadas com uma dessas crianças dotadas de poder misterioso, sofrem seu domínio, que chega a obrigá-las a se suicidar: é a reação de Sao, enlouquecido pelo olhar de Babou, ou do inimigo dos *Coucous de Midwich* [167]. Não se trata mais de um caminho traçado por uma criança, mas de um domínio total sobre o adulto.

Existem admirações de um outro tipo. As de uma família por um rebento, seu herdeiro, tal como o avô de Sartre ao longo de *As Palavras*. Por exemplo, após o fracasso de seu neto na escola, ele o acusa inicialmente de ter má vontade e em seguida declara que seu valor não foi reconhecido.

A admiração ocorre também em relação àqueles que apresentam um caráter vivo, firme, original: "Meus pais (escreve Simone de Beauvoir [54]) não tomavam meus ataques de fúria tragicamente (...). Falavam a respeito até mesmo com uma certa suspeita de altivez". Ela acrescenta também: "Minha violência intimidava". Quanto à sua amiga Zaza: "Muitas de suas opiniões eram subversivas; (...) suas audácias

---

23. Cf. acima, "O aspecto hierárquico da relação" e Cap. 2, pp. 46-47.

irritavam alguns professores; outros as atribuíam à juventude e achavam-nas divertidas; ela era a 'ovelha negra' de uns e a favorita de outros". O monitor dos pequenos de *Sainte-Colline* reza para não experimentar preferências injustas, pois ele tem "preferências afetivas", que podem desviá-lo, não pelos "mais esforçados e ajuizados, mas freqüentemente pelos pobres pequenos que se arrastam no fim da fila e também pelos maliciosos, alguns pequenos malandros cuja franqueza e ardor me seduziam". "Brasse-Bouillon infligiu uma penitência a si mesmo. Dizem-lhe que ele é 'impossível'. Mas sua avó aconselha à professora: Vigie esse pequeno, senhorita. Ele me preocupa. Mas devo confessar que ele me dá grandes esperanças".

A criança anticonformista, ousada, era também a mais admirada entre suas amigas, enquanto que a criança frágil inspirava grandes amizades. Aqui as duas gerações têm, pela primeira vez, os mesmos gostos.

O prestígio da criança influencia o comportamento dos adultos, que acabam por imitá-lo, tal como o tio de Zazie, Gabriel, que adota sua linguagem: "Dever, meu cu..." (Queneau [69]), ou ainda aqueles que lhe obedecem. Alguns confiam na intuição da criança, como o piloto que segue a idéia absurda do Pequeno Príncipe de descobrir um poço no deserto.

Outros não sabem contrariar seus pedidos insistentes, seus caprichos. O *Petit ami* (Léautaud [12]) consegue, desta forma, ser carregado: "Com Marie era sempre suficiente pedir por duas ou três vezes que me carregasse, que ela não conseguia recusar". Em companhia de seu pai ele deve andar. Para Gabriel, "compreender as crianças" equivale a fazer tudo o que elas querem. Estas atitudes correspondem também ao desejo de ter paz, de não ser perturbado por esse pequeno ser exigente, mais do que a uma admiração, um respeito.

O adulto que monopoliza a criança, a manipula

As diversas atitudes encontradas até aqui pertencem a seres benevolentes, atentos. Com as intervenções abusivas dos adultos, abordamos atitudes que não são hostis nem cruéis, mas que não deixam de causar sofrimento à criança.

Vimos[24] a hiperafetividade alienante de alguns pais, como a mãe dos três meninos de *L'arrache-coeur* (B. Vian [75]). A de Anatole France [36] não somente superprotege seu filho, mas seus sentimentos excessivos o humilham.

> Ela gostaria que eu não crescesse para melhor poder me apertar contra ela. Ao mesmo tempo que desejava que eu fosse talentoso, ela se regozijava de que eu não tivesse espírito e que o seu me fosse necessário. Tudo aquilo que me desse um

---

24. Cf. Cap. 6, pp. 167-168.

pouco de independência e liberdade causava-lhe preocupação. Ela imaginava com terror os perigos que eu corria sem ela.

"Ela exagerava desmesuradamente minhas boas qualidades e demonstrava, a qualquer propósito, aquela exaltação que me era penosa, pois eu sempre recebi como uma cruel humilhação as mostras de uma estima que não me era devida." A mãe de Bernard (Berge [27]) "se entristecia ao vê-lo crescer, tornar-se forte, independente. Ela tinha prazer em tratá-lo como um boneco".

A intervenção abusiva na vida da criança, a interpretação errônea de seus atos, podem provir da hiperafetividade do adulto ou, na maioria dos casos, de uma falta de consideração em relação a ela: ele a percebe, então, como um pequeno ser a ser modelado segundo suas próprias normas. Ao esforço deste, que acredita agir no interesse da criança, corresponde, como já vimos[25], o sofrimento, um desencorajamento, uma revolta. A sra. Hémar, os pais de Marcel, ou a mãe de Léon, entre outros, agem assim. Eles desejam conhecer cada pensamento e cada sentimento de seu filho.

Outros julgam e interpretam os atos da criança sem mesmo questioná-la, mas segundo suas concepções da infância, incorrendo, por vezes, em erros grosseiros, como a do adulto que faz um sermão a Brasse-Bouillon acusando-o de gulodice, ou a das donas da pensão que tomam Dora e suas colegas por ladras[26].

Esses adultos nada compreendem sobre a criança, e os autores lhes reprovam muito freqüentemente o fato de arrancá-la de sua infância, uma infância feita de liberdade, de sonho, de alegria. Alguns entravam em sua vida imaginária (a sra. Hémar), outros a isolam de seus colegas de sua idade e a aprisionam em sua companhia. "Outrora, quando eu ouvia falar das alegrias inocentes da infância, das tolices desta idade, da alegria da primeira juventude, a única verdadeira na vida, meu coração se apertava. Eu nada conheci disto tudo; e mais do que isto, esta idade foi para mim uma época contínua de infelicidade (...). Toda minha desgraça pode-se resumir em duas palavras: nunca me permitiram falar com uma criança de minha idade. Meus pais, entediando-se muito com seu afastamento de qualquer vida social, me honravam com uma atenção contínua (...)" (Stendhal [160]). Burgueses, seus pais querem dar a seu "único filho" (...) uma educação aristocrática. Seu pai ficava muito orgulhoso por lhe oferecer um preceptor. Ele não podia suportar vê-lo rir nem com o pessoal da cozinha, nem mesmo quando mergulhava em um livro interessante; ele o retirava da criança e preferia levá-la aos campos para lhe explicar negócios sérios: benfeitorias, adubação etc.

"A vontade dos adultos é a fatalidade que separa as crianças" (V. Larbaud [50]), é ela também que arranca Marcel (...) de suas cama-

25. Cf. Cap. 6, pp. 169-170 e acima, pp. 199-200.
26. *Idem, ibidem*

radagens camponesas, já que ele vai se tornar um "senhor". A criança é obrigada a se deixar aprisionar nas categorias de classe dos adultos. Por esta razão, a mãe de Jacques Vingtras (...) lhe impede de brincar com os filhos do sapateiro. A própria criança se deixa influenciar pelas proibições de seus pais. A consternação destes quando Daniel (A. Daudet [6]) diz palavrões aprendidos com Rouget lhe faz abandonar seu amigo. Os diferentes adultos aqui mencionados nada mais fazem do que aplicar princípios de classe e de educação de modo desastrado e rígido. "Eles ornavam esta afronta com o nome de educação e provavelmente eram de boa-fé" (Stendhal [160]).

Alguns adultos recusam-se a ceder à criança para tentar transformar um temperamento considerado muito emotivo, por exemplo, e que eles gostariam que fosse mais controlado. É o caso da mãe e da avó de Proust. A criança é um terreno a ser modelado, para lhe dar uma forma que corresponda a um modelo ao qual o adulto se refere mais ou menos conscientemente.

O adulto que utiliza a criança

Alguns parecem ter um grande interesse pela criança. De fato, fazem dela um objeto, um bem. Em *Les amitiés particulières* o pequeno Alexandre é um objeto de desejos, dois religiosos gostariam de monopolizá-lo; um deles porque é seduzido pela beleza dos meninos; o outro, por ser atraído por seu encanto, gostaria ao mesmo tempo de dirigi-lo segundo aquilo que acredita ser o bom caminho e tê-lo a seu lado. Em *La ville dont le prince est un enfant*, um padre tem também o vivo desejo de monopolizar um garoto e de assegurar, ele próprio, sua direção, apegando-se a ele, levando-o de férias etc.

Várias personagens de adultos fazem da criança, de fato, uma coisa. Discutem sobre ela em sua presença, examinam-na, fazem reflexões (a mãe de Biche e suas amigas, uma senhora que apalpa as panturrilhas de Simone de Beauvoir, os transeuntes diante de Dolly, os pais de Sagouin (Mauriac [63]), o pai de Milou e seus amigos etc.)[27]. A jovem mãe de Léon considera-o um pouco como "um brinquedo a mais". O pai de Milou discursa sobre seu filho, diante deste, nomeia-o seu "herdeiro", cria dele imagens que o lisonjeiam. O círculo de Bernard também fala dele "não como de uma criança, mas como de um herdeiro". Bardeau, o pai, "tinha um filho que ele parecia certo de formar conforme sua vontade (...). Ele o brandia como a uma matraca no meio de pessoas indefinidas que deviam constituir o cenário de sua existência" [37]. E Sartre [73] nos dá, através de suas impressões, a imagem de uma família que faz da criança um reflexo: "Eu lhes refletia a unidade da família e suas antigas contradições"; e "um bem cultural": "A cultura me impregna e eu a devolvo à família por irradia-

---

27. Cf. acima, pp. 199, 200, 208.

ção". Os adultos são acusados de cabotinagem, de fazer da criança uma coisa.

Freqüentemente, também, projetam sobre ela suas próprias aspirações. Alguns querem lhe dar tudo o que não tiveram em sua infância, tais como, por exemplo, o tio de Hélène, que quer fazer dela uma artista: "Aos sessenta anos não posso esquecer que eu desejava me tornar um verdadeiro músico. Eu gostaria de dar a Hélène o futuro que não tive..." [59]. O pai descrito por Jean Sarment [48], que lhe oferece, após uma triste infância, tudo aquilo com que sonhou: "Para agradar a si mesmo e se realizar no passado". "Tenho reservado para você todos os jogos que me foram recusados, e, para mais tarde, todas as satisfações que, de antemão, eu renunciava a pedir." Ele não pode conceber um outro prazer que não o de ser marinheiro.

O pai de Lebrac (Queneau [69]) apega-se tanto mais à "estrução" de seu filho, quanto mais esta lhe falta. Do mesmo modo, em *L'herbe rouge* (B. Vian [75]): "Meu pai (...) tinha interrompido seus estudos muito jovem, pois seus meios lhe permitiam dispensá-los. É por esta razão que ele se preocupava tanto com que eu terminasse os meus". Ou em *Les miens* (G. de Voisins [166]): "Ele gostaria de entrar em mim, de maneira a me marcar mais intensamente com sua influência, de maneira a ver a si próprio no espelho de seu filho, de maneira a se provar que me agradou a ponto de despertar em mim o desejo de a ele se assemelhar. "Sou levado a crer que o que eles preferem em mim é eles mesmos", resume Darien [5].

Em todos estes casos, o adulto faz da criança uma imagem de si, enfim realizada. Encontraremos esta "criança remédio" estudando as necessidades do adulto em relação à criança[28]. Borel [55] mostra os esforços de uma pessoa para tornar a criança semelhante à imagem de um ente querido idealizado. Trata-se de uma avó que substitui a imagem real de seu filho pela de uma personagem embelezada pela morte. Ela se indigna porque seu neto não se assemelha a ela.

Outros vêem na criança o objeto de seus esforços; "Ele adorava em mim sua generosidade", escreve Sartre falando de seu avô. O pai de Bernard Bardeau, escreve Berge [27], tem a mesma atitude: "Este daí nos custou caro: se você tivesse visto quando nasceu!... Que aborto! E quantas precauções e remédios foram necessários para educá-lo! Ah! Ele teve sorte de ter pais como nós!" "Pode-se ficar orgulhoso com este resultado."

A criança é também considerada enquanto sucesso futuro. Várias obras mostram famílias "incitando" a criança, de modo a atingir através dela uma classe social superior[29], ou utilizando um talento que brota, até esgotá-lo (Jean-Christophe pensa em se suicidar um dia em que se sai particularmente mal na aula de piano).

28. Cf. Cap. 8, pp. 248-250.
29. Cf. Cap. 11, p. 339.

A infância não é uma coisa séria

Quer a criança seja manipulada sem que se leve em conta sua personalidade, ou utilizada em benefício do adulto, ela não é tomada em consideração enquanto pessoa, não é nada por si própria em seu presente, e algumas personagens dizem abertamente: a infância não é uma coisa séria. "(...) As crianças, troçam delas, pouco ligam para elas. Procura-se alimentá-las com estórias mentirosas" (C. Chonez [58]).

O pai de Bernard [27] explica a seu amigo Gérard, que acha as crianças interessantes:

> Ora, meu velho, eu sei melhor do que você o que é uma criança de sete anos, já que tenho uma... não é mais do que um pequeno animal, que nada tem de interessante. É um pequeno ser estúpido! Outro dia, ele quis nos fazer jurar (...) que éramos seus pais! Imagine, ele tinha medo de ser uma criança abandonada (...). Cedi para agradar à sua mãe, mas minha teoria pessoal é que a palmada é o meio mais radical de deter estas fantasias (...). Se me deixassem aplicar o meu método, meu moleque não seria nervoso e impressionável como é.

A mãe de Gide, que é interrogada a respeito dos católicos e dos protestantes, lhe responde: "Você não precisa entender isto agora" ou "Você compreenderá isto mais tarde". Ela lhe propõe respostas prontas para as perguntas sobre política: "Diga que você é a favor de uma boa representação constitucional (...) os outros não entenderão mais do que você e então o deixarão em paz". Mas ela não lhe dá nenhuma explicação. Ao Pequeno Príncipe, que quer discutir o significado dos espinhos, o piloto responde: "Ora! Não acho nada!... Eu me preocupo com coisas sérias!"

Julga-se Pascalet (H. Bosco [56]), que fugiu, e a quem se atribui também uma "boca muito suja". Retiram-lhe os livros que "o enervam". Os interesses, os problemas da criança, não devem ser levados em consideração. Alguns são até mesmo abafados junto aos adultos: "A vida de interna de Dora fazia pensar nas aventuras de uma formiga triste em uma fenda no assoalho, sob os pés de diretoras com sapatos agressivos" (Vialatte [74]).

"A condescendência dos adultos transforma a infância em uma espécie na qual todos os indivíduos se equivalem: nada me irritava mais (...). Como eu comia avelãs, a solteirona que servia de professora para Madeleine declarou de forma douta: 'As crianças adoram avelãs (...)'. Meus gostos não me eram ditados por minha idade, eu não era 'uma criança', 'eu era eu' " (S. de Beauvoir [54]).

As descobertas das crianças, tão importantes para elas, não interessam aos adultos. Assim é com o pequeno Pierre (A. Daudet [6]): os braços podem ser representados por dois traços em um desenho, ou a de Lucien (Sartre [49]): as árvores são de madeira[30]. Suas mães os repreendem.

---

30. Cf. p. 198.

A infância não é uma coisa séria, e os adultos que atribuem a ela um alto valor devem ser admoestados. Personagens como o diretor de um orfanato se dedicam a isso e se esforçam para demonstrar a Jérôme Bardini a superioridade do adulto (Giraudoux [40]). É este também o papel de Barnabé junto a Duhamel. Existe, em seu caso, um diálogo direto entre as duas atitudes em relação à infância; de um lado o adulto que a admira, do outro o adulto que se recusa a ver nela outra coisa que não as infantilidades inconseqüentes. Na maioria dos casos, este diálogo é colocado entre as imagens de uma criança cheia de riquezas e as de um adulto que, julgando-se superior, ou estando somente fechado em si mesmo, nada percebe de seu valor. É o que se passa entre Sagouin e o professor: "Ele poderia, deveria, se encantar ao ouvir esta voz fervorosa da criança que passava por idiota. Ele poderia, deveria, se regozijar com a tarefa que lhe era atribuída, com o poder que detinha para salvar este pequeno ser trêmulo. Mas ele só podia ouvir a criança através de seu próprio tumulto".

O adulto agressivo e superior

Muitos adultos exercem sua autoridade de uma maneira muito mais dura. Não se trata mais apenas de uma superioridade que nega as realidades da infância, mas de uma agressividade em relação a esta. "As crianças não devem ter vontade própria; elas têm de se habituar a tudo. Ah! As crianças mimadas! Os culpados são os pais que acedem a todos os seus caprichos." Tais são os princípios educativos dos pais de Jacques Vingtras. Tal é também a atitude do avô de Jack (A. Daudet [7]), de Folcoche (H. Bazin [52]), que, à autoridade indiscutível, acrescentam uma agressividade, uma hostilidade mais ou menos viva e refinada contra a criança.

Encontramos todas as nuanças nos comportamentos destes adultos: hostilidade ciumenta e desconfiada do pai de Rigaud (B. Crémieux [32]), autoridade de princípio brutal, acompanhada de violência, também do pai em *Les images sentimentales* (P. Adam [102]), e na mãe (H. Bazin [52]), rejeição na mãe de F. de Vandenesse (H. Balzac [104]), maldade e violência em A. Thénardier em relação a Cosette, divertimento em aterrorizar o pobre Sagouin, por parte de sua avó (F. Mauriac [63]).

Acusando a criança sem procurar compreendê-la, castigando-a duramente, convencem-na de que ela é má, culpabilizam-na. Biche, que é punida sem saber muito bem que falta cometeu, compreende apenas que é uma menininha impossível e "diferente das outras". Jacques Vingtras (Vallès [24]) fica transtornado por ser a causa involuntária do ferimento de seu pai: este cortou a mão fazendo-lhe um carinho, sua mãe responsabiliza-o: "Eu tinha cinco anos e já me acreditava um parricida. Não é minha culpa, no entanto". Fan (M. Genevoix) [37] mostrou a Isa a pequena ponta que os besouros têm no traseiro. A mãe da menina vai se queixar à avó de Fan. "Este escutava com terror a horrível voz acusadora. Ele conhecia, ao mesmo tempo que seus crimes, toda a perversidade de sua natureza." Ele não podia mais ignorar "que estava no caminho do mal e do vício; que era mais forte do que ele; que não era nem mais por sua culpa". Henri Brulard mordeu uma prima muito maquiada que lhe pediu que a beijasse, quando ele não o desejava. "Vejo a cena, mas sem dúvida porque de imediato fizeram-me acreditar que teria cometido um crime do qual me falavam incessantemente (...). Minha tia Séraphine declarou que eu era um monstro" [160].

A dureza do adulto traduz por vezes seu ciúme em relação à criança que sonha com aventura, que ainda acredita no paraíso. Parpoil (Dhotel [59]), por exemplo, atormenta Gaspard fazendo-lhe perguntas, ele o lança ao chão e bate-lhe no rosto. Dizem-lhe "basta" "Nunca é suficiente para esta raça de jovens macacos que querem alcançar o paraíso". Ainda uma vez a infância se torna "uma raça" à parte, uma raça que tem um entusiasmo e aspirações que os adultos perderam[31].

Um primeiro corte separa a infância e a idade adulta. A criança autêntica só pode se tornar adulta de um modo dramático, não existe nenhuma continuidade entre as duas idades[32]. Mas no interior de cada uma destas duas categorias opera-se uma outra ruptura entre aqueles que são o suporte de valores positivos e aqueles que lhes são opostos. As personagens se agrupam, portanto, em quatro tipos. Do lado dos valores positivos, as crianças autênticas e os bons adultos próximos da infância. Do lado dos valores negativos, as crianças modeladas segundo as normas da sociedade e os adultos prisioneiros de seus papéis destas mesmas normas.

O mundo dos adultos forma um todo no qual os adultos próximos das crianças são em minoria e marginais. A situação inversa não é totalmente simétrica, pois o estado de infância autêntica dura pouco, criança entra progressivamente no mundo dos adultos e em um mundo

---

31. Vimos (p. 221) as mudanças da personagem da criança em relação à adulto. Esta última é menos autoritária, hostil ou agressiva em relação à crian (19, 12, 14). Tem tendência a admirar um pouco mais a criança e a lhe obedecer 7, 10).

Globalmente, é apenas na primeira amostra que suas atitudes positivas s mais de duas vezes menos freqüente do que suas atitudes negativas: 14 contra 3 enquanto que nas duas amostras mais recentes são igualmente numerosas, 29, positivas contra 28 e 28 negativas.

Diante de um adulto menos brutal, a criança se revolta menos. Mas a pers nagem do adulto continua a manipular a criança, a utilizá-la (12, 16, 14). criança tem cada vez mais consciência deste fato, aprende a duvidar do adul Não acredita mais em seu prestígio e procura utilizá-lo, por sua vez, ainda q sinta falta desta proteção que não mais possui, após tê-la abolido.

32. Cf. Cap. 4, pp. 82, 85, 86.

A RELAÇÃO ENTRE A CRIANÇA E O ADULTO...

	CRIANÇAS	ADULTOS
VALORES POSITIVOS	AUTÊNTICAS	AUTÊNTICOS
VALORES NEGATIVOS	MODELADAS	NORMAS

de crianças criado por estes com as mesmas normas e, portanto, ruim. A personagem à qual se refere o interesse do relato é de fato a criança autêntica, mas os autores experimentam a necessidade de descrevê-la como "singular", é um produto raro[33]. As crianças modeladas formam seja um pano de fundo para o relato, seja um complemento negativo da personagem da criança autêntica. Os tipos dominantes e puros são, portanto, "as crianças autênticas" e "os adultos reflexos-das-normas-de-sua-sociedade". Os adultos autênticos participam ainda da infância, e as crianças modeladas já se incorporam à sociedade dos adultos.

As personagens simbolizadas tornam evidente uma oposição dual tal como aquela que a linguagem mítica cria freqüentemente. As análises estruturais de mitos de populações primitivas sul-americanas, efetuadas por Lévi-Strauss, fornecem múltiplos exemplos deste fato[34]. As pesquisas de R. Barthes sobre a linguagem do mito na França contemporânea constatam também esta lógica oposicional[35]. No relato literário que fala da infância, os autores têm tendência a ver na vida humana iniciante a melhor forma da humanidade. Ora, esta impressão de que a primeira forma dos seres e das coisas é a mais válida, a mais perfeita, teve por conseqüência e por expressão numerosos mitos de origem que explicam a natureza verdadeira de um objeto ou de uma pessoa[36]. Nossa cultura não se separa das outras no que concerne a esta impressão fundamental. Se ela recusa conscientemente o mito, ela se proporciona equivalentes: ela rejeita a história do paraíso perdido, mas idealiza o passado, construindo uma imagem dos "bons velhos tempos"; ela também mitifica o início da vida de cada homem querendo-a paradisíaca e fazendo da criança o homem verdadeiro.

Uma linguagem parece edificar-se partindo da personagem da criança idealizada. Ela será completada pela representação dos quadros de vida e dos objetos pelos quais a pequena personagem está rodeada nos relatos. Mas o caso deste tipo de personagem não se separa

---

33. Cf. Cap. 3, pp. 122-123.
34. Ver, por exemplo, o título *Les mythologiques, op. cit.*
35. Ver, por exemplo, *Système de la mode*, éd. du Seuil, 1967.
36. Ver, entre outros, M. Eliade, *Aspects du mythe, op. cit.*

do conjunto da representação da infância. Vimos que entre ela e a personagem de aparência mais real existia um *continuum*[37]. A imagem da infância feliz e da criança que "deveria" ser autêntica induz os autores das autobiografias a recriar, conscientemente ou não, sua própria imagem, aproximando-a de uma imagem ideal, compensadora dos defeitos pessoais e dos fracassos. Uma agressividade se libera em relação a uma sociedade culpada pelo estrago desta felicidade inicial. Um mito pessoal se cria. Tentaremos mostrar como ele se expressa e sobretudo como ele se associa ao mito coletivo através da gênese da personagem idealizada.

37. Cf. Cap. 3, pp. 86-89.

8. A Busca da Infância

A felicidade da infância é um tema de múltiplas variações. Por vezes os autores oferecem imagens idílicas mostrando a criança em um universo que lhe convém. Outros lembram-se do início de sua existência como um período maravilhoso. Outros, em contrapartida, descrevem a mediocridade da existência real ao longo dos primeiros anos em relação ao que "deveria" ser o início da vida. Enfim, muitos utilizam a imagem negativa, revoltante, do sofrimento da criança, como modelo de referência, permanecendo a alegria, muitas vezes, implícita. O estado inicial de felicidade parece, mais do que uma aspiração, uma espécie de necessidade vital. As diversas correntes psicanalíticas nos falaram ora de uma felicidade intra-uterina, ora do narcisismo primário, estado no qual o eu-total não se separa ainda do meio, é o objeto de seu próprio prazer, não se opõe à realidade constrangedora[1]. Encontramos as imagens deste estado de felicidade, prolongado nos primeiros anos de vida, nos escritores que expressam, em suas criações, representações e conceitos equivalentes. Falar de narcisismo primário ou, para um certo autor, evocar em um mesmo sentido sua própria infância ou criar uma personagem que responda a uma mesma expectativa, equivale a se servir de uma linguagem metafórica para expressar uma impressão ou uma crença muito importante para cada homem.

Os escritores se põem na busca de sua própria infância criando um mito pessoal, mas este passado se prolonga e se atualiza projetando-se nas crianças que os rodeiam. As dificuldades de relações entre crianças e adultos, a defasagem entre o modelo sonhado, que é fre-

1. Cf. a este respeito Cap. 1, p. 5.

qüentemente uma imagem ideal do si-criança, e a criança real, levam freqüentemente os autores a construírem uma criança simbólica que encarna os valores positivos já colocados em evidência. Para especificar estes processos, basta utilizar a própria linguagem dos autores, freqüentemente explícita, ao nível das imagens e dos conceitos, e seguir as relações entre os diferentes níveis do código que existem nos relatos.

1. NECESSIDADE DE TER VIVIDO UMA INFÂNCIA FELIZ

Os autores expressam, freqüentemente, as alegrias de sua infância e guardam desta uma profunda nostalgia.

A linguagem enfática em relação ao estado de infância

A autobiografia onde o autor procura se reencontrar, ou o romance onde cria uma outra criança, oferecem as mesmas imagens: a de um estado bem-aventurado, apenas consciente, "um sonho desvanecido ao qual nada poderia ser comparado" (G. Sand [155]). "Um forte encantamento amavelmente organizado; e são os primeiros anos que confirmarão toda sua futura existência" (Derème [33]). Sente-se necessidade de ter vivido nesse estado de bem-aventurança, semelhante a um devaneio, que poderia ter-se desenrolado em um mundo imaginário.

A criança, nesse estado, ignora as categorizações, o bem e o mal, a censura pessoal. É feliz em viver, e isto parece adorável: "Tão feliz quanto Adão em meio ao Éden, antes que sua desobediência o tivesse feito entrar em guerra com o criador" (Ed. Jaloux [11]). Seu mundo aquele "do paraíso terrestre e da mais antiga infância – espaço bem aventurado no qual eu vivia"(diz Leiris [62]). "Em pé de igualdade com as partes ainda não categorizadas do mundo ambiente, tais como nossos primeiros parentes com os animais e as plantas"[2].

A imagem de si

Alguns vão se esforçar para reviver a criança que foram naquela época:

Ah! Aquele garotinho, aquele garotinho, onde estará ele agora e como eu me enterneço quando eu o observo! Dias longínquos, se eu pudesse revivê-los, se eu pudesse tornar a ser o garoto de então! Eu não tinha nenhuma ambição, nenhuma preocupação literária. Eu ignorava a necessidade de escrever e o aborrecimento de passar a limpo; eu tinha uma espécie de tristeza que era suficiente pa

---

2. A imagem evocada corresponde perfeitamente à do narcisismo primário.

minha felicidade, e minha cabeça inclinada estava ocupada apenas por coisas doces e muito leves.

Podem troçar de mim: um certo enternecimento me toma no momento em que me preocupo com aquele garotinho. Pergunto-me até mesmo se não me tornarei, ao falar dele, um sentimental como não se pode conceber (...). Mas se, à minha revelia, eu me deixar ir, aqui e acolá, com muita emoção, gostaria que acreditassem, para me desculpar, que o garotinho que outrora fui tem apenas a mim agora para ornamentar sua lembrança e para dizer aquilo que ele já mostrava de ternura e de devaneio (Léautaud [12]).

Os adultos têm necessidade de seu antigo eu-criança, enternecem-se com sua imagem. "O que eu vejo neste jardim é um homenzinho que, com as mãos nos bolsos e a mochila nas costas, parte para a escola saltitando como um pardal. Apenas meu pensamento o vê: já que este homenzinho é uma sombra, é a sombra do eu que eu era há vinte e cinco anos. Realmente ele me interessa, este pequeno: quando ele existia, eu não me preocupava muito com ele; agora que ele não existe mais, eu o amo. Ele era mais valioso, em suma, que os outros eus que eu tive após ter perdido esse" (A. France [123]). "Devo ter três anos e meio. Minha cabeça é redonda, meus cabelos cacheados e devo ainda usar vestido (não se trata, evidentemente, de me lembrar de tudo isto, mas é assim que me vejo)" (Leiris [62]).

A exteriorização da imagem do si-criança, que se objetiva nos textos precedentes, é um fenômeno conhecido de Freud[3] e especificamente ligado às lembranças da infância. Esta criança é ao mesmo tempo uma criança mais interessante que as outras e o melhor dos "eus" que se sucederam. Introduzindo *Le roman d'un enfant*, Loti se preocupa e se pergunta se ainda achará "palavras suficientemente frescas, palavras suficientemente jovens", "pelo menos, tentarei [promete ele] colocar aquilo que houve de melhor em mim, em uma época onde nada havia de mal ainda". Não se deve macular a melhor imagem de si.

A necessidade dessa infância feliz e desse antigo eu traduz-se de várias maneiras. Acabamos de ver o esforço para fazer reviver sua própria personagem criança e a ternura das expressões que a descrevem. Analisaremos também como a memória vai recriar uma imagem da criança modificada em relação à sua realidade. Mas a necessidade de sua própria infância é também evidente nas descrições dramáticas da perda desse estado bem-aventurado, ou ainda da mutilação que representa a ausência de uma infância feliz.

A perda da infância

Leiris, "expulso do paraíso terrestre e da mais antiga infância", deve então conquistar seu eu e categorizar o mundo. Sua felicidade se

---

3. S. Freud, *Psychopathologie de la vie quotidienne, op. cit.*

realiza. A criança também perde um quadro, aquele da casa familiar, associada à imagem materna. "Ah! Certos dias, eu daria tudo o que tenho e tudo o que sou (...) para ouvir ainda uma vez, como eu ouvia quase todas as noites, naqueles bem-aventurados dias de minha infância, minha mãe tão linda tocar antigas canções ou valsas muito antigas (...)." "Ah! Eu a deixei para sempre, a boa casa da infância! Pertenço agora à rua hostil e solitária, onde a vida cedo ou tarde nos repele, sou um desses duros transeuntes que outrora me apavoravam, um desses transeuntes que ignoram o aconchego e a segurança, e que fecharam atrás de si, para sempre, a porta da bem-aventurança!" (Ed. Jaloux [11]). O adulto assume a figura do errante, do solitário, do separado.

A nostalgia da infância agrava-se com a intensidade da alegria vivida no início da existência.

> Merleau-Ponty me disse um dia [escreve Sartre [157]], em 1947, que nunca se curou de uma incomparável infância. Ele teve a alegria mais íntima da qual só foi expulso pela idade (...) ele experimentava sua pessoa singular como a singularidade de uma aventura: alguém é alguma coisa que acontece e se apaga, não sem antes ter traçado as maravilhas de um futuro sempre novo e sempre reiniciado. O que era ele, senão o paraíso perdido: uma sorte louca, imerecida, presente gratuito, tornava-se, após a queda, adversidade, despovoava o mundo, desencantava-o de antemão.

A tristeza da evocação de um período abençoado é explicada por sua perda definitiva. O Petit Chose, não mais encontrando a antiga fábrica de seu pai, onde se desenrolaram seus primeiros anos, descobre um pouco mais como está borrado o próprio traço de sua infância: "Todos os amigos de sua infância, todas as alegrias do primeiro dia..." Loti sente a tristeza do fim da infância como uma canção "triste de fazer chorar, como para cantar sobre uma tumba, a canção dos anos perdidos, dos verões mortos".

O mundo que segue essa primeira infância só pode trazer decepções, mesmo que esse período não tenha sido vivido com uma tal perfeição, pois é, no mínimo, um mundo vítima do tempo, onde todos os possíveis se fecham progressivamente. A criança não escolheu, não se limitou ainda. Portanto, ainda não se aprisionou e, neste sentido, escapa do tempo e do domínio da sociedade que cerceia os adultos em seus papéis.

O interesse dos romancistas por sua infância não é apenas "um meio de prolongar a duração normal da vida; fazem-na começar mais cedo, tornando a infância interessante"[4]. Não se trata de um fenômeno quantitativo o tomar consciência dos quinze primeiros anos, por muito tempo negligenciados: trata-se de um fenômeno psicológico bem mais importante, que é recuperar o melhor tempo das origens num pensamento quase mítico.

---

4. Interpretação de J. Calvet, *op. cit.*, na introdução.

A infância estragada

Não é suficiente que a infância tenha sido cheia de mimos, é preciso que ela deixe a imagem de uma infância verdadeiramente autêntica, não muito diferente da imagem mítica. Alguns autores detestam seus primeiros anos. Eles supõem terem sido deformados muito cedo pelo papel de criança que seu meio lhes fez desempenhar: crianças herdeiras, crianças com gestos esperados, exibidas em espetáculos, não gozaram da verdadeira existência infantil. Muitos explicitam sua repugnância por uma infância burguesa. Sartre vai mais longe e denuncia suas conseqüências, seu *handicap* trágico: ele não pode mais utilizar esta fonte vital que é a infância: "O leitor compreenderá que eu detesto minha infância e tudo o que dela subsiste". "Eu me tornei traidor e assim permaneci (...)." Renegando o passado pelo futuro. "Meus primeiros anos, principalmente, eu os apaguei". Wolf (B. Vian [75]), enojado com sua existência, busca também as causas em sua infância, graças a uma máquina de voltar no tempo. Após ter descrito tudo o que o estragou (a religião, a escola, os hábitos familiares), conclui: "Agora sei que eu teria gostado do gosto da vida".

A infância-fonte

A vida inteira traz as conseqüências de uma maculação da fonte infância. Ao longo da existência ela pode também se esterilizar no adulto machucado pela vida: "Tudo avança e eu permaneço. Não sinto, já, mais prazer em comparar a primavera àquilo que ela foi do que em acolhê-la?" (Colette [30]).

Outros apegam-se a essa fonte que lhes oferece um viático contra a morte. Edmond Jaloux, através da personagem de Léon, medita sobre a morte e faz um quadro apocalíptico de uma terra deserta de toda humanidade. O que importam então suas lembranças de infância? "E, no entanto, como um náufrago a um destroço, eu me agarro às minhas lembranças (...). Já o esquecimento me envolve. A morte está em cada um de nós, e faz a sua obra (...). E é para retardar sua obra que eu fixo, no presente, apenas para mim, aquilo que me volta do passado, desse passado que eu bebo ajoelhado, inclinado sobre ele, como se faz com uma fonte, uma fonte esgotável, que sorverei com todas as minhas forças, até que seu fluxo se esgote."

A criança-fonte dá ainda vida e alimenta aquele a quem os cansaços e as decepções esgotaram totalmente. Assim ocorre com Proust: apenas as coisas que ele conheceu em sua infância conservam para ele um gosto, uma profundidade, uma comunicação com seu coração: "As únicas que eu ainda tomo a sério, que ainda me dão alegria (...)", enquanto não acredita mais nos seres e nas coisas. Esta fonte é principalmente um impulso de desejo, uma aptidão para sentir, para apreciar.

A antiga vida infantil continua, para outros, a se desenrolar não como uma fonte interior ao ser, mas como uma existência fora dele, paralela, aérea, difícil de captar: "Meu livro futuro (escreve A. Fournier [8]) será talvez um perpétuo vaivém insensível do sonho à realidade; 'sonho' entendido como a imensa e imprecisa vida infantil planando acima do outro, e incessantemente eliciada pelos ecos deste". Duhamel criou também uma imagem dessa vida aérea comparando a lembrança da infância a um pássaro[5].

A criança encontra aqui, uma vez mais, seu caráter de sonho, de mundo ligado à vida imaginária, ao mesmo tempo que de um "outro mundo".

2. NECESSIDADE DE RECRIAR A INFÂNCIA COM A AJUDA DAS LEMBRANÇAS

Traços indeléveis

As imagens da infância são indeléveis e sempre presentes, acreditam vários autores. "Ó coisas da minha infância, que impressão me deixastes! Parece que foi ontem esta viagem pelo Ródano (...). Não se esquecem estas coisas" (A. Daudet [6]). E falando do lugar de sua primeira infância: "Foi ali onde cheguei ao mundo e onde passei os primeiros, os únicos bons anos de minha vida. Por isso, minha memória reconhecida guardou do jardim, da fábrica e dos plátanos uma imperecível lembrança (...)".

Eu gostaria, escreve também Loti, de "apenas assinalar (...) instantes que me marcaram tanto que eu ainda me lembro deles com uma nitidez completa, hoje, quando já esqueci tantas coisas pungentes e tantos lugares, tantas aventuras, tantos rostos" [15].

Proust [20], naturalmente, fala também da força de suas lembranças. "Já ocorreram muitos anos desde então (...). Em mim, tantas coisas, que eu acreditava que deveriam durar para sempre, foram destruídas, e novas coisas se edificaram dando nascimento a novos sofrimentos e alegrias que eu não poderia prever então, da mesma forma que as antigas tornaram-se para mim difíceis de compreender (...). Mas faz pouco tempo, recomecei a perceber muito bem, se aguço os ouvidos, os soluços que eu tive a força de conter diante de meu pai e que só explodiam quando me encontrava a sós com mamãe. Em realidade, eles nunca cessaram; e é somente porque a vida se cala mais agora ao meu redor que eu posso ouvi-los novamente (...)." A infância, mascarada por vezes pelas agitações da vida dos adultos, permanece, apesar de tudo, presente. Não somente nossas lembranças nos marcam e estão prontas a ressurgir, existindo uma contração do tem-

---

5. Cf. abaixo, p. 242.

po que as colocam ao nosso alcance (elas são de ontem), mas sua vida é imperecível e permanece em nós. Os mesmos ambientes, os mesmos lugares, as evocam imediatamente. "Eu passeava sozinho, freqüentemente na grande passagem, hoje desaparecida, que conduzia da Rue de Rodier à Rue de Maubeuge (...). Todas essas lembranças são tão vivas em mim que, apesar de toda a seriedade que eu adquiri, nunca posso atravessar a Place Saint-Georges sem me deter, cheio de emoção, diante da fonte onde eu fazia, então, navegar um barquinho (...) (Léautaud [12]).

Leiris acompanha sua mãe, que visita uma casa que está para alugar. "Devo ter três anos e meio (...). É por volta do mês de maio. Estamos em um cômodo com persianas fechadas, que cheira talvez a inseticida, impregnado de poeira. Através das fendas horizontais das persianas o sol passa em grandes fachos de luz docemente peneirados. O quarto está vazio, sem nenhum móvel. Do lado de fora, deve estar bastante quente e os insetos devem vibrar. Experimento uma sensação de tepidez, de bem-estar e de segurança olhando os corpúsculos de poeira que se movem. É sem dúvida em relação a esta "antiguidade" que eu sempre permaneci boquiaberto diante das coisas que me parecem dizer: "Era uma vez..." As lembranças assumem aqui o aspecto de contos maravilhosos, cujo tema é o ator dos tempos de outrora.

Seu modo de reaparição: o ambiente idêntico

As lembranças da infância reaparecem espontaneamente quando nos encontramos em um ambiente idêntico àquele que cercou um acontecimento ou um episódio de nossa existência infantil. Algumas lembranças se impõem bruscamente a nós em um ambiente idêntico àquele de outrora. Diante das angústias do jovem Bardeau, Gérard Ducellier revive as suas: "Sua infância voltava-lhe repentinamente, como uma grande bola no fundo da garganta".

Proust [20] (na ocasião do célebre episódio da *madeleine*), explicita este mecanismo de renascimento:

Mas, quando, de um passado remoto, nada subsiste após a morte dos seres, após a destruição das coisas, sozinhas, mais frágeis porém mais vivazes, mais imateriais, persistentes, fiéis, o odor e o sabor permanecem por muito tempo, como almas a se lembrar, a esperar, a desejar, sobre a ruína de todo o resto, a carregar, sem se vergar, sobre sua gotícula quase impalpável, o edifício da lembrança.

E mais longe: "Acho muito razoável a crença céltica de que as almas daqueles que perdemos estão cativas em algum ser inferior (...) assim acontece com nosso passado" que nos espera no oco de uma árvore, no desvio de um caminho.

Para Léon (Ed. Jaloux [11]) é a música que o faz reencontrar sua mãe. Quando ouve alguém tocar piano, ele fecha os olhos e se lembra.

Um objeto também: a empunhadura com cabeça de águia de uma bengala o faz reconher o homem que sua mãe encontrava no parque. Toda sua dor ressurge. A lembrança não aparece como uma representação intelectual, mas é o estado aflitivo que é despertado. Ele faz renascer a infância desejada, tornamo-nos a criança de outrora.

> Voltei ultimamente a visitar o bairro da Rue des Martyrs (...). Eu gostaria de me assegurar de minhas recordações antes de me colocar neste capítulo. (...) As imagens que acabo de evocar mostravam-se mais vivas a cada passo que eu dava. (...) Até a atmosfera que respirava e que tinha o mesmo sabor, tudo me dava a ilusão de que tinha voltado a ser a criança de outrora (Léautaud [12]).

Loti tinha medo ao entardecer. Sombras traçavam formas que sua imaginação transformava em almas do outro mundo ou em animais prontos a persegui-lo. "E, verdadeiramente, não estou certo de que, nas mesmas escadas, com um pouco de boa vontade, não chegaria a me preocupar ainda nos dias de hoje..." Certo dia, na volta do serviço religioso de domingo, ele vê um raio de sol na escada:

> Foi uma impressão cheia de tristeza, diferente da simples tristeza do domingo, parada da vida: alguma coisa completamente incompreensível e completamente nova, onde entrava, talvez, a noção difusa da brevidade dos verões da vida de sua fuga rápida e da impassível eternidade dos sóis (...) [15].

Muito mais tarde, em Istambul, o autor vê, todas as tardes, um raio que provoca nele exatamente a mesma impressão triste. Ele lamentará esta cidade por causa de seu raio. O adulto não tem mais necessidade de voltar a ser criança para reencontrar suas impressões antigas: elas revivem nele, cuja vida afetiva foi condicionada por suas primeiras impressões.

O esforço para fazer reaparecer a lembrança

O desejo do adulto impele-o freqüentemente a buscar a lembrança de infância, a reviver seus estados antigos. Condições especiais favorecem este renascimento. Uma certa disponibilidade do espírito mostra-se freqüentemente necessária.

> (...) Eu sonho com beatitude e sem objeto algum (...) não penso em nada. Estou quase ausente de mim mesmo. Então, vinda do fundo de minha memória, uma pequena lembrança desconhecida me aparece. Ela se aproxima cautelosamente, como um pássaro que me julgasse adormecido (...). Ele canta. Maravilha! Muitas vezes quando quero apanhá-lo ele voa, deixando-me nos dedos um pouco de penugem (Duhamel [35]).

A maior parte das outras lembranças de sua infância foram reconstruídas.

É também porque, diz ele, a agitação da vida e o barulho se acalmam ao seu redor, que Proust ouve novamente seus soluços de criança quando chama desesperadamente sua mãe antes de adormecer. Mas ele empreendeu também toda uma busca de sua antiga existência. "Todos os esforços de nossa inteligência são inúteis." Ele medita, escuta na insônia o silêncio, cria o vazio. Ele ouve então voltar "o rumor de distâncias atravessadas" e capta uma mensagem de outrora trazida por um sabor, por um perfume. De Combray, descreve apenas uma parte muito limitada:

> Em poucas palavras, sempre visto na mesma hora, isolado de tudo o que pudesse haver ao meu redor (...), o cenário estritamente necessário (...) ao drama de meu despir (...) eu teria podido responder, a quem me tivesse interrogado, que Combray compreendia outra coisa e existia em outras horas. Mas como aquilo de que eu me lembrasse ter-me-ia sido fornecido somente pela memória voluntária, a memória da inteligência, e como os ensinamentos que ela dá sobre o passado nada conservam dele, eu jamais teria tido vontade de pensar neste resto de Combray. Tudo isto estava, na realidade, morto para mim.

A busca da própria infância conduzida por Léautaud é voluntária, mas também nesse caso, mais afetiva do que intelectual. Ele sabe se colocar no ambiente que desperta os sentimentos de outrora. A busca de Edmond Jaloux [11] através de Léon é também um apelo à infância, uma escuta atenta:

> Este passado renasce sob meus olhos à medida que escrevo. Muitos detalhes me retornam. É como um desenho em pastel muito delicado que se animasse lentamente e se mexesse um pouco. Uma poeira irisada eleva-se ao meu redor. Como tudo isto é triste e encantador! As piores horas daquele tempo longínquo seriam adoráveis de reviver (...). Ignorávamos o futuro e nos desolávamos. Mas o ar quente e como que embebido de flores da noite em que mamãe partiu, como eu gostaria de ainda respirá-lo.

Ao chamado da máquina que Wolf (B. Vian [75]) ajustou para se lembrar, as lembranças "ocorrem em hordas desorganizadas como um grande incêndio de odores, de luzes e de murmúrios".

Algumas lembranças dolorosas recusam-se, pelo contrário, a desaparecer. Patachou tem um cabrito que, segundo ele, passa seu tempo diante de uma cuia cheia de água, para se mirar: "(...) Ele se vê, como eu me vejo ali, e ele tenta se beber. Quando toca a água, o reflexo desaparece e ele pensa que se bebeu. Mas a imagem sempre retorna". Seu tio (T. Derème [33]) se pergunta se Patachou não fez uma descoberta tal como: "(...) A imagem das lembranças que gostaríamos de esquecer? Pode-se tentar fazê-lo, Patachou! Elas permanecem no fundo da cuia e são as mais amargas".

Na maior parte do tempo, as lembranças de outrora procuradas pelos autores são embelezadas pelo desejo de infância. Ed. Jaloux o vive de forma tão intensa que quase esquece o caráter doloroso para o pequeno Léon do drama da partida de sua mãe, que, diz ele mais adiante, transtornará toda a sua segurança infantil.

A dificuldade da evocação. Mutilação, seleção

Algumas lembranças perderam o gosto, sabor e, portanto, qualquer encanto.

Eis que se aproximam os dias de outubro. Ó lembranças! Era o momento, outrora, em que acabavam nossas férias, no tempo em que eu era escolar (...) sob a figueira cheia de pássaros (...) nós sentíamos, num sonho mau, o odor de giz esmagado no quadro-negro. Tenho, desde então, cheirado muitos pedaços de giz para verificar essa impressão longínqua e nunca soube reencontrar aquele perfume! A infância é plena de sonhos (T. Derème [33]).

A incompreensão e o despeito pela perda do encanto levam a envolver a infância em um halo de mistério, de sonho.

Leiris [62] tenta também explicar este fenômeno estabelecendo uma analogia entre as lembranças de infância e alguns sonhos.

Outrora ocorria-me freqüentemente ter estes sonhos cujos detalhes não conseguia lembrar. Eles eram como objetos dos quais eu teria conhecido apenas os ângulos, sob sua forma mais abstrata: sua medida em graus. Um desses ângulos aparecia em minha memória, mas, apesar de meus esforços, ele permanecia despojado, não podia se revestir de nenhuma matéria; (...) tentar ressuscitar o sonho, fazê-lo tomar volume e cor, tirá-lo da chã e morna geometria na qual se resumia; injetar nele, como um sopro de vida nova, a muito vaga atmosfera que, daquilo que lhe tinha sido essencial, era tudo o que me restava; triturar as migalhas de cenário, personagens e acontecimentos que minha memória, com muito esforço, fazia aparecer por um instante, aqui ou acolá; senti-los se dissolverem antes mesmo de ter podido começar a reajustá-los; retomar esse trabalho por um número indeterminado de vezes (...), ruminar tudo isso sem ter a coragem de cuspi-lo, antes que minha certeza de não alcançar nada tivesse se manifestado por uma impressão quase física de náusea: tais eram, por vezes, por causa de tais sonhos, minhas ocupações de um dia inteiro. Encontro no momento presente um estado deste tipo, quando tento fazer reviver (...) nessa camada particular de lembranças que me proponho a pesquisar aqui.

Por várias vezes, como já assinalamos, o estado bem-aventurado da infância é comparado ao mundo imaginário, um mundo imaginário paradisíaco, parcialmente recuperável pelo adulto ou definitivamente encerrado. Talvez a projeção sobre a infância do dom de criação imaginária excepcional encontre aqui sua explicação.

Proust, tentando recuperar uma lembrança de infância, depara-se com o fenômeno inverso. A mutilação operava sobre o imagem, não sobre o sabor, quando ele gostaria de redescobrir que lembrança visual estava associada a um sabor (a propósito da emoção despertada pelo gosto da pequena *madeleine*).

Certamente, o que palpita no fundo de mim, deve ser a imagem, a lembrança visual que, associada a este sabor, procura segui-la até mim. Mas ela se debate longamente, de forma confusa; quase não percebo o reflexo neutro onde se confunde o inacessível turbilhão das cores remexidas; mas não posso distinguir sua forma, lhe pedir, como à única intérprete possível, que me traduza o testemunho de sua contemporânea, pedir-lhe que me diga de que circunstância e de que época do passado se trata. Será que esta lembrança, o antigo instante que a atração de um instante idêntico veio de tão longe solicitar, emocionar, provocar bem no fundo de mim, alcançará a clara superfície de minha consciência? Eu não sei. Agora não sinto mais nada, ela parou, talvez tenha descido novamente; quem sabe se ela algum dia emergirá de sua noite?

As lembranças sofrem também uma morte progressiva. "Passaram-se muitos anos [da partida da mãe de Léon (Ed. Jaloux [11])], e cada um, ao partir, leva consigo algumas lembranças (...) veio uma espécie de fumaça corrosiva; ela embaçou os rostos, ocultou as atitudes, apagou grandes pedaços de memória; ela invade sempre, ganha terreno, se estende... Em breve, não restarão mais do que cadáveres de lembranças, miseráveis coisas incoerentes, um gesto, a luz de uma certa noite, um sorriso, uma palavra, um olhar molhado, antes do aniquilamento final no qual eu conduzirei comigo mesmo, no solo tenaz e viscoso, aquilo que ainda flutua em minha alma de passado indeciso e sempre querido."

É simplesmente crescendo que Cuib e Tioup vão esquecer tudo: "Eles não se lembrarão de nada, eles não saberão mais nada do que eles são agora". As crianças, ávidas de viver, projetadas para o futuro, desinteressam-se desse período de sua vida. Quando os dois garotos estiverem em idade de ler o livro que seu pai escreveu sobre sua primeira infância, eles não mais ou ainda não se interessarão: "Vocês dirão: 'Isto tudo é muito velho'. Não falemos mais a respeito". "Eu tirarei mais uma vez minha desforra. Esperarei até a segunda geração" (Duhamel [35]). "(...) Ninguém, infelizmente, sabe degustar plenamente a alegria que sua idade lhe proporciona. Sonhamos em reencontrar uma alma pueril e as crianças não cessam de repetir com inveja: quando eu crescer..." (Derème [33]).

A. Daudet, enquanto rapaz, refazia uma viagem pelo Ródano e se revê criança, no mesmo lugar, segurando seu periquito verde (esperança) em uma gaiola azul (ilusão). Ele ri e pensa que deveria ter um aspecto bem ridículo. Mas o autor, evocando a cena, lamenta o rapaz: ele não compreendeu, então, o simbolismo da personagem. É na idade madura que a lembrança assume seu valor, que o significado do episódio evocado se revela. "Só comecei a ter lembranças muito tarde (E. Renan [21]). O imperioso dever que me obrigou, nos anos de minha juventude, a resolver por minha conta (...) os mais altos problemas da filosofia e da religião, não me deixava sequer um quarto de hora para olhar para trás."

Alguns adultos não ousam expressar emoções ligadas a suas lembranças de infância. Rose Lourdin (V. Larbaud [50]) acaba de descrever um episódio de sua vida no internato: "Pronto! Mas o essencial eu não lhes contei. Oh! A cor, o som, a imagem destes velhos dias sem história de minha infância..."

De qualquer modo, uma seleção se operou, filtrando as imagens evocadas voluntariamente, ou reaparecidas espontaneamente; os autores permanecem conscientes deste fato.

As lembranças corrigidas ou inventadas

A estes cortes efetuados em meio a uma realidade desaparecida, acrescentam-se imagens construídas com todas as peças. Gide se recorda por muito tempo da entrada dos prussianos em Rouen, que ele teria presenciado de seu terraço. De fato, tratava-se do desfile semanal à luz de archotes. A importância para ele, criança, dessa imagem, lhe parecia mais tarde merecer a qualidade de acontecimento histórico que seus conhecimentos posteriores lhe fizeram atribuir.

P. Margueritte lembra-se da presença próxima de uma criada negra.

> Ela nunca existiu, mas eu a vejo, com seus olhos brancos e seu sorriso de macaco. Sem dúvida, ela teria nascido em minhas primeiras leituras e se confundido com minhas primeiras visões argelinas, simultaneamente autênticas e irreais. Existem falsas lembranças que a imaginação cristaliza pouco a pouco e nas quais se acredita como se fossem verdadeiras... [138 bis].

Quando Wolf (Boris Vian [75]) faz suas lembranças voltarem com a ajuda de uma máquina: "Algumas tinham a precisão, a fixidez das falsas imagens da infância formadas *a posteriori* pelas fotografias ou conversas daqueles que lembram (...)".

> Dentre essas lembranças existem as que me foram forjadas completamente (escreve também Duhamel [35]) e, de alguma forma, impostas. Minha mãe, meu pai, meus irmãos mais velhos, e muitos outros, trabalharam para produzir em mim lembranças. Ainda mais, colocaram-me cachos de cabelos que não posso reconhecer e, mesmo assim, preciso adotá-los. É você, minha mãe, que viveu vários anos de minha vida! (...). Vivi em ignorância ao lado de minha mãe, que tecia discretamente minha memória. Não teria sido ela aniquilada se minha família não me tivesse transmitido o frágil relato, a vida dessas pequenas personagens que traziam meu nome? Entregues a si mesmas, aquelas que eu fui até cinco ou seis anos estariam mortas!... (Drieu La Rochelle [34]).

Com a aproximação da adolescência os jovens suportam mal este mecanismo: outros sabem melhor do que eles mesmos o que foram quando crianças, ou talvez, constroem seu mito pessoal sem que possam participar destes.

> Eles (os pais) contam aos estranhos episódios de nossa primeira infância nos quais não encontramos nada do que nossa lembrança guardou. Eles nos caluniam. Poder-se-ia mesmo dizer que tomaram, para nos atribuir, palavras de crianças que eles leram nos livros. Isto nos envergonha diante das pessoas... (V. Larbaud [50]).

Em contrapartida, vários escritores sentem, quando se tornam adultos, as transformações da lembrança como uma riqueza, uma necessidade, na medida em que as remodelagens provêm deles mesmos.

Todo o resto, tudo o que considero como as lembranças de minha primeira infância, é um amontoado de tesouros incertos que tenho, de ano para ano, verificado, completado, corrigido, com minhas almas sucessivas de adolescente e de homem (Duhamel [35]).

Onde estavam as lembranças puras? Em quase todas se fundem as impressões de outras épocas que a elas se superpõem e lhes dão uma realidade diferente. Não existem lembranças, é uma outra vida revivida com uma outra personalidade que resulta para parte destas próprias lembranças (B. Vian [75]).

Nossa personalidade, que decorre de nossa vida de criança, reconstrói uma imagem de nosso antigo eu, em parte diferente da criança que fomos, mas essencial para nosso mito pessoal. Nossa personagem atual de adulto e até mesmo nossa personalidade são o fruto de um emaranhado entre uma história real e uma vida imaginária.

A imagem de si criança é, mesmo para Leiris, uma fonte onde se funda e se enraíza seu eu de adulto.

Uma lembrança que tenho na mente, prolongada em todos os sentidos por ramificações afetivas, não é um corpo estranho que se trata de extirpar. Se ela veio de fora, se é o resultado de uma conjunção de circunstâncias absolutamente fortuita, não deixa de fazer parte integrante de minha substância, da mesma forma que os alimentos emprestados do exterior pelos quais sou alimentado. Mais ainda! Enquanto permanece imagem – imagem circunscrita e devidamente separada – por uma inversão de papéis, ele tende a se colocar como espelho, como se, frente a frente com ela, eu perdesse toda a consistência real e não pudesse mais tomá-la por outra coisa que não a coisa sólida – a única sólida – que olho e que me devolve meu reflexo. Paradoxo deste tipo de lembrança: encontro aí a expressão mais pura de mim mesmo, na medida em que ela me marca por aquilo que encerra de estranho (...).

No estágio do espelho descrito por Lacan[6], o bebê rejubila-se diante de uma imagem futura de si mesmo (ele se descobre em pé). Os textos acima mostram o adulto que descobre sua realidade diante de uma imagem de si mesmo tal como ele deveria ter sido, tal como sua lembrança a reconstruiu. Lúcido, sabe que esta imagem não é a reprodução fiel da criança que ele foi. O eu assim refletido parece para o autor a imagem mais "pura" de si mesmo, uma revelação de sua realidade desconhecida, escondida, talvez inconsciente até então. Ch. Baudouin [26] supõe que "a memória é artista", que ela constitui imagens significativas.

Como o pintor que, a partir de uma multidão de rostos, cria um tipo expressivo, ficção mais verdadeira que a própria realidade, porque ela a condensa e a satura de ser: assim faz a memória com nossas lembranças.

6. J. Lacan, *Écrits*, Éd. du Seuil, 1966.

Mais verdadeiras também do que realidades são os relatos de Anatole France, biografias enfeitadas.

> Creio que nunca se mentiu de maneira mais verídica... Esta maneira de escrever sobre minha infância oferece ainda uma vantagem que é, na minha opinião, a mais preciosa de todas: a de relacionar, por pouco que seja, ficção e realidade. Eu o repito: menti muito pouco nestes relatos e nunca sobre o essencial; mas talvez eu tenha mentido o suficiente para ensinar e agradar. A verdade nunca foi olhada nua. Ficção, fábula, conto, mito, eis os disfarces sob os quais os homens sempre a conheceram e amaram. Seria tentado a acreditar que, sem um pouco de ficção, o pequeno Pierre teria desagradado (...) (A. France [125]).

As deformações, voluntárias ou não, aplicadas às lembranças de infância, expressam o significado e a importância da imagem da criança para o sujeito que a cria e para o público que a recebe. Esta imagem "saturada de ser" deve ser a mais expressiva possível. O indivíduo cria uma personagem mítica para ele mesmo ou para seus leitores.

Um problema se coloca aqui. A produção dos mitos individuais é freqüentemente considerada como um tipo de adaptação a uma situação. Aqui o mito de sua própria infância é uma criação do adulto. Mas a imagem de si no passado foi incessantemente construída ao longo da história do indivíduo, e este refazer de si e de sua relação com o mundo é, sem dúvida, um mecanismo de defesa, de compensação de fracassos, de justificação e de racionalização. Mas este mecanismo não se refere apenas à imagem de si criança. Ao evocar sua própria infância, o adulto, freqüentemente na idade madura, não procura apenas refazer seu passado, mas cristaliza valores, congela-os na criança de uma maneira irracional e rígida, construindo uma outra natureza.

A forma romanceada, literária, torna o mecanismo mais evidente. O pensamento mítico assume plena forma, se concretiza na criação de uma personagem, suporte das aspirações do adulto. Da necessidade da infância vivida retrospectivamente por cada um à necessidade da presença da criança em si, o elo é direto, e os mesmos temas, a mesma idealização das personagens testemunham este fato.

3. NECESSIDADE DE UMA CRIANÇA

A criança pode ser considerada como um remédio para o adulto que, com sua ajuda, reencontra o melhor de si mesmo. O amigo de Nadia (C. Chonez [58]) sente-se como um rei graças à presença desta criança: "Estávamos ali, dois pequenos pontos sobre a areia, tão pequenos e, no entanto, sim, eu era o rei, eu era rei sobre a areia". A criança lhe serve também como espelho retrospectivo. O objeto refletido é virtual: uma imagem reconstruída de si mesmo criança. Em outros casos, a criança assume o aspecto de um objeto-fetiche, de um amuleto. Enfim, enquanto modelo melhor para a espécie humana, ela corresponde ao amigo excepcional ou à abertura de um caminho espiritual. O adulto, em todas estas atitudes, considera a criança ora como uma pessoa amada, admirada, ora como um bem ou um objeto a ser utilizado em seu próprio benefício.

A criança remédio para o adulto

"Amando a criança mais do que a mim mesmo, eu poderia, talvez, me beneficiar, por contágio, de uma parte de sua própria infância", espera o pai de Pascal (M. Bataille [51]).

A criança força o adulto a recomeçar sua vida: "(...) Ao contemplá-las, sinto-me novamente jovem, cheio de confiança e teimosia. Tudo se torna novamente evidente, possível" (Duhamel [35]). Quando seu filho descobre o gosto da cereja: "Não sei mais exatamente se é nele ou em mim que o prazer se produz". "Eu recomeço! Recomeço tudo". Duhamel não revive apenas sua própria infância, experimenta novos prazeres. O amigo de Nadia sente-se reviver graças à presença da menininha: "No fundo mesmo do vazio ou, talvez, à medida que dele emerjo, minha própria voz diz: Ela vive, portanto, eu vivo, tudo vive" (C. Chonez [58]).

Outros tentam reparar os fracassos de sua infância tais como os pais que oferecem a seus filhos o que lhes faltou, sem se preocupar com o desejo das crianças, como em *Jean-Jacques de Nantes* [48], ou o tio de Hélène em *Le pays où l'on n'arrive jamais* [59][7]. A mãe de Sartre teria gostado, talvez, que sua criança fosse uma filha: "Com que alegria ela teria preenchido de satisfações sua triste infância ressuscitada [73]. É com este mesmo desejo que um amigo dos pais de Proust [20] se dirige a ele: "Faça-me aspirar, do longínquo de sua adolescência, estas flores das primaveras que eu também atravessei há muitos anos". Os remorsos de Jérôme Bardini, que acaba de partir para a aventura deixando seu bebê, são duplos: ele teria podido viver com ele e por ele uma nova vida.

A criança é, portanto, a oportunidade de gozar novamente sua própria infância e de compensar o que faltou, de refazer, adulto, uma descoberta da vida e de rejuvenescer. Nadia é "primavera", "antimorte". A criança permite se libertar do tempo, recuperando o passado, dando sabor ao presente, e também mudando de atitude em relação ao futuro[8]. A criança dá um sentido à vida do homem, prolongando-a; as tarefas que ele realizou serão prosseguidas, a morte não é mais aniquilamento. Ademais, a curiosidade em relação ao futuro das crianças pode se tornar uma fonte de esperança. O homem não quer mais segurar o tempo, mas empurrá-lo para a frente. O medo da velhice e da morte é substituído pelas novas histórias que se constroem para cada um desses pequenos seres novos, quer sejam filhos (filhos

---

7. Cf. Cap. 6, p. 177 e Cap. 7, p. 228.
8. Cf. também Cap. 2, pp. 65-66.

para Duhamel [35]), netos (os dois netos para a avó, Genevoix [37]), sobrinhos (Patachou, para Tristan Derème [33]), alunos para um professor (Montherlant [64]).

A criança herdeira serve também de esperança e de remédio às aspirações e às decepções sociais dos adultos. Ela aparece então quase sempre como uma vítima, a necessidade do adulto em relação à criança como uma ambição perigosa, uma maneira de sacrificá-la a sistemas de valor e normas hipócritas ou alienantes[9].

A criança que traz a felicidade

A presença da criança provoca por ela mesma a transformação de todas as circunstâncias da vida. No momento de ultrapassar etapas (como noivados) ou de partir (a morte), a angústia, o dilaceramento, tornar-se-iam suportáveis se uma criança nos acompanhasse. "Se nas mortes, nos noivados, uma criança se preparasse ao mesmo tempo que você para a morte, estes atos poderiam se tornar suportáveis" (Giraudoux [40]).

Ludovic, o jardineiro, envelhece tristemente na solidão. "Cada quinta-feira marcava a rude semana com uma pequena clareira secreta cuja doçura o penetrava (...) quando o pequeno bando trazia seu barulho atrás da sebe, ele (...) se regozijava com os risos, os chamados, se incluía nos jogos em pensamento (...)" (Genevoix [37]). Gavroche é o tipo, por excelência, desta presença que modifica todo um meio.

É suficiente que ele esteja lá, com seu esplendor de felicidade, com seu poder de entusiasmo e alegria, com seu movimento de mãos que se assemelha a um bater de asas, para que este porão estreito, fétido, escuro, sórdido, malsão (...) se nomeie o Paraíso.

E sobre a barricada, ele trabalhava "ligeiro e radiante. Ele ia, vinha, (...); enchia o ar, estando em todo lugar ao mesmo tempo. Ele parecia estar ali para estimular a todos" [10].

A criança acaba até mesmo por ser considerada como um amuleto, um fetiche. Lucien Descaves [121] conta a história de uma família burguesa que recolheu um pequeno refugiado do norte da França durante a Guerra de 1914. Seu filho está no *front*. A presença da criança desempenha, para eles, um papel de proteção para o soldado. A criada explicita isto: "É como dizer que uma andorinha sob o telhado traz alegria para casa". A mãe toma regularmente a temperatura do garotinho. "Poder-se-ia dizer que o termômetro a colocava a par da saúde de seu filho tanto quanto a do pequeno refugiado." O pai observa esta relação:

---

9. Cf. em particular o tema "O adulto que utiliza a criança", Cap. 7, pp. 228-229.

Seu filho não corre nenhum perigo sério, ela está convencida disto, enquanto o pequeno refugiado, do qual temos a tutela, permanecer em casa. É um fetiche, um talismã, um paládio dos anciões, um escudo vivo, garantia da vida de Justin.

A presença da criança proporciona, por si mesma, felicidade, e os adultos experimentam a necessidade de possuir uma, necessidade que encontra uma expressão caricatural num relato de ficção científica, *Humanité provisoire* (Miller [143]): somente alguns casais têm direito de se reproduzir; os outros podem, como substituto, educar pequenos macacos superiores, mutantes, que se assemelham a crianças. A publicidade para sua compra diz: "Compre felicidade". "Os mutantes respondiam a uma necessidade essencial do Homem – de toda a vida, em última análise –, a de ter filhotes, ou algo que pudesse, razoavelmente, substituí-los, e acarinhá-los." "Eles não comiam muito e não cresciam para comer mais ou para se inscrever nas listas de desemprego. Poder-se-ia matá-los com uma pancada se os tempos se tornassem difíceis. Os neutróides satisfaziam os desejos das mulheres de ter um pequeno ser para amar, mas não transtornavam as perspectivas econômicas." A criação destes pequenos seres tem como único objetivo responder a uma necessidade do adulto, não possuindo nem valor social, nem valor pessoal, nem futuro, sendo em princípio puras crianças-objetos, fixas neste estado. De fato, produzem-se dramas[10].

Necessidade do afeto da criança

Os adultos procuram também a comunicação com a criança e seu afeto. O abade de Pradts (Montherlant [64]) acha insatisfatória a felicidade trazida pela simples presença da criança amada. "Algumas vezes (...) eu me divirto a seguir seus olhares (...) e eles nunca pousam sobre mim (...). A que ponto você pode passar sem mim!" "Ora, eu gosto de sua presença e você não gosta da minha; o que poderia ser mais normal? Eu ficaria gratificado de valer um pouco mais para você. Mas você é um pequeno pássaro (...)." "Ah! Fique ainda muito tempo perto de mim", suplica o tio de Patachou, "conte-me suas belas histórias e, após ter sorrido para mim, e enquanto eu ainda sorrio para você, adormeça em meu colo" (Derème [33]). "Eu morro com a falta dela, queixa-se o amigo de Nadia" (C. Chonez [58]).

A necessidade que o adulto tem da criança assume por vezes nuanças de avidez, de gula; o tom do relato, algumas palavras, dão a prova deste fato. A avó de Fan e de Patou (Genevoix [37]) conta sua infância pouco feliz aos garotinhos. "(...) Agora, vovó, você não está mais triste, não é verdade? Você tem a nós." Ela os apertava *gulosamente* contra ela. Ela lhes dizia: "Meu tesouro, meu pequeno rei!" O

---

10. Cf. Cap. 6, p. 164.

pai de Bruno tem ciúmes de seu afeto por sua mãe morta quando este era muito pequeno. Junto ao túmulo dela Bruno "tinha em seu olhar algo de intolerável (...). Uma gula de criança pobre que lambe a vitrina da confeitaria (...). A morte (...) despoja o vivo que, tomado por esta gula, permanece esfomeado" (H. Bazin [53]). Duhamel se deleita com a voz de seu filho e o faz repetir cem vezes "Meu pequeno Babou" (Papai em sua linguagem infantil), desolando-se quando a indiferença acolhe suas carícias.

Necessidade de se defender da criança

O encanto, a atração exercida pela criança, esconde um perigo. O adulto se aliena no desejo de possuí-la. Este tesouro frágil mergulha o adulto na angústia de perdê-lo a partir do momento em que o possui. O medo do acidente irremediável lhe tira toda a tranqüilidade. Madeleine Bardeau teme incessantemente por seu filho: "Ela sempre imaginava catástrofes" (Berge [27]). "Você não poderá ouvir um grito sem se perguntar, com o coração batendo, se não é o grito... o grito que você temerá durante toda a vida" (Duhamel [35]). Zette corta o dedo e grita: "Que susto! O pai, transtornado, pensa no acidente que sempre ameaça, no desaparecimento da graciosa fada, desse milagre vivo..." (P. e V. Margueritte [18]).

O piloto sente que o Pequeno Príncipe vai desaparecer: "Parecia-me que ele escorregava verticalmente em um abismo sem que eu nada pudesse fazer para segurá-lo." Nunca mais será como antes de seu encontro com a criança amiga, e ele guardará desta uma profunda nostalgia. De qualquer forma, mesmo se este tesouro não nos é arrancado por um acidente, ele evolui, se transforma e desaparece por si mesmo.

A infância é uma miragem. O diretor explica a Bardini a mudança para o adulto que representa a contemplação da criança. O que resta alguns anos mais tarde? É uma "queda no nada", uma "corrida no vazio" [40]. Todas as crianças são homens em potencial. "Devotei meu amor a vasos de argila", constata Duhamel [35] no mesmo sentido, "teria sido mais seguro, sem dúvida, adorar um ídolo de bronze." Os pais verão os filhos crescerem, tornarem-se estranhos, enquanto que acreditavam conhecê-los como a uma parte de si mesmos. O superior ao abade de Pradts (Montherlant [64]) diz: "Eu lhe aconselho a fixar sua meditação desta noite sobre o versículo do Eclesiastes: 'Pobre da cidade cujo Príncipe é uma criança!' (...) Eu tive também, no início de meu sacerdócio, uma devoção muito exigente por uma alma muito frágil, da qual me cansei (...). Portanto, de quem você gostou? Você gostou de uma alma, isto está fora de dúvida, mas será que você a amou apenas pelo seu invólucro carnal, que tinha gentileza e encanto? (...) Então, chega de falar dele; foi uma espécie de sonho sem seriedade e sem importância (...)".

Um dos meios propostos pelo diretor do orfanato a Jérôme Bardini para lutar contra esta atração da infância consiste em evocar as criações dos adultos:

> Terão existido epopéias, invenções, guerras de crianças? Existe nos museus um único quadro de crianças? E, ao lado dos simples homens, tão suficientemente inteligentes e belos (...) existem grandes homens, enquanto se está ainda a procurar as crianças grandes ou sublimes.

Mas ele mesmo dá a Pasteur, por ter salvo uma criança, um lugar mais importante do que a outras personagens célebres. A criança permanece como valor primordial. Diante dos fugitivos que lhes são trazidos, ele vive como culpável seu estado de adulto. "Eu tinha sempre a impressão de ser eu mesmo o acusado, o fugitivo, de ter fugido da infância." Aqui também se manifesta o ciúme profundo diante da criança que ainda vive em uma situação bem melhor do que a nossa, que já perdemos. O adulto, neste caso, recusa-se a utilizar a criança como remédio e a recuperar com ela ou através dela um pouco da felicidade passada.

Duhamel descreve a atitude contrária: diante da criança que chupa o polegar, "seu pai não interferia, dissimulando um sorriso cúmplice onde se percebia a inveja" – e sobretudo (ver acima) participando da degustação de uma fruta desconhecida, o pai redescobre o mundo de seus sabores.

Mas além deste renovar, a criança é também sinal da morte das gerações precedentes. H. Bordeaux [3], a pedido de suas filhas, evoca a lembrança de seus próprios pais. "Eles são invisíveis para seus olhos, não para os meus. E vocês não podem sabê-lo, eles me escondem a morte. Enquanto eles estavam vivos, eu nunca pensei que eu pudesse morrer." Sentindo a angústia da aproximação da morte, as pessoas idosas experimentam uma necessidade particular de embelezar a infância. Sartre [73] explica assim os sentimentos de seu avô em relação a ele. "Ele admirava em mim a obra surpreendente da terra para se persuadir de que tudo é bom, mesmo o nosso miserável fim." "Nada de espantoso se a insípida felicidade de meus primeiros anos teve, por vezes, um gosto fúnebre (...). Todas as crianças são o espelho da morte." Sinais de morte para uma geração e de renovação para a espécie, os adultos encontraram, no entanto, o meio de carregá-las de um significado de futuro por si mesmas, não apenas se prolongando e recomeçando a vida com elas, mas fixando sobre as crianças o verdadeiro rosto da humanidade criado em um estado de perfeição que os adultos degradam incessantemente. Se uma criança específica é um valor muito frágil e transitório para que o adulto tenha vantagens em se apegar a ela, a infância pode, mais facilmente, assumir o aspecto de símbolo. Esta ou aquela criança torna-se a ilustração, a encarnação da personagem simbólica.

4. A CRIANÇA SIMBÓLICA, SUPORTE DE VALORES

O adulto regozija-se com a presença da criança, deseja receber os testemunhos de seu afeto. Enquanto pai, ele a desejou e a criou. "Eu sei o que é ser deus", exclama Duhamel. Se ele é educador, ele se sente também criador ao modelá-la. Mas, rapidamente, este deus é ultrapassado por sua criação, ele a interroga e espera encontrar nela o significado de sua própria natureza e a verdade de sua espécie. A criança cotidiana não lhe é mais suficiente. Por um lado não responde mais à expectativa do adulto, corresponde mal ao modelo e, por outro, ela evolui rapidamente e sai de seu estado de infância. O adulto tem então a tendência a imaginar uma personagem de criança idealizada sobre a qual fixará valores essenciais para ele, que lhe parecem específicos de seu antigo eu, pelo menos tal como deveria ter sido.

Na primeira parte deste estudo tínhamos destacado a personagem em si mesma, até sua expressão mais irracional. A linguagem do mito, que é utilizada na construção dessa personagem simbólica, assume freqüentemente uma forma dicotômica típica do pensamento mítico[11]. Aqui os pólos opostos e em relação são, como já mostramos, por um lado, a criança autêntica idealizada e, por outro, o adulto que perdeu todas as qualidades da infância, que integrou todas as deformações impostas pela sociedade. Um dos valores mais importantes atribuídos a esta criança consiste, sem dúvida, no próprio fato de que ela existe. Uma antinomia de dois grupos de valores essenciais repousa na oposição entre o ser e o fazer. O Kid, por exemplo, "criança talentosa" (Giraudoux [40]), quintessência desta infância idealizada, não cria nada, não admira nada, não se situa em referência a ser algum, a norma alguma, vive, é pura existência em si mesma. A única imagem que o diretor do orfanato propõe para contrabalançar a atração da criança não é a de um adulto completo, mas a de suas criações. A personagem desempenha o mesmo papel que Barnabé na obra de Duhamel: ambos representam os adultos mais críticos em relação à infância e trazem, através de suas palavras, os valores negativos. O amigo de Nadia (C. Chonez [58]) não pode dispensar a companhia da menina, "é que a pequena está por toda parte, em tudo, por assim dizer. A cada passo, toco no coração daquilo que é". No entanto, a criança cria, mas não com um objetivo construtivo. Vendo seu filho desenhar, Duhamel [35] compreende "que criar está na natureza do Homem. Mas o quê? Criar? É ainda mais simples: ele se diverte, ele se expressa". Desenhar, cantar, são então uma "função natural".

Uma outra oposição a esta existência autêntica e livre é dada pela imagem dos adultos aprisionados em seus papéis. Dentre a série de personagens que o Pequeno Príncipe encontra em diversos planetas, o rei que reina solitário sobre um astro vazio é sem dúvida a mais ridí-

---

11. Cf. Cap. 7, pp. 232-233.

cula e o matemático atormentado por contas inúteis, a mais estupidamente constrangida.

Personagens menos originais fazem o contrapeso à criança autêntica. Biche, por exemplo, que possui muita sensibilidade e permanece fora das convenções, em seu mundo próprio, atraente, se confronta com sua mãe moralizadora, sem refinamento. Esta mãe, tal como a mãe do pequeno Trott e suas amigas, simbolizam a dureza do mundo burguês e sua boa consciência. A criança, por sua verdade, desmitifica estes falsos valores. V. Larbaud confronta, do mesmo modo, um mundo de grandes proprietários afortunados com o mundo de seus filhos, autênticos, mas logo feridos, ou comprometidos com o papel que seus pais os forçam a desempenhar pouco a pouco. Este tipo de oposição é dos mais freqüentes. A criança autêntica é o antiadulto aprisionado por seu papel social ou familiar, sua classe, suas normas.

A criança não se limitou, não escolheu, o mundo lhe aparece portanto em todas as suas dimensões, sem anteolhos. Ela está fora do tempo. Além disso, perfeitamente natural, tem em si apenas pureza. O Kid olha as mulheres sem disfarçar. Os pequenos companheiros de *La guerre des boutons* [19] consideram o acasalamento de animais como ato bastante banal, enquanto que seu professor lamenta-se, por seu lado, dos espetáculos que presenciam. A criança permanece fora dos tabus que aprisionam os adultos.

A criança autêntica, em sua verdade, não pode aceitar os compromissos dos adultos. O Kid "encontra-se definitivamente fora das manobras às quais os homens se entregam". O escolar Jacques Vingtras tem vergonha de utilizar o plágio em suas redações. Os adultos, entre os quais seu pai, o fazem freqüentemente. Ele é levado, com eles, a tomar as palavras que soam bem, perdendo a noção de qualidade.

O sentido da qualidade, do verdadeiro, é constantemente atribuído à criança autêntica, enquanto que, no pólo oposto, o mau adulto pensa em termos de quantidade. "Os adultos gostam dos números (diz o Pequeno Príncipe). Quando você lhes fala a respeito de um novo amigo, eles nunca perguntam sobre o essencial... Qual o som de sua voz? Quais são os jogos que ele prefere? Ele tem uma coleção de borboletas?" Os adultos perguntam: "Qual a sua idade? Quantos irmãos ele tem? Quanto ele pesa? Quanto ganha seu pai?" É somente assim que eles acreditam conhecê-lo". "Conheço um planeta onde existe um sr. Carmesim. Ele nunca aspirou o perfume de uma flor. Ele nunca fez outra coisa que não contas. E durante todo o dia ele repete como você: 'Sou um homem sério!'..."

A noção de sério do adulto está associada ao quantitativo, à realização de uma tarefa ligada a um papel ou, para personagens como a mãe de Biche, às convenções. Na criança, ela corresponde a necessidades gratuitas e livres, mais existenciais do que sociais. Biche procura o sentido de sua existência. Ela aceita ser punida desde que saiba o porquê, enquanto que seu pai fica perplexo: ele não conhece a razão da punição imposta pela mãe, mas enquanto pai a executa. Útil é a comunicação com o amigo, a contemplação da beleza, a poesia. Em suma, o útil atribuído aos valores essenciais da existência está associado ao pólo infância, enquanto que o termo utilitário com uma conotação negativa se adaptaria melhor ao adulto.

Voltado para o exterior, o adulto não tem possibilidade de compreender diretamente os seres e as coisas. Papéis, ações, são invólucros que parecem sufocar sua vida própria, enquanto que a criança é esta própria vida sem limite entre ela, os seres e a vida da natureza. Ela possui, portanto, a capacidade não apenas de se encontrar totalmente presente e em comunicação direta com os seres e as coisas, mas também de vê-las a partir do interior. O Pequeno Príncipe percebe o carneiro na caixa desenhada pelo piloto. Os adultos jamais puderam adivinhar o elefante dentro da jibóia desenhada pelo autor quando criança. Biche vai mais longe, faz de suas bonecas seres vivos, anima-as com sua própria vida. Sua mãe, em contrapartida, reduz as bonecas de sua filha à sua materialidade, seu olhar não ultrapassa o aspecto exterior de brinquedos de pano.

A lógica da criança idealizada está fora das normas. Trott se espanta que "senhoras" se recusem a receber uma antiga amiga arruinada, "desqualificada"[12]. Ele pensa que elas deveriam, pelo contrário, acolhê-la. Esta escolha vem simplesmente "do coração", outras têm causas mais complexas: "A criança tem razões que não são as nossas. Ela faz uma escolha misteriosa" (Duhamel [35]). Os raciocínios de Patricia, por exemplo (Kessel [61]), expressam o próprio desenrolar de sua vida. "Quando me lembro destes relatos, me dou conta de que trago, no que quer que eu faça, um método, uma seqüência, uma ordem. Mas Patricia falava de tudo ao mesmo tempo. As rotinas da lógica não intervinham em suas palavras. Ela se deixava levar pela influência do momento, as associações mais primitivas, as inspirações dos sentidos e do instinto. Assim como faziam os seres simples e belos [os animais] que tínhamos sob os olhos e que viviam além da angústia dos homens porque ignoravam a vã tentação de medir o tempo e nasciam, existiam e morriam sem ter necessidade de se perguntar por quê."

A infância parece o estado onde a angústia e a obrigação não têm espaço. Seu modo de existir escapa à consciência do tempo e das regras. Como vimos[13], ela escapa às categorizações, ignora o bem e o mal, portanto, a censura moral. A imagem do desespero e da revolta do adulto é a de uma vida que se esclerosa, onde a descoberta constante, os prazeres, os sentimentos, são pouco a pouco substituídos por gestos mecanizados ou impostos pelos hábitos pessoais e as convenções sociais. Quando este adulto faz um esforço de reflexão, sente a angústia da

---

12. Cf. Cap. 3, p. 58.
13. Cf. acima, p. 236.

morte, ou a amargura da perda de seus entusiasmos. "A idade jovem é a da invenção, da fantasia, da descoberta e a das bobagens, pode-se dizer, mas estas bobagens guardam, quase sempre, o maravilhoso, e é por isso que os jovens espíritos se afastam incessantemente, através de suas bobagens, das duras e tediosas obrigações que os adultos, com sua razão morna, com a sua fadiga, gostariam de impor às jovens forças impacientes" (G. Chevalier [28]).

O adulto renunciou, renegou com amargura seus entusiasmos e as exigências, e aceitou os compromissos. Pais de família assistem à distribuição dos prêmios em Sainte-Colline e meditam: "Atração pela aventura, inclinação pela poesia, gosto pela independência, casamento por amor, paixão pelos empreendimentos difíceis, procura de uma generosidade ou de uma qualidade íntima superior, eis aqui, certamente, as ilusões que os haviam seduzido outrora, mas das quais souberam se desprender oportunamente". "A vida é aceitar, e pode-se considerar um homem aquele que (...) soube encontrar uma maneira de se sentir bem com o fato de ter aceito, de ter escolhido os benefícios, incontestavelmente superiores aos belos rasgos de espírito. A vida não é absolutamente o que podem supor as crianças, que fazem tantas suposições extravagantes. A vida é resumida (...) nestes olhares sem esperança que os homens trocam (...) quando se abordam e se vêem semelhantemente carregados de dissabores, de rancores, de doenças, de frustrações (...), tendo aceito os indícios de decrepitude, os erros sem retornos, as covardias dissimuladas, dizem-se como cúmplices: 'Então, tudo bem?' A que o outro responde: 'Bem, sim... vai se indo!' A vida 'vai se indo' e não de outra forma, não fogosamente, não liricamente, não lealmente, não orgulhosamente." Neste texto G. Chevalier põe na boca destes pais um reconhecimento da lei de degradação irremediável da vida. A criança está errada, mas os adultos têm pena dela, sabem o que a espera. Alguns, pelo contrário, manifestam por ela uma hostilidade ciumenta, sinal de inveja[14].

Mas para outros, ainda, a criança tem razão, ela nos mostra uma maneira de existir que nos dá uma lição. Por que a perdemos? Somos culpados em parte. A culpa pertence às estruturas sociais e às normas que construímos. Uma série de adultos que possuem ainda os valores atribuídos à infância o atestam[15]. É difícil, mas possível, conservar, ao crescer, se não este entusiasmo, pelo menos esta recusa de compromissos, esta exigência de verdade, esta atenção a todo ser em si mesmo, à parte de qualquer categorização.

Os adultos, e principalmente os pais, esperam o nascimento de crianças talentosas[16], mas só podem imaginá-las em sua realização definitiva: ora,

---

14. Cf. Cap. 7, p. 232, a atitude de Parpoil, por exemplo.
15. Cf. Cap. 6, pp. 485-489.
16. Cf. Cap. 2, p. 43.

o talento é a coisa mais preocupante do mundo, a mais repressora, a mais tiranizante, a menos manipulável, cujas aspirações têm que lutar, inicialmente, contra tudo o que é admitido, comum e cômodo (...). Ora, os pais reclamam bons talentos já assentados, consagrados, Michelangelos, Shakespeares e Balzacs, já maduros para a exploração, o retorno, as honras. Mas se porventura lhes nasce um ser misterioso, fervilhante de uma força que procura seu caminho difícil, eles o consideram, nove em dez vezes, um malandro ou um vagabundo (G. Chevalier [28]).

Portanto, é um mau adulto que impede, simultaneamente, que se prolongue o estado de infância e que a criança de talento crie um mundo novo. As normas, recusando-se a se deixar abalar, esterilizam as novas expressões da vida.

As pequenas personagens mutantes da ficção científica realizam, enfim, uma aspiração expressa de forma negativa em muitos romances e filmes contemporâneos: a comunicação com os seres e as coisas. À separação entre os seres adultos, por sua impossibilidade de se fazer escutar e compreender, corresponde a faculdade destas crianças de se comunicarem por telepatia, ou mesmo de formar um só ser coletivo[17]. Dons freqüentemente concedidos à criança tornaram-se qualidades nestes romances. Graças a elas, "os transformados" captam a presença de um mundo melhor, provindo de uma catástrofe destrutiva e renovadora (Wyndham [168]).

No filme de Losey, *Les damnés*, somente as crianças mutantes sobreviverão à catástrofe esperada, enquanto que no de Stanley Kubrick, *2001, uma odisséia no espaço*[18], é um cosmonauta morto e ressuscitado por espíritos superiores sob a forma de uma criança que passeia, "lá, onde o tempo não havia ainda começado"; em seguida, volta-se para a Terra e a salva de uma catástrofe atômica. Uma nova história vai começar. Ela é seu mestre. Confiando mais no homem, o filme tcheco *Icarie X BI* coloca também em cena uma criança – esperança que nasce em uma nave espacial, pouco antes de sua chegada a um novo planeta habitado.

Nesta ficção científica, onde o imaginário tem livre curso, temores e aspirações se projetam. O ilogismo aparente das criações nos introduz na lógica do pensamento mítico. A ruptura entre o mundo feito pelos adultos e aquele que se edifica graças às crianças mutantes é marcada pela catástrofe atômica, pela qual estes adultos são responsáveis. Esta imagem trágica expressa uma angústia de autodestruição e a crença de que a civilização contemporânea irá fracassar; nós a encontramos em diversos textos ou filmes em que a criança não aparece. Mas quando está presente, o desejo de recriação tempera a angústia. Ou ela sobrevive com alguns colegas de sua idade à catástrofe, ou então a catástrofe já ocorreu e o relato se desenrola no tempo que a sucede. A criança assu-

17. Cf. Cap. 2.

18. Texto do romance tirado do roteiro original de A.C. Clarke, R. Laffont, 1968.

me todas as características do herói mítico: um ser morre e renasce sob uma nova forma que permite a renovação de um mundo deteriorado, do qual não se esperava mais nada.

A ficção científica nada mais faz do que colocar a nu o sistema de valores subjacentes no conjunto do romance ou do filme. Vimos que os dons concedidos à criança tornaram-se qualidades; ademais, em vários relatos, a oposição entre o mundo dos adultos e o das crianças se inscreve em uma dimensão histórica, já que ela entra no desenrolar do tempo introduzindo o leitor ou o espectador no mundo do depois. Trata-se evidentemente de um tempo imaginário, de um relato mítico, no qual o herói é mais "a criança" (freqüentemente em grupo) do que herói mítico personificado.

A mitificação refere-se, portanto, não a uma criança em particular, mas a toda uma categoria, "a infância", que se torna uma essência personificada por uma personagem. A infância feliz não é somente um tema banal, um estereótipo: trata-se da expressão de um sistema explicativo mais amplo.

Os frágeis meios da jovem criança, seus temores, suas ansiedades, suas impressões de impotência diante do mundo misterioso que a rodeia, contradizem esta imagem de beatitude. Esta imagem, aliás, só fez sua aparição enquanto tema literário há apenas um século[19].

Vimos o mesmo enternecimento, a mesma linguagem enfática, quando se trata da própria infância do autor. Os adultos se regozijam evocando seu "melhor eu", seu eu-criança, freqüentemente embelezado. As lembranças de infância deliberadamente buscadas e colocadas sob os olhos dos leitores são muito afetivas, fonte de felicidade reencontrada ou ocasião de revolta, porque se foi privado da felicidade na qual se deveria ter vivido nesta idade. Neste sentido, parecem diferir, em parte, das lembranças de infância registradas por Freud[20]. Este se surpreende pelo fato de que as primeiras lembranças referem-se geralmente a acontecimentos de pouca importância e bastante indiferentes, enquanto que as impressões fortes e afetivas não são evocadas. Além disso, nossa própria pessoa criança aparece aí, tal como uma personagem de teatro, como que vista de fora. No momento em que a cena foi vivida, a atenção teve que se centrar nas impressões vindas de fora, mais do que na imagem de si que não podia ser vista exteriormente. Freud deduz desta dupla ordem de fatos que estas lembranças de infância são, na verdade, "recordações encobridoras". Elas correspondem a "processos de deslocamento", substituem outros fatos mais importantes que certas resistências impedem de ressurgir.

As recordações citadas nos relatos destinados ao público compõem-se também de pequenos episódios relativos à vida cotidiana

---

19. Cf. Cap. 1, pp. 7-8.
20. S. Freud, *Psychopathologie de la vie quotidienne*, Cap. 4, "Souvenirs d'enfance et souvenirs-écrans", 1899, Payot, 1962, pp. 55-56.

mas a afetividade, em geral, está manifesta. Ela expressa, no entanto, mais o enternecimento do escritor adulto que contempla sua antiga imagem do que a emoção sentida pela criança neste episódio; no entanto, em certos casos, existe no autor a busca de uma antiga sensação agradável realmente experimentada outrora.

Mais do que recordações encobridoras, estas lembranças de infância são uma linguagem entre o autor e o leitor, elas encerram um significado em si mesmas. Elas são, no entanto, em ambos os casos, uma maneira de se contar a si mesmo, de se interpretar, de se recriar. As lembranças de infância modificadas tornam-se um esboço do mito de si. Em certas neuroses, o mito toma corpo enquanto formação de um sistema explicativo irreal. Nas imagens da criança que nos interessam aqui, podemos melhor compreender a junção dos mitos pessoais com os mitos coletivos. Não existe causalidade de uns em relação aos outros mas, antes, um sistema dialético. A personagem da criança se transformou em símbolo e em linguagem em nossa cultura; os adultos reinterpretam sua infância em função desta linguagem. Eles podem ver a criança em geral e lembrar-se de sua antiga infância segundo o modelo esperado ou, então, tomar o ponto de vista oposto, o que é ainda uma maneira de levá-la em consideração. Eles recriam uma imagem virtual de seu antigo eu, importante para o adulto que se tornaram. Utilizam as deformações ou os sofrimentos a que foram submetidos (real ou simbolicamente) em sua juventude como armas para contestar sua sociedade.

As relações entre as imagens de si criança e a imagem de criança personagem apareceram claramente, podendo ser idênticas ou compensatórias. Criar uma criança simbólica impunha-se como o suporte mais perfeito dos valores significados. Será que poderíamos também falar de mitos da infância em nossa sociedade? Não, se nos limitarmos à definição tradicional de relato constituído. Cada romance possui seu próprio desenrolar e temas diferentes, mas cada uma das afirmações ou das imagens referentes à criança se associa a um sistema mais genérico[21].

Ademais, os relatos não são fechados, as conclusões variam. Alguns procuram "acabar bem", dando razão à criança, como nos romances-folhetins em que Lévi-Strauss vê "na recompensa dos bons e no castigo dos maus, um vago equivalente da estrutura fechada do mito, transposto para o plano caricatural de uma ordem moral", substituindo, em nossa sociedade, "a ordem lógico-natural"[22]. Mas a maior parte dos relatos só pode acabar mal, já que a infância, este valor positivo, é um estado transitório. Cada pequena personagem torna-se um adulto ou então morre, ou ainda o relato conclui sem que a totalidade de sua existência humana seja conhecida. Em contrapartida, na literatura para crianças, encontramos muitas personagens cristalizadas em sua infância

---

21. Oferecemos, a este respeito, um modelo nas conclusões desta obra.
22. Lévi-Strauss, *Mythologiques: L'origine des manières de table*, Plon, 1968, pp. 105-106.

Existe, sem dúvida, um mito de *Tintin*; poder-se-ia falar também de um mito de *Gavroche*, personagem que se separou de seu autor e levou uma vida própria, mas cuja infância foi interrompida pela morte? O que importa, aliás, a classificação adotada? O essencial é conhecer a utilização da personagem.

O mito existe, mas de modo latente. A personagem é "mitificada", nitidamente, no sentido de "simbolização inconsciente, identificação do objeto como uma espécie de finalidade nem sempre racionalizável, projeção, na imagem, de tendências, aspirações, temores particularmente emergentes no indivíduo, em uma comunidade, em uma época histórica inteira"[23]. E esta mitificação efetua-se em função do sistema de valores destacado: as oposições se criam, e os relatos se ordenam como temas de múltiplas variações, de digressões mais ou menos amplas, em torno da estrutura fundamental.

Este fenômeno não seria um perigo para a própria criança? Idealizada, pensada em um mundo imaginário, sua vida cotidiana não interessa mais, e suas necessidades correm o risco de tampouco serem tomadas em consideração.

---

23. Umberto Eco, *Apocalípticos e Integrados*, 1965, *op. cit.*

Terceira Parte

A Criança, os Meios que a Rodeiam, a Socialização

A análise da personagem da criança em si mesma ou na relação com o adulto fez ressaltar a representação de um modelo ideal, espécie de quintessência de infância que se encarna totalmente em algumas personagens ou anima parcialmente outras. Este modelo ideal define-se por afirmações sobre a natureza da criança autêntica, por imagens de suas características, de suas atitudes, de seus comportamentos, assim como por oposições sistemáticas que formam o negativo da personagem. Vimos que este sistema situou, frente à criança autêntica, sua vertente negativa, encarnada pela criança-modelo, imagem do futuro adulto, ou do próprio adulto-norma. Estes dois tipos de personagens têm um ponto em comum: são a expressão de normas que justificam a ordem social e que a criança autêntica contesta por seu ser, por suas palavras e também pela situação em que se encontra neste "mundo dos adultos".

Os quadros e os meios, as instituições e as normas, formam em conjunto "a sociedade" com a qual a criança se confronta ao longo de seu desenvolvimento. No sistema de valores que escolheu a imagem da criança como modelo ideal, "a natureza" fica associada à personagem infantil e oposta "à sociedade". Esta dicotomia, aparentemente banal, não permanece em um nível tão simples: ela encobre um conjunto de valores positivos e negativos que podem transferir-se para um elemento da categoria oposta. Assim, alguns elementos da sociedade se beneficiam, como a natureza, de um julgamento favorável, em razão de um modelo de pensamento associado às necessidades psicológicas que lhes atribuíram características comuns. Dois mundos se encontram, finalmente, frente a frente. A personagem da criança é obrigada, ao longo de sua socialização, a adaptar-se ao dos adultos. E através das imagens desta socialização que a contestação da sociedade aparece de forma mais nítida. As personagens ordenam-se em uma tipologia estabelecida segundo a maneira pela qual eles se confrontam com a "sociedade", tanto por essência quanto por linguagem e situação.

9. O Meio Natural e o Simbolismo dos Elementos

A criança autêntica é natural, dizem-nos freqüentemente em uma linguagem mais ou menos direta muitos autores. Conseqüentemente, ela deveria ter a natureza como domínio, como quadro de vida.

Na ocasião da aproximação entre a criança e os elementos, os autores utilizam os mesmos temas que quando descrevem a vida imaginária de suas pequenas personagens[1]. Escrever sobre a criança é, por vezes, uma forma de devaneio; escrever sobre a criança que sonha é um devaneio em um segundo nível, mais livre, sem dúvida, já que este sofreu um deslocamento através da personagem da criança.

Em um processo de aproximação por analogia entre natureza, criança e elementos, criança e vida vegetal ou animal simbolizam em conjunto os mesmos valores. A criança sente-se simultaneamente num estado particularmente feliz no meio natural que lhe é similar. O significado da vida lhe aparece através das leis da natureza, cuja linguagem ela compreende.

1. A NATUREZA[2]

A natureza com a qual a criança se encontra constantemente relacionada caracteriza-se, ora por seu aspecto familiar (jardim ou a ima-

---

1. Cf. Cap. 4.
2. Os temas relativos à natureza são um pouco menos freqüentes na primeira amostra: 10 contra 15 e 16. Os autores contemporâneos opõem mais freqüentemente a natureza enquanto refúgio à cidade e citam mais a natureza reasseguradora ou exótica. O jardim predomina entre as duas guerras.

gem de um jardim), ora por sua selvageria ou seu primitivismo. Ela faz corpo com a criança ou lhe assegura um refúgio contra suas angústias pessoais e contra as feridas que a sociedade lhe inflige.

O jardim e a natureza familiar

O jardim é um tema freqüentemente associado à criança, sob forma de lugar onde as coisas têm seu verdadeiro sentido, de paraíso inicial, de mundo sonhado, de abrigo reassegurador. "(...) O grande jardim é o grande mestre – ela [Nadia] o entendeu como eu –, alegria, vida, harmonia das coisas" (C. Chonez [58]). "O velho jardim de Adão, tragado após o pecado, intacto" (H. Bosco [110]). "O encantamento, o paraíso, o que é para Poum a razão de viver, a alegria suprema, a maravilha das maravilhas, é o jardim, este jardim de languidez e de sono, que parece com o da Bela Adormecida." Neste jardim repleto de rosas, zumbem os insetos de todas as cores, o sol brilha. "Jardim, onde é tão bom viver!" Zette brinca com um amigo no jardim, "loiras, róseas, frescas (...) as duas crianças se expandem pelo radiante dia" (P. e V. Margueritte [17]). Neste texto, particularmente típico, os temas da infância se associam de um modo característico em um estilo enfático: a felicidade primordial, o paraíso, o encantamento, as cores e as crianças róseas e loiras. H. Bosco, que faz florescer um tal jardim em suas obras, acrescenta nele os animais e o velho sábio Cyprien, que conhece as "palavras-chave" para encantar os animais, aprendidas com uma tribo longínqua (*L'âne culotte, Le jardin d'Hyacinthe*, em particular).

Este paraíso não pode existir fora da infância, e os adultos são rechaçados dele, tais como as crianças Frontenac (Mauriac [45]), "dispersos, fora do ninho natal, a quem os pinheiros das grandes férias não abrigam mais da vida. Rechaçados do paraíso da infância, exilados de seus prados, dos pomares frescos, das fontes junto às samambaias macho (...)". Mesmo se o jardim continua a existir, perde sua magia para o adulto. Colette lembra-se do jardim repleto de plantas exalando o odor de outrora: "Casa e jardim ainda vivem, eu sei, mas que importa, se a magia os deixou, se o segredo que os abria está perdido – luzes, odores, harmonia entre árvores e pássaros, murmúrio de vozes humanas que a morte já levou –, um mundo do qual já deixei de ser digna?" [30]. Encontramos novamente a culpa pelo abandono da infância, que assinalamos anteriormente[3].

O jardim faz parte da vida imaginária da criança e, quando ela possui um, transforma-o, preenchendo-a de todas as criações de sua vida imaginária. Pagnol [65], chegando ao jardim da casa de veraneio que seus pais acabam de adquirir, reconhece a imagem formada por seus desejos. "Não pude distinguir nada além de uma pequena flores-

---

3. Cf. Cap. 8, p. 253.

ta de oliveiras e amendoeiras que casavam seus galhos desordenados acima do matagal emaranhado: mas esta floresta virgem em miniatura eu tinha visto em todos os meus sonhos e, seguido de Paul, eu me entregava a ela gritando de felicidade." Fan faz do jardim de sua avó uma ilha cheia de vidas estranhas. "Um dia, mamãe declarou que o jardim era pequeno. Esta fala perturbou Fan durante muito tempo. Ele tentou até mesmo, sinceramente, achar o jardim pequeno. Mas, quanto mais ele se esforçava, mais se convencia do contrário, de que o jardim era muito grande; imenso, eis a palavra, imenso (...). A ilha é imensa, repleta, cheia de zumbidos, com muitos frutos suculentos, animais vivos que trotam, se arrastam e voam" [37]. Seus colegas, ao crescerem, recusam-se a praticar os ritos que tinham inventado para penetrar no jardim, desmitificam suas invenções e suas interpretações de todo seu mundo. Fan ficará profundamente ferido.

Marcel, Arthur e Françoise vivem toda uma epopéia em seu jardim, imaginam uma rede ferroviária, uma ilha deserta, guerras onde se tornam personagens históricas, etc., até o dia em que Marcel, filho de grandes proprietários, parte para a escola, onde seus colegas o chamam "senhor". Ele também é arrancado de sua infância, de seus jogos no jardim, e acaba sob a lei dos adultos (V. Larbaud [50]).

O conjunto criança-jardim cria o Éden e reconstrói o mito do paraíso perdido pela falha dos homens, que mantêm um sentimento de culpa, ainda que eles próprios tenham sido as vítimas em seus primeiros tempos.

Mesmo que a criança não tenha a sorte de viver em um jardim, um pequeno recanto de natureza lhe é suficiente para recriar seu mundo imaginário. Trique utiliza um pedaço de terreno baldio onde cresce o mato e até mesmo um pessegueiro. "Ele parece a Trique maior que um álamo, mais largo que um cedro, mais poderoso que um baobá (...). Este terreno vai se tornar o quartel-general dos exércitos da revolução [seu pequeno bando]." Ele se exalta, se agita, "se joga no chão, rola na grama... Seu coração bate rápido, muito rápido. Ele se sufoca um pouco. Uma espécie de vertigem acende claridades diante de seus olhos (...). Trique está estendido agora, imóvel sobre a grama fresca (...). Trique fecha os olhos. Seu corpo lhe parece, então, tornar-se tão leve que ele poderia, se o quisesse, elevar-se no ar de um só golpe e subir ao céu, sacudido pelas correntes aéreas tal como um estame de dente-de-leão" (Machard [16]).

Para Babou ou para Biche, crianças estranhas que levam uma vida à parte, a natureza do jardim se faz "acariciadora e ensolarada". Ela os reassegura e lhes oferece um refúgio contra uma dupla hostilidade: a da natureza do mundo exterior, cheia de perigos e a do mundo dos adultos incompreensivos e até mesmo cruéis. O jardim é uma natureza domesticada sob a proteção da casa, mas onde a criança fica fora do olhar dos adultos. Babou reina ali, em *Roi du jardin*; Biche reencontra aí a presença de sua avó morta. Ela sonha em um pequeno banco de pedra disposto sob uma velha glicínia. Uma familiaridade se instaura entre os elementos, as coisas do jardim e a criança, que se traduz por uma linguagem. "Trott esteve muito doente. No jardim, o sol, o mar, o céu, as ervas, as flores recém-nascidas lhe cochicham novamente: 'Você verá, nós logo curaremos nosso pequeno Trott'." Quando a fábrica do pai de Daniel (Daudet [6]) é vendida, o menininho vai dizer adeus a seu jardim. "Eu sentava em todos os cantos, e olhando todos os objetos ao meu redor eu lhes falava como se fossem pessoas; eu dizia aos plátanos: 'Adeus, meus caros amigos!' e aos tanques: 'Acabou, não nos veremos mais!' Existia no fundo do jardim uma grande romãzeira cujas belas flores vermelhas se expandiam ao sol. Eu lhe disse soluçando: 'Dê-me uma de suas flores'. Ela me deu. Eu a coloquei em meu peito, como lembrança dela. Eu estava muito infeliz." No momento em que ele se afasta, as árvores parecem-lhe fazer sinais de adeus. Ao mesmo tempo que ele considerava as plantas e os objetos como personagens, transformava este jardim na ilha de Robinson. Seu mundo de criança era ao mesmo tempo irreal e personificado, e seu desenraizamento é duplo: em relação aos objetos e às plantas que se tornam pessoas, e à sua vida imaginária de criança.

Simone de Beauvoir descreve também sua tranqüila felicidade de criança amparada, sentindo-se muito à vontade em seu jardim.

> A primeira de minhas felicidades era, logo de manhã bem cedo, surpreender o despertar dos prados; com um livro na mão eu deixava a casa adormecida (...), caminhava na avenida (...); andando lentamente, lia e sentia contra minha pele o frescor do ar se abrandar; o fino véu que cobria a terra derretia lentamente; a faia púrpura, os cedros azuis, os álamos prateados brilhavam intensamente, tão novos quanto na primeira manhã do paraíso: e eu era a única a presenciar a beleza do mundo e a glória de Deus, com um sonho de chocolate e pão tostado no vazio do estômago.

A natureza campestre possui freqüentemente, aos olhos da criança, as mesmas características que o jardim: o silêncio, a paz, a solidão, a liberdade, em um quadro de verdor, frescor, sob a doce luz do sol, tendo como únicos ruídos o do vento e o do canto dos pássaros. Jacques Vingtras (Vallès [24]), Gaspard (Dhotel [59]) e muitos outros vêem sob este aspecto a natureza que os rodeia em um ou outro momento do relato.

Outras pequenas personagens sentem o mistério da natureza por detrás da familiaridade do jardim e experimentam uma atração ou angústia.

A natureza misteriosa e selvagem

Para crianças muito pequenas, um pequeno jardim representa um universo estranho, onde entram em contato com uma vida efervescente, desconhecida, a ser descoberta. Assim, Zette e Poum quase se perderam na mata, após terem visto os peixes no charco e a ronda dos insetos no ar. "Um medo delicioso fez seu coração bater, insinuando nelas o mistério dos bosques, o desconhecido das coisas – tudo o que, ali dentro, se arrasta, se esconde, se mexe!". Este pequeno medo acrescenta a seus jogos o tempero da aventura, a intuição de um mistério que poderia encobrir um perigo. Do mesmo modo, Gide gosta da impressão de imensidão que lhe provocam os bosques que prolongam o jardim de sua propriedade La Roque. A própria visão de seu limite no cadastro o decepciona. "Conhecer sua dimensão, seu limite, diminuiu em mim sua atração; pois eu sentia, nesta idade, menos prazer na contemplação do que na aventura, e pretendia encontrar o desconhecido por toda parte."

A mãe de Pascalet lhe explica todos os perigos do rio. "Não seria preciso mais nada para me fazer sonhar com o rio noite e dia. Quando pensava nele o medo me percorria a espinha, mas tinha um desejo violento de conhecê-lo." Um dia tentado pela primavera, ele ouve este chamado. "Quanto mais eu avançava, mais ficava tomado pelo poder do caminho. À medida que eu avançava, ele se tornava selvagem." Ele e seu novo amigo, Gatzo, descoberto no decorrer desta fuga, vivem durante dez dias em um barco, escondidos em um braço morto do rio, sentindo "uma maravilhosa plenitude": "(...) Por mais que eu viva, jamais esquecerei esses dias de minha juventude quando vivi sobre as águas". A natureza selvagem oferece sua beleza à criança, os elementos, o alimento por eles pescado, lhes revela sua verdade. Elas levam uma vida primitiva onde as coisas têm seu melhor gosto, não são nem insossas, nem artificiais. O primitivismo desta natureza selvagem convém ao primitivismo da criança. Elas são "felizes como dois pequenos moicanos" (H. Bosco [56]).

A ligação entre a natureza selvagem e a criança assimilada ao primitivo, assim como sua identidade de origem são mostradas de diferentes maneiras: – pela situação: Patricia vive em uma reserva africana, com animais selvagens e tribos muito primitivas que não praticam a agricultura. Com eles ela aprendeu também "as palavras-chave", assim como Cyprien (acima), para falar com os animais. Ela faz corpo com esta natureza. Babou passeia por um jardim exótico, próximo da selva. Ele cutuca os escorpiões, os "canibais" não estão longe. – Pelo comportamento da criança na natureza: ela está com esta, faz parte dela, não está apenas diante dela[4]. – Por seus gostos. As personagens parecem também primitivas pela forma mágica de seu pensamento e não somente por aqueles mais estranhos. As árvores sulfatadas na primavera fazem pensar no bando de crianças descrito por Gascar [60],

nos selvagens que se lambuzam de giz e se cobrem com berloques a fim de espantar os maus espíritos (...). Existia na sulfatagem todos os elementos de uma religião mas ela só poderia encontrar beleza em seu excesso, em sua demência. Por vezes, ao sair

---

4. Cf. Cap. 2, p. 32.

da mercearia, roubávamos, colocando dentro de uma sacola alguns cristais de sulfato de cobre, gemas de um azul profundo, mais fascinantes ainda por conter um veneno, safiras que escondiam em sua transparência uma força diluída e dispersa no aspergir da sulfatagem.

A natureza selvagem é também para a criança a oportunidade de se fazer exploradora de terras desconhecidas, de se sentir como nova conquistadora, como no alvorecer das grandes descobertas.

Por vezes, escorregando de um tronco ou nos deixando cair de um galho arrebentávamos a superfície cerrada de plantas espinhosas que recobriam o solo e nos encontrávamos em um universo tão sombrio quanto as profundezas abissais, tão secreto, tão emaranhado e asfixiante (...). Mar de sobosques, mar cuja superfície se encontrava, realmente, apenas à altura do cimo das árvores, na explosão ofuscante e detonante do céu (...). Voltaram as sombras submarinas das sebes, voltava também o domínio da extensão que conhecíamos, vigias com pernas de caules, trepando no cimo das árvores. Balançavam mais do que os mastros balançam. Ao redor, estendia-se o mar, verde e amarelo, com ilhas arborizadas (...) (Gascar [60]).

Giono também compara as colinas e os campos ao mar.[5] Para certas crianças infelizes, os aspectos misteriosos e desconhecidos da natureza selvagem são percebidos de maneira angustiante. A identidade entre esta natureza e a criança não aparece mais, porque a criança nunca teve a ocasião de conhecer as belezas e alegria da natureza. Marc, o jovem delinquente, nunca deixou a cidade. "É belo, não é? (...) Sobretudo tão calmo..." diz o educador. "Ora, vamos! É mais trágico, habitado, vertiginoso que o fundo dos mares! Calmos? Análogo ao rosto de um morto: fachada pacífica, tensa diante de cavernas desertas, cataratas de silêncio ..." (Cesbron [57]).

Marie-Claire, após ter vivido no mundo fechado do orfanato, acaba de chegar à fazenda onde foi alojada. "Um grande silêncio se estendia ao redor da fazenda, e por todos os lados viam-se apenas os pinheiros e os campos de trigo. Parecia que eu havia sido levada para um país perdido. Fazia muito calor, estava entorpecida por uma pesada vontade de dormir, mas o medo de tudo o que me rodeava me impedia de ceder ao sono." "Quando se iniciava a colheita, parecia que eu assistia a algo cheio de mistério..." (M. Audoux [1]).

O Sagouin, embora não seja uma criança propriamente urbana, além de sofrer as perseguições de seu meio social e familiar, percebe a natureza também sob um rosto angustiante. "(...) Ele via o campo já inabitável pela aproximação do inverno (...). A terra como que oleosa, pegajosa, elemento desumano onde ele teria sido tão louco de se aventurar quanto nas ondas do mar. No sopé da encosta corria em direção ao rio (...) um riacho inchado pelas chuvas acumulava um mistério de pântano de mata inextricável (...). Assim, a criança, retirada do seu território,

---

5. Cf. abaixo, p. 274.

tremia de medo e de frio no meio da vida hostil da natureza inimiga" (Mauriac [63]).

É raro que a criança vítima não encontre um refúgio na natureza, ou que não existam afinidades entre elas. O Sagouin sofre a hostilidade do mundo inteiro, até mesmo dos elementos, que ele não é capaz de conquistar: tal personagem só pode morrer.

O ensinamento e o papel da natureza

Na maior parte do tempo, a natureza traz conhecimentos opostos àqueles dados pelo mundo dos adultos. É o negativo da cidade, é existência contra norma. Gaspard (Dhotel [58]) decifra o bosque, em seguida descobre o cavalo que o lançará à aventura e ao país de sua infância. Mas, sobretudo, a natureza traz à criança um ensinamento por ela própria.

Tudo se modificava quando deixava a cidade e era transportada por entre os animais e as plantas, na natureza de inumeráveis nuanças (...). Arranhando o solo, amassando a lama, encostando em folhas e corolas, polindo as castanhas-da-índia, as vagens inchadas do vento explodindo sob meu salto, eu aprendia o que nem os livros nem a autoridade ensinam (...). A abundância das cores, dos odores, me exaltava. Por todo lado, na água verde dos pesqueiros, na ondulação dos prados, sob as samambaias que pendem, no buraco das matas, escondiam-se os tesouros que eu tanto desejava descobrir (S. de Beauvoir [54]).

Pagnol vive na Provença um período muito feliz entre seu jardim e as colinas selvagens: "Os mais belos dias de minha vida". Gide gostava apaixonadamente do campo, sobretudo das charnecas, onde descobre louva-a-deuses e escorpiões. Um pouco mais tarde, na Côte d'Azur, passa horas inteiras a contemplar a flora e a fauna submarina. Para Proust, a natureza desempenha, antes, o papel de fundo sonoro, colorido, perfumado, para suas grandes descobertas intelectuais, do que o de ensinamento por si próprio, pelo menos no que se refere a ensinamento de tipo conhecimento intelectual.

As flores que brincavam então sobre as folhagens [no momento em que uma descoberta intelectual aparece bruscamente à consciência], a água que passava ao sol, toda paisagem que rodeava seu aparecimento continua a acompanhar a lembrança com seu rosto inconsciente ou distraído; e, certamente, quando eram contemplados longamente por este humilde passante, por esta criança que sonhava – como o é um rei contemplado por um memorialista perdido na multi –, este canto de natureza, este pedaço de jardim, não poderiam pensar que seria graças a ele que seriam chamados a sobreviver em suas particularidades mais efêmeras (...).

A criança imortaliza um rosto da natureza e, inversamente, este rosto fundamenta uma imagem da felicidade, e qualquer aspecto idêntico da natureza fala imediatamente ao coração no desenrolar da existência.

O caminho de Méséglise, com seus lilases, espinheiros, flores azuis, papoulas, macieiras, o caminho de Guermantes, com seu rio com girinos, suas ninféias e seus botões-de-ouro constituíram para mim a imagem de países onde eu gostaria de viver; e as cinerárias, os espinheiros, as macieiras que me ocorre encontrar quando viajo, ainda nos campos, porque estão situadas na mesma profundidade, no nível de meu passado, estão imediatamente em comunicação com meu coração [20].

A simbiose entre a criança e a natureza deixa traços indeléveis. Jean-Christophe passeia: "O lugar de cada pedra tinha um sentido para ele (...). As viagens feitas mais tarde, as grandes cidades, os mares turbulentos (...) não se gravam na alma com a mesma exatidão infalível desses passeios de infância, ou do simples canto de jardim todos os dias vislumbrados pela janela através do vapor que a boca da criança faz no vidro" [23].

Mas atrás do vidro a criança está mais do que em simbiose com a natureza, é mais do que ensinada por ela, é semeada por ela. Giono, que traz esta imagem, mostra-a quando sonha na janela de seu sótão. Mais tarde, ele se lembra e explica o adulto que se tornou em função desta ação da natureza.

Revejo esta profundidade marinha que migra além da cidade (...). O vento abria caminho e tudo tremia pela sua passagem (...). Sentia-se que era poderoso e doce, que era suficiente apoiar-se um pouco mais em seu flanco para ser conduzido pelo mundo. Sentia-se que este desejo de fuga era semeado dentro de cada um como um lento grão feroz e que, mais tarde, cada um seria rasgado por enormes raízes que se moviam como tentáculos de polvo. Sentia que o vento se enraizava em mim. Quando me ocorre agora tentar curar em mim erupções de carnes sangrentas e agudas de dor, penso naquelas sementes pelas quais fui semeado diante da grande janela e sempre encontro no fundo da ferida a pequena serpente violeta [39].

Os ensinamentos da natureza assumem o aspecto de uma implantação carnal dolorosa. A necessidade de evasão do autor encontra ali sua fonte, que é, sem dúvida, também a fonte de sua vocação.

A simbiose chega raramente até esta expressão de paixão dolorosa. Fala-se mais de amor pela natureza, de felicidade e, quando o tom se torna entusiasta, fala-se de magia. "Saímos da cidade: então começava a magia e eu sentia nascer um amor que deveria durar toda minha vida" (para a natureza característica da Provença, seus rumores, seus perfumes) (Pagnol [65]). Para atingir o "apogeu" de sua felicidade (S. de Beauvoir [54]), a criança deve deixar a cidade. Criação dos homens, a cidade é pouco pensada, na realidade, em função das necessidades da criança[6]. Nas lembranças da infância não é surpreendente o fato de que ela corresponda menos a imagens felizes do que o campo, onde a criança vive livremente e se entrega a múltiplas experiências, faz numerosas

---

6. Ver M.-J. Chombart de Lauwe, "L'interaction de l'enfant et de l'environnement: objet de recherche et révélateur social", in *Bulletin de Psychologie*, XXIX, 325, nº 18, 1975-1976, pp. 954-959.

descobertas, cria aventuras para si. Na linguagem literária, a cidade corresponde ao mundo dos adultos e a suas normas, exceto em alguns casos excepcionais, notadamente o de Gavroche[7]. A natureza situa-se do mesmo lado da criança. Dois exemplos ilustram de forma particularmente clara este sistema dicotômico. Por um lado, o de Kid (Giraudoux [40]): criança autêntica, totalmente presente na natureza, deixa as margens do Niágara e retorna em direção à cidade. "O Niágara não lhe inspirava nenhuma atração de pavor, nenhuma ânsia de medo, pelo contrário, inspirava, antes, uma espécie de segurança do lado em que corria. Para o lado da cidade, é com susto que a criança olhava mas, do lado do Niágara, nada a temer." Na cidade, reencontra "somente na visão da calçada lamacenta um resto de sua liberdade e de sua pureza". Na linguagem paradoxal de Giraudoux, a lama, elemento natural, que os adultos consideram como sujo, parece encerrar mais pureza, para a criança, do que as construções humanas.

O outro exemplo, o de Milou (V. Larbaud [50]), opõe a natureza-verdade às normas burguesas, construções convencionais dos adultos de um tipo diferente da cidade, mas que lhe são associadas como a expressão da antiinfância. Milou escuta com exasperação as conversas de seu pai e seus amigos, importantes senhores, que discutem a respeito de seu futuro da maneira mais vantajosa, segundo os critérios do dinheiro e do prestígio. Ele não é nem mesmo questionado. Ele "olha para a paz do campo ensolarado nas duas janelas; é como uma presença indiferente e séria, de onde vem um amargo consolo. Estes senhores, que tratam de seu futuro, enojam a criança. Ele gostaria de insultá-los, escandalizá-los". A natureza é existência, verdade em si mesma, não intervém abusivamente. As palavras e os projetos dos senhores alienam a criança em construções artificiais.

2. OS ELEMENTOS E A VIDA VEGETAL

A natureza nem sempre é percebida globalmente. Os elementos que a compõem são freqüentemente associados à criança segundo um simbolismo clássico. Encontramos uma identidade de natureza entre tal elemento particular e uma imagem da criança. Em outras passagens, a simbiose entre as crianças e certos elementos predomina, ou então a criança, situada diante de um deles, descobre através deste elemento um novo significado da existência.

A água

A água, símbolo de pureza, associada à imagem de pureza da criança, é uma reprodução menos freqüentemente utilizada nos textos

---

7. Cf. Cap. 10, pp. 306, 325.

do que possamos pensar. O aspecto moral foi evitado, a pureza é entendida antes como a total simplicidade do corpo simples. Um professor debruça-se sobre a jovem aluna Elsie: "Acredito ver sua alma em suas palavras. É como se debruçar sobre uma alma límpida, percebendo-a mais transparente ainda do que se acreditava" (V. Larbaud [50]). Giraudoux emprega freqüentemente os termos pureza, puro, falando do Kid e dos elementos que o rodeiam, em particular a água. "Meias e boné [do Kid] tinham esta cor morna e falsa que só a água, a água da chuva, dá aos tecidos"; "Ele era limpo, mas sentia-se que era levado com a mão e com água pura, com esta mão sem luva, coberta de frieira." Mas a pureza é também associada[8] à lama, a tudo o que emana da natureza e não sofreu a influência dos homens; puro quer dizer primordial e livre.

Na linguagem de Saint-Exupéry, a água do poço que o piloto e o Pequeno Príncipe dividem é o suporte de uma comunhão que sela sua amizade. A água aparece principalmente sob forma de água corrente, riacho, rio. Freqüentemente familiar, em certos momentos misteriosa, compõe um mundo das águas, que se torna o mundo de sonho e evasão da criança. O Kid não sente nenhum medo do Niágara. Ele viveu selvagemente em suas margens. "Não havia nenhum gesto que ele não pudesse fazer diante de um rio plano e doce. Estava bem próximo da margem e a seguia exatamente, penetrando nos mais estreitos promontórios, única carícia possível para um rio amigo" [40].

Em *Les fruits du Congo* (Vialatte [74]), é através do rio que Frédérique é conduzido até Dora, "a rainha das Ilhas, do Labirinto (...)", a quem um bando de pequenos rende um culto estranho ao longo de uma cerimônia que expressa o mundo do sonho da infância. Mais tarde, na saída da infância, a maior parte "caiu uma após outra", estas "crianças da névoa (...) enganadas pelos vapores do rio" e pela tentação da vida imaginária, deste outro mundo da infância.

Pascalet, evadido sobre seu rio, descobre "o mundo das águas", um mundo de beleza, misterioso, atraente, onde qualquer coisa encontra seu verdadeiro sabor. Ali vive os dias mais felizes de sua existência.

Com estes dois exemplos, reencontramos a associação entre o barco, a viagem e a água, já encontrada na evasão pelo devaneio. A criança que sonha esperando seu professor imagina um riacho perdido, um barco que flutua no ar (V. Larbaud [50]). O pequeno Jean (Giono [39] inventa uma estória de pirata, lançando um pedaço de madeira – que se torna um navio – num riacho.

As águas lodosas, nas quais vivem animais escondidos, nas quais nadam insetos, dão aos garotinhos descritos por Gascar [60] uma sensação de culpa. Eles vão se banhar em um espelho d'água. "A sombra na água parecia, de uma certa maneira, com aquela que cobria ainda

---

8. Cf. acima, p. 274.

todo um panorama da vida e onde os adultos cochicham no fundo dos quartos, onde enigmáticos olhares eram trocados (...). Nas casas vedadas contra o verão, no fundo das noites, do campo de feira, no silêncio da noite, existia, podíamos adivinhar, aquele lodo vivo escondido sob o curso simples e claro dos dias e mais fértil do que ele." Os garotos se calam e mexem o menos possível para não chamar a atenção das lavadeiras que se encontram em um lavadouro próximo. Esta imobilidade e este mutismo acabavam por dar ao nosso bando todas as aparências de uma cerimônia e de um delito. Permanecíamos longamente assim, mergulhados na água até o ventre, inquietos e tentados, esperando, em vão, compreender por que nos sentíamos tão culpados. Até mesmo à beira do riacho, mantêm esta atitude de inquietação, esta impressão de que ao longo das margens vivem animais estranhos, todo um mundo equívoco.

As crianças descobrem a fecundidade das águas turbulentas ao mesmo tempo que pressentem o mundo escondido e o tabu da sexualidade, na véspera de sua própria formação.

O mar associado à imagem da criança ou contemplado por ela é um elemento cruel, que provoca uma sensação de angústia. Loti sente, à visão do mar, "uma vertigem mortal". "Uma sensação de solidão, de exílio", o mar lhe parece "de uma maldade sinistra." "O mar, quando o vi pela primeira vez, me pareceu vasto apenas pela tristeza imensa que senti ao olhá-lo e respirá-lo (...). Um aspecto da costa ficou gravado à água-forte em minha memória (...). Este espetáculo me mordeu o coração; permanece em mim como símbolo de um incomparável infortúnio." Suas modificações constantes são para ele o sinal de sua "pérfida instabilidade", e diminuem a confiança e a amizade que a natureza lhe inspirava. Um mar em fúria sacode o barco que leva Babou para a França. Os passageiros se desesperam, somente a criança permanece impassível: seu mundo interior, seu meio, são repletos de angústia e de mistério, o mar faz parte deste conjunto sem agravá-lo muito, e Babou possui um poder estranho, é o instrumento do destino (Lichtenberger [42]).

No devaneio, o mar era também a ocasião de grandes evasões da vida cotidiana. São palavras como o "mar" que evocam para Gaspard (Dhotel [59]) o chamado de um outro mundo. Uma parte de sua aventura se realiza na barcaça no rio Mosa, em seguida num iate no mar. "Então ele se divertia em surpreender palavras, e certa noite alguém falou do mar. Teria sido suficiente apenas ouvir esta palavra para ser impulsionado, à sua revelia para o mar?"

A água assume também a forma de chuva e de neve; associa-se à terra tornando-se lama, que significa natureza, pureza ou uma lama ameaçadora como as águas turbulentas e o lodo (Mauriac [63]), elemento hostil, acrescentando sua perseguição àquela dos homens que rejeitaram a criança deserdada. A neve é também um elemento cruel, associado à criança ferida que fugiu. Acompanha a imagem da criança caída, vencida: o Kid que tentou escapar do orfanato e sobre quem a neve cai enquanto ele está no chão, ou o jovem delinqüente (Cesbron [57]) que delira na mesma posição, fornecem exemplos típicos deste fato[9].

Para o grupo de meninos à espreita da vida da natureza, ávido de seguir as transformações das estações, o aparecimento da neve é um acontecimento maravilhoso (Gascar [60]). Alguém lhes anuncia que a noite começa a cair, eles tremem ante a idéia de que ela demore a terminar. "Qual nada! A manhã estava ali, e a luz crua que, passando entre as lâminas das persianas, inundava o quarto, nos fazia felizes. Era como se fôssemos nos vestir com a neve, com sua brancura, e nossa alegria parecia aquela que experimentávamos ao vestir nossas sobrepelizes brancas das crianças do coro, aos domingos, na igreja (...). A neve permaneceria; ela não desapareceria mais. (...) Um outro país viria a nós, tomaria o lugar do nosso. Não existiria mais verão, nem frutas, mas a explosão renovada da neve por todas as estações (...). Observávamos com espanto o quanto nos fora fácil nos desfazermos de nosso velho domínio e como era grande a sensação de alívio que experimentávamos. Sem o mínimo remorso. Sem o nosso conhecimento, chegara o tempo de romper com o passado." A neve traz, neste caso, alegria e felicidade a pequenos camponeses que vivem na natureza. É também a ocasião de evasão, de recriação do mundo cotidiano. Todos estes temas são, ainda mais uma vez, associados à infância.

A luz, o sol

O segundo elemento, o ar, não acompanha as imagens da criança, mas é o lugar de onde a luz provém. "O ar onde se expandem a luz e a sombra, o ar onde se formam os presságios" (Bosco [54]).

A luz assume aspectos variados. Ela segue o ritmo do dia, das estações, por vezes é chamada diretamente de sol. Alguns a utilizam sob forma metafórica para expressar características da criança.

Naturalmente, o raiar do dia é um tema associado à infância. Duhamel acumula no início de sua obra *Les plaisirs et les jeux*, o despertar das crianças, a preparação de um dia a ser vivido com elas na alegria, o clima de vitória, a comparação com a água corrente. "Vitoriosamente, a luz se espalha pela alma, a luz semelhante às águas de uma catarata. Um dia a ser vivido!" Giraudoux utiliza a mesma comparação, com certo receio para não se sentir enganado pela imagem, e ainda no negativo. "Para aqueles que gostam de identificar o dia nascido em seu frescor a um ser jovem, que dia feio e que pobre criança." Ele desmitifica por várias vezes o estereótipo da alegria da criança, mas recria um modelo, o da autenticidade primitiva grave, um pouco triste.

Saint-Exupéry não associa tão diretamente o Pequeno Príncipe ao raiar do dia, mas o ritmo da vida de sua pequena personagem segue o

---

9. Cf. Cap. 2, p. 42 e acima, p. 272.

do dia. O piloto ouve sua voz pela primeira vez e o encontra pela manhã em seu despertar. A descoberta do poço e sua comunhão também se fazem ao despertar do dia. A criança morre simbolicamente à noite.

Na exploração da natureza por garotinhos e seu diálogo com ela, a luz, principalmente a da primavera, assume o papel da guia ou daquela que revela.

> A luz de maio, mais pura que a do alto verão, tornava cada coisa muito próxima, apesar da distância que delas nos separava. Ela avivava as cores, desenhava e modelava nosso universo, como se um poder superior quisesse nos mostrar o melhor que ele pudesse fazer, nos fazer experimentar a beleza, a grandeza, o peso deste, a fim de nos convencer (Gascar [60]).

A felicidade da criança permanece freqüentemente associada na lembrança à luz cintilante do meio-dia e ao sol de verão. "Minhas primeiras lembranças [Loti] são sempre de pleno verão luminoso, de meios-dias cintilantes (...)", "de impressão de verão, de grande sol." Sua mãe tem "um odor de sol e de verão". "Oh! Os verões de minha infância, como foram maravilhosos e encantadores." Um raio de sol desta vez triste, na casa silenciosa, lhe faz vislumbrar um novo sentido da vida, "(...) fora uma impressão de outra forma pungente de tristeza; alguma coisa completamente incompreensível e nova, onde entrava talvez a noção difusa da brevidade dos verões, da vida, de sua fuga rápida e da impassível eternidade dos sóis (...)" (Loti [15]).

Esta imagem de uma descoberta amarga através do sol permanece excepcional. O sol preside as revelações felizes, ou serve simplesmente para iluminar e embelezar o quadro natural da criança, que o associa então à sua felicidade e o ama. "O que eu gosto é do sol que passa através dos galhos e faz manchas claras que se espalham como manchas amarelas sobre um tapete" (Vallès [24]). Babou (Lichtenberger [42]) refugia-se sob as plantas do jardim, onde se sente protegido. "Um sol é filtrado através dos galhos" e alegra seu retiro. Seu jardim é "acariciante e ensolarado, risonho". "Aqui, sob o alegre sol, deveria ser como as crianças daqui."

Mas Babou perdeu sua luz interior, pois a luz existe também dentro da criança. A morte de sua mãe a apagou. "Um dia tudo desmorona. Toda luz se apaga. Uma rajada passa." Quando sua avó o vê preocupado, ensimesmado, ela canta antigas canções de outrora: "Talvez renasça uma luz..." Para Biche, a luz a aquece em seu jardim, mas é principalmente o "rosto luminoso de sua avó" (morta) que a consola (Lichtenberger [41]). Zette tem "cabelos de seda finíssima, uma penugem de luz loira" e "grandes olhos de luz negra". Poum e ela "se expandem pelo dia radioso (...)" (P. e V. Margueritte [18]). O despertar da consciência é também muito freqüentemente comparado ao nascimento de luzes[10].

---

10. Cf. Cap. 12, p. 369.

O fogo

O fogo é por vezes associado à criança, do mesmo modo que a intensa luz do sol de verão. As primeiras lembranças de Loti são iluminadas pelo sol, mas também "pelo fogo dos galhos de grandes chamas róseas". É também olhando o fogo, as chamas oscilantes e a claridade, que o pequeno Pierre aprende a correr e a saltar, certa noite, como uma luz. Ao mesmo tempo ele pensa intensamente. "Tanto quanto minhas perninhas, meu espírito estava desperto; uma claridade um pouco mais viva acabava de jorrar dentro de minha cabeça, onde a alvorada das minhas idéias estava ainda tão pálida" [15].

A aproximação entre a criança e o fogo é também aquela do primitivismo. Fogo dos acampamentos, da vida selvagem, transforma deliciosamente os alimentos. Pascalet se exalta ao descobri-lo com seu amigo Gatzo. "O fogo, enfim, sem o qual o alimento é desumano. O fogo que faz o acampamento. Pois sem o fogo falta um espírito à parada, ela não tem mais sentido. Perde seu charme; não é mais um verdadeiro acampamento com sua refeição quente, suas conversas, seu lazer entre os intervalos. Seu sonho e seu sono bem protegidos." Até então ele havia conhecido apenas "fogos presos dentro de um forno, fogos obedientes, que nascem de um pobre fósforo e aos quais não são permitidas todas as chamas. Nós os medimos, matamos, ressuscitamos e, para completar, os engulimos. Eles são unicamente úteis (...). Mas ali, em pleno vento, no meio dos caniços e dos salgueiros, nosso fogo fora verdadeiramente o fogo, o velho fogo dos campos primitivos". Babou, em seus sonhos, recorda-se do "fogo dos canibais" que brilha na floresta.

A fogueira de São João assume o aspecto de um ritual onde se libera uma "paixão de incendiário" nas crianças, onde os participantes são "loucos pelo fogo", "possuídos por um frenesi lamentoso".

> Ao nosso desejo de erguer a fogueira o mais alto possível (e o mais alto por nada, pois desdenhar os ardores próximos do verão era um desafio), acrescentava-se, de fato, uma paixão de incendiário. Ela não teria podido se satisfazer completamente se as chamas tivessem devorado apenas madeira utilizada para o aquecimento. O mínimo objeto, por mais antigo que fosse – o essencial seria que ele lembrasse seu destino primitivo e a mão do homem –, trazia à fogueira, um pouco mais tarde para o braseiro, uma idéia de sacrilégio e liberação. Podíamos, por vezes, com o que quer que nos fosse dado, qualquer velho manequim com o pé torcido, uma boneca de pano, um boneco, até mesmo um espantalho, obter a imagem do sacrifício humano, da expiação (...) (Gascar [60]).

O fogo libera destruindo as criações do homem, e a criança associa-se ao fogo.

Até mesmo o fogo cativo dentro de uma lâmpada pode assumir um caráter misterioso e fascina a criança. Marcel Pagnol [65] olha uma lâmpada faiscante. "Quando eu a vi, suspensa em um ramo de figueira, queimar brilhante com a serenidade de uma lâmpada de altar (...), decidi dedicar minha vida à ciência.

As sombras e a estrela

A sombra que se estende ao final do dia corresponde à perda da luz e ao despertar progressivo de uma angústia na criança, ou ainda ao acesso ao mundo poético da noite, banhado de uma outra luz íntima ou misteriosa. A estrela preside freqüentemente essa vida misteriosa.

O Pequeno Príncipe vem de uma estrela, e o piloto, após tê-lo perdido, o reencontrará contemplando as estrelas. A criança excepcional não pertence completamente ao mundo da Terra, mas antes ao das estrelas, símbolo do devaneio, da evasão. Félix de Vandenesse, duramente tratado por sua família, rejeitado, refugia-se na contemplação de uma estrela. "Com a idade de doze anos, na escola, eu a contemplava ainda, experimentando indiscutíveis delícias (...)." Pascalet sonha, contemplando duas pequenas estrelas, que sua janela se abre e que todo o céu ao redor dele substitui seu quarto. Ele também estava triste pelo desaparecimento de seu amigo Gatzo, cujo retorno espera, a cada dia, em vão.

A tristeza ao final do dia é uma impressão experimentada por muitos seres. A criança tem necessidade, em vários relatos, de reencontrar seus sentimentos em aspectos particulares da natureza que ela procura e interpreta. Quando o Pequeno Príncipe está triste, contempla até a saciedade o pôr-do-sol, muito freqüentes em seu minúsculo planeta. Proust, inquieto, espera diante de sua janela o retorno de sua mãe. "Ali fora, as coisas também pareciam congeladas em uma atenção muda para não perturbar o luar (...)." A criança e a noite se mobilizam em uma espera, uma escuta dos passos da mãe, movimentos da natureza. A criança e a natureza participam dos mesmos ritmos. A criança, ali também, é natureza.

Mas por vezes o mistério da natureza noturna ultrapassa a criança, que sente mais intensamente sua fraqueza e sua angústia diante do surgimento da sombra. Opomos então a noite familiar da lâmpada e do sono em uma cama-refúgio reasseguradora, à noite inquietante, selvagem. Algumas crianças, como o taciturno Gatzo, não temem a noite da natureza, pois estão habituadas a viver nela. Ele fala mais facilmente ao seu amigo Pascalet na intimidade e no segredo criado pela noite onde, sem dúvida, necessita um pouco mais de seus semelhantes (Bosco [56]). Na noite, o mínimo movimento de uma folha (Proust [20]), o mínimo barulho, são percebidos. "De noite, nas trevas, percebemos ali mais coisas do que durante o dia, pois os mínimos ruídos têm um alcance considerável [nos bosques]" (Dhotel [59]). Este mundo estranho, silencioso e animado de uma vida secreta, pode ser também um mundo da infância. Adrienne canta em meio a suas amigas (G. de Nerval [146]): "À medida que ela cantava a sombra descia das grandes árvores e o luar nascente caía sobre ela sozinha, isolada de nosso círculo atento. Ela se calou, e ninguém ousou romper o silêncio. O gramado estava coberto de fracos vapores condensados que desenrolavam seus flocos brancos sobre as pontas das plantas. Pensávamos estar no paraíso". – Esta imagem evoca a cerimônia das "crianças da névoa", descrita por Vialatte. O estilo era mais insólito, mas reencontramos os vapores do rio, a música e o tema da alegria do mundo à parte da infância [11].

Na maior parte do tempo as crianças são excluídas desta vida da noite. À noite, em seu quarto, elas "sentem que fora reside um pouco de luz e se abre uma vida da qual são excluídas" (Gascar [60]). Somente certas personagens de crianças autênticas, excepcionais, têm o direito de penetrar ali. A criança cotidiana sente principalmente a ansiedade do desaparecimento do sol, o terror das formas misteriosas, imaginárias, que nascem com a noite. "Eu me divertia, inicialmente, com as grandes sombras que fazíamos e, em seguida, tudo se fundia no cinza crepuscular e eu me deixava levar pelo temor de minha mãe" (Gide [38]). Loti sente também medo das sombras, e principalmente daquilo que poderia chegar pela porta de um armário negro. "O que eu temia ver chegar por ali não tinha ainda nenhuma forma precisa; somente mais tarde minhas visões de criança tomaram forma. Mas o medo não era menos real."

Outros associam sua tristeza do fim do dia a uma imagem do fim do mundo e à sua própria morte iminente.

> Este azul sem fim, prenúncio da última noite do mundo, fazia afluir ao coração uma tristeza tão grande que era preciso, para que pudéssemos senti-la, deslizar um olhar por um orifício aberto no tempo, no espaço de um segundo. (...) Púnhamo-nos a pensar na morte (...). Neste momento as andorinhas soltavam gritos muito semelhantes àqueles que elas faziam ouvir um pouco mais cedo mas, desta vez, carregado de significado. Elas saudavam nossa condenação, de forma verossímil, sem alegria nem tristeza, à maneira destes demônios muito inferiores que, nas gravuras e nos contos, começam a blasfemar maquinalmente assim que o Maligno faz alguma coisa (...) assim, já advertidos pela cor do crepúsculo (...), aprendíamos pelos gritos das andorinhas que podíamos morrer na noite.

As personagens, até mesmo as mais familiares, as mais cordiais, parecem se voltar "como que para roubar seus rostos de nossas vistas. Era sem dúvida porque tinham ficado desoladas por nos mostrar o rosto todo azul pela noite, empréstimo da tristeza que nossa morte iria causar, já longínquo, não podendo mais se aproximar de nós, que éramos puxados para trás e talvez reluzentes pelas lágrimas. Não, nada mais era cotidiano, tranqüilizador, naquele crepúsculo" (Gascar [60]).

Uma vez vinda a noite total, as crianças, felizes, esqueciam sua angústia. "Reencontrávamos a paz da noite onde o sono nos esperava." A criança vítima não possui nem mesmo este refúgio. Jack, que foge de noite do internato onde foi maltratado, vive na natureza um pesadelo em vigília. "Qualquer sombra, para ele, se enchia com larvas assustadoras. Elas se arrastavam no fundo das fossas, impedindo-lhe a passagem; se apenas ele estendesse a mão para a esquerda ou para a direita tinha a

---

11. Cf. Cap. 5, p. 135 e acima, p. 276.

impressão de que tocaria alguma (...). Tomado por um novo terror, o pobre menino se punha a correr em direção ao campo, onde pelo menos o temor assumia aspectos de sonho" (Daudet [7]).

O mundo da noite serve raramente de contexto à criança, a não ser para expressar sua pertinência a um outro mundo, misterioso e poético. Em contrapartida, seus sentimentos de angústia diante das sombras são freqüentemente descritos. À noite, sua própria vida imaginária faz nascer fantasias inquietantes. Ela descobre por intuição direta os problemas do temor ao desconhecido, à morte, uma ansiedade metafísica. Reencontraremos este aspecto ulteriormente analisando as imagens da criança confrontada com os grandes problemas da vida e a procura do significado da existência[12]. A noite corresponde para Piquet a um momento onde se pode enfim viver sentindo-se um pouco menos preso aos papéis sociais, aos conflitos da cidade. "Eu não estava em idade de ter grandes pensamentos, mas estas calmas horas das noites de verão, quando a farsa do dia já fora representada, sempre me pareceram de um preço inestimável" (R. Boylesve [4]).

A vida vegetal

A terra em si não aparece como tema associado à criança, pelo menos enquanto elemento. Nós a mencionamos associada à água, sob forma de barro. O termo "terra desconhecida" assume um outro significado, o de meio natural de vida, de contexto diferente, coincidindo com a noção de "natureza". Zazou (Duhamel [35]) "vive perto do chão", "ele coloca no chão tudo o que tem nas mãos: a terra é sua mesa natural". O chão lhe é bom e familiar. Aqui a terra não é entendida como elemento, mas como solo, lugar de descoberta, de uso cotidiano. Não existe imagem de terra-elemento alimentador, maternal. Jean (Giono [39]) contempla a terra dos campos, sobre as colinas. Ela evoca para ele o elemento marinho, e não suscita imagens e reflexões por si mesma. Em contrapartida, a vegetação da terra é freqüentemente descrita com a imagem da criança e contemplada por ela.

A árvore parece ocupar um lugar importante na vida de uma série de pequenas personagens. Ela lhes oferece simultaneamente um refúgio e uma espécie de presença amigável. "Poum tem sua árvore favorita na qual ele sobe e se instala montado em Seu galho." Ele sonha durante horas. É também sob uma árvore que Félix Vandenesse (Balzac [104]) se agacha para contemplar sua estrela e para escapar de sua família, que não o ama. Outros escolhem este lugar para melhor gozar de um livro amado e se evadir em um mundo imaginário, como o fariam em uma cabana ou um celeiro.

---

12. Cf. Cap. 13.

O Petit Chose trata as árvores como amigas. "Adeus, minhas caras amigas", lhes diz quando deve partir. E no momento de sua partida: "A árvore de romãs se levantava tanto quanto podia por sobre os muros do jardim para vê-la [a caravana de viajantes] ainda uma vez". Meninos (Gascar [60]) imaginam que as árvores encerram uma presença animal e até mesmo espíritos. "(...) os nós e numerosas nodosidades nos troncos e galhos animalizavam estas árvores e por vezes até mesmo lhes davam, em certos lugares, semelhanças humanas". As árvores os conduzem em outros momentos a se interrogarem sobre o mundo e sobre si mesmos.

> Não, não nos achávamos aqui na presença de espíritos, mas somente frente à mesma interrogação que um pouco antes tínhamos acima do vale estendido a nossos pés. Esta interrogação tomava simplesmente, neste lugar mais sombrio, formas mais inesperadas: no tronco da castanheira, aparecia o joelho de elefante de Deus. Ou então, corpos de serpentes, as duras espinhelas dos pássaros (...), um perfil de homem enfim, com bochechas de espuma, olhos como bolhas e um nariz alongado pela meditação. A meditação, é claro, sobre nossas faltas, nossa incompreensão que nunca teria fim e que conduzia a este cativeiro coletivo entre as árvores, esta punição, este sofrimento voluntário, forma última da insistência. Éramos tão importantes! Nossa resposta era, portanto, neste ponto, essencial! (...) Mediríamos agora nossa importância: se um Deus se expressava na natureza, era ele, no final das contas, que orava por nós, e suplicava por nós.

Para estas crianças a vegetação rasteira constituía um mar "cuja superfície só se encontrava verdadeiramente na altura do cimo das árvores (...)"[13]. Elas se imaginam vivendo uma aventura no mar. A criança que se deixa levar pelo devaneio (V. Larbaud [50]) parte de barco pelo bosque onde penetra por um "porto de folhagens". O bosque, por seu lado um pouco misterioso e secreto, faz facilmente parte do universo das personagens infantis. Em *Le pays où l'on n'arrive jamais* (Dhotel [59]), a cidade de Lominval é rodeada de bosques. Quando Gaspar sonha em sua cama, depois de ter se ferido, vê-se em uma floresta, andando por muito tempo. Quando vai realmente colher morangos na floresta pressente que sua vida está a ponto de se modificar. Alguma coisa se revelará através desse bosque. Ele espera rever seu amigo, mas é um cavalo que se apresenta e o conduz para a aventura. Mais tarde, ele tem a intuição que somente a floresta o guiará em sua busca e retorna a ela: "Sem mesmo sabê-lo, estava convicto de que tudo o que sua vida lhe proporcionaria lhe seria dado pela floresta". Essa floresta, que "reaviva o ardor da vida", é mágica, dá um novo colorido à vida social comum, impede o retorno à sua banalidade, indica o caminho que conduz ao país da infância. Ao lado da árvore e da floresta, a vegetação rasteira e as flores assumem um papel menos importante. A vegetação rasteira serve por vezes de terreno de desco-

---

13. Cf. acima, pp. 271, 272.

berta para a criança pequena que vive perto do solo e observa a vida que aí se desenrola (em particular Derennes [120]). As flores servem freqüentemente de cenário, de embelezamento, para o jardim delicioso que é o paraíso da criança. A do Pequeno Príncipe tem o significado de personagem feminina caprichosa, é nitidamente mais personalizada do que a presença amigável da árvore. Seu perfume evoca para Proust um gosto, uma personagem:

> Senti (...) escapar dos espinheiros um aroma amargo e doce de amêndoa e notei então sobre as flores pequenos lugares mais claros sob os quais eu imaginava que devia estar escondido o aroma, assim como, sob as partes coradas, o gosto de marzipã, ou sob suas sardas, o gosto das bochechas da srta. Vinteuil.

O bando de pequenos camponeses descritos por Gascar descobre, através da cor de um crisântemo, a impressão do outono.

> Ele mal se distinguia em meio à grisalha, tão abafada estava sua cor, o que, no entanto, existia ali de claro, de luminoso nela (a flor), esta cor de ouro irradiava de forma tênue no escuro, evocava a voz recolhida, o cochichar por si mesmo. Alguma coisa de semelhante se passava conosco. O ardor que havíamos mostrado durante o verão se atenuava, tornava-se interno (...). A cor escorria em nós como se buscasse onde se fixar.

Os outros aspectos da vida vegetal não têm caráter de generalidade, pertencem somente a uma personagem, ou são destacados da criança e de seu contexto. Reúnem os temas da natureza selvagem ou familiar e a criança busca aí o significado do mundo à medida que vai realizando suas descobertas. Reencontraremos, ao descrever a representação da maneira pela qual a criança descobre o mundo, sua apreensão do tempo e das leis da vida através dos ritmos dos dias e das estações. Aqui assinalamos principalmente as associações sistemáticas dos elementos e da vida vegetal com a criança. A relação da criança com o animal se estabelece do mesmo modo: ou são assimilados um a outro, já que têm a mesma natureza, ou então são associados, ou o animal é para a criança um caminho de descoberta.

3. A VIDA ANIMAL[14]

Classificando os animais segundo a lógica do mundo real e segundo sua primeira aparência, agrupam-se em animais familiares, selvagens, ou desempenhando diretamente um papel simbólico e, conseqüentemente, possuindo características um pouco insólitas. Analisan-

---

14. Os animais presentes em um quinto dos textos na primeira amostra são cada vez mais numerosos: mais da metade dos textos da terceira amostra incluem os animais. O crescimento é devido, sobretudo, aos animais mais abertamente simbólicos.

do os papéis desempenhados nos relatos por muitos destes animais e os valores que eles representam, notamos que, associados à criança, a maior parte dentre eles têm um aspecto simbólico. Eles são significantes de uma linguagem mítica. Ou significam a própria criança, ou então concretizam um significado do universo e da vida, e neste sentido são um ensinamento para a criança. Em função dos valores que encarnam, o leão pode ser um animal familiar em uma reserva, imagem de um universo em sua origem, enquanto que um gato ou um cachorro tornam-se mistério, objeto de reflexão.

A proximidade entre a criança e o animal. Assimilação de um ao outro

Babou e seu gato Taïping têm os mesmos olhos claros, semifechados, refletindo um mistério[15]. O título da obra *L'enfant aux yeux de chat* cria em Babou a imagem de uma criança-gato, secreta, inquietante, segundo o estereótipo do gato. Colette também vê o gato na criança: "(...) Por entre a folhagem da nogueira, brilhava um rosto triangular e inclinado de uma criança alongada, como um gato macho, sobre um galho grosso, e que se calava". Pelo contrário, nos sonhos imaginados para uma criança (V. Larbaud [50]), aparece "um gato cinza e de olhos azuis de criança". Patricia se assemelha a certos pequenos animais da reserva: "A misteriosa tristeza do olhar animal, eu a encontrava em Patricia, no fundo dos grandes olhos sombrios". "(...) ela tinha olhos tão doces quanto os da pequena gazela e tão sábios quanto os do pequeno macaco." Nadia sorve seu leite como um gato. No navio que leva Babou para a França existem também animais selvagens em jaulas. "Diante destes companheiros, Babou permanece agachado indefinidamente. Entre eles e ele talvez exista uma afinidade."

Nesta identidade a criança revela freqüentemente o melhor semblante de si mesma, o mais autêntico. Quando Minet-Chéri (com nome de gato) brincou, a quinta-feira toda, com seus colegas, ela se sente humilhada pela imitação de "tudo o que se arrasta nas ruas de uma cidade", todas as personagens, todas as "horríveis tagarelices de intriga e amores vulgares (...)". Volta para sua casa seguindo os gatos, mas pára; "ela não se sente digna. Ela esperará que, lentamente, se levante esta palidez, esta alvorada interior que festeja a partida dos demônios vulgares sobre seu rosto quente, negro de excitação". Aqui a oposição entre a pureza primitiva do animal e a degradação da sociedade é claramente mostrada.

O sorriso do Kid quando desperta aparece como algo tão maravilhoso para Giraudoux que este o compara a um milagre: pássaros

---

15. Cf. Cap. 2, pp. 39, 40.

sobre uma mão estendida, uma pantera que sente o homem benevolente, e oferece uma imagem de animais reconciliados com um homem bom, quadro paradisíaco. O jardim criado pelo sr. Cyprien (H. Bosco [110]) é um fragmento de paraíso terrestre reencontrado. O velho sábio revelou, na criança que deseja penetrar ali em seu jardim, um "poder animal", uma pureza que somente os animais souberam conservar. Ele se pergunta: "Existe um filho de homem que seja tão puro quanto uma serpente?" "E no entanto ela está ali, a inocência, ainda intacta. Eu iria lhe fechar o paraíso?". A serpente, após ter sido símbolo do tentador hipócrita do primeiro casal, é associada aqui à criança, pela pureza, pela existência além das normas.

A associação entre a criança e o animal produz-se na ficção científica pela criação de uma personagem intermediária, "a mutante-criança", que deve permitir às mulheres julgadas indignas de se reproduzirem satisfazerem seu desejo de maternidade (Miller [143]).

A criança e o animal são por vezes aproximados pelas razões mais simples, por uma semelhança física, por exemplo. A pequena Fadette (G. Sand [156]) e seu jovem irmão recebem os apelidos respectivos de *grelet* (magrela) e de *sauteriot* (manco) porque, vivos e morenos, assemelham-se ao *grillon* (grilo) e à *sauterelle* (gafanhoto). Os Chiens perdus sans colliers (Cesbron [57]) abandonados, assemelham-se, por sua situação e suas reações, aos jovens delinqüentes que desconfiam daqueles que querem salvá-los.

A imagem da criança é comparada e até mesmo identificada seja à imagem do animal selvagem, seja à do gato que, ainda que domesticado, conserva um caráter independente, misterioso, seja a de um cão abandonado, acuado (os cães perdidos sem coleira), vítima (um outro cão servindo de objeto de experiências num laboratório, na mesma obra), revoltado contra o adestramento (A. Daudet [7]). Estas características reforçam a representação da criança autêntica, primitiva, próxima da natureza, diferente dos adultos, e misteriosa, ferida pela sociedade que não a compreende e quer modelá-la sem levar em conta seus gostos, sua natureza própria.

O animal, fonte de descobertas

Na relação entre a criança e o animal, este último desempenha por vezes o papel de revelador de sentimentos ou de iniciador. Biche supera sua repulsa ao recolher o sapo machucado e revela seu senso de devoção. A relação entre uma criança e um animal prefigura por vezes uma relação amorosa. Zette salvou um cão que um vagabundo iria afogar. "Toda a grande devoção da mulher preenche seu coraçãozinho." Então conhece a paciência ao cuidar do cãozinho por muito tempo. Ele se torna bonito, "é uma criança, a criança de Zette". Ele cresce, seu amor recíproco torna-se apaixonado. Depois Zette vai se desinteressando pouco a pouco por ele, à medida que deixa a infância, que tem outros jogos, outros amigos. O cão, definhando, morre atropelado, olhando-a com reprovação e amor, estóico, "como um homem", enquanto ela soluça. Patricia descobre o amor com seu leão. "Os sentimentos essenciais: a maternidade, a amizade, o poder, o prazer do sangue, o ciúme e o amor, Patricia tinha conhecido a todos por intermédio de King. Era ainda o grande leão que lhe fazia descobrir o sentimento da morte."

Os autores raramente se contentam em descrever uma simples amizade entre uma criança e um animal. Se o animal não desempenha este papel de iniciador, de associado à infância, pelo menos a criança descobre através dele toda uma visão de mundo. Anatole France [36] evoca para nós seus sentimentos de criança.

> Sempre gostei dos animais; mas, então, eles me inspiravam veneração, uma espécie de terror religioso. Eu percebia neles uma inteligência mais segura do que a minha e um sentimento profundo da natureza.

Mais adiante, falando do cão que possuía, lembra-se de sua admiração por ele, pelas mesmas razões. Meditando sobre estas impressões antigas, o autor valoriza diretamente o instinto que permite ao homem e ao animal subsistir enquanto que a inteligência está sujeita ao erro. A domesticação degrada os animais, "despertamos a cobiça, depravamos seu coração e seu espírito". A domesticação é percebida como uma escravidão (que não corresponde em nada à vida descrita no caso deste cão), não como uma aprendizagem.

O animal é freqüentemente o caminho pelo qual a criança descobre a natureza. Ora ele oferece por ele mesmo a imagem da variedade da vida em suas formas mais diversas, mais estranhas, ora são as leis da existência que se revelam através deste ou daquele aspecto particular. O bando de jovens camponeses descritos por Gascar está incessantemente alerta, atento às novas descobertas.

> O mundo nos reservava constantemente suas singularidades. Quantos insetos que ninguém nunca viu antes! Quantos escaravelhos de desenhos estranhos! Quantas lucarnas gigantes! Quantos pássaros híbridos!

Ao longo do romance vemos as crianças contemplando um ouriço e esforçando-se para fazê-lo se abrir, segurando uma rã que comparam a uma pequena personagem humana, observando insetos, pássaros, lagostins. Olham e experimentam, matam havendo oportunidade, e procuram sentir e compreender as leis da vida: a morte, o mal, a sexualidade.

Esta observação não é somente reservada às crianças que vivem no campo. Gavroche a pratica também em Paris. Ela é simultaneamente um trabalho de estudo e um prazer, uma aventura.

> Enfim ele tem sua própria fauna, que observa atentamente pelos cantos; a joaninha, o pulgão-caveira (...). Ele tem seu monstro fabuloso que possui escamas

sob o ventre mas não é um lagarto, que tem pústulas nas costas mas não é um sapo (...), negro, aveludado, viscoso, rastejante, ora lento, ora rápido (...), e que é tão terrível que ninguém jamais o viu; ele chama este mostro de "o surdo". Procurar os surdos nas pedras é um prazer do tipo temível. (...) Cada região de Paris é célebre pelos achados interessantes que se podem fazer ali. Existem as lacrainhas nos canteiros das Ursulinas, as centopéias no Panteão, os girinos nas fossas do Champ-de-Mars.

O animal assume por vezes o aspecto de um brinquedo: "os pássaros que têm patas elásticas como arames, com uma cabeça que sempre balança" (Vallès [24]). Mais freqüentemente, a criança brinca com o animal, algumas vezes de forma cruel, para experimentar e sentir. Marcel (H. Bazin [52]) pegou uma víbora adormecida.

Eu a apertava cada vez mais forte, nem um pouco preocupado, mas intrigado pelo frenético despertar de um objeto aparentemente tão calmo, tão digno de figurar entre os brinquedos de qualquer repouso (...). Eu apertava (...). É muito importante. É também muito importante para a víbora. Eu a apertava e a vida se esvaía dela, se amolecia, se deixava cair em meu punho, em frouxo bastão de Moisés (...). A víbora, minha víbora, estava morta ou, mais exatamente, para mim, criança, ela retornara ao estado de bronze onde eu a havia encontrado alguns minutos antes (...). Eu brincava durante vinte minutos com ela, dispondo-a conforme minha fantasia (...).

Aquela víbora tinha belos olhos "faiscantes de uma luz que eu aprenderia mais tarde chamar-se ódio e que eu reencontraria nas pupilas de Folcoche (...)".

A criança é conduzida a comparar assim um aspecto do animal ao homem. Para o pequeno Jean (Giono [39]) trata-se também da serpente, dos seus sentimentos e de seu olhar.

Eu via subir por trás de sua pele a sua cólera, seu medo, sua curiosidade e talvez um pouco desta ternura que – como soube mais tarde – todas as serpentes têm pelos homens. (...) Sua cólera era verde e um pouco reluzente como espuma; ao subir ela fazia estalar suas escamas. Seu medo era uma sinuosidade azul que escorria na cólera. (...) Eu sonhava freqüentemente com coisas tão belas quanto a pele da serpente, o frio de seus olhos, a morte de seus olhos (...). E agora, voltando para a pequena cidade, entrando nas ruas, eu encontrava esses olhares mortos em todo mundo.

A velha hostilidade entre os homens e a serpente parece se transformar e se inverter no pensamento poético e mítico a respeito da infância. Encontramos ainda por duas vezes a associação entre a criança e o animal.

Marie-Claire (M. Audoux [1]) acha que algumas ovelhas que ela observa assemelham-se a meninas que ela conhece. Outras crianças estabelecem uma aproximação entre animais e elas mesmas. A pequena Fadette protege os animais feios porque ela se sente feia.

Eu não sou como aqueles que dizem: eis uma lagarta, um animal feio. Ah! como ela é feia! É preciso matá-la. Eu não esmago a joaninha, e se a lagarta cai na água eu lhe estendo uma folha para que ela se salve. E por causa disto dizem que sou uma feiticeira, porque não gosto de fazer sofrer uma rã, de arrancar as patas de uma vespa, nem de pregar um morcego vivo a uma árvore. Pobre animal, devo-lhe dizer, se devemos matar tudo o que é feio eu não teria mais do que você direito de viver (G. Sand [156]).

Leiris descobre os sofrimentos da carne diante de uma avezinha caída do ninho. Ele se sente próximo do animalzinho porque este é jovem e frágil.

Eu experimentava, olhando aquela coisinha, uma grande perturbação, cuja natureza não estou bem certo ter sido exclusivamente piedosa (...). Primeira percepção confusa sobre a carne, aparecida aqui sob as espécies do sofrimento no qual pareciam se resumir toda a sensibilidade de um ser ainda meio situado nos limbos; (...) diante do pássaro caído eu, quase tão jovem quanto o filhote, e não dispondo ainda de uma gama suficiente de palavras e de noções às quais me entregar, como faço neste instante, a jogos sofisticados, eu pressentia simplesmente o que existe de perturbador e incompreensível na carne, substrato da vida sensível (...) pacote de sensações unidas e materializadas.

Ele associa este objeto, esta "realidade bruta", tão distante do "mundo feérico construído pelas noções que [lhe] inculcavam, pelas ficções que [lhe] contavam, pelos acontecimentos terríveis dos noticiários dos jornais".

O animal simbólico

As crianças percebem, em outros casos, os animais como mensageiros. Vimos acima pequenos camponeses, entristecidos pelo fim do dia, interpretar os gritos das andorinhas como sinal e anúncio de sua morte próxima. Para estes mesmos meninos o besouro que se finge de morto

tornava-se o escaravelho do antigo Egito (...). Enorme, único, aparentemente eterno, sem olhos, endurecido pela meditação, sua falsa morte, ele era mais do que a primeira característica da estação; um talismã, o sinal de reconhecimento que abria aos eleitos o acesso do domínio, o introdutor aos palácios do verão.

Em outros relatos os animais desempenham realmente o papel de mensageiros ou de símbolos. O cavalo malhado em *Le pays où l'on n'arrive jamais* representa o destino, conduz Gaspard para a aventura e surge sempre em momentos cruciais. O papagaio do Petit Chose é o símbolo dos sonhos e dos jogos de sua infância. A criança que avança, "serpente em punho", torna-se o símbolo de Hervé Bazin. "Eu sou aquele que anda com uma serpente em punho", tal é a última frase da obra.

A criança simbólica, como o Pequeno Príncipe, dialoga com a serpente, sinal de morte, e compreende sua linguagem: "Os enigmas, eu os resolvo todos", etc. A raposa explicita a moral que o Pequeno Príncipe já conhece. Ela resume e sintetiza o que estava contido nas diversas reflexões da personagem. Ela é a encarnação de seu sistema de valores. O Pequeno Príncipe, após as trocas com a raposa, passa da linguagem interrogativa para a afirmativa.

Nem todos os animais aparecem, tão diretamente como estes últimos, como personagens simbólicas. No entanto, muitos deles possuem esta característica, já que são portadores de um sentido escondido. Eles significam a criança ou, inversamente, quando a criança é identificada a ele, um e outro expressam uma forma de existência e de conhecimento específicos. Os animais significam a vida, suas formas, suas leis, seu mistério, seja com a criança, seja para a criança. Neste último caso, eles facilitam à criança certas tomadas de consciência, seja lhe revelando simplesmente sua existência, seja dando-lhe uma lição de forma didática. O animal é e faz ver, explicita ou ainda desempenha o papel de mediador entre a natureza e a criança. O sistema de valores que ele carrega varia pouco, apenas muda seu modo de expressão em função da posição da criança em relação à natureza e em relação a ele. A criança e o animal, identificados um ao outro ou simplesmente associados, são naturais. A criança diante do animal pode tomar consciência da natureza da qual faz parte, ou começar a se destacar dela.

Os meios naturais associados à criança estiveram presentes aqui enquanto quadros expressivos do estado da infância para reforçar o sistema que a criança utiliza como expressão privilegiada. Se a vida vegetal e a vida animal são, freqüentemente, para a criança, objetos de descobertas, ou emissores de mensagens, não fizemos nada mais do que tocar de leve as reações afetivas da criança em relação a estas. O mundo maravilhoso da infância é um mundo onde se exaltam as sensações, onde nada é sem cor, onde as coisas possuem seus gostos, as suas melhores cores, que se atenuarão posteriormente. Rose Lourdin evocou suas amizades de internato. "Mas eu nada disse do essencial. Oh! A cor, os sons, a figura destes velhos dias sem história de minha infância" (V. Larbaud [50]).

O quadro da natureza oferece à criança múltiplas possibilidades de sensações. Ruídos: Henry Brulard passa uma temporada na casa de um tio, "foi como uma temporada no céu, tudo foi encantador para mim. O barulho do Buiers, torrente que passava a duzentos passos da janela de meu tio, tornou-se um som sagrado para mim, e que imediatamente me transportava para o céu".

Gostos: os meninos comem agrião bebendo água de fonte (Gascar [60]). A natureza se impregna neles, eles sentem um "banho interior". Os alimentos se fazem de mediadores entre a natureza e a criança. Pascalet e Gatzo pescam e cozinham seu alimento sobre o rio, "não era um alimento banal, comprado, preparado, oferecido por outras mãos, mas nosso alimento, aquele que nós mesmos havíamos pescado (...) os poderes secretos deste alimento dão àquele que o come faculdades maravilhosas. Pois ele une sua vida à natureza. É por isso que entre nós e os elementos naturais logo se estabelece um maravilhoso contato. A água, a terra, o fogo e o ar nos foram revelados" (Bosco [56]). O leite desempenha para Babou também um papel de mediador; através dele, ele absorveu os poderes do Oriente. Aqui o Oriente é mais considerado como um poder natural, um conjunto de conhecimentos inatos, do que como uma cultura. O mito transforma a cultura em natureza.

Os odores, sobretudo, fazem parte do mundo da infância. "Por mais apaixonante que fosse a perseguição [nas brincadeiras de aventura], talvez o contato com os bens da terra, os mergulhos na fartura da colheita e os banhos de odores variados faziam o mais verdadeiro dos prazeres (...)" (A. Gide [38]). Numerosos escritores perfumaram de odores esta simbiose entre a criança e a natureza, e quando evocam a infância, ela é associada a sabores e sobretudo a odores, como vimos através de Proust. O fato é muito genérico. Bachelard analisa longamente este fato e cita diversos textos poéticos que o confirmam. Ele mesmo se entusiasma. "Os odores! Primeiro testemunho de nossa fusão com o mundo." "Para mim o aroma da primavera estava no broto do choupo. Ah! Jovens sonhadores, esmaguem entre seus dedos o broto pegajoso do choupo, experimentem esta massa untuosa e amarga e terão lembranças por toda a vida."[16]

Toda esta coloração afetiva cria e reforça com o tempo a imagem da felicidade primeira da infância e a liga particularmente à natureza, que é a principal fonte de sensações. Ela não é a única, encontraremos também impressões muito fortes unidas aos quadros íntimos da infância: a casa, os brinquedos, etc.

A natureza desempenha, ademais, um papel primordial enquanto portadora de vida, iniciadora, reveladora de conhecimento, e assume o valor de verdade autêntica, fundamental, em relação ao mundo humano socializado, muitas vezes, objeto de hostilidade. Ela é associada à criança no sistema de valores destacado, e esta associação assume uma importância considerável na seqüência da existência dos indivíduos, porque toda uma vida sensorial nasceu nesta junção.

16. Cf. *Poétique de la rêverie*, op. cit.

10. A Criança e os Quadros Sociais

A natureza, os elementos, os animais, simbolizam juntamente com a criança os valores positivos de autenticidade e de "anti-socialidade". Se por um lado a sociedade enquanto entidade conceitualizada representa a "antinatureza" e, portanto, recebe por oposição uma contestação negativa, por outro ela se decompõe em aspectos diversos, matizada de maneira complexa. No sistema de valores destacado ao longo da análise, a casa ou lugares ainda mais íntimos, específicos da infância, como o sótão ou a cabana, opõem-se ao anonimato da grande cidade. Do ponto de vista das estruturas sociais, o corte da sociedade de classes é, a maior parte do tempo, objeto de contestação pela personagem infantil. Mas as próprias classes são definidas em relação a duas categorias de critérios diferentes: condições de vida sofridas ou normas impostas.

A família pode ser associada de modo caloroso à casa protetora, nos relatos referentes à primeira infância, ou se tornar, para uma criança mais velha, um objeto de imposição, a via e o suporte de normas que a sociedade a obriga a adotar, mas que a chocam e ela se esforça por recusar.

Os aspectos mais sociológicos das representações aparecem aqui simultaneamente porque os objetos representados são estruturas e quadros sociais, e porque alguns dos resultados obtidos provêm de uma forma de análise mais próxima da sociologia. A escola, instituição criada especialmente para a criança, será descrita no capítulo seguinte, dedicado à imagem da socialização.

1. OS QUADROS ÍNTIMOS[1]

Os quadros íntimos dividem-se entre quadros pessoais da criança e quadros partilhados com o adulto. Acrescentaremos aqui objetos: os brinquedos e acontecimentos inseridos nos quadros espaciais e temporais do mundo feliz da criança, as festas. Os países da infância, quando os autores os associam a quadros específicos, são combinações de quadros e de meios simbolizados.

O espaço íntimo pessoal

O jardim, junção entre a natureza e um espaço socializado, oferecia por vezes à criança[2] um recanto íntimo, todo dela, onde se sentia em segurança, aproveitava a solidão ou desfrutava, em liberdade, a presença dos colegas. No entanto, o jardim podia conservar aspectos inquietantes. Por seu lado, a casa familiar, por mais cativante que apareça na lembrança, encerra também zonas angustiantes ou hostis. Além disso, ela faz parte do mundo dos adultos. "A casa, ao lado, é hostil" (existe a sala, "onde não se ousa sentar-se") e "agradável com seus recantos escondidos (...), assustadora também por seus corredores à noite (...); mas bela ou feia, hospitaleira ou inimiga, é a casa, sempre um pouco a prisão" (P. e V. Margueritte [17]). "A tranqüilidade só podia ser sentida ao deixar esta casa, e para partir podíamos utilizar (...) a grande janela" (do sótão, contemplando a paisagem) (Giono [39]).

A criança busca um lugar íntimo, pessoal, protegido. Seu quarto, uma peça que ela adota, um sótão, uma cabana, ou simplesmente sua cama.

> Penso nessas "casas", nesses lugares em miniatura, em sua escada, onde a criança tem por hábito se abrigar à guisa de refúgio, em Paris, no alto dos armários embutidos, ou em Herodes, nos galhos de cedro do pátio e sob os telhados do castelo perto do caminho que o rodeia (M. Bataille [51]).

O quarto das *enfants terribles* (Cocteau [29]) "era uma carapaça onde elas viviam como dois membros de um mesmo corpo". Aquele quarto possuía "um espírito criador", "devorador, atrativo, e elas o mobiliavam de devaneios, acreditando detestá-lo". Na casa de Michäel, um quarto revela "seu sorriso, o melhor de sua alma", ele o torna digno das *enfants terribles*. O quarto é considerado um ser animado pelas crianças. Na mesma linha situa-se a reflexão de meninos que chegam de férias. "Foi necessário que acordássemos nosso quarto" (V. Larbaud [50]).

---

1. Os temas relativos aos quadros íntimos são notavelmente constantes: não existe nenhuma diferença entre as três amostras.
2. Cf. Cap. 9, pp. 268-269.

O quarto faz parte do país da infância, um país um pouco vasto para a criança: "Aquele quarto imenso do qual se entrevê a abóbada esférica mais além da ponta de um edredon caído como a barriga enorme do gigante que comia carneiros" (B. Vian [75]). Marcel Proust experimenta a angústia na solidão de seu quarto. Para distraí-lo, haviam instalado ali uma lanterna mágica.

> Certamente eu atribuía encantos àquelas brilhantes projeções (...). Mas não posso dizer quantos incômodos me causava, no entanto, esta intrusão do mistério e da beleza em um quarto que eu acabara por preencher com meu eu, a ponto de não dar mais atenção a ele do que a mim mesmo. Tendo cessado a influência anestesiante do hábito, eu me punha a pensar, a sentir, coisas tão tristes!

Quando ele sobe para se deitar e não ousa esperar a vinda de sua mãe, com um jantar, ele percebe a intimidade de seu quarto como a de uma tumba: "Uma vez em meu quarto, foi preciso tapar todas as saídas, fechar as persianas, cavar minha própria tumba, desfazendo minhas cobertas, vestir o sudário de minha camisola". Ele ajusta o contexto, que é um prolongamento de seu eu, a seu estado de espírito.

Possuir um quarto é também uma maneira de se impor, de se afirmar, de garantir sua retaguarda e de desbravar o mundo.

> A partir do momento em que eu tive um quarto, não me reconheci mais. Da criança que eu era na véspera, tornei-me um rapaz. Minhas idéias, meus gostos, formaram-se em um instante. Eu tinha uma maneira de ser, uma existência própria (...). A partir do momento em que tive meu próprio quarto, passei a ter uma vida interior. Eu era capaz de reflexão, de recolhimento. Este quarto, eu não o achava bonito (...) eu o achava único, incomparável. Ele me separava do universo e ali encontrava o universo (A. France [36]).

A criança que não pode se isolar assim e criar um universo para ela está em desvantagem. O Sagouin (Mauriac [63]), que dorme em um cubículo utilizado como rouparia, descobre o quarto do filho do professor.

> Então, este quarto é só dele? Não se pode entrar nele sem sua permissão? Ele só ficava sozinho no banheiro... A chuva pingava sobre o teto. Como deveria ser agradável viver ali, em meio aos livros, abrigado... fora do alcance de outros homens.

Mas a criança pode criar para si um refúgio em outro lugar, mais precisamente em um sótão. Jean (Giono [39]) contemplava ali a imagem de uma senhora em uma mancha de mofo, ou a paisagem externa: o sótão é "sonoro como um porão de navio". Ali as crianças se evadem para o devaneio ou a leitura: Gide, Alain Fournier, Marguerite Audoux se recordam disto. Alain Fournier, após ter ele mesmo utilizado um sótão desta forma, faz deste o lugar de preparativos da partida do Grand Meaulnes para a aventura: "Durante as longas horas do meio da noite, febrilmente, ele percorria a passos largos, refletindo, os sótãos abandonados"[3].

O sótão parece privilegiado porque é abandonado pelos adultos, porque toma um aspecto um pouco misterioso e porque guarda objetos que evocam um mundo passado.

> Através de longos corredores, os sótãos e as adegas guarnecidas de garrafões e ervas medicinais, podemos respirar em paz os perfumes e os aromas das margens imaginárias onde somos, alternadamente, caciques, sultões ou exploradores (B. Crémieux [32]).

Rigaud evadia-se ali, no imaginário, pelas brincadeiras, com um grupo de amigos, assim como outros, através da leitura solitária. Sartre escolhe uma cama-de-vento em um depósito, Gide escolhe uma escada, sempre no mesmo lugar. Algumas crianças, como Babou, ansiosas e imaginativas, consideram sua cama como seu único e verdadeiro refúgio. Simone de Beauvoir passa sua primeira infância "enrolada nas trevas", no quente, sob a escrivaninha de seu pai: "Assim se passou toda minha primeira infância. Eu olhava, apalpava, conhecia o mundo, abrigada (...)". O espaço íntimo assume aqui a aparência de um posto de observação. A criança observa os adultos viverem ali: Bernard Bardeau

> gostava de percorrer o apartamento, exaltado por sua independência ilusória. Ele deslizava pelos mínimos recantos, escondia-se nos armários e sob as mesas, observando os gestos e as conversas dos adultos, quando estes não se supunham vigiados (Berge [27]).

A construção de uma cabana pelo bando de Lebrac é um estágio mais avançado da afirmação de si mesmo frente aos adultos.

> Elas realizariam sua vontade: sua personalidade nascia deste ato praticado por elas e para elas. Elas teriam uma casa, um palácio, uma fortaleza, um templo, um panteão, onde estariam em sua própria casa, onde os pais, o diretor da escola e o padre, grandes impositores de projetos, não meteriam o nariz, onde poderiam fazer com toda tranqüilidade o que lhes era proibido fazer na igreja, na escola e na família (...) (Pergaud [19])[4].

O espaço íntimo partilhado com o adulto

Em outros momentos, a criança, principalmente em tenra idade, procura a presença tranqüilizadora do adulto em um lugar íntimo e quente. Para *Le petit ami* (Léautaud [12]), é o quarto de sua ama-de-leite.

---

3. Cf. Cap. 4, "Lugares que Favorecem a Evasão", pp. 114-115.
4. Cf. também Cap. 6, "Necessidade de Autonomia", pp. 214-215.

Como me sentia bem naquele quarto, e que horas tranqüilas eu vivi ali, bem mais feliz do que nos aposentos paternos! Tudo ali me agradava, desde minha pequena poltrona e minha mesa de criança até a grande cama e a velha cômoda, da qual ouço ainda o tinir, com um pequeno eco, dos puxadores de cobre das gavetas.

O sonho de Sagouin é não somente o quarto individual do filho do professor, mas também a cozinha da família. "A cozinha dos Bordas era semelhante a todas as cozinhas (...) e no entanto, Guillaume tinha penetrado em um mundo estranho e delicioso" (Mauriac [63]). Existe ali toda uma vida: o cachimbo e seu odor, livros, pilhas de jornais. Geralmente a cozinha agrada à criança porque tem fogão à lenha, um fogo domesticado. François, filho do professor que hospeda o Grand Meaulnes, volta para casa de noite, quando se ilumina a janela da cozinha. "Minha mãe havia começado a preparar a refeição (...) eu me sentava sem nada dizer e, com a cabeça apoiada nas barras frias do corrimão, eu a observava acender o fogo na estreita cozinha onde oscilava a chama de uma vela."

A lâmpada acesa torna-se o sinal da casa. Léon (Ed. Jaloux [11]) evoca "a boa casa pacífica e o círculo de luz dourada que a lâmpada faz sobre a mesa de jantar!" Para a pequena (Colette [30]), também "o ponto vermelho que se acende dentro da casa" é o sinal carregado de sentido.

É a hora das lâmpadas (...), o jardim, de repente inimigo, eriça, em torno de uma menina desencantada suas frias folhas de loureiro (...). Uma grande voz marinha gemia ao lado de M. (...) A pequena, na relva, tinha os olhos fixos na lâmpada (...). Uma mão passa defronte à chama, uma mão coberta por um cubo brilhante (...).

A pequena sente "que aquela mão e aquela chama, e a cabeça inclinada, preocupada, perto da lâmpada, são o centro e o segredo de onde nascem e se propagam (...) a sala morna, sua flora de galhos cortados e sua fauna de animais pacíficos; a casa sonora, seca, crocante como um pão quente". O fogo domesticado do forno, da lâmpada, da lareira (na cozinha ou na sala), é freqüentemente associado a uma imagem materna. Ele concretiza o conjunto das características positivas da casa protetora, calorosa, "refúgio contra tudo o que é assustador: a sombra, a noite, o medo, as coisas desconhecidas. Nada inimigo poderia ultrapassar a soleira... O fogo queima... Alegria de comer, felicidade incomparável, entusiasmo religioso" (Romain Rolland [23]).

Lar e casa familiar são termos quase equivalentes. É o mundo fechado da família, tranqüilizante e protetor, ao qual é repetidamente oposto (Loti, Ed. Jaloux, Colette, Lichtenberger etc.) o mundo da rua, hostil e cheio de armadilhas. Ali o ar é "morno" (Genevoix, Gide), personagens familiares, "figuras bondosas", e freqüentemente a criadagem, circulam ali. Ele é vivo, personificado: "A casa inteira se estira, rosna e arqueia o lombo, as crianças estão acordadas" (Duhamel [35]). Para aquele que retorna, ela fala do passado (V. Larbaud [50]).

A casa possui um lado mágico associado à infância. "Casa e jardim ainda vivem, eu sei disso, mas o que importa se a magia os deixou, se o segredo que os recobria se perdeu" (Colette [30]). Ela evoca um tipo de vida que nada pode substituir posteriormente. O Petit Chose não irá se consolar pela perda da casa de sua infância.

A casa insere a criança em um passado, no tempo; ela a situa em uma descendência. Ela permite a Babou, criança ocidental nascida no Oriente, encontrar raízes descobrindo os traços de seu pai criança, seus móveis, seus brinquedos, suas lembranças, evocados por sua avó. Tudo o que na casa conheceu seu pai, o conhece também.

A casa permite reviver as lembranças pessoais, em particular quando a criança retorna após as etapas de seu desenvolvimento, a uma casa de veraneio.

Mas foi necessário fazer o reconhecimento da casa e rever todas as coisas que nos falam de um tempo longínquo (...). Ouvimos ainda uma vez a longa estória do vento nos cômodos (...) e reencontramos, nos veios do mármore da lareira, a estreita Figura, que nos olhou com um ar de reprovação e tristeza. Nós a havíamos quase esquecido; mas ela se lembra de tudo e pôs-se a falar (...) (V. Larbaud [50]).

A evocação da casa familiar é, na maior parte do tempo, associada a um ambiente positivo, terno, feliz. As conotações negativas provêm de uma presença inoportuna ou hostil de adultos ou de circunstâncias particulares.

Os brinquedos[5]

A esses quadros da vida íntima infantil, tão freqüentemente associados a ambientes, gostos, odores, de maneira tal que se pode fazer deles sinais do estado da infância, é preciso reunir objetos, brinquedos, acontecimentos, as festas. Uns e outros contribuem para reforçar a "felicidade" da infância ou seu aspecto de evasão no irreal.

O termo "encanto" aparece repetidamente para explicar a atitude da criança em relação a um brinquedo. As bolinhas de gude e suas cores encantavam Gide, e ainda mais o caleidoscópio: "A mudança de aspecto das rosáceas me fazia mergulhar em um encanto indescritível". "Outros brinquedos me encantaram (também escreve Leiris [62]); relógios sem mecanismo (...); recortes coloridos (...) pequenas tartarugas com patas móveis (...); cartões-postais (mas talvez seja ape-

---

5. Não existe nenhuma diferença quantitativa naquilo que concerne aos brinquedos e às festas nas três amostras.

nas um sonho) que eram ao mesmo tempo discos de fonógrafo". O desejo que tinha de um fonógrafo, sem dúvida porque o havia imaginado e não o possuía mais, "estava mais próximo de uma obsessão".

Simone de Beauvoir apaixona-se por poucos brinquedos: "Apenas um pequeno número de brinquedos me cativaram", um estereoscópio e um kinetoscópio, assim como espécies de álbuns cujas personagens se movimentavam. "O que me interessava em todas as miragens óticas é que elas se compunham e se recompunham sob meus olhos".

Fan recebeu de presente um teatro de marionetes de sua tia. "Ele não tinha ousado tocar as miúdas criaturas imóveis, mas logo se recompôs, a alegria veio subitamente, tão veemente que seus olhos se umedeceram. Quando esta bruma de lágrimas se dissipou, ele contemplou longamente uma após a outra, para melhor conhecê-las, todas as personagens do elenco." Sua paixão é tão grande que ele se recusa a dividir o brinquedo com os colegas; ele preferiria dá-lo de uma vez (Genevoix [37]).

Quando Léon evoca os brinquedos de sua infância, emprega também o termo "delicioso" e um tom possessivo; "meus brinquedos deliciosos, meus fortes, minhas caixas de soldados, meus japoneses de terracota e meus macacos de pelúcia (...)" (Ed. Jaloux [11]). Eles devem ser totalmente possuídos ou então perdem o encanto, "não me importa olhar os brinquedos se não tenho o direito de pegá-los e de fazer deles o que quiser, descosturá-los e quebrá-los (...), se isto me diverte. Eu só gosto deles se me pertencerem" (Vallès [24]).

O mundo criado pela criança com a ajuda de seus brinquedos é um mundo feérico, à imagem do mundo real.

No chão impiedoso do quarto... cenário no qual eu inscrevia palácios, paisagens, continentes, verdadeiro caleidoscópio com o qual minha infância brincava, compondo nele construções feéricas tal como um esboço das mil e uma noites (...), um soldado tinha caído. O essencial não era que um soldado tivesse caído: um soldado não despertava nenhuma ressonância definida em mim. O essencial é que ali existiria alguma coisa que me pertencia e que tinha caído e que esta coisa que me pertencia era um brinquedo; que esta coisa era um brinquedo saído do mundo fechado dos brinquedos... que encerramos nas caixas quando terminamos de nos divertir... a este mundo privilegiado e separado, cujos componentes, por sua forma, sua cor, contrastam com o mundo real, ao mesmo tempo que o representa naquilo que ele tem de mais contundente, mundo à parte, sobreposto ao cotidiano como as iniciais gravadas se sobrepõem às baixelas e os berloques às correntes de relógios; mundo intenso análogo a tudo o que, na natureza, aparece como *ornamento*, borboletas, papoulas nos trigais, conchas, estrelas do céu, até as espumas e liquens, com os quais rochas e troncos pareciam ter sido enfeitados (Leiris [62]).

Este mundo sobreposto dá a alguns uma impressão do mundo real que acreditam, ao envelhecer, ser a mais justa. Léon tinha um jogo que representava o palácio de um cidadão da Batávia.

Eu bem que gostaria de morar ali. Foi ele quem me deu, sobre as colônias, as idéias mais corretas que jamais tive; ele me representava o conforto da vida que se tem ali, o luxo que se adquire sem sacrifício e a exuberância da vegetação. Muitos viajantes, desde então, me contaram sobre a Batávia, mas nenhum me forneceu o sentido íntimo, como o fazia, durante minha infância, aquela modesta residência oceânica, pousada sobre uma folha de papel que era simplesmente toda verde, a fim de indicar a espessura e a riqueza da relva (Ed. Jaloux [11]).

Essas representações do mundo dos brinquedos deixam transparecer a crença[6] de que tudo tem sua raiz na infância. Não somente as imagens, os gostos, os odores da natureza, mas também as construções da sociedade, até mesmo fictícias e deformadas pelos adultos para as crianças. Talvez pudéssemos pensar em uma projeção da imagem estereotipada e embelezada sobre as descobertas futuras. Mas vários autores preferem o pensamento mítico a este pensamento racional. Eles criam a ilusão da veracidade da imagem primeira, autêntica porque original.

O brinquedo encontra o mundo maravilhoso do imaginário criado pelo devaneio[7]. Para Cosette, a "Senhora" simboliza um universo de felicidade nos antípodas de sua miséria.

No momento em que Cosette saiu com seu balde na mão, por mais tristonha e acabrunhada que estivesse, não conseguiu evitar levantar os olhos para aquela prodigiosa boneca, para a "Senhora", como ela a chamava. A pobre criança parou petrificada. Não tinha ainda visto a boneca de perto. Toda esta loja lhe parecia um palácio; aquela boneca não era uma boneca, era uma visão. Era a alegria, o esplendor, a riqueza, a felicidade, que apareciam em uma espécie de radiação quimérica àquele infeliz pequeno ser mergulhado tão profundamente em uma miséria fúnebre e fria. Seus olhos não podiam se despregar daquela loja fantástica (...). Ela acreditava ver o paraíso (V. Hugo [10]).

Em geral a boneca desempenha um outro papel para a menininha. Ela não evoca um mundo maravilhoso, ela personaliza uma criança. Victor Hugo o nota observando a brincadeira dos pequenos Thénardier: "A boneca é uma das mais imperiosas necessidades e ao mesmo tempo um dos mais encantadores instintos da infância feminina. Cuidar, vestir (...), ensinar, ralhar um pouco, ninar (...), imaginar que alguma coisa é alguém, todo o futuro da mulher está aí."

A maternidade é descrita como instinto em vários autores. Zette (P. e V. Margueritte [18]) tem em relação à boneca

gestos onde todo o instinto da mulher se revela, onde se abrigam séculos de maternidade, com hábitos hereditários, ela os repete pela imitação inconsciente da criança, esses gestos carinhosos que ela viu a mãe de Poum fazer, mas ela os encontrara a partir dela mesma e por ela mesma (...) pois esses gestos estão acima de qualquer despertar espontâneo desse obscuro amor, que cochila no coração de todas as menininhas, mães de amanhã.

6. Já assinalada. Cf., em particular, Cap. 2, pp. 45,48.
7. Cf. também, Cap. 4, p. 95.

Virginie (Machard [13]) nina a boneca que acaba de ganhar. "Você fecha os olhos... você perde a consciência... você não vê mais onde está... mas você sabe, ainda, à beira do desfalecimento, que você guarda sempre, com ciúmes, ferozmente, só para você, sobre seu peito de mãe, sua boneca, sua filha, sua criança... sua criancinha." A boneca de Hélène (Zola [25]) torna-se seu consolo quando sua mãe parece descuidar-se dela um pouco. Biche enterra as suas bonecas[8] quando a mãe a convence de sua natureza de coisa. Se a relação menininha-boneca prefigura a relação mãe-criança, ela o faz no presente, graças ao imaginário da criança que personifica um objeto.

As festas

Os quadros íntimos e os objetos amados pelas crianças nos reconduziram para o maravilhoso, a vida imaginária. O mundo da primeira infância é percebido pelos adultos sobretudo como um semi-sonho[9]. Os autores imaginam, por vezes, os mais jovens à espera de uma festa.

Um dos espantos de Patachou é que as árvores de Paris não tenham nenhuma fruta e que não se encontre nenhum cavalo por nossas avenidas. Essa criança que vive geralmente no campo considera nossa cidade com uma inquietude toda florida de piedade (...). Na verdade, ele gostaria que fossem plantadas por toda a cidade árvores desta espécie bastante rara chamada árvore de Natal, cuja seiva singular se espalha em tangerinas, lanternas, pirulitos de cevada e brinquedos. Esta abundância de riqueza não lhe desagradaria nem um pouco. Por menos que o feérico pareça mostrar seu rosto no cenário costumeiro, Patachou se acha feliz como quando no colo de sua mãe. O universo não teria sido criado para que esse garotinho pudesse rir e dançar? (Derème [33]).

Simone de Beauvoir [54] faz das recepções de seus pais uma festa particular.

Eu fazia estalar entre meus dentes a casca de uma fruta cristalizada, uma bolha de luz explodia contra meu palato com gosto de groselha ou de abacaxi: eu possuía todas as cores e todas as chamas, as echarpes de tule, os diamantes, as rendas; eu possuía toda a festa. Os paraísos onde correm o leite ou o mel nunca me atraíram, mas eu invejava Dame Tartine, seu quarto de dormir aquecido: este Universo que habitávamos, se fosse inteiramente comestível, que irresistível seria ele!

Talvez em virtude de primeiras impressões semelhantes a estas, são freqüentemente associadas à infância a cor, a alegria, a festa. Mas se o universo da criança pequena é inicialmente vivido pelo sabor, as descobertas são muitas vezes penosas. Simone de Beauvoir lembra, mais adiante, seus conflitos com a falta de sabor dos alimentos fervi-

---

8. Cf. Cap. 7, p. 199.
9. Cf. Cap. 4 e Cap. 8, p. 236.

dos ou de consistência viscosa. Os adultos estragam também as festas esperadas pelas crianças. Jacques Vingtras gosta do barulho, das cores, dos sabores de seus presentes de Natal. Ele gostaria de desfrutá-los ao máximo e não vê-los como coisas úteis a serem economizadas. "Eu desprezo os docinhos, se me forem dados um a um (...). Gosto deles quando tenho muitos" (Vallès [24]). Ele se choca com a concepção tão razoável de seus pais.

Outras crianças são excluídas das festas dos adultos. Os pais de Gide promovem um baile. "Parece-me que vou ser iniciado repentinamente em uma outra vida misteriosa, diferentemente real, mais brilhante e mais patética, e que começa somente quando as criancinhas estão deitadas."

As personagens infantis, e sem dúvida os autores por trás delas, gostariam de viver em um universo colorido como uma festa e teriam necessidade de festas e presentes para alegrar a vida cotidiana. A associação criança-cor-alegria-festa é um estereótipo que faz parte do mito da infância feliz. Alguns o desmistificaram[10], expressando por vezes outras imagens míticas.

A festa é uma expressão da efervescência da vida. Ela assume por vezes o significado de uma comunhão, sobretudo pela troca de presentes. Loti insiste assim sobre a importância da festa de inauguração e Saint-Exupéry explicita o significado destas. Ele acaba de beber com o Pequeno Príncipe a água do poço. "Essa água era bem diferente de um alimento (...). Ela era boa para o coração, como um presente. Quando eu era menininho, a luz da árvore de Natal, a música da missa do galo, a doçura dos sorrisos, faziam assim todo o deslumbramento do presente de Natal que eu recebia."

As crianças entre si criam festas que lhes são próprias[11], como vimos em Pergaud, por exemplo, quando o bando de Lebrac se reúne na cabana após uma vitória. Neste caso, o ambiente é de pura alegria rabelaisiana, enquanto que outros autores insistem mais no caráter misterioso e quase religioso das cerimônias infantis. Demos vários exemplos deste fato descrevendo as imagens do mundo das crianças entre si; a festa organizada ao redor de Dora talvez seja a expressão mais típica deste fato (Vialatte [74]). Mas saímos dos quadros associados à infância, presentes, sentidos ou esperados, para encontrar as criações destes seres à parte, as crianças. Uns e outros formam conjuntamente o que vários denominaram "país da infância".

O país da infância

Este país da infância é por vezes simplesmente o quadro da primeira infância animada através das brincadeiras e da vida imaginária

---

10. Cf. Cap. 3, pp. 59-60.
11. Cf. Cap. 5, pp. 134-135.

da criança. Evocando o início de sua vida, ou a de suas pequenas personagens, os autores se encantaram com lugares particulares: para A. Daudet, o jardim da fábrica onde ele brincava de Robinson guarda um encanto inesquecível. Mauriac fala do "paraíso da infância" onde crescem as crianças Frontenac: um parque, uma casa, hábitos doces, uma intimidade, uma segurança: "A lenta vida da infância corria, parecia não deixar nenhum espaço ao imprevisto, ao acaso. (...) A própria doença tomava seu lugar, ordenava-se com o resto, comportava mais alegria do que tristeza".

Para Loti e Colette, esses países reais comportam um encanto particular. Para a primeira trata-se da casa, do jardim, e para a segunda, da ilha de Oléron, onde se inscreve a história de sua família, a aventura de seus ancestrais quando crianças, ou de um castelo encantado em ruínas, onde brinca. Mas a magia da infância os deixou. Loti não pode mais recriar as ilusões de outrora, suas paisagens preferidas "descoloriram-se", "encolheram". Colette perdeu o segredo da magia desses lugares antigos.

O país da infância tem freqüentemente um quadro preciso ou representa um jardim, uma casa, onde a criança brincou, sonhou, em belos dias ensolarados. Mas é também um país em parte ou até mesmo totalmente imaginário. "O jardim nessa ilha é simultaneamente real e simbólico. É, de fato, ao mesmo tempo que um verdadeiro jardim, o reino da infância e das crianças, pequeno mundo fabuloso onde o mito e a poesia reinam soberanamente, naturalmente, à margem da vida dos homens" (M. Genevoix [37]).

Para outros, como os escolares de V. Larbaud, o país da infância corresponde a uma casa de veraneio, mas é reanimado por uma personagem imaginária, "a figura", descoberta pelas crianças, de geração em geração, nos veios do mármore. É também uma figura do mesmo tipo que conduz Jean (Giono [39]) a seu país imaginário.

> Era preciso inicialmente deixar os olhos se acostumarem. Sentia meu olhar, que entrava cada vez mais profundamente na sombra. Eram como camadas e camadas de céu que era preciso atravessar antes de atingir o país. A "senhora" impunha-me todos os meus sonhos olhando-me diretamente nos olhos. Certamente, a partir de mim, a emoção do seu olhar saía através de minha cabeça em jorros que eu comandava sozinho, que o vento (...) mas a pedra jogada naquela poça de água calma que eu era, era ela quem me lançava olhando-me.

Ele ouve ao mesmo tempo uma doce música de flauta vinda de uma casa vizinha. Este conjunto dá à sua infância seu ambiente, seu sabor inesquecível.

As crianças descritas por Vialatte [74] desapareceram, mas criaram em sua época um "país da infância" típico, por sua música, seu ritual, sua "felicidade" sem amanhã. "As crianças da névoa (...) foram enganadas pelos vapores do rio (...) lembro-me destas crianças (...) na casa do Labirinto recitando fórmulas no momento em que as lâmpadas se acendiam (...)." Encontramos simultaneamente os temas do rio, da casa, da lâmpada, mas sobretudo da vida secreta, imaginária, das crianças.

Alain Fournier parecia acreditar na realidade desse país. Jacques Rivière escreve no prefácio de *Miracle* [153], a respeito do domínio misterioso do *Grand Meaulnes*:

> O país sem nome era um mundo misterioso com o qual ele sonhara toda sua infância; era o paraíso sobre a Terra, que ele tinha visto mas não sabia bem onde, ao qual gostaria de se manter fiel durante toda sua vida, não admitindo que se pudesse suspeitar da realidade deste paraíso, que ele sentia como possuindo a exclusividade de evocar, de revelar.

Para Dhotel, *Le pays où l'on n'arrive jamais* tem uma dupla realidade, um duplo significado. Trata-se do meio da infância de Hélène e de Gaspard, que procuram e acabam por encontrar, apesar de todos os obstáculos impostos por uma série de adultos, que representam diversas concepções e diversos aspectos da sociedade. Ora, este país, à parte algumas imagens de um contexto fixo (árvores etc.), é o meio de forasteiros, nunca fixado nem delimitado no espaço. Seu país torna-se *le grand pays*. "O horizonte do grande país recua incessantemente para o fundo do espaço e do tempo. É um país para onde nos distanciamos sempre juntos, e chegamos a um lugar deserto para encontrar outros mais belos." O grande país é toda a Terra, é uma atitude, "uma nostalgia que faz desejar para cada um uma vida maior do que as riquezas, maior do que as tristezas e a própria vida (...)". Apesar da pobreza e das dificuldades que os esperam, Gaspard e Hélène escolhem este caminho. Um deles renuncia à sua tranqüilidade de futuro estalajadeiro de vilarejo, a outra às riquezas e aos sucessos de uma vida de artista, para grande surpresa dos adultos razoáveis que os educaram. É também para um país da infância que Pascal e seu pai se retiram, a fim de que o jovem garoto possa realizar os seus mais caros desejos durante os três meses que lhe restam de vida. O pai conduz a criança para longe de Paris, abandona suas ocupações, seu trabalho. O essencial: que a criança seja feliz, é só o que conta. Ele tinha comprado um castelo muito antigo.

> Era para que um dia fôssemos viver estes três meses, você, a criança que gosta dos lobos, eu, homem feito, que joga sua partida no rude pôquer financeiro da civilização moderna, com um desprezo profundo, para que retornássemos a este covil fundamental, no antro dos barões ladrões da alta Auvergne, encerrar-nos, sozinhos conosco mesmos, em frente ao deserto de erva, onde florescerem as gencianas, sozinhos, meu pequeno, sozinhos, você e eu!

Ele chega a roubar para o filho lobos em um zoológico (M. Bataille [51]).

Os países da infância são expressão de valores associados à infância. Reais ou imaginários, eles refletem o desejo de viver o mundo sob alguns de seus aspectos particulares. Eles supõem igualmente um contexto de inserção para a criança, onde ela possa viver o início de sua vida em um quadro que lhe seja favorável: natureza, lugares íntimos, familiares, objetos e brinquedos diversos, pessoais, ambiente de sonho ou de alegria das festas, calor humano. Poucas personagens possuíram tal ambiente, a não ser episodicamente. Na realidade, a maior parte dos dias da infância se desenrolam nos quadros e meios sociais que os autores não apenas apresentam como não associados à infância, mas que sentem como inadaptados a esta idade e até mesmo hostis. Mostrar os sofrimentos e a oposição das pequenas personagens a estes meios é uma maneira de contestá-los.

2. O ESPAÇO SOCIAL – A CIDADE[12]

A cidade

A grande cidade não oferece à criança a possibilidade de se enraizar. "Você nasceu no décimo andar do número tal, da Rua X. Nasci, não importa onde (...)", nos explica Drieu La Rochelle, em meio a coisas que "não tinham alma"; indiferente então a "esta feroz abstração de minha vida, e é só agora que sinto o vazio que minha infância cavou (...)"[34].

Simone de Beauvoir fala também desta abstração da cidade. "Se adquiri tanto gosto pelo estudo, foi porque minha vida cotidiana não me interessava. Eu morava em Paris, em um cenário plantado pela mão do homem, e perfeitamente domesticado – ruas, casas, bondes, candeeiros, utensílios: as coisas, chãs como os conceitos, reduziam-se às suas funções." E é a este fato que ela opõe, mais adiante, o mundo da natureza[13].

Dupuy[14], comentando o que escrevem vários autores neste sentido, acrescenta: "O cenário natural parisiense presta-se menos que o quadro provinciano e rural a uma ação profunda sobre a alma infantil. Para a menininha, para o menino da capital, por mais sugestivo que seja este cenário, ele ultrapassa muito suas capacidades de compreensão e sensibilidade". Ele cita: – Henry Bataille que, chegando a Paris, sente "uma tristeza incomensurável (...) diante do aspecto da rua, a tristeza da cidade, o barulho (...)". – Drieu La Rochelle – Daniel Halévy: "Crianças

---

12. Os temas relativos à cidade e aos aspectos urbanos diminuem: 9, 8, 5, inversamente aos da natureza. Estes últimos, aproximadamente tão numerosos, na primeira amostra, como os da cidade, são três vezes mais numerosos na última. A variação do número de obras que falam da cidade é idêntica à dos temas.

13. Cf. a frase citada no Cap. 9, pp. 272-274.

14. *Op. cit.*

parisienses, somos todas parecidas. Confessemo-lo, nossa cidade não existe para nós (...)".

Cesbron [57] oferece a imagem de uma criança perdida na cidade após sua fuga: "É o Pequeno Polegar que atravessa, com os dentes cerrados e as pernas bambas, a ignóbil floresta de Paris: seus ogres, suas prostitutas, de ambos os sexos, seus barzinhos..."

Victor Hugo [10] protesta também contra o abandono da criança nas grandes cidades, mas ele exclui Paris de sua condenação. Tornando-se cidade-símbolo do povo e da revolução, associa-se ao moleque: "O moleque de Paris, hoje (...), é o povo criança tendo na fronte a ruga do mundo velho". "O moleque expressa Paris, e Paris expressa o mundo." "Quanto ao povo parisiense, até mesmo o homem feito, ele é sempre o moleque; descrever a criança é descrever a cidade (...)." Este povo é a expressão do espírito que o anima, enquanto moleque típico.

> Enquanto que em todas as outras grande cidades uma criança vagabunda é um homem perdido, enquanto que em quase toda parte a criança entregue a si mesma é de certa forma sacrificada e abandonada a uma espécie de imersão fatal nos vícios públicos que devoram nela a honestidade e a consciência, o moleque de Paris (...) por mais rude e ferido que possa parecer na superfície, é interiormente quase intacto. Coisa magnífica a ser constatada e que explode na esplêndida probidade de nossas revoluções populares. Uma certa incorruptibilidade resulta da idéia presente no ar de Paris (...), que respira Paris, e isto conserva a alma.

Ele descreve também bandos de crianças nos arredores, alegres, papoulas nos cabelos, comendo cerejas nos trigais, à luz do verão. Quadro idílico e imagem mítica de uma criança livre, vagabunda, onde se associam primavera, luz, flor, alegria. "Paris, centro, periferia, circunferência, eis aqui, para as crianças, toda a terra. Elas nunca se aventuram além. Não podem mais sair da atmosfera parisiense, tanto quanto os peixes não podem sair da água. "Paris, como conseqüência de sua simbolização, torna-se um meio suscetível de reter a criança, um meio onde o ambiente lhe é favorável." Mais ainda do que um país da infância, Paris personificada é um significado do mito equivalente a Gavroche.

A cidade do interior é por vezes associada positivamente à criança pelo seu ritmo mais lento, mais calmo, mais bem adaptado ao desenvolvimento da criança. Ela representa também uma tradição, um enraizamento no território. Thierry Seneuse (Pol Neveux [147]) é assim educado pacificamente, ao lado da catedral de Reims, que seu tio lhe mostra. Sua admiração faz desta o modelo da sabedoria humana e divina. Através das lições de seu tio, ele aprende a amar sua terra.

Renan é também marcado pela presença da catedral. "Este paradoxo arquitetônico fez de mim um homem quimérico, discípulo de Saint-Tudwal (...), em um século onde o ensinamento de seus santos não tem mais nenhuma aplicação". Em Guingamp, ele se aborrece, se isola com uma pobre criada a quem lê contos. "Eu aspirava retornar à minha velha cidade sombria, mas onde sentíamos viver um forte protesto contra tudo o que é enfadonho e banal." A criança é então profundamente inserida na cidade e marcada por ela: "A história de Bordeaux é a história de meu corpo e minha alma (...). As casas, as ruas de Bordeaux, são os acontecimentos da vida (...). Bordeaux é minha infância e minha adolescência destacadas de mim, petrificadas (...)" (F. Mauriac [137]).

Alguns autores expressam ternura por um aspecto particular de uma grande cidade, por um bairro onde sua infância conseguiu se inserir. "A região que me era mais familiar, aquela onde meus olhos se enchiam de imagens que eu sempre deveria conservar, era aquela compreendida entre as ruas Notre-Dame-de-Lorette e Fontaine, os bulevares de Clichy e de Rochechouart (...). Todo este bairro permaneceu para mim cheio de uma cor e uma vida particular" (Léautaud [12]).

Os monumentos

Se Thierry Seneuse e Renan criança sentiram afeição por sua cidade, é através de um monumento que lhe dá um sentido. Pelas catedrais, a criança se inseria em um passado percebido como cheio de sabedoria. Proust evoca ao mesmo tempo o sentimento de encantamento: "(...) eu entrava na igreja como num vale povoado de fadas, onde o camponês se encanta ao ver, em um rochedo (...), o traço palpável de sua passagem sobrenatural; tudo isto [cores, clarões etc.] fazia dela, para mim, um edifício ocupando (...) um espaço de quatro dimensões (...) a quarta sendo a do Tempo – desdobrando através dos séculos sua nave (...)".

O castelo em ruínas, onde Loti brincava, lhe sugeria também todo um mundo passado. Evocador de imagens dos tempos antigos, ele é "encantado". "Os tempos de outrora" parecem fabulosos para a criança. Ela partilha do interesse dos adultos pela origem dos homens e já tem, desta, imagens embelezadas. Estes monumentos incitam o sonho. Assim, uma torre construída ao final da Guerra dos Cem Anos torna-se, para o pequeno camponês (Gascar [60]), "uma espécie de árvore oca, com pequenos aposentos e, pela falta de uma vida real que lhe era recusada mesmo durante o dia, ela se abria à vida do sonho. Completamente indistinta agora e povoada, encerrando nela (...) o aço azulado dos trabucos (...) enchia-se de conciliábulos e barulhos de passos, separava-se da cidade cujos habitantes iam dormir e, altiva, inquietante para alguns, mas para nos tutelar, ela figuraria, em breve, no silêncio, o pilar murmurante da noite".

Quando eles evocam um mundo passado, um mundo imaginário, as construções dos homens são apresentadas como associadas positivamente à infância. Em contrapartida, os monumentos atuais aparecem raramente e com nuanças hostis. Por exemplo, o castelo, onde Hélène (Dhotel [59]) se inicia na carreira de atriz, desempenha o papel de prisão. Ali, ela se desliga da natureza e corre o risco de esquecer sua real vocação. Os monumentos que o comboieiro mostra ao pequeno delinqüente chegando a Paris são a Câmara do Comércio, a Delegacia de Polícia, a Santa Casa. "Câmara, Polícia, Hospital: em três palavras de adultos, ele tinha construído um mundo de pedra onde o pequeno respirava mal e sentia a barriga vazia" (Cesbron [57]).

Jacques Vingtras (Vallès [24]) sente inicialmente veneração pelos monumentos que seu pai o faz admirar. Mas, com o tempo, ele experimenta o tédio quando os vê, preferindo a rua viva que exala o odor dos grãos.

A rua

A imagem associada é freqüentemente a da natureza, cuja vida é introduzida pelos mercados na rua. Com um tom mais exaltado, Fan (Genevoix [37]) expressa também amor pela rua quando circula no dia da feira.

> Não havia pouco mais de duzentos passos até a casa de vovó. Mas era uma viagem esplendidamente ousada, cuja rotina não esgotava de forma alguma as alegrias. Aquelas atrelagens rápidas e ruidosas, os pesados cavalos desembestados, as faíscas cintilando dos pedregulhos sob as ferraduras, uma impressão de ardor e de perigo, de vida alegre e forte sob um céu alado de nuvens brancas, era, a cada quinta-feira, a mesma festa sempre nova, a mesma embriaguez da rua íngreme que cheirava a animal e a vento.

Nadia mora em uma rua que traz o nome de Rue aux Herbes. "Ela tinha de morar naquela rua. Uma rua de prado, de verde-esperança, de seda ao vento, de rosmaninho. Uma rua que por tudo preconizava nossa vida, nossas alegrias futuras, o jardim florido para ela" (C. Chonez [58]).

Outras pequenas personagens se apaixonam por lojas. "O que me encantava na bela Rue du Bac eram as lojas cheias de objetos maravilhosos pela forma e pela cor, mil obras de tapeçaria (...); eram enfim biscoitos prodigiosos com a forma de tricórnios, de dominós, de bandolins" (A. France [36]). As cores das guloseimas, a alegria antecipada de seu gosto, atraem também a pequena Simone de Beauvoir diante de uma confeitaria.

Léautaud [12] descreve sua vida na rua: "Não existe tampouco nenhuma rua em todo este quarteirão que não esteja ainda repleta para mim de uma espécie de familiaridade. Brinquei tardes inteiras com um grupo de menininhas encantadoras (...), revejo a loja de Bérard, o cabeleireiro, com seu postigo no teto". "O vendedor de tintas com sua casa multicolorida (...) todos os livros do sr. Randon, o livreiro (....)." Ele evoca ainda uma loja de brinquedos, a vitrina do cambista etc., e todo o ambiente alegre das ruas cheias de movimento, de canções de mulheres cuja atividade o intrigava (as prostitutas). Ele circula e brinca por ali livremente.

A rua é percebida pelas pequenas personagens como um mundo privilegiado, que guarda uma vida intensa bastante semelhante a uma festa: movimento, cores, objetos prestigiosos, animais, atributos da natureza. Esta representação da rua é associada à infância.

A rua possui um outro rosto sentido como hostil pelas pequenas personagens, em geral mais jovens. Edmond Jaloux descreve detalhadamente a impressão de angústia de Léon na rua.

> Quando minha criada me conduzia pelas calçadas desiguais, ao longo dos muros decrépitos das fábricas (...) eu era empurrado por garotos turbulentos que brincavam de amarelinha, por mulheres que discutiam (...). A humanidade passava em grandes fragmentos, com suas crianças alegres, com seus trabalhadores miseráveis (...) seus rostos cansados, chupados, em fogo, obstinados e preocupados (...) e eu tinha medo, então, como à beira de uma torrente estrepitosa, e eu desejava voltar o quanto antes, sob o teto pacífico onde se tocava piano à noite, na calma residência de meu repouso e de minha felicidade, confortável, protetora e vasta, como a barba branca de Papai Noel.

Quando, por ocasião da fuga de sua mãe, ele a imagina lá fora, na "rua hostil, a rua, esta coisa viscosa quando chove, acre e uivante quando faz frio, a rua rude, que causa sofrimento, cheia de perigos e de emboscadas (...). A rua dos transeuntes endurecidos (...)". A rua se opõe então à casa protetora e à imagem materna. A personagem não expressa a mesma angústia quando sai com sua mãe e, inversamente, a partida desta deixa a angústia penetrar na casa. Lembrando-se de sua história, ele se vê, mais tarde, adulto, semelhante àqueles transeuntes endurecidos, arrancado, pela vida, do doce refúgio. "A vida, esta coisa feroz, insaciável, que esmaga, incessantemente, sempre cheia de emboscadas, sempre ameaçadora, a vida que é semelhante à rua" [11].

Loti, pequeno, experimentava a mesma inquietude. A rua é negra, fria. Não tem nada de um mundo de festa, corresponde a um imenso desconhecido onde a criança corre o risco de se perder. Mais tarde, no entanto, o desconhecido se tornará para ele o apelo para a aventura. Babou (Lichtenberger [42]), criança estranha vinda do Oriente, fica dividida entre o medo de tudo o que existe além da propriedade de sua avó e a atração deste universo ameaçador das ruas e das lojas, que ele ignora e povoa de poderes misteriosos.

Biche sente apenas temores, em particular diante de certas lojas, ou diante de rostos que ela julga ser de malfeitores, ou ainda nas ruelas do porto onde formiga uma população para ela desconhecida. Nenhuma dessas personagens pertence a um meio familiar.

Uma outra categoria de crianças que faria, de bom grado, da rua seu domínio é a das crianças abandonadas ou livres, dependendo do ponto de vista. Na época de Gavroche, elas fervilham em bandos em Paris e brincam de escapar da polícia que as persegue. Hoje, nada mais são do que pequenos fugitivos logo capturados, como os *Chiens perdus sans colliers* (Cesbron [57]), "perigosos para a ordem"; esta ordem social que tão freqüentemente se opõe à infância.

Os quadros urbanos só são associados positivamente à criança em certas condições: presença da vida da natureza, ambiente de festa, intimidade com os lugares, possibilidade de inserção em um passado histórico e na vida cotidiana porque ela possui sabor, liberdade de circular, de brincar ali. Todas estas condições são raramente reunidas, e a cidade se torna então a antinatureza, o anonimato, o mundo inquietante e impositivo, hostil à criança.

A aldeia

Em contrapartida, a aldeia oferece um estilo de vida mais facilmente associado à imagem das necessidades da criança. Ela está inserida na natureza e segue seu ritmo, pode conhecer cada lugar, cada habitante, e circula livremente.

Numerosos autores situaram suas personagens infantis em uma aldeia, ou no campo, mas sempre se reportando à aldeia. No entanto, eles descrevem pouco este quadro em si mesmo, mostrando mais uma pequena sociedade na medida da criança. Na maior parte do tempo estas são felizes ali (o bando de meninos de Gascar, as personagens de H. Bosco, de Giono, Colette etc.). *La guerre des boutons*, que opõe dois bandos pertencentes a aldeias diferentes, faz parte do mundo da infância.

Colette mostra Minet-Chéri que, após ter sonhado com uma aventura, "experimenta a condição deliciosa de ser (...) uma criança de sua aldeia, hostil ao colono como ao bárbaro, uma das que delimitam seu universo pela fronteira de um campo, pela portinhola de uma loja, pelo círculo de claridade distribuído sob a lâmpada (...)" [30].

Os conflitos entre uma criança e sua aldeia provêm da oposição de classe entre seu meio familiar e a sociedade aldeã (Mauriac [63]) ou de problemas pessoais; não é o quadro da aldeia que intervém, nem o modo de vida.

Na aldeia se desenvolve um modo de vida rural, saboroso, onde as festas têm seu lugar. H. Pourrat evoca a infância em Auvergne: "O tempo das *bourrées*, as noites sob o olmeiro comunal, ao embalo rústico de uma viela (...). O vento da noite traz o aroma da sopa, a fumaça das giestas secas sob as grandes lareiras camponesas (...)". Pascalet, ao final de sua fuga, chega a uma aldeia onde se desenrola uma festa: "uma aldeia calma e de boa-fé: isto saltava aos olhos só de observar a fisionomia das pessoas". É ali que seu amigo Gatzo reencontra seu avô (Genevoix [37]).

Parece que entre as duas últimas guerras mundiais floresceu uma literatura que coloca em cena infâncias campestres, provincianas, evocando a infância nesta ou naquela região. "Nosso romance contemporâneo [como observa J. Calvet[15]] discorre amiúde sobre infâncias campestres (...)". H. Pourrat explicita a necessidade de enraizamento

---

15. *Op. cit.*

que corresponde a estas imagens. "Não seria a cultura outra coisa que não o despertar, em nós, do passado, e sua realização, segundo seu curso? Ora, mergulhar nos campos nos remete ao retorno no tempo (...). O campo é a antiguidade contemporânea (...)." Por esta razão Pourrat gosta da educação no campo. Aqui o modo de vida rural adquire um valor positivo para a criança porque permite seu enraizamento no passado. Os monumentos eram valorizados, como já indicamos acima, na medida em que evocavam um passado antigo. A vida provinciana, portadora de tradições, incita a criança a perpetuar culturas específicas.

Entre as duas guerras vários romances exaltaram a vida rural, provinciana, de diversas regiões da França. Atualmente, quando estes modos de vida são descritos, não expressam mais tais tendências regionalistas e freqüentemente nacionalistas. Os autores expressam, antes, imagens da natureza associadas à criança e a um estilo de vida íntimo.

Deslizamos progressivamente do quadro de vida da criança para o meio social. De fato, não somente uma paisagem urbana, mas mesmo uma paisagem campestre é um meio transformado por homens e para os homens.

3. AS CLASSES SOCIAIS

O meio social das personagens poderia constituir objeto de um estudo em diferentes níveis. Em uma primeira abordagem, de tipo sociológico, um fato se impõe: crianças de todos os meios sociais são representadas, mas em proporções diferentes, e esta diferença varia segundo as épocas.

Aspectos quantitativos de representação

Mais de um terço de personagens infantis (35%) vivem nos meios da aristocracia ou da alta burguesia. Esta proporção é mais significativa antes da Guerra de 1914 (43%) e mais baixa após (30 e 31% para as duas outras amostras).

Muitas personagens pertencem também às classes médias, sobretudo entre as duas guerras: 21% na primeira época, 50% na segunda, 36% atualmente.

As personagens rurais, excluindo a burguesia rural, se igualam, em freqüência, às classes médias antes da Guerra de 1914, e diminuem em seguida em benefício destas (21%, 7%, 10%).

O meio operário permanece pouco representado (7%, 10%, 8%).

Em suma, o período mais antigo é marcado pela importância dos meios abastados, e o período entre-guerras pela das classes médias. O período contemporâneo teve tendência a situar, mais freqüentemente que os dois outros, suas pequenas personagens "fora de classe", seja por não pertencerem a um meio definido, seja pelo fato de que seu meio se situa à margem da sociedade global.

A literatura não tem por objetivo refletir diretamente a sociedade, e não o faz quando fala da criança. Ademais, os autores pertencem, em média, a meios geralmente abastados. Quisemos, no entanto, situar nossa amostra em relação a um conjunto de obras que tratam da infância a fim de especificar se ela estava enviesada ou não por um determinado ponto de vista. Apoiando-nos numa amostra mais ampla de romances e de autobiografias analisadas por autores como Calvet e Dupuy, ou seja, em mais de cem obras para os dois primeiros períodos, não encontramos nenhuma diferença significativa entre as porcentagens alcançadas pelas classes sociais em uma ou outra amostra no interior de um mesmo período.

Quantitativamente, nossa amostra não se separa do conjunto da literatura que fala da infância nestas épocas. Não pudemos efetuar uma mesma verificação para o período contemporâneo. Teses ou obras sobre tal aspecto da literatura ainda não existem, e para obter tais informações teria sido necessário empreender todo um estudo demasiado vasto em relação ao interesse do resultado, dada a orientação da pesquisa.

O meio operário e sua imagem

Qualitativamente, os meios sociais são evocados de modos muito diferentes. Cada personagem constitui um estudo de caso, e o meio aparece seja como uma tela de fundo, seja como um problema com o qual a criança se vê confrontada. O meio operário se compõe aqui quase que essencialmente de um meio subproletário mais do que de um verdadeiro meio operário. A criança aparece aí como vítima da miséria, da degradação. Se o conjunto da literatura que se refere à criança é uma literatura de contestação, a criança de meio operário contesta enquanto vítima inocente, e mais raramente por uma revolta.

Fantine, a mãe de Cosette, é despedida da fábrica onde trabalha porque sua situação de mãe solteira foi descoberta. Ela se torna prostituta. A própria Cosette, pequenina, serve de criada para os Thénardier, pais de Gavroche, que vivem de mendicância e furtos, e referem-se freqüentemente a sua situação de marginais. Os escolares de *La maternelle* expressam ingenuamente os vícios de seus pais: o alcoolismo, as brigas etc. Frapié, através das palavras da jovem serviçal, nos descreve sua degenerescência física e associa, por um lado, as imagens de inocência, autenticidade, e, por outro, de sofrimento, de evocação de um meio degradante que passa a condicionar esses pequeninos. Apenas G. Geoffroy [127], no período antigo, com *L'apprentie*, nos apresenta uma infância feliz no meio operário.

No segundo período, Machard [43] cria crianças um pouco menos miseráveis, já que não morrem mais de fome; elas possuem uma vitalidade, uma liberdade de brincar, que as aproximam, em certos aspectos, de Gavroche. Mas, por um outro lado, são também vítimas: uma morre em um acidente ao cair do alto de uma fortificação, outras de doenças malcuidadas. Uma menininha é vendida por sua mãe desde sua concepção a um velho homem que as mantém. Ele a violenta e a mãe acha todos estes fatos inevitáveis. Um menino aprende a beber com seu pai. Peau de Pêche (G. Maurière [44]), órfão, vive também em Paris na casa de uma tia. O ambiente desta mulher não é bem definido, mas deve ser também miserável, já que ela gostaria que o menino mendigasse e ela própria rouba um relógio da protetora do garotinho. Mais tarde, ele viverá no campo, na casa de um tio onde será feliz após uma fase de adaptação penosa.

Na mesma época, Mazaud [139], em *Lettre de gosse*, descreve o suicídio de um garoto. Sua mãe morreu, seu pai alcoólatra "bebe tudo o que ganha". Esgotado pela carga de uma casa (dois irmãos menores) nessa situação, ele escreve ao delegado de polícia e se suicida. Várias outras obras têm como tema central a criança vítima da miséria.

As crianças de meio popular permanecem hoje ainda vítimas, mas sob uma outra forma. Abandonadas, degradadas pelo alcoolismo, pelo roubo, dos quais são levadas a se aproximar ou a praticar em seu meio, tornam-se delinqüentes. Elas perdem, ao mesmo tempo, sua pureza original, adquirindo os piores hábitos, e sua liberdade, pois os delinqüentes ou as crianças abandonadas, assimiladas aos *Chiens perdus sans colliers* (Cesbron [57]), são perseguidas e detidas pela polícia. "Tribunal, Polícia, Hospital: em três palavras de adulto ele (o comboieiro) construirá um mundo de pedra (...)." Um mundo incapaz de proporcionar um lugar à criança, a não ser muito tarde, através de organizações corretivas ou de compensação pelos males causados.

A nova imagem de uma infância em meio popular, oferecida por Christiane Rochefort em *Les petits enfants du siècle*, tem um aspecto bastante desencorajador. Os pais de Josiane vivem amontoados em um grande conjunto habitacional de Bagnolet. Eles põem a cada ano crianças no mundo e aproveitam os subsídios e os prêmios a cada novo nascimento para comprar eletrodomésticos. Josiane critica seus pais, passivos e grosseiros, e as "donas" do bairro, embrutecidas pelas várias gestações. Mas ela se tornará como elas ao se casar e entrar em um novo conjunto. Josiane não conhece nem a miséria, nem os maus-tratos, mas torna-se tão alienada quanto os demais de seu meio.

Apenas um autor engajado como André Still [161] mostra-nos, com a personagem de Violine, uma infância cotidiana bastante feliz. Filha de operário, habitante de uma vila de mineiros do norte, nenhum acontecimento dramático marca sua existência, que nada tem de idílica e que permanece bastante banal. "Somos operários, diz Man, não somos da classe baixa", repete Violine as palavras de sua mãe. "Eu nunca fico realmente infeliz com nada. Já pequenina eu me machuquei, caí, me queimei, quebrei um brinquedo ou o perdi, tenho minhas pequenas crises como todo mundo mas, logo, é como se eu fizesse uma pequena volta sobre mim mesma e, surpreendentemente, o Sol retorna. Assunto liquidado. É verdade que a vida é bela. Quando se é criança, diz Man. Não somente quando se é criança."

Dupuy, após ter agradecido a G. Geoffroy "por nos ter dedicado algumas páginas onde se registra o modesto e o real espírito doméstico de muitas famílias parisienses" – a propósito de *L'apprentie*, acrescenta: "Estas crianças, como os povos felizes, não têm história". Elas não chamam "sobre si a atenção do romancista". Na realidade, existem muitos relatos onde a criança é feliz, mas situados em outros meios. Os adultos experimentam a necessidade[16] de acreditar na infância paradisíaca, e então eliminam os obstáculos à felicidade, evitam as dificuldades econômicas a suas personagens. Ademais, o tema da infância feliz, paraíso primitivo, suscita a imagem da natureza, selvagem como na origem do mundo, ou sob a forma de um jardim, como no paraíso terrestre. Nos relatos mais realistas ela se transforma em campo.

O meio rural

A infância rural é raramente uma infância infeliz. Enquanto contexto, o campo ou o vilarejo são privilegiados, como vimos nos capítulos anteriores. Enquanto tipo de sociedade, a comunidade rural se beneficia de uma intimidade, de uma possibilidade de enraizamento, de tradição e de festas que são também características tidas como favoráveis à criança. Freqüentemente este meio forma um todo onde se distingue um pouco mais nitidamente algumas personagens perfeitamente adaptadas ao seu papel: o professor, o prefeito, o padre, alguns comerciantes etc. (Pergaud, H. Bordeaux, Colette, H. Bosco, Pagnol, Gascar etc.). H. Bosco [56] ilustra perfeitamente este aspecto. Toda cidade espera o início de um espetáculo, cada um está instalado de acordo com sua posição: o primeiro banco, o dos notáveis, comporta sete personagens. "No meio, como em um trono, o prefeito (...). Vestia-se com roupas de domingo." Incomodado pelo colarinho postiço, não podia se mexer. "Diante de sua imobilidade os outros, em respeito, permaneceram também imóveis. À sua direita estava o velho padre (...), ao seu lado o escrivão (...). O médico barrigudo (...). Imediatamente à esquerda do prefeito, o guarda-florestal cochilava. Ele parecia mais velho do que o mundo (...). Ao seu lado, um velhote de ombros largos se esparramava orgulhosamente. (...) Era o antigo Navegador, a glória da aldeia. Sob seu ombro se escondia, roliço, bigodudo e raivoso, o pequeno contador. (...) Ele era o único da fila que nem sempre tinha bons sentimentos." Atrás agrupavam-se os cidadãos. Inicialmente as mulheres, em três filas: à direita, todas as avós, e no centro todas as mulheres casadas. As

---

16. Cf. Cap. 8, pp. 236-239.

senhoritas espremiam-se à esquerda. Em seguida vinham os homens: "A mesma expressão da calma e de poderosa simplicidade modelava seus rostos".

O problema de uma classe que não pode assegurar a subsistência à criança só é excepcionalmente evocada num meio rural. Charles Louis Philippe [151] e Perrochon [150] criam, nas vésperas da Guerra de 1914, personagens infantis vítimas da miséria, esfomeadas e obrigadas a mendigar. Marie-Claire (M. Audoux [1]) sofre por sua situação de órfã, mas os fazendeiros da casa para a qual foi enviada a acolhem com humanidade e vivem sem dificuldade. Peau de Pêche, após um período de adaptação, está feliz na fazenda de seu tio. Os bandos de crianças descritos por Pergaud ou por Gascar são bem-sucedidos ao constituírem um universo infantil. Pascalet e Gatzo (Bosco [56]) vivem no rio uma evasão maravilhosa. Annette e Philibert têm um pai lenhador cujo único defeito é gostar demais de ajudar os outros, o que desorganiza um pouco a vida familiar. São eles que, ingênuos e absolutos, empreendem "a nova cruzada das crianças" (H. Bordeaux [3]).

Jean [Giono [39]]) pertence a um ambiente artesão (seu pai é sapateiro) próximo de um meio popular provinciano.

É freqüentemente difícil separar em classes sociais as personagens do romance ambientado no vilarejo, a não ser que a classe associada à criança sirva para a demonstração do problema abordado. O papel de contestação desempenhado pela literatura com a ajuda da personagem infantil apóia-se em dois aspectos das classes sociais. Por um lado os meios sócio-econômicos mais desfavorecidos impõem privações e sofrimentos à criança, que se torna uma vítima inocente. Estes meios são freqüentemente entendidos pelos escritores como pervertidos, sobretudo no meio urbano. A criança faz, portanto, duplamente o papel de vítima, já que ela é também atingida moralmente. Por outro lado, os meios-burgueses, mais ou menos abastados, transformam também a criança em vítima, impondo-lhes suas normas que categorizam o mundo. Eles a arrancam assim de sua autenticidade, de sua liberdade. Fazem desta também um instrumento de promoção social, sem levar em conta seus gostos e suas aspirações.

As classes médias e os meios abastados

Do final do século XIX até os anos que se seguiram à Guerra de 1914, toda uma série de autores mostraram a alienação da criança pela promoção social dos pais. A instalação recente em uma situação de peque nos burgueses conduz à necessidade de consolidar a posição adquirida ou ao desejo de ter acesso a uma burguesia mais abastada. É através de seus filhos que contam realizar sua esperança. Seu sucesso escolar polariza toda a atenção da família. As notas, os deveres, tornam-se objeto da vigilância constante do pai e da mãe, e por vezes de dramas cotidianos. A. Dupuy cita particularmente O. Mirbeau (*Sébas-*

tien Roch), J. Sarment (*Jean-Jacques de Nantes*), R. Behaine (*Les nouveaux venus*), P. Brulat (*La gangue*).

Por vezes o desejo de promoção vem da criança. O *premier de la classe* (Crémieux [32]) despreza sua família, bastante medíocre, e deseja, antes de mais nada, sair de seu meio de pequenos comerciantes.

Fora estes problemas de promoção social, as classes médias servem, sobretudo, de tela de fundo para os relatos sobre a infância. Estes meios são objeto de contestação seja quando fazem da criança um objeto a seu dispor ou vêem nela não mais que um papel, seja quando ela já participa dos valores burgueses, valores classificados em oposição aos da infância. Às vezes é difícil definir aqui de maneira precisa a categoria social à qual pertence a família da personagem. Os critérios sócio-econômicos faltam, a presença de criados é por vezes mencionada na casa de pequenos comerciantes. Os aspectos sociológicos não são dados diretamente na descrição literária; eles passam através do filtro do olhar da criança ou correspondem aos elementos que desempenham um papel importante ao longo da socialização. Nós os reencontraremos analisando as imagens desta socialização[17]. Recordemos aqui somente algumas representações, as mais estereotipadas destes meios abastados: a alta burguesia de proprietários de terras dos pais de Marcel ou de Milou (Larbaud [50]): "(...) este orgulho que sobe ao coração dos burgueses à mesa, quando pensam em sua posição, em seus ganhos, em suas esperanças (...)" – os Rézeau (H. Bazin [52]), que não são exatamente nobres e que, no entanto, são invejados pela burguesia – os meios mundanos superficiais e moralizantes descritos por Lichtenberger (Trott, Biche) – O exército: o pai de Poum é coronel. Os pais de Zette vivem próximos aos de Poum, luxuosamente, dando recepções. Os criados cuidam das crianças (P. e V. Margueritte [17 e 18]) – O pai de Lucien é diretor de empresa. A criança está habituada à deferência dos operários em relação ao pai, deferência que se prolonga até sua pequena pessoa (Sartre [49]) – Meios burgueses e freqüentemente intelectuais dos próprios autores em suas autobiografias (os dos pais de Gide, de Proust, de Simone de Beauvoir, de Sartre etc.).

4. A FAMÍLIA

A família é o primeiro grupo social onde a criança vive e que esta descobre quando começa sua existência. Ela é composta pelo casal parental, pelos parentes, pelas crianças (a personagem e seus irmãos e irmãs).

17. Cf. Cap. 11.

Composição do casal parental

A maioria das personagens de nossas amostras têm famílias perturbadas. De fato, só são encontrados casais de pais em menos de um terço dos casos, excluindo-se casais dramáticos onde o marido e a mulher se traem ou brigam violentamente. Estes casais sem problemas aparentes compõem uma parte da amostra descrita como unida e feliz; quanto ao restante, nada é mencionado. A personagem infantil pertence, na maior parte das vezes (50%), a uma família desunida, antes de mais nada pelo falecimento de um ou de ambos os pais, em seguida por uma situação de conflito mais ou menos escondida ou explícita, e menos freqüentemente pelo fato de a mãe ser solteira. Outros romances (um quinto) não mencionam a família; trata-se de textos dedicados à vida das crianças entre si, ou a crianças simbólicas, ou ainda relatos que descrevem a personagem sem referência a seu contexto.

Ao casal unido é geralmente associada uma personagem de criança feliz, e mais raramente de criança nem feliz, nem infeliz por razões diversas. Encontramos tantas crianças felizes quando nenhuma família é apresentada, como quando o casal é unido. O tipo de situação mais freqüente é aquele da criança infeliz em uma família totalmente desunida; em seguida estão em pé de igualdade a situação da criança nem feliz, nem infeliz, em uma família desta mesma categoria, ou em uma família onde reinam conflitos. Em seguida vêm as personagens infelizes ao lado de um casal presente, mas a respeito do qual nada se pode dizer a não ser que não apresenta nenhum grave problema em sua vida familiar. Não existe nenhuma criança feliz nos casais em conflito, nenhuma criança infeliz nos casais felizes. As crianças felizes não são as mesmas nos casais felizes ou na ausência de família. As segundas são sobretudo do tipo simbólico, as primeiras aparentemente reais, descritas nas autobiografias.

A presença do casal torna-se mais rara quantitativamente no período atual, enquanto que a ausência de família aumenta nitidamente. O número e o tipo de dissociação não variam. Enquanto organização social, a família é mostrada mais freqüentemente sob um aspecto desestruturado. A criança nesta situação expressa ou o fracasso, ou a inutilidade desta célula social. No primeiro tipo o autor faz dela uma vítima, no segundo a criança goza de relações humanas que a satisfazem mais do que a presença dos pais, reunindo, neste sentido, personagens descritas fora de um contexto familiar, as crianças-essência, que não têm necessidade de um tal meio. Inversamente, algumas crianças sofrem da incompreensão de um pai e de uma mãe que formam um bloco fechado. A unidade destes é a dos adultos em oposição ao universo das crianças.

O parentesco pode ser representado seja pela substituição ou compensação dos pais, seja pela descendência, formando um todo com o casal ou em conflito com ele. Estudando as personagens adultas examinamos os avós, tios e tias[18]. Aqui nos limitaremos à representação global da família, em função da criança.

As representações da família: a família unida

Os textos nos quais as crianças expressam diretamente uma felicidade associada à sua vida no seio de uma família afetuosa são muito raros. Simone de Beauvoir, após o retorno de seu pai ao final da Guerra de 1914, manifesta seu sentimento: "Olhava meus pais, minha irmã, e tinha calor no coração. 'Nós quatro!', dizia a mim mesma, com alegria. E pensava: 'Como somos felizes!' " Dora sente o período de sua vida compartilhado com seus pais como uma festa. "Sua vida de família parecia (...) ter sido uma existência de grandes férias, presidida por um pai grandioso e poético" (Vialatte [74]).

Algumas personagens vivem sua primeira infância em um ambiente feliz entre seus pais, sem no entanto explicitar esta situação. Este fato é percebido, por exemplo, em Anatole France, Colette, Giono, Duhamel, Pagnol. Para outros, uma primeira infância tão calorosa é uma fase única, um paraíso finalizado dramaticamente. Babou deixa seu jardim oriental onde se passaram seus primeiros anos após a morte misteriosa de sua mãe (Lichtenberger [42]). Brasse-Bouillon (H. Bazin [52]), confiado, assim como seu irmão, aos cuidados de sua avó, escapa à sua terrível mãe durante alguns anos. "Neste ano da graça de 1922 (...) estávamos, Frédie e eu, confiados aos cuidados de vovó (...). Assim separados, vivíamos uma felicidade provisória (...)."

A família, a linhagem, assumem por vezes um aspecto sagrado. "O mistério Frontenac escapava à destruição, pois ele era um raio de amor eterno refratado através de uma raça. A impossível união dos casais, dos irmãos e dos filhos, seria consumada antes que se passasse muito tempo, e os últimos pinheiros (...) veriam passar não mais por suas raízes (...) mas muito alto e muito longe, acima de seus cimos, o grupo eternamente unido da mãe com as cinco crianças." Yves, um dos filhos, não pode julgar sua mãe ou seu tio, que "permaneciam sagrados, faziam parte de sua infância (...), nada os separaria do mistério de sua própria vida" (Mauriac [45]). Biche (Lichtenberger [41]) tem também necessidade de se apegar à linhagem da qual descende para se sentir menos isolada sobre a terra.

Dentre as famílias afetuosas, algumas, voltadas para si mesmas, sufocam um pouco a criança. Loti observa tal fato. Drieu La Rochelle explica a impossibilidade da família numerosa: "O prazer por uma esgotante vida sentimental (amor ou indiferença reticente, ou ciúme, ou ódio), entre o pai e a mãe, entre o casal e a criança, faz da proliferação assim como da poligamia uma impossibilidade psicológica no ser civi-

---

18. Cf. Cap. 6, pp. 182-186.

lizado" (Drieu La Rochelle [34]). Este ensinamento da família corresponde seja à "trindade doméstica", composta pelo casal e pelo filho único, citada por Dupuy como típica do final do século e refletida repetidas vezes, seja à família extensiva, ou à linhagem, polarizada sobre seu herdeiro. Encontramos aqui atitudes adultas em relação à criança que a englobam, a utilizam, ou simplesmente querem intervir demais em sua vida e a superprotegem.

A família farsa, papel

A família é entendida por algumas crianças como uma farsa. Drieu La Rochelle fala de "ouropéis" que descobre no guarda-roupa da família. "No mais, eu só dispunha de uma pequena herança (...). E se meus pais me tivessem perdido em minha primeira infância (...) teria sido preciso me apegar ao papel que eu mesmo desempenho (...)" [34]. É Sartre quem insiste sobretudo neste aspecto. Em *L'enfance d'un chef*, Lucien tem a impressão de que seus pais desempenham uma farsa, que eles são diferentes durante a noite. Ele não se espanta ao descobrir que eles se fazem de Papai Noel. Ele finge acreditar. Em *As Palavras*, esta impressão de farsa torna-se um tema central do relato.

A incompreensão entre a família e a criança

Os pais da criança se acham, por vezes, em conflito, seja porque não compreendem seu filho, seja porque este lhes é superior e os depreza. Em relação ao primeiro caso, o exemplo de V. Larbaud [50] é típico: os pais, ainda que benevolentes, exasperam seus filhos falando sobre os primeiros anos destes: "Parece até que eles não nos conheceram. Eles contam aos estranhos episódios de nossa primeira infância nos quais nada encontramos daquilo que nossa lembrança guardou. Eles nos caluniam". *Le premier de la classe* [32] ilustra o segundo caso. Inteligente e arrivista, sofre com a mediocridade de sua família: "Muitas vezes chorei de raiva porque meu pai era pobre e minha mãe não era bonita". Pequeno, sonhou que era filho de rei, que seus pais eram o criado e a ama-de-leite encarregados de educá-lo, ele o pequeno príncipe. Mais tarde imagina para si um pai general-de-brigada, ou negociante "distinto", ou ainda escritor célebre. A criança despreza sua família, muito distante de seu modelo ideal e de sua auto-imagem. Alain (Cesbron [57]), o pequeno delinquente, ignora seus pais. Imagina-os imponentes em um carro americano. Recusa-se então a ver sua mãe e seu pai adotivos quando estes se apresentam, pois pertencem a um meio modesto, têm uma aparência desajeitada e não possuem a elegância esperada.

A família que rejeita a criança

Inversamente, algumas famílias rejeitam a criança. Félix de Vandenesse (Balzac [104]) nunca foi aceito por seus pais que, no entanto, gostam de seus outros filhos. Félix lhes escreve cartas sentimentais para incitá-los a virem visitá-lo em sua pensão. Estas cartas só servem para atrair sobre ele reprovações irônicas ao seu estilo enfático. Seus pais nem mesmo se deslocam para assistir à distribuição dos prêmios. O Sagouin (Mauriac [63]) é destratado pelos pais, sobretudo por sua mãe, por causa de sua semelhança com seu pai, degenerado. A hostilidade de uma única pessoa em relação à criança é suficiente para transformar em inferno toda sua vida familiar; tal é o caso de Poil de Carotte ou de Brasse-Bouillon. Os maus-tratos infligidos à criança traem, nestes três últimos casos, um desentendimento ou pelo menos uma desarmonia no seio da família.

As brigas no seio da família

A família onde reina o descontentamento e as brigas faz a criança mergulhar na angústia: "Eu sou talvez o mais atingido; eu, o inocente, a jovem criança" (Vallès [24]). Ele não sabe se deve falar, o que marcaria a culpa de seus pais, ou se deve se calar, o que poderia ser interpretado como insensibilidade.

> Eu estava acostumado [diz Riquet], desde minha mais tenra idade, a assistir como testemunha solitária às cenas de família. Eu sabia reconhecer de longe os sinais como um camponês prenuncia a chuva. No entanto, eu não ouvia os primeiros ruídos de desordem sem ser sacudido por um terremoto. Então eu pedia socorro a não sei quem, em todo caso a alguém de poder admirável, que eu imaginava de bom grado ao meu lado; e produzia-se um fenômeno imaginário que pode ser representado aproximadamente como o seguinte: duas mãos complacentes ligavam-se atrás de mim formando um banco suspenso, suspenso em quê? Eu teria uma certa dificuldade em confessá-lo, mas o fato é que eu me sentava solidamente sobre ele. Tão logo o banquinho se elevava, ia se colocar não exatamente em uma altura extraordinária, mas suficientemente fora do alcance dos gestos daqueles que iriam brigar, pode-se dizer sob a cornija, por exemplo, e de preferência em um canto. Na verdade, eu permanecia bem no meio da briga; mas eu gostaria de não estar presente ali. É assim que, por vezes, nos sonhos, conseguimos dominar um pesadelo... e, a partir dali, eu olhava, como se estivesse em um terraço, uma cena que acontece na rua (Boylesve [4]).

Josiane tem horror e desprezo pelas cenas barulhentas que a impedem de prosseguir em seus sonhos (C. Rochefort [70]). G. Sand [155] é atraída por um conflito ideológico entre gerações. Sua avó é uma aristocrata do Antigo Regime, sua mãe levanta-se contra as convenções. A menininha tem crises de desespero, refugia-se no sonho. Ela experimenta "um vazio (...) no lugar do coração", "um desprezo pelo universo inteiro", "um desdém pela vida", "eu não gostava mais de mim mesma".

Alguns dramas que os adultos escondem são sentidos pela criança com angústia, na espera de um cataclismo, por vezes com a esperança de que algo sensacional aconteça. O pequeno Bernard Bardeau espera, assim, "os acontecimentos mais temíveis, as casas que desmoronam, as revoluções vermelhas de sangue, e que causam medo". Trata-se, de fato, da má conduta de um tio e da intervenção de um amigo da família que se torna o amante de sua mãe e se suicida. O ambiente que reina em sua família enerva tanto a criança que ela acaba adoecendo. A vulgaridade e a hostilidade recíproca de seus pais conduzem um garotinho ao suicídio em *L'enfant qui prit peur* (Gilbert de Voisins [165]).

O nascimento de um novo amor em uma mãe viúva é a causa da morte por desespero de Hélène (Zola [25]) e em *Champi-Tortu* (G. Chérau [116]). A presença de um amante ao lado de sua mãe faz da vida de Jack um inferno (A. Daudet [7]). A mãe se mostra incapaz de defendê-lo, ela aceita que ele seja expulso de casa por esse homem: "Para começar, nada aqui é seu [diz ao garoto]. A cama na qual você dorme, o pão que come, é à minha caridade que você deve. E, na verdade, faço mal em ser tão caridoso. Pois, afinal, será que eu o conheço?"

O falecimento, a desagregação

O falecimento de um dos progenitores tem conseqüências trágicas para a criança do século XIX e do início do século XX (Cosette, Marie-Claire etc.). O órfão, neste sentido, não é mais que uma vítima deste fato. A perda do pai ou da mãe é um acontecimento doloroso quando a criança o vivenciou. Se o falecimento ocorre quando a criança é muito jovem, ela pode sentir em relação à ausência uma impressão de falta ou, simplesmente, indiferença (*L'enfant malade*, de Colette, *Les enfants terribles*, de Cocteau, as crianças de *Fruits du Congo*, de Vialatte, a pequena Nadia de Claudine Chonez, Pascal de M. Bataille, Borel criança em *L'adoration*). Pascal criado por Michel Bataille é uma vítima direta da sociedade, porque sofreu irradiações atômicas quando um avião explodiu não muito longe dele. A morte de sua mãe, anterior ao acidente, nada teve a ver com o fato. Cosette era uma vítima porque sua própria mãe era também uma vítima da sociedade, inicialmente porque foi abandonada pelo pai de seu filho, em seguida porque perde seu trabalho quando se descobre sua situação de mãe solteira. As personagens atuais são diretamente vítimas das normas sociais, sem que exista a necessidade de mediação da família. O suicídio de Alexandre (R. Peyrefitte [68]), traído por seu amigo Georges, e sob a pressão de um religioso, é um outro exemplo deste fato.

Em contrapartida, as normas da sociedade por vezes oprimem a criança no meio da família que a adotou. Esta família-instrumento aparece em cada época, de *L'enfant*, de Vallès, ou *Poil de Carotte* a *La vipère au poing*, citando apenas as obras nas quais a criança sofre os tratamentos mais brutais.

Fenômeno curioso: se existem famílias onde um dos membros morre, mães solteiras, alguns padrastos (uma jovem madrasta em *L'enfant à la balustrade*, um amante em *Jack* e em *Une histoire d'amour*), numerosos casais que brigam, o divórcio praticamente não existe. Em *Le petit ami*, a criança visita alternadamente seus progenitores, que não moram juntos. Parece que eles nunca foram casados. A mãe de Léon (Ed. Jaloux [11]) foge mas retorna ao lar. A de Trique (Machard [16]) sai de casa. Mas a situação da criança de um casal divorciado não é descrito em nossa amostra. Nem Calvet, nem Dupuy, citam obras referindo-se a esta questão. Que sentido dar a este vazio? Interpretações diferentes podem ser propostas. Por um lado, a literatura sobre a criança assume um papel de contestação, alguns autores recusam-se talvez a utilizar a instituição do divórcio, a fazer deste um objeto de sofrimento para a criança na medida em que esta instituição foi criada em oposição às normas tradicionais. Outros afastam a imagem do divórcio, sem dúvida porque se recusam a ligá-la à pureza da criança. Preferem mostrá-la vítima de uma infelicidade, de um falecimento, do qual os adultos não são responsáveis, ou então atacar a família como veículo de normas a serem rejeitadas, ou ainda, criticam simplesmente os maus pais incompreensivos, não a família em si.

A fratria

Dentre o conjunto das obras das três amostras, 66 famílias são mencionadas. Aproximadamente dois terços [42] têm apenas um filho. A média de crianças por família nesta população estabelece-se em torno de 1,7, e não varia em absoluto. Os autores preferem polarizar a atenção sobre uma única personagem. Fato mais curioso, as posições intermediárias interessam pouco aos autores: 12 personagens são os filhos mais velhos, 13 são os caçulas, apenas 2 são os segundos de uma família de três filhos (*Brasse-Bouillon* de Bazin, *Le Petit Chose*) e ainda um terceiro de cinco (Gavroche), que vive praticamente sozinho. Ora, este resultado é o mesmo se considerarmos o romance ou a autobiografia aparentemente objetiva ou mais ou menos romanceada.

O elo entre a personagem e o autor aparece também se considerarmos o sexo[19]. As mulheres autoras criam dois terços das personagens meninas para um terço de meninos, enquanto que as meninas não representam a sétima parte das personagens criadas pelos homens escritores. A maior ambivalência das mulheres em relação a seu próprio

---

19. Assinalamos a divisão dos sexos dos autores e das personagens, na descrição da amostra. Cap. 1, p. 18.

sexo é bem conhecida. Encontramos este fenômeno em vários níveis do conjunto da pesquisa, em particular na escolha de personagens apresentadas através dos meios de comunicação de massa às crianças, meninas e meninos. Como as mulheres autoras representam apenas 9% da amostra dos escritores, as meninas são, enfim, pouco numerosas: 16% das personagens; os meninos formam uma massa importante: 65%, o resto se compõe de grupos mistos. Nos textos escritos para as crianças, esta mesma tendência existe mas de forma atenuada.

O conjunto dos quadros de vida e dos meios sociais nos quais os autores situaram a pequena personagem ordena-se em função das representações da infância e seu modelo ideal. Se a natureza, sob as diversas formas que assume, é geralmente acompanhada de uma valorização positiva, é porque ela é a expressão de essências semelhantes à essência da criança: a vida essencializada, fonte primeira, autenticidade. Ultrapassa o poder dos homens, que não podem criá-la, mas apenas tenta apoderar-se dela e modelá-la.

Pelo fato de que seu ser é entendido como um estado análogo ao da criança, a natureza oferece também a esta um modo de existência que lhe convém. A criança se apropria de diversos aspectos da natureza que, por seu lado, a ensina, a faz conhecer sua vida e suas leis. A criança imortaliza a natureza pela maneira como a olha, fixando-a na forma de imagens e de lembranças em sua memória, matizando-a de afetividade, personificando-a.

A analogia, a metáfora, revelam na escrita os aspectos mais simbólicos da natureza e da criança. A linguagem mítica as associa como sinal de um outro estado, de um outro mundo. A simbiose, a escolha preferencial de um certo contexto, expressam, sem dúvida, em uma linguagem mais cotidiana, um mesmo modo de conceber a criança, de lhe atribuir certas necessidades. Esta linguagem não pode ser considerada totalmente falsa em relação às necessidades da criança. Ela utiliza somente argumentos absolutos, cristaliza a criança em uma essência, funde, em natureza, aquilo que é vida, num momento da evolução do indivíduo e da sociedade.

Algumas características da natureza são atribuídas a quadros socializados para justificar sua valorização ou, inversamente, para rejeitá-los, assinalando sua falta ou mencionando seu aspecto negativo.

Os quadros íntimos pessoais: quarto, sótão, canto, cabana etc., apresentados em simbiose com a criança ou como contexto, significam uma maneira de viver. Estes lugares expressam a criança e a prolongam; a criança os faz existir, procura neles uma vida própria. Sua ausência impede a criança de ter uma existência e gostos pessoais, bloqueia a afirmação de si mesma. Estes quadros íntimos formam uma membrana protetora entre a criança e a sociedade. Suas características se resumem em: intimidade, proteção, personalização e, até mesmo, freqüentemente, personificação, possibilidade de manter nesse lugar uma vida imaginária, conservar sua liberdade, realizar sua vontade própria e por vezes observar o mundo exterior.

Os quadros íntimos compartilhados com o adulto acrescentam a este refúgio íntimo, personificado e seguro, um calor humano, ritmos e hábitos calmos, conhecidos, cada qual em seu lugar. Na casa familiar, mas por vezes também em um sótão abandonado pelos adultos, a criança adquire uma dimensão humana ao inserir-se em um passado, na história de sua espécie, na linhagem familiar. Este enraizamento no passado é não somente aceito, mas valorizado. Restituída em sua origem, a sociedade perde a sua nocividade atual. Os brinquedos e as festas completam esta imagem de um meio de vida para a infância, expressão da infância. Os brinquedos são simultaneamente coisas maravilhosas para a criança e uma representação do mundo próxima do real, mas sob sua aparência deslumbrante são, enfim, objetos pessoais e personificados. As festas colorem também o mundo cotidiano de alegria, cor, sabor. Permitirão uma superação do cotidiano, do razoável, seja através de práticas mágicas, seja oferecendo uma plenitude de sensações. A vida imaginária tem aí livre curso.

Os valores opostos à infância traduzem-se por representações da grande cidade: seu anonimato, fonte de angústia, de tristeza, oposto à intimidade; sua abstração e sua indiferença, opostas à personificação, ao familiar; a impossibilidade de se enraizar ali. Uma cidade provinciana, um bairro, têm por vezes características positivas: familiaridade, inserção possível para a criança, enraizamento em uma história, ritmo lento.

Os monumentos se dividem segundo os mesmos critérios. Os monumentos antigos evocam um tempo passado, mítico, suscitam imagens feéricas. Por esta evocação, e pelo sonho que provocam, eles pertencem ao mundo da criança.

Mas enquanto objetos mortos e temas de ensinamentos de adultos, tornam-se negativos e se opõem à rua viva. Os monumentos atuais citados são construções de papéis sociais impositivos: prisões, hospitais... Não conhecemos a este respeito imagens positivas.

A rua possui também uma dupla categorização. De um lado, ela permite à natureza penetrar na cidade por ocasião das feiras livres. Toda uma vida alegre manifesta-se ali. As lojas prolongam este aspecto e o completam com objetos maravilhosos, cores, guloseimas. A rua traz assim à cidade um ar de festa que a faz pertencer ao mundo da criança, quando esta sente uma certa intimidade (principalmente em meio popular). Mas a rua representa também o desconhecido, a angústia, o anonimato, a multidão, que corre ali como um rio hostil, com o risco de se perder. Ela se classifica então como a grande cidade.

Dada a valorização deste conjunto de características, a imagem do vilarejo situa-se em meio aos espaços sociais como um centro de convergência de elementos favoráveis. Ela compreende efetivamente: proximidade da natureza e seu ritmo, intimidade, enraizamento em um passado, em uma região, liberdade para a criança de circular ali, um sabor de objetos, festas.

Os "países da infância", as "terras da infância", descritos, contados, imaginados pelos autores, são universos que possuem todas essas características. Seus significantes são, sejam quadros reais, conhecidos, da primeira infância, coloridos pela afetividade da lembrança, das primeiras descobertas – seja dos países que se quer reencontrar porque acreditamos em sua existência, mas os perdemos – seja de países totalmente imaginários, sonhados, simbólicos – seja ainda uma maneira de olhar o mundo cotidiano, real. Estes países têm um charme particular, uma certa magia, uma poesia, uma parte de sonho. Lembramos de seu ambiente saboroso, caloroso, e todos os critérios especificados acima no que se refere a seu quadro e a seu meio.

Por vezes, excepcionalmente, um contexto negativo como Paris associa-se à criança autêntica ao invés de opor-se a ela. A simbolização excepcional de um elemento de uma categoria, a grande cidade, o vazio não apenas de seu conteúdo real mas até mesmo do sistema de representações que já o havia cristalizado em um primeiro absoluto. O garoto torna-se o sinal de Paris porque é o povo. O povo parisiense permanece garoto. Juntos são a revolução. Partindo desta essencialização, opera-se um deslizamento que faz de Paris o meio do garoto, como a água é o do peixe. Neste caso, em um mesmo autor (Victor Hugo), vemos se operar a passagem de uma analogia de natureza ou de uma metáfora a uma atribuição de contexto preferencial.

Os valores associados aos quadros e aos meios são fixados em função do modelo ideal da criança, que sempre serve de referência, porque a natureza que lhe emprestamos implica a imagem de um outro mundo que lhe é associado. Alguns aspectos deste mundo existem nos "países da infância" e na sociedade real. Mas, salvo nos casos onde os meios têm características de antigo, íntimo, "a sociedade" edificada pelos adultos contemporâneos é objeto de contestação. Esta valorização dos períodos antigos não deixa de ter analogia com a valorização da infância na história pessoal do indivíduo.

11. Imagens da Socialização

Nos relatos onde a personagem infantil assume o papel principal, os quadros e os meios analisados anteriormente são apresentados em função das características que lhe são atribuídas e do conjunto de valores que ela encarna. Os dois termos da relação criança-sociedade não podem ser dissociados, pois formam as duas classes de um sistema de oposições no interior do qual se inserem os pares de personagens opostas: criança autêntica/criança modelada e criança autêntica/adulto-norma, completadas pelo par adulto autêntico/adulto-norma que havíamos destacado anteriormente.

Abandonando as personagens, pudemos situar os quadros e os meios neste sistema. Certos aspectos do conjunto dos elementos agrupados sob a rubrica "sociedade", tais como "as normas" ou a instituição escolar, não foram analisados enquanto objetos, pois as apreendemos mais nitidamente ao longo da observação da socialização da personagem. Nos domínios das ciências humanas que se interessam pela criança, o termo socialização foi definido globalmente no mínimo como "a integração social da criança ao longo de seu desenvolvimento". Esta definição foi completada e matizada em função de diversas teorias, não sendo nosso objetivo evocá-la nesta pesquisa. Socialização expressa de fato, para nós, a junção entre os dois pólos da relação criança-sociedade. Os escritores mostram claramente a descoberta da sociedade pela criança e suas aquisições, mas as imagens que eles nos oferecem destes processos têm um caráter específico: a relação criança-sociedade estabelece-se de modo oposicional. A sociedade obriga a pequena personagem a adotar suas regras, seus modos de ver e de pensar, em prejuízo da criança. A criança contesta a sociedade pelo seu ser, suas palavras e sua situação.

Finalmente, a imagem da socialização assim apresentada revela o contraste ou até mesmo o conflito entre dois mundos, esses mundos da criança e do adulto que agrupam valores opostos. São claramente a expressão deste fato os relatos onde a personagem é mais mitificada: pode aparecer de modo mais mascarado e difuso, em outros relatos.

1. A CRIANÇA E A ORDEM SOCIAL

A ordem social aparece como um conjunto de limitações, aprisionamentos injustificados, de conseqüências cruéis. As pequenas personagens tomam consciência das categorizações sociais, em particular das classes, na ocasião em que sofrem proibições, discriminações e rejeições, ou aprisionamentos em um papel imposto pelo seu meio. Ora, as características da criança autêntica eram justamente a liberdade, a ausência de limites, de categorizações, "por natureza". A primeira crise moral de Jean-Christophe (R. Rolland [23]) produz-se quando ele descobre que existem pessoas que mandam e outras que são mandadas; sua mãe é cozinheira na casa de ricos burgueses e Jean-Christophe sofrerá constrangimentos devidos a esta situação que, mais tarde, continuará a marcá-lo apesar de seu talento.

Jacques Vingtras (J. Vallès [24]) acha-se duplamente vítima dos aprisionamentos sociais, da hierarquia de classes. Por um lado ele briga com o filho de um professor. "Foi um problema!... Chamaram meu pai, minha mãe; a esposa do diretor interferiu; foi necessário acalmar a sra. Viltare, que gritava: 'Vejam agora, os filhos de bedéis assassinam os filhos de professores!' (...)." O diretor deve "vigiar a disciplina e respeitar a hierarquia". Jacques foi obrigado a se desculpar e foi açoitado em casa. Constata com amargor que ele se reconcilia bem sozinho após uma briga com o pequeno criador de porcos. Por outro lado, ele convive por vezes com crianças de meios mais modestos que o seu e gostaria de brincar com os filhos do sapateiro, mas sua mãe o proíbe, porque seu pai é professor e o casal, provindo do meio camponês, deseja esta promoção.

A criança de meio modesto (Petit Chose e muitos outros) experimenta freqüentemente um mal-estar, quando entra na escola, em relação a seus colegas de classe de meios mais abastados, e este mal-estar se transforma em tomada de consciência da hierarquia social e das injustiças contra as quais nada pode fazer. A criança de família rica não tem, tampouco, uma vida melhor, pois se sente precocemente aprisionada em sua casta. Para transformá-lo em um "senhor", arrancam-no do meio das pessoas simples que ele aprecia. A sociedade não admite a possibilidade de elos humanos entre as classes. Por exemplo, quando Marcel (V. Larbaud [50]) parte para a escola, seus amiguinhos, os filhos do administrador, o chamam de "sr. Marcel", pois seu pai lhes pediu que assim o fizessem. Ele tem a impressão de ser rejeitado.

Os amigos dessas personagens infantis entram eles mesmos, freqüentemente, no sistema dos preconceitos sociais. Bernard Bardeau (Berge [27]) tem amizade com o jardineiro de sua avó, mas esta relação é truncada pelos preconceitos do homem idoso, que adere às normas burguesas. Julia, a filha dos colonos, que diverte Milou, o filho dos proprietários (V. Larbaud [50]), utiliza o papel de criada devotada para manipular o garotinho. Quando este descobre que ela surpreendeu seu amor pela pastora Justine, ele tenta comprar seu silêncio com dinheiro. Um e outro já estão condicionados, adotam os aspectos mais desagradáveis das relações sociais. No entanto, em outros momentos, Milou revolta-se contra a maneira pela qual ele se sente manipulado como herdeiro.

De um modo mais banal, Gide recorda-se de afinidades com certas crianças de sua classe, mas ele não convive com elas, pois "infelizmente seu pai não era professor na faculdade". Os pais impõem quase que automaticamente, a seus filhos, colegas do mesmo meio que, juntos, compartilham os mesmos estudos, prazeres e tédios.

Algumas crianças revoltam-se e se colocam do lado dos oprimidos. Milou diz que se tornará um criado, para contrariar seus pais; Jacques Vingtras afirma, neste mesmo sentido: "Eu gostaria de ser operário", e Gavroche simboliza o povo revoltado. Outros cedem e sofrem em silêncio, profundamente enojados pela maldade e fraqueza dos homens de seu meio. O *Enfant à la balustrade* (R. Boylesve [4]) contempla, assim, o conflito desencadeado entre sua família e sua cidadezinha. Seu pai, escrivão, comprou uma casa que um rico burguês cobiçava para seu sobrinho. Essa personagem poderosa consegue levantar a população contra o escrivão, que perde sua clientela. Finalmente, quando a hostilidade se acalma, os pais fazem uma visita para pedir desculpas, apesar de sua humilhação. A criança, confusa e enojada, retira-se para seu balaústre, em frente a uma estátua de Vigny que

permanecia estranha aos nossos rumores, às nossas brigas, às nossas baixezas. Ele parecia desesperado e, ao mesmo tempo, calmo. Pareceria assim em função daquilo que ele via a seus pés? Seria em função daquilo que ele via ao longe? De seu pedestal veria ele os homens melhor do que nós? Veria ele Deus? Ele não veria nada?

A criança ideal, que não foi condicionada pela sociedade, não compreende nem mesmo o significado de relações humanas fundadas na hierarquia social. O Pequeno Príncipe espanta-se e se pergunta sobre as relações entre rei e súdito ou entre admirado e admirador. As classes sociais são, sem dúvida, a expressão mais dolorosa da categorização e da hierarquização opostas à natureza original da criança; no entanto, encontramos também outras formas destas. Josiane detesta as mulheres de seu bairro, que vêem nela "uma pequena mamãe". A imagem que elas dão deste papel não incita a menininha a tomá-las como modelos; principalmente, e antes de mais nada, ela não tem vontade de se deixar "etiquetar". A criança judia recebe, a maior parte do tempo, a revelação de sua pertinência a essa categoria tal como a de uma tara, de uma maldição (A. Maurois)[1]. Sente-se como estranha, culpada ou digna de pena, ou pelo menos diferente aos olhos dos outros, que a designam como "judia" enquanto que ela mesmo ignorava, freqüentemente, do que se tratava. Algumas personagens aceitam o anti-semitismo ou a xenofobia, sem compreendê-los completamente. Foi ensinado a Trott [14] o amor pelo pequeno Jesus e o ódio pelos judeus que o mataram. Ele não compreende por que sua mãe aceita um buquê de um judeu, o sr. Aaron, que a corteja. Os comportamentos dos adultos lhe parecem aberrantes. Por isso, oferece um buquê a um asno infeliz. A criança ingênua critica, através de sua lógica, mas o próprio autor manifesta aqui uma posição racista ao criar uma imagem odiosa e caricatural do sr. Aaron, tornando, neste sentido, a mãe culpada. Sartre [75] não sente nenhuma antipatia pelos alemães lendo as obras de Hansi. As personagens fazem-no lembrar seus tios alsacianos: "Eu detesto alemães, por Deus, mas sem convicção".

Ao lado da revolta contra a injustiça e contra a perda de liberdade que qualquer categorização representa, muitas pequenas personagens aceitam mal as proibições. A efervescência de sua jovem vida[2] as impele a experimentar tudo, a conhecer tudo imediatamente. O jardim torna-se para uma criança como Line (Séverine [159]) "o jardim de Tântalo": "Line, você não pode tocar nas flores, de modo algum!... Line, você respeitará a parreira!... Line, você estará em maus lençóis se roubar uma só fruta!" E a criança tem vontade de violar a proibição, o que torna o objeto ainda mais desejável. É o caso de Lucien (Sartre [49]), que quer beber o suco de laranja contra a vontade de sua mãe. A educação se faz freqüentemente sob uma imposição. Jacques Vingtras não gosta de cebola, ele não a suporta. Obrigam-no a comer cebola sistematicamente, por cinco anos. "É preciso se forçar." O bom comportamento assume uma importância primordial: "A limpeza antes de mais nada, meu menino! Ser limpo e manter uma postura ereta, eis o fundamental!" (Vallès [24]).

A criança autêntica não se interessa pelos hábitos e normas dos adultos, ela não os compreende ou desmistifica seus aspectos convencionais. Personagens como Biche ou Babou (Lichtenberger [41 e 42]) não têm nenhum gosto pelas atitudes sociais, pelas efusões. Biche se desespera nas reuniões sociais, na sala de sua mãe; Babou tem um senso de polidez espontânea, que não é devido à educação, e esta

---

1. "Mémoires, les années d'apprentissage" e Ed. Fleg, "L'enfant prophète", citados por P. Aubery, in *Milieux juifs de la France contemporaine à travers leurs écrivains*. Plon, Recherches en Sciences Humaines, 1957.

2. Cf. Cap. 3, "A efervescência da vida", pp. 67-70.

aparência esconde toda uma vida desconhecida. O Kid (Giraudoux [40]) se lava, mas sua limpeza é "natural", não se assemelha aos cuidados que os adultos se impõem. Zazie conhece os hábitos e os utiliza em seu benefício no momento desejado. Quando um senhor lhe oferece mexilhões e batatas fritas, ela troca algumas palavras com ele. Mas na maior parte do tempo ela debocha das convenções.

A criança contestadora não apenas zomba dos hábitos, mas denuncia as racionalizações que os justificam. Zazie, em particular, descobre os motivos reais mascarados sob os bons sentimentos. Os pré-adolescentes de V. Larbaud desempenham o mesmo papel: "Começamos a nos dar conta de que eles (os adultos) representavam uma farsa da austeridade do dever (...)". As mais velhas contestam as normas sociais por uma tomada de consciência, uma reflexão, e as mais jovens por sua ingenuidade corrosiva. Analisamos[3] estas atitudes da criança em relação ao adulto: os objetos de seus ataques são globalmente as estruturas sociais burguesas e as normas que as reforçam, freqüentemente inúteis e injustas, que não repousam em leis da vida, mas *a priori* em considerados artificiais, na maior parte dos textos.

O dinheiro naturalmente pertence a esta categoria de objetos sociais que a criança encontra ao longo de sua socialização e a que se opõe. Existem pequenas personagens que não compreendem essas coisas, pertencem ainda ao mundo da infância, tão distante destas preocupações. "O que espanta (Poum) é o fato de se ser banqueiro. Ele não entende isso. O que é que se pode fazer com tanto ouro? Não serve para nada (...); brilha, é só" (P. e V. Margueritte [17]). Outras crianças manifestam exasperação ouvindo as conversações ditas "sérias" dos adultos, que falam apenas sobre rendas, hipotecas etc. Para se vingar, Milou declara: "Quando eu crescer (...), vou comer tudo, morrerei na miséria". O pré-adolescente (V. Larbaud [50]) medita sobre "esta coisa misteriosa (...) que penetra todos os pensamentos: o dinheiro". Ele denuncia seu uso: "Fazem dele: carreiras que os deformam, negócios que são um ultraje ao espírito, uma família onde crianças como nós crescem na submissão, no temor, na ignorância da vida". Leiris recorda que seus pais lhe inculcavam grandes princípios morais relativos ao dinheiro: o horror ao jogo, o gosto pela economia, pela honestidade, pela atenção aos mais desfavorecidos, etc. Mas ele nota: "Em tudo isto não intervinha nenhum questionamento do fundamento da distribuição das riquezas em nossa forma atual de sociedade". No mais, "tive a impressão, certa vez, de que minha própria família prestava-se às acusações formuladas quando se fala do 'mau rico'" [62] (a propósito de uma criada despedida). *Le voleur*, de Darien, pelo contrário, ostenta cinicamente seu amor pelo dinheiro. Quer desfrutá-lo sem nenhum problema de consciência, sem se justificar

---

3. Cf. Cap. 6, pp. 216-217.

com grandes princípios, o que é ainda uma maneira de se desmistificar o dinheiro.

A ordem social aparece oposta à vida, aos sentimentos. Uma imagem típica deste fato é dada pela cena do cão perdido que um policial quer apanhar. O comboieiro explica ao jovem delinqüente que vão matá-lo, e à criança que lhe pergunta o porquê, ele responde: "É perigoso para a ordem" (Cesbron [57]).

Mesmo quando os adultos admiram a natureza, fazem comentários por meio de clichês que, com o tempo, enojam a criança que representa a vida com a natureza e não o discurso sobre ela. Henri Brulard observa: "Meus pais elogiavam sem cessar, a ponto de me causar náuseas, a beleza dos campos, do verde, das flores etc. (...) Estas frases vazias me causavam, em relação às flores e às platibandas, uma repugnância que perdura até hoje".

Este mundo dos adultos visto pela criança, mundo organizado, racionalizado, categorizado, provoca na criança, no mínimo, tédio, quando ela não é vítima, ou quando não entra em guerra contra este mundo. Léon (Ed. Jaloux [11]) se aborrece durante o passeio dominical em família. As conversas "sérias" dos adultos, em particular sobre negócios e dinheiro (como já vimos), entediam muito as pequenas personagens.

Algumas personagens viveram em um universo familiar unido e fechado. Elas acreditaram em uma relativa perfeição do universo dos adultos "de boa vontade". Mas um dia ou outro descobrem a falha. Simone de Beauvoir acreditava na harmonia total entre seus pais e na afeição dos criados. Uma noite, no jardim com sua empregada, ela vê duas silhuetas e ouve vozes enervadas. Louise diz: "São o senhor e a senhora brigando". "É então que o universo cairá em pedaços. Impossível que papai e mamãe fossem inimigos, que Louise fosse sua inimiga; quando o impossível se realiza, o céu se mistura com o inferno, as trevas se confundem com a luz. Perdi-me no caos que antecedeu a criação." Sartre, por seu lado, ouve seu avô queixar-se de seu editor: "Eu descobria, estupefato, a exploração do homem pelo homem".

A criança acreditou na perfeição do mundo, representado por ela como belo, recriando-o em sua imaginação[4]. Mas a sociedade a obriga a olhar o mundo com sua própria lógica. É assim que Fan, atacado por Buteau, criança dos adultos, já socializado segundo suas normas, cala sua interpretação poética do mundo. Para Buteau, Fan conta "histórias, mentiras ridículas". Fan acha Buteau de uma pobreza sem recursos, sem esperança. E os outros que estavam ali não se davam conta de que esta pobreza os dominava (...), os enfeava (...). Um frio dissimulado lhe correu nas veias, ele mesmo se sentira ameaçado (...) (Genevoix [37]).

---

4. Ver Cap. 4, pp. 94-102.

2. A SOCIALIZAÇÃO

O exemplo de Fan ilustra de forma típica a socialização entendida como uma passagem entre dois mundos. A transição nem sempre é tão brutal. Alguns descrevem esta socialização como uma sucessão de obrigações, de iniciações. Darien [5] toma o rio como símbolo da educação. "Os rios claros que atravessam as cidades nascentes (..) lançamos uma ponte por cima deles, inicialmente; (...) em seguida, cobrimo-los inteiramente (...). Sob a abóbada formada pela noite, entre os muros de pedra que o comprimem, o rio corre sempre. Sua água pura torna-se lama... não é mais um rio, é um esgoto." Encontramos ainda o tema da água viva e pura que tem o mesmo sentido que a vida infantil, e aquele da cidade decadente. O paralelismo aparece na conclusão de uma passagem sobre a educação: "É preciso que meu ser moral primitivo, o eu quando nasci, desapareça. É preciso que meu caráter seja corrompido, assassinado, sepultado". Esta conclusão vem após uma descrição da maneira pela qual quiseram destruir seus instintos e sua vitalidade. "*Educam-me*. Oh! A ironia desta palavra!... Educação! O rechaço dos instintos. Reprovam meus defeitos, fazem-me sentir vergonha de minhas imperfeições. Eu não devo ser como sou, mas *como se deve ser*. (...) Inoculam-me a razão – isso é isso – no lugar do coração! Meus sentimentos violentos são criminosos ou, no mínimo, deslocados, ensinam-me a dissimulá-los." Submisso ao "chicote do respeito", para conduzi-lo à "unidade da vulgaridade", ele leva, diz ele, uma vida de velho. Guardará repulsa pela vida, uma vez adulto. H. Brulard fala também da repulsa daquilo que perturbou sua infância: "Por um grande acaso, parece-me que eu não fiquei maldoso, mas apenas enojado, pelo resto de minha vida, pelos burgueses, jesuítas e hipócritas de todas as espécies" (Stendhal [160]).

É a descoberta das feiúras do mundo que leva Jacques Vingtras [24] a se sentir envelhecendo. "Eu só temia aquilo que não via; agora tenho medo daquilo que vejo, medo dos mestres maldosos, das mães enciumadas e dos pais desesperados. Toquei a vida com meus dedos cheios de tinta. Tive que chorar os golpes injustos e rir das besteiras e mentiras que contaram os adultos." *Le voleur* [5] falava também de medo, mas de um medo ensinado sistematicamente pelos adultos, um medo de si mesmo e dos outros que obriga a criança a se limitar à mediocridade, aos lugares-comuns, à vulgaridade. À sua mãe que o interroga sobre suas distrações em Paris, Zazie responde apenas: "Envelheci" (Queneau [69]).

Para estas personagens, a descoberta da sociedade e sobretudo a integração de seus modos de vida, de suas normas, se faz penosamente; ela lhes parece uma degradação, um desgaste, expresso pelo termo envelhecer ao invés de amadurecer, enriquecer-se.

Outras crianças manifestam diferentemente as dificuldades de socialização. Algumas têm medo de se tornar adultas, tal como Loti, que teme se entediar[5]. Ou *La crique* (Pergaud [19]), que após os pais terem proibido a seus filhos de se reunirem, lamenta-se com seu bando: "E dizer que, quando crescermos, seremos talvez tão bobos quanto eles!" Lucien torna-se sonolento e emburrado. O médico pensa que ele cresceu muito e tem necessidade de um fortificante. Na realidade ele se socializa com dificuldade, mas os adultos preferem dar explicações orgânicas aos problemas das crianças (já assinalamos este fato, em particular para Biche[6]).

Os condicionamentos não se produzem sempre no sentido previsto. *Le voleur* mantém, de sua educação, o amor pelo dinheiro e o desprezo pelos vencidos, ele se torna ladrão profissional. "Eu não reencontrei todos os instintos que me foram arrancados com a finalidade de formar um caráter; mas pude fazer destes uma vontade (...). E, depois, esta instrução que eu recebi me deu violentamente aquilo que ela dá mais ou menos a todos; um sentimento que, creio eu, não me deixará facilmente: o desprezo aos derrotados."

A contestação assume freqüentemente formas menos brutais. Henri Brulard, revoltado contra sua família e sua educação, escapou ao domínio de seu preceptor. "Aquele homem teria feito de mim um malandro; ele era, percebo-o agora, um perfeito jesuíta; chamava-me de lado em nossos passeios (...) para me explicar que eu era imprudente em minhas palavras: 'Mas, senhor, eu lhe dizia em outros termos, é o que sinto'. Não importa, meu amiguinho, não se deve dizê-lo, não é conveniente. Se essas máximas tivessem sido levadas em conta, hoje eu seria rico, já que por três ou quatro vezes a fortuna bateu à minha porta. (...) Mas eu seria um malandro, e não teria estas encantadoras visões do *belo* que freqüentemente preenchem minha cabeça, à idade de *fifty two*" (Stendhal [160]).

Outras crianças têm consciência de suas necessidades mas já não podem escapar aos condicionamentos de que são vítimas. Folcoche (H. Bazin [52]), doente, está internada em uma clínica. Seus filhos adquirem, enfim, um pouco de independência, não sofrem mais provações. No entanto, sua ausência deixa um vazio, ela lhes faz falta. "Mais tarde, na escola, me ocorrerá de achar deserta uma sala de aula povoada de colegas anônimos e eu a sentirei se encher de uma intensa presença com a entrada do mestre. Não é o número de seres vivos, é sua autoridade, que povoa uma casa. Folcoche fora de casa, *la belle Angerie* nos pareceu sem vida (...) a voz de Folcoche nos fazia falta." Várias crianças aceitam e até mesmo justificam as brutalidades de seus pais em relação a elas, utilizando os próprios argumentos dos pais. No entanto, em certos momentos comparam e lamentam não ter tido uma família de outro tipo (Vallès e Frapié).

5. Cf. "Imagem do Futuro", p. 338.
6. Cf. Cap. 7, p. 119.

Daniel (A. Daudet [6]) tem como amigo um menino da rua, mal-educado. Ele brinca com ele de Robinson Crusoé. Mas sente intensamente as observações dos adultos. Recusa-se a ver o amigo, que lhe disseram ser mal-educado. Não pode suportar esta crítica dos adultos, que no entanto não exigiram uma ruptura.

A criança autêntica idealizada apresentava-se como um ser não socializado e, frente a ela, em oposição, os autores situavam freqüentemente uma criança modelada pelos adultos, socializada segundo suas normas. Vimos Lotte oposta a Biche, Buteau a Fan, o escoteiro a seu primo Jean etc.[7] A criança autêntica morre ou muda, e o relato se detém; ela não se socializa. A criança modelada parece já inteiramente condicionada, ou até mesmo possui, de início, uma outra natureza. O sistema de valores bem demarcado se manifesta claramente. Mas a linguagem mítica nem sempre aparece tão clara. Na autobiografia e nos romances mais realistas existe oposição entre a criança e o adulto, por vezes revolta, mas por vezes também a imagem da pequena personagem deformada sem que ela tenha consciência disto. O modelo ideal da criança autêntica que ela deveria ter sido permanece latente.

Em certos momentos Milou apresenta-se como uma criança autêntica, mas em outros aproveita-se de sua situação de herdeiro. Entre Julia e ele se instaura a relação mestre-escravo, e eles desempenham seu papel levando em conta a hierarquia das classes sociais a que pertencem. Lucien (Sartre [49]) adota rapidamente o comportamento do patrão em relação a seus operários, já que ele é um futuro chefe. Ele gosta dos operários que o chamam de "senhor". "Ele já sabe lhes falar como um chefe, séria e docemente, olhando-os nos olhos e chamando-os por seu nome." Simone de Beauvoir estava satisfeita com a superioridade de seu meio. "Não existe muita distância entre o contentamento e a suficiência. Satisfeita com o lugar que ocupava no mundo, eu o considerava privilegiado. Meus pais eram seres excepcionais e eu considerava nosso lar exemplar. (...) Sua superioridade recaía sobre mim. No jardim de Luxembourg proibiam-nos de brincar com menininhas desconhecidas: isto ocorria, evidentemente, porque éramos feitas de um material mais refinado (...). Eu não estudava no liceu, mas num instituto privado que manifestava, pela quantidade de detalhes, sua originalidade (...). Eu pertencia a uma elite." Dolly (V. Larbaud [50]) é também marcada por sua situação de herdeira: ela despreza Elsie, filha de operário, fala incessantemente de dinheiro etc.

Algumas personagens (principalmente nas autobiografias) vivem os inícios de sua infância aceitando os valores que lhes são inculcados sob forma de modelos. "Calado (...)", (...) "Tranqüilo como um anjo", são as primeiras lições de moral das quais se recorda Leiris. Antes de

---

7. Cf. Cap. 3, pp. 82-86.

mais nada tratava-se de "contentar seus pais, ser ameno e estudioso". A criança quieta toma a forma de "figuras insossas", "imagens pias". Simone de Beauvoir aceita inicialmente a hierarquia e os valores de seu meio. Ela não compreende absolutamente o sentido da palavra "inconveniente", que retorna incessantemente. Mais tarde, ela descobre suas extensões em direção ao corpo inteiro, às atitudes e, especialmente, ao conjunto das proibições que visam a "espécie feminina". Uma senhora direita "não deve se permitir decotes muito amplos, cortar os cabelos etc."

Zette (P. e V. Margueritte [18]) não possui de início as características da criança autêntica, ela parece mais predeterminada por seu sexo, segundo uma imagem tradicional da mulher dessa época, cuja vaidade e maldade ela manifesta espontaneamente. No entanto, se sua socialização corrige certos traços negativos de sua natureza, ela também lhe ensina a dissimulação. "Zette não é instintivamente mentirosa. Mas pela propensão insensível dos jogos, pelas mil pequenas falsificações praticadas ao seu redor, ela não considera a mentira como uma ação sempre vil, culpável em si. Pelo contrário, o próprio exemplo cotidiano lhe ensinou que nada é mais freqüentemente fora de propósito, mais cruel, do que a verdade; ela sabe que ligeiras atenuações, muitas vezes, melhoram bem as coisas." Seu pequeno colega Poum, pelo contrário, descobre que "mentir é um crime enorme".

Crianças dóceis, modeladas como exigem os adultos, tornam-se por vezes, mais tarde, revoltadas. *Le voleur* (Darien [5]) é um exemplo característico deste fato. O quadro que ele fornece de si mesmo, criança submissa, é uma contestação tão violenta quanto a de Milou, que ataca seus pais. "Mas eu sou razoável. E é justamente por isso que tanto faz para mim ter uma túnica muito longa e ares de bobo. Se eu sou um canário, sou daqueles aos quais se furam oa olhos para ensiná-lo a cantar melhor." Mais tarde ele utilizará as vantagens da sociedade adotando um ponto de vista oposto aos princípios morais que quiseram lhe inculcar. Ele separa os valores, os hábitos, da moral que os recobre. Zazie é lúcida desde a infância. Ela conhece a moda, quer se mostrar a par de tudo, mas desmistifica os princípios e os bons sentimentos.

Um outro tipo de criança modelada é aquele da pequena personagem que adota comportamentos que seriam esperados em adultos. Os pais encorajam freqüentemente esta precocidade, que lhes parece um atestado de inteligência e de *savoir-faire*. Durante uma campanha política, Minet-Chéri segue seu pai até um bar: "Eu sabia comandar: 'tin-tim', e acrescentar 'à saúde!', brindar e depois beber de um gole só, e bater sobre a mesa o fundo de meu copo vazio, e limpar com as costas da mão meus bigodes de vinho doce da Borgonha, e dizer, empurrando meu copo junto ao garrafão: 'Este vinho desce bem' ". "Eu conhecia os bons modos" (Colette [30]). O pai de Marie-Claire (M. Audoux [1]) a colocava de pé entre os copos e a fazia cantar. Sartre lembra-se de sua aparente maturidade intelectual. "Tenho palavras de homem, sei manter, sem titubear, conversas sobre assuntos acima de minha idade." Ele nem sempre compreende o que ele mesmo diz. Confia no acaso, deixa aos adultos o prazer de compreenderem o que eles querem, como verdadeiros oráculos. "Sozinho em meio aos adultos eu era um adulto em miniatura e tinha leituras de adulto; isto soa falso, já porque no mesmo instante eu permanecia uma criança (...). Eu vivia acima de minha idade (...) assim como se vive acima de seus recursos."

Vários escritores explicam a personagem que se tornaram pelo ambiente geral e a conjuntura histórica na qual se desenvolveram. "No fundo, quando me observo (escreve Renan [21]), eu, de fato, mudei muito pouco; desde a infância o destino, de alguma forma, ligara-me indissoluvelmente à função que eu devia realizar (...). Por bem ou por mal, e apesar de todos os meus esforços conscienciosos em sentido contrário, eu estava predestinado a ser o que sou, um romântico protestando contra o romantismo, um utopista pregando em política o terra a terra, um idealista esforçando-se inutilmente para parecer burguês, feito de contradições (...). Minha raça (bretã), minha família, minha cidade natal, o meio tão particular onde cresci, proibindo-me as visões burguesas e tornando-me absolutamente impróprio a tudo aquilo que não diz respeito à manipulação pura das coisas do espírito, tinham feito de mim um idealista, fechado para todo o resto." Sartre também constata: "Estou marcado. Materialista convicto, meu idealismo épico compensará até minha morte uma afronta que não sofri" (perda de duas províncias, aliás devolvidas à França). "Eu não era nem feroz, nem guerreiro, mas não é minha culpa se este século nascente me fez épico (...). A agressividade nacional e o espírito revanchista faziam, de todas as crianças, vingadores."

A diferença ideológica entre os pais de Simone de Beauvoir é, nos diz ela, a razão de sua carreira: "Este desequilíbrio que me levava à contestação explica, em grande parte, o fato de ter me tornado uma intelectual". Dentre as personagens de romance, uma criança como Jean-Christophe (R. Rolland [23]) deve sua vocação a seu meio, o meio musical dos Krafft. Os condicionamentos da criança através do conjunto de seu meio são apresentados, na maior parte do tempo, como um fenômeno fatal, cujos efeitos o autor constata, mas do qual a criança não tem nenhuma consciência no momento em que vive tal fenômeno. O tom pode expressar um arrependimento mas ele não atinge a violência da revolta freqüentemente atribuída à criança que sofre e que se opõe ao adulto no momento em que este quer lhe impor suas normas.

Uma outra forma de crítica da sociedade aparece nas inquietações da criança em relação a seu futuro; ela teme transformar-se, tornar-se igual aos adultos que ela observa.

3. IMAGENS DO FUTURO: TEMORES E DESEJOS

A imagem do futuro que os adultos propõem à criança freqüentemente a entristece e desgosta. Vimos o desespero de Poum quando ele deve entrar na escola para se preparar para uma "posição"[8], ou o de Marcel (V. Larbaud [50]), que também parte para a escola para se tornar "um senhor" (acima). O jovem Milou se preocupa: "Todos estes senhores se parecem, e sua visão é suficiente para encher Milou de tédio. Ele se pergunta se não vão traí-lo e fazer dele, sem que saiba, um senhor" (V. Larbaud [50]). Babou também tem medo de envelhecer: "Quando se é grande, é preciso trabalhar, usar óculos e depois morrer; isto não é nada engraçado" (Lichtenberger [42]). Loti ficou tentado pela vida de pastor de seus ancestrais huguenotes, mas o aspecto do templo aos domingos esfria sua vocação. Ele renuncia. Seus pais lhe propõem a politécnica. Ele não recusa, mas até o momento de descobrir a vida e o aspecto dos marinheiros, a visão dos homens adultos de seu meio o desencoraja: "Eu me dizia: será preciso, um dia, ser como um deles, viver utilmente, pausadamente, em um dado lugar, em uma esfera determinada, e depois envelhecer". Ele sente "uma desesperança sem limites". Rigaud, *Le premier de la classe*, luta para escapar a seu meio medíocre, mas apesar de seu brilhante sucesso escolar, o futuro o preocupa: "Sinto-me freqüentemente triste com a idéia de que será preciso escolher um caminho e renunciar a todos os outros. Gostaria tanto de não renunciar a nada daquilo que é, daquilo que imagino, daquilo que se oferece e que se oferecerá a mim" (B. Crémieux [32]).

Em *La guerre des boutons* (Pergaud [19]), os meninos preocupam-se principalmente com a possibilidade de se tornarem, com a idade, "tão bobos" quanto seus pais. Na maior parte do tempo, as pequenas personagens queixam-se sobretudo da imagem triste e limitada da vida dos adultos. Simone de Beauvoir e sua pequena irmã preocupavam-se com o envelhecimento por estas mesmas razões. "Não conhecia nenhum [adulto] que parecesse se divertir muito sobre a terra: a vida não é alegre, a vida não é um romance, declaravam elas em coro. A monotonia da existência adulta já me havia causado pena; quando me dei conta de que, em um breve prazo, ela se tornaria meu prêmio, a angústia me pegou (...). Eu, desde o nascimento, adormecia cada noite mais rica que na véspera; subia de degrau em degrau; mas lá em cima, encontrava apenas uma plataforma morna, sem nenhum objetivo em direção ao qual caminhar; então, de que valeria tudo isso?"

A velha cozinheira contou a Trott sua triste vida. Ele percebe que ela foi outrora uma bonita moça, ela tão velha, tão feia. Ele soluça: "Será que, (...) eu me manterei sempre um garotinho?" [14].

---

8. Cf. Cap. 7, p. 201.

Vimos também a revolta dos herdeiros, que não aceitam o lugar pronto oferecido pela família. Outras personagens, de meio mais modesto, são induzidas por seus pais a realizar uma promoção social. Elas não aceitam mais a utilização de sua pessoa para servir ao prestígio de sua família. Estes conflitos entre estas personagens e sua família refletem a oposição entre o mundo livre das crianças e o dos adultos, limitado, interesseiro, submetido aos preconceitos. A criança se deixa, no entanto, seduzir progressivamente pelos aspectos privilegiados do adulto, tal como ocorre com Milou: ele pensa que os aspectos exteriores da vida de um senhor são, talvez, afinal, divertidos: a flor na lapela, o charuto, a política. Outras, como Biche, permanecem por toda sua vida personagens autênticas, mas se submetem por docilidade e gentileza. É, por vezes, um drama: ela desposará um bom partido para satisfazer à mãe, não poderá se adaptar ao "mundo" e morrerá bem jovem. Certos pais projetam sobre suas crianças os desejos insatisfeitos de sua infância, são outras formas de dramas (por exemplo, no caso de J.-J. de Nantes[9]).

Riquet deseja fazer "grandes coisas", mas ele hesita sobre a maneira de concretizar este desejo.

> Que grandes coisas? Eu não sabia. Nunca soube quem depositara em mim esta idéia, nem apenas este termo. As grandes coisas seriam recitar versos de M. de Bornier, que me havia feito ver outrora em Marguerite Charmaison uma criatura seráfica? Seria ir a Roma, encontrar-se com um lorde ou um cardeal inglês? Seria sentir o bom Deus passar no vento, através da folhagem dos pinhos, como em Courance? Seria ser um poeta de bronze, impassível, numa praça pública? Seria morrer, como acontecera com mamãe? Ah! O que seria? (R. Boylesve [4]).

Várias personagens têm mais sorte. Elas descobrem no mundo dos adultos modelos e valores que correspondem ao mundo da infância, seu futuro lhes parece entusiasmante, elas vão realizar uma vocação. Loti se apaixona pela vida de marinheiro após ter lido um diário de bordo. Os marinheiros que ele vê passar nas "docas" simbolizam "a aventura", "a vida rude e simples", "a alegria de viver". Ele se torna oficial da marinha. Jean-Christophe tem seis anos quando ouve Hassler tocar; "durante toda sua infância Hassler foi um modelo vivo sobre o qual Jean-Christophe tinha os olhos fixos". O seu drama fora então o de ser tratado simultaneamente como criança prodígio e criança pobre. Mas ele teve a sorte de encontrar um modelo positivo e de se fixar nele.

Diversos valores integrados ou não aos modelos são suscetíveis de cativar a criança. Uns correspondem a entusiasmos da primeira infância e são freqüentemente abandonados em seguida, e outros podem suscitar verdadeiras vocações. Várias personagens gostam dos relatos de guerra.

9. Cf. Cap. 8, p. 248.

Os relatos de guerra me entusiasmavam particularmente, como entusiasmam todas as crianças destinadas a se tornar homens pacíficos. Admirava loucamente Alexandre, César e Napoleão e, durante aproximadamente um ano, fora admirador de Aníbal. Não sei bem o que pôs termo a esta paixão: creio que foi o fato de saber que ele era mal-afamado (Ed. Jaloux [11]).

Em contrapartida, Jacques Vingtras, mais velho, no contexto escolar, não se inspira nos modelos de generais ou de reis propostos para suas redações. Ele não sabe se colocar no lugar deles. Milou odeia os grandes homens de sua família que lhe são constantemente citados como exemplo e que o aprisionam em sua linhagem burguesa.

A vida, apresentada nos jornais para os jovens e nos relatos de aventuras, também seduz a criança, mas quando esta pensa em seu futuro pessoal, se torna realista. Poum, por exemplo, "seria um caçador canadense, caçador de bisão, mas teme ser escalpelado por um *sioux* ou um pé-negro. Ele não detestaria ser militar como seu pai, mas na condição de que ele mate inimigos e nunca seja morto" (P. e V. Margueritte [17]).

> Ao invés do faz-de-conta, a imaginação das crianças pensa na guerra e se acostuma com o perigo. Aliás, quando a pátria os chama aos vinte anos, eles sabem o que os espera e, ao invés de tremer diante do desconhecido, lembram-se das brincadeiras de sua infância (Stendhal [160]).

Toda uma geração, após a derrota de 1870, adotou, apesar desta, os modelos heróicos de revanche, e muitos orientaram sua vida em função deste horizonte. A agressividade nacional e o espírito de revanche faziam, de todas as crianças, vingadores" (Sartre [73]).

Estas crianças da derrota foram alimentadas com os modelos de guerra. A sociedade as condicionava em função das necessidades nacionais. A. Dupuy observa a este respeito:

> Todos os textos ditados, leituras, a maior parte das aulas de educação moral e cívica, as recitações e os cantos, tomam a guerra como *leitmotiv*, como "centro de interesse", poder-se-ia dizer hoje. Em todos estes exercícios escolares o tema restringe-se à coragem militar, aos belos traços de heroísmo, à fronteira mutilada, o resgate infamante.

Ele cita diversos textos a este respeito, seja na literatura escolar, seja no romance[10].

As crianças têm prazer pela aventura, pelo heroísmo, pela vida livre. A efervescência da vida em sua fonte, seu desejo de viver e conhecer tudo, fazem-nas rejeitar uma existência vulgar e banal. A sociedade sabe utilizar em seu benefício estas tendências, oferecendo-lhes modelos utilitários. A criança encontra também modelos de eva-

10. *Op. cit.*

são, em particular em seus jornais e romances, como Poum. Mas ele os percebe rapidamente como inutilizáveis para construir seu futuro. Raras são as imagens do futuro que correspondem às necessidades profundas das pequenas personagens, e que se transpõem em profissões realizáveis.

Em função da imagem que a criança concebeu de uma profissão, em função do modo como ela foi formada, a descoberta de sua realidade pode decepcioná-la ou confirmar o prazer que dela auferia. Jacques Vingtras fica profundamente decepcionado com sua primeira visão de um porto: "Todas as minhas ilusões sobre o oceano bateram asas; todos os meus sonhos de tempestade caíram na água doce (...). Nada de navios com canhões apontados e oficiais com chapéu de comandante; (...) como a vida de marinheiro me parece boba!" (Vallès [24]). Sem dúvida seu sonho formou-se através da leitura de livros onde a marinha era apresentada de forma idealizada. Para Loti, era como se ele fizesse parte do que lia em um diário de bordo.

Por trás do heroísmo estão mascarados, por vezes, o prazer pela violência, pela força, uma certa crueldade ou um desejo de poder. Ou a pequena personagem manteve uma crueldade de animal selvagem, imagem clássica da personagem mítica[11], ou então ela se torna agressiva em resposta às imposições que sofreu ou, ainda, ela simplesmente descobriu a ordem social e sabe que o mais fraco é esmagado na sociedade contemporânea. Espontaneamente, sem ter sofrido as mesmas imposições que *Le voleur* e com menos revolta, Patachou chega à mesma admiração pelo ladrão:

> Ele não sabe bem ainda se quer ser polícia ou ladrão. Intui vagamente que ser polícia significa ser poderoso. Ah! Colocar as pessoas na prisão... Mas o ladrão, para Patachou, zomba dos policiais; ele é mais poderoso ainda, e por seus próprios meios. De forma ainda mais espantosa que o ermitão, que vive além da humanidade, o ladrão põe em xeque todos os outros homens que vivem com a lei encarnada pelos policiais e deles zomba (T. Derème [33]).

Sartre não contestava a ordem estabelecida em seus jogos e em seus sonhos. Ele se satisfazia outorgando-se o direito de mantê-la, punindo. Sua violência é sancionada pela legalidade, pela defesa das causas justas, mas retrospectivamente ele se autodenomina "tira" e "linchador". Mais tarde ele chega a conciliar a personagem do herói com a de escritor, cuja necessidade descobre através de seus sacrifícios ou dos agradecimentos que lhe são dirigidos. Sua vocação de escritor é justificada.

> Eu a atribuía ao escritor os poderes sagrados do herói, transformava Corneille em Pardaillan... depois disso, foi uma brincadeira me transformar em Corneille (...). Eis que me devolviam meus sonhos e eles se realizavam, pois minha

---

11. Cf. Cap. 2, p. 31 e Cap. 3, p. 73.

vocação era real, não podia duvidar disto já que o grande sacerdote o garantia (seu avô).

A criança que desempenha um papel: precocidade, vocação etc., conscientemente ou não, e que nisso investe muitos de seus gostos, sofre a influência deste papel, que a condiciona e orienta seu futuro. "A farsa da cultura acabou por me cultivar", observa Sartre. Pagnol dá um outro exemplo disso. O pequeno Marcel [66] apresentava-se ao exame de entrada no liceu como campeão de sua escola. "Esta vaidade logo se transformou em cabotinagem. Durante os recreios eu andava, sozinho, ao longo do muro do pátio. Sério, com olhar perdido, resmungando, 'meditava', sob o olhar de meus colegas que não ousavam aproximar-se do Pensador; aqueles que o incomodavam eram repreendidos por seus assistentes. Esta farsa, que eu desempenhava com sinceridade de ator, não foi inútil: por vezes, é fazendo o papel de herói que um cabotino se torna um herói verdadeiro." Ele é muito bem-sucedido em seu exame.

Para Simone de Beauvoir, a imagem de seu futuro não passa por uma experiência de criança escritora. Sua família e ela mesma não levam a sério seus primeiros esboços. Uma primeira dificuldade, a ausência de dote, impede sua família de vislumbrar para ela um papel de mãe de família e dona de casa, o que a faz muito feliz, pois ela se recusa a fazer as "mil tarefas enfadonhas" que a teriam abatido. Ela pensa em ser professora para "formar espíritos e almas", sem ter que se encarregar de uma família. Mais tarde ela pensa em escrever.

> A primeira motivação foi a admiração que me inspiravam os escritores; meu pai os colocava bem acima dos sábios, dos eruditos, dos professores. Eu também estava convencida de sua supremacia (...). Enquanto mulher, estes cumes me pareciam, além disto, mais acessíveis do que os planaltos; as mais célebres de minhas irmãs se ilustraram na literatura.

A imagem social de seu futuro fundava-se, portanto, no sistema de valores de seu meio, que privilegia o modelo do escritor. Gostos pessoais reforçaram este motivo: o da comunicação, assim como o desejo de servir a humanidade e de "se assegurar uma imortalidade vivendo nos corações". Reencontraremos estes aspectos analisando, na quarta parte desta obra, os problemas pessoais da criança ao longo de seu desenvolvimento e nos deteremos aqui nas conseqüências dos condicionamentos sociais sobre a imagem do futuro.

A socialização das pequenas personagens, quer seja na descoberta das estruturas sociais e das normas, ou na sua integração espontânea ou mais ou menos forçada, ou ainda na passagem para a adolescência e para a idade adulta, é um momento onde a contestação do mundo adulto aparece, sem dúvida, de forma mais clara.

Esta contestação manifesta-se também de forma contundente nas imagens do ensino e da instituição destinada a transformar a criança em adulto: a escola.

4. UMA INSTITUIÇÃO CRIADA PARA A CRIANÇA: A ESCOLA

Cerca da metade dos relatos não menciona a escola ou o ensino (43%), seja porque a personagem é muito jovem, seja porque se trata de uma criança simbólica, apartada da vida real, ou ainda porque o relato se desenrola durante um período de férias[12]. Por vezes, tomamos conhecimento através de um detalhe na vestimenta (avental escolar, por exemplo, e jogos da quinta-feira para Minet-Chéri de Colette [30]), que a criança freqüenta a escola, mas o autor só descreve os outros aspectos da vida de sua personagem. Alguns autores nos mostram a criança na escola, mas a sala de aula serve apenas de pano de fundo para as atividades da personagem; episódios mais ou menos importantes podem se desenrolar ali sem que, no entanto, o ensino ou a vida escolar sejam descritos ou julgados (18%). Em 39% dos relatos aparecem imagens e julgamentos relativos ao ensino, dos quais mais de três quartos (77%) são hostis a um ou outro de seus aspectos: a instituição, seu contexto e seus modos de vida, os professores e os mestres, a forma e o conteúdo do ensino, os escolares modelados pelo sistema. Ao lado de alguns autores que fizeram de todo o sistema objeto central de seu romance, ou daqueles que tomaram a instituição e os valores que ela veicula como ponto essencial de sua contestação da sociedade, a maior parte dos romancistas abordam os problemas do ensino pelos caminhos mais diversos. No entanto, se as imagens muito afetivas e os julgamentos referem-se a aspectos diferentes, as críticas positivas ou negativas revelam temores e aspirações coerentes.

As imagens positivas da escola

A escola primária beneficia-se por vezes do halo terno que envolve os momentos iniciais, as descobertas de uma infância ainda muito tenra. É preciso, ainda, que esta escola possua um caráter familiar, uma certa intimidade, um encontro provinciano, e não o aspecto de caserna anônima. Jacques Vingtras, tão violento mais tarde em relação ao colégio, fica feliz ao ir para a escola: "Eu sou grande, eu vou para a escola. Oh! A bela escolinha". Baudouin também estava impaciente e feliz ao sair para o primeiro dia de aula: "Haviam-me feito entrever a escola como uma recompensa. Eu esperava este momento com impaciência, partia para a escola com alegria" (Ch. Baudouin [16]). Simone de Beauvoir, aos cinco anos e meio, vai à escola Désir. Ela se sente muito bem na sala de aula. Ela gosta da cerimônia da leitura das notas, pois ela sempre teve nota dez. Wolf (B. Vian [5]) "re-

---

12. A escola ou o ensino são mencionados em 56% das obras do século XIX, em 66% entre as duas guerras e somente em 40% atualmente, onde as imagens dos colégios-prisões desapareceram.

corda-se bem de que quis ir para a escola (...). Eu aprendia rápido (...) e gostava de ter livros escolares, penas, uma pasta e papel". Ele também ficará, mais tarde, profundamente repugnado pela própria existência por culpa do ensino. Estas personagens desejavam aprender e consideravam a entrada na escola como uma promoção.

Certas pequenas escolas de vida calma e íntima são ainda vistas com bons olhos pelos autores. Drieu La Rochelle freqüentava uma escola perto de casa:

> O colégio não era mau (...): penso nas maldições que os homens do último século lançaram contra seus carcereiros. Tudo isto acabou (...). Era um palacete elegante, nossas salas de aula eram os claros aposentos de um rei napoleônico; nossos pátios, pequenos, mas mais porque se incluem na escala das coisas francesas; nossos mestres afáveis, até mesmo respeitosos.

Pierre Nozière era "externo em um velho colégio um pouco monacal e escondido", cuja lembrança não é acompanhada de nenhum rancor mas de uma doce melancolia (A. France [124]).

Para alguns, o colégio representa a tranqüilidade, a evasão de uma família muito intervencionista, que interfere naquilo que não lhe diz respeito, na vida da criança (V. Larbaud [50]). As crianças guardam, escondida, uma parte de sua vida na escola:

> Nossas famílias ignoravam quase tudo a respeito desta vida escolar: eu só contava em casa os episódios alegres ou gloriosos... Aliás, eu falava uma linguagem obscurecida por abreviações surpreendentes ou metáforas bizarras, que constituíam o idioma (aliás, provisório e mutante) do internato (Pagnol [67]).

O mundo da escola é um mundo de crianças entre si, mas de crianças já endurecidas, cuja crueldade foi exacerbada pela vida em uma pequena sociedade que amplifica os defeitos da sociedade dos adultos.

As imagens tristes dos momentos iniciais na escola

A maior parte do tempo são imagens tristes ou dolorosas de sua escola que os autores evocam com repulsa ou revolta. Quando Dora conta estórias para crianças de seu bando, ela lhes descreve cenas de sua entrada na escola. "Levavam-na para o internato. A porta do convento se fechava atrás dela. Era uma imensa porta negra. Do outro lado ela ouvia decrescer o barulho da carruagem que levava embora sua mãe. Ela ficava sozinha no meio de uma alameda" [74]. As crianças que a ouvem acreditam também ouvir o barulho da porta que se fecha, sentem de forma muito viva o ambiente angustiante daquele quadro. Juliette Adam [101] experimenta também uma horrível sensação de abandono quando seus pais a conduzem para a escola, e ela se revolta.

Nada, nunca, me pareceu mais horrível que esse abandono. Eu me sentia uma pobre criancinha miserável, aniquilada. Apoiada no muro de um corredor, sob o sino que soava, aquele barulho infernal do qual não tinha forças para escapar me rachava a cabeça. Empurrada por minhas novas colegas, eu entro em uma classe negra, triste; obrigam-me a me sentar sozinha na beira de um banco. Eu tenho um acesso de desespero.

Ela faz um tal escândalo que a trancam em um sótão. De noite, ela não quer mais voltar para perto de seus pais, acreditando que não a amam mais. Ela convence sua empregada a levá-la para a casa desta. Finalmente, ela não voltará mais para a escola.

As pequenas personagens do século XIX e do início do século XX têm freqüentemente medo da escola em função de sua reputação. Poum não tem mais vontade de ir para a escola. "Poum conhece este liceu. Parece uma prisão." Ele descreve suas grandes paredes, a impressão de tédio, a dureza do meio (P. e V. Margueritte [17]). Léon (Ed. Jaloux [11]) sente a mesma apreensão:

Eu tinha um medo terrível de todas as escolas. Eu era um garotinho bonito, tímido, nada vigoroso, e pensava que estes tipos de lugares, liceus ou estabelecimentos religiosos, eram sinistros cárceres, penitenciárias terroríficas onde somos atormentados por professores, maltratados pelos bedéis, surrados pelos alunos e, ao entrar mais tarde em um colégio, eu não acharia minhas previsões tão exageradas.

No período contemporâneo, o Sagouin teme também a escola, da qual ele criou uma imagem temível, ainda que nunca a tivesse freqüentado. "Ele só pede para não ficar junto a outras crianças que lhe fariam misérias, para não ter que se haver com mestres que falam alto, que se exasperam, que articulam, com um ar duro, palavras desprovidas de significado" (Mauriac [63]).

A escola-prisão e a criança vítima

As críticas referem-se ao contexto e ao funcionamento, à atitude dos escolares condicionados por este meio, ao ensino que é dispensado ali. O quadro repugna por sua sujeira, seu aspecto desgastado, velho. "O colégio mofa (...), que cheiro de velho" (Vallès [24]). "O colégio era feio, sujo e malcheiroso; meus colegas eram brutos; os mestres, tristes" (A. France [36]). Loti descreve também seu espanto e sua repulsa diante das paredes rabiscadas de tinta, diante dos velhos bancos carcomidos, "onde se podia sentir que tantas crianças tinham sofrido" [15].

No período antigo, uma série de autores oferecem imagens de internatos muito cruéis, que a criança considera como prisões.

Ah! Esta gama cromática das punições, este arpejo do castigo; o silêncio da sala de estudos era marcado por eles (...). A luta deste homem contra a criança foi insistente. Poder-se-ia dizer que ele gostaria de apagar a chama de seus olhos com reprovação (H. Bataille [106]).

Barrès fala dos internos como desenraizados, apartados de sua família, homens e velhos frustrados pelas lições de seu meio social. O isolamento do internato permite, ainda, a perseguição de certas crianças rejeitadas por seus colegas e, por vezes, alvo da hostilidade de alguns mestres[13]: *L'élève Gilles* (A. Lafont [136]), entre outros. Jack é colocado por sua mãe no ginásio Moronval, após ter sido recusado pelos jesuítas por ser filho de uma semimundana. Ali encontra Madou, filho do rei de Daomé. Quando o pai deste é destronado e as verbas para sua pensão não chegam mais, ele serve de criado, exceto diante das visitas. Madou, maltratado e triste, foge, é capturado novamente e morre. Jack sofre muito no internato. Ele também irá fugir (Daudet [7]).

Reportando-se às personagens de Balzac, Félix de Vandenesse e Louis Lambert, pode-se seguir toda uma arenga de crianças vítimas de trotes e discriminações, por vezes muito graves. Félix de Vandenesse é perseguido na escola porque foi rejeitado por seus pais e não possui os mesmos objetos de prestígio que seus colegas. Em seguida, ele permanece oito anos como interno na pior classe de um pequeno colégio pouco conhecido, com alunos incapazes de fazer estudos sérios, levando "uma vida de pária". Louis Lambert sofre punições quase contínuas porque seus professores não compreendem seu espírito camponês. O aluno Gilles e Champi-Tortu vivem um inferno na sala de aula porque suas desgraças, ser filho de um doente mental para um, ser corcunda e órfão para o outro, servem de pretexto para perseguições da maior parte de seu meio escolar, onde as crianças se tornam pequenos brutos, a exemplo de certos professores. Existem muitos outros casos: o Petit Chose, porque é pobre e só tem um avental, Pierre Nozière por causa de sua mochila etc.[14]

Desde a Guerra de 1914, se a imagem da escola-prisão praticamente desapareceu, a de uma massa de escolares cruéis permanece. "Os pobres calouros estremeciam e choravam de angústia diante da aridez desencorajadora da vida que iria se iniciar. Dissimulados e endurecidos como reincidentes, os veteranos pensavam apenas em obter um bom lugar ao lado dos aquecedores." A tarde do início das aulas,

tão cheia de pavor e de presságios sinistros para vários garotos, marcava o início do internato, o início de uma dura e precoce aprendizagem, da qual, após alguns anos, os tenros corações da infância sairiam encouraçados, já prontos para lutas impiedosas com a vida (...). Para muitos, a doce infância cessava brutalmente naquela tarde (G. Chevalier [28]).

Borel [55] recorda-se também de seu sofrimento ao entrar no liceu de Paris onde à hostilidade dos alunos acrescentavam-se o anonimato e a incompreensão do professor.

13. Cf. Cap. 5, pp. 139-140.
14. Cf. Cap. 5, pp. 139-140, 146.

Eu havia experimentado um sentimento de desorientação, de alienação (...). Ainda usava uma franja que tomava metade de minha fronte; este penteado fora de moda parecia ridículo aos pequenos parisienses, e sofri muito com seus sarcasmos. Eles me perseguiam e me maltratavam chamando-me de chinês (...). Meu apelido fixava cada dia mais em mim o sentimento que tinha de minha feiúra (...). Neste grande liceu de Paris tive repentinamente o sentimento acabrunhante de que eu não era nada. Foi suficiente que no primeiro dia, nesta angústia e neste desespero que as crianças experimentam ao ser "o calouro", eu titubeasse, para que o professor julgasse que eu era um cretino. E, de fato, parecia que minha inteligência, por não ser reconhecida, se apagava; que, doravante, eu não era nada mais que aquela massa embrutecida que se calava nas últimas fileiras na esperança de que talvez pudessem esquecê-la ali. Ao mesmo tempo, eu me sentia sofrendo uma injustiça essencial e me lembrava, por vezes, como se tratasse de um outro, da criança brilhante, viva, provocante que, em uma época quase que fantástica, eu tinha sido.

Este texto de Borel reúne um conjunto de críticas feitas à vida escolar; o sectarismo dos alunos, o isolamento na multidão e a incompreensão de professores apressados que levam à despersonalização da criança, sua repulsa, seu desencorajamento.

Mais tarde, Borel entra em um colégio religioso onde, apesar da rude disciplina e austeridade, ele encontra a si mesmo. "Eu não era mais como no liceu, aquele nada, aquele grão de poeira anônimo; os padres me davam a impressão de que eu existia a seus olhos, e era suficiente, para me conquistar, que uma mão se colocasse sobre meu ombro ou este esboço de carícia, por um segundo, sobre minha nuca." Ele reencontra sua inteligência e o prazer pelo estudo.

A partir da entrada na escola maternal, a criança é sufocada, apagada.

Ao cabo de uma semana, acabou a espontaneidade, a conversa confiante, acabou a naturalidade! A criancinha risonha e ingênua, a despreocupação do primeiro dia, não existem mais: "Não dizemos o que sabemos, não nos movimentamos mais à vontade. Olhe, mas fique quieto e fique aqui". É um verdadeiro adestramento de cães, estes pobres pequenos, cômicos e tristes, que se esquecem a cada instante e devem engolir sua língua, conter seus gestos. Não é lamentável que fechemos assim a própria alma da criança, ao invés de explorá-la de forma mais ampla segundo o ideal? (Frapié [9]).

Este sufocamento através da vida escolar é um tema que retorna em vários autores: P. Vialatte escreve, por exemplo: "A vida de interna de Dora fazia pensar nas aventuras de uma formiga triste no vão de um assoalho sob os pés das diretoras de sapatos opressores" [74]. E B. Vian [75]: "Eu odeio os anos de estudos porque eles me desgastaram. E eu odeio o desgaste. Olhem... este velho escritório. Tudo que rodeia o estudo é assim. As velhas coisas sujas. Empoeiradas (...) e velhos professores idiotas (...) uma escola caquética. A instrução... E tudo envelhece mal. Vira lepra". Ele se revolta com este início, porquanto a criança é feita para o sol, o ar, o verde. Ele ataca violentamente os estudos e os sujeitos brilhantes que são os modelos propostos como imagem de sucesso.

Vocês sabem agora o que penso de seus estudos. De sua decrepitude. De sua propaganda, de seus livros, de suas salas fedorentas, de seus alunos vadios masturbados. De seus banheiros cheios de merda e de seus desordeiros fingidos, de seus normalistas esverdeados e "quatro-olhos", seus politécnicos empolados, de seus alunos da École Centrale aferrados à burguesia, de seus médicos ladrões e de seus juízes suspeitos (...).

Falsos e endurecidos são termos freqüentemente utilizados para descrever os escolares, seja retrospectivamente, seja mostrando a criança autêntica confrontada com crianças já marcadas e degradadas pelo meio escolar, no qual vivem já há algum tempo. Loti se desespera com o ar debochado e malicioso dos veteranos. Vallès vê os escolares que se regozijam quando seu pai o surra, "as pestes, prontas para fazer sofrer o filho do professor, o ódio que eles traziam em si pelo seu pai"[15]. O Sagouin observa os escolares que voltam para casa à noite. Ele nota seus olhos, que brilham sob seus capuzes. Ele "pensava que eles teriam se tornado seus carrascos se ele tivesse que estudar e brincar com eles" (Mauriac [63]). O pátio onde brincam as crianças da sétima série, no liceu de Paul (Cocteau [29]), substitui o local de "execução, tribunal onde se julgam os culpados e os executam, onde se tramam, de longa data, os trotes". Mas quando uma criança se machuca, sua covardia ultrapassa sua curiosidade e seu prazer pelo sangue. Elas fogem.

A inadaptação entre a escola e a criança autêntica

A adaptação entre a criança verdadeira e a escola não pode se fazer por várias razões. Em todos os casos precedentes a escola apresentava-se como um meio envelhecido, endurecido, cristalizado em normas antigas, onde a criança se acha abandonada afetivamente e freqüentemente entregue a um bando feroz de escolares que aprenderam a luta pela vida, a intolerância de tudo o que sai das normas deste meio, a hipocrisia: eles sabem, no momento adequado, apresentar-se aos professores de maneira a lhes agradar e enganá-los.

A grande preocupação destes meninos era (...) "tatear os professores" para ver até onde ia sua tolerância. Desta tarefa delicada estavam incumbidos alguns perigosos animadores cuja pequena falange muito vigiada fazia contrapartida ao coro edificante dos campeões reconhecidos da docilidade. Entre estes dois clãs extremos (...) oscilava a massa flutuante dos indecisos, dos prudentes e dos neutros (...). Assim o espírito combativo, tão necessário na existência, era sobretudo o apanágio dos reprovados (G. Chevalier [28]).

"Assim como a arte é vivificada e renovada pelos extremistas, pelos 'selvagens', a vida é orientada em direção ao melhor pelos turbulentos. A esperança da geração está nos maus alunos" (Frapié [9]).

15. Cf. Cap. 5, p. 140.

Alguns, como Jacques Vingtras, criam prestígio ao se fazerem de revoltados. Ele vivencia, após os castigos, "um pequeno sentimento de orgulho ao voltar de noite, pelos pátios desertos, encontrando no caminho alguns alunos que (o) olham como um revoltado" (Vallès [24]). O escolar preguiçoso representa uma outra forma de oposição. Pinoche se coloca neste papel: "Era o preguiçoso nato, o bobo obstinado e desolador, uma destas naturezas impávidas, inabaláveis, firmes em seu desprezo por qualquer ensinamento (...) o cínico, o insolente zombeteiro (...)" (G. Chevalier [28]).

Os autores não gostam de bons alunos, do escolar-modelo, que é a versão da criança modelada. Rose, que observa as crianças de *La maternelle*, prefere "Adam", nomeado por estas senhoras "o Isento de boas ações", que representa (...) o "futuro em progresso. Que diabo! Não é o quieto Léon Chéron, o disciplinado, que não contém nenhum imprevisto, que pode encerrar a *Esperança*!" (Frapié [9]). A linguagem de alguns romancistas revela até mesmo a exasperação quando descreve o bom aluno trabalhador e dócil. Darien mostra *Le voleur* enquanto era um escolar-modelo, na distribuição dos prêmios, coroado, felicitado. "Eu saio dali aclamado, triunfante, com os arames das coroas que me cortam a fronte e me arranham as orelhas, cheio de livros debaixo dos braços (...) a fazer urrar um pele-vermelha e a me causar excitações terríveis de selvageria se eu fosse menos razoável."

A criança adaptada em classe perdeu sua personalidade, ou é um arrivista, ou ainda arruína sua saúde. Marcel Pagnol observa, assim, que os dois primeiros da classe, alunos-modelos, são tristes, pálidos, agitados por tiques; isto lhe causa medo, e lhe tira a vontade de lutar com eles pelos primeiros lugares. Já para ele conseguir sucesso no concurso de bolsas para o liceu, seu pai e seus colegas o haviam pego pela mão, "como uma brigada de polícia judiciária cujos inspetores se revezam para o interrogatório de um suspeito".

A personagem do *Premier de la classe* [32] oferece o exemplo de um jovem arrivista, pronto a tudo para escapar de seu meio, que ele despreza. Quando corre o risco de não ter sucesso em uma composição, ele simula um mal-estar para ser retirado da sala. A hipocrisia associa-se freqüentemente ao sucesso e, muitas vezes, é apresentada como uma necessidade da vida escolar. Wolf (B. Vian [75]) também queria ser bem visto na escola. "Minha hipocrisia só fez crescer (...), eu não era hipócrita no sentido de ser dissimulado: esta se limitava ao meu trabalho. Eu tinha a sorte de ser bem-dotado, e eu fazia de conta que trabalhava enquanto conseguia ultrapassar a média sem o mínimo esforço. Mas as pessoas não gostam dos bem-dotados." Esta última observação vai ao encontro das críticas feitas à educação em geral, que procura fazer entrar as crianças no mesmo molde, que as condena à "vulgaridade".

O meio escolar, em contrapartida, favorece a concorrência, incita o bom escolar a superar seus colegas, a vencê-los mais do que encorajá-los e ajudá-los. A competição da vida social dos adultos fica aí prefigurada. Uma personagem como Bernard Rabevel (L. Fabre [122]) é ainda mais típica que o *premier de la classe* para ilustrar o perigo da escola. Esta criança só pensa nos lucros, "nos lucros e nos meios de obter bons lucros". Sua virtude escolar é um comércio, um jogo que ele sabe conduzir com destreza. Ele observa o mestre: "Um obscuro instinto, triplo de força, de malícia e de posse, comandava a observação". Muito estimulado pela rivalidade, sem nenhum sentido moral, ele é bem-sucedido em toda parte e se torna, mais tarde, um homem de negócios sem escrúpulos. Seu mestre constata o perigo da rivalidade para certas crianças: as malfeitorias do aventureiro podem encontrar ali causas, circunstâncias atenuantes. Abel Hermant [130] insiste também sobre as mesmas deformações da vida escolar. "Eu estava maduro para a educação clássica, já que possuía o espírito de rivalidade e que, o invés de aspirar, doravante, ao meu próprio desenvolvimento, eu só pensava em ultrapassar os outros" – "Eu trabalhava com um zelo que arrebatava tudo, eu me preocupava com minha perfeição em seus mínimos detalhes. Minha postura tornava-se perfeita, a ponto de parecer inumana. Meus professores se regozijavam. Eu era o primeiro defintivamente (...). Sentia-me dominado pela idéia que os outros tinham de mim (...). Ficava muito orgulhoso disto, nem pensava em me cansar ou me preocupar com isso" – "Estes detalhes são para lhes mostrar como a educação de hoje modela uma alma de criança; ao sair da família, nada lhe foi ensinado sobre a solidariedade social e ele recebe, nos bancos do colégio, os ensinamentos da concorrência."

Uma hiperadaptação a este meio resulta em criar uma criança modelada que ultrapassa as expectativas dos adultos e coloca em relevo um sistema de valores que os autores contestam, que opõem à imagem, tão diferente, da criança autêntica. Existem outras formas de inadaptação à escola. Pequenas personagens não podem encontrar seu lugar na coletividade infantil porque sua família as idealizou demais, fez delas gênios e as separou da vida social. Assim, o primeiro contato de Sartre resulta em um fracasso: "Eu era o primeiro, o incomparável em minha ilha deserta; caía na última fileira quando me submetiam às regras comuns". Outros, como o pequeno Pierre, vivem no mundo da imaginação na classe ou no pátio de recreação. Eles ficam, então, ausentes diante das perguntas dos professores e se fazem passar por idiotas. Para algumas crianças, as questões colocadas no primeiro dia de aula são incompreensíveis. Gide, por exemplo, é incapaz de responder. Ele não compreende o que querem dele. Os zeros de conduta não o afetam. "Eu ainda dormia, era semelhante àquele que ainda não nasceu." Borel, nas mesmas circunstâncias, como já vimos, tinha sido incapaz de responder. Infelizmente, esta primeira reação condiciona por vezes a imagem que o professor tem da criança, o que leva a uma escolaridade difícil. No entanto, a escola, como alguns reconhecem, tem a vantagem de ensinar a vida coletiva e de levar a contatos com meios sociais um pouco diferentes, embora as crianças tenham tendência a se reagrupar segundo o seu meio de origem[16]:

> O liceu me libertou, já que ele me permitia ver seres humanos cujos hábitos e manias, derivados de seu meio, não eram idênticos aos de meu próprio meio; este fato, em contrapartida, me levava a duvidar do conjunto e a escolher, entre todos, os mais aptos a me satisfazerem para formar uma personalidade (B. Vian [75]).

O desnível entre a moral apresentada na escola e a sociedade

Uma outra crítica dirigida à escola refere-se à moral ensinada, que não corresponde à vida. Peau de Pêche (G. Maurière [44]), a criança órfã, ensinada por sua tia a mendigar e a roubar, recebe na escola "uma educação de rico".

> As lições de moral não se adaptavam em absoluto ao meio onde vivia, elas tinham como diretriz o respeito pelo bem do outro, os deveres em relação aos outros e até mesmo aos criados! (...) Na escola eu vivia em palácios morais, onde se adora o pai que volta à noite cansado (...) ele nos beija e com uma mão nos acaricia, enquanto que, com a outra, estende à mãe o dinheiro de seu pagamento.

A vida apresentada na escola é muito bonita; comparada a ela, a vida cotidiana só pode decepcionar: "a vida é assim, senhor", escreve um antigo aluno a seu professor (Albert Thierry [163]), "e o senhor não ignora isto. Se a escola nos faz, é preciso que a vida nos desfaça? Ela é baixa e feia, ela é desonrosa". "Se o senhor puder ser mais prudente com as crianças que o ouvirão doravante, meu sofrimento terá servido".

De que servem estes belos modelos ensinados na escola, observa também Léon Frapié [9]: "O dinheiro não traz felicidade", ou então a descrição de uma família como um ninho fofo e caloroso para as criancinhas, quando ele se dirige a escolares do meio subproletário, a quem falta o necessário, cujos pais bebem e brigam. Aqui o divórcio não está mais tanto entre as necessidades da criança e as estruturas escolares, mas sim entre a sociedade má e os princípios frívolos. Esta moral é falsa porque ela apresenta como realidade imagens ideais. O escolar só pode comparar com o seu meio, desprezá-lo, ou ficar decepcionado na seqüência de sua existência. Vários professores, por volta da Guerra de 1914, escreveram sobre suas dificuldades: insistem nas taras dos alunos, herdadas de seus pais, em suas tolices, sua mediocridade pessoal. Eles se sentem prostrados diante da inutilidade dos esforços do professor quando seu trabalho é incessantemente estragado pelo meio onde vivem as crianças. Sua solução: gostar destas crianças, o coração importa mais do que o espírito ou os programas aos quais muitos professores se restringem.

---

16. Cf. Cap. 5, p. 140.

Estes autores estão preocupados antes de mais nada com "a alma" de seus alunos, mas não se preocupam em absoluto em transformar a própria sociedade.

Wolf (B. Vian [75]) também acusa os professores de lhe terem feito acreditar na possibilidade de um mundo ideal:

> Eu acuso meus mestres de me levar, pelo seu tom e o tom de seus livros, a acreditar em uma imobilidade possível do mundo. De ter cristalizado meus pensamentos em um estágio determinado (o qual não era absolutamente definido, aliás sem nenhuma contradição de sua parte) e de me ter feito pensar que poderia existir, em algum lugar, uma ordem ideal.

Criança, ele admirava e gostava de seus professores como a criança de A. Thierry, para quem o professor representava um homem-modelo. A decepção vem mais tarde, pois a imagem era bonita demais.

A crítica aos professores

A maior parte dos autores que escreveram sobre seus professores fizeram-lhes críticas muito mais severas do que a de terem proposto um mundo ideal bonito demais e, neste sentido, de lhes ter dado falsas esperanças. A menor reprimenda consiste, sem dúvida, no aspecto indiferente, tedioso e envelhecido que combinam com seu quadro.

> Nosso professor nos olhava sem alegria e sem amor, e ele não era nem suficientemente encantador, nem suficientemente perverso para mostrar uma ternura que ele mesmo não experimentava. Ele não nos fez discursos (...) eu o achava velho e maquinal (A. France [36]).

A sra. Galant "me pareceu bem pesada e bem plácida; fiquei espantado com a pouca acuidade, o pouco entusiasmo, a pouca vivacidade de sua fisionomia" (Frapié [9]). O bedel lava as mãos quando uma criança da sexta série se machuca no pátio (Cocteau [29]). Inversamente, a srta. Bord "é uma fanática dedicada ao ensino (eu não diria dedicada às crianças), emprega uma pedagogia de devota: implacável, sem perdão". Ela capta a atenção das crianças, mas não se faz amar por elas (Frapié [9]). A célebre srta. Genseigne (A. France [124]) pertence à mesma categoria de professores. Ela passa sua vida a encher as crianças assustadas com seus modestos conhecimentos.

Outros são acusados de hipocrisia. Já assinalamos as reflexões do preceptor de Henri Brulard, que o encorajava à dissimulação. Poum faz uma visita a seu futuro diretor.

> Com a visão dos intrusos e reconhecendo o pai de Poum, o diretor (...) se transformou da forma mais inquietante: sorrindo como se uma brisa deliciosa tivesse entrado (...). Poum, tocado com tanta amabilidade, volta-se no momento em que o diretor fecha a porta, e recebe deste um olhar, oh! mas... um olhar de tigre enraivecido (P. e V. Margueritte [17]).

O diretor do internato Moronval descreve uma nova pedagogia, um programa sedutor e uma brilhante educação. Na realidade, seu ensino é dos mais medíocres e ele explora a credulidade de famílias pouco preocupadas em seguir de perto seus filhos. O diretor de *Champi-Tortu* (G. Chérau [116]) banca o homem culto: ele confunde as doutrinas de Kant, de Fichte, de Schopenhauer ou de Hegel, que ele cisma em citar; ele "assegura ainda que *Les plaideurs* é a obra de arte de Molière; *L'école des femmes*, a melhor peça de Racine".

O meio dos professores no qual vive Jacques Vingtras acrescenta à mediocridade o espírito de classe, como, por exemplo, no episódio em que Jacques brigou com um filho de professor de quinta série[17]. O sr. Vingtras é um bruto, irritado pelo lugar modesto que ocupa entre seus colegas. Várias pequenas personagens percebem os professores como poderes mais ou menos opressivos. O professor na casa do qual o Sagouin vai estudar nada tem de carrasco. Mas, para Guillaume, este homem "concentrava em si o poder temível dos adultos para esmagar o pequeno Guillaume com suas perguntas, para esmagá-lo com explicações e argumentos. Vialatte também comparava a interna Dora a uma pobre formiga sob "os pés das diretoras com sapatos opressivos"[18].

A personagem da vida escolar cuja imagem é a mais cruel é exatamente "o vigilante", e destes o sr. Pablo (G. Chérau [116]) representa a pior expressão. Quando Champi-Tortu chega a sua sala de aula, ele ordena que fique ereto e o atormenta até que a criança seja obrigada a explicar sua doença, o que provoca a hilaridade de todos os estudantes. Sua atitude irá contribuir para fazer de Champi-Tortu um objeto de riso e tornar intolerável a vida da criança na escola.

Em oposição a este caso extremo, vários autores criam a imagem de professores compreensivos e afetuosos em relação à personagem infantil. O professor de Fan parece, ao longo do relato, um pouco indiferente, e desempenha um papel bastante secundário; mas, no último capítulo, quando Buteau ataca tudo aquilo de que Fan mais gosta (ele sonha com uma adolescente, e Buteau lhe afirma que ela zomba de Fan) e os dois garotos brigam, é o professor que minimiza a batalha, compreende Fan e o encoraja. No colégio Sainte-Colline (G. Chevalier [28]), o padre Bricole, que manteve "um frescor de criança", ama e defende os jovens escolares. O abade Bidoux, diretor dos pequenos, pede a Deus para que sua autoridade seja exercida com justiça e é atencioso com as crianças. A irmã Marie-Aimée serve de mãe ou de grande amiga à pequena Marie-Claire, sempre muito isolada no orfanato (M. Audoux [1]). Encontramos outros religiosos professores analisando o aprendizado da religião. Se alguns mestres têm "a alma

---

17. Cf. acima, p. 328.
18. Cf. acima, p. 347.

benevolente" (como também o abade Jubal em *Le livre de mon ami*), outros são muito criticados. Dentre os laicos, poderíamos também citar a encantadora professora que dá aulas ao pequeno Pierre, que pensa, sobretudo, em seu amado, e pela qual a criança está meio apaixonada. Ou ainda algumas personagens apresentadas de forma muito clássica em seu papel, como o professor de *La guerre des boutons*, que não compreende os interesses das crianças mas que se esforça em vão para fazê-las assimilar os primeiros ensinamentos. A atitude das pequenas personagens em relação às matérias ensinadas e ao modo pelo qual são ensinadas é variada e abordada sob diferentes aspectos.

O trabalho escolar

Não se deve esperar encontrar nos romances, e mesmo nas autobiografias, uma crítica racional do ensino. Encontramos, antes, imagens afetivas, impressões alegres ou tristes neste ou naquele episódio no qual a criança aborda certos aspectos do programa. O estranho pequeno Babou gosta de aprender as letras do alfabeto, pois nesta ocasião ele exerce a magia. Para ele, o "S" é a serpente, ele pode riscá-lo e assim tornar-se seu mestre. Ele precisa cativar as letras assim como os an¡mais. Ele prolonga, assim, o modo de pensar que utilizava em seu jardim oriental. Vários escolares que se entediam em uma classe triste, na presença de professores apagados ou incompreensivos, consolam-se evadindo-se no sonho, utilizando como tema, por vezes, textos escolares. Homero, a Antiguidade, a mitologia encantam diversas personagens (Ėd. Jaloux, A. France, em particular). Um nome, uma palavra, tornam-se fontes de imagens para certas crianças, como o pequeno Pierre que, ouvindo falar de "Esther e Athalie", imagina duas mulheres encantadoras. Fica terrivelmente decepcionado quando descobre que se trata de peças de teatro. "A mitologia e os contos de fadas são mais necessários às jovens inteligências do que a ortografia e a aritmética", afirma Edmond Jaloux. Reencontramos aqui a concepção da criança feita para o sonho, para a vida imaginária.

O colegial descrito em *Devoirs de vacances* (V. Larbaud [50]), Loti e Josiane (C. Rochefort [70]) gostam do trabalho gratuito. Josiane faz com prazer seus deveres porque acredita que não servem para nada. Loti, criança escrupulosa, tem cadernos sujos, os deveres rasurados porque este trabalho é obrigatório. Inversamente, o pré-adolescente tem prazer no estudo quando ele treina durante um período de férias. A visão de uma Paris diferente, antes da partida, dava-lhe vontade de trabalhar. Mais tarde, no campo, a vida monótona e mais lenta o incita, em contraste, ao esforço intelectual. Ele desejara ir, enfim, até o fundo das coisas, descobrir os textos em sua totalidade: "Até parece que estão nos escondendo alguma coisa: sempre os manuais, os extratos, 'trechos escolhidos'". Ele gostaria também de conhecer concretamente aquilo que lhe ensinam. A botânica, o latim, seriam outra coisa que não os exercícios inventados para escolares? "Este alimento intelectual que nos era apresentado completamente mastigado causava-nos náuseas." Ele gostaria de escapar ao ritmo escolar, não ser obrigado a passar por todas as classes, a permanecer na fila. Boris Vian [75], que através da personagem de Wolf faz uma terrível crítica da escola, aborda também o tema dos ritmos e objetivos do ensino.

Durante dezesseis anos com a bunda sobre os bancos duros, dezesseis anos de falsidades e honestidades alternadas – dezesseis anos de tédio –, o que resta disto? Imagens isoladas, íntimas, o odor dos livros novos no 1º de outubro, as folhas onde desenhávamos, a barriga nojenta da rã dissecada em trabalhos práticos, com seu odor de formol, e os últimos dias do ano, quando nos damos conta de que os professores são homens porque eles vão sair em férias e que estamos em menor número. E todos estes grandes temores dos quais não sabemos mais a causa, as vésperas de exames (...). Sabem como isto é ignóbil, impor às crianças uma regularidade de hábitos durante dezesseis anos? O tempo é deturpado (...) o verdadeiro tempo é subjetivo... nós o trazemos em nós mesmos... Levante-se às sete horas todas as manhãs... almoce ao meio-dia, deite-se às nove horas... e você nunca terá uma noite para você mesmo. (...) Roubaram-me dezesseis anos de noites (...). Fizeram-me acreditar, na quinta série, que passar para a sexta seria meu único progresso... No segundo colegial, foi preciso prestar exame para o bacharelato... (...). Sim, eu acreditava que tinha um objetivo (...) e eu não tinha nada (...). Mas vejam vocês (...) agora eu sei que teria apreciado o verdadeiro gosto da vida.

Ele supõe que seria suficiente aprender o indispensável, ou seja, as línguas vivas, e deixar as crianças se instruírem por si mesmas lendo livros que lhes agradam a seu modo.

Ritmos diários caricaturais são impostos a Jack pelo amante de sua mãe, que se diz poeta e que se faz de pedagogo. Os horários muito carregados, muito fragmentados, a pedagogia complicada e a extrema severidade do sr. d'Argenton transformam a vida de Jack em um inferno, ele se desespera e não consegue trabalhar. "Quando, nas horas mais belas da tarde, ele se encontrava na torrinha frente ao professor e aos livros, abismado diante de um caderno grosso cujas linhas ele via dançar, lhe ocorriam loucos ímpetos de escapar, de passar por cima de algum artigo do regulamento, cabulando uma aula, de forma ardente, exasperada de liberdade (...). Que suplício declinar *rosa, rosae* em várias línguas (...)" (A. Daudet [7]). Folcoche transmite ao preceptor que cuida de seus filhos os mesmos horários rígidos (H. Bazin [52]). Aqueles que querem amenizá-los são despedidos. O ensino, em casa, é neste caso tão penoso quanto nos colégios-prisões.

Se vários autores valorizam o contato pessoal entre o professor e seu aluno, seja diretamente, mostrando uma relação feliz entre essas duas personagens, seja apresentando uma imagem inversa (a de um anonimato não humano), outros criam, nesta relação pessoal, personagens de crianças vítimas de adultos maus. Mesmo aqueles que não têm uma má disposição em relação à criança estragam o trabalho escolar por sua reação pessoal: contrariedades, aborrecimentos diversos, tornam as matérias que eles ensinam tediosas. Assim, a mãe de Léon (Ed. Jaloux

[11]) gosta de seu garotinho mas sonha com um rapaz que ela encontra no parque e que lhe permite fugir da monotonia familiar. Certos dias, ela mesma faz, com mau humor, Léon estudar de manhã: "Era preciso que eu deixasse, com angústia, todos os meus jogos deliciosos (...) para me sentar à mesa, escutar relatos e observações feitos, na maior parte das vezes, com uma voz maçante, respirar o odor insosso da tinta negra, escrever, ler, às vezes com dificuldade, receber ligeiros golpes de régua nos dedos, quando eu os enfiava no nariz, ou quando puxava os cabelos com desespero". Ele detesta, sobretudo, a ortografia e a aritmética: "Talvez seja em razão do ensino destas matérias que aquelas manhãs me pesavam horrivelmente". Mais tarde ele irá acrescentar: "Todas as áridas ciências que estudei; com tristeza só fizeram depositar em meu espírito secas e tediosas noções (...)".

O aluno tem necessidade de sentir aprovação. Por exemplo, Gide, que só toma gosto por seus estudos após ter repetido um ano e começar a ser bem-sucedido. Sartre, completamente desorientado nos primeiros momentos de sua vida no liceu, entrega aos professores cópias lamentáveis até o dia em que sua mãe vai visitar o diretor, que promete "orientá-lo". "Eu passei então a acreditar que ele gostava de mim, eu gostava dele, e algumas boas palavras fizeram o resto: tornei-me sem esforço um bom aluno."

O modo de ensinar tem uma influência considerável sobre o gosto da criança pela matéria ensinada. Henri Brulard detestava o pai: "Eu execrava tudo o que meu pai ou o abade Raillane me ensinavam". Ele gosta de astronomia, que seu avô o fez descobrir observando o céu à noite. Seu pai lhe fazia decorar geografia. Mais tarde, seu avô lhe aconselha a leitura dos relatos de viagem de Bruce. "Bruce me dava um prazer vivo por todas as ciências de que falava. Decorre daí meu amor pela matemática e, enfim, esta idéia, ouso dizer, genial: 'A matemática pode me fazer sair de Grenoble' ".[160].

Renan [21] gostava também de matemática, pois seus professores lhe haviam permitido aprofundar o estudo desta ciência. "Eu sentia por esta matéria uma extrema paixão", escreve ele, "as combinações abstratas me faziam sonhar noite e dia." Ele partilha este prazer com seu amigo e competidor, Guyomar: "Quando tínhamos numa prova algum curioso problema, nossas discussões prolongavam-se bem além da aula (...)". Para essas personagens, as "áridas ciências" das quais se lamentava Ed. Jaloux, através das queixas do jovem Léon, são matérias apaixonantes, sem dúvida, porque são apresentadas com interesse e não com tédio, e de modo bastante acessível.

Esta diversidade de atitude em relação às matérias ensinadas, que poderíamos ainda ilustrar com muitos outros exemplos, abarcam ao mesmo tempo um ponto de vista comum e imagens de crianças diferentes. Existe, de fato, consenso sobre a importância da maneira de ensinar. Não se trata tanto, aliás, de um método mas, antes, do gosto pela matéria ensinada no próprio mestre, que deve se apaixonar por aquilo que transmite. Ademais, na lembrança ou na criação, o adulto oposto à criança utiliza o método tedioso: o aprendizado da geografia decorando o texto, imposto pelo pai de Henri Brulard, por exemplo, contra os relatos de viagens propostos pelo avô da criança. Associado ao primeiro adulto, de que a criança não gosta, encontramos obrigação, aprendizagem mecânica, enquanto que o segundo, mais amado, mais próximo, aconselha relatos onde são expressos conhecimentos dados através de experiências vividas. Positiva ou negativamente, o que é mostrado do trabalho escolar, de seu ritmo, da forma do ensino, constitui uma defesa, uniforme sob sua aparente diversidade, em favor de um ensino de um certo tipo. Se dermos a vertente negativa deste fato, a contestação refere-se ao desinteresse dos professores, às matérias abordadas de forma superficial e fragmentada, à secura e à aridez da apresentação. Há por toda parte uma ausência de vida, de paixão, de entusiasmo, que freia qualquer vontade de descobrir o mundo sob esta imagem cristalizada, a aproximação mecânica de conhecimentos frios, inúteis ou indiferentes à vida da criança. A personalização da relação de ensino, muito importante, pode existir na sala de aula, enquanto que o ensino individual se transforma, por vezes, em calvário para o aluno.

Nos textos referentes ao trabalho escolar as imagens da criança se separam, por um lado, em pequenas personagens dotadas para a vida imaginária, o jogo, a vida livre na natureza e, por outro lado, em personagens que, embora efervescentes de vida e desejosas de estudo, estão em oposição ao ensino que lhes é oferecido. Tanto nas primeiras como nas segundas, a autenticidade, o vigor de sua jovem vida, a criatividade, são sufocados e se apagam no sistema escolar que se esforça por transformá-los em adultos. A obrigação imposta pelo ensino e pela instituição, que é o suporte deste, atua como a das categorizações sociais e das normas, das quais ela forma um dos anteparos. Ela acentua e sistematiza os efeitos negativos da sociedade sobre a criança. No entanto, algumas imagens positivas permitem liberar aquilo que ela traz em si e sobretudo o que os autores esperam dela.

Vimos a avidez de certas pequenas personagens, ardentes por descobrir novos domínios, desejosas de ultrapassar etapas, tornando-se escolares, apaixonando-se pela Antiguidade ou pela matemática, porque um professor soube lhes abrir um campo de conhecimentos que ele próprio havia aprofundado e do qual gostava.

A escola, além do mais, ameniza o isolamento de filhos únicos, de crianças herdeiras consideradas como maravilhas por sua família. Ela lhes ensina a vida coletiva e as libera da imposição dos pais. Ela permite, também, não a fusão de meios diferentes, mas ao menos o confronto de maneiras de ser diversas. Infelizmente estes encontros nem sempre são pacíficos, transformam-se em oposição de grupos e rejeição dos mais desfavorecidos ou das crianças que não entram nas normas. As chances de socialização oferecidas pela escola são estragadas pela influência da sociedade que a rodeia, seja porque esta já modelou as crianças antes de sua entrada na sala de aula, seja porque a escola reflete os defeitos desta sociedade, suas estruturas, suas normas, destruindo, então, a criança autêntica no escolar.

5. A OPOSIÇÃO CRIANÇA-SOCIEDADE: TIPOLOGIA DAS PERSONAGENS

As imagens da socialização da criança recobrem as diferentes formas de contestação da sociedade. Já nos referimos à oposição criança autêntica/criança modelada, futuro adulto (na primeira parte desta obra), assim como à oposição criança autêntica/adulto (na segunda parte). Chegamos agora a uma terceira oposição que subentende as duas primeiras, o par criança autêntica/sociedade. O termo sociedade equivale à noção de "mundo dos adultos" colocado frente ao "mundo das crianças" na linguagem dos escritos sobre a infância, de maneira explícita ou difusa. Ele abarca um conjunto de instituições, de valores, de normas, que já destacamos[19].

Se o sistema oposicional dicotômico criança autêntica/sociedade tem como sentido final uma contestação do mundo dos adultos, as duas classes são representadas com pesos diferentes, presenças mais ou menos importantes. Por vezes a sociedade se apaga, todo o relato se desenrola em torno da exaltação da pequena personagem idealizada. Inversamente, em outros relatos, a sociedade devora a personagem, a criança autêntica existe apenas como referência, como ideal perdido. A relação entre as duas classes se estabelece através de diversas situações e reações da criança. O confronto pode ser à distância, como se os dois mundos se olhassem, ou ao contrário, muito violento. A criança testemunha, por sua vida simples, seu modo diferente de existir, ou então sofre, como vítima passiva, as imposições do mundo dos adultos, ou ainda ela se revolta. Uma tipologia das personagens pode ser estabelecida segundo estas formas de contestação. Tomamos como exemplo de cada tipo as crianças mais características, as mais constantes ao longo dos relatos, mas não se pode esquecer que no romance as personagens são, por vezes, ambíguas, ou podem se modificar ao longo de sua história. As personagens francamente mitificadas se classificam facilmente, assim como aquelas que atacam violenta e ostensivamente a sociedade. Os outros ordenam-se progressivamente, por aproximação com os casos bem demarcados.

Um primeiro tipo testemunha, por si mesmo, uma outra natureza, um outro modo de existir. A criança "é". Ela não critica, ela mesma, as estruturas e as normas sociais. Freqüentemente um adulto comenta com admiração suas ações, por vezes opondo-se a uma outra personagem que defende a sociedade tradicional. A personagem deste tipo não se

---

19. Cf. Cap. 9, pp. 291-292 e Cap. 10, pp. 322-325.

socializa. No final do relato, transforma-se ao longo de acontecimentos dramáticos e o romancista a abandona. A passagem para a adolescência é quase impossível. No entanto, algumas personagens passam para a adolescência permanecendo em um estado infantil. Permanecem então fora da sociedade, às vezes morrem. O Kid representa o tipo mais puro de criança-existência, assim como Patricia e Babou. Personagens como Pascalet, *L'enfant avec la figure*, Jean, *L'enfant malade*, *Jean le Bleu*, *Les enfants du fleuve*, *Les enfants terribles*, também fazem parte deste tipo.

Um segundo grupo compreende personagens testemunhas por si mesmas, não socializáveis, a não ser através de um drama. A única diferença com os primeiros consiste no confronto destas personagens com as estruturas sociais e as normas. Estas crianças olham a sociedade, constatam ingenuamente, julgam, se opõem e entram em conflito. O Pequeno Príncipe e Gavroche, crianças cristalizadas em sua infância, ilustram este tipo em sua forma mitificada. Gavroche é apresentado como uma criança real, inversamente ao Pequeno Príncipe, mas Victor Hugo faz dele um símbolo e ele mesmo explica este fato em uma linguagem direta. Personagens como Fan, Gaspard e Hélène têm, em grande parte, as mesmas características, mas são crianças de aparência real. O primeiro está em oposição violenta com seu meio, que se esforça por fazê-lo adotar uma visão do mundo e comportamentos "razoáveis", "realistas", ou seja, provoca a perda de sua vitalidade, de sua originalidade, de sua poesia. Os segundos fogem dos valores convencionais, de um mundo burguês confortável, para reencontrar a aventura, a liberdade da verdadeira vida: a de sua primeira infância, encarnada em um grupo de forasteiros que descobrem a terra e suas belezas, na amizade. Trott pertence a este mesmo grupo, mas sua contestação passa pela ingenuidade: ele se espanta e se recusa a se comprometer com os adultos e marca sua desaprovação através de atos específicos. Biche dá uma versão passiva deste fato: ela gostaria de aceitar os conselhos de seus pais, gostaria muito de se tornar como seu irmão e sua irmã, crianças modeladas, mas sua natureza a impede, felizmente pela infância que ela encarna, infelizmente porque ela sofre, não pode se adaptar e morre.

Um grupo de várias personagens nos oferece imagens mais banais e cotidianas. Elas falam da felicidade da infância apimentada com algumas pequenas desventuras devidas a sua ingenuidade. A criança deste tipo é menos atenta. Não parece mais como possuidora de uma essência excepcional, mas vive simplesmente o melhor período de sua existência. Sem fazer dela uma vítima, a escolarização, sobretudo no momento da passagem para o colégio, marca uma etapa triste e não uma promoção (Marcel Pagnol, o pequeno Pierre, Poum). A criança não tem vontade de crescer, a imagem do futuro naõ a atrai (Poum). Por vezes o adulto que fala a respeito dela tem nostalgia daquele tempo feliz (*Le petit ami*, Patachou). Em suma, neste tipo atenuado, a infância é um estado feliz, sem que seja necessário atribuir à criança uma natureza totalmente diferente. A passagem para o estado adulto se torna uma etapa prevista, inevitável, mas banalmente triste e tediosa.

Ao lado deste conjunto de personagens cuja presença frente à sociedade é suficiente para julgar os adultos e seu mundo, outras crianças são uma contestação por sua própria situação. A personagem deste tipo é uma vítima passiva ou revoltada. A oposição entre as personagens e o mundo dos adultos repousa ainda numa imagem da infância pura e inocente. Um primeiro tipo compreende jovens vítimas de dificuldades familiares devidas à organização da família burguesa. Assim Léon sofre com o desentendimento de seus pais e a fuga de sua mãe, casada convencionalmente, sem amor. Bernard Bardeau não pode suportar as brigas familiares, causadas simultaneamente pela falta de harmonia entre seus pais e por um conflito com um jovem tio, menos apegado à moral burguesa e ao dinheiro do que o resto de sua família. Estas crianças são profundamente atingidas por estas tensões. Muitas personagens se encontram em um dado momento de sua história confrontadas com conflitos familiares mas sem que o aspecto social intervenha tão diretamente, a não ser através de uma degradação que a sociedade provocou nos adultos pela situação a eles imposta. (Como para o pai de Jacques Vingtras, por exemplo.)

Nadia é separada de seu amigo, um adulto que permanece autêntico, fora das normas, e que é acusado de ter abusado dela e se suicida. Aqui a principal vítima é o bom adulto, que a havia amado e a quem seu meio julgou injustamente. Cosette é uma vítima porque sua mãe é, ela própria, vítima da sociedade, que a leva a se destruir progressivamente, física e moralmente.

Um outro grupo de personagens se acha em uma situação de vítima em função dos maus-tratos infligidos por sua família e pela situação desta família em seu meio. Desta vez, os pais têm uma responsabilidade mais direta. Personagens como Jack, o Sagouin, vítimas doces e passivas, acabam por morrer. Jack não foi aceito em um bom colégio porque não tem pai e, depois do Ginásio Moronval, é o amante de sua mãe que o maltrata. Sua mãe não tem coragem de defendê-lo e ele permanece no abandono quando este homem renuncia a fazê-lo trabalhar. O Sagouin pertence a uma família da aristocracia cujo pai é degenerado. Sua mãe, de meio mais modesto, casou-se para se tornar baronesa; ela detesta o filho, que lhe faz lembrar a decadência do marido. O professor, que tem idéias políticas opostas às desta família, acaba por rejeitar o Sagouin, que ele teria podido salvar. Outras personagens em situações tão penosas se revoltam e se vingam assim que possível. Poil de Carotte, Brasse-Bouillon, Jacques Vingtras, são exemplos típicos deste fato. Os dois últimos continuarão por toda sua vida a atacar a sociedade burguesa, um através de seus escritos, o outro tornando-se revoltado no momento da Comuna e também através de seus escritos. *Le voleur* vinga-se de seu tio, que o despojou de sua fortuna, tornando-se ladrão.

A contestação revela-se, por vezes, mostrando a criança como alvo da sociedade diretamente, sem intermediação da família. Pascal morre porque foi atingido por radiações atômicas no momento em que um bombardeio ocorre ao seu redor. Os culpados aqui são os homens que constroem tais engenhos destrutivos, sempre prontos a fazer a guerra. A criança, por sua natureza, torna ainda mais chocante a organização social do mundo que faz vítimas, quando a própria criança é uma delas. O Petit Chose e diversas personagens são rejeitadas porque pertencem a meios modestos; outras, pelo contrário, se acham isoladas (Marcel, por exemplo) porque são herdeiros de uma família rica. O absurdo das categorizações em países inimigos, em classes sociais, e o aprisionamento nos papéis sociais são revelados pelo espanto da criança, por seus sofrimentos, suas revoltas. Neste caso, a pequena personagem permanece uma criança autêntica.

Um outro tipo nos mostra a criança destruída, por culpa dos adultos, da sociedade. As crianças do subproletariado apresentadas em *La maternelle*, carentes, marcadas hereditariamente, denunciam por si mesmas o horror da miséria que degrada moralmente, e do círculo vicioso pobreza-alcoolismo-pobreza que recomeça infinitamente. Nestas personagens a infância é desperdiçada, fato que os autores não suportam, e elas serão apenas a duplicação dos adultos já existentes, salvo alguns pequenos revoltados (Adam). A escola só faz manter este sistema social que a criou, ao pregar a submissão, o conformismo. Alguns se revoltam muito tarde. Wolf encontra no sistema escolar e nos princípios que lhe foram inculcados a causa da repugnância pela vida que ressente na idade adulta. É também em função da educação recebida e por reação que *Le voleur* escolheu uma tal orientação. Este último e alguns outros cínicos adotam deste pequenos (Rigaux, Rabevel), ou quando adultos, a conduta mais apta a torná-los bem-sucedidos segundo os critérios inconfessáveis da sociedade, camuflados pelos bons princípios, que eles assim desmistificam.

O esforço mal compreendido empregado para socializar a criança segundo as normas que são as dos adultos e que não correspondem às necessidades de sua verdadeira natureza, conduzem-na a desempenhar, em certos casos, o papel de antimodelo, de malvado, vagabundo (Jacques Vingtras, um garoto de Sainte-Colline etc.).

As imagens da criança modelada segundo as exigências dos adultos ou segundo os costumes estabelecidos expressam igualmente a oposição criança-sociedade, já que estas personagens de conotação negativa são, geralmente, apresentadas como o inverso da criança autêntica[20]. Estas personagens são situadas na classe "mundo dos adultos", enquanto que

---

20. Ver Cap. 3, Buteau contra Fan, Lotte contra Biche, as crianças-futuros-adultos-maus contra o Kid etc.

encontramos alguns bons adultos que possuíam ainda as qualidades da infância e que testemunhavam valores do mundo infantil.

Se o sistema contestatório aparece claramente nesta oposição entre a criação e o mundo dos adultos, podemos nos perguntar por que a personagem da criança foi escolhida para desempenhar este papel. A fraqueza de um pequeno ser pode, é claro, enternecer o leitor; o fato de ele ser vítima parece particularmente revoltante. Mas estes motivos seriam justificáveis apenas no caso das personagens de aparência muito real. Ora, vimos uma mitificação da criança que a transforma num ser excepcional, poderoso em certos casos, no mínimo exemplar para o adulto.

Ja constatamos[21] a necessidade, no adulto, de sua própria infância e, depois, sua necessidade de uma criança e a relação com a mitificação da personagem. Às imagens do confronto da criança com os grandes problemas da existência em geral e para ela mesma, em particular do sofrimento, da morte e do sentido da vida, revelarão certos motivos da recusa de abandonar a infância e o significado pessoal do mito individual da infância. Se a contestação assume, por vezes, um tom revolucionário, freqüentemente ela é, antes, um retorno para o passado, uma regressão, sem dúvida, associada simultaneamente à importância da infância no passado de cada um e à maneira pela qual a sociedade trata as crianças e torna traumatizantes as etapas sociais de seu desenvolvimento.

---

21. Ver Cap. 8.

Quarta Parte

A Criança e a Existência

A utilização da personagem da criança expressa por vezes a orientação política de um escritor que quer mudar a sociedade. Mas o conjunto dos autores escolhidos não pertence a uma mesma orientação no plano político ou ideológico. Se a maior parte deles critica sua sociedade fazem-no, sobretudo no mínimo, em nome de uma dificuldade de viver, de ser feliz na idade adulta e, até mesmo por vezes, na infância. A imagem da felicidade que serve de referência é o estado atribuído à primeira infância, reforçada na idealização da criança autêntica: disposições psicológicas, qualidades morais, acompanhadas, nos casos mais favoráveis, de um quadro que convém a este estado e reforça o encanto de viver. Certas características deste estado apareceram quando foi feita a análise da personagem em si mesma ou do "mundo da infância". Elas se especificam nesta nova parte onde é observada a relação entre a pequena personagem e a própria existência.

Descrita sob sua forma mitificada como a vida em sua forma mais perfeita, como a própria essência da vida, como a fonte pura, forma original de todo ser humano e da espécie humana, é também a vida que começa, que toma consciência de si, que descobre em si mesma e em toda a natureza as leis da existência. O primeiro despertar misterioso, impenetrável para o adulto, suscita ainda mais a interpretação, o recurso à analogia, a evocação de um mundo inacessível ao racional. Os procedimentos pelos quais a criancinha aprende o mundo são freqüentemente valorizados: a não-dissociação de si e do mundo, em particular, forma um dos pontos essenciais deste estado, que faz pensar na noção de narcisismo primário. Se esta noção, diversamente matizada no próprio Freud e em vários psicanalistas[1], permanece hipotética na realidade da vida infantil, ela corresponde ao menos a um desejo profundo dos adultos. Encontramos uma expressão deste fato nas produções literárias.

A existência aparece geralmente bela para a pequena personagem graças à sua maneira de vivê-la e de olhá-la, quando seu meio não a entrava. Os autores que fazem crescer a personagem ou a mostram com mais idade dividem-se em duas grandes linhas. Uns descrevem suas angústias e seus transtornos quando descobre as leis dolorosas da existência: o sofrimento, a degradação dos seres e das coisas, a morte. Inevitável, a realidade incita os autores a lamentar sua inconsciência anterior. Outros criticam a sociedade mostrando-a culpada por colocar a criança em condições tais que ela descobre estas leis sob seu aspecto mais trágico, enquanto que poderia tê-las percebido de outra forma. Certas personagens nos dão ainda o exemplo de uma forma de reagir muito simples, "natural", diante destas descobertas, enquanto que muitas estão em contato com outras realidades, em particular com um mundo além daquele a que os adultos têm acesso.

A relação entre a personagem e a existência revela, de forma muito precisa, como características transitórias, específicas dos estágios do desenvolvimento da criança, são tomadas para defini-la em um modelo cristalizado, e como este processo resulta do desejo do adulto de escapar ao tempo e à consciência demasiado lúcida dos problemas da vida. A contestação da sociedade permanece ainda freqüente nesta parte: a pequena personagem que se sente, se vê existir, ou vê os outros viverem e morrerem, o faz em um dado contexto social. Ademais, abordaremos aqui também os sistemas metafísicos e religiosos propostos à criança para explicar o mundo e a vida. O aspecto institucional e normativo destes sistemas é também julgado em função da representação da criança e da formação que os próprios autores receberam neste domínio. A crítica se faz freqüentemente amarga, mas certas aspirações das personagens aparecem através de suas expectativas e suas decepções, especificando assim sua própria natureza. Esta crítica em si mesma dá uma imagem, que não deixa de ter interesse, das condições oferecidas à criança.

---

1. Ver a este respeito a síntese que dão da noção de sua história J. Laplanche e J. B. Pontalis, in *Vocabulaire de la Psychanalyse*, PUF, 1967.

12. Os Processos de Conhecimento e as Primeiras Descobertas

A socialização já compreendia todo um processo de descoberta, o da sociedade pela personagem infantil. Abordaremos agora um outro aspecto, o de seu despertar para o mundo, o de sua reflexão sobre a existência[1]. Antes de seu confronto com a sociedade e depois, paralelamente, a criança segue um longo caminho que parte das primeiras sensações e segue descobrindo o mundo que a rodeia para desembocar nos grandes problemas metafísicos da morte e do sentido da vida. O universo sobre o qual os olhares das personagens se voltam é socializado, mas a análise refere-se agora à relação da criança, "vida em sua origem", com a existência em seu desenrolar.

A personagem, essência da vida, vai se tornar uma existência que se faz e freqüentemente se degrada, não somente em função de um sistema social negativo, mas também em razão de uma lei de degradação interna. As pequenas personagens, imagens ideais de uma outra forma de vida, chocam-se com a realidade da existência.

1. AS PRIMEIRAS ETAPAS DO CONHECIMENTO

Os autores, desviados da primeira infância pelo mundo psicológico, procuram, freqüentemente, expressar o que imaginam desta através de analogias e de uma linguagem mítica.

---

1. Estes temas são igualmente representados nas três amostras: quase a metade dos textos descrevem procedimentos de conhecimentos e descobertas. O conjunto das formas é reencontrado a cada época.

O primeiro despertar

Quanto mais antigo o período ao qual a descrição se refere, mais se encontram os atributos de poder e conhecimento particular que tínhamos destacado ao analisar as características da personagem simbólica. O primeiro despertar é apresentado através de imagens de um estado inicial, através das definições das personagens, diretamente, ou através de analogias e por interpretações do significado deste estado.

Se a personagem é aqui por vezes ainda definida como um primitivo, um vidente, um animal, como já observamos outras vezes, acrescentamos ou subentendemos agora o termo inconsciente, assim como as expressões onde a consciência é de toda forma ausente, planta em germe e matéria em formação (esta analogia entre a vida da criança e a vida vegetal já havia sido encontrada em Nathalie Sarraute e em Cocteau)[2]. Abandonando esta definição da personagem que já conhecemos, analisaremos o estado que corresponde a esta natureza e os processos através dos quais vai se dar a descoberta do mundo.

O primeiro estado é inconsciente e noite, da qual o bebê sai por clarões. "Ao sair da minha noite primeira, meu espírito não se iluminou progressivamente, por clarões graduados; mas sim por jatos bruscos de claridade – que dilatariam repentinamente meus olhos de criança e me imobilizariam em devaneios atentos –, que depois se apagavam, me faziam mergulhar novamente na inconsciência absoluta dos animaizinhos que acabam de nascer, das plantinhas recém-germinadas" (Loti [15]). "Ali, nos confins da vida letárgica, minha alma em germe vagueia" (...) "pequena lâmpada que se acende... vacila e se apaga para renascer mais viva" (Ed. Rocher [154]). "A noite", "o abismo", "o caos", são as imagens mais utilizadas para descrever este estado primordial. Ao lado do primeiro despertar, fala-se de "penumbra de alma" (P. Bourget [111]), de "reflexos do amanhecer", de "meia-noite" (Loti [15]), de "bruma sem raios, tão distante daquilo que chamamos consciência quanto a geléia marinha é diferente do organismo humano" (Lucien Daudet [117]).

O caos das percepções infantis transforma o universo circundante em uma noite mais ou menos inquietante e provoca alucinações. Jean-Christophe desperta: "As trevas, a explosão brutal da lâmpada; as alucinações de um cérebro que acaba de se destacar do caos, a noite sufocante e efervescente que o rodeia, as sombras sem fim de onde se destacam, como jatos ofuscantes de luz, sensações agudas, dores, fantasmas: estas enormes figuras que se inclinam sobre ele, estes olhos que penetram, que se fincam nele e que ele não entende (...)" (R. Rolland [23]). "(...) Eu mergulhava em um mundo confuso, povoado de alucinações simples, ídolos rudimentares" (Sartre [73]).

---

2. Cf. Cap. 3, pp. 72-73

Vários autores descrevem este período como uma série de impressões agradáveis. "Zette percebe e distingue sensações obscuras e diversas, agradáveis ou penosas." Mamada, digestão, banho, "tudo isto, para Zette, é delicioso" – "Com apenas algumas semanas, Zette reconhece sua ama-de-leite: – o instinto obscuro que lançava seu lábio ao seio é aumentado por impressões ainda inconscientes mas variadas (...)" (P. e V. Margueritte [18]). Aqui os desprazeres são mínimos: sensações desagradáveis do roçar de um tecido muito áspero, por exemplo. Para outros bebês, como Jean-Christophe, o contato com um mundo incompreensível cria uma ansiedade: "O terror o imobiliza intensamente, os olhos, a boca aberta, suspirando desde o fundo da garganta".

A impotência aparente da criancinha encobre um poder considerável, o da vida em germe apresentada simultaneamente como uma força irreprimível e como um mistério. "A força que está nele, que se acumula, enorme, inconsciente, o oceano borbulhante que rosna na estreita prisão deste pequeno corpo de criança... Quem soubesse ler nele veria mundos sepultados na sombra, nebulosas que se organizam, um universo em formação. Seu ser é ilimitado. Ele é tudo o que é" (R. Rolland [23]). A força reside no inconsciente, a tomada de consciência revela à criança sua própria fraqueza. Para expressar esta vida em organização, são necessárias comparações escolhidas no mundo cósmico; a nebulosa ou, dentre as forças da natureza, o rio, a germinação.

A tomada de consciência do mundo se faz por "súbitas eclosões sobre as quais nada nos avisa" (A. Daudet [7]), ou por "jatos bruscos de claridade", "ilhas de luz começam a surgir do rio da vida... Do abismo da alma emergem algumas formas, de uma estranha nitidez" (Loti [15]). Uma oposição aparece nitidamente entre uma parte inconsciente da criança, chamada noite, trevas, e por outro lado a tomada de consciência do mundo, qualificada de claridade, luz. No entanto, para R. Rolland, encontramos um par luz-sombra, cujo significado é invertido: "Existem dois seres nele: a luz de dentro e a sombra de fora..." A criança irá perder, ao crescer, sua "clarividência mágica". Encontramos um modo de conhecimento misterioso emprestado à personagem mitificada da criança. "Em sua hora, como todos os videntes, e entre longos espaços da noite, as crianças percebem relações que nos são escondidas..." (Montherlant [145]). Sua apreensão consciente do mundo, pelo modo de conhecer dos adultos, ainda pouco exercido, é fonte de angústia, enquanto que a vida em sua origem, efervescente e desorganizada, força cega e inconsciente que ela traz em si, que é ela, conhece o mundo de uma outra maneira. Vamos assim ao encontro das características da personagem que foram destacadas no primeiro capítulo.

A alma da criança se recorda "por atavismo", espécie de hereditariedade adquirida, meios onde seus ancestrais viveram: as colônias, no caso de F. Jammes. Loti, na presença de coisas novas, experimenta "menos espanto do que recordação"; é o que ele sente no meio de grandes plantas verdes, onde se sente afogado. Da mesma forma, quando ele vê o mar pela primeira vez, essa visão corresponde a sua expectativa. Ele pensa que talvez tivesse na cabeça, na ocasião de seu nascimento, um reflexo confuso de sua imensidão, pois seus ancestrais o haviam percebido assim. Ele não sabe mais se ele mesmo experimentou realmente "as impressões do início da vida", ou "se, talvez, não seriam recordações misteriosamente transmitidas". "Eu era naquele tempo um pouco como uma andorinha recém-nascida, lá no alto, no canto de um telhado... Assim, naqueles minutos de clarividência, eu percebia furtivamente todas as espécies de infinito, cujas concepções latentes, com certeza, já existiam em minha cabeça, anteriormente à minha existência."

Alguns autores falam de reminiscências platônicas evocando uma vida anterior. A criança "recorda-se do que ela viu na pré-vida" (Montherlant), pois sua alma guardou um elo com "a alma do mundo". A. Hermant também escreve: "Eu me recordava do passado divino anterior ao meu nascimento, e eu reconhecia sobre a costa normanda as cores da baía de Atenas" [130].

Inversamente, o que a criança viveu e sentiu na primeira infância prefigura o futuro, seja porque todo o ser é marcado por ela, seja porque a criança pressente de forma obscura o que ocorrerá e o adivinha em seus primeiros contatos com o mundo. Esta concepção, já analisada com as características das personagens[3], aparece particularmente quando os escritores descrevem os inícios da vida.

As primeiras descobertas se fazem através de modos de conhecimento onde o pensamento racional tem pouca importância. Os autores tentam encontrar na criança os traços de um universo diferente da realidade humana aparente: a pré-vida, a vida cósmica. Sem ir tão longe, a maior parte parece achar inviável o fato de apreender o mundo através dos sentidos e não pela inteligência. Por um lado as sensações que engendram ou acompanham as descobertas conferem a elas um prazer que as tornam inesquecíveis. Por outro lado, a irracionalidade permite a passagem do sonho para a realidade e sua fusão.

Os modos de conhecimento irracional

A criancinha "conhece o mundo através da boca", escreve Duhamel [35]. Estágio oral conhecido, poderíamos dizer. Mas a diferença entre o psicólogo e o romancista é a valorização que o segundo atribui a estes estados, mesmo que ele próprio seja médico. "Ela vê, ela experimenta, ela sente, ela toca em todas as coisas em que pensa. É uma virtude que os homens perdem ao envelhecer. Os poetas não a perdem." Esta sensorialização do pensamento reintroduz a assimilação da criança ao poeta, freqüentemente encontrada.

---

3. Cf. Cap. 2, pp. 48-49.

As descobertas explodem com sensações muito vivas em ambientes que não serão esquecidos, em um todo que forma uma situação da qual não se podem separar os elementos. Estas impressões se fixaram na memória porque tinham um prazer, uma coloração afetiva intensa. Os escritores que falaram da primeira infância sabem que só podem se comunicar com ela em comunhão com sensações reencontradas[4]. O primeiro pensamento do qual Loti se recorda cintilou como uma chama enquanto ele aprendia a correr e saltar diante de um fogo que dançava. Mais tarde, sua iniciação à música ocorreu certa noite, quando seu cão acabara de se perder. O som de um violino evocou nele um bosque à noite, encruzilhada triste onde ele imaginava seu cão vagando.

É porque Lucien infringiu uma regra que ele descobre uma outra falta mais grave. Ele ultrapassou a barreira do jardim, que não deveria ser transposta, e se deteve diante de um tufo de urtigas sujas por um cão. Uma mosca "de cocô" zumbia e lhe causava medo. "Um odor de proibido, poderoso, pútrido e tranqüilo lhe enchia as narinas." Ele diz bem alto: "Eu amo minha mamãe", respondendo a uma questão que o padre acaba de lhe fazer em casa. Mas sua voz lhe parece estranha e ele percebe que não a ama mais (Sartre [49]).

A criança descobre o mundo com todo o seu ser e integra seus novos conhecimentos em sua totalidade. "...Naquele tempo [escreve Proust], tudo o que não fosse eu, a terra e os seres, me parecia mais precioso, mais importante, dotado de uma existência mais real do que pudesse aparecer para os homens feitos... E a terra e os seres, eu não os separava." Como já vimos, a não categorização dos seres e das coisas, assim como a não consciência de si, é uma das causas da felicidade da infância autêntica.

Uma outra oportunidade de felicidade da infância consiste na capacidade de se evadir no imaginário. Ora, a realidade e a ficção confundem-se nas criancinhas. Os escritores exploraram muito este traço, conhecido pelos especialistas. Poum, por exemplo, "estava destinado ao sonho com uma pitada de atordoamento. Ele não entendia bem as relações que uniam entre si os seres e as coisas, e não procurava se aprofundar no infinito. Mas ele sentia de maneira intensa, e os mundos visível e invisível se deformavam nele, com uma força extraordinária de lembrança e evocação" (P. e V. Margueritte [17]). Um sociólogo como Halbwachs[5] comparava estas formas de pensamento infantil ao sonho do adulto: "A vida·consciente de todas as criancinhas aproxima-se muito do estado de espírito de um homem que sonha". Derême emprega a palavra "feérico" a respeito de Patachou [33]. "Ele vive em um estado feérico e não há nada que lhe passe pela cabeça que não lhe pareça verdadeiro." Em Anatole France, o sonho chama-se milagre, o desconhe-

---

4. Cf. Caps. 8 e 9.
5. *Les cadres sociaux de la mémoire*, p. 12, PUF, 1952.

cido, divino: "As criancinhas vivem em um perpétuo milagre; tudo lhes parece maravilhoso... Ainda que perto de nós, elas habitam regiões diferentes das nossas. O desconhecido, o divino desconhecido as envolve" (A. France [123]). O romancista identifica, na maior parte das vezes, o desconhecido ao imaginário onde tudo é possível, ignorando a ansiedade e a impressão de impotência de um ser que não conhece o mundo que o rodeia nem o que pode lhe acontecer.

A importância dada ao imaginário na pequena personagem é tal no conjunto dos relatos que lhe dedicamos um capítulo[6]. A possibilidade de se evadir, de recriar o mundo, é um dos traços essenciais da criança autêntica. Ela tem do mundo uma outra visão que não a da realidade cotidiana bem estabelecida, conhecida, tediosa. Ou ela vê um outro mundo que existe além das aparências, ou vê de outra forma o cotidiano do qual os adultos têm apenas uma percepção limitada, empobrecida, ou, ainda, o mundo é tal como os adultos o fizeram, mas então a criancinha o transforma, através de sua imaginação, à sua conveniência.

Tanto pelo seu modo de conhecimento sensorial, como pela sua imaginação, a criança foi aproximada ao poeta. Quando se evoca uma forma de pensamento dito "pré-lógico", a imagem do primitivo também se apresenta. Dupuy[7], que analisa este aspecto da personagem na literatura, conclui, referindo-se à analogia entre a criança e o primitivo: "Assim como o do primitivo, o funcionamento mental da criança é, de fato, de caráter pré-lógico; um e outro colocam-se, sem esforço, no plano do maravilhoso, cujas sugestões aceitam como se os sentidos destas viessem atestar a existência formal deste plano". Mas Dupuy não valoriza este estado como o faria o romancista. Ele fala de "pensamento indigente", incapaz de separar o real do imaginário.

G. Van der Leeuw[8], nesta mesma época, escreve também: "Desde há muito tempo constatou-se que o funcionamento mental da criança (...) tem pontos análogos ao funcionamento mental do primitivo". Mas rapidamente não se pôde mais atribuir a qualificação de infantil ao primitivo, e tomou-se um outro caminho: "Constatamos que, sob várias circunstâncias, a criança é tão primitiva quanto o primitivo". Se psicólogos e antropólogos mostraram as similaridades entre o pensamento da criança e do primitivo, particularmente no que concerne à não-separação entre o real e o imaginário e a personificação das coisas, rejeitaram a assimilação da criança ao primitivo, cuja situação social e idade diferem totalmente (Merleau-Ponty[9]).

6. Cap. 5.
7. *Op. cit.*
8. G. Van der Leeuw, *L'homme primitif et la religion*, PUF, 1940, Introdução.
9. M. Merleau-Ponty, "Méthode en psychologie de l'enfant", *Bulletin de Psychologie*, V, 2, 1952.

O que nos interessa aqui não é a descrição, mais ou menos exata, dos procedimentos através dos quais a criança descobre e conhece o mundo que a rodeia; é o significado atribuído pelos autores a estes procedimentos e, finalmente, o sentido de uma aproximação entre as três personagens, a criança, o primitivo e o poeta, que já encontramos em outros aspectos desta pesquisa. Eles têm em comum, segundo as características que lhes são atribuídas, no mínimo uma mesma maneira de olhar o mundo, interpretá-lo e utilizá-lo, e por vezes também uma natureza diferente do adulto-norma.

Duas outras características do pensamento infantil foram também evidenciadas: por um lado a personificação dos objetos, "o animismo infantil", diria Piaget[10] e, por outro lado, "a indissociação"[11] entre os objetos, os seres e si mesmo.

Citamos exemplos de personificação no capítulo dedicado à natureza, em particular a respeito das árvores. Assim, o Petit Chose falava com as árvores do jardim onde brincava como se fossem amigos[12]. Quando Proust deixa Combray, ele vai dizer adeus aos espinheiros, que ele abraça e com os quais fala como se fossem pessoas, prometendo retornar para visitá-los na primavera seguinte. Ao se lembrar do campanário, ele experimenta "o sentimento que nos faz considerar uma coisa não como um espetáculo, mas acreditar nela como em um ser equivalente a nós". Zette "acreditava que o sol se deitava em uma cama de pluma..." Leiris [62] faz a diferenciação entre as ficções que os adultos transmitiram às crianças nos contos e a maneira pela qual, como criança, ele personificaria realmente as coisas.

O poder dos espíritos do solo, noção de ordem livresca (e que me veio tardiamente quando, adulto, sofri a atração do pitoresco mágico), eu não o suspeitava em nenhum momento nos gnomos, mas eu o reencontro sem dificuldades, e em sua totalidade, naquilo que, enquanto criança, sabia a respeito do grisu. (...) Nunca a idéia do grisu se apresentou em mim como a idéia de um corpo inerte, cujos efeitos podem ser explicados por uma ação puramente natural. Verdadeiro gênio da mina, o grisu é uma personalidade maldosa, muito semelhante a um gás, mas de um modo estritamente exterior pois é dotado de vontade e age segundo seus caprichos. Ele é, em versão mais maldosa, da família dos fogos-fátuos, que também são gases, sopros e, ao mesmo tempo, espíritos ígneos.

A indissociação entre si e o mundo, estado primeiro da criança, seguido da tomada de consciência de si e da categorização dos seres e dos objetos, é um passo no desenvolvimento do ser para o estado adulto, balizado por diversas etapas bem conhecidas atualmente pelos psicólogos geneticistas. Nos romancistas, a nostalgia deste tempo passado e a mitificação da personagem conduziram a uma valorização do período

---

10. J. Piaget, *La représentatian du monde chez l'enfant*, Alcan, 1938.
11. J. Piaget, *Le développement de la notion de temps chez l'enfant, op. cit.*
12. Cf. Cap. 9, pp. 283-284.

onde a consciência de si era fraca e a categorização dos seres e das coisas, inexistente. A criança é então aproximada ao homem na origem, a Adão no paraíso terrestre antes de ter comido o fruto da sabedoria. Leiris deu a imagem mais completa desta comparação e nós já a citamos para explicar a natureza da personagem. Ele aprende a ler em uma pequena História Sagrada e compõe a gênese e sua evolução pessoal. "Expulso desde já do paraíso terrestre e da mais antiga infância – redoma feliz na qual eu vivia em pé de quase igualdade com as partes ainda não categorizadas do mundo ambiente, tal como nossos primeiros parentes com os animais e as plantas – eu iniciava (...) a cruel conquista deste eu que deveria primeiramente se aperfeiçoar na arte de nomear as coisas; dedicando-me com toda inocência, eu ignorava que cada uma das palavras que me ensinavam a reconhecer impressa era (...) um círculo de tinta ou um abismo destinado a separá-las umas das outras e a separá-las de mim, relegando-as à periferia e determinando (...) suas respectivas posições em relação ao ponto central em que me encontro." Leiris expressa em imagens e com a ajuda de comparações este mecanismo de passagem e emprega os termos paraíso perdido, conquista cruel, que lhe dão sua dimensão de perda, de infelicidade inevitável.

Esta mesma característica da criancinha foi transposta na criança autêntica específica. Existência, natureza, não existe pensamento refletido sobre os seres e as coisas. Ela vive com eles[13].

Em contrapartida, vários autores mostraram pequenas personagens que se situavam no centro do mundo e pensavam que tudo se organizava em função de sua vida. Patachou imagina que a lua o segue. Ou então ele faz os ponteiros de seu relógio rodarem em sentido contrário e diz a um pintinho que ele vai entrar no ovo. Seu tio lhe diz que ele também corre o risco de voltar a ser pequenino, e ele responde: "Oh! não; sou eu quem governo: o relógio é meu". O egocentrismo da criança mais velha é também repetidamente descrito, por exemplo, quando Simone de Beauvoir explica seus sentimentos em relação a um par de gêmeas em sua sala de aula. "Eu me perguntava como é possível resignar-se em viver desdobrada; eu só teria sido, me parece, uma meia pessoa; e, até mesmo, tinha a impressão de que, ao se repetir identicamente em um outro, minha experiência teria cessado de me pertencer. Uma gêmea teria tirado de minha existência aquilo que dava a ela o seu maior valor: sua gloriosa singularidade". Sartre [73] não se interessava pelas guerras, mas apenas pelas injustiças privadas. "Em meu coração sem ódio as forças coletivas se transformavam: eu as utilizava para alimentar meu heroísmo individual."

O egocentrismo das crianças menores vai ao encontro do ambiente de "milagre" no qual elas vivem: o mundo que as cerca é percebido por elas como se estivesse a seu serviço. "Elas residem em um universo on-

---

13. Cf. Cap. 2, pp. 32-33.

de todas as coisas estão dispostas de forma a lhes agradar, e o milagre é para elas o aspecto usual do mundo. Os fatos maravilhosos, aliás, não as assustam em absoluto; elas vivem no meio deles assim como canta o pintarroxo sobre um galho florido de uma cerejeira" (Derème [33]). A imagem da criancinha é comparada não somente a um animal, mas a este animal, um pássaro, que canta em um quadro primaveril.

A mesma pequena personagem, criança-existência, confunde espaço e tempo. Ao longo de um passeio, onde parece ter percorrido uma grande distância, ela pergunta: "Talvez vejamos passar druidas ..." Seu tio comenta esta confusão, que lhe faz lembrar o poeta Ronsard, que disse "em pouco espaço" ao invés de "em pouco tempo". Nas personagens mais novas, como Patachou Tioup, a noção de tempo difere da dos adultos. Já assinalamos que a criança autêntica vive no presente, fora do espaço e do tempo. Ainda desta vez, uma característica da primeira infância é estendida à infância em geral no processo de simbolização.

A experimentação e o questionamento

Ao lado destas imagens que poetizam o pensamento irracional da criança, outras imagens mostram a personagem infantil efervescente de vida, impulsionada pela curiosidade e ávida de aprender mais sistematicamente. As mesmas personagens possuem por vezes as duas atitudes. A criança experimenta e repete suas experiências para confirmá-las. Dabiou não pode se impedir de voltar para a tomada elétrica onde, no entanto, já levou um choque. A experiência "é sempre recolocada em questão e, por mais pungente que seja, é sempre recusada" (Duhamel [35]). "(...) A grama cuja ponta, mais clara, estala sob o dente, um pouco adocicada se a mordemos após tê-la retirado de seu miolo; a folha achatada que corta a junta do dedão quando a cortamos de mau jeito (...). Tantas descobertas válidas para sempre, ou experiências a serem repetidas uma vez, duas vezes, e que, pouco a pouco, contribuem para adquirir experiência (...)" (Lucien Daudet [117]). Gide desmonta seu caleidoscópio. Seu interesse científico ultrapassa seu prazer estético. Ele tira alguns pedaços. O resultado é menos belo, mas ele entende "o porquê do prazer". Sartre, aos quatro anos, foi pego "salgando a geléia por amor à ciência (...) mais do que por maldade".

A experimentação nem sempre é possível, mas a criança observa, compara, reflete. A criança de *Vipère au poing*, observa com curiosidade o ódio do olhar da víbora em sua morte (H. Bazin [52]). "As crianças da Cosse, que não são mais bobas do que as outras e que, tanto quanto elas, observam as semelhanças e fazem comparações", chamaram a pequena Fadette de *grelet* (grilo) porque ela é feia mas não tem ar de boba. Gide procedia à observação sistemática da natureza. Ele colecionava coleópteros, plantas, e os classificava. Esta atividade, mencionada em várias outras autobiografias, é a expressão de uma necessidade de sistematização, de observação e conhecimento. Bel-Gazou, aos nove anos, costura sonhando. Ela superpõe à sua obra "imagens, associações de nomes e pessoas, todos os resultados de uma paciente observação. Um pouco mais tarde virão outras curiosidades, outras questões, mas principalmente outros silêncios" (Colette [30]).

Os porquês demarcam o aprendizado que a criança faz do mundo. Ela coloca múltiplas questões ao adulto, confiando nele. Este lhe fornece freqüentemente respostas que são para ela um jogo, ou que ele dá para mascarar seu embaraço. Daí a reação da criança: "Pouco a pouco, à medida que ela avança nos tenebrosos *maquis* do conhecimento, utiliza o 'por quê' com mais moderação. Freqüentemente o pudor lhe corta a palavra... Talvez ela tenha medo de saber; talvez tenha vergonha de sua curiosidade; talvez, ainda, prefira seu sonho às explicações que lhes seriam dadas; talvez, até mesmo, ela adivinhe que irão lhe dar uma 'dessas respostas para criancinhas' com as quais o adulto oprime a vaidade da criança" (Duhamel [35]). "Quando muito jovens, as crianças aceitam as coisas como elas são. Mais tarde sua cabeça sobe às nuvens, elas falam sem refletir, são de uma ingenuidade aguda que atinge o alvo. Enfim, elas refletem sem falar, o que não é melhor" (H. Bazin [53]).

Neste nível da evolução da criança a pergunta ultrapassa o simples meio de conhecimento. Ela já atinge uma reflexão sobre a sociedade, que muitas vezes é, como já vimos, uma contestação ou uma pesquisa sobre o significado dos grandes problemas da existência, do sofrimento, da vida, da morte.

2. AS DESCOBERTAS DA LINGUAGEM: AS PALAVRAS, OS LIVROS[14]

Pouco após as primeiras descobertas diretas dos objetos que a rodeiam, e ao mesmo tempo que continua a enriquecer seus conhecimentos, a criança se inicia na linguagem indireta das palavras, palavras cuja correspondência com os objetos deve saber estabelecer ou que podem lhe permitir se abrir para outras realidades que não a da percepção imediata.

As palavras

Alguns autores mostram algumas incompatibilidades entre as palavras, linguagem de adultos e a vida infantil. As palavras são feitas para responder às percepções dos adultos, não "às percepções incompletas das crianças, à sua penumbra de alma" (P. Bourget [112]). Para expressar seus primeiros passos na vida e toda a profundidade misteriosa de

---

14. O interesse dedicado à linguagem não cresceu no romance contemporâneo, pelo menos enquanto tema geral, de um ponto de vista quantitativo.

suas lembranças, falta a Loti "palavras suficientemente frescas, palavras suficientemente jovens". Na ficção científica, mais do que utilizar palavras para explicar alguma coisa a uma criancinha, é melhor utilizar a transmissão de pensamento, que corresponde melhor às suas aptidões. A palavra faz parte de uma linguagem arcaica que amortece a comunicação e corre o risco de não ser entendida. As crianças mutantes ultrapassaram este estágio de evolução da humanidade[15].

L'enfant malade (Colette [31]) constituiu uma linguagem menos cansativa e tão eficaz quanto a das palavras: "O hábito e a obrigação de preparar suas forças o haviam dotado de um repertório de pequenos sinais, uma mímica delicada e complicada como a linguagem dos animais".

Por vezes a palavra nada acrescenta ao saber da criança. "Existem porta-bolas, cujos frutos rugosos são secos para se obter a pele áspera a ser usada no pescoço. Existem pessoas que os chamam de plátanos. A palavra não muda nada quanto às suas características" (B. Vian [75]). Na maior parte das vezes, a pequena personagem sente, diante da palavra, incertezas, cólera ou angústia. "Ela não tem muita certeza a respeito de certas palavras, mas quase nunca pergunta seu significado. Prefere o método experimental" (G. Duhamel [35]). Poum disse "lutas intestinais" ao invés de "lutas intestinas". Zombaram dele, principalmente sua amiga Zette. "Ele lança injúrias, secretamente, à dura lei do léxico, às fantasias cruéis da gramática. As palavras, mundo misterioso, terrível, vasto império nos confins das trevas, de recantos suspeitos, de barrancos movediços" (P. e V. Margueritte [17]). Milou gostaria de ter feito uma fábula para expressar as desgraças da pequena pastora que cortou a mão. Mas ele não consegue encadear as palavras e, após o título "A miséria do cutelo", pôde apenas balbuciar o nome da pequena vítima "Justine" (V. Larbaud [50]). Outras crianças, por orgulho, transformam seus erros em brincadeiras: "Ela transformava em brincadeira os tropeços de sua língua e os tropeços de seu vocabulário" (G. Duhamel [35]).

As palavras que se pronunciam da mesma maneira mas têm sentido diferente, homônimas ou homógrafas, criam incertezas e confusões nas pequenas personagens. Nesta ocasião os autores procuram mostrar as hesitações da criança ou sua capacidade de invenção. Algumas se divertem com os trocadilhos produzidos involuntariamente. Quando o abade Grille interroga Wolf (B. Vian [75]) sobre suas impressões no momento em que ele renovou suas promessas de batismo e pronunciou a fórmula: "Eu renuncio a Satã, às suas pompas (*pompes*) e suas obras", este responde: "Eu pensei em uma bomba de água (...) em uma bomba de água que existia no jardim dos vizinhos". O mesmo romancista conta como

---

15. Cf. Cap. 2, p. 32.

os grandes potes vermelhos* dos dois lados da escadaria se transformavam em "índios selvagens" pela noite que chegava e pela incerteza da ortografia. "Para Patachou os Zangans são a causa de tudo, da chuva, do tempo bom. De fato, sua tia leu para ele a fábula do gato, da doninha e do pequeno coelho, onde o autor diz: *Les ans en sont la cause* (Os anos são a causa disto)** (Derème [33]). Quando o pequeno delinqüente (Cesbron [57]) é enviado à Assistência à Criança em Denfert, ele entende *l'enfer* (o inferno) e fica desconfiado.

A linguagem técnica dos homens de negócios é incompreensível para a criança e até mesmo a exaspera: "Por que ele e seus amigos falam constantemente de todas estas coisas obscuras e feias, gado, usufruto, contrato, hipoteca?" (se pergunta Milou, ouvindo seu pai). "O usufruto é uma maçã que caiu na relva e que apodrece. As hipotecas são horríveis andaimes pretos que se colocam na frente das fachadas das casas" (V. Larbaud [50]). Reencontramos o tom hostil no mundo dos adultos, mundo do dinheiro. A mesma palavra "hipoteca" intriga também Poum, mas induz simplesmente a um jogo de imagens: "Uma hipoteca! Poum permanece em devaneio. Ela foi pega sobre uma casa? Será que ela voava ou se arrastava? Será que a hipoteca morde (...). É má? Ele a imagina também como um vegetal, talvez tenha gosto de mel. Poum é uma personagem infantil imaginativa, que não contesta diretamente a sociedade e que se confronta dolorosamente com ela somente no momento em que deve deixar sua infância para entrar no colégio e se preparar para uma nova situação. Milou contesta constantemente o modo de vida e as normas dos adultos. Os objetos de espanto das pequenas personagens são os mesmos.

O saber, o conhecimento do mundo, são considerados nesses exemplos como primordiais; a linguagem serve para nomear objetos já conhecidos pelas pequenas personagens. Inversamente, Sartre se queixa de ter descoberto o mundo inicialmente através da linguagem. "Tomei por muito tempo a linguagem pelo mundo." Sua relação com os seres e com as coisas se estabelece através das palavras e não pelo contato direto com o objeto. O escolar descrito por V. Larbaud se queixa do ensino pela mesma razão: ele não coloca os alunos em contato com o concreto. Este garoto se pergunta, por exemplo, se a botânica é outra coisa que não apenas um exercício para escolares[16]. As palavras, apresentadas antes dos objetos que elas designam, tornam-se uma realidade em si, um mundo de linguagem que nada tem a ver com o mundo imaginário, poético, também por vezes engendrado por palavras, mas que faz parte do mundo da infância.

---

* A autora refere-se à homofonia entre *pot rouge* (pote vermelho) e *peau rouge* (pele vermelha). (N. da T.)

** Em *Les ans en sont* temos o mesmo som que em *zanzan*. (N. da T.)

16. Cf. Cap. 11, p. 119.

As palavras são, de fato, para certas personagens, fontes de evocações sensíveis, poéticas. Leiris [62], que gostava do ar grandioso de Figaro do *Barbeiro de Sevilha*, sensorializava o nome de Figaro e o experimentava: "Ele tinha um gosto que me encantava: o das grandes cerejas pálidas chamadas *bigarreaux* e que são quase homônimas de Figaro". Colette [30] tinha ouvido a palavra "presbitério" (*presbytère*): "Eu tinha guardado em mim a palavra misteriosa, como bordado em relevo áspero em seu início e concluída com uma longa e sonhadora sílaba... enriquecida por um segredo e por uma dúvida, eu adormecia com a palavra (...). A palavra soava em anátema: 'Ora vamos! Vocês são todos presbitérios!', gritava eu aos banidos invisíveis. Um pouco mais tarde, a palavra esvaziada de seu veneno, eu supunha que 'presbitério' poderia bem ser o nome científico do pequeno caracol rajado de amarelo e preto (...)." Leiris ouviu falar de um incêndio em Billancourt. Ele entendeu *habillé en cours* (vestido para correr). Mais tarde, em sua memória, a idéia de incêndio permanecerá associada a esta expressão que evoca uma roupa cômoda para correr, quando se gritava "fogo".

As passagens que se referem à interpretação da palavra pela criança são extremamente numerosas. Sua sonoridade é naturalmente evocada. "As palavras terminadas em '...*lan*' são palavras freqüentemente alegres... Na configuração de tais palavras encontramos, além disso, a explosão de um olho ensolarado de júbilo, ou então um luxo de tecido sedoso, uma sonoridade sem rebarbas... Não havia nenhuma destas palavras, quando eu era muito pequeno, que não vibrasse com uma nota ostensiva; e eu penso hoje que elas deviam este fato ao *jour de l'an* (dia de ano-novo) (...)" (Leiris [62]). Observamos também a impressão gustativa de certas palavras. Proust [20] mistura sons e cores: "a sonoridade castanho-dourada do nome de Brabant". Gascar [60] acrescenta o odor: "As pessoas da região, tanto em dialeto como em francês, diziam *fumelles* ao invés de *femelles* (fêmeas). Pensava-se em fumaças, defumação, e esta idéia de mensagens olfativas, de apelos sem voz, de esteiras invisíveis atraindo comparsas, cúmplices mais nervosos, encontrava-se reforçada por este espetáculo" (de fêmeas cheias).

Colette faz de *L'enfant malade* um poeta autêntico. "Ele primava por fazer de seus sentidos um uso feérico e paradoxal. Para ele, as cortinas de musselina branca, tocadas pelo sol por volta das dez horas da manhã, irradiavam um som rosa, e a encadernação esfolada de um antigo volume de *Viagem às margens do Amazonas* em vaqueta dourada envolvia seu espírito com um sabor de crepe quente" [31]. Ele tem o sentido das correspondências baudelairianas.

Algumas palavras evocam personagens para a criança. Sartre recorda-se que, aos oito anos, ele via a Epopéia sob os traços de uma menininha. Jean, *L'enfant malade* (Colette [31]),"ouvia um cochichar, vindo do salão, uma longa conversação em voz baixa entre mamãe e o médico, de onde escapava uma palavra que vinha buliçosa e ondulante ao encontro de Jean, a palavra 'crise'. Por vezes ela entrava cerimoniosa, feminina, enfeitada para a distribuição dos prêmios, com um 'h' na orelha, um 'y' no corpete: *Chryse, Chryse Saluter*. O sutil ouvido da criança captava também o nome de uma outra pessoa, que convinha, sem dúvida, manter em segredo. Um nome incompleto, alguma coisa como Alysie Effanti, Lysie Infantil*, e ele acabava por acreditar que se tratava de uma menininha abatida, ela também acometida de uma imobilidade dolorosa".

Enfim, a palavra incita a criança ao embarque no devaneio e na aventura. Assim, Gaspard não sentia tanta vontade de partir, mas pensava que poderiam ocorrer situações através das palavras. Efetivamente, algumas palavras ouvidas mudam o curso de sua vida e o lançam na aventura, em direção ao mar, em direção ao país de sua infância, para perto de Hélène (Dhotel [59]). A palavra "colônias" encanta Loti criança e influencia sua vocação. "Oh! Como era perturbadora e mágica, em minha infância, esta simples palavra 'as colônias'..." Ela faz nascer dentro dele um sentimento confuso, um ambiente, um gosto de aventura e, finalmente, sua intuição do conjunto era bastante verdadeira: ele descobrirá isto mais tarde frente à realidade assim imaginada.

A infância não só colore e personifica as palavras ouvidas como rebatiza os seres e as coisas. Na linguagem das crianças dos subúrbios, criadas por Machard, "papai se chama *Casse-bien-la-gueule*" (quebra bem a cara), "Trique se faz chamar *Le-regard-de-Pépé* (o olhar de Pépé) para afirmar sua nova conquista" [16] etc. Jean (Colette [31]) denomina uma poção "fossas de cadáveres" e a criada "mandore". "Não seria justo e inevitável que, barriguda, dourada, sonora a todos os choques, harmoniosa por sua bela voz, por seus olhos lustrosos como a madeira preciosa dos alaúdes, esta forte criada respondesse pelo nome de Mandore?"

O adulto entra por vezes no jogo, estimulado e suscitado por um público infantil. O bando de pequenos camponeses descritos por Gascar [60] reúne-se, no inverno, no celeiro. O ancião se perguntava como tirar os meninos de sua inércia. "Talvez (...) ele tivesse esperado por muito tempo nosso silêncio, para finalmente colocar uma palavra (...)." Ele lhes lança palavras como se lança pedregulhos a um cão para fazê-lo brincar. "Mas nada nos proibia de imaginar, igualmente, que se entregava assim a uma tentativa diante da qual ele sempre havia recuado." Ele criou "Borzeguim de escargot", "pistola de lã", "bomba de sol", o que encanta as crianças: "como era agradável na bomba de sol!" Todos os dias ele lhes oferece aquilo que os garotos chamam de "o inventário" das riquezas insuspeitadas. As palavras que designavam os objetos mais distantes "tinham se reunido, lentamente, e sob o efeito de uma força irreprimível. E sua reunião, de dois ou de três, tornava-se uma criação maior, constituía o fundamento de uma vida em vista da qual aquela que

---

* A autora refere-se à paralisia infantil (*paralysie infantil*). (N. da T.)

levávamos parecia miserável". O fabricante de carroças, outro habitante do vilarejo que as crianças visitam, ouve sua ladainha, parece enciumado com este fato e inventa por sua vez associações de palavras. Os dois homens se entregam a um combate através das crianças que lhes transmitem as novas criações.

Os escritores deram uma grande importância à descoberta e à utilização das palavras pelas pequenas personagens. O fato de que sejam escritores, de que muitos dentre eles viveram, enquanto criança, em meios intelectuais, sem dúvida não deixa de influenciar este resultado. Mas além do aspecto particular do problema, encontramos os modos de qualificação habitual ao sistema de valores que se funda na imagem ideal da criança. A palavra é valorizada positivamente quando é ponto de partida e instrumento de uma vida imaginária, poética, e negativamente, quando representa uma abstração dos adultos ou a expressão dos valores burgueses.

Os livros

O livro, na maior parte dos autores, é associado positivamente à criança por quatro razões principais. Ele representa o ensejo de evasões, fornece modelos aos quais a criança se identifica, é personificado e faz papel de amigo, representa uma ocasião de descobertas e por vezes responde questões diante das quais os adultos se esquivam. Não se encontra hostilidade significativa contra os livros, produções dos adultos e reflexos de uma parte da sociedade.

Já apresentamos imagens de pequenas personagens evadidas do sofrimento, do tédio, graças aos livros[17]. *Le Petit Chose, Le Petit Pierre, Jean-Jacques de Nantes,* Jacques Vingtras, Proust, Sartre, criam-se assim uma existência paralela à vida cotidiana. "Como deveres de férias (escreve Loti [15]), tinham-me simplesmente imposto ler Telêmaco... E, extraordinariamente, isto não me entediava tanto; eu via nitidamente a Grécia, a brancura de seus mármores sob seu céu puro, e meu espírito se abria a uma concepção da Antiguidade que era bem mais pagã, sem dúvida, do que a de Fénelon: Calipso e suas ninfas me encantavam ..." Telêmaco encantava também Marie-Claire, a pequena pastora (M. Audoux [1]). Alain Fournier se entrega a uma leitura desenfreada dos livros que seus pais recebiam a cada ano, por volta do início de julho e, portanto, trancando-se no celeiro com sua irmã, devora a provisão inteira antes que fossem distribuídos como prêmios. Conduzido por suas leituras, ele "logo se punha a imaginar o desconhecido e a buscá-lo" (J. Rivière [153]). Jean-Jacques de Nantes, que se entediava nos fundos da mercearia do pai, se apaixona pelos romances de cavalaria. "Através de florestas profundas e no entanto luminosas, os cavaleiros galopam para

---

17. Cf. Cap. 4, terceira parte, "A evasão e suas condições", p. 114.

o combate. O encontro está em cada encruzilhada." O mal sempre abate o vilão e o triunfo dos bons é assegurado (Sarment [48]).

O livro serve como droga para as *Enfants terribles* [29]: "Elas liam apenas alguns livros, sempre os mesmos, fartando-se até não poder mais". Esta repetição transforma sua leitura em um ritual que facilita a passagem a um mundo imaginário. O tema da droga é também sugerido por Colette a respeito de sua filha que lê: "Quando ela lê, ela retorna, com o olhar perdido e o rosto afogueado, da ilha do cofre de pedrarias, do negro castelo onde se oprime uma criança loira e órfã. Ela se impregna de um veneno já experimentado, tradicional, cujos efeitos são há muito tempo conhecidos" [30].

A criança se submete à estória, depois a adapta para melhor se integrar nela. Partindo de seus relatos de aventura, o jovem Sartre torna-se defensor de frágeis donzelas. Daniel (A. Daudet [6]) "é" Robinson Crusoé. "A tudo que me rodeava eu dava um papel em minha encenação." Jacques Vingtras [24] libera-se das imposições fazendo-se amigo de Robinson e de Sexta-Feira. Umas imaginam ser como as próprias personagens, outras as acompanham, outras ainda copiam seus atos conservando seu próprio nome. É uma imagem de si mesmas, idealizada, que se tornam personagens heróicas, um justiceiro (Sartre [73]), uma vítima voluntária (Biche [41]) etc.[18]

Mais raramente, uma criança crê reconhecer sua própria imagem em uma personagem. "(...) Houve um livro onde acreditei reconhecer meu rosto e meu destino: *Little women*, de Louise Alcott", escreve Simone de Beauvoir [64]. Ela encontra nesta obra a moral que é ensinada em sua família. Mas Joe, principalmente, se assemelha a ela: "Eu me identificava apaixonadamente com Joe, a intelectual. Brusca, angulosa, Joe se pendurava, para ler, nas copas das árvores. Ela era bem mais moleque e mais maliciosa do que eu; mas eu partilhava seu horror pela costura e pelos afazeres domésticos, seu amor pelos livros. Ela escrevia e, para imitá-la, eu reatava com meu passado e compunha duas ou três novelas". Aqui, o modelo desempenha um papel no comportamento cotidiano da criança e em sua imagem projetada no futuro.

Estudamos estes processos de introjeção ou projeção em relação a personagens analisadas de modo preciso, em crianças reais de nove a onze anos e em sua própria linguagem, em uma outra parte de nossa pesquisa[19]. Aqui encontramos a imagem destes mecanismos através de seus traços deixados na memória, a propósito do apego a certos livros. Parece que o livro tem desempenhado freqüentemente um papel importante para reforçar e revelar aspectos do ideal do ego e do ego ideal.

18. Cf. Cap. 4, pp. 100-101 e 107.

19. Cf. prefácio, p. XVI, e nosso artigo "L'image de l'enfant, sa signification personelle et collective", in *Bulletin de Psychologie*, nº 284, XXIII, e *Enfants de l'image, op. cit.*

O livro também desempenha um papel de amigo e, na medida em que é personificado pela criança, os modelos que ele apresenta são vivos. Certas crianças acreditam tanto na realidade das personagens de seus romances quanto na de seus pais. Não somente o conteúdo do livro, mas também o próprio objeto torna-se uma pessoa. Proust imaginava um livro "não como uma coisa com muitos similares, mas como uma pessoa única". Marie-Claire [1] apaixona-se por Telêmaco, que ela vai encontrar em um celeiro: "Eu gostava deste livro, ele era para mim como um jovem prisioneiro que ia visitar às escondidas. Eu o imaginava vestido como pajem, à minha espera, sentado na viga negra". Colette, pequenina, se aninha entre livros bem antes de saber ler. Mais tarde, ela não lê muitas obras diferentes. "Eu lia e relia as mesmas, mas todas me eram necessárias. Sua presença, seu odor, as letras de seus títulos, a textura de seu couro (...)" [30].

O acesso à leitura transforma a vida da criança. "Ensinaram-me a ler. Meus olhos estavam armados deste poder imenso. Eu conhecia a iniciação decisiva dos signos... Antes de saber ler, eu estava na situação do passado, na qual o povo olhava as imagens e ouvia os relatos. (...) A leitura devorava pouco a pouco minha vida. Eu poderia, desde então, balizar minha história através dos livros" (Drieu La Rochelle [34]). O pequeno J.-P. Sartre gosta das leituras que sua mãe lhe faz mas em um dado momento ele quer se identificar a ela e adotar seu papel. "Eu ficava (...) com ciúmes de minha mãe e decidido a assumir seu papel." Ele carrega um livro e finge lê-lo, instalado numa cama-de-vento, em um quarto de despejo. Simone de Beauvoir sente que seus livros lhe dão apenas uma imagem caduca da sociedade, que ela não pode se criar uma "idéia" de seu destino, um "pressentimento" de seu futuro. Pergunta-lhes outra coisa: "Eles me confundiam. Graças a eles eu me libertava de minha infância, entrava em um mundo complicado, de aventuras, imprevisto" [54].

O mundo dos livros, que traz à criança possibilidades de evasão e conhecimentos novos, a aproxima ou distancia dos adultos que a rodeiam. Sartre observa: "Fugir dos adultos na leitura era o melhor meio de se comunicar com eles". Em sua casa, de fato, a biblioteca é "Karl [seu avô] em pessoa, (...) reificado". Simone de Beauvoir e vários outros autores falam da classificação em bons e maus livros, em livros permitidos e proibidos para crianças. A interdição repousa nos critérios morais, com os quais a criança se choca, ou em critérios de qualidade literária. Ademais, os pais se opõem, por vezes, a respeito dos "alimentos que convêm dar ao cérebro de uma criancinha" (Gide [38]). O pai de Gide, o avô de Sartre, consideram inepta a literatura infantil francesa. As mães temem, freqüentemente, empurrar muito cedo a criança para fora de sua infância iniciando-a na literatura clássica. A mãe de Sartre, por exemplo, sente a necessidade de que seu filho permaneça uma criança: "Minha mãe começou a procurar obras que me devolvessem a minha infância".

Os livros permitidos pelo meio familiar e pelos professores "admitiam as mesmas verdades e os mesmos valores que meus pais e meus professores" (S. de Beauvoir [54]). A criança se diverte "à distância" com a leitura, sem procurar estabelecer correspondências entre as ficções e a realidade, como diante de uma imagem ou um "espetáculo de marionetes". No entanto, ocorre que através destas obras a criança descobre outras realidades. "Por vezes, no entanto, o livro me falava mais ou menos confusamente do mundo que me rodeava ou de mim mesma: então ele me fazia sonhar, ou refletir, e algumas vezes atropelava minhas certezas" (Simone de Beauvoir [54]). O bons sofrem aí injustiças, morrem. A tranqüila segurança da criança é transtornada. Aquilo que escondem cuidadosamente dos adultos aparece, algumas vezes, em um livro permitido. Assim, em um relato, uma heroína está grávida sem ser casada. Simone de Beauvoir se desespera. Este fato não lhe ensina nada, mas ela teme que sua mãe descubra o que ela sabe, que ela queira dar explicações a sua filha, que sentiu repugnância em relação às questões sexuais. Ela própria, como Colette [30] e muitos outros autores, descrevem a criança que transgride as proibições e informa-se das realidades escondidas na literatura proibida. Trata-se quase sempre de obras que falam do amor e da sexualidade. O livro mostra então quais são os tabus dos adultos e informa a criança sobre os aspectos da vida que eles escondem.

Raras são as personagens que descobrem os aspectos literários e poéticos dos textos. Para eles, o livro é abertura para um outro mundo, acesso a uma vida imaginária ou mergulhada em um universo que se revela pouco a pouco. A criança pode, no entanto, ser ninada pela música de uma voz que lê um texto com talento e lhe revela a sua beleza. Gide criança escutava assim seu pai, que fazia a experiência de iniciá-lo no Livro de Jó: "Eu não juraria naturalmente que tivesse entendido, de início, a plena beleza do texto sagrado. Mas aquela leitura, verdade seja dita, causou em mim a impressão mais viva, tanto pela solenidade do relato como pela gravidade da voz de meu pai". Um estranho lê a Jean (Giono [39]) a *Ilíada*. Ele tinha um tal entendimento deste texto "que sua voz me impressionava não como um som, mas como uma vida misteriosa criada diante de meus olhos".

As artes

O texto escrito tem um valor artístico para a criança na medida em que facilita sua vida imaginária, em que oferece temas para seus devaneios, em que a ajuda a criar uma outra vida. O efeito da beleza de sua forma sobre a criança é raramente apresentado, ainda que certas crianças sejam assimiladas a poetas pela sua sensibilidade quanto às palavras (*L'enfant malade*).

Vimos a criança diante das artes do espetáculo, maravilhada, e evadindo-se com as personagens durante a representação ou, mais tarde, recriando espetáculos nos quais participa[20]. Os escritores, em contrapartida, associaram pouco a personagem da criança à música ou ao desenho. Algumas pequenas personagens cantam espontaneamente. Titine improvisa "longas cantilenas misteriosas" (Machard [16]). Duhamel, observando o pequeno que canta, compara-o assim à criança selvagem: "Quando ele está bem sozinho, bem puro, abandonado a seu instinto de animal (...) ele canta sem cessar uma canção ondulosa, leve, semelhante àquela que deve cantarolar a criança selvagem nas estepes ou nas florestas africanas. Ele descobre ritmos e inventa intervalos estranhos: voz do vento nas matas (...)". Estas crianças não descobrem uma arte: são arte, como também eram poesia. "Chega um dia (acrescenta Duhamel [35]) em que este humilde espírito se desvanece: o homenzinho aprende a cantar." A arte também se divide aqui em uma arte inata, ligada à criança, e um aprendizado que esteriliza a fonte primordial criadora na criança. Em Titine, criança dos subúrbios, esta espontaneidade opunha-se às canções populares em moda.

Para três personagens, o primeiro contato com a música é uma revelação revolucionária. Jean-Christophe foi ninado, durante sua primeira infância, pelo canto familiar de sinos. Ele assiste a uma cerimônia na igreja, onde se entedia. Subitamente, ouve "uma catarata de sons: o órgão toca. Um arrepio lhe percorre a espinha". "É como se ficássemos suspensos no ar como um pássaro", somos levados pelo rio de som. "Somos livres, somos felizes, faz sol..."

Mais tarde, seu avô ofereceu à família um velho piano. Quando Jean-Christophe [27] fica sozinho, ele experimenta os sons. "Mas o mais bonito de tudo é quando se colocam dois dedos sobre duas teclas simultaneamente." Ele imagina inimigos irritados, espíritos que se gostam etc. "Assim, a criança passeia na floresta dos sons e sente em volta de si milhares de forças desconhecidas que a buscam, a chamam, para acariciá-la ou devorá-la." Seu pai o descobre, lhe propõe que aprenda a tocar. Jean-Christophe fica encantado. Quando é convidado aos recitais de música de câmara, ele se esconde atrás do piano. Ali, ele participa da música com todo seu corpo, mexendo-se, fazendo caretas ou cochilando. Os adultos ralham com ele, lhe dizem que ele não gosta de música. "Teríamos espantado muito os honestos funcionários ocupados em ruminar os concertos se lhes tivéssemos dito que o único da sociedade que realmente sentira a música era aquele garotinho." Jean-Christophe cantarola também espontaneamente pequenas árias. Seu avô as transpõe musicalmente, induzindo a criança a se acreditar um jovem compositor. É seu tio Gottfried, desprezado pela família, simples vendedor ambulante, que ajuda Jean-Christophe a sair deste papel. Ele mesmo canta velhas árias. Julga feias a maior parte das árias de Jean-Christophe, lhe explica que não se escreve música para se tornar célebre mas para ex-

---

20. Cf. Cap. 4, p. 117.

pressar "coisas verdadeiras", e o faz redescobrir "a música do bom Deus", ou seja, o canto da natureza, dos pássaros. Gottfried é uma personagem de adulto bom, autêntico, próximo à natureza e à criança (R. Rolland [23]).

Jean le Bleu descobre também a música com todo seu ser, e os dois artistas que o iniciam saberão continuar a lhe fazer entendê-la como uma vida. Ele sonhava em seu sótão, em companhia de sua dama imaginária percebida em uma mancha da parede[21]. "Era uma melodia tristemente alegre. O desempenho do flautista era de uma retitude implacável. Sentia-se que, antes de a fazer sair de si, ele havia guardado aquela música por muito tempo em sua cabeça como uma serpente enrolada. Ao lado da flauta caminhava um violino sombrio. Eles partiam, ambos, por uma longa estrada ascendente. Tinham o passo lento daqueles que vão muito longe. Meu coração se pôs a fazer os mesmos grandes passos que eu iria ouvir soar em mim muito mais tarde. Estendi minha mão na sombra e a dama a pegou." Mais tarde, os vizinhos, os músicos, à casa de quem ele vai diariamente, o compreendem. Eles lhe falam de cada músico, lhe tocam trechos perguntando o que ele imagina para cada um, aprovam, corrigem. Em seguida a criança assobia as árias ouvidas (Giono [39]).

Bernard Bardeau [27] é atraído pelo mínimo som. "Existia para ele um mistério nos sons; e quando um canto começava a se elevar, seu espírito se distanciava como um navio entre o céu e o mar: um imenso deserto azulado. Ele tinha por todos os trechos um prazer mais ou menos igual com um fraco pelos mais barulhentos e mais lânguidos. Encontrava, em cada melodia, uma sede incessantemente renovada mais do que um meio para aplacar a sede" (A. Berge [27]).

No que concerne ao desenho, os textos são ainda mais raros. O Pequeno Príncipe pede ao piloto que lhe desenhe um carneiro. Este não sabe desenhar. No entanto, quando ele dá ao Pequeno Príncipe a imagem de uma caixa, a criança sabe ver o carneiro em seu interior. O piloto recorda-se que, quando pequeno, havia desenhado um elefante dentro de uma jibóia. Os adultos não tinham entendido nada. Os adultos têm sempre necessidade de explicações, as crianças sabem ver no interior das coisas. Duhamel mostra também o pequeno que desenha. "Tudo o que ele faz significa alguma coisa. Tudo é grosseiro, disforme, mas corresponde a uma idéia ..." Ele também solicita ao autor: "Desenhe-me um elefante". E o adulto percebe que ele pode desenhar tudo o que seu filho lhe pede.

Loti [15] recorda-se de seus próprios desenhos. Ele tinha imaginado dois patos, um feliz, com uma casa e uma senhora bondosa que lhe dava de comer, o outro infeliz, sozinho em um mar enevoado. "Eu estava horrorizado com minha obra, descobrindo coisas que certamente

---

21. Cf. Cap. 4, p. 97.

eu não tinha colocado ali e que, aliás, deviam me ser quase desconhecidas." Adulto, ele pensa que teria tido uma espécie de presságio daquilo que experimentaria mais tarde em sua vida de marinheiro, e aborda este tema em muitas ocasiões. Ele acrescenta: "Desde então, freqüentemente notei que as garatujas rudimentares traçadas por crianças, quadros de cores falsas e frias, podem impressionar muito mais do que hábeis e geniais pinturas, precisamente pelo fato de serem incompletas, levando-nos, quando as observamos, a acrescentar ali mil coisas de nós mesmos (...) saídas das profundezas insondadas que nenhum pincel poderia captar". O desenho da criança torna-se um teste projetivo.

Proust [20] admirava a lua e as obras de arte em que ela aparecia. Neste sentido, nota que suas preferências relacionavam-se a quadros ingênuos e incompletos, e que "a gente grande" não entendia estes gostos de criança. "É que, sem dúvida, a gente grande imaginava os méritos estéticos como objetos materiais que um olho aberto simplesmente percebe sem ter tido necessidade de amadurecer lentamente os equivalentes em seu próprio coração." Ele faz a ligação entre a autenticidade inculta da infância e sua possibilidade de descobrir a plenitude da arte através de sua vida.

A correspondência entre a criança e a arte estabelece-se de várias maneiras. Ou a criança é assimilada ao artista ou mesmo à arte, uma arte primitiva inata; ela expressa, então, aquilo que está nela, e o aprendizado de uma arte segundo as formas codificadas da sociedade corre o risco de destruir sua fonte de criatividade. Ou então a criança, por sua autenticidade e intensidade de sua vida, está pronta a acolher uma arte que expressa, ela mesma, as verdades da vida, mas não uma arte convencional. A arte parece, portanto, poder se cindir em dois aspectos, um dos quais é expressão da vida, ou vida particular em si, e o outro, jogo do espírito, moda, conformismo. O primeiro pertence ao mundo da criança autêntica e do bom adulto e, o segundo, àquele do adulto-norma e da criança condicionada. O aprendizado de uma arte encontra, por este aspecto, os problemas da socialização, mas a tratamos aqui, sobretudo, como uma descoberta pessoal da criança.

AS DESCOBERTAS DA SEXUALIDADE

Dentre os problemas da existência, aqueles que a sexualidade coloca à criança são cada vez mais descritos. Um terço dos autores do século XIX tratam ao menos de uma questão relativa à sexualidade que implica a personagem infantil. Entre as duas guerras, a porcentagem passa a 44%, para atingir 52% no período contemporâneo. O número de temas relativos à sexualidade também cresce nos autores assim como a extensão dos textos correspondentes. As personagens em questão têm, a maior parte do tempo, entre oito e treze anos, e apenas alguns (nenhum antes da Guerra de 1914) são mais jovens. Nossa pesquisa não se refere à imagem do adolescente.

A descoberta pode abarcar objetos diferentes: seu próprio corpo, comportamento de adultos ou de animais, interrogações, sensações novas. O iniciador é freqüentemente uma personagem, criança ou adulto, que provoca a criança ou lhe responde, que é observado ou que tem práticas sexuais com a criança. Um livro, um filme, desempenham por vezes este papel. As impressões da criança variam do espanto ao interesse, ao incômodo, à perturbação, ao medo e à repulsa.

A sexualidade e a criança pequena

As primeiras impressões chegam, para Lucien e para Wolf, daquilo que eles percebiam de seus pais. Lucien, que participou de um baile à fantasia de crianças, volta para casa "transpirando e com comichões". Seus pais o acham superexcitado. Ele vai dormir no quarto dos pais mas tem um sonho estranho, acha seus pais esquisitos, sobretudo a mãe. Ele pensa que os adultos são diferentes durante a noite e se pergunta se sua mãe é realmente sua mamãe (Sartre [49]). Durante a festa, onde ele usava uma roupa de anjo, tomavam-no por uma menininha, pois ele tinha cachos loiros e era muito bonito. Ele tem medo de que "as pessoas decidam repentinamente que não é mais um garotinho; ele protestaria em vão, ninguém o ouviria". Teria de continuar a usar um vestido. A sexualidade parece uma imposição externa. Ele se pergunta se sua mãe não fora, outrora, um garotinho, o que tornaria a ser se lhe tirassem o vestido.

Wolf sente também um mal-estar diante de seus pais, que se beijaram na boca quando o trouxeram para sua cama de manhã. Um pouco mais tarde, ele experimenta um certo desejo em relação a uma bela senhora que usava um vestido de noite. Passeando em uma praia com seu tio, espanta-se com uma observação deste sobre a beleza das pernas de uma moça. "Sou incapaz de me dar conta disto, diz Wolf. Você verá, diz o tio, mais tarde você será capaz. Era preocupante. Talvez um dia, ao despertar, poderíamos dizer: Esta tem pernas bonitas, esta não. E como nos sentiríamos, passando da categoria daqueles que não sabem para aqueles que sabem?" (Vian [75]).

Vários garotinhos se sentem perturbados por moças. Por exemplo, Marc [47], pelas jovens operárias do ateliê de sua tia (o mesmo se passa com Hermant [130] ou H. Bataille [106]).

As brincadeiras das jovens crianças são também evocadas. Lucien compara seu "pipi" àquele de seu primo Riri. O tamanho maior confere prestígio (o tema existe também em *La guerre des boutons*). Gide [30] brinca sob a mesa com o filho da zeladora. Eles mexem nos brinquedos para disfarçar. De fato, eles têm "maus hábitos". "Quem tinha provocado quem? Eu não sei. É preciso admitir que, por vezes, uma criança reinventa brincadeiras." "Para mim, eu não poderia dizer se alguém m ensinou ou como descobri o prazer mas, tão longe quanto minha memória possa me levar, ele está ali." Estas práticas continuadas, quando ele entra na escola, o fazem ser expulso após ter sido surpreendido. Ele não se dava conta de que cometia um ato repreensível.

Estes diversos aspectos da sexualidade, descobertos e vividos pela criança pequena, são também, e principalmente, descritos em personagens mais velhas.

A criança confrontada com a sexualidade nos outros

A sexualidade revela-se em alguns de maneira inesperada. Os pequenos camponeses descritos por Gascar [60], por exemplo, entraram na hora da sesta na casa dos pais de um deles, cuja mãe "parecia ainda uma mocinha". Eles trazem uma sacola de lagostins dos quais observam, em silêncio, a luta intensa. Repentinamente, ouvem queixas vindas de um quarto. "Elas pareciam saídas de uma tal profundeza, e traziam em si tons de um tal contentamento, que só podiam ser provocados por uma revelação única (...) as queixas tinham cessado (...) continuávamos a ouvi-las." Eles deixam os lagostins escaparem e fogem. Nos dias consecutivos os pais parecem muito incomodados, e ninguém vê os lagostins, que circulam por toda parte. "O mal-estar que reinava na fazenda tornava-se intolerável." No final da tarde, o filho dos donos da casa se precipita tremendo e gemendo, pisoteia o lagostim e depois explode em soluços. O pai olha para ele mordendo os lábios, e a mãe, com a cabeça baixa, entra em um cômodo escuro.

A mãe de Jeanne, uma jovem viúva, enamorou-se do médico que cuida de sua filha. Certo dia, ela volta muito mais tarde do que o previsto e vai ver Jeanne. Esta não responde quando a mãe a chama, e a afasta imediatamente quando ela quer pegá-la em seus braços. Ela nota a desordem de suas roupas, a mudança de sua fisionomia. "Então, enervada pela aproximação dessas coisas sutis e rudes que pressentia, compreendendo que respirava ali o odor da traição, explodiu em soluços." Ela fica profundamente enciumada com o amor de sua mãe, que ela considera como um abandono. Ela se deixa morrer. O jovem médico quer examiná-la. "Quando reconheceu o homem que estava ali, ficou aterrorizada. Ao se ver nua começou a soluçar de vergonha, cobrindo-se imediatamente com um lençol. Parecia ter envelhecido repentinamente dez anos em sua agonia e que, próxima da morte, seus doze anos faziam-na amadurecida o suficiente para compreender que aquele homem não deveria tocá-la para não encontrar nela sua mãe" (Zola [25]).

Alain [57], o pequeno delinqüente fugitivo, é colocado provisoriamente em um sanatório para doentes incuráveis. Um outro delinqüente desenha um grafite obsceno que ele não entende. Uma enfermeira observa sua atenção, que ela toma como um interesse libertino, e procura fazer sua iniciação sexual. Ele se sente ao mesmo tempo atraído e revoltado. Não pode acreditar que seus pais tenham feito "aquilo" e que ele seja o produto. Anteriormente, perambulando pela *Foire du Trône*, ele fora a um espetáculo cujo título, *Rita de Panamá*, tinha um gosto de aventura. Tratava-se, de fato, de quadros pornográficos encenados por garotas nuas. Não entendeu tudo, mas a nudez feminina o transtornou, sobretudo a de uma menina que parecia uma chefe das escoteiras de seu centro e de quem ele gostava muito. Afastou-se, chorando de remorso e repulsa.

A vida sexual dos adultos choca e enoja essas personagens. Em contrapartida, Rigaud procura com avidez conhecer a misteriosa vida noturna de sua cidade. Ele escapa certa noite e vê o filho do vizinho no jardim, beijando a criada. "Minhas orelhas queimam. Repentinamente, existem tantas coisas sob minhas pálpebras e ao longo de minha garganta contraída, que eu gostaria de chorar. Parece que saio de uma prisão e que caminho por um jardim do qual conheço todos os canteiros de todas as flores sem jamais ter nele penetrado. Eu era ainda uma criança, uma hora atrás! Tudo me falava da coisa misteriosa e presente em toda parte." Ele encontra também uma prostituta ao longo dessa escapada, o que marca uma etapa em sua vida.

Durante uma festa de casamento no campo, Julie fala a Minet-Chéri [30] sobre a noite de núpcias. Ela contempla o quarto do jovem casal. "Daqui a pouco, os recém-casados virão aqui. Eu não tinha pensado nisto (...). Existirá entre eles esta luta obscura a respeito da qual a candura ousada de minha mãe e a vida dos animais me ensinaram tanto e tão pouco... E depois?... Tenho medo desse quarto, dessa cama, sobre a qual eu não tinha pensado. Minet-Chéri foge chorando e chama sua mãe como um bebê quando, na realidade, tem treze anos.

A observação dos animais, que as crianças fazem com interesse não é suficiente para responder a suas preocupações. Os meninos de *La guerre des boutons* observam freqüentemente os acasalamentos dos cães ou dos cavalos. "Os garotos dão a este espetáculo costumeiro muito menos importância do que se supõe. O que os diverte ali é o movimento que parece uma luta, o que eles tomam como um desarranjo intestinal que se segue às refeições." Pergaud [19] opõe, nesta passagem a atitude saudável e natural das crianças à de adultos chocados porque certas famílias mandam seu filho levar a vaca até o touro. Machard [16] mostra também garotos que olham com interesse as brincadeiras de dois cães. Mas esta simplicidade aparente não explica a sexualidade humana e uma tal aproximação preocupa e enoja a criança. Alain Robert, iniciado pela enfermeira, não suporta a idéia de que "seus pais fizeram isto como os animais da fazenda Deroux!... E foi assim que tinha vindo ao mundo: por acaso" (Cesbron [57]).

A criança do campo que tem esta visão natural pode também ficar profundamente chocada pela maneira diferente pela qual um adulto fala sobre a sexualidade. Assim, Minet-Chéri lê em Zola uma cena de parto. "Não reconheci nada de minha tranqüila competência de moça do campos. Eu me sentia crédula, surpresa, ameaçada em meu destino de pequena fêmea... Amores de animais, gatos cobrindo gatas (...), precisão camponesa, quase austera, das fazendeiras falando de seu touro virgem ou de sua filha com dores de parto, eu os chamaria em minha ajuda. Mas eu chamaria sobretudo a voz conjuradora [de sua mãe]" (Colette [30]). Mas as palavras desta, que ela rememora, não a resseguram. "Em vão, eu gostaria que as palavras do exorcismo reunidas rapidamente soassem em meus ouvidos: um zumbido metálico que ensurdecia. Outras palavras, sob meus olhos, descreviam a carne esquartejada, o excremento, as manchas de sangue ..." Ela se sente mal.

A sexualidade percebida como um mistério

Para Gascar [60], não existe mais nem mesmo este saber apaziguador dos pequenos camponeses. Eles estão constantemente à espreita da sexualidade, que lhes parece misteriosa. "O espetáculo das fêmeas nos dava sempre um pouco de nojo. Para começar, as fêmeas dos insetos, as moscas com abdômen inchado, o que era notado pela lentidão de seu vôo e seu zumbido mais acentuado nas tardes, antes da tempestade (....). A partir do momento em que se passava para as espécies superiores, o espetáculo se tornava ainda mais consternador. As cadelas balançavam, sob seu ventre, que quase tocava o chão, um rosário de mamilos rachados (...). Mas isto seria pouco se estes animais não tivessem demonstrado uma certa complacência por seu próprio estado." Eles não olhavam as mulheres grávidas. "Não olhávamos os adultos. O que olhávamos era o resto, todo o resto. Mas isto só nos instruía parcialmente." O nascimento de um bezerro não responde a seu desejo de saber. "Bruscamente o bezerro estava ali (...). Nada era explicado, e o bezerro, ao nascer, vinha, antes, colocar-se em oposição à história com seus olhos bem abertos, como alguém que chega fora de propósito (...) o bezerro não trazia nada. Era preciso retomar tudo a partir de si mesmo." Eles procuram também se informar junto às meninas.

O nascimento é um problema menor. Cada um dá uma interpretação diferente a seu respeito. Por exemplo, Marcel Pagnol [65] imaginava a saída do bebê pelo umbigo, o que é uma crença freqüente. Mais tarde, e com bastante rapidez, ele aprende a realidade. É a concepção, muito mais escondida, que a criança procura através dos tabus que a odeiam. Intrigada pelos mistérios da sexualidade, S. de Beauvoir pergunta à sua prima Madeleine, que lhe explica quase tudo, a não ser a concepção. A pequena Simone não faz a aproximação com o comportamento dos animais que, no entanto, ela observou (como os casos anteriormente citados). Ela inventa uma operação de transfusão de sangue entre o casal. Desconfia que algo de orgânico deve se passar e ela ouviu a expressão "laços de sangue". Ela se dá conta de que existe uma reação entre este mistério e as coisas inconvenientes, diante das reticências dos adultos. "Sentíamos (...) que sob as aparências inofensivas, algo importante era dissimulado, e para nos proteger desse mistério nos apressávamos a transformá-lo em derisão. No jardim de Luxembourg, atucávamo-nos ao passar diante de casais de namorados."

A criança preocupa-se ao captar realidades escondidas. Jean-Paul Sartre sonha com uma história de amor, mais tarde ele se interrompe porque ignora o que se faz depois, fica desnorteado. Certo dia, ao longo de um passeio com sua mãe, ela é abordada por um homem. O jovem Jean-Paul sente medo por sua mãe, que vive e reage como uma mocinha. "Eu ignorava tudo a respeito de seu corpo, e ignorava o que aquele homem queria de nós, mas a evidência do desejo é tal que me parecia ter compreendido e que, de certa forma, tudo me era desvelado..."

Este temor, a criança sente sobretudo quando começa a se incluir ela mesma. Minet-Chéri, por exemplo, ficou desnorteada não somente pelo texto muito cru de Zola, mas sobretudo porque pensou em seu futuro de "pequena fêmea".

O interesse pelo corpo

Já analisamos textos que se referem às manifestações da sexualidade em crianças pequenas: certas brincadeiras, masturbação, perturbação diante de uma mulher bonita. Os autores quase não representaram os interesses e as preocupações destes pequenos por seu próprio corpo pelo do outro sexo. Em contrapartida, mostraram em personagens mais velhas, por volta dos dez ou doze anos principalmente, o despertar de uma sexualidade mais precisa e o interesse pelo corpo, seja enquanto objeto sobre o qual eles colocam questões, seja enquanto fonte de sensações.

Nus em um riacho ou fazendo sua higiene, os pequenos camponeses que descobrem a sexualidade ao seu redor (Gascar [60]) sentem se corpo como familiar, sem nada de insólito. "Salvo o sexo que lhes parecia acrescentado, enxertado, aposto (...) um pingente", uma espécie de "escapulário" que os completava. "Quase cômico, com sua tromba enrugada, ele era um verdadeiro pequeno deus, e guardávamos a lembrança do tempo em que as velhas mulheres riam dele e o batizavam com nomes de piadas. Ele havia permitido ao amor que nos rodeava de se exprimir sob forma de provocações: os gansos e os patos iriam comê-lo se não tomássemos cuidado; iriam amarrá-lo com uma fita vermelha de seda a um pinico (...) se continuássemos, durante a noite, a molhar nossa cama..." Eles não temiam estas ameaças zombeteiras e estavam orgulhosos de poder urinar muito longe, "sem deixar de experimentar um sentimento de impureza e de dominação. Tudo mudava agora. Parecia que esse pequeno órgão, divertido e nobre como um rei, deveria se curvar a algum uso para as necessidades da criação. O mundo nos trai. Nosso corpo iria nos trair, substituir a crispação de nosso sexo, encapuçado e liso, por monstruosidades de um pecado que ainda não podíamos conceber claramente".

Gascar expressa a familiaridade das personagens com seu corpo assim como o temor de ver uma força obscura transformá-lo em instrumento estranho. Leiris [62] dá o exemplo de uma criança incomoda da por seu corpo, objeto sob o olhar do outro, feio e culpado. Pequeno, ele se sente grotesco nas roupas novas, às quais não está acostumado. Mais tarde, as roupas usadas lhe causam vergonha:

> Não teria sido porque, preocupado demais com meu corpo para não senti-lo vulnerável e muito pouco à vontade com ele para não me sentir mortificado com aquela deficiência certamente visível, sempre fui sujeito a me sentir dominado pelo outro e que um olhar desprovido de animosidade pousado sobre mim sempre me causa o efeito de um ataque direto? (...) incomodado em meu corpo que (...) era um pouco gordo demais, desajeitado com aquele corpo cuja rotundez e moleza me pareciam aumentar, talvez, com os prazeres clandestinos aos quais eu me entregava à noite nos W.C., eu estava por causa dele numa eterna postura de acusado e experimentava o sentimento de ter a mais arrasadora das peças com a convicção de levá-la comigo por toda parte.

Para Lucien (Sartre [49]), a impressão é também a de mal-estar. Seu corpo o trai constantemente: "Lucien não sabia o que fazer de seu corpo; o que quer que fizesse, sempre tinha a impressão de que seu corpo estava existindo de todos os lados ao mesmo tempo, sem lhe perguntar a opinião". Ele se põe a observar através do buraco das fechaduras para ver como os outros são feitos. Ele vê a cozinheira, que sorri diante do espelho. Por sua vez, ele se põe diante do espelho da sala e sorri, em seguida faz caretas até ficar tomado pelo medo.

Mais velho, Lucien, impelido por uma curiosidade intelectual, se informa a respeito das realidades sexuais de uma maneira metódica. Consulta na enciclopédia médica Larousse de seu pai o verbete "útero" e se encarrega da educação de seus colegas. O procedimento é clássico, mas freqüentemente associado a uma repulsa, uma impressão de culpa, ao mesmo tempo que a um interesse, a uma viva curiosidade. Drieu La Rochelle [34] pesquisa nos "dicionários, nos livros infames e nas obras proibidas..." as informações que lhe faltam. Éliane [50] utiliza também o *Petit Larousse*, mas para um uso diferente, a personagem do homem nu alimenta seus devaneios tingidos de erotismo.

Essas personagens, na proximidade da adolescência, interessam-se pelo corpo do sexo oposto e pela reprodução. Mas sentem vivamente os tabus da sociedade. Garfouillat, um garoto de treze anos do colégio de Sainte-Colline [28], gaba-se de ter visto pelo buraco da fechadura sua irmã nua. Ficou emocionado pelo frescor e beleza de seus dezenove anos. Ele acha esse espetáculo maravilhoso, mais belo do que uma estátua, já que possui, a mais, a cor. Mas os colegas mais velhos zombam dele, fazem uma canção com sua história e o culpam, demonstrando que ele cometeu uma ação infame ao olhar sua irmã. Eles mesmos se iniciam junto a prostitutas e introduzem no colégio fotografias de mulheres nuas que circulam entre eles. O aspecto proibido da vida sexual os estimula.

"Que tivesse existido, na procriação, a aproximação dos sexos, nós o pressentíamos, mas concebíamos mal a forma desta aproximação" (Gascar [60]). Os jovens camponeses refletiam sobre o que tinham podido observar do sexo das meninas. "Aquela espécie de dobra carrancuda dissimulava uma incisão, só podendo permitir, assim como o tínhamos constatado, a satisfação de certas necessidades naturais. Nada além disso, aparentemente, poderia se passar ali, e qualquer tentativa de introduzir nela o que quer que fosse teria tido como efeito retardar uma cicatrização que já era esperada." "Desprezávamos um pouco as meninas pelo fato de possuírem um corpo onde não podíamos ler nenhuma receita, descobrir nenhum caminho e, no sentimento que as levava a nos esconder essa parte de seu corpo, víamos apenas a recusa de nos permitir que nos instruíssemos." Eles se perguntavam se elas eram mais bem informadas que eles mesmos sobre seu órgão "tão fechado quanto pálpebras, do qual elas conheciam os prolongamentos e que elas traziam dentro delas como um segundo ventre cheio de noite?" Mas deparavam-se com uma recusa de responder a qualquer pergunta. Tinham acabado por pensar que "seria talvez através do silêncio que descobriríamos um dia o segredo de seu corpo e do nosso".

O interesse pelo corpo se manifesta também sob forma de vaidade, seja narcísica, seja para agradar o outro sexo. Zazie fica encantada com sua aparência em um *bloudjinnze* (*blue jeans*) novo. Simone de Beauvoir olha com satisfação seu rosto emoldurado por cachos: "As morenas de olhos azuis não eram, tinham me dito, uma espécie comum e eu tinha aprendido a considerar como preciosas as coisas raras". Ensinaram-lhe a desprezar a vaidade e a futilidade, mas ela gosta de se fazer de vedete. Fica encantada ao ser olhada no momento de sua primeira comunhão ou em um casamento onde é dama de honra. Por um certo tempo, converteu-se ao casamento, a fim de se sentir, por um instante, em seu belo vestido, ao som dos órgãos, transformada "novamente em rainha". Os garotos tornam-se vaidosos e se cuidam quando desejam agradar: Poun a Zette, por exemplo, ou Jacques Vingtras para ir ver a amazona da qual ele está enamorado. Georges encharca os cabelos de lavanda para atrair a atenção do pequeno Alexandre [68]. Mas estas atitudes em relação a seu próprio corpo já supõem um despertar amoroso.

As impressões sexuais na própria criança

Ao longo da formação, a criança descobre as transformações de seu corpo e experimenta novas sensações. "Ela não sabe nada, a não ser algo estranho que se passa nela", escrevem sobre Zette P. e V. Margueritte, e a comparam a uma crisálida. Zette torna-se sonhadora, instável de idéias e de humor, melancólica, mas os autores não falam de sensações mais precisas. "Miette, cuja feminilidade desperta, tem por vezes longos arrepios quando sente o hálito de seu amigo correr sobre sua nuca inclinada". (Machard [43]).

Simone de Beauvoir descreve detalhadamente este período. Ela se recorda de seus pesadelos: um homem lhe enfia o joelho no estômago. Ela tem muita dificuldade para se levantar de manhã e tem vertigens

"Mamãe e o médico diziam: 'É o crescimento'. Eu detestava esta palavra, e o surdo trabalho que se operava em meu corpo. Eu invejava 'moças crescidas', sua liberdade; mas repugnava-me a idéia de ver meu peito inchar (...)." Por ocasião de sua primeira menstruação, fica aliviada de saber que é normal, "que ela não está acometida de uma doença infame": nem culpada, nem doente. Ela fica até mesmo bastante orgulhosa, mas quando seu pai comenta seu estado, a vergonha a invade. Ela acreditava que "a confraria feminina dissimulava cuidadosamente aos homens esta tara secreta. Diante de meu pai, eu me acreditava puro espírito: sentia horror de que ele me considerasse, repentinamente, um organismo".

O despertar da sexualidade é, por vezes, descrito por um estado geral novo, uma sensorialidade crescente, sem objeto preciso. Gide expressa a excitação sexual nesta idade como "uma profusão de cores ou de sons (...)", como a urgência de realizar um ato importante, com o qual contamos, esperamos, mas que não é realizado. Ele se contenta em imaginá-lo. "Bem próxima, estava a idéia do saque sob a forma de uma brincadeira anônima que eu detinha." A volúpia vaga "sem exemplo e sem objetivo". "Ao acaso, ela pede aos sonhos dispêndios excessivos de vida, luxos negados, prodigalidades extravagantes." Giono [39] descreve este estágio em uma linguagem que lhe é específica. A ligação do jovem ser com a natureza, que se sente e se canta, torna-se sexuada:

> Pela primeira vez, naquele ano, o cheiro das mulheres me tocou (...). O mundo parou de cantar. Ele fizera uma longa pausa para que eu ficasse sozinho com aquele odor de mulheres (...) eu tinha macerado bem dentro de mim. Eu estava bem mole, bem leve, eu passava bem por um pano entre as mãos do mundo (...) eu estava pronto. O canto da terra e das águas tinha então mudado de registro, a vida não tinha mais seu solo de areia alado, tudo salta e dança; era necessário retirar meus pés, a cada passo, de uma lama pesada, quente, mas que me embriagava como o odor dos pântanos e da primavera...

Mais tarde nascem as fantasias. As imagens se delineiam nos devaneios e os desejos se fixam sobre objetos mais precisos. Éliane tem treze anos e se apaixonou pelo Príncipe Encantado. Ela "se abandonava à sua força, pousava a cabeça em seu ombro e fechava os olhos" enquanto brincava de balança ou de gôndola com ele. (Reencontraremos ainda este tema do balanço, do barco[22].) Ela contemplava também "o homem nu" do *Petit Larousse*, admirava sua musculatura e inventava estórias nas quais ele era o herói. Aos catorze anos, começa a olhar os homens. Após uma primeira impressão de feiúra e de algo grotesco, acostuma-se. Admira os músculos dos operários, os jovens burgueses mais delicados, depois os homens de trinta anos, com "olhar seguro e no entanto muito doce". Ela "acredita na transmissão de pensamento e não pode se convencer de que todo este amor, todos os seus desejos, se percam sem

---

22. Cf. Cap. 4, pp. 103-104.

que nada aflore à alma daqueles aos quais se dirigem tão apaixonadamente... E se, no entanto, um dos Bem-Amados viesse a ela, lhe falasse secretamente? Por aquele, quem quer que seja... Ah! como ela abandonaria rapidamente estes sonhos estéreis onde ela se esgota". Quando pela primeira vez um rapaz a olha, ela dá um jeito de se colocar em seu caminho e lhe murmurar "eu te amo", como se se dirigisse a seu irmãozinho. Ele parece compreender. Existe um segredo entre eles. Este rapaz não é muito bonito mas "não se pode ser muito exigente na vida". O absoluto e a aventura são do domínio do sonho. No entanto, este pequeno acontecimento desencadeia um novo devaneio (V. Larbaud [50]).

Simone de Beauvoir observa num pedaço de jornal "um fragmento de romance folhetinesco, onde o herói pousa, sobre os seios brancos da heroína, lábios ardentes". Ela fica obcecada com isto. "Este beijo me incendiou; simultaneamente macho, fêmea e *voyeur*, eu o dava, recebia e apreciava. Seguramente, se eu experimentava uma impressão tão viva, é que meu corpo já estava desperto; mas estes devaneios se cristalizaram em torno dessa imagem." Ela inventa outras imagens que respondem à sua necessidade. Durante um certo período, ela é torturada por desejos: "Clamando por um corpo de homem contra seu corpo, mãos de homem sobre minha pele. Eu pensava com desespero: 'Não se pode casar antes dos quinze anos!' Seria preciso esperar anos para que meu suplício tivesse fim" [54].

Nas personagens de meninos encontramos também tais imagens obsedantes. Wolf fica perturbado pelas garotinhas e sonha com mulheres. "Eu tinha principalmente vontade de me esfregar nelas, de tocar em seus seios e seus traseiros. Nem tanto o seu sexo. Sonhei com mulheres muito gordas sobre as quais eu seria como um edredon. Sonhei com mulheres muito firmes, negras. (...) Mas o beijo desempenhava em minhas orgias imaginárias, um papel mais importante que o ato propriamente dito..." (B. Vian [75]). Aos catorze anos, Loti sonha com uma jovem fresca e bela, vê seus olhos, sua boca e desperta sentindo o encanto melancólico do amor.

H. Brulard detestava sua tia. No entanto, no decorrer de uma viagem com ela, fica perturbado com suas pernas nuas. "Eu estava tão tentado pelo diabo que as pernas da minha mais cruel inimiga me impressionaram. De bom grado eu teria me enamorado de Séraphine. Imaginava um prazer delicioso em abraçar aquela inimiga jurada" (Stendhal [160]). A sexualidade latente de um pré-adolescente pode se expressar por efusões de afeto em relação a uma personagem do outro sexo no seio de sua família. "Mas eu sou ainda o álibi desses transportes" nota o pai de Louise, uma "quase senhorita" muito expansiva [63].

Excepcionalmente uma relação sexual se estabelece entre uma criança e um adulto. É o caso de Josiane [70], que tem onze anos, com um operário italiano[23]. Este, Guido, a trata como gente grande, mostra-se afetuoso, e os prazeres que ele a faz descobrir lhe parecem um sonho maravilhoso. Rigaud, *Le premier de la classe*, está apaixonado por uma moça que parece emocionada pelos sentimentos que ele lhe manifesta. Mas nada se passa entre eles a não ser estes sentimentos e as palavras do garotinho que gostaria de ser seu namorado e não deixá-la jamais. Ela o abraça e o beija. Várias pequenas personagens vivem uma ternura amorosa por um adulto. Trata-se de garotinhos e de moças que não dão nenhuma atenção a elas. Aos dez anos, J. Vingtras ficou encantado por Célina, que se casará com seu tio e, mais tarde, por sua prima Palonie, que o acaricia e beija. Ele não resiste ao desejo de mordê-la: sua carne cheirava a framboesa. Várias outras crianças têm este gesto nas mesmas circunstâncias. Um pouco mais tarde, ele se apaixona por uma amazona do circo. Ele corre perigos para olhá-la às escondidas, e guarda segredo em relação aos adultos. Minet-Chéri se apaixona por um amigo de seu irmão mais velho. Ela lhe furta objetos, sonha, enrubesce... ele vai se casar, não virá mais passar as férias com seu amigo. Minet-Chéri experimenta sua primeira decepção de mulher aos treze anos. A criança seduzida por um adulto é uma situação excepcional nos relatos. Vimos o caso do pequeno delinqüente informado sobre as relações sexuais através de uma enfermeira que quer conduzi-lo para seu quarto a fim de completar sua iniciação prática. Zazie [69] conhece o perigo dos sádicos e utiliza seus conhecimentos para se fazer de criança ameaçada, amotinar o público e se desvencilhar de um adulto que quer obrigá-la a voltar para a casa de seu tio. Em *La ville dont le prince est un enfat* ou em *Les amitiés particulières*, professores se encantam com garotos, mas estes se apegam exclusivamente a outros garotos. Não se trata de uma descoberta amorosa em relação a um adulto nessas pequenas personagens.

Nosso estudo da representação da criança detém-se no momento em que as personagens se tornam adolescentes. A sexualidade para eles é uma descoberta, um saber, sensações novas, estados amorosos, não uma sexualidade realizada. Na maior parte do tempo, todo este despertar é mostrado como perturbado pelos silêncios e mistérios dos adultos, estragado por seus tabus, por seus comportamentos e por suas próprias imagens repugnantes da vida sexual. Certas pequenas personagens chegam, no entanto, a conservar uma idéia de beleza da vida sexual. Josiane esconde cuidadosamente seu segredo dos adultos. Apenas seu irmãozinho, ainda muito jovem, suspeita de alguma coisa. Ela lhe explica que encontrou um marciano, passeou na floresta com ele e colheu flores. Esta linguagem simbólica evoca nele uma impressão sem dúvida mais próxima da verdade do que as concepções dos adultos. Éliane ouviu sua mãe condenar as mulheres que têm vida desregrada. Ela sabe que "o

---

23. Cf. Cap. 7, p. 197.

mundo (...) suja com seu desprezo e persegue com seu ódio tudo o que é nobre e puro, tudo o que ultrapassa seu pesado bom senso, sua baixeza natural". Jean (Giono [39]) apela à natureza instintiva, ao primitivismo e pode, por esta razão, nos diz ele, ver "na sexualidade uma espécie de alegria cósmica. (...) Eu sabia por intuição que estes gestos eram belos e naturais e que nada neles era proibido (...). Mas eu sabia também que os gestos para mim tão naturais e tão simples eram, para os outros, feios, hipócritas, carregados de uma espécie de lama negra".

No entanto, por vezes um adulto compreensivo, por exemplo, uma mãe como a de Minet-Chéri, se encontra ali no momento adequado para compensar o mal causado por uma descoberta brutal, ou uma interpretação feia de uma realidade que a criança já conhecia sob um outro aspecto. Tais imagens são raras nesta literatura. De qualquer maneira, o bom adulto tem muito a fazer para amenizar o ambiente geral da sociedade neste domínio. O informante permanece, freqüentemente, uma criança mais velha ou, mais simplesmente ainda, a experiência do confronto com a vida cotidiana, ao acaso. As relações entre meninas e meninos nesta idade inquieta estão na dependência, simultaneamente, deste ambiente geral e dos desejos pessoais.

As relações entre meninos e meninas

Wolf exprime, ao mesmo tempo, a atração e o temor do menino pela menina. "Elas me perturbavam (...). Eu gostava muito de tocar-lhes o cabelo e o pescoço. Eu não ousava ir muito mais longe. Todos os meus amigos me asseguravam que, desde os dez ou doze anos, eles já sabiam o que é uma menina; eu devia ser especialmente atrasado ou então perdera a ocasião de conhecê-las. Mas creio que mesmo que o tivesse desejado, teria me abstido voluntariamente" [75]. Os pequenos camponeses que se questionavam sobre o corpo das meninas sentiam seu cheiro como um "cheiro de sono". "Teria sido necessário poder fechar os olhos para se apoderar mais ainda deste cheiro, mergulhar totalmente na noite para a qual elas nos convidavam, não se mexer mais e não ouvir mais nada." Uma pequena zombeteira se diverte em cutucá-los. Em um canto retirado para onde ela os conduz, tira de seu corpete uma pedra de cânfora (contra as epidemias), uma medalha da virgem e um colar de grãos de milho, do qual ela lhes propõe mastigar um grão. "Teria sido necessário aproximar a cabeça de seu peito. Esboçávamos timidamente o movimento e em seguida desistíamos. Estávamos muito perturbados por aquele cheiro de sono e de cânfora, muito perturbados também pela proximidade da Virgem de Lourdes (...). Percebendo nosso embaraço, a menina ria, ria e não sabíamos o que fazer. Sentíamos bruscamente vontade, sem compreender porque, de que, levantando sua saia, ela nos mostrasse sua calcinha" (Gascar [60]).

As personagens de meninas, em um grupo de escritores, provocam os garotos, são hipócritas e más. Julia tenta Milou desta maneira: "O senhor gostaria de fazer a caridade de dar um beijo em sua pequena criada..." "É doce, ele a beija apenas uma vez e com vontade de mordê-la: ela é tão malvada, esta Julia" (V. Larbaud [50]). Zette humilha constantemente Poum: "Oh! Mulher, advogada do diabo, casuísta, velhaca, tigresa com mil garras". Poum acaba por lhe torcer os punhos e empurrá-la contra um muro dizendo, em resposta às suas críticas, que não existe nada melhor, mais doce, mais gentil do que ele. Zette grita e Poum pára: "Grito de covardia feminina que amaldiçoa e adora seu mestre..." "E nunca ela gostou tanto dele, e nunca o desprezou tanto." "Forças contrárias, luta eterna dos sexos!" (P. e V. Margueritte [18]). Aos doze anos, Clémentine brinca com Marcel, que é mais jovem (Pagnol [67]). Ela tenta fazê-lo compreender que ele deveria beijá-la, mas ele não percebe seus avanços. Ela está orgulhosa de seus seios nascentes, o que para ele é antes uma doença. Quando ela o abandona para "freqüentar" ele fica aliviado, pois começava a ter um pouco de medo dela. Mas, um pouco mais tarde, ele encontra Isabelle, tão bela quanto pretensiosa. Ela o deslumbra e o submete à escravidão em todos os seus jogos, obriga-o a imitar um cão, engolir gafanhotos. Ginette, menina já mais desenvolvida, acaricia Babou e lhe pede para desposá-la. Ele a morde. Uma outra menina o trata como uma boneca. Um dia ele a vê num banco acariciando, da mesma maneira, um outro garotinho, sentado em seu colo. Ele não respondera mais a seus avanços. "Babou domou seu coração. Ele não cederá às carícias das mulheres" [42]. Neste tipo de imagens, de uma hostilidade latente ou muito clara em relação ao sexo feminino, opõem-se personagens de meninas hipócritas e provocantes a personagens de meninos mais espontâneos e ingênuos. Este tipo de relação não é encontrado nas obras escritas por romancistas mulheres, que rejeitaram esta figura estereotipada da feminilidade.

As relações entre meninas e meninos se estabelecem, o mais das vezes, sob o signo da desconfiança. As personagens principais de meninas são raras (4 ou 5 em cada amostra), já que se escreve muito mais sobre os meninos. Os autores partem, a maior parte do tempo, das impressões da personagem principal, um menino, em relação ao outro sexo. Vimos as relações marcadas pelo desejo e pelo temor, e outras pela guerra dos sexos. Em *La guerre des boutons*, por exemplo, a relação é modelada pelos papéis desempenhados pelos adultos no vilarejo. As meninas pertencem a um mundo à parte, das mulheres. Elas só são integradas em um bando a título de amiga pessoal de um membro do grupo, e para exercer atividades de donas de casa. Em *Les cent gosses* (Machard [16]), as meninas se agrupam em torno de Titine, "unidas em uma desgraça comum", quando os meninos zombam delas. Em certos momentos, meninos e meninas vivem em bandos comuns, em outros momentos os primeiros tomam as segundas como objeto de perseguição, por exemplo, ameaçando-lhes cortar os cabelos sob pretexto de que eles são uma tribo de índios escalpeladores.

Léautaud [12] fala com muita admiração e ternura das menininhas com quem ele brincava quando criança: "Eu ia encontrar minhas amiguinhas (...) tão graciosas, tão leves, e até mesmo tão bonitas, com as quais eu me divertia tanto. Que companhia deliciosa elas me faziam; Meu pai, de forma brincalhona, as chamava de minhas amantes". Mas suas relações com elas ocorriam à imagem das dos adultos à sua volta. Uma delas o domina completamente. "Eu lhe obedecia completamente, como a um adulto, de tanto que suas gentilezas e suas maneiras me subjugavam." Outras lhe pediam que ele lhes comprasse cordas para pular, e lhe ensinavam "desde cedo o quanto custam as mulheres (...). Eu não suspeitava que elas talvez zombassem de mim, que lhes comprava assim, sem cessar, cordas que apenas elas aproveitavam, contentando-me com o prazer que demonstravam e com os beijinhos que me davam enquanto riam".

As relações entre meninos e meninas na proximidade da puberdade assumem por vezes um aspecto sexual mais preciso, atrás de um álibi de jogo. "É a este jogo [o do teatro] que eu iniciava minha prima Paulette. (...) Seria brincando desta forma que, uma vez, as exigências nos conduziram a nos beijar? Eu não sei, mas sempre que estávamos livres, subíamos para o meu quarto (...) e brincávamos de amantes. Este jogo ao qual, possivelmente, os filmes que tínhamos visto nos tinham incitado, pareceu-nos rapidamente superior a todos os outros, pois, dos dez aos treze anos, não tentávamos nunca outros sem retornar a este. (...) Nestes jogos perturbadores não inventávamos nada, procurávamos apenas imitar; não acredito que nenhum sentimento, pelo menos consciente, apenas o instinto, os tenha acompanhado durante muito tempo; gozávamos verdadeiramente, e tínhamos com este jogo um prazer intenso... Éramos uma mistura estranha de inocência e perversão, de sensualidade e refreamento, de ignorância e experiência." Chegam mesmo a imitar, a representar *La putain de la Bastille*" (Borel [55]). Menina e menino experimentam suas sensações nascentes desempenhando os modelos sociais da sexualidade.

Outras crianças estão realmente apaixonadas e se consideram formando um casal. Miette e Bout representam juntos o "casal". Ele a protege, ela o acaricia chamando-o de "maridinho". Eles salvam um gatinho e decidem criá-lo. Ficam muito emocionados. Bout diz a Miette que a ama. Eles se beijam: "Pela primeira vez uma emoção nova cresce neles" (A. Machard [43]). Popaul, uma outra pequena personagem de subúrbio, do mesmo autor, encontrou durante a Guerra de 1914, entre os refugiados, uma menininha ao lado de uma velha senhora morta. Ele, sempre tão turbulento, cuida dela com muita ternura, chamando-a de "Marie querida". Um velho cego conta às duas crianças a estória de Paul e Virginie. Muito emocionados, decidem doravante que Marie se chamará Virginie. Quando Marie recebe uma boneca de presente, eles decidem se casar. As crianças da vizinhança os vestem para as núpcias. O bando vai até a prefeitura e o assistente do prefeito, enternecido por seus nomes, lhes diz que estão casados. Mas Paul fica sabendo que seu pai foi morto na guerra salvando um oficial, cuja mulher quer se encarregar de sua educação. Paul, ainda que muito mimado na casa desta senhora, não pode suportar a separação de Virginie. Um médico o entende, explica o fato à protetora do menino, que aceita também Virginie em sua casa. Este relato idílico é excepcional. Os amores infantis são, antes, descritos com melancolia; eles acabam mal, ou se dissolvem por si mesmos.

Simone de Beauvoir e seu primo Jacques decidiram que eram "casados por amor". Ela chama Jacques de "seu noivo". "Fizemos nossa viagem de núpcias montados nos cavalos do jardim de Luxembourg. Levei a sério nosso compromisso. No entanto, durante sua ausência, eu quase não pensava nele. Cada vez que eu o via, ficava contente, mas ele nunca me fazia falta." Eles se afastarão progressivamente um do outro. Poum, após ter brincado muito tempo com Zette, descobre, quando ela tem nove anos, "o quanto sua amiguinha lhe era querida". Ela é "encantadora", e nascem nele ciúmes intensos em relação a um elegante garotinho a quem Zette dispensa atenções. Os dois garotos brigam, mas finalmente se reconciliam, tornando-se, ambos, os cavalos que conduzem triunfalmente Zette, imagem da futura mulher que domina o homem. Poum sofrerá durante muito tempo os maus-tratos de Zette, que, adolescente mais cedo que ele, sonhará com imagens de homens enquanto ele é ainda um colegial.

A paixão de Marcel Pagnol resulta em desilusão. "Ela não era nem fada, nem rainha, nem nobre. Era a srta. Cassignol, uma menininha como as outras, que brincou de me humilhar fazendo-me correr de quatro; (...) no entanto, eu estivera 'louco de paixão'; era uma aventura interessante, que não esquecerei jamais" [67]. Quando percebe o carro que leva Isabelle, no momento em que ela parte para Marselha, ele se desmancha em lágrimas. Mas uma brincadeira de cabra-cega o faz rapidamente esquecer sua tristeza. Pierre Loti e uma menininha se amam ternamente, se beijam, querem se casar. Quando Pierre deve deixar o local de férias onde a encontrou, ela chora com desespero. A irmã de Pierre se preocupa com eles e anota em seu diário: "Quanta desesperança neste coraçãozinho, (...) quanta angústia em presença deste abandono". "Nada mais, nada menos", responde ele mais tarde, escrevendo suas recordações, suas partidas, seus desenraizamentos. Crianças e adultos são iguais diante destes fatos, eles sofrem da mesma forma [15].

Fan, em seu processo de saída da infância, foi, em diversas situações, ferido, porque conserva desta a autenticidade e a poesia; é profundamente ferido por uma dupla traição ao final de seu primeiro amor. Fan tem aproximadamente doze anos, Claire é quase uma moça, tem catorze anos. Ela tem um vestido branco, olhos transparentes, eles se acham sob um labirinto de árvores, em um quartinho de folhagens. Após algumas bravatas das quais ele se envergonha, ele fala de si mesmo, sinceramente. Ele lhe explica seus primeiros sentimentos por outras menininhas, ela fala de seu pai morto. "Ele lhe dizia: – É você que eu amo. É você que é minha amiga, minha noiva. Eu esperei por muito tempo, mas sabia que a encontraria. Oh! Claire, creio que sempre soube disso. Você tem catorze anos, você é bonita; você é também minha irmã mais velha. Quando nos casarmos, Claire..." Mas Claire parte para a Inglaterra. Por dois meses, lhe diz ela. E lhe promete: "Sim, meu querido, eu voltarei". Ela lhe sorri e o acaricia. "Ela sabia que tinha lhe mentido, que partia por um ano inteiro, e que estava feliz de partir. Sentada assim, ao lado de Fan, sonhava com seu próprio futuro, com os amigos que teria lá, com o desconhecido que viria em breve e que ela amaria, que já amava." Ela suspira e beija Fan. Mas o inimigo de Fan, Buteau, a espiona. No dia da formatura, enquanto os dois meninos discutem uma vez mais, Buteau conta o segredo de Fan a todos e revela ao garoto que Claire partiu por muito tempo. "Estava acabado, tudo tinha sido revelado, depreciado. Todos os garotos da cidade espalhariam o escândalo; eles ririam às escondidas (...). Estava acabado, era irreparável. Claire... teria ela realmente mentido, então? E seus olhos espantados se perdiam bem além das cabeças, olhavam com desespero a alameda, o querido retiro entre as folhagens, aquele lugar, no momento saqueado, profanado" (Genevoix [37]). Fan, personagem autêntica, é simultaneamente ferida pela criança dos adutos à qual ele se opõe sistematicamente, e pelo outro sexo, a menina, que começa a pertencer ao mundo dos adultos. Um par de valores contraditórios encarnados pelos sexos aparece com bastante freqüência, mas não de maneira sistemática. A menina é então uma personagem negativa, ou porque ela é má em si, ou porque ela passa mais cedo que o menino para o mundo dos adultos, em função de seu desenvolvimento fisiológico mais rápido. A pequena personagem masculina sofre freqüentemente a atração por uma feminilidade mais completa que a de suas colegas meninas, e se apaixona por personagens muito velhas para ele. Riquet admira apaixonadamente uma moça, Marguerite Charmaison. Ele se sente atraído simultaneamente por seu charme e por sua audácia, pois sua educação foi muito livre. "Tive um prenúncio do futuro; senti que existia em mim alguma coisa que podia me levar a loucuras, heroísmos, à morte, em dez anos, vinte anos, talvez antes, talvez mais tarde, para o prazer ou a honra de tocar com a ponta dos lábios aquele pedacinho de pele fina e úmida que maculava aquela maçã de ágata..." Ele gosta dela por ela mesma e pelo ideal que ela representa. "Mas o que eu não teria feito para observar, mesmo de longe, Marguerite, o enigma vivo que, apesar de todos os seus avatares e tudo o que se podia dizer dela, personificava para mim a procura ardente de alguma coisa mais bela, sempre mais bela. Oh, Marguerite Charmaison! Oh, quimera de meus tenros anos! Você não me viu, aquele dia, quando atravessava a ponte (...) não sei se era você que eu amava ou o ideal com o qual eu envolvia com uma auréola sua cabeça incandescente. Você passou, você não me viu, não ouviu meu coração bater. Você nunca saberá que um irmãozinho de seu irmão se achava ali" (Boylesve [4]).

A relação simétrica entre uma menininha e um homem adulto existe muito mais raramente, mas ela não é qualificada do mesmo modo. Guido ama Josiane (C. Rochefort [70]) e a torna feliz. Em *Ils furent roi tout un matin* e no filme *Les dimanches de Ville-d'Avray*, a relação entre o homem e a menininha é de uma ternura profunda entre dois seres da mesma natureza. Nestes três casos, o mundo dos adultos permanece exterior à relação, seja pelo fato de não a compreender, seja pelo fato de a macular e destruir conduzindo em certo caso o homem ao suicídio, enojado pelos horrores de que é acusado.

A atração pelo seu próprio sexo

Vários autores mostram também as amizades apaixonadas e amorosas de crianças do mesmo sexo e denunciam a intransigência da sociedade em relação a elas. Jean-Christophe tem uma amizade apaixonada por um garoto: Otto. Mas os dois garotos se distanciam um do outro, separados por sua diferença de classe social e pelo medo da evolução de suas relações: chegado a um certo ponto, a amizade deve se transformar ou acabar. As pequenas personagens se entusiasmam, por vezes, por uma criança de sua idade, sem que uma relação se estabeleça entre elas. Rose Lourdin [50], pequena interna de doze anos, apaixona-se por uma aluna de treze anos, com aparência de mocinha. "Oh! A tempestade de meu coração: todo o meu ser desnorteado acolhia sua presença, e eu só ousava olhá-la quando ela estava um pouco longe de mim." Aos olhos das outras menininhas, Rose é amiga de uma menina feia e que a repugna. Ela faz questão de dissimular seus sentimentos. Esta menina amada é ligada a uma das professoras e será mandada embora com ela. Gide também se apaixona por um garotinho um pouco mais velho do que ele. Ele conserva "uma lembrança nebulosa de sua esbeltez, de sua graça". Ele se sente feio e não ousa atrair seus olhares; refere-se a um baile à fantasia onde ele se sente mal vestido. Simone de Beauvoir admira uma garotinha, Marguerite, da classe acima da sua, que é bonita e bem-comportada. Marguerite inicialmente tem dez anos. Adolescente, usa, um dia, um vestido de mangas transparentes. Seus ombros brancos perturbam Simone. "Aquela nudez pudica me transtornou. Eu era muito ignorante e muito respeitosa para esboçar o mínimo desejo (...) eu não podia tirar os olhos dela e alguma coisa estranha me apertava a garganta." Leiris, aos dez anos, é atraído por um travesti, assexuado, dos contos de Hoffmann, e por uma moça que desempenha um papel de vagabundo. A ambigüidade sexual da criança é igualmente mostrada por admirações delirantes, paixões mais ou menos passageiras, na maior parte do tempo unilaterais e secretas.

Em contrapartida, Peyrefitte [68] e Montherlant [64] descreveram o drama das "amizades particulares" entre garotos. O sentimento é descoberto e a relação vivida com toda pureza pelo mais jovem, e a princípio com um sentimento de ambigüidade e dominação pelo mais velho. Nestes dois casos a criança, sincera e absoluta, sofre a imposição de um adulto, um religioso, professor do colégio. Esta personagem age, em princípio, segundo o interesse da criança, em função de sua moral, mas ela mesma gosta do menininho e quer cativá-lo. Os relatos se concluem tragicamente, pela separação e sofrimento para cada um. Além disso, Alexandre, uma jovem personagem criada por Peyrefitte, suicida-se, pois a ruptura imposta pelo religioso toma um aspecto de traição: seu amigo entregou as cartas ao religioso que as pediu insistentemente, pelo bem do pequeno. Ainda sob esta forma, os autores contestam as normas dos adultos que destroem os sentimentos autênticos e a pureza encarnados pela personagem infantil.

Nos textos onde aparecem imagens de crianças confrontadas com a existência e suas leis, destacam-se processos de mitificação da personagem assim como as relações entre esta personagem e o autor que a inventa. Nesta relação de si com a existência, a natureza emprestada à personagem condiciona as imagens, mas o meio canaliza as experiências da criança e fornece explicações para suas questões. O sistema de valores que destacamos se completa com novos elementos, e a personagem autêntica desempenha ainda seu papel de contestação: a vida deveria lhe aparecer sob outros aspectos, ela o sabe e o denuncia ou é ferida e deformada.

Estudaremos ulteriormente as descobertas que incitam a pequena personagem a se perguntar sobre o sentido da existência e a se colocar problemas metafísicos. Aqui reagrupamos segundo três aspectos diferentes processos de conhecimento e aquisições. Estas categorias são um pouco arbitrárias, pois trabalhamos sobre o domínio móvel do imaginário, onde as imagens recobrem dimensões múltiplas e todo um sistema de significados.

Um aspecto agrupa o primeiro despertar e as etapas do conhecimento na criança pequena. Na incapacidade de penetrar na primeira infância, os escritores procuraram dar conta dela e expressá-la através de analogias escolhidas no cosmos, como o universo em formação e os germes da vida inconsciente. Partindo destas aproximações, alguns lhes atribuíram uma origem comum. A criança brota desta efervescência. Ela está, então, cheia de um poder misterioso. Alguns falam até mesmo da pré-vida, ou da vida anterior. Observamos uma inversão de sentido interessante e de um tipo que já assinalamos em outras passagens. A dicotomia treva-claridade é geralmente aplicada à passagem desta germinação inconsciente para a tomada de consciência do mundo ambiente. Ora, em conseqüência da atribuição de conhecimentos misteriosos provindos de uma pertinência da criança a uma vida anterior, a claridade torna-se um estado primeiro que se perde à medida que ocorre a tomada de consciência do mundo ambiente pela criança, mundo que é obscuridade por sua natureza primordial. Havíamos observado que a cidade estava classificada entre os elementos opostos à criança autêntica, a não ser no caso de Paris (por Victor Hugo), transformada em cidade-símbolo da revolução e do povo-criança, como o "garoto" Gavroche[24]. A criança, nestes casos, é uma personagem de tipo francamente mítico.

Após as descrições do primeiro despertar, as dos processos de conhecimento e de descoberta ajudam a compreender como a criança, ser em transformação, foi congelada em uma natureza específica. Sua apreensão do mundo pelos sentidos, sua confusão entre o sonho e a realidade, são constantemente valorizadas e invejadas pelos escritores. Conseqüentemente, os seres e as coisas conhecidos racionalmente perdem seu gosto. A realidade, que é necessário aceitar, recusa-se a se deixar modificar pelas necessidades da vida imaginária pessoal. Pelo fato de que a criança separa mal a realidade e a vida imaginária, alguns a acreditam dotada para o sonho, para a poesia; fazem dela um poeta e, até mesmo, um ser que possui uma outra visão do mundo e tem acesso a realidades escondidas dos adultos. Partindo de descrições que correspondem freqüentemente àquilo que os psicólogos puderam analisar ao longo do desenvolvimento da criança, os escritores valorizaram estes modos de conhecimento, cristalizaram estas características transitórias como natureza e simbolizaram a personagem que, transformada em signo de um outro modo de existir, foi mitificada.

Um segundo campo de descobertas refere-se à linguagem. As aquisições das palavras, da língua, da escrita, marcam para a criança, simultaneamente, uma etapa importante do desenvolvimento pessoal e novas possibilidades de inserção social. É sob a ótica da mudança da existência própria que nós as analisamos. O sistema das palavras cria um outro universo que tem vários sentidos. Ou ele dubla o real, formando um intermediário entre os seres e as coisas que a criança já conhecia diretamente. Ele representa, então, um entrave à comunicação direta atribuída à criança autêntica. As palavras facilitam as categorizações, expressam as normas abstratas, as técnicas, opõem-se então ao mundo da criança, tornam-se valores negativos. Ou, então, enriquecem o mundo imaginário da criança, que lhes atribui cores, gostos, aproxima-as de modo insólito e cria formas novas, poesia.

O livro desempenha o mesmo papel. A imagem de uma personagem feliz por se comunicar melhor, ou por possuir melhor o universo graças à linguagem, não existe, a não ser pela magia das palavras, no plano do imaginário, ou pelos novos conhecimentos encontrados nos livros, mas sempre através do imaginário, da aventura, do exotismo. A pequena personagem desempenha o papel de contestação em relação à

---

24. Cf. Cap. 10, p. 293.

sociedade através deste aspecto das descobertas, mas sua contestação é "desrealizante", até mesmo regressiva.

A sexualidade, como problema, ou como despertar pessoal, constitui um terceiro domínio de descobertas. O erotismo mantém um lugar cada vez mais importante nos romances dedicados aos temas da infância. Brauner, tentando rapidamente classificar os tipos de personagens dominantes em cada época, via na criança erótica a criança atual. Esta afirmação muito sumária corresponde a uma impressão geral que é justa[25].

O conjunto das imagens constitui uma espécie de balanço das impressões, das atitudes, dos comportamentos da criança diante da sexualidade, assim como de circunstâncias nas quais se fazem as descobertas e as explicações ou, antes, geralmente da falta de explicações a este respeito. A vida sexual da criança parece menos misteriosa para os adultos, mais próxima que os primeiros estágios do conhecimento. As personagens são menos mitificadas do que nos textos que tratam destes estágios. Encontramos, por um lado, imagens de crianças inocentes, porque ainda ignoram a vida sexual ou não vêem nela, por si mesmas, nenhum mal e, por outro lado, uma sociedade que perturba a criança culpando-a pelos mistérios, pelos tabus com os quais ela envolve a sexualidade, e pelas representações obscenas que faz dela. As angústias pessoais que certos autores mostram no momento em que o corpo começa a mudar são agravadas por todos estes aspectos da sexualidade no mundo dos adultos. As primeiras impressões sexuais incitam a pequena personagem a jogos onde ela imita os modelos sociais da sexualidade, copiando as relações sexuais dos adultos.

Uma série de escritores, todos homens, criaram uma imagem da menina má, por vezes mais velha, ou pelo menos mais madura sexualmente do que o menino inocente e sincero que ela faz sofrer. Esta mesma imagem, ou a sua recíproca, não existe nas romancistas. A imagem da mulher má (talvez com raízes na mãe má) seria uma linguagem coletiva que as mulheres recusam ou uma angústia mais marcada no garotinho em relação ao outro sexo, revivida pelos autores? De todo modo, as representações individuais e coletivas se enriquecem de um modo dialético.

As relações entre a criança e sua existência apareceram nos três aspectos analisados, como em parte adulteradas pelo meio social, não são dramáticas por si mesmas. Em contrapartida, analisando as imagens da criança que descobre os grandes problemas do sofrimento e da morte, tocaremos em novos significados da infância como escapatória em relação ao tempo e à morte.

---

25. Brauner, *op. cit.*

13. A Criança e os Grandes Problemas Metafísicos

A personagem infantil sente, ao longo do seu desenvolvimento, certos mal-estares: repulsa diante de certos espetáculos, uma inquietude em relação ao futuro incerto e escolhas que deverá fazer, uma tristeza diante da fuga do tempo. As coisas lhe parecem encerrar faces misteriosas escondidas. Ela vivencia a necessidade de buscar o sentido de uma existência inapreensível. Por que ela vive? Qual é o significado deste mundo?

Descobertas como as do abandono, da rejeição, do sofrimento do outro e do fim da existência pela morte fornecem objetos precisos a esta angústia existencial. As personagens são também freqüentemente colocadas, elas próprias, em situações nas quais vivenciam sofrimentos intoleráveis, que levam vários dentre elas ao suicídio. O absurdo da existência aparece ou através do olhar da criança sobre o mundo ou por sua situação de vítima[1].

As explicações que os adultos propõem com a ajuda da religião são admitidas pela criança, seja porque se aproximam do pensamento mágico que corresponde ainda ao seu, seja porque elas organizam o mundo em um período no qual a criança quer encontrar o porquê das coisas. Mas ela se revolta contra uma religião normativa, assim como

---

1. O sentido da vida aparece à criança bem mais freqüentemente sob um aspecto negativo do que positivo: na metade dos textos, uma concepção dolorosa se impõe à criança, qualquer que seja a amostra. Imagens positivas, excepcionais antes da Guerra de 1914, se encontram em 11 textos no período contemporâneo. As crianças atingidas pelas descobertas que fazem da existência são um pouco mais numerosas no século XIX: 11 casos contra 6 ou 7. A época atual insiste nas possibilidades de a criança achar o mundo belo.

contra qualquer norma. Criança-vida efervescente, ela não suporta os freios impostos em nome de uma moral que reduz as possibilidades da existência em nome de princípios.

1. A ANGÚSTIA DA CRIANÇA

Os temores e as angústias da criança referem-se a objetos diversos, em circunstâncias variadas, das quais algumas são, no entanto, mais freqüentes, como, por exemplo, o temor do escuro e do negro. No entanto, têm em comum uma dupla dimensão: uma parte das angústias e dos temores parece relativa ao fim das coisas, ao tempo que passa, à incerteza quanto ao futuro e, finalmente, conscientemente ou não, à morte. Uma outra parte parece devida à impossibilidade de compreender o mundo, que encerra muitos aspectos desconhecidos, muitos mistérios. "Oh! Como eu tentava colocar uma ordem em meus pobres pensamentos: Mas eu era muito jovem... e ninguém me ajudava" (Riquet se pergunta sobre o significado da existência) (Boylesve [4]). Estes dois aspectos são, em certos momentos, explicitamente associados. O desconhecido, a imobilidade de seres ou de objetos evocam, para uma criança impressionável como Loti, sensações de "fim das coisas": uma fogueira que se apaga, pessoas silenciosas ao redor, cantos sombrios, a angustiam como a aproximação do inverno. O "sombrio, o frio, o tempo tão longo nesta idade que não se pode perceber a renovação a que tudo conduz" compõem para ela uma imagem da morte. Um raio de sol significa "a brevidade dos verões, da vida, de sua fuga rápida e da impassível eternidade dos sóis". Loti se pergunta, ao mesmo tempo, sobre o destino humano e sobre o significado do universo. Ele criou uma coleção ou antes, diz ele, um pequeno museu de história natural. O que o interessa não é tanto o que a ciência pode apreender, mas "a própria natureza assustadora e de mil rostos, conjunto desconhecido dos animais e das florestas" (...) "por trás das coisas congeladas, por trás e além". Ele tem medo do futuro, do desconhecido para o qual se dirige, daquilo que pode acontecer, daquilo que ainda não tomou forma, medo das criações de sua própria imaginação. Ele não suporta um relato no qual um garotinho reencontra sua família desaparecida e sua casa abandonada, pois ele se vê de imediato nesta situação. Ele se projeta igualmente em seus desenhos, nos quais criou imagens de personagens isolados, abandonadas.

A angústia de Pierre Loti criança parece ter atingido proporções bastante excepcionais, já que a reencontramos ao longo de toda sua infância: na imobilidade das coisas, como na parada marcada pelo repouso do domingo, e em seu movimento, em sua fuga para seu futuro desaparecimento. Ainda que menos atormentadas, muitas outras personagens expressaram seu medo da noite, do escuro, sua associação entre o sono e a morte. Leiris teve, por volta dos quatro ou cinco anos, a impressão da morte, evocada não pelo impacto de um desvanecimento, mas por um barulho que lhe parecia vir "de outro mundo" e que passeava pela noite. Tratava-se sem dúvida de um ruído de inseto. Seu pai, para tranqüilizar, quiz fazê-lo acreditar que um carro passava ao longe, mas a explicação soou falsa.

> Temor da noite. Temor da escuridão. (...) Existe a idéia desta porção opaca do tempo sobre a qual reina o sono. Mundo misterioso esse, cuja estranheza é experimentada quando, mesmo acordado, sente-se que os outros não vivem mais do que uma vida reduzida (...).

Este passeio por uma periferia campestre vazia, durante a noite, era "para a criança inquieta (...) algo pouco seguro. O crepúsculo (...) momento do dia que predispõe à angústia", o desenraizamento para um garoto acostumado com a cidade o havia colocado, sem dúvida, em um estado de vago mal-estar. Mas aquele ruído parecia a única coisa que sobrevivia naquele mundo estranho e se tornava o sinal de um além [136 bis].

A mãe de Babou foi morta durante o sono. Seu pai lhe disse que ela "dormiu muito". Por isso, quando sua avó faz a sesta, ele se instala ao lado dela e lhe diz, quando ela acorda: "Eu estava esperando que você retornasse", pois ele confunde sono e morte, sendo a morte, para ele, um mundo misterioso bastante próximo (Lichtenberger [42]). Para ele, a viagem é uma ruptura idêntica ao sono.

Jean-Christophe (R. Rolland [23]) também "tinha medo da noite, lá fora (...) tinha medo do sonho". Tinha medo das formas desconhecidas, dos seres monstruosos criados por sua imaginação, das mudanças dos rostos familiares. Seus terrores parecem mais violentos e mais imaginativos do que os de Loti.

Os terrores de Jean-Christophe, criança robusta, são atribuídos não apenas à sua imaginação, mas ao mundo ancestral que ele traz em si:

> Ele temia o misterioso que se abriga na sombra, poderes maléficos que parecem espreitar a vida, o rugido dos monstros que qualquer cérebro de criança traz em si com pavor e que se mescla em tudo o que vê: últimos resquícios, sem dúvida, de uma fauna desaparecida, alucinações dos primeiros dias próximos ao nada, ao sono temível no ventre da mãe, ao despertar da larva no fundo da matéria (R. Rolland [23]).

Bernard Bardeau fica também aterrorizado, durante a noite, pelas formas que saem de sua imaginação. Criança nervosa, perdeu confiança em seu meio. Ele sabe que os adultos mentem para ele e desempenham papéis em sua presença:

> Seu cérebro trabalhava construindo hipóteses que ele evitava verificar interrogando seu meio, porque sabia que sempre lhe esconderiam alguma coisa. Por trás do cenário habitual de sua atividade, percebia seres desconhecidos; eram eles que enfunavam as cortinas e cujas sombras eram percebidas na parede... Ele

começava a temê-los ao cair da noite, quando o deixavam sozinho. A presença dos adultos tranqüilizava-o, porque tinha fé na onipotência destes.

Quando seus pais saíam à noite, a criada devia ficar com ele até que adormecesse. Mas ele descobrira que ela não gostava da família e, desde então, ela lhe causava medo. A perda de confiança nos adultos agrava as angústias desta criança nervosa (Berge [27]).

Para P. e V. Margueritte [18], a vida imaginária da criança permanece um domínio secreto, mal definido, qualquer que seja sua relação com o adulto. "São coisas que os pais não suspeitam: as crianças jamais revelam o segredo, confuso para elas mesmas, de suas divagações absurdas e do mundo de idéias fantásticas com as quais elas se comprazem. Seu pequeno cérebro engendra baboseiras imaginárias, sem o contrapeso da razão e da experiência. Nunca se saberá qual mistério de vãos terrores, de angústias pueris os envolve e os obseda ..."

A maior parte desses temores são o reflexo de uma angústia profunda que se fixa sobre qualquer forma evocadora, já que é mal definida, desconhecida, aparecendo em um momento no qual a criança se sente pouco segura. "O temor, nela, não é fruto da experiência, mas sim um delírio místico" (Duhamel [35]). Outros temores correspondem a interrogações mais precisas sobre o sentido da vida e do universo. Babou "sonha, olha além, contempla as coisas. Nuvens passam. Eis que desaparecem, se fundem. Para onde foram? E, depois, eis outras nuvens, de onde vêm elas? Mistério. Tudo é mistério". Biche pergunta ao seu padrinho: "Pois bem, eu gostaria de saber para que serve eu estar viva". Ela gostaria de ser mártir, como Santa Blandine, para dar um sentido à sua vida (Lichtenberger [42]). Simone de Beauvoir percebe que ela deforma a realidade do mundo por sua simples presença:

> Por alguns momentos, uma dúvida me corroía: longe de me revelar o mundo, minha presença o desfigurava. Certamente, eu não acreditava que, durante meu sono, as flores da sala iam para o baile (...). Mas eu percebia, por vezes, o campo tão familiar imitar estas florestas encantadas que se disfarçam no momento em que um intruso as viola; nascem miragens sob seus passos, ele se afasta, clareiras e folhagens lhe ocultam seus segredos. Escondida atrás de uma árvore, eu tentava em vão surpreender a solidão das vegetações rasteiras [54].

Reencontramos as inquietudes formuladas de forma mais precisa pelas pequenas personagens confrontadas com os problemas metafísicos e com a religião.

Certas angústias dependem mais de circunstâncias. Sartre buscava, sem ter consciência deste fato, em sua memória e na leitura, notícias fantásticas (evocações de horrores através das imagens em um ocidente que vegeta na doçura), visões terroríficas. "(...) Eu descobria na angústia possibilidades assustadoras, um universo monstruoso que não passava do avesso de minha onipotência; eu me dizia: tudo pode acontecer, e isto queria dizer: eu posso imaginar tudo" [73].

Para muitas outras personagens o temor responde à descoberta de um aspecto da existência, ainda desconhecido e perturbador, através de um acontecimento. Marie-Claire sente um pavor que ela não pode dominar diante da visão de um carneiro que foi mordido por uma cobra, cuja cabeça, que se torna enorme, lhe parece monstruosa e desnorteadora, mais ainda do que a presença do lobo. A fuga introduz o pequeno delinqüente em um mundo desconhecido no qual ele se perde. "O corpo gelado, a água que se infiltra em seus sapatos, os pés congelados, e, mais tarde, insensíveis, a neve que desorienta e que cega, este desejo louco de voltar – mas como reencontrar seu caminho? A orelha entorpecida pelo frio, alerta nas trevas... O terror dos lobos, dos abutres, dos assaltantes. A queda próxima ao charco" (Cesbron [57]). O Pequeno Príncipe treme porque ele sabe que deve morrer. "Eu teria muito mais medo esta noite..." (Saint-Exupéry [71]).

O acontecimento que muda o sentido da existência para a pequena personagem é freqüentemente aquele que a faz perder sua segurança de criança feliz, abalando a confiança em seus pais. Simone de Beauvoir fundava sua alegria em um universo familiar unido, estimado e bem situado na sociedade burguesa. Ela descreve seu transtorno quando descobre a atitude crítica de sua criada em relação à sua mãe e, principalmente, por ocasião de uma discussão de seus pais. Pareceu-lhe que um abismo se abria a seus pés. A existência não era mais este universo caloroso e seguro que havia sentido até aquele dia. O pequeno Léon (Ed. Jaloux [11]), no momento em que sua mãe foge de casa, tem "a impressão de que nada é sólido sob seus passos, de que tudo é construído sobre areia e de que as mais sólidas fundações têm uma base frágil e cambaleante"... E após o retorno de sua mãe ele percebe que o equilíbrio do lar nem por isso é restabelecido. "Eu sentia que ao meu redor estavam em jogo poderes mais fortes que nós, e sentia medo." Descrevemos[2] os dramas da perda de confiança no adulto. A primeira representação da existência é profunda e dolorosamente mudada na criança pequena.

A imagem decepcionante do adulto tira-lhe também o desejo de crescer. Ela vê na existência futura um mundo de aborrecimentos, um emburrecimento, um aprisionamento em uma sociedade estreita. Reencontramos aqui um aspecto da contestação da sociedade e da maneira de viver do adulto já abordada com os problemas da socialização[3]. O temor do futuro é também ligado, em várias personagens, ao medo de envelhecer, de se degradar, ou ao de ver os seres queridos sofrerem este destino e morrer. Enfim, algumas temem o destino que prepara tudo de antemão, ao qual não se pode escapar. Loti tem uma espécie de pressentimento daquilo que lhe deve acontecer. Sartre se preocupa quando

---

2. Cf. Cap. 7, pp. 214-216.
3. Cf. Cap. 9.

seu avô lhe diz que sua professora, muito feia, não se casará. "Era possível, portanto, nascer condenado?" No entanto, ele deseja um destino de herói e recusa a idéia de que tudo seja um puro acaso.

O estado de angústia de outras personagens é devido a circunstâncias particulares. Crianças vítimas como Cosette, por exemplo, conheceram apenas ameaças, surras, trabalhos muito pesados para suas forças. Em Cosette o temor da noite, comum a muitas crianças, é menos forte que o de Thénardier.

Mas a angústia maior é sem dúvida a da criança que percebe subitamente sua culpa em um drama. O pai de Jacques Vingtras cortou a mão talhando um carrinho de madeira para o filho. A mãe culpa o pequeno Jacques pelo acidente e o expulsa do quarto. "Vejo, com meu terror de criança, sua mão pendurada, toda cortada. Soluço, sufoco, minha mãe reaparece e me empurra para o vestíbulo... no qual eu sentia medo todas as noites" (Vallès [24]). Patricia impeliu o guerreiro Saraï, que queria desposá-la, a provocar seu leão para combate. O guerreiro foi morto e seu amigo, o leão, abatido. "Era o fim do jogo. A menininha o havia repentinamente entendido. (...) Pela primeira vez eu via nos traços de Patricia a surpresa apavorada diante do destino em andamento, a angústia mais nua e mais infantil diante do acontecimento que não se pode mais deter." "Pela primeira vez vi o medo tomar conta dos traços de Patricia, o medo daquilo que não se concebe, do que não pode ser" (Kessel [61]).

A existência da personagem deixa de ser esta felicidade, este estado diferente daquele do adulto, que era o seu até então. Vimos tais desenraizamentos ao longo da socialização da criança; eles eram imputados às características da sociedade dos adultos. Esta influência da sociedade não é excluída quando a criança descobre os significados penosos da existência. Mas ela não é mais a causa primeira, e a pequena personagem aprende apenas de forma mais brutal, através dela, as leis de sofrimento e morte inerentes à vida que alguns, aliás, haviam pressentido com angústia desde os primeiros anos.

2. O SOFRIMENTO

Autores tentaram expressar como a criancinha vive os primeiros sofrimentos. Romain Rolland descreve um mal-estar físico de Jean-Christophe ainda bebê. "Um sofrimento desconhecido despertava no fundo de seu ser. Ele se enrijece contra este sofrimento. A dor crescia, tranqüila, segura de sua força. Ele não sabia o que era esta dor nem até onde ela ia. Parecia-lhe imensa e não deveria jamais ter fim. Começou a gritar em um lamento." "O homem que sofre pode dominar seu mal sabendo de onde ele vem; ele o aprisiona através do pensamento em um pedaço de seu corpo, que pode ser curado, arrancado se necessário; fixa-lhe os contornos, separa-o de si. A criança não tem recurso enganoso. Seu primeiro encontro com a dor é mais trágico e mais verdadeiro. Como seu próprio ser, ela lhe parece sem limites; a criança a sente instalada em seu seio, sentada em seu coração, dona de sua carne (...). Poder-se-ia dizer que esta miserável massa inconsciente e disforme tem o pressentimento da vida de sofrimentos que lhe está reservada." Aqui, ainda, a criança parece mais "verdadeira" do que o adulto em sua maneira de apreender o sofrimento, e o autor lhe atribui a capacidade de pressentir as leis da existência humana.

Duhamel se entristece com a dor injusta que atinge seu filho Bernard. Com dor de dente, ele pergunta: "Por quê? Por quê?" O sofrimento de uma criança inocente toca mais do que o de um adulto. Os autores utilizaram bastante a imagem da criança vítima. Jacques Vingtras, criança maltratada mas robusta e corajosa, fica transtornado, revoltado, pela desgraça de Louisette, uma menininha brutalmente espancada por seu pai. "Seu sorriso parecia uma careta. Ela parecia tão velha, Louisette, quando morreu aos dez anos de idade – de dor, eu lhes digo" (Vallès [24]).

Cosette, outra menininha vítima, pensava: "Apesar de ter apenas oito anos, já havia sofrido tanto que devaneava com o aspecto lúgubre de uma velha senhora". Ela é o burro de carga de toda a casa. Desde a idade de cinco anos ela faz o trabalho de uma criada. "Cinco anos, dirão, é inverossímil. Infelizmente, é verdade. O sofrimento social começa em qualquer idade." Esta personagem infantil, que conhece da existência apenas os aspectos mais penosos, é uma vítima da sociedade. O sofrimento que não provém de uma causa social ou familiar, uma criança doente, por exemplo, é raro no romance. A criança vítima contesta a sociedade ou os adultos pela imagem chocante de seu sofrimento. A vida se torna tal para ela mesma, ou se apresenta sob um tal aspecto aos seus olhos, que ela não pode mais suportá-la.

O termo velhice, oposto ao frescor da infância, é utilizado para mostrar as conseqüências da desgraça para as duas pequenas personagens – Louisette e Cosette. Jacques Vingtras o utiliza também após ter testemunhado uma briga entre seus pais, conseqüência de uma infidelidade do pai. "Passou uma corrente de velhice sobre minha vida, nevou sobre mim. (...) Talvez eu seja o mais atingido, eu, o inocente, a jovem criança" (Vallès [24]). Uma infância assim tão transtornada não se reconstrói. Quando Folcoche, a mãe de Brasse-Bouillon, parte para a clínica, este e seus irmãos não se sentem, no entanto, felizes. "Certamente, estávamos satisfeitos. Felizes, não. Não se constrói uma felicidade sobre as ruínas de uma longa miséria. Nossa alegria não tinha bússola. Estávamos desorientados (...). O ódio, muito mais ainda do que o amor, dá trabalho" (H. Bazin [52]).

Riquet, que assistiu à rejeição cruel e absurda de sua família pelo vilarejo e, mais tarde, à sua reabilitação quando ela aceitou se humilhar, interroga Vigny sobre o sentido da vida.

> Sozinha, no meio da praça, ficava a estátua do poeta. Da minha balaustrada, eu olhava ainda uma vez aquele ser que todos desconheciam e que dominava todo o mundo com seu ar altivo. Ele permanecia alheio aos nossos rumores, às nossas brigas, às nossas baixezas. Ele parecia desesperado e, no entanto, calmo. Seria por causa daquilo que ele via ao longe? Seria em virtude daquilo que ele via a seus pés? De seu pedestal, será que via os homens melhor do que nós? Via Deus? Ou não via nada? (Boylesve [4]).

A criança está enojada e desesperada. Pouco tempo antes, ele tinha também experimentado uma grande decepção ao ver que Marguerite, a moça que ele tinha idealizado, casa com um homem muito medíocre.

> Será que tudo deve infalivelmente resultar na rotina medíocre ou vulgar? Seria você apenas uma mulher dotada de curiosidades, malícias e paixões comuns, pequena noiva do lorde de mãos translúcidas? Pena eu não a ter interrogado, Marguerite Charmaison! Eu vos interrogo, ó grande céu, lá no alto, vós que me fazeis ler, acompanhando com um dedo de sombra, belas frases no mostrador do relógio solar, dizei-me, por que as crianças têm idéias mais elevadas do que as coisas reais? Seria pelo fato de vê-las ceifadas antes dos vinte anos, como a erva dos gramados que o jardineiro impiedoso mantém, iguala e poda o mais próximo possível da superfície da terra?...

O aluno Gilles sai prostrado do drama que assola sua família. Ele sente, inicialmente, que um mistério o rodeia. Seu meio se esforça por lhe esconder alguma coisa. Seu pai é uma personagem bizarra, inquietante, irritável, que busca o isolamento. O garotinho tem medo dele. Mais tarde seu pai parte para se cuidar e a criança passa a morar na casa de uma tia até sua entrada no colégio, que ele suporta com dificuldade. O autor (A. Lafon [136]) descreve o ambiente cruel dos escolares entre si. Estes souberam que o pai de do aluno Gilles está sob a ameaça da loucura. Suas alusões ao fato fazem com que a criança pressinta o segredo da família. Um dia os escolares se unem contra ele, fazem uma roda ao seu redor e o chamam de "filho de louco". A criança foge, corre, sozinha, durante três dias através do campo e chega a sua casa em estado febril. Seu pai morre, ele fica prostrado. Mas ele ouve sua mãe explicar à sua tia que seu filho é o único elo que a mantém ligada à vida, que seu futuro depende dele. Ele decide então voltar para o colégio. Mas perdeu todo o prazer de viver.

Algumas personagens se endurecem com a desgraça. Félix de Vandenesse (Balzac [104]] sofre maus-tratos em sua família, e, mais tarde, uma rejeição. Ele vive em internatos miseráveis. Inicialmente ele perde ali a espontaneidade de sua infância:

> Todo o meu ser passou a expressar uma resignação morna sob a qual a graça e os movimentos da infância foram sufocados, atitude que se confundiu com um sintoma de idiotice e justificou os sinistros prognósticos de minha mãe. Mas esses contínuos tormentos me habituaram a despender uma força que se desdobrou por seu exercício e que predispôs minha alma a resistências morais.

Le voleur (Darien [5]) recorda-se do choque que sofreu ao descobrir que seu tio lhe roubara todo o dinheiro que seus pais lhe tinham deixado.

Mais tarde, pensei muitas vezes no que experimentei naquele momento. Tive consciência exata de meus sentimentos e de meus sofrimentos; e entendi que era algo pavoroso e indizível, que aqueles sentimentos de homem indignado pela injustiça se apoderassem de uma alma de criança e provocassem angústias infinitas às quais a experiência, por suas comparações cruéis, jamais ofereceu o contrapeso das dores passadas e das possíveis revanches. Expliquei a mim mesmo que todo meu ser moral, subitamente entregue às influências exteriores e voltado para si mesmo pelo ataque, pôde se relaxar pelo cansaço e se alongar no desprezo.

Em seguida, ele irá se engajar em uma rejeição dos valores aprendidos e, por reação, livremente, cinicamente, se fará ladrão.

Mais freqüentemente, a personagem da criança vítima é destruída, tenta por vezes fugir, e muitas se evade na morte. Como Jean Gilles, Jack foge do Ginásio Moronval, que não suporta mais. Um outro escolar, um pequeno príncipe africano que o diretor do famoso colégio transformou em criado, também tentou uma fuga, mas foi capturado, doente de frio, e morre. É ao longo de seu enterro que Jack consegue escapar. Ele também corre desesperado no campo deserto, temendo ser pego, perseguido pelos ruídos da noite. Maltratado pelo amante de sua mãe, ele não será muito mais feliz em sua própria casa. Colocado como aprendiz numa fundição, não tem uma constituição bastante robusta para este trabalho que o esgota. Ele morre jovem. A imagem do Kid, que também fugiu para evitar o orfanato, e a do pequeno delinqüente, são as mesmas: são encontrados caídos na neve, vítimas de uma forma de vida que recusam, ávidos de liberdade.

Bernard Bardeau, que sente a falta de interesse de seu pai e que fica dividido pelos conflitos internos de sua família, nos quais foi envolvido muito jovem, se refugia na doença. Sua resistência física foi minada. É acometido pela febre.

Ele sufocava, seu crânio zumbia, sua carne se abandonava repentinamente a um grande arrepio do qual ele nem mesmo tinha consciência. Ele teve uma adorável sensação de deixar ir sua cabeça para trás, como se ela escorregasse sem esforço, ao sabor da torrente. Ele estava satisfeito por abdicar à vida, reconhecido por ela afrouxar um pouco seu amplexo (Berge [27]).

Jeanne fica desesperada e enciumada por um novo amor de sua mãe, uma jovem viúva. Ela se sente abandonada. Reflete sobre as coisas e as pessoas que amou e que a abandonaram desde que nasceu: um gato que fugiu, um pássaro morto, uma boneca que se deixou quebrar.

Sempre os outros eram os primeiros a deixar de amá-la. Eles se estragavam, eles partiam (...). Ela não entendia o abandono. Era uma coisa enorme, monstruosa, que não podia entrar em seu pequeno coração sem fazê-lo explodir (...). Então, um dia, as pessoas se deixavam, ia cada uma para seu lado, não se viam mais, não se amavam mais. E com os olhos fixos em Paris, imensa e melancólica, ela permanecia completamente fria diante daquilo que sua paixão de doze anos percebia sobre as crueldades da existência (Zola [25]).

Ela se encerra na doença, "tinha no rosto uma expressão de afogada e perdida", recusa qualquer contato. "Caiu em um humor sombrio, do qual nada a arrancava. Ela se afastava de tudo, até mesmo de sua mãe (...). Tinha silêncios, resignação negra de uma abandonada que se sente morrer." Morre pouco depois. Sua mãe, de fato, não a abandonara, mas a criança não pôde suportar a nova visão da existência que lhe tinha sido imposta e a idéia de que um sentimento de sua mãe era dirigido a outra pessoa.

Champi-Tortu não suporta tampouco a descoberta do amor entre sua mãe e um vigia ao qual ele é muito apegado: o choque o mata. Mas é uma criança vítima, tão oprimida por todas as desgraças possíveis que não se importava mais com a vida, tornando-se muito vulnerável. Ele inicialmente sofreu a presença de um pai odioso. Após a morte deste, no colégio, foi objeto de trotes múltiplos por ser corcunda, e como não conheciam seu pai, os escolares o batizaram *Champi-Tortu*. Este é um dos romances onde a criança, personagem principal, acumula mais desgraças (G. Chérau [116]). A esse respeito, *Le Sagouin* (F. Mauriac [63]) aproxima-se de *Champi-Tortu*. Sua mãe, pequena-burguesa, casou-se com um conde degenerado, do qual ela conseguiu ter um filho, o pequeno Guillaume, que parece com seu pai. Ela o rejeita, pois ele lhe faz lembrar o marido, que ela não suporta mais. A família briga por sua causa. Ela é expulsa do vilarejo hostil. A criança fica sozinha, não vai para a escola, tem medo dos escolares que encontra e que, tem certeza, vão fazê-lo sofrer. Em certo momento o professor aceita cuidar de Guillaume, que começa a despertar, a se apegar a ele. Mas este, que desconfia dos castelões, renuncia às aulas. Abandonado, o Sagouin vai se afogar, e seu pai, que o percebe, se junta a ele na morte. "Entre suas grandes orelhas de abano, sua cabeça chata parecia pequenina. Suas pernas eram duas varas terminadas por enormes sapatos. Seu pescoço de frango emergia da pelerine. Galéas [o pai] devorava com os olhos o pequeno ser trotante; aquela doninha ferida, que escapara de uma armadilha e que sangrava; seu filho, semelhante a ele, com toda a vida para viver, e que no entanto sofria havia anos. Mas a tortura apenas começava. Os carrascos se renovariam: os da infância não são os mesmos da adolescência. Existiriam outros ainda na idade madura. Poderia ele se entorpecer, se embrutecer? (...) Tal seria o destino daquele aborto, fruto de seu único beijo, que trotava, se apressava, em direção a quê? Saberia ele?" (Para a morte.)

Jacques Laurenty, *L'enfant qui prit peur* (G. de Voisins [165]), descobre também a existência carregada de um matiz tão desesperado que acaba por se suicidar. A primeira lembrança que ele tem é a de uma briga entre seus pais enquanto ele está de cama, doente. Ele vê dois rostos furiosos: "Agarrando o lençol com suas mãozinhas crispadas, Jacquot, cheio de um pavor atroz, começou a chorar". A criança cresceu em meio àquele ambiente hostil e violento. Ele se sente sujo pelas grosserias que seus pais lançam um ao outro, pelas palavras que os criados proferem sobre eles. Ele adivinha mais do que entende. Sua mãe, ademais, tem um amante. Jacques tem um amigo, Leduc, um soldado de um forte vizinho que vem montar guarda numa guarita localizada na falésia no fundo do quintal. Um dia ele o encontra desesperado, em lágrimas. Meio inconsciente, Leduc conta para si mesmo, monologando diante da criança, que uma mulher malvada o tortura. No dia seguinte, no mesmo lugar, Jacques só encontra uns soldados que lhe falam do suicídio de Leduc e concluem julgando-o mais feliz assim. Durante a refeição, seus pais fazem o mesmo comentário: ele teve razão, ele não sofre mais. Mais tarde, o pai de Jacques ironiza a respeito de seu preceptor, que teria também complicação com mulheres. A criança gostava dele, mas ei-lo rebaixado ao plano dos outros. Ninguém poderia lhe dar o consolo de que ele precisaria. Já que Leduc agiu bem, ele vê apenas uma solução: lançar-se do alto da falésia.

Temos vários outros casos de suicídios de crianças; a existência lhes apareceu como um conjunto de sofrimentos intoleráveis, seja por terem sido muito infelizes, seja por terem sido testemunhas de dramas. Um abandono afetivo real, ou até mesmo imaginário, é suficiente para transtornar as representações da existência de certas personagens e fazê-las morrer. É o caso da pequena Jeanne descrita por Zola, por exemplo – é também o de Alexandre, que acredita em uma traição de seu amigo, que teria entregue ao padre Lauzon seus bilhetes, sob a pressão deste último (Peyrefitte [68]). Com muito mais razão, crianças que, além de um abandono afetivo, têm uma vida muito dura ou psicologicamente traumatizante, recusam a vida. Estas personagens, pelo fato de serem crianças, portanto seres frágeis, vulneráveis, indefesos, evidenciam os aspectos da existência mais penosos de se viver, em particular o abandono e a traição dos seres queridos, as humilhações e o desprezo, a indiferença do ambiente, em meio a um mundo feio, repugnante, sem esperança.

3. A MORTE E SEU SIGNIFICADO[4]

A morte voluntária destas personagens é uma escapatória, a única evasão possível do sofrimento. Mas o que representa a morte, em si

---

4. As obras que falam da criança confrontada com a morte diminuem ligeiramente: 13, 11, 9. Em contrapartida, as formas sob as quais o problema é evocado aumentam em relação ao número de textos: 17, 20, 20. Mostra-se mais a criança que reflete sobre sua própria morte e um pouco menos a criança que não entende a morte.

mesma, de um modo mais genérico, para o conjunto das personagens? Como elas a descobrem, a percebem, a julgam? Algumas são confrontadas com ela diretamente, no momento da perda de uma pessoa próxima, outras ouvem falar dela, por exemplo, por ocasião de notícias transmitidas ao seu redor.

Jean-Christophe presencia a morte súbita de seu avô. Ele está lívido, a boca crispada, os olhos dilatados. Ele desmaia; fazem-no deitar e ele acorda urrando (...). Passa a odiar Deus, que lhe tirou seu avô. A angústia da morte tortura sua infância temperada apenas pela repulsa em relação à vida. Pépé e Trique, crianças dos subúrbios (Marchard [110]), quiseram partir para a aventura. Mas sua viagem terminou rapidamente e mal. Pépé se resfriou, sua mãe tentou curá-lo, ela mesma, com plantas, sem chamar o médico. Pépé morre em sua ausência. Seus colegas, que a ouviram chorar, aproximaram-se da porta aberta e ficam ali. Eles se desesperam e fogem, salvo Trique, que permanece ali por um momento, mas não ousa nem mesmo olhar para a cama e também recua lentamente em direção à porta.

A jovem criança não compreende imediatamente o sentido da morte. H. Brulard tinha uma mãe que ele adorava. Por ocasião de sua morte ele tem, inicialmente, a impressão de que tornará a vê-la no dia seguinte. "Ao entrar na sala e ver o ataúde coberto com um lençol negro onde se encontrava minha mãe, fui tomado do mais violento desespero, compreendia enfim o que era a morte" (Stendhal [160]). O pequeno Pierre (A. France [36]) tem uma empregada da qual ele gosta muito.

Naquela época eu vivenciava uma tristeza cruel. Mélanie estava ficando velha. Até então, eu tinha considerado a idade dos homens apenas em sua divertida diversidade. A velhice me agradava por seu aspecto pitoresco, por vezes um pouco ridículo e bastante risível: era necessário que eu me desse conta de que ela era importante e triste...

Ele ouve seu pai e sua mãe conversarem a respeito da Mélanie: "Mélanie decai a cada dia" (...). "Estas palavras me abriram o espírito; eu compreendi e chorei. A idéia de que a vida escorre e foge como a água entrava pela primeira vez em meu espírito."

Em *Confession d'un enfant d'hier* (A. Hermant [130]), o garotinho localiza seu primeiro medo em uma noite em que seu pai lê no jornal os detalhes sangrentos de um crime que havia feito sete vítimas. "Este quadro de massacre é a primeira visão que tive da morte." Simone de Beauvoir [54] "sufocava de horror ao pensar na morte que sobre a terra separa para sempre as pessoas que se gostam". Durante a guerra, Gide [38] fica sabendo da morte de um priminho. "Um oceano de tristeza arrebentava subitamente em meu coração." Sua mãe o consola e lhe dá uma imagem tranqüilizadora da morte, seguida de uma segunda vida. "Não era precisamente a morte de meu priminho que me fazia chorar, mas eu não sabia o quê, uma angústia indefinível, e não era espantoso que eu não soubesse explicá-la a minha mãe, já que ainda hoje eu não posso explicá-la melhor." Paul Adam [102] é invadido por uma verdadeira obsessão com a morte de sua bisavó.

> Poder-se-ia dizer (...) que a morte respirava naquele cadáver, exalando dele seu mistério pavoroso e capaz, sem dúvida, de aparecer ali manifesta, de movê-lo, de correr com um ódio fétido que ceifaria a vida. A angústia crepuscular lhe estreitava a garganta, puxava a pele de minhas têmporas... Por isso, acompanhava os criados em todas as suas compras para sair de casa. A invasão do escuro me perseguia. Eu via ali o manto da morte, jogado sobre a luz e sobre os sons.

Ele a nomeia de "a visitante", encontra-a por toda parte, nos quadros e na guerra. "Pois esta iria aparecer ainda, atraindo o delírio entusiasta dos homens para seu manto." É de fato a guerra, ele foge do cerco a Paris, mas nota por toda parte aquela corrida dos homens em direção à morte. Ele ouve o relato dos massacres: "A humanidade não teria outras razões de existir a não ser saciar a fome da visitante?"

Um falecimento específico libera a angústia profunda da morte nestas crianças. Outras atravessam circunstâncias idênticas sem ficarem realmente transtornadas. Inversamente, a mesma angústia existe em certas personagens sem ter como ponto de partida o encontro com uma morte real. Pierre Loti [15] não ousa interrogar os adultos a respeito da morte, pois teme ter a confirmação daquilo que ele já sabe. Diante de sua avó morta, ele esperava encontrar alguma coisa horrível e ela simplesmente se parece com ela mesma adormecida. Babou [42] tem uma amiga, Arielle, que está doente. Ele gosta de ficar ao seu lado, em silêncio. Quando ele vai deixá-la, pergunta à amiga. "Você vai retornar?" Ela responde: "Talvez". Ela não volta mais. Os adultos têm ordem de não falar mais de Arielle. "Não, Babou nunca mais perguntará nada. Existem perguntas que não se deve fazer." No entanto, ele confia em seus próximos. Babou é uma criança que conhece as coisas pelo interior delas.

Para certas crianças como Loti, as formas imaginárias que a morte assume são muito mais terroríficas que a morte real. Sartre [73] vê a morte como uma besta, uma velha louca de preto (que ele encontrou na rua), um buraco de trevas (que ele também viu), mais tarde "um esqueleto, muito conformista, com uma foice". Ele inventa ritos para conjurar a morte "fictícia", mas não tem preocupações diante da morte real.

A criança é, finalmente, aterrorizada por suas fantasias, ou porque sua concepção da existência foi perturbada ao tomar conhecimento do fim dos seres e das coisas, do desenraizamento e, freqüentemente, da degradação que acompanha a morte. Sartre se recorda assim de sua concepção: "Existia um avesso horrível das coisas que, quando se perdia a razão, era visto; morrer era levar a loucura ao extremo e ser engolido por ela. Eu vivi no terror, foi uma autêntica neurose".

Uma parte das personagens mostram o horror do sofrimento e da morte por sua dor e seu medo. Uma outra parte tem uma atitude completamente diferente. Estas personagens não são tocadas pelo fato da morte, porque a percebem diferentemente dos adultos. Gérard se preocupa com Paul, seu amigo ferido que ele acompanha até em casa. "Não suspeitando da profundeza onde se ancora a vida e seus poderosos recursos, ela [a infância] imagina imediatamente o pior. Mas este pior não lhe parece muito real em função da impossibilidade em que ela se encontra de encarar a morte. (...) Esta morte de Paul parecia a seqüência natural de um sonho, uma viagem sobre a neve que duraria para sempre" (Cocteau [29]). Quando a mãe de Paul e de Elisabeth morre, eles não ficam tão transtornados. Eles vivem em um mundo imaginário, e a vida e a morte não existem realmente para eles.

Zette, após a morte de um tio, pergunta a Poum:

O que é, realmente, a morte? – Bem, a morte, era como uma grande viagem por regiões desconhecidas e das quais, freqüentemente, não se retorna. Mas por que não dizer simplesmente: Tonton morreu?... E frente à idéia dessas regiões desconhecidas, dessas regiões obscuras, de onde não se retorna mais, a menininha evocava estranhos lugares fora do tempo, do espaço – campos e montanhas de trevas sem fim... Evidentemente era dessas regiões que as crianças que nasciam chegavam, e era para lá que os velhos se dirigiam (P. e V. Margueritte [18]).

Passando diante de um cemitério, o filho de Duhamel [35] diz: "um belo jardim". E o pai inveja esta maneira de ver a morte: "Como é simples! Como é verdadeiro! Nós que pensamos tanto na morte, nós que falamos tão freqüentemente na morte, será que teríamos encontrado esta palavra apaziguadora?" Patricia (Kessel [61]) fala de um homem que está morrendo. "A voz da menininha era sem pena e sem temor. Onde e como Patricia teria aprendido o sentido da morte?" (No entanto ela vive em uma reserva, ela viu seu leão matar para comer.) É somente quando seu leão, que ela amava profundamente, foi morto, que ela começa a se dar conta. "Patricia (...) não tinha ainda aprendido que existe um fim para os jogos mais belos, para o ser mais precioso... King, gritara ela com uma voz pavorosa... acorde."

Mas freqüentemente a criancinha não reage nem mesmo à morte de um ser querido, porque ainda não entendeu o significado da morte. Marie-Claire tem aproximadamente cinco anos quando perde sua mãe. "Fiquei muito espantada de ver que minha mãe tinha uma grande vela acesa ao lado de sua cama; (...) dormia com as mãos cruzadas sobre seu peito..." [1] É para ela um espetáculo estranho. A identificação entre a morte e o sono ou viagem é bastante espontânea na criança, e mantida em alguns adultos (no caso de Babou, por exemplo).

Mais tarde, a criança aprende a convenção do sofrimento diante da morte, mas nem sempre consegue representar a farsa quando a pessoa morta não a toca de perto. Quando Marie-Claire ouve os soluços da irmã, Marie-Aimée, por ocasião da morte do padre, ela também se põe a chorar. Mas ao cabo de algum tempo, ela percebe que não sente tristeza. "Fiz até esforços para chorar, mas se tornou impossível continuar a derramar uma única lágrima. Eu tinha um pouco de vergonha de mim porque eu acreditava que devíamos chorar quando alguém morresse; e eu não ousava descobrir meu rosto (...)" (M. Audoux [1]). Elsie [50] não ficou tocada com a morte de Dolly, uma menininha de doze anos como ela, que ela visitava a mando de seu professor. Ela não a amava muito, pois Dolly ostentava sua riqueza diante dela, que pertencia a um meio modesto. Elsie procura se distanciar, e para isto mente a seu professor pela primeira vez. Loti [15] não entende o fato de que sua avó possa estar no céu, explicação dos adultos, dado que o que permanece dela é tão ela mesma. Gide [38] descobre sua tristeza pela morte de seu pai apenas quando vê a tristeza de sua mãe. Mais tarde, ele acredita que em dado momento o pai retornará para junto de sua mãe. Marcel Pagnol [67] se recorda da morte de sua mãe apenas através de um detalhe.

(...) Eu estava vestido de preto, e a mão do pequeno Paul apertava a minha com toda a sua força. Levavam nossa mãe para sempre. Desse dia terrível eu não tenho outra lembrança, como se meus quinze anos tivessem recusado a força de uma tristeza que podia me matar.

Vários relatos incluem este mesmo mecanismo: nas recordações de infância "a criança conserva a lembrança de um acontecimento grave por causa de um detalhe extravagante" (Cocteau [29]). Marie-Claire tinha apenas cinco anos, ela não entendeu a situação e foi desviada pelo espetáculo insólito e pela visão da vela. Mas o caso do jovem Marcel difere, dada a sua idade. Pode-se tratar de uma inibição de sentimento devida ao choque sentido, ou então sua lembrança filtrou a imagem das crianças, destacada de qualquer contexto dramático e afetivo. Este fato foi descrito por Freud. Se as lembranças de infância se referem a coisas secundárias e indiferentes e as impressões fortes desapareceram, isto não significa que a criança tenha reagido diferentemente do adulto, fixando sua atenção num ponto de detalhe. Trata-se de um processo de deslocamento, de substituição. A reprodução da impressão importante choca-se com resistências[5].

A insensibilidade da criança diante da morte expressa, para diversos autores, uma percepção do mundo diferente na criança: notamos este fato em *Les enfants terribles*, em Poum e Zette, e também no caso de Babou. A vida lhe parece um imenso mistério, sua mãe desapareceu durante o sono, ele não sabe como. No navio que o conduz para a França ao longo de uma terrível tempestade, e enquanto todos os passageiros se preocupam, ele observa friamente: "Se o mar entrar, morreremos todos, não é?"

---

5. S. Freud, *Psychopathologie de la vie quotidienne*, Cap.: "Souvenirs d'enfance et souvenirs-écrans", *op. cit.*

Livres em relação à morte, as crianças sabem utilizar as convenções sociais que concernem a ela. Gide aproveita o prestígio que sua situação de órfão lhe confere. Sartre também sabe que a situação de órfão traz benefícios:

> Eu incluía meu luto entre minhas virtudes. Um colega de classe muito frágil, Bénard, morre. Ele se torna um símbolo para os escolares. Bénard viveu tão pouco que não morreu realmente; ele permaneceu entre nós, presença difusa e sagrada (...). Tínhamos nosso querido defunto, falávamos dele em voz baixa, com um prazer melancólico. Talvez fôssemos prematuramente levados como ele: imaginávamos as lágrimas de nossas mães e nos sentíamos preciosos.

Mais tarde, ele se pergunta se teria percebido, em meio àquele enternecimento, o Mal, a ausência de Deus, o mundo inabitável, teria podido não vê-los? Jean-Christophe tem vontade de se suicidar. Ele imagina a tristeza de seus pais. Depois ele chora, se ouvindo chorar. Ele vê o rio, e ele mesmo sendo levado pelas águas sob o olhar melancólico de uma menininha morena e de um garotinho pálido de olhos azuis.

Imaginar-se morto equivale a se ver prateado, portanto precioso. Sartre, que sente profundamente sua inutilidade de criança mimada, deduz deste fato que será necessário desaparecer de um momento para o outro.

> Eu olhava minha vida através de minha morte (...). Pode-se imaginar minha segurança? Os acasos não existiam (...) eu, o predestinado (...) meus infortúnios não passariam de testes, de meios de escrever um livro.

Após ter se imaginado um herói, ele se transforma em escritor-mártir. "Mais do que a epopéia, mais do que o martírio, era a morte que eu buscava (...), entre nove e dez anos, tornei-me completamente póstumo" [73].

Em relação à sua própria morte real, as crianças simbólicas se mostram verdadeiramente heróicas, como Gavroche, que dá à sua morte uma nuança romântica, louvando-a até o final. O Pequeno Príncipe tem medo dela mas não hesita. Ela representa para ele a condição do retorno para seu país. Ele quer viver a morte solitário. Pascal passa seus últimos meses ao lado de seu pai, que tenta realizar seus mais caros desejos e cria para ele uma espécie de "país da infância". Assim liberto da socialização, da cidade, da escola e até mesmo de seu próprio futuro, dilatado pela proximidade de uma morte aceita, ele se torna "soberano e, qualquer que seja o desenrolar desta temível situação, isto nunca lhe seria tirado. Do acaso que o chocou, ele fez um destino. E do destino que o assolou, acomodando-se com paciência, com a sabedoria infinita da infância, ele fez um destino que assumiu e, enfim, superou. Chegou a esse estágio, está livre para sempre" (M. Bataille [51]). No final de sua vida, o pai fala dele como se fosse uma personagem real e de sua morte como da morte de um deus. Jean,

L'enfant malade (Colette [31]), será levado pela morte, uma morte poética. Ele sente que será objeto de um rapto, procura chamar sua mãe. "Mas uma outra alma, cujas decisões não dependiam nem da impotência nem dos benefícios maternos, fez um sinal altivo que impunha silêncio. Uma imposição feérica manteve a Senhora Mamãe além do recinto, em um lugar onde ela esperava, modesta e ansiosa, ser tão grande quanto seu garotinho. Ele não gritou, então. Logo os desconhecidos, os fabulosos estranhos, já começavam o seu rapto. Surgindo de toda parte, eles lhe aplicaram a queimadura e o bálsamo, o suplício melodioso, a cor como curativo (...) e já voltado para fugir, imóvel, em direção a sua mãe, ele optou repentinamente e se jogou, ao sabor de seu vôo, através dos meteoros, das brumas (...) e muito próximo de estar completamente feliz, ingrato e alegre, satisfeito em sua solidão de filho único, seus privilégios de enfermo e órfão, ele percebeu que um pequeno rochedo triste, cristalino, o separava de uma alegria da qual ele deveria ainda aprender o nome côncavo e dourado: a morte. Um pequeno destroço triste e leve, vindo talvez de um planeta deixado para sempre... O som claro e triste ligado à criança que devia morrer subia tão fiel que a evasão deslumbrante procurava em vão distanciá-la." Mas finalmente ela não morre mais; ela deve "renunciar a morrer em pleno vôo", assim como a seus vôos imaginários que não se repetem, uma vez curada.

Angélique, criança vítima que só conheceu a miséria, sabe que vai morrer doente. Ela consegue fazer seu pai prometer que não beberá mais e que irá trabalhar. Ela reconcilia seus pais, emocionados pelo estado de sua filha. "Enfim seus corações pulsavam dentro deles como nos tempos de seu primeiro amor... e foi ainda a moribunda que os reanimou". (...) "Não deverão me esquecer. Quando? perguntou a mãe afastando-se, um pouco perturbada. Quando eu morrer, e minha irmãzinha nascer... Em seguida, rapidamente, deixando-os envergonhados e surpresos, escondeu-se sob o cobertor... Por que uma irmã?... Vocês seriam ruins sem mim..." A lição dada nestes casos pela criança vítima não transparece apenas através de sua situação. A personagem a explicita através de suas palavras. A criança tenta uma conversão mas, conhecendo a maldade dos adultos, pensa que apenas uma outra criança poderá prosseguir sua tarefa (A. Thierry [163]).

Crianças como Loti e outras estremecem também frente à idéia de sua própria morte. P. Loti fica angustiado e aterrorizado pela idéia da morte em si. Ele pensa muito na eternidade, acredita em sua morte próxima. Ele se imagina no paraíso, espera com impaciência esta alegria que lhe descreveram, mas sente também um pavor mortal. Simone de Beauvoir se perguntava: "Como fazem as outras pessoas? Como farei?" (...) "Mais do que a morte em si, eu temia esta coisa pavorosa, que logo seria também minha parte, e para sempre" (com o avanço da idade). A personagem de Biche [41], criança autêntica mas ao mesmo tempo menininha frágil, imagina-se mártir mas teme as separações, as viagens. No entanto, está prestes a morrer, partir para "a grande viagem". As separações sentimentais lhe causam medo. Mas a morte lhe é próxima, ela vive constantemente na presença de sua avó morta, comunica-se com o passado, com os antepassados que faz, assim, reviver.

A morte é utilizada por alguns como a evasão possível de uma situação difícil. Yves [45], o caçula das crianças Frontenac, dizia-se "que entre a explicação ao quadro-negro de amanhã pela manhã, que entre a aula de alemão onde o sr. Roche talvez lhe batesse e o crepúsculo, uma noite abençoada se estendia. Talvez eu morra, eu fique doente." Ele propositalmente se forçou a repetir todos os pratos. Esta evasão pela morte assume também formas trágicas. Guillou, *Le Sagouin* [63], constatou que "ninguém quer cuidar dele". Que Deus "não está ali". "Ele só está no céu." Que ele, Guillou, é bobo, feio e sujo, principalmente quando chora. Ele sabe que "as crianças mortas tornam-se semelhantes a anjos e seu rosto é puro e resplandecente". A única solução em seu caso seria fugir deste mundo mau e se evadir através da morte, para aquela região onde ele seria transfigurado. Vimos uma série de outras personagens que se suicidam por simples fuga sem sequer pensar em partir para um mundo melhor.

A criança utiliza também o pensamento da morte com um espírito de vingança. Alguns imaginam seu pai morto. Ch. Baudouin [26] vê assim o cadáver de seu pai em seus devaneios. Um duplo sentimento, de pavor e de alegria, o invade. Uma doença de seu pai obrigava-o a uma calma bem constrangedora. A criança se libera deste modo, experimentando a "alegria da vingança". Mas ele se recrimina em relação a "este parricídio imaginário como se fosse um verdadeiro crime". Jean Hermelin [135] sentiu uma volúpia ao se imaginar órfão. Quando seu pai morre, ele se recrimina por ter aceito tais devaneios, como se eles pudessem ter apressado a morte de seu pai. Milou [50] pede a Deus a morte de Julia e depois se arrepende. A criança utiliza o pensamento mágico e acredita em sua eficácia.

O que significam os jogos de certas personagens que utilizam ritos de enterro, que constroem cemitérios? Colette [30] conta-nos que seu irmão de treze anos criava, no fundo do quintal e do sótão, tumbas com epitáfios inventados para diversas personagens imaginárias. Ele visitava todos os cemitérios da região: "Ele gostava dos campos de paz como outros gostavam dos jardins à francesa, tanques ou hortas". No filme *Jeux interdits*, as crianças fazem um cemitério de animais, chegando até mesmo a roubar cruzes do cemitério da cidade: o filme evoca 1940 e o êxodo. O cão de uma menininha é morto em um bombardeio que também matou seus pais. Ela quer enterrar seu cão com a ajuda de um pequeno camponês e parece bastante indiferente aos bombardeios e aos mortos que ela acaba de ver. As crianças copiam uma atividade dos adultos que se tornou banal, corrente. O jogo inicia-se acidentalmente e prossegue com diversos animais. Mas os adultos se indignam ao descobri-lo: eles têm a impressão de que esse jogo profana o caráter sagrado da morte. No filme, as pequenas personagens não quiseram provocar os adultos, desafiar o sagrado, causar medo a si mesmas. Sua imitação ingênua desmistifica as práticas dos adultos. O autor contesta também a sociedade, mostrando as duas crianças como vítimas da cólera dos adultos e a pequena órfã vítima da guerra, separada de seu amigo e levada para um orfanato.

O confronto das personagens com o sofrimento, com a morte e com os grandes dramas da existência permite colocar em evidência as mesmas modalidades de utilização da criança empregadas na oposição à sociedade. Ou então as personagens de crianças manifestam sentimentos idênticos aos dos adultos, mas o horror pela condição humana aparece mais brutalmente porque a personagem a percebe pela primeira vez, ou seja, ela é frágil, inocente, não pôde ainda se endurecer. Ademais, sua situação de vítima é agravada pela maldade humana, pela estupidez da organização social. Ou então elas escapam ao drama, porque a morte tem um outro sentido em sua percepção. Algumas são preservadas por sua incompreensão, outras possuem um outro olhar, uma espécie de sabedoria que coloca em um lugar aceitável o desaparecimento dos seres, mistério dentre muitos outros mistérios.

4. AS CRENÇAS DAS CRIANÇAS – MAGIA E RELIGIÃO

A personagem infantil não é desnorteada pelo mistério. A ausência de corte entre o sonho e a realidade, característica específica da criança pequena, é interpretada repetidamente como um dom para a vida imaginária e até mesmo como uma aptidão para se comunicar com mundos além do mundo real. Encontramos as mesmas interpretações a respeito das crenças das crianças, de sua facilidade em utilizar a magia, mas também do sentido que dão ao sagrado. "Por tudo o que tocava os além-do-ar", escreve Jean Giono [39] fazendo falar o pequeno Jean,

eu me sentia intimamente apaixonado, como por uma pátria, como por um país outrora habitado e bem-amado do qual fui exilado, mas que vive ainda inteiramente dentro de mim, com seus entrelaçamentos de caminhos, seus grandes rios (...), o encapelamento de espumantes colinas (...). Eu tinha a consciência de ser, em virtude deste saber, muito mais forte do que os adultos (...).

A aparição de Jesus, da Virgem, e até mesmo do Deus pai, lhe teria parecido natural. Ele fala à Santa Virgem e se derrete em lágrimas quando acredita que ela morreu (dirigia-se a uma estátua). O mágico e o religioso confundem-se em várias pequenas personagens.

Anne e Philibert, os filhos do lenhador, ouviram dizer na escola que não existem mais milagres; temem então que o Menino Jesus não lhes traga presentes no Natal. Seu tio fabricou brinquedos para eles, eles ouviram e acreditam piamente que foi Jesus em pessoa que veio. Eles preferem o maravilhoso às demonstrações racionais de seu professor. Este lê para eles a história da cruzada das crianças para convencê-los de que nada de maravilhoso tinha se produzido naquele momento. Mas as crianças preferem acreditar na versão do padre, que lhes conta histórias mais bonitas. Eles mesmos decidem partir, por sua vez, para Roma. Alguns conseguirão êxito em sua façanha: o autor mostra que a criança é capaz de fazer milagres... (H. Bordeaux [3]) ou pelo menos realizar o maravilhoso.

Marie-Claire [1] e suas colegas do orfanato acreditam também em milagres. Elas fazem uma novena para obter a cura de uma jovem de vinte anos, enferma. Elas não colocam em dúvida o efeito de suas preces, e a consternação reina entre elas quando percebem o fracasso da oração. Uma menininha acha conforto explicando que é preciso se submeter às vontades da Santa Virgem, que sabe o que é melhor para a jovem.

Trott [14] pede a Deus que coloque um *croissant* em um buraco para um menino pobre. A criança utiliza o pensamento mágico para obter o milagre. Milou [50] pronuncia uma maldição para se vingar: pede a Deus que faça Julia morrer, porque ela queria fazer Justine sofrer. Mas como Milou acredita no poder de seu pedido e teme sua realização, ele conjura imediatamente sua maldição, rezando para que Julia não morra. Lucien, que não gosta do bom Deus porque ele vê tudo o que Milou faz, pensa em ritos para escapar a este olhar e enganá-lo.

Babou [42] sente o universo como cheio de maldades, das quais ele se protege e protege os seres queridos através de práticas mágicas: encantamentos, cantilenas de Una, a primitiva, sua vizinha e que lhe ensina suas conjurações e seu sentido do mistério, aos quais ele mescla preces que têm para ele o mesmo significado, a mesma utilização. Ele recita a estória de um feiticeiro que poderia matar apenas pelo poder de seu olhar. Deseja adquirir um pouco desta força. No desenrolar do relato obriga, através deste procedimento, o assassino de sua mãe a se suicidar. As crenças não são mais apenas a expressão de um estado psicológico da infância, da qual o autor admira a poesia, a riqueza de evocação do imaginário ou a ingenuidade encantadora. Elas traduzem a impressão de que a criança possui um poder que, na personagem mitificada, manifesta-se através de atos.

Crenças não relativas à religião em personagens de aparência realista são descritas unicamente como conseqüências da percepção e da interpretação do mundo pela criança e refletem a mesma forma de pensamento mágico. Duhamel [35] comenta a expressão surpresa, perturbada, do garotinho diante do distribuidor de bombons que decepcionou sua espera: a máquina para a criança deveria ser infalível, "é um poder sobrenatural". V. Larbaud [50] procura penetrar o pensamento de uma criança que aguarda o professor que está atrasado, esperando que ele não venha. "Não posso me mexer; o mínimo movimento poderá fazê-lo chegar (...). Oh! mais rápido, tempo, mais rápido. Dez pequenos pensamentos vão se atrelar no ponteiro maior e tentar fazê-lo descer um pouco mais rápido..." A criança acredita que seu pensamento pode agir sobre o destino. Daniel mentiu para poder continuar a brincar. Ele fica sabendo que seu irmão está doente e vê neste fato uma punição por sua falta.

Pelo fato de a criança pequena não distinguir direito sonho e realidade por um lado, ela mesma e o mundo por outro, as personagens infantis acreditam que tudo é possível. Josiane (C. Rochefort [70]) vai ao catecismo. Ali lhe ensinam que ela tem uma alma. "Eu tinha, portanto, uma alma como todo mundo, a srta. Garret tinha sido clara. Em um certo sentido, ainda que não sabendo bem o que era, isso não me espantava tanto." Ademais, a criança aceita sem dificuldades as imagens religiosas que os adultos lhe apresentam. Para Pierre Nozière (A. France [124] "o mundo espiritual se confundia com o mundo sensível". "Deus pai, Jesus, a Santa Virgem, os anjos, os santos, os bem-aventurados, as almas do purgatório, os demônios, os amaldiçoados, não tinham mistério. Eu conhecia sua história. Eu encontrava por toda parte imagens à sua semelhança". O pequeno Pierre tinha criado muito jovem "um pequeno tratado teológico e moral. Eu o iniciava nos seguintes termos: 'O que é Deus...' 'Você deve colocar um ponto de interrogação já que você pergunta: o que é Deus' [diz sua mãe]. Minha resposta foi soberba: eu não pergunto. Eu sei..."

A presença de todo um mundo benevolente dá à pequena Simone de Beauvoir uma impressão de segurança. "Todo um povo sobrenatural se inclinava sobre mim com solicitude. A partir do momento em que aprendi a andar, mamãe me levou à igreja; ela me mostrou em cera, em gesso, pintados nas paredes, retratos do Menino Jesus, do bom Deus, da Virgem, dos anjos, dos quais um era, assim como Louise, especialmente destinado a me servir. Meu céu era estrelado de uma miríade de olhos benevolentes."

Algumas personagens sentem Deus como uma presença calorosa. Michelet, na miséria, abriu um exemplar da *Imitação de Cristo*. "Como descrever o estado de sonho em que me lançaram as primeiras palavras desse livro? Os diálogos entre Deus e uma alma doente como a minha me enterneciam profundamente. Eu não lia, eu ouvia, como se aquela voz doce e paternal fosse dirigida a mim." O livro lhe traz uma visão de esperança, de libertação, através da morte, desta vida sofrida seguida de uma outra vida (Michelet [142]). Para Rachel Frutiger, assim como para várias personagens de meninas, a presença de Deus é muito afetiva. Esta presença permanecerá ligada aos cânticos. "Eu suponho que a vossa vida mais profunda, os cânticos e sua triste música se mesclaram secretamente." E ela irá preferir os mais ternos: "Mais perto, meu Deus, mais perto", e "ficai conosco, Senhor" (V. Larbaud [50]). Proust não fala da necessidade e da sensação da presença pessoal de

Deus, mas experimenta a impressão do sagrado quando penetra na igreja de Combray. Ela é para ele "um vale visitado pelas fadas" (...). "Alguma coisa inteiramente diferente do resto da cidade: um edifício que ocupa, pode-se dizer, um espaço de quatro dimensões, sendo a quarta a do tempo." "Existia entre ela e tudo o que não era ela uma demarcação que meu espírito jamais conseguiu ultrapassar."

Estas primeiras crenças, esta vida religiosa muito sentimental, permitem à pequena personagem se situar no universo desconhecido e freqüentemente hostil que ela descobre. Sartre teria tido necessidade, nos diz ele, da religião, de um sistema universal para que ele mesmo se situasse. "Se me tivessem recusado, eu a teria inventado eu mesmo. Não a recusavam (...) no Deus *fashionable* que me ensinaram não reconheci aquele que minha alma esperava: era-me necessário um criador, me davam um grande Patrão (...)." Criaram nele uma aversão a essa religião. A criança não suporta nem o utilitarismo, nem a tepidez, nem a mediocridade. A criança de *État civil* [34] também experimentou "aquilo que há de asseado na virtude", "detestou o pecado como uma ruga em uma conduta lisa". A piedade de sua avó e de seus professores lhe parecia interesseira. Diziam-lhe que rezasse e amasse Deus para ser bom, mas não lhe falavam do amor por ele mesmo. A religião tomava o aspecto de um código social mundano. A criança não podia descobrir ali nem a alegria do coração, nem a inquietude. Dentro deste mesmo espírito, Simone de Beauvoir [54] escreve:

> O que era embaraçoso é que Deus proibia muitas coisas, mas não pedia nada de positivo, a não ser algumas rezas, algumas práticas que não modificavam o curso dos dias. Eu achava estranho, quando as pessoas acabavam de comungar, vê-las tão rapidamente mergulhar na rotina habitual; eu fazia como elas, mas ficava incomodada com isto (...). Tive bruscamente a evidência, certa manhã, de que um cristão convencido da beatitude futura não deveria atribuir o mínimo valor às coisas efêmeras.

Ela decide então se tornar carmelita sem contar a ninguém, com medo de não ser levada a sério. "Este futuro me fora um álibi cômodo. Durante vários anos ele me permitiu gozar sem escrúpulos todos os bens do mundo."

A criança educada em um meio religioso pode se tornar fanática. Não leva nada descompromissadamente. Décadi foi educado em Paray-le-Monial, cidade de conventos, e em uma casa que era uma verdadeira "estufa de devoção", por uma mãe que era "uma das mulheres mais pias da cidade" (Paul Cazin [114]). Ele assiste desde pequeno às cerimônias religiosas, ensinam-lhe "a vasculhar em sua consciência quando ela era ainda gelatinosa". Ele assume esta vida ao pé da letra e sonha apenas com o martírio. Seu avô, imagem (ainda esta vez) do velho homem sábio, religioso sem ser devoto, consegue compensar aquilo que o ambiente clerical tinha de excessivo, "de complicado, quando não de tortuoso". A criança acabará por se tornar mais razoável, como seu avô, que o reconduz "às regiões temperadas para onde a média dos humanos é chamada para viver".

Jean (H. Bazin [52]) era também educado em um ambiente pio: "Devo-lhes dizer que, dos quatro aos oito anos, eu era um santo. Não se vive impunemente na antecâmara do céu, entre um abade afastado do serviço divino por uma tuberculose pulmonar, um escritor especializado em textos moralizantes, uma avó adoravelmente severa a respeito do capítulo da história santa e, ainda, um monte de primos e tias mais ou menos membros da terceira ordem". Certa noite, ele mesmo se pune em conseqüência de um pecadilho. Ele se amarra com barbante para se mortificar. Sua avó o descobre, preocupa-se um pouco com sua natureza passional mas fica orgulhosa dele. Pierre Loti leu "cartas de ancestrais huguenotes", que lhe transmitiram sua indignação no seio da Igreja Romana. "É bem certo que, se a Inquisição tivesse recomeçado, eu teria sofrido o martírio alegremente, como um pequeno iluminado." Ele sonha em se fazer pastor e depois, mais tarde, missionário.

Se algumas destas personagens sonharam em se identificar com os modelos mais heróicos que lhes eram propostos em conseqüência de sua natureza passional, e com a maior convicção, algumas viram nesta via a possibilidade de se tornarem célebres. O pequeno Jean estava orgulhoso de seu ato, mas ele esperava que seu sacrifício fosse descoberto e que recebesse assim a estima dos seus. Os esforços da criança são encorajados simultaneamente pelas congratulações do meio e pela impressão de que ele possui uma bela alma. Simone de Beauvoir dominou suas cóleras, seus caprichos: "Tinham me explicado que dependia de minha piedade a salvação da França por Deus. Quando o capelão do Colégio Désin me tomou a seus cuidados, me tornei uma menina-modelo". Este felicita sua mãe pela bela alma da pequena Simone. Sua irmãzinha, que está presente, lhe repete: "Me apaixonei por esta alma que eu imaginava branca a radiosa como a hóstia no incensório (...)". Sartre, na missa, se impõe uma total imobilidade e inventa inofensivas tentações. As felicitações de sua mãe adquirem maior valor porque ele fez o esforço de recusá-las.

Pierre Nozière [124] desejava se fazer anacoreta no jardim botânico. Tal como o bem-aventurado Labre, ele tinha feito um cilício com o enchimento de uma velha poltrona. Ele queria sobretudo se tornar célebre e poder colocar em seu cartão de visitas: "eremita e santo do calendário". Neste caso, a personagem simplesmente copia o modelo de sucesso.

Em várias personagens, a religião assume um aspecto panteísta. O bando de meninos descrito por Gascar mergulha com ardor na vida da natureza. "Perturbados um pouco mais cedo pela adjuração ascendente do vale, mais tarde pelas formas encadeadas nas árvores, medíamos agora nossa importância: se um Deus se expressava na natureza, era ele, no final das contas, que nos pedia, nos suplicava. Teríamos lhe respondido de bom grado mas, não tendo descoberto nenhuma linguagem para isto, éramos obrigados a nos contentar com nossa cega realeza." Milou [58] é afastado de seus amigos por culpa da sociedade que o aprisiona em sua classe burguesa. Infeliz, fica reconfortado pela natureza que lhe aparece como um rosto de Deus que, "afinal de contas", é beleza e amor. Ele entendeu a linguagem de Deus através da natureza. G. Sand inventa uma nova religião. Ela dedica um culto a Corambé, deus de maravilhosa doçura, libertando animais em seu altar. "Eu os colocava em uma caixa que punha em seu altar e eu abria após ter invocado o espírito bom da liberdade e da proteção. Creio que me tornei um pouco como aquele pobre louco que buscava ternura. Eu a pedia aos bosques, às plantas, ao sol, aos animais e a algum ser invisível que só existia em meus sonhos" [155]. "Para mim (...) o sol é alguém divino com quem falo e que me responde com sinais escritos que vejo nos raios de luz", escreve também Juliette Adam [101], que tinha um sentimento quase pagão sobre a natureza. A contemplação apaziguadora da natureza assume em Gaspard a forma de uma prece (A. Dhotel [59]). Quando a fé apaixonada de Pierre Loti é abalada, com a aproximação da adolescência, ele se orienta para uma "espécie de panteísmo".

Ao lado das crenças especificamente religiosas, as personagens expressam também crenças relativas à moral (freqüentemente associadas, aliás, à religião), ou certas crenças associadas especificamente à sua situação de criança. Para Simone de Beauvoir, "as duas categorias maiores segundo as quais se ordenavam meu universo eram o Bem e o Mal. Eu morava na região do Bem, onde reinavam – indissoluvelmente unidas – a felicidade e a virtude". Ela sabe que existem nuanças, que ela mesma pode cometer erros, que os próximos podem ser censurados em certos aspectos. Mas tratava-se de personagens secundárias. "Louise e meus pais possuíam a infalibilidade." Ela imagina os servidores do mal sob formas míticas: "O diabo, a fada Carabosse" etc. Estes malvados pecavam sem desculpas nem recurso. Poum é mais perturbado por estas idéias. "Ele sabe que mentir é um crime enorme. Descobriu que fazer o que é proibido causa satisfações imensas. A obediência o revolta e o temor o domina. Além deste mundo, constituído pelo vasto jardim e pelos seres superiores a ele, maiores, mais fortes, gigantes bizarros que ali dormem e o dominam, ele, anão minúsculo, não imagina nada" (P. e V. Margueritte [17]).

Certos autores atribuem também a personagens muito jovens crenças que correspondem seja à interpretação direta de certas palavras, seja a explicações dadas pelos adultos que zombavam da ingenuidade da criança ou que eram eles mesmos muito primitivos. O mesmo pequeno Poum acredita, assim, "porque Pauline lhe disse isso, que as estrelas são vermes luminosos". "Zette, pequena, estava convencida de que os papa-defuntos se regalavam com os cadáveres... Ela acreditava que o sol se deitava em uma cama de plumas..." Outras palavras suscitaram

A CRIANÇA E OS GRANDES PROBLEMAS METAFÍSICOS 431

crenças estranhas na criança pequena[6]. Patachou acredita realmente que seu tio lhe deu um pedaço de estrela em uma caixinha, pois ele lhe afirmou isto. É fácil fazer estas pequenas criancinhas acreditarem em qualquer coisa; mas esta possibilidade não é apenas utilizada como brincadeira pelos adultos que as provocam nos relatos: os autores tiram destas situações, freqüentemente, uma certa poesia. Poder imaginar a presença da estrela na caixa, que riqueza de imaginação, que pena não poder fazer o mesmo.

As personagens, ao crescer, já sentem um pouco a perda desta vida imaginária. Por exemplo, os jovens camponeses (Gascar [60]) ficam impressionados com a desenvoltura do carpinteiro que passeia sem medo durante a noite. "Tínhamos até de nos esforçar para ainda sentir medo das almas penadas." Certa noite, no entanto, ouvem um passo que só pode ser aquele de uma "criatura mal acordada da morte" e uma voz que reconheceriam depois como sendo a do carpinteiro, "o medo carregado por ela comunicou-se a nós e se somou a nosso medo". Eles fogem, imaginando que o carpinteiro está morto. Este é assustado pelo barulho provocado pela queda de um tamanco de um dos garotos. O homem, na sombra, acreditou ouvir um barulho completamente diferente. "E, revivendo em pensamento o momento em que, na noite, nos aproximamos daquele homem ainda sem nome e sem rosto, descobríamos por nossa vez que, no ar, no silêncio, um eco muito diferente daquele barulho tinha ocorrido." As crianças não dão nenhuma explicação na cidade, onde o carpinteiro contou a história de um barulho misterioso. Toda a cidade acolhe com uma espécie de alívio esse novo medo dos mortos. "Não tínhamos coragem de arruinar essa religião dos espectros. Parecia-nos que, revelando nossa presença perto do cemitério e a queda de um dos tamancos de um de nós, teríamos favorecido uma falsa interpretação ou, em todo caso, uma interpretação exageradamente materialista do acontecimento..."

A maior parte das crenças que as personagens adotam respondem ao desejo de explicar as grandes leis que regem a existência humana. Para descobrir crenças que as satisfaçam, as crianças utilizam freqüentemente as vias que os adultos lhes propõem, as da religião, de suas próprias crenças, ou aquelas que eles adaptam para as crianças. Mas estas sentem logo ao crescer que as explicações "para crianças" são simplistas e mentirosas. Elas procuram outras vias para obter respostas que lhes pareçam mais válidas. O futuro "ladrão" (Darien [5]) ouviu repetidas vezes seu avô dizer que "o código é formal". Ele consegue se refugiar no fundo do jardim com um livro de leis. "Como palpitava meu coração ao pousar o volume sobre a mesa rústica... que temor de ser surpreendido antes de ter podido beber na fonte da justiça e da verdade, que esperanças inexprimíveis e que pressentimentos indescritíveis! C

---

6. Cf. Cap. 12, pp. 376-380.

véu que esconde a vida irá se rasgar repentinamente, eu o sinto; eu sabia o porquê e o como da existência de todos os seres, conhecer os elos que os ligam uns aos outros, as causas profundas da harmonia que preside as relações dos homens..." Ele prossegue por muito tempo a leitura, e se não sente surgir o entusiasmo desejado, espera durante muito tempo encontrá-lo perseverando nesta busca. Algumas personagens acreditam também na exatidão do saber que recobre a exata realidade, na exatidão das palavras que, "ao designar uma coisa (...), expressam sua substância" (Simone de Beauvoir [54]).

As primeiras crenças, que correspondem à visão de um mundo onde cada coisa tem um lugar bem definido, onde o bem e o mal são nitidamente delimitados, onde o maravilhoso pode sempre intervir, vão ser abaladas quando a criança cresce. A formação religiosa não responde quase nunca à expectativa das pequenas personagens, e o desenrolar da existência se encarrega de demonstrar que nada é simples nem definido.

5. O ENSINO DA RELIGIÃO.– A EVOLUÇÃO DAS CRENÇAS

Os autores que falaram do ensino da religião mostraram a criança decepcionada pela maneira como lhe eram apresentadas a fé e pelas práticas religiosas. "A penúria do ideal contida nas páginas do catecismo preenchia mal os desejos de minha imaginação. (...) Eu teria sido de bom grado o soldado da legião tebana, ao passo que me recusava a me tornar um sacristão irrepreensível" (P. Adam [102]). "O tédio de certas prédicas de domingo; o vazio dessas preces preparadas de antemão, ditas com a unção convencional e os gestos adequados; e a indiferença destas pessoas endomingadas que vinham ouvir – como pude logo sentir – com uma tristeza profunda, uma decepção cruel – o repugnante formalismo disto tudo!" (P. Loti [15]). A fé de Pierre Loti é também abalada pelos comentários, os raciocínios humanos que lhe diminuíram o Evangelho e a Bíblia e tiraram "parcelas de sua grande poesia sombria e doce". Gide, que era protestante como Loti, recorda-se também das "aulas fastidiosas, seguidas de deveres ainda mais fastidiosos. O sr. Couve era ortodoxo até no tom de sua voz monótona e alta como sua alma, e nada repugnava mais minha trêmula inquietude do que sua imperturbabilidade... Que desgraça!" O sr. Couve lhe ensina "o número de profetas e o itinerário das viagens de São Paulo!" A criança estava decepcionada "até o fundo d'alma". Ela não recebe nenhum esclarecimento sobre os mistérios cristãos. O que lê da religião católica é "tão morno quanto uma explanação do sr. Couve". Então lê diretamente a Bíblia, "avidamente, gulosamente, mas com método", depois o Evangelho, onde "encontra, enfim, a razão, a ocupação, o esgotamento sem fim do amor".

Em alguns textos (vários dos quais não estão incluídos na amostra que data sobretudo do final do século XIX), encontramos também a censura ao adestramento da criança, e por vezes a utilização do medo para condicionar atitudes religiosas. Renan ficava impressionado pelas prédicas de seus mestres, que ele venerava: "Essas prédicas tinham algo de solene que me espantava. Suas características se impregnaram tão profundamente em meu cérebro que não posso me recordar delas sem sentir uma espécie de terror". Ele não entendia todo o sentido dessas prédicas e notava contradições entre elas. "Na boca das pessoas nas quais tinha uma confiança absoluta, estas santas inépcias ganhavam uma autoridade que me tomava até o fundo de meu ser. Agora, com minha pobre alma esgarçada de cinqüenta anos, esta impressão ainda permanece (...). Foram-me necessários anos, e quase a proximidade da velhice, para ver que isso também é vaidade." Ele levou muito tempo para se emancipar: "Foram-me necessários seis anos de meditação e de trabalho desenfreado para ver que meus mestres não eram infalíveis. A maior tristeza de minha vida foi, entrando por esta nova via, penalizar estes mestres venerados" [21].

Outros são pouco tocados pelo ensinamento religioso porque o recebem muito superficialmente. Léon (Ed. Jaloux [11]) estudava catecismo e mitologia, que o apaixonava muito mais pois tinha para ele "o frescor, o movimento e a realidade da própria poesia". Ele não teve acesso ao Evangelho diretamente, como Loti ou Gide, que tinham sentido a profundidade e a poesia deste. Teve que se contentar com o catecismo, quase sempre julgado interessante, e mesmo pouco adaptado à psicologia da criança. Assim, Josiane não entende as explicações de sua professora de catecismo a respeito das provas da existência de Deus. "Em geral eram (...) explicações desconcertantes e complicadas como: 'Se é necessário um operário para se construir uma casa, foi preciso um Deus para criar o céu e a terra'. Eu não via realmente o porquê e tive uma discussão com a srta. Garret, que não entendia por que eu não entendia e me dizia que eu 'raciocinava'. Era estranha esta discussão, não era eu que raciocinava, mas eles com seu operário." Finalmente a srta. Garret lhe diz que não procure compreender, mas sim aprender de cor, o que ela se sente incapaz de fazer (C. Rochefort [70]). As práticas são ora percebidas pelas pequenas personagens como obrigações sociais tediosas, ora apresentadas como a oportunidade de exaltar sua imaginação e sensibilidade. Léon não gosta do domingo. Vestem-no com mais cuidados que de costume, o que provoca situações de nervosismos e reprimendas. Na missa ele se entedia. Ele lê o missário, sem conseguir acompanhar ao mesmo tempo o serviço. Ele gostaria de se voltar para olhar uma menininha, o que lhe é proibido (Ed. Jaloux [11]). Para as crianças de *La guerre des boutons*, acompanhar a missa significa efetuar, no momento adequado, os gestos convencionais. Lebrac, preocupado com os problemas que o concernem diretamente, a guerra dos botões, é chamado à atenção por um colega: "Tintin teve que empurrá-lo para fazê-lo ajoelhar-se, levantar e sentar nos momentos designados pelo ritual, e ele atribuiu à terrível contenção de espírito de seu chefe o fato de que este não voltasse o olhar uma única vez para as meninas" [19].

Algumas personagens esperam alegrias maravilhosas de sua primeira comunhão. Algumas experimentam nesta situação graves decepções: "Tudo se passou da forma mais insossa possível... Deus não se revelou aos meus sentidos, e tive apenas impressões comuns ao invés do milagre que eu esperava" (P. Adam [102]). Outras desempenham o papel esperado e se fazem admirar: Rabevel, perfeito pequeno arrivista, roubou e matou um cão na véspera de sua comunhão. Ele não deixa de fazer uma comunhão edificante e bem explorada enquanto tal (L. Fabre [122]). Outras ainda encontram na cerimônia a ocasião de viver em um mundo imaginário maravilhoso.

> Por ocasião de minha primeira comunhão eu me lancei, então, nas misteriosas profundezas da prece, seduzido pelas idéias religiosas cujas maravilhas morais encantam os jovens espíritos... Aos cinco anos, voava em uma estrela; aos doze ia bater nas portas do santuário. Meu êxtase fez eclodir dentro de mim pensamentos indescritíveis que povoaram minha imaginação, enriqueceram minha ternura e fortificaram minhas faculdades pensantes (Balzac [104]).

Para Zette a prece é ao mesmo tempo a ocasião de sonhar e um rito familiar. A frase do Pai-Nosso: "E não nos deixeis cair em tentação" a conduz a evocar tentações de todo tipo, a cada instante: roubar as ameixas verdes do pomar, puxar o nariz do professor de piano etc. Depois ela se pergunta como Deus pode se sentar no céu, sem dúvida sobre um assento de nuvens, já que um divã seria muito pesado. Ao final da oração ela se sente muito feliz. Deus deve estar satisfeito, sua criada vai chegar, sua mamãe e seu papai lhe dirão bom-dia etc. O desenrolar do dia segue seu ritmo normal. A criança suporta mal, por vezes, a reza em comum. Jacques Vingtras, que teria acreditado espontaneamente, acha-a ridícula. "Sempre tenho vontade de rir quando se reza. Embora eu tente me segurar, rezo a Deus antes mesmo de me pôr de joelhos, juro a ele que não é dele que estou rindo" [24]. Ele zomba dos adultos. Mas bem pior é a situação de Brasse-Bouillon e de seus irmãos (H. Bazin [52]). Folcoche, sua mãe, se instituiu como seu diretor de consciência. "Essa tragédia, ainda fria, se torna (...) cômica", ela instaura uma confissão pública na reza da noite. O favorito, Marcel, confessava suas culpas, mas aproveitava para se queixar dos outros e delatar suas más ações. Freddie afirmava que ele tinha sido bonzinho. Brasse-Bouillon se calava.

Certas personagens gostam das cerimônias religiosas porque elas têm o sentido do mistério, do sagrado, ou porque o ambiente da igreja, o tom sentimental dos cânticos, as fazem sentir a impressão de uma presença pessoal de Deus[7]. Mas é preciso acrescentar a estas razões o

---

7. Cf. acima, p. 427.

A CRIANÇA E OS GRANDES PROBLEMAS METAFÍSICOS

prazer pelos ritos. Este prazer da criança manifesta-se em sua vida cotidiana. Eis aqui alguns exemplos: Jean, *L'enfant malade*, está esgotado, mas "não tentava escapar aos ritos que preparavam a noite e os prodígios que ela pode engendrar". Proust criança queria receber o beijo de sua mãe antes de adormecer em seu quarto, segundo um rito cotidiano. Muitos relatos descrevem a pequena personagem que pede a repetição das mesmas histórias, no mesmo contexto. O rito está presente no desenrolar das atividades cotidianas e dos jogos. As crianças inventam cerimônias segundo rituais específicos quando estão reunidas, na ausência de adultos[8].

As práticas e as cerimônias dos adultos correspondem, para certas personagens que se interessam intensamente por elas, ao mesmo gosto, às mesmas necessidades, que são mencionadas sem serem explicadas. Décadi tinha prazer, particularmente, na passagem de enterros, "os detalhes suntuosos ou pitorescos de suas pompas, calculando mentalmente a ordenação e a economia" (Paul Cazin [114]). Daniel e seu irmão pertencem ao coro da igreja. Algumas vezes eles não vão à escola.

> Participávamos de um enterro. Que felicidade! Depois eram os batizados, os casamentos, uma visita do monsenhor, o viático que se levava a um doente (...) os homens descobriam a cabeça, as mulheres se benziam (...). Eu agitava minha matraca por três vezes como no *sanctus*, e passávamos. Era muito divertido participar do coro (A. Daudet [6]).

A confissão é, por muitas vezes, uma situação de zombarias por parte dos autores. Um dentre eles mostra, por exemplo, uma menininha que se acusa de adultério porque quis se tornar importante, ou achar algo de verdadeiramente sério para mostrar sua boa vontade. A confissão é criticada porque obriga a criança a se analisar, porque a culpabiliza. Dá ao confessor um domínio sobre a criança, podendo, dar ensejo a ajudá-la a desenvolver seu julgamento, mas também de penetrá-la e capturá-la; tudo vai depender da personalidade do padre.

As personagens de padres não são nem mais valorizadas nem mais carregadas do que aquelas dos outros adultos. Renan [21] dá de seus mestres uma imagem de sabedoria e virtude. "Estes dignos padres foram meus primeiros preceptores espirituais, e eu lhes devo o que pode existir de bom em mim." "Tive desde então mestres também brilhantes e sagazes; não tive outros mais veneráveis." Eles oferecem ao garotinho um modelo de conduta:

> A regra dos costumes era o ponto sobre o qual os bons padres mais insistiam, e tinham o direito de fazer isto já que sua conduta era irrepreensível. Seus sermões a este respeito me causavam uma impressão profunda, o que foi o suficiente para me tornar casto durante toda minha juventude.

---

8. Cf. Cap. 5, pp. 134-136.

O tio de Jacques Vingtras, padre de um vilarejo, quase um camponês, é um homem simples e bom. Jacques vive livre e feliz na casa do tio durante um período de férias. "Ele sentia que eu era infeliz em minha casa e que, ao deixá-lo, eu perdia a liberdade e a felicidade" (Vallès [24]). Em certas obras antigas (as de Ferdinand Fabre, em particular: *Mon oncle Célestin, Julien Savignac, Monsieur Jean*), a criança é educada na casa do padre do vilarejo, cuja imagem positiva se aproxima da do homem idoso, da personagem do adulto autêntico, em contato com a natureza, daquele que conhece, entende os outros e é atento a eles. Ele assume a figura do sábio, amigo da criança.

Imagens deste tipo se encontram também no meio escolar. Borel, infeliz e esmagado em sua entrada em um liceu parisiense, se encontra em um colégio religioso. A severidade do regime não impede aos padres dedicar atenção a cada aluno, de maneira pessoal, de ter gestos de encorajamento afetuosos[9]. No liceu, Borel, perdido no anonimato e na indiferença, se despersonalizava. Em *Sainte-Colline*, o padre Bricole é um adulto que permaneceu próximo à infância "autêntica". Ele defende e ama os jovens escolares. O abade Biboux, monitor dos pequenos, exerce sua autoridade com justiça e se mostra atento com os pequenos. O denominador comum destas personagens é a atenção com a criança, à qual se acrescentam, freqüentemente, a compreensão, a doçura, a indulgência, a sabedoria, o que não exclui a exigência e até mesmo a severidade.

Entre estas personagens positivas e negativas, certas imagens de padres são, para a criança, causa de mal-estar. "Eu não estive em contato com maus padres, aqueles cujas torpezas se encontram em livros de pederastas, não assisti à injustiça – mal poderia discerni-la – mas ficava perturbado com os padres. Talvez pela batina" (B. Vian [75]). Simone de Beauvoir expressa a dupla percepção do padre pela menininha que ela era: a imagem de um ser espiritual, digno representante de Deus, a imagem de uma beata. Ela tinha o hábito de se confessar ao abade Martin:

> Eu lhe falava de meus estados de alma; acusava-me de ter comungado sem fervor, rezado com desatenção, pensado muito raramente em Deus; a estas faltas etéreas ele respondia com um sermão de estilo elevado. Certo dia, ao invés de se conformar com estes ritos, ele se pôs a me falar em um tom familiar. "Chegou-me aos ouvidos que minha pequena Simone mudou... que ela é desobediente (...)". Minhas faces ficaram em brasas; eu olhava com horror o impostor que durante muitos anos eu tinha tomado por representante de Deus: bruscamente, ele levantara sua batina, descobrindo seus saiotes de beata; suas vestes de padre eram apenas um disfarce; elas cobriam uma comadre fofoqueira.

Ela não se confessa mais com o padre, mas encontra outros padres que ela julga menos indignos de transmitir a palavra de Deus,

---

9. Cf. Cap. 11, p. 347.

embora não deposite mais neles a confiança absoluta que tivera no abade Martin.

Vários autores se aliam à censura ao formalismo feita pela personagem da criança àqueles que ensinam a religião, quer sejam leigos, como a srta. Garret, pastores ou padres, tal como o sr. Couve e muitos outros.

Em Peyrefitte [68] o padre Lauzon é uma personagem ambígua. Ele quer separar Georges e Alexandre, que se gostam. *Les amitiés particulières* são perseguidas no colégio. Na verdade, ele também gosta profundamente do pequeno Alexandre, e Georges descobre este sentimento após as intervenções do padre terem involuntariamente levado a criança ao suicídio. A criança bonita é um objeto de desejo[10]. O padre de Trennes descobriu a relação de Alexandre e Georges, mas a utiliza para aliciar a criança em seu próprio benefício. Ele tem uma atitude muito mais clara no relato, está apaixonado pela beleza dos garotinhos e os atrai para seu quarto durante a noite. No entanto, as práticas homossexuais não são mencionadas. Em *La ville dont le prince est un enfant*, Montherlant cria também a personagem de um padre que se esforça por quebrar o elo formado entre um adolescente e um garoto mais jovem. Próximo da imagem do padre Lauzon, o abade de Pradts é mais possessivo.

A pederastia é francamente evocada no caso do padre Kern, cujas investidas insidiosas perturbam Sébastien Roch (O. Mirbeau [144]). Nas duas obras anteriores (Peyrefitte e Montherlant), a relação amorosa dos dois meninos não têm nenhuma conotação negativa em si mesma, nem na criança pura, "sem remorsos", absoluta e desinteressada[11]. O adolescente já tem a atitude possessiva do adulto, cujos pontos de vista e moral adota com mais facilidade. Georges, ademais, é capaz de denunciar um rival, de fazê-lo ser expulso do colégio. O padre deve mascarar seus sentimentos, é obrigado a combater "as amizades particulares", ainda que ele mesmo as vivencie. Em *La ville dont le prince est un enfant*, o superior do colégio oferece uma imagem de padre que se esforça por falar de Deus, de fé. Ele desmistifica o amor do abade de Pradts por Souplier:

> O que é que o senhor amou então? O senhor amou uma alma, sem dúvida, mas será que o senhor não a teria amado pelo seu invólucro carnal, que tinha gentileza e graça? Será que o senhor sabe disto? (...) E teria sido este o seu amor? (...) Existe um outro amor, sr. Pradts, pela criatura. Quando ele atinge um certo grau no absoluto, pela intensidade, perenidade e esquecimento de si mesmo, está tão próximo do amor de Deus que se poderia dizer então que a criatura só foi concebida para nos fazer chegar ao criador; (...).

---

10. Cf. Cap. 7, p. 228.
11. Cf. Cap. 12, p. 404.

O abade de Pradts e o padre Lauzon estão longe deste desinteresse, eles vão ao encontro de uma série de personagens que desejam se apegar a uma bela criança (Alexandre), ou a uma criança frágil (Souplier), e intervêm abusivamente em suas vidas. O verdadeiro padre, segundo as expectativas das personagens infantis, é um homem sábio, atento, que fala à criança da vida espiritual mais do que da moral e das regras, que pode ajudá-la a encontrar um sentido para a existência.

As decepções das crianças, resultantes de um aprendizado da religião que não responde às suas necessidades; os erros e as faltas cometidas às suas vistas pelos adultos, por si mesmas ou mais particularmente em relação às crianças, conduzem ao questionamento de suas primeiras crenças. Wolf (B. Vian [75]) é interrogado sobre diversos aspectos de sua vida infantil. O abade Grille o questiona sobre a religião. Wolf critica: "Pegam-se os garotos muito cedo (...). São pegos em uma idade em que acreditam em milagres. Eles desejam ver algum; não terão nenhum e isto é o fim para eles". Mais adiante, ele evoca a preparação da primeira comunhão, o ambiente da capela, sua crença, sua impressão de estar crescendo, "o sentimento mitigado de estar representando e de se aproximar de um grande mistério" e, finalmente, "a impressão amarga de ter sido enganado". Ele sentiu um mal-estar ao perguntar-se se estaria sentindo Jesus mas, mais tarde, pensa que estava simplesmente em jejum há muitas horas. O padre Grille o repreende por sentir um rancor de garotinho em relação à religião; ele objeta: "O senhor tem uma religião de garotinho". Wolf acrescenta que ele nunca sentiu uma fé profunda.

Outras personagens se opõem inicialmente à imagem de Deus dada a eles pelos adultos. Um abade que Henri Brulard [160] não apreciava, diz a seu pai, falando da morte de sua mãe, que ele adorava: "Meu amigo, isto vem de Deus". "Esta palavra, dita por um homem que eu odiava, a um outro de quem eu pouco gostava, me fez refletir profundamente, (...). Comecei a falar mal de *God*." A revolta contra Deus, neste caso, parece ser, sobretudo, um aspecto da oposição aos adultos. Algumas personagens experimentam certo mal-estar pensando que Deus vê tudo o que eles fazem, como um adulto um pouco indiscreto cuja presença se descobre no momento em que temos razões para nos sentirmos culpados. Poum é uma dessas personagens: "É perturbador o fato de que o bom Deus vê tudo e nós não" (P. e V. Margueritte [17]). "Lucien não gosta muito do bom Deus, que vê tudo o que faz e sabe tudo o que pensa" (Sartre [49]). Jean-Paul Sartre é indiferente à religião, seguindo neste sentido a atitude de seus avós: "Eu servia sem nenhum calor ao ídolo fariseu, e a doutrina oficial causava-me aversão pela busca de minha própria fé". "Durante vários anos (...), mantive relações públicas com o todo-poderoso; na intimidade eu cortava qualquer contato. Uma única vez tive o sentimento de que ele existia. Tinha brincado com fósforos e queimado um pequeno tapete; estava corrigindo meu crime quando subitamente Deus me viu, eu senti seu olhar no interior de minha cabeça e sobre minhas mãos; eu rodopiava no banheiro, horrivelmente visível, um alvo vivo. A indignação me salvou: enfureci-me contra uma indiscrição tão grotesca, blasfemei e murmurei como meu avô: Maldito nome de Deus, nome de Deus, nome de Deus. Ele não me olhou nunca mais."

A associação entre a revolta contra Deus e contra o padre é típica em Rigaud:

> Por que me diziam que Deus é justo e bom, ele que me deixa crescer sem esperanças no fundo de uma loja, neste lugar perdido do Baixo Languedoc? Deus não é nem justo, nem bom. Eu não o amo. Creio que não amo meu pai. Nem tampouco minha mãe. Aos treze anos talvez eu seja um monstro (B. Crémieux [32]).

A última frase mostra a forte culpabilidade engendrada pela tomada de consciência destes sentimentos. Rigaud, em sua oposição, escolhe desempenhar, no futuro, o papel do muito mau, imagem demoníaca com a qual ele recobre a imagem do bom Deus que se revelou falsa. "Acredito no que vejo. Eu vejo que Deus não é nem justo, nem bom, mas que é o mais forte. Quero me assemelhar a ele. Eu nunca serei justo, nem bom. Serei sempre o mais forte. Não ser bom é ser mau. Eu serei mau."

Simone de Beauvoir não fica perturbada pela imagem de Deus que os adultos lhe ofereceram, mas apenas pelo comportamento morno dos adultos[12]. Encontrar-se sob seu olhar lhe agrada, já que ela é conforme ao modelo que Deus espera. Ela se regozija com a alegria que lhe proporciona a pureza de sua alma, e a imagem que ela faz de si mesma se aproxima assim de seu ideal de eu. No entanto, ela não pode aceitar que Deus a tenha criado a partir de nada:

> As crianças nasciam (...) de um *fiat* divino; mas contra qualquer ortodoxia, eu limitava as capacidades do todo-poderoso. Esta presença em mim que me afirmava que eu era eu não dependia de ninguém, nada jamais a atingia, impossível que alguém, ainda que fosse Deus, a tivesse fabricado: ele tinha se limitado a lhe fornecer um invólucro. No espaço sobrenatural flutuavam invisíveis, impalpáveis, miríades de pequenas almas que esperavam o momento de se encarnar. Eu tinha sido uma delas e tinha esquecido tudo. (...) Dava-me conta, com angústia, de que esta ausência de memória equivalia ao nada (...).

Mais tarde, no momento de sua adolescência, ela toma consciência de que não acredita mais em Deus. Sua imagem "sublimada a ponto de perder qualquer rosto, qualquer elo concreto com a terra", não tem mais nenhuma existência. Sua perfeição exclui a realidade. Ela não tem a impressão de rechaçar "um importuno", mas constata

---

12. Cf. acima, p. 428.

simplesmente que ele não tem mais existência para ela. Esta tomada de consciência ocorre em um período onde ela se compraz com devaneios eróticos, impuros aos olhos da religião. Ela entendeu que não quer renunciar às alegrias terrestres e que, se ela tivesse acreditado em Deus, não teria experimentado esta indiferença, esta alegria, em ofendê-lo. Criança, ela tinha acreditado que, para alcançar a eternidade, deveria renunciar a tudo. Ela chega, então, a uma conclusão. "Eu sentia um grande alívio ao me encontrar liberta de minha infância e de meu sexo", de acordo com livros que admirava e guiada pela imagem do ceticismo de seu pai. Mas continua a praticar a religião para não ser reprovada por sua mãe, sua amiga Zaza e sua escola. A análise de Simone já é a de uma adolescente.

Poucas obras falam da perda da fé e da revolta contra Deus, nas idades que nos interessam, de maneira tão reflexiva. Nos relatos anteriores à adolescência, a crítica refere-se à religião-norma. A maior parte das criancinhas que se interrogam sobre o sentido da existência e sobre os grandes problemas da vida se dão explicações mágico-religiosas, por vezes bastante curiosas, ou aceitam as respostas que a religião lhes propõe, deformando-as mais ou menos. A rejeição da adolescência concerne simultaneamente às crenças infantis e à religião que lhes foi apresentada. Por um lado esta religião faz parte de seu primeiro universo infantil, e foi investida como tal, sob forma de imagens, de mito, de mundo imaginário – que os adultos lamentam não poder conservar. Por outro lado, os aspectos sociais e normativos da religião são recusados, assim como o conjunto das normas e das instituições às quais as crianças são sistematicamente opostas por diversos procedimentos de contestação ao longo dos relatos.

A rejeição consciente das crenças religiosas em um pré-adolescente é por vezes acompanhada, como no caso anterior, por uma referência a uma pessoa da família pouco ou nada religiosa. Por que então outras explicações da existência não são dadas mais freqüentemente à criança do que as da religião, tão criticadas? Um fato relativo ao estatuto objetivo da criança dá uma resposta parcial a esta questão: a maioria das crianças da sociedade francesa recebe o ensino do catecismo mesmo que os pais não pratiquem ou não tenham religião. Os relatos que se referem à criança introduzem então, muito freqüentemente, a religião, que concerne a uma parte de sua vida. Esta explicação não é a única. As obras foram escolhidas porque falam todas da criança. Nem todas abordam os problemas religiosos, mas quando algumas passagens concernem à religião, sua imagem depende do sistema geral de representações e de valores construído ao redor da personagem. É por isso que encontramos a religião, enquanto sistema de normas, do lado dos valores negativos e, inversamente, uma certa expectativa de uma religião – amor, poesia, comunicação com os mistérios da vida.

A CRIANÇA E OS GRANDES PROBLEMAS METAFÍSICOS 441

Esta imagem da religião aflorada ou evocada por sua falta é por vezes uma síntese dos valores positivos para a criança e um conjunto de características da criança ideal. A analogia desta imagem da religião com a criança ideal já foi assinalada anteriormente. Mas aqui esta analogia esclarece ainda a importância da personagem idealizada para o adulto.

Estudar a relação entre a personagem e a existência pode ser arriscado, já que esta personagem é apresentada existindo. No entanto, esta vida que se desenrola é contada pelo autor. A partir disto opera-se um certo recuo, mesmo quando a criança fala na primeira pessoa no texto. A existência vivida, sentida, julgada pela criança, assume um aspecto particular. Seu significado é destacado de sua ligação com a infância, que ocorre segundo várias vias. Em um primeiro caso, a existência se revela pelos sentimentos da personagem que, angustiada, percebe a fuga do tempo, o desaparecimento dos seres e das coisas. Seus temores e esta angústia precedem qualquer reflexão. Criança, ela se descobre pequena, frágil, perdida no meio do desconhecido, do mundo, de seu imenso mistério. O sentido da existência aparece também no seio da personagem, mas já com o desnível da reflexão, quando esta, partindo das mesmas impressões, se interroga sobre o significado de sua própria vida e de todo o universo.

Mesmo quando a personagem é congelada em sua infância, o relato a insere em um meio e em uma história. A imagem da existência pode tomar forma através de um acontecimento particular, que leva a personagem a uma tomada de consciência: a descoberta de um aspecto insólito do meio ou, sobretudo, da maldade, da feiúra, do sofrimento e da morte. Por vezes a criança simplesmente percebe um fato que não a concerne, por vezes ela está diretamente implicada. Uma situação nova transtorna completamente as concepções da existência de algumas crianças. Freqüentemente a transformação se produz quando o domínio da sociedade é maior, no momento do aprendizado das normas, sob a pressão da educação. Após uma vida feliz no universo da primeira infância, a personagem se torna progressivamente uma vítima ou isto se dá por ocasião da entrada no colégio, por exemplo.

Algumas vítimas se acham desde o início de sua vida em tais situações que acabam por criar uma imagem insuportável da existência. A culpa é atribuída à sociedade, que faz viver na miséria as classes desfavorecidas, ou aos homens em geral que, por sua maldade ou seu espírito estreito e tolo, não apresentam nenhum modelo às crianças que possa lhes dar vontade de viver.

No conjunto dos romances ou das autobiografias que falam da criança, o significado da existência que se destaca do conjunto das representações, das imagens e das concepções, é, enfim, pessimista. Tal significado refere-se, ao menos, à existência dos adultos, à qual a pequena personagem deve se adaptar, por vezes oposta a uma existência anterior, a da primeira infância, ou a de uma existência sonhada, paralela à vida cotidiana e que qualificamos de "mundo da infância", utilizando assim a expressão de certos autores. Esta outra existência nem sempre é mencionada e, inversamente, alguns relatos se situam inteiramente na primeira fase da vida. Neste caso um adulto comenta freqüentemente a situação e, através de seus remorsos, expressa a rudeza do mundo dos adultos; no outro caso, o mundo feliz da infância é evocado pela tragédia de sua falta.

Os aspectos do sofrimento, da morte e a decepção da pequena personagem diante das explicações que os adultos lhe fornecem, não são suficientes para explicar o sentido trágico da existência revelada neste capítulo. Como mostramos anteriormente[13], a descoberta do amor, valor positivo para a personagem, era também corrompido pelos adultos e por sua maneira de conceber e organizar a existência. A beleza e alegria, a ternura, estes valores positivos da infância, são avariados por culpa da sociedade antes mesmo que a passagem do tempo os tenha empanado. Em suma, a vida traz, em si mesma, certamente, aspectos de degradação e morte, mas a sociedade torna intoleráveis as provas inevitáveis ao mesmo tempo que enfeia os aspectos agradáveis da existência. A pequena personagem não mudará o mundo, mas se destruirá nele. Apenas algumas personagens de ficção científica dão uma imagem da criança-futuro, mutante, que possui qualidades essenciais para a espécie humana, e que podem permitir ter a esperança de uma reviravolta do mundo atual.

Em contrapartida, uma série de personagens provam que o mundo feliz da primeira infância não termina com ela. Elas continuam a perceber a sociedade e a existência com o olhar da criança pequena. Elas se situam no imaginário como na vida real, não categorizam, estão totalmente presentes e, neste sentido, escapam ao tempo. Por isso, sentem a vida e a morte de maneira menos estanque. Algumas têm uma comunicação direta com o além, os entes queridos desaparecidos permanecem ao seu lado. Sentem outras formas de vida por trás das aparências. Nenhuma angústia lhes pode ser evitada, pois elas têm uma consciência muito viva do mistério do universo; mas tudo lhes parece possível, nada está definitivamente terminado, nada é certo. As personagens mais nitidamente mitificadas, congeladas em sua infância, aquelas que pertencem a esta "raça à parte", definidas como imagem ideal da criança[14], podem, assim, viver de forma completamente diferente a existência cotidiana, sem que, com isso, o meio seja transformado.

Se certas personagens simbólicas conservam este estado ao longo do relato, outras, como já mostramos, mudam porque são brusca ou

---

13. Cf. Cap. 12, pp. 387-406.
14. Cf. Cap. 2, pp. 44-54.

progressivamente jogadas para fora desta felicidade e introduzidas na existência dos homens. A oposição entre as duas formas de existência aparece, então, mais claramente. A tipologia das personagens, que evidenciamos progressivamente[15], permanece válida. Ela classifica as personagens segundo o modo pelo qual elas contestam a sociedade; por essência, de um lado, circunstancialmente, de outro. A relação entre a criança e a existência tem, no entanto, uma nuança. Personagens que pertencem sobretudo à autobiografia, mas não exclusivamente, manifestam uma angústia profunda por si mesmas. Elas não se acham em situação de vítimas, ainda que tenham muito a se queixar da sociedade. Têm características de crianças autênticas, sob a forma atenuada de personagens aparentemente realistas. Mas não são crianças-essências fora do tempo. São pequenos seres nas malhas do desenrolar da história humana, se desesperam diante deste tempo que foge e que os conduz para seu desaparecimento. Podem se revoltar, mas a contestação não serve para nada. É apenas por uma mitificação da personagem que os autores puderam escapar a esta angústia inerente à condição humana, evocada com a ajuda da personagem da criança.

---

15. Cf. Cap. 11, pp. 358-362.

Conclusão
Um "Mito" Moderno – Seu Significado

A análise das representações relativas à criança, objetivo primordial da pesquisa, nos conduziu progressivamente para um novo campo de interesse, o do pensamento mítico na sociedade francesa. A linguagem a respeito da criança se compõe de um conjunto de representações que formam um sistema coerente. Por vezes, as imagens e os conceitos podem ser separados no seio de uma mesma representação, da qual foi dado um exemplo na metodologia[1]. O sistema que permitiu ordenar os relatos repousa na oposição entre dois modos de existir, entre dois mundos valorizados positiva e negativamente. Ele atualiza valores em seres e objetos partindo de um modelo ideal, a criança autêntica. Da linguagem a respeito da criança passamos a uma linguagem a partir da criança. As representações mesclam o real e o imaginário, tornando-se por vezes o sinal de realidades escondidas, formando uma das partes do símbolo. A personagem simbolizada já é uma linguagem a partir da criança. Quando um relato se organiza a partir de uma personagem de criança idealizada, evocamos o pensamento mítico.

Poderíamos, sem abuso, falar a respeito do pensamento mítico ou, antes, do pensamento mitificante, para expressar um pensamento que tende a traduzir uma mensagem em um relato, com a ajuda de imagens, de símbolos, sem atingir uma formulação que tenha todas as características do mito no sentido tradicional? Se existe um mito da infância na sociedade francesa contemporânea, ele permanece latente,

---

1. Cf. Cap. 1, pp. 20-21.

semiconsciente ou inconsciente, e deve ser reconstituído através de uma série de textos que se superpõem. Para compreender estes processos de mitificação e seus papéis hoje, a comparação entre o mito reconstruído da infância e o mito tradicional mostra-se frutífera. O mito existente nas sociedades não mecanizadas foi de fato muito estudado, com métodos diversos. Se as teorias a seu respeito por vezes se opõem, elas convergem em um mínimo de pontos a que nos referiremos em nossa comparação.

Não pretendemos encontrar o pensamento mítico em todos os relatos. Alguns autores nos apresentaram notáveis descrições da infância, de sua psicologia, de seu estatuto em sua época, das expectativas dos adultos em relação a ela. Revelaram não somente papéis desempenhados pela criança, mas também modelos e estereótipos relativos a ela. Poderíamos considerá-los como informantes preciosos que trazem dados etnográficos, em particular nos textos mais próximos da autobiografia. Mas seus relatos nos trazem menos e mais do que descrições. Menos no plano da objetividade, mais no nível da expressão afetiva, das valorizações e de todo o imaginário de uma sociedade. Nem todos os autores chegam à criação da linguagem a partir da criança. Alguns deles desmistificam lucidamente os estereótipos em relação a ela e recusam-se a cristalizá-la em uma natureza específica estranha. Desta forma, no entanto, muitos rejeitam afirmações estereotipadas sobre a natureza da personagem para cair em uma fixação, em uma natureza de tipo oposto. Assim Giraudoux nos descreve o Kid, que utiliza o jogo, a alegria, para se conformar ao modelo da criança feliz, despreocupada, esperada pelo adulto, e para evitar ser notada. Mas ao mesmo tempo que ele desmistifica desta maneira um estereótipo, mostrando que ele não corresponde a uma natureza na criança, ele cria uma personagem simbólica, essência de infância, modelo da natureza separada da criança autêntica. O prestígio da infância incita o autor a investir os valores que ele prefere na pequena personagem, e esta os manifesta através de seus atributos, seus comportamentos, suas relações com o meio onde vive.

Nem o romance, nem a autobiografia constituem mitos no sentido clássico do termo, sobretudo quando adotam um estilo realista e se esforçam por expressar o real. Os relatos de ficção científica, os contos fantásticos e, até mesmo, por vezes, as passagens poéticas de certos romances aparentemente realistas, aproximam-se do mito por diversas razões. Antes de descrevê-los, especificamos que a presença do processo mitificante não deprecia em nada um texto. A racionalidade nunca foi um critério de qualidade literária. Aliás, recusamo-nos a assumir uma posição a este respeito. Muitos autores escolhem conscientemente criar ficções e um mundo imaginário a respeito da infância. Outros acreditam afirmar a seu respeito realidades fundamentais enquanto repetem as mesmas imagens que alguns desmistificaram. Eles reproduzem as representações próprias à sua cultura.

CONCLUSÃO

O fato de que a pequena personagem seja esvaziada de seu sentido primordial e se torne a morada de uma essência da infância e que, ao mesmo tempo, os relatos sejam as variantes e a atualização de um sistema que valoriza duas maneiras opostas de existir, lembra a estrutura mítica. *Se um dos aspectos importantes do mito é o de transmitir uma mensagem através de um relato* – ponto muito genérico que obtém o consenso dos especialistas em mitos –, a linguagem que a criança utiliza possui esta característica. Ela funda na criança autêntica a verdade e o melhor do homem e ela o descreve, depois ordena o bem e o mal, o bom e o mau, para todos os seres e todas as coisas em função desta verdade primordial. A mensagem revela uma dupla concepção da existência e nos grita e canta a melhor delas.

O caráter de metalinguagem, de linguagem escondida atrás de uma primeira expressão evidente, define também a estrutura do mito, e particularmente do mito contemporâneo, difícil de ser definido na sociedade francesa. Demos um exemplo detalhado[2] de um processo típico de mitificação que especifica, em um dos textos da amostra, os níveis da dupla linguagem. Uma primeira imagem conduz a uma definição da criança, e esta representação serve para explicar a natureza do homem. Um tal texto tem a vantagem de explicitar claramente seu próprio significado. Ademais, no conjunto do relato, uma autobiografia, a personagem é uma criança aparentemente real. Poucas passagens nas autobiografias oferecem um encadeamento tão completo. Em contrapartida, existem numerosas passagens nos relatos onde a personagem é idealizada sob a forma da criança autêntica, sobretudo nos casos em que ela se torna claramente simbólica.

O sistema reconstituído com a ajuda do conjunto dos relatos se avizinha ao mito por sua função e por sua estrutura. *Ao nível de seu significado, estabelecemos assim uma comparação com certas formas de mito.* De fato, analisando as personagens mais francamente simbólicas após ter definido sua natureza e seu papel, concluímos, a título de hipótese, que um mito de origem tendia a se concretizar[3]. A crença em um estado de excelência de um primeiro ser humano que toda criança reproduziria, já que sua ontogênese repete a filogênese da espécie ou porque ela é um avatar dessa forma primordial, leva a pensar nos mitos de criação. Mas, por um lado, os relatos romanescos deixam aparecer apenas os fragmentos de um tal mito e, por outro, eles não têm caráter sagrado. Poderíamos, no entanto, afirmar que nos textos

---

2. Cf. Cap. 1, pp. 20-21. Trata-se de uma criança que observa a matança de animais. A este respeito o autor define a criança como cruel. Ele explica em seguida que a crueldade faz parte da natureza do homem, *pois* "as crianças e os selvagens" manifestam este traço. A imagem e o conceito associados formam uma representação, significado do primeiro sistema, significante do segundo.

3. Cf. Cap. 2, pp. 52-54.

onde o imaginário se libera, o pensamento contemporâneo idealiza os inícios e mitifica a personagem infantil.

O pensamento mítico não consegue mais formular um mito completo. No entanto, as análises efetuadas com os diversos códigos (e não mais apenas com aquele que definia a personagem) provaram que os relatos edificados a partir da criança autêntica veiculavam mais do que uma imagem dos primórdios da espécie humana ou de cada homem. *O estado original serve de ponto de partida para a valorização de toda personagem, de todo objeto. Ora, tal utilização é igualmente encontrada no caso de mitos de origem tradicionais*, onde a primeira forma dos seres e das coisas é rememorada nas cerimônias com a ajuda da declamação dos mitos, e o sentido e o uso que lhes é atribuído é decorrente deste fato[4].

O relato latente reconstituído concerne à sociedade atual tanto quanto ao "outro mundo" da infância. É preciso, portanto, considerá-lo como uma forma de mito vivo, mais do que como um resíduo do mito de origem antigo, desaparecido. O mito, se é que se pode chamá-lo assim, permanece incompletamente expresso no domínio escolhido, onde sua presença se manifesta, no entanto, mais claramente do que em qualquer outra parte graças à exteriorização de um imaginário estimulado pela importância, na vida humana, do objeto escolhido, a criança. A personagem não é todo o mito, ele lhe serve de ponto de partida sob uma forma freqüentemente simbolizada, mas nem sempre. Como os significantes do sistema de representações não se limitam apenas às imagens da criança, várias analogias desempenham o mesmo papel: adultos como os primitivos, elementos como a água pura, o alvorecer etc.

As diversas personagens estudadas podem ser consideradas como as variações de um ser único: "a criança autêntica". Ultrapassando a primeira impressão de diversidades extremas das personagens e dos relatos, a análise aprofundada não revelou nem uma uniformidade nem uma série de tipos sem relação entre si, mas um sistema que classifica as personagens, formas diversas da "criança autêntica", uns em relação aos outros segundo o tipo de relação com seu meio[5].

Ao nível do sistema de valores, esta personagem única, "criança autêntica", modelo positivo por excelência, induz a uma valorização unívoca dos seres e dos objetos. Seu antinômico o adulto-norma ou o futuro adulto induz a valorização negativa inversa. Nós assinalamos a oposição constante entre as características que expressam a vida, a espontaneidade, a liberdade, a verdade, a comunicação direta com o ou-

---

4. Cf. Mircea Eliade, *op. cit.*

5. A título de exemplo, indicamos em anexo, pp. 461-465, um esquema de organização comum às crianças autênticas. Tínhamos descrito no Capítulo 11 (pp. 358-362) o conjunto da tipologia.

tro e o universo, e características ques significam as normas esclerosantes, os *a priori*, as imposições, os fechamentos etc. Esta oposição concerne tanto às personagens infantis ou adultas quanto à natureza, aos elementos, aos quadros sociais.

Os relatos atualizam um sistema de valores simbolizados partindo da personagem da criança, situada em um contexto que é ligado especificamente a ela. Este sistema traduz a dupla concepção da existência, na qual cada ser e cada coisa recebe uma valorização positiva ou negativa.

O mito das sociedades não mecanizadas narrava *histórias situadas em um mundo de um "passado" maravilhoso, onde seres divinos ou semidivinos ladeavam os homens*. Estes mitos eram relatados em condições bem definidas, ao longo de cerimônias. Por causa deste uso e pela presença de seres divinos, eles tinham um caráter sagrado que não pretendemos encontrar no domínio profano da literatura, como, tampouco, aliás, nos contos e lendas que circulavam ao mesmo tempo que estes mitos. Certas características do mito não seriam, no entanto, transpostas para outra parte em uma sociedade onde o domínio do sagrado é cada vez mais limitado e restrito?

O uso dos romances nada tem de uma prática ritual. *Mas ao nível do conteúdo, as personagens infantis simbólicas são dotadas de um poder e de um saber excepcionais que as aproximam das personagens de mitos tradicionais*. Elas se comunicam diretamente com as coisas e os seres, até mesmo com o mortos, vêm de mundos misteriosos, percebem realidades invisíveis aos adultos. Ora, é sagrada a pessoa que possui um poder misterioso, e deve ser respeitada. As crianças autênticas são qualificadas de "mestre do homem", "rei", "messias" etc. Elas possuem traços de poder e recebem admiração e respeito.

Estas características resultam, em parte, do fato de serem criações poéticas, jogos do imaginário, que se diverte em inventar o extraordinário, sem ser esta sua função exclusiva. Se certas personagens de contos fantásticos são capazes de matar apenas com um único olhar[6], Babou, que figura em parte como criança real, possui o mesmo dom. Certas personagens detêm um poder por seu estado de infância. Eles são objeto de respeito enquanto criança. Os escritores criam, com elas, uma outra maneira de existir, e as ficções fantásticas contribuem, sem dúvida, para levar a seus extremos as características atribuídas à infância. Ou será que, inversamente, certas representações da infância não seriam atenuações de traços pertencentes aos seres mitificados? Pudemos mostrar em várias ocasiões certos mecanismos que confirmam o primeiro movimento. Características reais, que correspondem a estágios do desenvolvimento da criança, são utilizadas de forma exagerada para definir a infância e cristalizá-la. A não-disso-

---

6. Cf. Cap. 2, pp. 39-40 e 46-47.

ciação entre si mesmo e o mundo, a confusão entre a realidade e o imaginário, tornam-se assim estados de bem-aventurança: eles traduzem um desejo de comunicação total com o conjunto do universo e a percepção de um mundo escondido pela razão vulgar dos adultos. Inversamente, as personagens descritas de forma realista são revestidas, em certos momentos, de características estranhas, como se o escritor tivesse a intuição de uma vida misteriosa em toda criança.

Representação e mitificação interferem. Ao nível do conteúdo, existe uma outra aproximação entre o mito tradicional e a linguagem que a criança utiliza: o primeiro, e freqüentemente o segundo, situam o relato em um "outro" mundo, um outro tempo ou um outro lugar. O relato do mito se desenrola, em geral, no passado, certas vezes no futuro para os mitos escatológicos, sempre *em um outro tempo, onde o mundo seria diferente do mundo cotidiano*. Os relatos autobiográficos e certos romances se desenrolam em um passado freqüentemente reconstruído e idealizado, ou pelo contrário aviltado porque a infância não foi vivida como o momento mais feliz da existência. A ficção científica projeta suas personagens em um futuro onde a vida assume um novo rosto. O conto fantástico é freqüentemente atemporal. A maior parte dos romances apresentam as personagens em sua própria época, mas alguns as distanciam do cotidiano banal fazendo-as viver em um lugar geograficamente distante. Por exemplo, Babou começa sua vida na Malásia, descrita como o Oriente misterioso. A fuga do Kid o conduziu para as margens do Niágara. Patricia cresce em uma reserva africana. Estas personagens foram definidas como crianças autênticas, simbolizadas, e ponto de partida de uma linguagem mítica. O distanciamento do mundo atual pelo tempo ou pela localização geográfica é um dos sinais da mitificação. As duas características, atribuição de poder às personagens e distanciamento do mundo atual em benefício de um mundo maravilhoso, não são específicas do mito. Elas se encontram também na lenda, no conto fantástico e até no romance. Elas assinalam o trabalho de um imaginário que, justamente, canta um outro mundo. Não seria este trabalho o pensamento mítico, sob suas diversas formas? Nem todos os relatos que nos interessam aqui possuem estas duas características. Josiane, Poil de Carotte, Jacques Vingtras e muitos outros, vivem na sociedade francesa contemporânea de seus criadores. Estes contestam sua sociedade pelas palavras e situações destas personagens que, no entanto, não são crianças-essência de infância.

Uma outra forma de distanciamento em relação ao mundo atual concerne a todas as personagens infantis, é a presença do "outro mundo" da infância em si. Assim, o jardim de Fan tinha assumido, aos seus olhos de criança, o aspecto de uma ilha maravilhosa, tudo o que rodeava formava uma poesia. Este outro mundo, passado ou presente, porém invisível aos olhos dos adultos, não seria um equivalente ao mundo maravilhoso onde se desenrola o relato do mito?

CONCLUSÃO

Em resumo, ao nível do conteúdo, uma parte dos relatos que descrevem personagens infantis possui muitas características do mito: atribuição à personagem de um poder misterioso, situação em um tempo e/ou em um mundo diferente do mundo cotidiano contemporâneo. Ao nível da estrutura, a análise revelou o duplo nível da linguagem e a passagem de um relato sobre a criança para um relato a partir da criança, evidenciando assim uma estrutura mítica. Ademais, o conjunto das personagens, dos elementos, das instituições, recebem sua valorização em virtude de sua associação com a criança. Personagem primordial, esta significa e indica o verdadeiro sentido dos seres e das coisas, tal como certos heróis de mitos de origem. A reunião destas características trai a presença do mito da infância na sociedade francesa, há um século, sob uma forma latente, típica do pensamento mítico atual, bloqueada pela racionalidade.

Constatamos, portanto, que por um lado uma parte dos relatos criados em torno de personagens mais nitidamente simbólicas é do tipo mítico. Por outro lado, o conjunto dos relatos forma um todo coerente e transmite ainda uma mensagem, que assume toda sua amplitude se forem observadas todas as suas variações, se não nos limitarmos às personagens simbólicas, aos relatos mais distantes do cotidiano. As partes do real, do simbólico e do imaginário variam de importância segundo os relatos. Elas se imbricam e são dificilmente dissociadas.

Certos relatos são dedicados quase que inteiramente ao mundo da infância ou ao estado de infância em si, enquanto que outros estão centrados no mundo dos adultos, visto pelas crianças, ou até mesmo nas crianças-futuros adultas, desnaturadas pela sociedade. As variações do sistema bipolar que opõem os dois mundos prolongam-se, portanto, de uma essência de infância, onde o mundo negativo está quase ausente, a uma imagem negativa onde a criança autêntica e seu universo desaparecem. A contestação da sociedade se dá freqüentemente de uma maneira mais nítida nos relatos onde a criança aparece sob um aspecto realista, inserida em seu meio e entrando em choque com os adultos e com as condições de vida opostas ao "mundo da infância". Jacques Vingtras, Poil de Carotte, Zazie etc., observam, se espantam ou criticam seu meio. Não são crianças portadoras de poderes secretos, mas possuem o olhar lúcido atribuído à infância e, em parte, sua pureza. Elas são parcialmente atingidas pela feiúra de seu meio, que as contamina. Vivem, no entanto, as dificuldades do encontro entre o ser novo que representam, que desvela as imposições, os preconceitos e as fraquezas destes adultos que acreditam e devem ter razão. Algumas destas personagens encarnam a infância do autor (as duas primeiras personagens citadas acima são um exemplo disto) e este, de qualquer maneira, aprova a criança em sua oposição à sociedade.

Além disso, várias personagens simbólicas desempenham o mesmo papel. O Pequeno Príncipe, por exemplo, contesta o mundo dos adultos quando ele interroga o piloto, mostra-se decepcionado com suas respostas e, sobretudo, evoca seu encontro com diversas personagens de adultos ao longo de suas viagens. Mesmo sem atingir a linguagem que idealiza a personagem e a mitifica, e permanecendo no nível de descrição do cotidiano já encontramos o mesmo sistema de oposições, ao mesmo tempo que a criança é despojada de qualquer poder.

A análise das personagens, que tinha levado a uma rejeição de um corte nítido entre uma criança simbólica e uma criança realista, nos havia conduzido a colocar a seguinte questão: não seria simbólica toda personagem infantil?[7] A personagem aparentemente realista representa uma criança, e não uma infância misteriosa, essência de vida escondida sob a forma dada à personagem. Deste ponto de vista, ela não é simbólica. No entanto, a representação de qualquer criança por um autor não incluiria a evocação do outro estado da infância, de uma parte mais autêntica de si mesmo ou da espécie humana, onde desabrocha a vida livre, efervescente? Na própria autobiografia, a imagem virtual de si recriada não seria, muitas vezes, exemplar da infância? Se convém reservar ao termo simbólico uma acepção muito restrita e não qualificar assim as personagens que parecem sem mistério, que se inserem em um cotidiano banal, é preciso, no entanto, admitir que mesmo estas são utilizadas no processo de mitificação. (Isto é válido provavelmente para qualquer personagem, sendo que a da criança não constitui uma exceção.)

A linguagem que se estabelece a partir do conjunto das personagens descreve, então, a oposição entre o mundo da infância e o mundo do adulto. O mundo da infância em si é descrito em casos extremos sob uma forma que, como acabamos de assinalar, se avizinha ao mito. O mundo dos adultos, criticado através dos indivíduos aprisionados em seus papéis e em suas normas ou através das instituições e da sociedade global, é simplesmente mostrado sob seu aspecto mais sombrio. Apenas a infância pode ser vista como um mundo maravilhoso, diferente. *Mas a relação dialética entre estes dois mundos constitui finalmente a linguagem latente, desempenha o papel de mito vivo para o público contemporâneo.* Cada relato expressa uma parte mais ou menos importante do mito comum latente. Os relatos superpõem-se largamente entre si[8], e cada fase compreende uma série de personagens.

Partimos de um estado maravilhoso, o da primeira infância estendida até a infância encarnada por certas personagens que expressam a espécie humana em sua verdade, espécies de messias que traçam o caminho a ser seguido. Mais tarde, vimos tais personagens chocando-se

---

7. Cf. Cap. 1, p. 30 e Cap. 2, pp. 86-87.

8. Ver o modelo oferecido pelos relatos mais completos, pp. 457. Outros relatos também podem ser citados: *Jardin dans l'île, L'enfant malade* etc.

com o mundo dos adultos: com seus pais, com seu meio, com as normas, com a escola que sufoca o imaginário e a criatividade, com a religião que adota leis rígidas e uma moral que impõe de preferência a incitar a comunicação com os outros a abrir o acesso a um deus de amor e de vida. As pequenas personagens, dotadas de um poder misterioso, observam este mundo com indiferença, ou o percebem diferentemente ou se refugiam no imaginário. Os mais jovens permanecem nesta vida de semi-sonho, onde utilizam em seus jogos objetos transformados pela simples força de seus desejos. Mas quando a criança autêntica cresce, ela deve se adaptar ao mundo do adulto transformando-se. Freqüentemente, após um primeiro encontro doloroso, a criança autêntica morre ou se transforma, se torna banal, desinteressante, e perde seus poderes. A passagem para a adolescência torna-se um drama.

A oposição entre a criança e a sociedade começa, por vezes, desde o início da vida. A pequena personagem que não está situada no mundo à parte da infância não possui poder. Pura, autêntica, mas fraca, assume freqüentemente o aspecto de uma vítima inocente. Algumas personagens vistas em tais situações se suicidam, enquanto que a morte das personagens idealizadas ou sua transformação em crianças comuns são impostas pelas circunstâncias. Todos estes intermediários existem entre estes tipos de personagens extremas. Por vezes, adultos que permanecem autênticos ou animais simbólicos ajudam certas crianças, sendo que outras permanecem sozinhas. Mas o conjunto dos relatos descreve, na totalidade ou em parte, a mesma coisa: esta oposição entre dois mundos, dos quais o primeiro era melhor, essa quase-impossibilidade de conservar o estado de infância-verdade, primeira fonte de felicidade, outra maneira de ser, ao tornar-se um adulto inserido na sociedade atual.

Esta trama, em parte inconsciente, evoca o abandono obrigatório do princípio do prazer e a submissão ao princípio de realidade em todo ser humano. O princípio de realidade se encarna, de fato, no sistema das instituições, e suas exigências são as das normas sociais, das leis, da ordem – "o retorno do reprimido constitui a história subterrânea e tabu da civilização", escreve Freud[9].

No plano individual, para o escritor e seu leitor, a evocação da criança e, nesta ocasião, o devaneio sobre a criança e a partir dela, são maneiras de escapar a esta imposição da sociedade e de se liberar da angústia ligada à fugacidade do tempo que leva para a morte. Vários autores expressam diretamente este mecanismo falando do desejo de recordar sua infância ou da necessidade de ter uma criança ao seu lado[10].

---

9. "Malaise dans la civilisation", *Revue Française de Psychanalyse*, tomo VI, n⁰ 4.
10. Cf. Cap. 8.

Mas o surgimento e, mais tarde, a extensão dos relatos sobre a infância em um dado período de nossa história mostra que o fenômeno não se situa apenas no plano individual. É ao final do século XVIII que o mundo ideal do homem adulto racional perde sua importância e que, ao mesmo tempo, as concepções relativas à infância desmoronam[11]. A ordem antiga desmorona-se e o homem "natural" é exaltado – portanto, o ser das origens, anterior à cultura: a criança, o primitivo –, ao mesmo tempo o desejo pode se expressar, o imaginário se liberar. É inútil lembrar aqui as reviravoltas políticas e ideológicas que todos conhecem. No entanto, gostaríamos de assinalar que em várias ocasiões o povo e a criança foram assimilados um ao outro em textos do século XIX[12] e juntos significaram a autenticidade, a pureza, a vida nova efervescente, capaz de derrubar a ordem esclerosada e o mundo velho. *A linguagem a partir da infância coincide com uma explosão da expressão do desejo em uma sociedade onde as imposições se fazem muito pesadas, onde as estruturas sociais dominantes e as normas implícitas e explícitas entravam a expressão da espontaneidade, codificam a vida, conduzem ao tédio.* O conflito que existe no seio da existência de qualquer homem entre esta efervescência da vida, esta expressão do desejo, por um lado, e, por outro, a realidade, a necessidade expressa pelas normas, as instituições, encontra uma expressão coletiva através da personagem da criança a partir do século XIX.

A linguagem relativa à criança não constitui apenas um esforço de liberação, mas representa também uma volta, até mesmo uma regressão. Ela nasce no início da era industrial, em um momento em que a aceleração das técnicas transtorna a sociedade, onde as transformações muito rápidas tornam a novidade angustiante. Ela pode então responder a uma tendência compensatória de se enraizar no passado. As análises quantitativas evidenciaram, por um lado, o crescimento dos aspectos mais míticos e, por outro, um aumento dos temas sobre a natureza e, inversamente, uma diminuição dos temas urbanos. Esta dupla tendência mostra que o mito latente nada contra a corrente da evolução da sociedade francesa há um século.

No que este movimento representaria uma regressão, no que ele expressaria a necessidade de salvar valores que parecem essenciais, que correm o risco de serem destruídos? O processo de mitificação chega a atribuir uma transcendência à personagem simbolizada, faz

---

11. Cf. Cap. 1, pp. 7-8.
12. Citamos a este respeito Victor Hugo (p. 306). Michelet também escreve: "A criança é a intérprete do povo, mas o que é que estou dizendo? Ela é o próprio povo em sua verdade nativa, antes de ser deformado (...). Não somente ela o interpreta, mas o justifica e o inocenta em muitas coisas (...). É ainda através da criança que se pode apreciar aquilo que o povo, por mais mudado que esteja, guarda ainda de jovem e de primitivo". *Le Peuple*.

CONCLUSÃO

dela um guia, um messias, um gênio e até mesmo um deus[13]. Ele revela, assim, o quanto os valores encarnados pela criança são vividos como absolutos e até mesmo sagrados. Nenhum compromisso, nenhuma limitação para a verdadeira infância; nada de leis, de códigos, para a vida integral, infinitamente rica e bela, apesar de seus aspectos cruéis, para a vida capaz de criar mil fórmulas diferentes daquelas que foram ceifadas pela sociedade dos adultos.

A idealização da criança na personagem oferece um modelo, um caminho a ser seguido, a quem quiser se superar. A pequena personagem representa a ocasião de um encontro e de uma comparação entre um mundo ideal, imaginário, e um mundo real, cotidiano. Mas o relato mítico explica que o ideal se situa no passado, e que a história do homem é uma degradação. A manutenção dos valores da infância no mundo dos adultos é excepcional. Para reencontrar a autenticidade, a liberdade primeira, é preciso retornar ao estado de infância. *O mito incita aquele que sonha a uma regressão ou a uma fuga no imaginário. Ele constata, narra a seu modo, não está voltado para a ação, para a transformação do mundo.*

O mito da infância não deixa de ser perigoso para a própria criança na sociedade francesa contemporânea. Já constatamos que a associação entre as imagens da criança, da natureza e dos primórdios tem como conseqüência ligar infância e mundo do passado, sociedade arcaica. O mito não suscita na criança real o desenvolvimento do espírito criador que a conduziria a transformar a sociedade no sentido desejado. Ele poderia tender a se encerrar em um mundo separado, a lhe retirar a vontade de se transformar em adulto. É sempre incômodo para uma pessoa pertencer a uma categoria social cristalizada por um mito, ver sua própria realidade deformada pela imagem de uma personagem simbólica.

O mito tem, no entanto, a vantagem de revelar o conflito entre valores essenciais e uma sociedade que entrava sua expressão. Ademais, os relatos sobre a infância assumem apenas parcialmente a forma do mito. Muitas descrições de situações feitas à criança, muitas atitudes dos adultos em relação a ela, são reproduzidas fielmente. A criança descobre realmente o mundo na proporção de seu desenvolvimento, mas através do filtro de seu meio. O primeiro encontro com um objeto é uma experiência decisiva, tão importante, que os homens exaltaram e até mesmo mitificaram os primórdios. Um dos pontos que decorrem da mensagem deduzida do conjunto dos relatos é a necessidade de que estes primeiros momentos sejam felizes.

Um outro ponto demandaria implicitamente que as características que definem o estado de infância possam não desaparecer definitivamente com ela e, para que isto ocorra, o mundo dos adultos deveria

---

13. Cf. Cap. 2, p. 53.

sofrer uma reviravolta. A mensagem, raramente percebida pelo leitor em sua totalidade, pois freqüentemente limitada pelo texto a um único de seus aspectos, pode ser percebida diferentemente: seja como um convite para se voltar para sua própria infância ou fechar a criança em um mundo à parte, seja como um apelo ao trabalho para transformar as condições da infância ou até mesmo mudar a sociedade. Neste último caso, a oposição entre os dois mundos e os valores atribuídos ao mundo da infância implicariam a necessidade de eliminar a clausura, os obstáculos para a comunicação, as injustiças sociais, as normas *a priori*, e liberar as forças criadoras da vida. A infância torna-se então a fonte de uma inspiração revolucionária que tenderia a rejeitar a ordem estabelecida.

O mito tradicional nasce freqüentemente em situações que parecem incompreensíveis ou irredutíveis, tanto no plano da vida pessoal quanto da organização social. A mitificação da infância possui as mesmas características. Ela tenta ao mesmo tempo expressar o sentido da vida humana, descrever o conflito inerente a todo indivíduo entre o princípio do prazer e o princípio da realidade, e revelar o escândalo de uma organização social que, por suas instituições e suas normas, esteriliza a melhor parte da vida humana. Mas o pensamento mitificante é a forma extrema da linguagem que revela o conflito; só ele tem um aspecto rígido, absoluto. Ao mostrar uma criança vítima das radiações atômicas, um escritor denuncia o absurdo e o erro da orientação tomada pela evolução da sociedade industrial. Ao cristalizar a criança em uma natureza específica à parte, corremos o risco, em contrapartida, de entravar a expressão pessoal e espontânea na criança e lançar os adultos em seu passado.

A representação de uma personagem desliza freqüentemente até a sua mitificação. Tentamos nesta obra mostrar, simultaneamente, a complexidade dos mecanismos da representação, do pensamento mítico e de suas relações. Procuramos o significado disto. As conseqüências resultantes deste fato são múltiplas. Evocamos algumas, outras se revelam ao longo das pesquisas que continuam a se desenrolar. Elas aparecem, já, por um lado, no estudo dos modelos oferecidos à criança e, por outro lado, na própria criança que se confronta com estes modelos e compara sua auto-imagem com imagens ideais propostas.

Anexos

1. SÍNTESE DAS DIFERENTES TÉCNICAS DE ANÁLISE DE CONTEÚDO UTILIZADAS NA PESQUISA

O método utilizado combinou técnicas da análise temática, da análise semiológica e da análise estrutural dos mitos.

O objetivo da pesquisa era destacar as representações da criança e suas variações. Estas representações seriam organizadas segundo um ou vários sistemas coerentes?

A primeira etapa consistiu em *uma análise do conteúdo manifesto* dos relatos. Uma série de textos, tão diversos quanto possível, foi classificada em unidades de sentido e levando em consideração tudo o que era dito sobre a criança: tudo o que era mostrado, comentado e explicado, expresso diretamente ou através de analogias, quer se trate de imagens, de conceitos, de representações, oferecendo, em certos casos privilegiados, uma leitura imediata do encaixe entre o significante (a imagem) e o significado (o conceito), como é o caso do texto de Pagnol dado como exemplo (pp. 20-21).

Este primeiro trabalho resultou na criação de um *dicionário* de *semas* e de *temas*. O campo semântico da palavra "criança" foi delimitado, e os valores positivos ou negativos dos equivalentes do termo, das analogias, das antíteses, foram sistematicamente apontados. Mas muitos enunciados veiculavam atitudes, julgamentos, situações que ultrapassavam o campo semântico da palavra "criança" ou até mesmo do termo mais amplo "infância". Ademais, os enunciados compreendiam, por vezes, vários sentidos. Daí a necessidade de proceder também a uma análise temática.

A criação do código, etapa seguinte, foi efetuada com a opção de se respeitar a riqueza e a multiplicidade do discurso sobre a criança: vários códigos e subcódigos foram adaptados progressivamente a este *corpus*. O índice segue, aproximadamente, a codificação estabelecida. Quatro códigos permitem a descrição: da personagem em si, das interações entre crianças e adultos, das situações e, enfim, dos problemas existenciais vividos pelas personagens infantis ou levantados a seu respeito. Estes códigos correspondem às quatro partes da obra e são recortados em níveis cada vez mas refinados. Os capítulos são subcódigos, e o quarto nível, o dos enunciados, é detalhado. Para facilitar a compreensão das operações, tomemos a rúbrica "autêntica". No código, trata-se de um item que agrupa os enunciados nos quais a própria palavra ou um de seus equivalentes apareceu, ou ainda nos quais um comportamento, uma atitude da criança, podem ser classificados como expressando sua autenticidade.

Outros itens como "verdadeiro", "exigente", "presente" etc. apareceram como muito próximos de "autêntico", freqüentemente associados a uma mesma personagem. É por esta razão que elas são agrupadas na categoria das "características da criança idealizada". Uma categoria que pertence igualmente à descrição da criança idealizada reúne enunciados relativos ao retrato físico: "um retrato significativo", que reúne imagens, significantes e interpretações já mais complexas a partir do corpo. As interpretações que deixam transparecer uma forma de pensamento mitificante e uma simbolização da criança são codificadas na terceira categoria: "natureza e papel da personagem".

Esta descrição mostra de maneira evidente que, ainda que a análise seja parte do conteúdo manifesto, o *conteúdo latente* foi rapidamente captado. A associação de imagens e conceitos é bastante freqüente para autorizar a dedução do sentido das imagens apresentadas sozinhas. Os equivalentes utilizados sistematicamente permitiram também inferir certos conteúdos de discursos, evocadores e parciais.

A análise longitudinal, interna, de cada relato foi um trabalho indispensável, mas ela não teria sido suficiente para destacar a maneira de se representar a criança na sociedade francesa atual e a evolução dos discursos a seu respeito desde o século XIX. Como saber se os diferentes relatos provêm de um sistema de representações comum? É a análise das valorizações que ajudou a encontrar os indicadores do sistema.

Partindo do campo semântico da palavra "criança", *pares de opostos* foram revelados. As características da personagem positiva eram muito francamente denotadas, assim como as da "criança má". Do mesmo modo, os dados circunstanciais eram valorizados positiva ou negativamente em função das condições que ofereciam à criança, e as personagens adultas em função das relações mantidas com ela. O par de oposições indutor de toda uma cadeia de valorização de elementos pareceu ser, em um primeiro momento da análise, a "criança autêntica" contra a "criança modelada pela sociedade". Conseqüentemente, o pólo "criança modelada" foi associado ao "adulto-norma", sendo sua pertinência ao mesmo campo semântico confirmada pela pesquisa. Esta nova personagem é a imagem e o modelo para os quais tendem as crianças modeladas, e ela introduz uma dimensão de futuro e de autoridade em relação ao presente da criança. As duas personagens negativas, da criança e do adulto, induzem finalmente a uma representação negativa da sociedade.

Toda obra descreve a dupla linguagem, *sobre* e *a partir* da criança, produzida na associação do sistema de representação ao de valores. As conclusões oferecem uma síntese da constituição do pensamento mitificante que subentende as representações da criança nos relatos literários e nos filmes. Mas mostra-se útil resumir de um ponto de vista metodológico como os diferentes relatos se inserem em um sistema de conjunto latente que foi reconstituído.

Após uma *análise longitudinal de cada texto*, um mapa mecanográfico foi estabelecido para gravar a presença e a associação dos diferentes subcódigos e categorias, o que permitiu, através de uma operação de quantificação rápida, seguir a evolução no tempo dos temas ressaltados nos relatos, agrupados segundo as três amostras indicadas (antes da Guerra de 1914, entre as duas guerras mundiais e o período contemporâneo). Por outro lado, foram constituídos dossiês por temas, o que facilita a pesquisa da permanência e da variação dos conteúdos, *de modo transversal, através do conjunto dos textos*. A comparação entre três crianças autênticas típicas, apresentada sucintamente no anexo 2, mostra como se procedeu à dupla análise longitudinal e transversal. Esta comparação é simples, pois se trata de uma personagem de mesmo tipo. Exemplos diferentes poderiam ter sido citados a respeito de outros tipos: entre crianças vítimas, entre personagens que contestam a sociedade de forma humorística, ingênua etc. Uma tipologia de personagens foi, de fato, especificada (pp. 376-380), e escolhas múltiplas eram possíveis. Mas a dificuldade é, antes, a de captar a relação entre tipos muito diversos.

Na conclusão desta obra, pudemos afirmar que "cada relato expressa uma parte mais ou menos importante do mito comum latente..." O quadro seguinte procura visualizar este sistema complexo, esquematizando-o. Cada uma das 75 principais obras pode compreender amplamente o conjunto dos códigos e subcódigos, ou pelo contrário, se centrar em aspectos mais limitados: felicidade da primeira infância, que coloca em cena uma pequena personagem bastante analisada, em um quadro natural, em um jardim e em sua casa – ou, inversamente, o drama de uma criança vítima de sua família ou de condições sócio-econômicas, onde o quadro social predomina, assim como a relação adulto-criança etc. Dado o volume considerável das unidades de sentido recortadas nos 75 textos, é possível mostrar apenas de uma maneira hiperesquematizada a trama geral na qual ocorrem os recortes dos relatos. Os quatro níveis de refinamento não são apresentados, mas apenas os códigos, subcódigos e, diretamente, algumas unidades de sentido.

Códigos	A Personagem em Si	As Relações Criança e Adulto	As Situações	Os Problemas Existenciais
Subcódigos Texto 1 Texto 2 Texto 3	2 3 4 5	6 7 8	9 10 11	12 13

○ = unidade de sentido   ○ = com valorização positiva   ○ = com valorização negativa

O texto 1 dado como exemplo expressa a visão de uma criança que, deixando-se levar pelo devaneio enquanto espera seu professor, lança um olhar sobre as formas que a rodeiam e descobre uma vida no interior das coisas que apenas as crianças sabem observar. As características desta criança (*L'enfant avec la figure*, de Valéry-Larbaud) são muito mais ricas do que algumas unidades de sentido citadas deixam parecer. Mas a relação com o adulto é quase ausente. A unidade de sentido evocada em 2 é aqui "capaz de se comunicar diretamente com os seres e as coisas".

O segundo exemplo é o de uma pequena personagem aparentemente realista, criança frágil, vítima de sua mãe, uma semimundana, de um padrasto brutal, da instituição escolar e, mais tarde, da situação em que se encontra a classe operária, quando é colocada como aprendiz (*Jack*, de A. Daudet). Estes dois textos se sobrepõem em parte. As unidades de sentido comuns são, de fato, mais freqüentes do que esta esquematização indica, esquematização que põe em relevo apenas certos temas dominantes.

O terceiro texto, o mais rico, é um relato no qual a maior parte dos grandes temas estão presentes (*Le lion*, de Kessel). Os aspectos comuns entre este texto e os dois anteriores são numerosos. *L'arbre de Noël*, de Michel Bataille, tem um perfil bastante semelhante, mas a relação com o adulto é positiva. Os textos mais completos ajudaram na compreensão do lugar dos textos limitados a alguns aspectos do discurso sobre a criança e da encenação da personagem.

Devemos especificar ainda que temas fundamentais como o da autenticidade da criança aparecem não apenas enquanto atributos da personagem, mas também nas outras dimensões do código: as relações com os adultos, com outras crianças, as situações, o olhar pousado nos grandes problemas existenciais. Em vários relatos eles se tornam verdadeiros *leitmotive*. Enfim, todas as personagens são descritas com nuanças, não de maneira monolítica. As personagens aparentemente realistas possuem alguns defeitos que as tornan mais humanas e próximas das crianças cotidianas, mas alguns destes defeitos são tolerados, como a crueldade, porque são atribuídos a um estado natural, enquanto que outros pertencem apenas ao campo semântico da "criança modelada má". É preciso, portanto, ler este esquema prudentemente. Se este conjunto foi definido como um sistema é porque funciona como um todo no qual cada elemento só adquire sentido em função de seu lugar na totalidade.

2. ANÁLISES SUCINTAS E PARALELAS DE TRÊS OBRAS DA AMOSTRA NOTÁVEIS PELA PRESENÇA DE UMA "CRIANÇA AUTÊNTICA" MUITO ESTEREOTIPADA

Por Claude Bellan, assistente de pesquisas.

As três obras escolhidas são *Les aventures de Jérôme Bardini*, de Giraudoux (1937), *O Pequeno Príncipe*, de Saint-Exupéry (1940) e *Le lion*, de Kessel (1958). As citações em grifo, dispostas em três colunas, são retiradas destas obras (da esquerda para a direita na ordem indicada acima).

I. Tema principal:

O mundo dos adultos é falso, a vida cotidiana é inautêntica. A pessoa do adulto principal está em busca de uma vida mais verdadeira, de um outro mundo. Uma criança lhe servirá de guia.

"*...mas enquanto Jérôme tivesse sentido apenas muito tarde, após a guerra, e como uma revolta, como um cisma, a impotência de viver esta vida feita mais da vida dos outros do que da sua própria [...]*"

"*O que eu vejo ali é apenas uma casca, o mais importante é invisível.*"

"*Os reflexos da prudência, da conservação, estavam suspensos em benefício de um instinto tão obscuro quanto poderoso e que me impelia para o* outro *universo.*"

II. A personagem do adulto principal:

Um adulto que não perdeu ainda todo o elo com a infância e que, em contato com a criança, vai procurar reencontrar uma "verdade perdida".

Jérôme Bardini   o narrador   o narrador

Esta personagem aparece, evidentemente, no relato, antes da criança. O encontro com a criança vai realizar uma expectativa.

III. O encontro:

– O contexto:

É exótico:

| as margens do Niágara | o Saara | uma reserva na África-do Sul |

– Este exotismo parece favorecer um certo distanciamento em relação à vida cotidiana e acentuar as próprias características do encontro, imprevisto mas de certa forma esperado, e marcado de um certo mistério. Este encontro ocorre ao nascer do sol.

Às margens do Niágara, em um dia de neve, Bardini encontra um jovem vagabundo.	*"Então, imaginem minha surpresa ao despertar do dia, quando uma estranha vozinha me acordou."*	*"Uma presença muito próxima opunha-se ao meu desígnio. O ser que eu percebia – mas em que sentido? – pertencia à espécie humana. E eu ouvira então estas palavras em inglês: 'Você não deve ir mais longe'."*
"Para aqueles que gostam de identificar o dia recém-nascido a um ser jovem, que dia feio e que pobre criança!"	*"Saltei sobre meus pés como se tivesse sido pego por um raio."*	

IV. A criança autêntica:

a) Aspecto físico:
– uma certa beleza (mas não-convencional) – Impressão de fragilidade e pureza.

O Kid	O Pequeno Príncipe	Patricia
"O rosto lavado apenas pela neve era nítido, e só tinha poeira do mundo no buraco das orelhas, nas têmporas, aquilo que se pode pegar na neve."	*"Parecia que eu carregava um tesouro frágil. Eu olhava, à luz da lua, a fronte pálida, os olhos fechados, as mechas de cabelo que tremiam ao vento."*	*"O rosto claro, redondo, muito bronzeado, muito liso, o pescoço longo e terno."* ... *"silhueta frágil..."*

b) Características principais:
– autêntica, verdadeira, não-socializada, desconhece os "usos", as máscaras, os papéis que a sociedade impõe.

"...uma humanidade sem leis sociais, tão liberada de seus códigos múltiplos quanto de seus tiques..."	O Pequeno Príncipe considera com ironia, espanto e indulgência, as afetações dos adultos (o rei, o vaidoso etc.).	*"Ela não tem o uso da sociedade"* *"Você é realmente muito selvagem"*, lhe diz sua mãe.

ANEXOS 463

– livre: freqüentemente, até mesmo de uma liberdade quase "inumana" que não se deixa entravar pelos elos afetivos – aparência de indiferença.

| "A palavra liberdade retomava um sentido aos seus olhos..." ... "e que não permitirá jamais aos sentimentos humanos tomá-los em suas mentiras." | Falando do carneiro, o Pequeno Príncipe exclama: "Amarrá-lo? Que idéia estranha!" | "Você é bastante grande para cuidar de você mesmo, e aquilo que acontecer a você não me importa muito", diz Patricia. "Como uma figura tão lisa e fresca era capaz de mudar a este ponto e se mostrar repentinamente indiferente até a crueldade!" |

– pura, inteira, exigente.

| "...um instinto de vida tão puro." | "Mas você é puro e vem de uma estrela." | "Seu olhar encontra o da criança. Um sentimento de impotência, de culpa, de sofrimento, de súplica, se estampava em seus traços. Os olhos de Patricia permaneciam inflexíveis." ... "a honra da infância estava inteiramente em seus olhos." |

– secreta: a criança esconde uma grande parte do que ela sabe, mesmo do adulto amigo e, freqüentemente, nem mesmo responde às perguntas.

| "...guardando seu segredo, como um segredo confiado à infância." | "O Pequeno Príncipe que me fazia muitas perguntas parecia nunca entender as minhas." | "A menininha dirigira seu olhar para mim. Ele era insondável." |

– sozinha.

| O Kid é uma criança vagabunda. | O Pequeno Príncipe é o único habitante de seu planeta. | "Parece-me ver a solidão fechar suas águas mortas sobre a menininha." |

— dom de adivinhação.

"*Ele olhava bem de frente as mulheres grávidas, pausadamente, com uma espécie de olhar adorável que dava àquelas mulheres a impressão de que aquela criança desconhecida não as conhecia, mas conhecia as crianças que elas traziam dentro delas...*"

"*Estou contente que você tenha encontrado o que faltava para sua máquina* (diz o Pequeno Príncipe). *— Como você sabe?*"

Patricia adivinha constantemente as intenções dos adultos e prevê seus atos antes mesmo, por vezes, que eles os tenham decidido.

— poder mágico de comunicação com a natureza, os seres e os animais.

"*Do lado da cidade, era com medo que a criança olhava, mas do lado do Niágara, nada a temer... Ela estava próxima da margem e a seguia exatamente, penetrando nos mais estreitos promontórios, única carícia possível a um rio amigo.*"

"*— Oh! Eu entendi muito bem, diz o Pequeno Príncipe, mas por que você sempre fala por enigmas?*
— Eu os resolvo todos, diz a serpente.
E eles se calaram."

"*... a tranqüila certeza e a faculdade que possuía de poder se comunicar com os seres mais primitivos segundo as leis de seu próprio universo.*"
...
"*Ela os entende e os animais a entendem.*"

— saber "autêntico", inato.

"*Parecia que havia para ele uma outra geografia, uma outra história, uma outra árvore de poesia e pintura, reservada à sua raça única e sobre as quais ele nunca falava.*"

"*Apenas as crianças sabem o que elas procuram.*"

"*Por um momento, ela parecia possuir uma certeza e conhecer verdades que nada tinham a ver com o número de anos e os hábitos da casa.*"
"*Ela sabe as palavras-chave.*"

V. *A relação criança-adulto:*

Decorre naturalmente daquilo que acabamos de mostrar o fato de que esta relação só pode ser de subordinação — a criança é o mestre do homem, e o homem é apenas um mero discípulo impotente para tornar verdadeiramente sua a lição.

"Ele se sentia perto dele como uma alma, não de irmão mais velho, mas sim de discípulo."
"Tal é a história de Bardini, salvo por um messias criança."

"Os adultos nunca compreendem sozinhos, e é cansativo para as crianças, sempre, sempre, lhes dar explicações."

"Eu experimentava o sentimento muito incômodo de me ver surpreendido por uma criança sendo mais criança do que ela."
"Meu pai não sabe a metade do que eu sei", respondeu Patricia.

VI. A personagem negativa:

É o adulto que não recebe a lição da criança por incompreensão, ou até mesmo por recusa deliberada, como diante de um perigo.

O diretor do orfanato:
"Permita-me avisá-lo sobre um perigo...
Gostar da infância é a pior heresia."

A série das personagens vaidosas e arrogantes que são visitadas pelo Pequeno Príncipe: o rei, o vaidoso, o homem de negócios, o geógrafo.

A mãe de Patricia quer, a todo custo, arrancar sua filha da reserva, separá-la de King, o leão, fazer dela uma menina civilizada.

VII. Desenlace e significado do relato:

Não existe lugar para a criança autêntica na sociedade dos homens. – Uma única saída possível: a morte ou a renúncia trágica à infância e à sua realeza, o que é também uma espécie de morte.

Curado de sua amnésia, o Kid encontra seu país, seus pais e se torna uma criança banal, submetida à lei dos adultos.
Como se pressentisse esta degradação, o Kid tenta uma última fuga, sem sucesso.

"Não houve nada além de um raio amarelo próximo de seu tornozelo. Ele permaneceu imóvel por um momento. Não gritou. Caiu docemente como uma árvore."

Uma vez seu leão morto ("o único amigo puro"), Patricia renuncia a seu domínio em um acesso de desespero, como um suicídio.

3. OBRAS QUE COMPÕEM A AMOSTRA*

ANTES DA GUERRA DE 1914

1. AUDOUX, M. *Marie-Claire*. Paris, Fasquelle, 1910.
2. BORDEAUX, H. "La Maison", *Revue des Deux Mondes*. 1912, t. XII e 1913, t. XIII.

* As referências dos romances e autobiografias citadas na amostra e fora da amostra foram estabelecidas segundo as seguintes fontes:

3. BORDEAUX, H. *La nouvelle croisade des enfants*. Paris, Flammarion, 1914.
4. BOYLESVE, R. *L'enfant à la balustrade*. Paris, Calmann-Lévy, 1903.
5. DARIEN, G. *Le voleur*. Paris, Stock, 1897.
6. DAUDET, A. *Le Petit Chose*. Paris, Hetzel, 1868.
7. DAUDET, A. *Jack*, moeurs contemporaines. Paris, Dentu, 1876, 2 vol.
8. FOURNIER, A. *Le Grand Meaulnes*. Paris, Émile Paul, 1914.
9. FRAPIÉ, L. *La maternelle*. Paris, Librairie Universelle, 1904.
10. HUGO, V. *Les misérables*. Lyon, Vitte et Paris, Pagnerre, 1862 (10 vol. em 5 tomos).
11. JALOUX, E. *Le reste est silence*. Paris, Stock, 1909.
12. LÉAUTAUD, P. *Le petit ami*. Paris, Mercure de France, 1899.
13. LE ROY, E. *Jacquou le croquant*. Paris, Calmann-Lévy, 1899.
14. LICHTENBERGER, A. *Mon petit Trott*. Paris, Plon-Nourrit, 1898.
15. LOTI, P. *Le roman d'un enfant*. Paris, Calmann-Lévy, 1890.
16. MACHARD, A. *Histoire naturelle et sociale d'une bande de gamins sous la IIIe République. Trique, Nénesse, Bout, Miette et Cie*. Paris, Figuière, 1911.

——————. "L'épopée au faubourg. Les cent gosses", *Mercure de France*. Paris, 1912.

——————. "Petits romans parisiens. Souris L'arpète", *Mercure de France*. Paris, 1914.

——————. "L'épopée au faubourg. Titine", *Mercure de France*. Paris, 1913. Estas novelas foram agrupadas mais tarde. Utilizamos a edição Diderot, 1946.

17. MARGUERITTE, P. e V. *Poum, aventures d'un petit garçon*. Paris, Plon-Nourrit, 1897.
18. MARGUERITTE, P. e V. *Zette*. Paris, Plon-Nourrit, 1903.
19. PERGAUD, L. *La guerre des boutons, roman de ma douzième année*. Paris, *Mercure de France*, 1912.
20. PROUST, M. *Du côté de chez Swann*. Paris, Grasset, 1913.
21. RENAN, E. *Souvenirs d'enfance et de jeunesse*. Paris, Lévy, 1883.
22. RENARD, J. *Poil de Carotte*. Paris, Flammarion, 1894.
23. ROLLAND, R. *Jean-Christophe*. Paris, Cahiers de la Quinzaine, 1904-1912, em 9 vol.

THIEME, H. P. *Bibliographie de la Littérature Française de 1800 à 1930*. Paris, Droz, 1933, 4 vol., completada para o período de 1930-1939 por DREHER, S. e ROLLI, N., Paris, Droz, 1948, e para o período de 1940-1949 por DREVET, L., Paris, Droz, 1954.

TALVARAT, M. e PLACE, J. *Bibliographie des auteurs modernes de langue française*, 1801 à 1927. Paris, "Chronique des lettres françaises", 1927 (até a letra M).

Para certos autores, as referências foram controladas com a ajuda dos instrumentos bibliográficos clássicos:
- Catálogo geral dos livros impressos da Biblioteca Nacional.
- Autores. Paris, Impr. Nac., 1897, último volume, n° 209 (VIC), 1970.
- Bibliografia da França, 1811 →
- Biblio, Hachette. Paris, 1933 →

As análises foram freqüentemente efetuadas em edições mais recentes.

24. VALLÈS, J. *Jacques Vingtras*. Paris, Charpentier, 1879, com o título de *L'enfant*, A. Quantin, 1884.
25. ZOLA, E. *Une page d'amour*. Paris, Testard, 1895.

ENTRE AS DUAS GUERRAS

26. BAUDOUIN, Ch. *L'éveil de Psyché* (publicado entre as duas guerras na Alsácia francesa), éd. Psyché, 1947.
27. BERGE, A. *La nébuleuse*. Paris, Plon, 1929.
28. CHEVALIER, G. *Sainte-Colline*. Paris, Rieder, 1937.
29. COCTEAU, J. *Les enfants terribles*. Paris, Grasset, 1929, Club Français du Livre.
30. COLETTE. *La maison de Claudine*. Paris, Ferenczi, 1923.
31. COLETTE. *L'enfant malade*, in Gigi, 1923. Paris, Gautier Languereau, 1944. Le Livre Moderne Illustré, 1952.
32. CRÉMIEUX, B. *Le premier de la classe*. Paris, Grasset, 1921.
33. DERÈME, T. *Patachou, petit garçon*. Paris, Émile Paul, 1929.
34. DRIEU LA ROCHELLE, P. *État civil*. Paris, N. R. F., 1921.
35. DUHAMEL, G. *Les plaisirs et les jeux, mémoires du Cuib et du Tioup*. Paris, Mercure de France, 1923.
36. FRANCE, A. *Le Petit Pierre*. Paris, Calmann-Lévy, 1918.
37. GENEVOIX, N. *Le jardin dans l'Île*. Paris, Flammarion, 1936.
38. GIDE, A. *Si le grain ne meurt*. Paris, N. R. F., 1927.
39. GIONO, J. *Jean le Bleu*. Paris, Grasset, 1932.
40. GIRAUDOUX, J. *Aventures de Jérôme Bardini*. Paris, Émile Paul, 1930.
41. LICHTENBERGER, A. *Biche*. Paris, Plon, 1920.
42. LICHTENBERGER, A. *L'enfant aux yeux de chat*. Paris, Ferenczi, 1932.
43. MACHARD, A. *La guerre des mômes*. Paris, Flammarion, 1916.
———. *Bout-de-Bibi, enfant terrible*. Paris, Flammarion, 1917.
———. "Trinque, gamin de Paris", *Mercure de France*. Paris, 1917, t. 123, p. 282, p. 477, p. 662 e t. 124, p. 98.
———. "Popaul et Virginie", *Revue Hebdomadaire*, X. pp. 167-89, 341-62, 1917, 505-23, XI, pp. 95-114, 236-54, 329-53, 520-39, 1ª ed.: "L'épopée au Faubourg", Flammarion, 1918.
———. "L'épopée au Faubourg. Printemps sexuels", *Mercure de France* 1926. T. 189 (Novelas agrupadas mais tarde e analisadas na éd. Diderot, 1946).
44. MAURIÈRE, G. *Peau de Pêche*. Paris, Gedalge, 1927.
45. MAURIAC, F. *Le mystère Frontenac*. Paris, Grasset, 1933.
46. MAUROIS, A. *Méïpé ou la délivrance*. Paris, Grasset, 1926.
47. ROLLAND, R. *L'ame enchantée*. Paris, Ollendorf, 1924-1933-34.
48. SARMENT, J. *Jean-Jacques de Nantes*. Paris, Plon-Nourrit, 1923.
49. SARTRE, J.-P. "L'enfance d'un chef", *Le mur*. Paris, Gallimard, 1939.
50. LARBAUD, V. *Enfantines*. Paris, N. R. F., 1918.

DEPOIS DA GUERRA DE 1939

51. BATAILLE, M. *L'arbre de Noël*. Paris, Julliard, 1967.
52. BAZIN, H. *Vipère au poing*. Paris, Grasset, 1948.

53. BAZIN, H. *Au nom du fils*. Paris, Seuil, 1961.
54. BEAUVOIR, S. de. *Mémoires d'une jeune fille rangée*. Paris, Gallimard, 1958.
55. BOREL, J. *L'adoration*. Paris, Gallimard, 1965.
56. BOSCO, H. *L'enfant et la rivière*. Paris, Gallimard, 1954.
57. CESBRON, G. *Chiens perdus sans colliers*. Paris, Gallimard, 1954.
58. CHONEZ, C. *Ils furent rois tout un matin*. Paris, A. Michel, 1967.
59. DHOTEL, A. *Le pays où l'on arrive jamais*. Paris, éd. de Flore, 1955.
60. GASCAR, P. *Le meilleur de la vie*. Paris, Gallimard, 1964.
61. KESSEL, J. *Le lion*. Paris, N. R. F., 1958.
62. LEIRIS, M. *La règle du jeu*. T. 1 Biffures. Paris, Gallimard, 1948.
63. MAURIAC, F. *Le Sagouin*. Genebra, La Palatine, 1951.
64. MONTHERLANT, H. de. *La ville dont le prince est un enfant*. Paris, Gallimard, 1951.
65. PAGNOL, M. *La gloire de mon père*. Monte Carlo, Pastorelly, 1958.
66. PAGNOL, M. *Le château de ma mère*. Monte Carlo, Pastorelly, 1958.
67. PAGNOL, M. *Le temps des secrets*. Monte Carlo, Pastorelly, 1960.
68. PEYREFITTE, R. *Les amitiés particulières*. Paris, Vigneau, 1945.
69. QUENEAU, R. *Zazie dans le métro*. Paris, Gallimard, 1959.
70. ROCHEFORT, C. *Les petits enfants du siècle*. Paris, Grasset, 1961.
71. SAINT-EXUPÉRY, A. *Le Petit Prince*. Paris, Gallimard, 1945.
72. SARRAUTE, N. *Portrait d'un inconnu*. Paris, Gallimard, 1957.
73. SARTRE, J.-P. *Les mots*. Paris, Gallimard, 1964.
74. VIALATTE, A. *Les fruits du Congo*. Paris, Gallimard, 1951.
75. VIAN, B. *L'arrache-coeur*. Paris, Vrille, 1953, e *L'herbe rouge*. Paris, P. Toutain, 1950.

4. ROMANCES E AUTOBIOGRAFIAS CITADOS FORA DA AMOSTRA

101. ADAM, J. *Roman de mon enfance et de ma jeunesse*. Paris, A. Lemerre, 1902.
102. ADAM, P. *Les images sentimentales*. Paris, Ollendorf, 1893.
103. BALZAC, H. de. "L'enfant maudit", in *Études Philosophiques*, t. XV e XVI. Paris, Librairie de Wardet. Paris, 1836.
104. BALZAC, H. de. *Le lys dans la vallée*. Paris, de Wardet, 1836, 2 vol.
105. BARRÈS, M. *Les amitiés françaises*. Paris, Juven, 1903.
106. BATAILLE, H. *L'enfance éternelle*. "Souvenirs", *Les Oeuvres Libres*. Jan., 1922.
107. BAZIN, R. *Il était quatre petits enfants*. Paris, Calmann-Lévy, 1923.
108. BIBESCO, Princesse. *Le perroquet vert*. Paris, Grasset, 1924.
109. BONNARD, A. "L'enfance". *Revue de France*, III. 15 maio 1927. pp. 259-287 e éd. Le Divan, 1927.
110. BOSCO, H. *L'âne culotte*. Paris, Charlot, 1946.
———. *Hyacinthe*. Paris, 1940.

111. BOURGET, P. *La disciple*. Paris, Lemerre, 1889. (ed. definitiva) Plon, 1901.
112. BOURGET, P. *Anomalies*. Paris, Plon-Nourrit, 1920.
113. BOYLESVE, R. *La becquée*. Paris, ed. da Revue Blanche, 1901.
114. CAZIN, P. *Décadi ou la Pieuse Enfance*. Paris, Plon, 1921.
115. CHATEAUBRIAND, A. de. *Les mémoires d'outre-tombe*. Paris, E. e V. Penaud, 1849-1850, 12 vol.
116. CHÉRAU, G. *Champi-Tortu*. Paris, Ollendorf, 1906.
117. DAUDET, Lucien. *Les yeux neufs*. Paris, Flammarion, 1921.
118. DELARUE-MARDRUS, L. *La petite fille comme ça*. Paris, Ferenczi, 1927.
119. DELARUE-MARDRUS, L. *Le roman de six petites filles*. Paris, Fasquelle, 1909.
120. DERENNES, C. *L'enfant dans l'herbe*. Paris, Ferenczi, 1924.
121. DESCAVES, L. *L'hirondelle sous le toit*. Paris, Albin Michel, 1924.
122. FABRE, L. *Rabevel*. Paris, N. R. F., 1923.
123. FRANCE, A. *Le livre de mon ami*. Paris, Calmann-Lévy, 1885.
124. FRANCE, A. *Pierre Nozière*. Paris, A. Lemerre. 1899.
125. FRANCE, A. *La vie en fleur*. Paris, Calmann-Lévy, 1922.
126. GALZY, J. *La femme chez les garçons*. Paris, Payot, 1919.
127. GEFFROY, G. *L'apprentie*. Paris, Fasquelle, 1904.
128. GYP, *Petit Bob*. Paris, Calmann-Lévy, 1882.
129. HENDERSON, Z. "Le journal d'une grand-mère", *Fiction*, abril, 1966
130. HERMANT, A. *Confession d'un enfant d'hier*. Paris, Ollendorf, 1903.
131. D'HOUVILLE, G. *L'Enfant*. Paris, Hachette, 1925 (Les âges de la vie).
132. HUGO, V. *Quatre-vingt treize*. Paris, Lévy, 1874, 3 vol.
133. JAMMES, F. *De l'âge divin à l'âge ingrat*. Paris, Plon, 1921.
134. JAMMES, F. *Ma fille Bernadette*. Paris, Mercure de France, 1910.
135. LACRETELLE, J. de. *La vie inquiète de Jean Hermelin*. Paris, Grasset, 1920.
136. LAFON, A. *L'élève Gilles*. Paris, Perrin, 1912.
136 bis. LEIRIS, M. *La règle du jeu*. C. II, Fourbis. Paris, Gallimard, 1948.
137. MAURIAC, F. "Une enfance provinciale: Bordeaux", *Mercure de France*. XII, 12 e 19 dez., 1925, pp. 131-49 e 285-96.
138. MAURIAC, F. *La robe prétexte*. Paris, Grasset, 1914.
138 bis. MARGUERITTE, P. *Revue de Paris*, jan., 1895.
139. MAZAUD, E. *Lettres de gosses*. Paris, Albin Michel, 1919.
140. MÉRIMÉE, P. "Matéo Falcone". *Mosaïque, Revue de Paris*. 1926.
141. MICHELET, J. *Le peuple*. Paris, Hachette, 1846.
142. MICHELET, J. *Ma jeunesse*. Paris, Calmann-Lévy, 1884.
143. MILLER, W. M. *Humanité provisoire*. Paris, Denoël, 1964 (trad.).
144. MIRBEAU, O. *Sébastien Roch*. Paris, Charpentier, 1890.
145. MONTHERLANT, H. *La relève du matin*. Paris, Société Littéraire de France, 1920.
146. NERVAL, G. de. "Sylvie, souvenirs du Valois", *Les filles du feu*. Paris, Giraud, 1954.
147. NEVEUX, Pol. *La douce enfance de Thierry Seneuse*. Paris, Fayard, 1916.

148. OTIS KIDWELL BURGER. "L'enfant de l'amour", *Fiction*, abril 1966.
149. PÉRICARD, J. *Le roman d'un papa. J'ai huit enfants*. Paris, Baudinière, 1926.
150. PÉROCHON, E. *Les creux-de-maisons*. Paris, Plon, 1923.
151. PHILIPPE, Ch. L. *Charles Blanchard*. Paris. N. R. F., 1913.
152. PHILIPPE, Ch. L. *La mère et l'enfant*. Paris, La Plume, 1900.
153. RIVIÈRE, J. Prefácio de "Miracles" de Alain Fournier. Paris, N. R. F., 1924.
154. ROCHER, Ed. *L'âme en friche*. Paris, éd. du Nouveau Monde, 1923.
155. SAND, G. *Histoire de ma vie*. Paris, Cadot, 1854, 20 vol.
156. SAND, G. *La petite Fadette*. Paris, Lévy, 1840, 2 vol.
157. SARTRE, J.-P. "Merleau-Ponty vivant", *Les Temps Modernes*, nº 184-185, 1961, pp. 304-376 (número especial dedicado a Merleau-Ponty).
158. SARTRE, J.-P. Prefácio de Aden-Arabie, de Paul Nizan, in *Situations IV, Portraits*. Paris, Gallimard, 1964.
159. SÉVERINE. *Line*. Paris, Crès, 1921.
160. STENDHAL (Beyle Henri). *Vie de Henri Brulard*, autobiografia publicada por C. Stryienski. Paris, Charpentier, 1890.
161. STILL, A. *La question du bonheur est posée: viens danser violine*. Paris, Éditeurs Français Réunis, 1964.
162. STURGEON, Th. *Les plus qu'humains*. Paris, Hachette, 1957 (trad.).
163. THIERRY, A. *Le sourire blessé*. Paris, N. R. F., 1922 (citado por A. Dupuy).
164. VIGNY, A. de. *Mémoires inédites*, fragmentos e projetos editados por Jean Sangnier. Paris, Gallimard, 1958.
165. VOISINS (A. Gilbert de). *L'enfant qui prit peur*. Paris, Ollendorff, 1922.
166. VOISINS (A. Gilbert de). *Les miens*. Paris, Grasset, 1926.
167. WYNDHAM, J. *Les coucous de Midwich*. Paris, Denoël, 1959 (trad.).
168. ———. *Les transformés*. Paris, Fleuve Noir, 1958 (trad.).

5. FILMES UTILIZADOS PARA A PESQUISA

Les damnés, Grã-Bretanha, 1961, de Losey.
L'École Buissonnière, França, 1961, de J. P. Le Chanois.
Le gosse (The Kid), EUA, 1921, de Charles Chaplin.
La guerre des boutons, França, 1962, de Y. Robert.
Icari XB I, filme de televisão tcheco (transmitido em 4 nov. 1968).
Jeux interdits, França, 1962, de R. Clément.
Nous les gosses, França, 1941, de L. Daquin.
2001: L'odyssée de l'espace, EUA, 1968, de St. Kubrick e A. C. Clarke.
Les quatre cents coups, França, 1959, de F. Truffaut.
Sa majesté des mouches, Grã-Bretanha, 1965, de P. Brook.
Sciuscia, Itália, 1946, de Vittorio De Sica.
Ladrão de Bicicleta, Itália, 1948, de De Sicca.
Zazie dans le métro, França, 1960, de Louis Malle.
Zéro de conduite, França, 1933, de Jean Vigo.

6. OBRAS TEÓRICAS CITADAS OU UTILIZADAS NA PESQUISA*

ALQUIÉ, F. *Philosophie du surréalisme*. Paris, Flammarion, 1955.

ARIÈS, Ph. *L'enfant et la vie familiale sous l'Ancien Régime*. Paris, Plon, 1960. Rééd. Le Seuil, 1973.

AUBERY, P. *Milieux juifs de la France contemporaine, à travers leurs écrivains*. Paris, Plon (Recherches en Sciences Humaines), 1957.

BACHELARD, G. *L'air et les songes. Essai sur l'imagination du mouvement*. Paris, José Corti, 1943.

———. *La poétique de la rêverie*. Paris, PUF, 1961, 3ª ed.

———. *L'eau et les rêves. Essai sur l'imagination de la matière*. Paris, José Corti, 1942, 5ª ed.

BARTHES, R. *Mythologies*. Paris, Éd. du Seuil, 1957 (Pierres Vives).

———. *Système de la mode*. Paris, Éd. du Seuil, 1967.

———. "Introduction à l'analyse structurale des récits", *Communications* nº 8. 1966, pp. 1-27.

BASTIDE, R. *Sociologie et psychanalyse*. Paris, PUF, 1950.

BASTIDE, R. "La socialisation de l'enfant en situation d'acculturation". *Carnets de l'Enfance*, nº 10, jun. 1969.

BAUDOUIN, Ch. *L'oeuvre de Jung et la psychologie complexe*. Paris, Payot, 1963.

BRAUNER, A. *Nos livres d'enfants ont menti: une base de discussion*. Paris, Sabri, 1951.

CALVET, J. *L'enfant dans la littérature française*. Paris, F. Lanore, 1930.

CHATEAU, J. *Le réel et l'imaginaire dans le jeu de l'enfant. Essai sur la genèse de l'imagination*. Paris, Vrin, 1967, 4ª ed.

CHOMBART de LAUWE, M.-J. "La représentation de l'enfant dans la société française contemporaine", *Enfance*. 1962, nº 1, pp. 53-67.

———. "L'image de l'enfant, sa signification personnelle et collective", *Bulletin de Psychologie*, nº 284. XXIII, 1969-1970, nº 11-12, pp. 614-620.

———. "Rapports réciproques des images et des statuts de la femme et de l'enfant", *Bulletin Officiel de la Société de Psycho-Prophylaxie Obstétricale*, nº 31. 3º trim., 1967, pp. 21-28 (C. R., 7º Congresso Nacional, Mônaco, 1967).

———. "Images de soi et images culturelles de l'enfant", *Psychologie Française*. XVI, 3-4, 1971, pp. 185-198.

———. "L'image de l'enfant et de la famille dans la société française", *Les fonctions éducatives de la famille dans le monde d'aujourd'hui*. Symposium international, Varsóvia, 1970. Varsóvia, Ed. Científica da Polônia, 1972, pp. 156-161.

———. "L'interaction de l'enfant et de l'environnement: objet de recherche et révélateur social", *Bulletin de Psychologie*, XXIX, 325, nº 18, 1975-76, pp. 954-969.

———. "Un intérêt ambigu, des discours piégés", *Autrement*, número *Nos enfants dans la ville, les six-quatorze ans: enjeux, discours et pratiques quotidiennes*, 1977.

---

* Esta bibliografia não pretende comportar todas as obras que poderiam ter sido assinaladas a respeito dos diversos aspectos da pesquisa. Esta, situando-se em um campo interdisciplinar, abre múltiplas vias. Mantivemos apenas os trabalhos que se referem diretamente ao nosso assunto.

——————. "Leurs pratiques, nos regards", *Autrement, ibid.*, 1977.

——————. "Coll. avec BONNIN (Ph.), MAYEUR (M.), PERROT (M.), de la SOUDIÈRE (M.)", *Enfant en-jeu*. Les pratiques des enfants durant leur temps libre en fonction des types d'environnement et des idéologies. Paris, Éd. du C. N. R. S., 1976, 346 páginas ilustradas, bibliografia.

——————. "Avec BELLAN, C.", *Enfants de l'image, Enfants personnages des médias/Enfants réels*. Paris, Payot, 1979.

CHOMBART de LAUWE, M.-J. e P. H. HUGUET, M., PERROY, E., e BISSERET, N. *La femme dans la société: son image dans différents milieux sociaux*. Paris, Éd. du C. N. R. S., 1967, 2ª ed.

DEVEREUX, G. "L'image de l'enfant dans deux tribus: Mohave et Sedang et son importance pour la psychiatrie de l'enfant", *Revue de Neuropsychiatrie Infantile*, 16, nº 4. 1968, pp. 375-390.

DUPUY, A. *Un personnage nouveau du roman français, l'enfant*. Paris, Hachette, 1931.

DURAND, G. *Les structures anthropologiques de l'imaginaire. Introduction à l'archétypologie générale*. Paris, PUF, 1963.

——————. *L'imagination symbolique*. Paris, PUF, 1964 (Bibl. d'initiation philosophique).

ECO, U. *Appocalittici e integrati*. Milão, Bompiani, 1965.

ELIADE, M. *Aspects du mythe*. Paris, Gallimard, 1963 (Idées).

ERIKSON, E. *Enfance et société*. Neuchâtel, Delachaux et Niestlé, 1959 (Actualités Pédagogiques et Psychologiques).

FAU, R. *Les groupes d'enfants et d'adolescents*. Paris, PUF, 1952 (Paideia).

FREUD, S. "La création littéraire et le rêve éveillé", *Essais de psychanalyse appliquée*. Gallimard, 1933.

——————. *La science des rêves*. Paris, Club Français du Livre, 1963, 1ª ed. Alcan, 1900.

——————. *Psychopathologie de la vie quotidienne*. Paris, Payot, 1963, 1ª ed. Payot, 1922.

——————. *Malaise dans la civilisation*. Paris, Denoël, 1934, reeditado na *Revue française de psychanalyse*, t. XXXIV. 1970.

FRIEDMANN, G., MORIN, E., BREMOND, Cl. "Enquête internationale sur le héros du film. Réunion des participants, Sestri-Levante, 1962. Compte rendu", *Communications*, 2. 1962, pp. 243-248.

FULCHIGNONI, E. *La civilisation de l'image*. Paris, 1969 (Bibliothèque Scientifique).

GUILLAUMIN, C. *L'idéologie raciste. Genèse et langage actuel*. Paris, La Haye, Mouton, 1972, 248 p.

GUILLAUMIN, J. *La genèse du souvenir. Essai sur les fondements de la psychologie de l'enfant*. Paris, PUF, 1968.

GUSDORF, G. *Mémoire et personne*. Paris, PUF, 1951, t. II.

HALBWACHS, M. *Les cadres sociaux de la mémoire*. Paris, PUF, 1952, 1ª ed. 1925.

HERSKOVITS, M. J. & HERSKOVITS, F. S. *Dahomean narrative: a cross cultural analysis*. Evanston. Northwestern Univ. Press. 1958 (Northwestern Univ. African Studies, nº 1).

HUGUET, M. *Les femmes dans les grands ensembles: de la représentation à la mise en scène*. Paris, Éd. du C. N. R. S., 1971.

KERENYI, Ch. "L'enfant divin", in Jung C. G. e Kerenyi Ch.: *Introduction à l'essence de la mythologie*, 1ª ed. 1941. Paris, Payot, 1968 (Petite Bibliothèque Payot).

LACAN, J. *Écrits*. Paris, Éd. du Seuil, 1966 (Le champ freudien).

LAGACHE, D. "La psychanalyse et la structure de la personnalité", *Les modèles de la personnalité en psychologie*. Symposium de l'Association de Psychologie Scientifique de Langue Française. Liège, 1964, Paris, PUF, 1965, pp. 91-117.

LAPLANCHE, J. e PONTALIS, J. B. *Vocabulaire de la psychanalyse*. Paris, PUF, 1967.

LÉVI-STRAUSS, C. *Mythologiques: l'origine des manières de table*. Paris, Plon, 1968.

——————. *Anthropologie structurale*. Paris, Plon, 1960.

——————. *Littérature et société*. "Problèmes de méthodologie en sociologie de la littérature". Colóquio organizado conjuntamente pelo Institute de Sociologie de l'Université Libre de Bruxelles e l'École Pratique des Hautes Études (6ᵉ Section) de Paris – 21 a 23 maio 1964. Bruxelas, Éd. de l'Institut de Sociologie, 1967.

MALRIEU, P. *Les émotions et la personalité de l'enfant*. Paris, J. Vrin, 2ª ed., 1967 (Études de Psychologie et de Philosophie).

MEAD, M. *Growing up in New Guinea*, "Comparative study in primitive education", New York, William Morrow, 1968.

MENDEL, G. *La révolte contre le père. Une introduction à la sociopsychanalyse*. Paris, Payot, 1968 (Science de l'Homme).

MERLEAU-PONTY, M. "Méthode en psychologie de l'enfant", *Bulletin de Psychologie*, v. 2. 1952.

MOLLO, S. *L'école dans la société*. Paris, Dunod, 1969 (Sciences de l'Éducation).

——————. "Représentations et images respectives que se font des deux autres partenaires les enfants, les parents, les maîtres", *Traité des Sciences Pédagogiques*, t. VI, DEBESSE (M.) e MIALARET (J.), PUF, 1974, pp. 105-120.

MORIN, V. e MAJAULT, J. *Un mythe moderne: l'érotisme*. Paris, Casterman, 1964.

PELLÉ-DOUËL, Y. *Être femme*. Paris, Éd. du Seuil, 1967.

PIAGET, J. *Le développement de la notion de temps chez l'enfant*. Paris, PUF, 1946.

——————. *La représentation du monde chez l'enfant*. Paris, Alcan, 1938.

PONTALIS, J. B. *Après Freud*. Paris, Julliard, 1965 (Les Temps Modernes).

——————. "L'enfant-question", *Critique*. 249, 1948, pp. 221-240.

POUILLON, J. "Présentation. Un essai de définition", *Les Temps Modernes*, nº 246. Nov. 1966, pp. 769-799. Problèmes du structuralisme. Número especial.

PRIMAULT, M., LHONG, H. e MALRIEU, J. *Terres de l'enfance, le mythe de l'enfance dans la littérature contemporaine*. Paris, PUF, 1961.

RICHARD, P. "Analyse des mythologiques de Claude Lévi-Strauss", *L'Homme et la Société*, nº 4. Abril-Mai-Jun. 1967, pp. 109-133.

ROUSSEAU, H. "La présentification du divin", *Critique*, nº 144, mai. 1959.

SCHERER, R. e HOCQUENGHEM, G. "Co-ire, Album systématique de l'enfance", *Recherches*, nº 22, maio 1976, 152 p.

SNYDERS, G. *La pédagogie en France aux XVIIe et XVIIIe siècles*. Paris, PUF, 1965.

SOURIAU, E. "Le souvenir de l'enfance", *Journal de Psychologie Normale et Pathologique*, n° 1-2. Jan.-Jun. 1962, pp. 15-57.

VAN der LEEUW, G. *L'homme primitif et la religion*. Paris, Alcan, 1940. Introdução.

ZEMPLENI, A e RABAIN, J. "L'enfant Nit Ku Bon", *Psychopathologie Africaine*. Vol. I, n° 3, 1965, pp. 329-941.

PSICOLOGIA NA PERSPECTIVA

DISTÚRBIOS EMOCIONAIS E ANTI-SEMITISMO – N. W. Ackerman e M. Jahoda (D010)
LSD – John Cashman (D023)
PSIQUIATRIA E ANTIPSIQUIATRIA – David Cooper (D076)
MANICÔMIOS, PRISÕES E CONVENTOS – Erving Goffman (D091)
PSICANALISAR – Serge Leclaire (D125)
ESCRITOS – Jacques Lacan (D123)
LACAN: OPERADORES DA LEITURA – Américo Vallejo e Lígia Cadermatori Magalhães (D169)
A CRIANÇA E A FEBEM – Marlene Guirado (D172)
O PENSAMENTO PSICOLÓGICO – Anatol Rosenfeld (D184)
A LINGUAGEM LIBERADA – Kathrin Holzermayr Rosenfield (D221)
COMPORTAMENTO – D. F. Broadbent (E007)
A INTELIGÊNCIA HUMANA – H. J. Butcher (E010)
ESTAMPAGEM E APRENDIZAGEM INICIAL – W. Sluckin (E017)
PERCEPÇÃO E EXPERIÊNCIA – M. D. Vernon (E028)
A ESTRUTURA DA TEORIA PSICANALÍTICA – David Rapaport (E075)
FREUD: A TRAMA DOS CONCEITOS – Renato Mezan (E081)
O LIVRO DISSO – Georg Groddeck (E083)
MELANIE KLEIN I – Jean-Michel Petot (E095)
MELANIE KLEIN II – Jean-Michel Petot (E096)
UM OUTRO MUNDO: A INFÂNCIA – Marie-José Chombart de Lauwe (E105)
A REVOLUÇÃO PSICANALÍTICA – Marthe Robert (E116)
ADMINISTRAÇÃO DE EMPRESAS: O COMPORTAMENTO HUMANO – Carlos Daniel Coradi (EL40)
O DIREITO DA CRIANÇA AO RESPEITO – Janusz Korczak (EL41)

Impresso na **Prol** editora gráfica ltda.
03043 Rua Martim Burchard, 246
Brás - São Paulo - SP
Fone: (011) 270-4388 (PABX)
com filmes fornecidos pelo Editor.